让我们 一起追寻

第二次世界大战的

How the First Global Conflict was Fought and Won

策

与

略

THE SECOND WORLD WARS

Victor Davis Hanson

〔美〕维克托·戴维斯·汉森 —— 著

张炜晨 —— 译

制

胜

社会科学文献出版社
SOCIAL SCIENCES ACADEMIC PRESS (CHINA)

献给苏珊娜·梅里·汉森

（1986—2014）

再不会有别的姑娘像她那样得到我的爱

本书获誉

不忍释卷。很少有作品从海、陆、空三大战场，两大阵营，六个主要交战国的多重视角来阐述这场战争。分析非常出色。《制胜》是一部重要的历史著作，其丰富的内涵值得读者赏鉴。

——大卫·莱曼（David Lehman），《辛纳特拉的世纪》（*Sinatra's Century*）作者

维克托·戴维斯·汉森对二战的全方位描述令人惊叹。在普通作者仅仅叙述的地方，他还提供了分析。汉森探究了战争的起源；剖析了空军、海军、步兵、坦克、火炮、工业能力和指挥之道在战争中所扮演的角色；分析了同盟国获胜、轴心国失败的原因。本书引人入胜，令人大开眼界。

——保罗·A. 拉厄（Paul A. Rahe），《古斯巴达的大战略》（*The Grand Strategy of Classical Sparta*）作者

对这场历史上最惨烈的战争分析独到，读来令人兴奋不已。

——科克斯书评（*Kirkus Reviews*），星级评论

如果你以为关于第二次世界大战已经没什么内容可写了，那么就一定要读一读维克托·戴维斯·汉森的《制胜》。从天空到海陆，从大战略到步兵战术，凭借对这场战争百科全书式

的了解，汉森在本书中分析了当时发生了什么以及为什么发生。他对从古希腊时代以来的军事历史有着深刻的洞察力，书中提出了诸多令人拍案叫绝的见解。每一页都精彩绝伦。《制胜》是一本必读之作。

——马克斯·布特（Max Boot），《隐形军队》
（*Invisible Armies*）作者

维克托·戴维斯·汉森的又一部杰作——一部关于二战不朽历史的著作，超越了以往书籍对那场大灾难进行全景描述的方式。从北非沙漠到太平洋岛屿，汉森用大量真知灼见阐释了战略、文化、工业和领导力如何引导战场走向，又如何注定了轴心国的灭亡。

——马克·莫亚（Mark Moyar），《反抗任何敌人》
（*Oppose Any Foe*）作者

虽然《制胜》这本书的内容根植于永恒的真理，但它依然在这个全球化时代为我们讲述了一个发人深省的故事。西方战争起源于古希腊时代，维克托·戴维斯·汉森正是研究该领域最出色的史学家，擅长以别具一格的手法书写历史。

——巴里·施特劳斯（Barry Strauss），《恺撒之死》
（*The Death of Caesar*）作者

目　录

第一部分　理念

第二部分　天空

第三部分　海洋

地图和列表

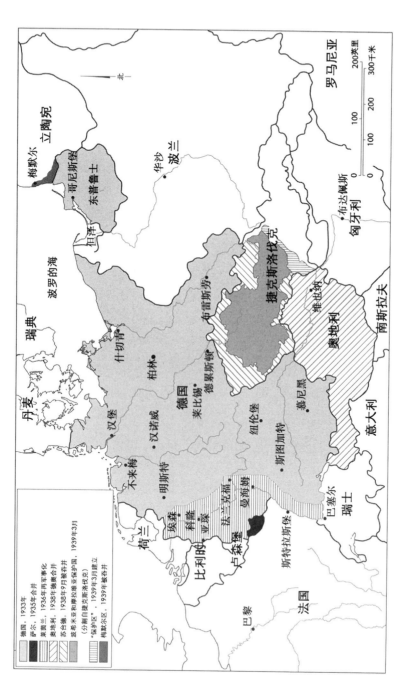

地图 1　第三帝国的扩张，1933—1941 年

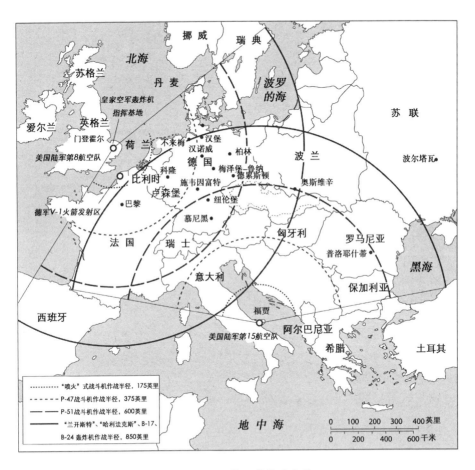

地图 2　欧洲战区的战略轰炸

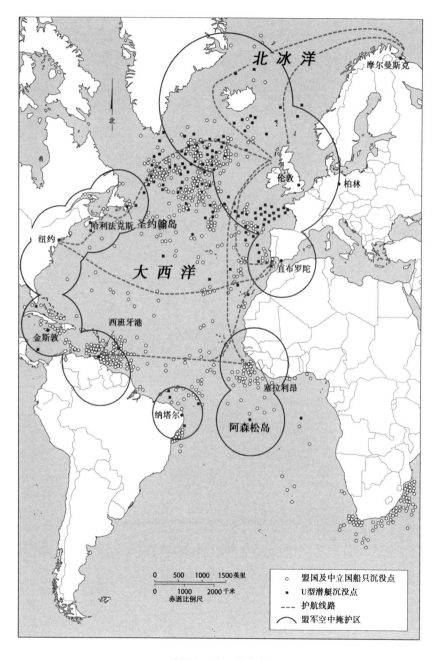

地图 3　大西洋海战

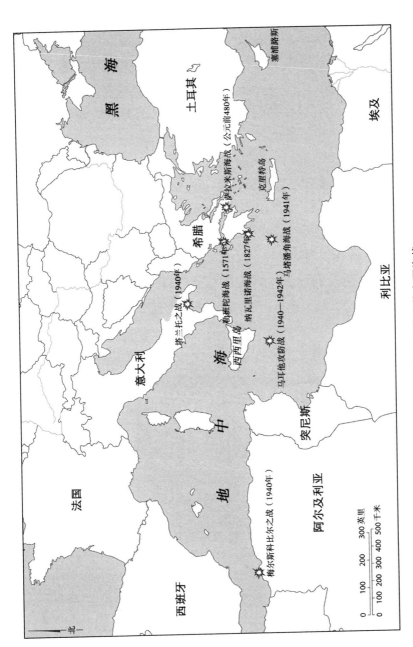

地图 4　地中海地区的主要海战

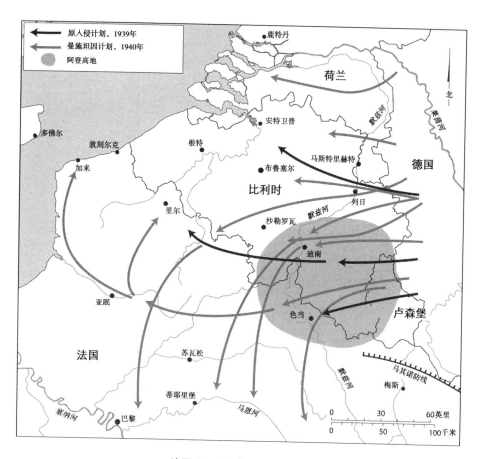

地图 5　法国战区的闪电战

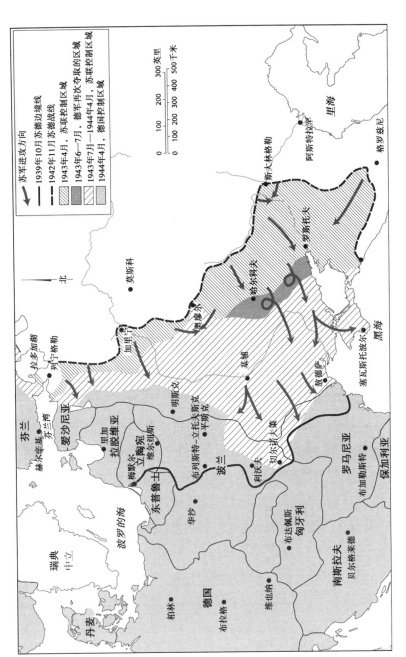

地图 6　苏联在东线的攻势，1943—1944 年

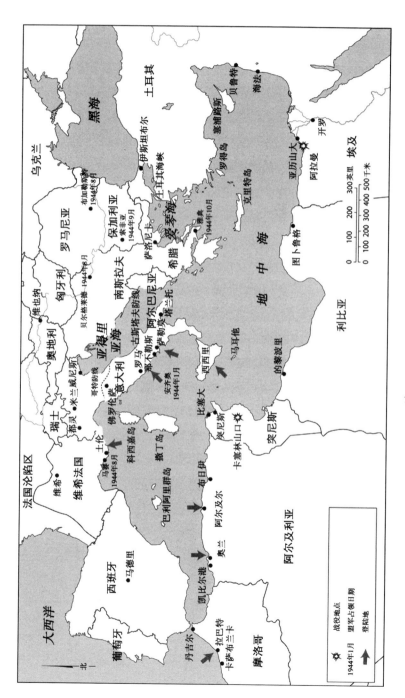

地图 7　北非战役

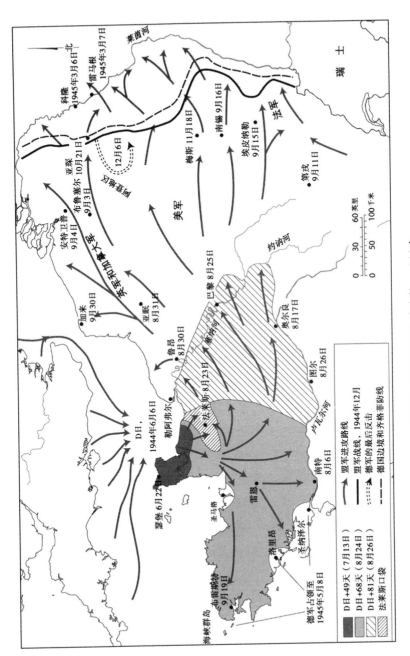

地图 8　盟军在西线的攻势，1944 年

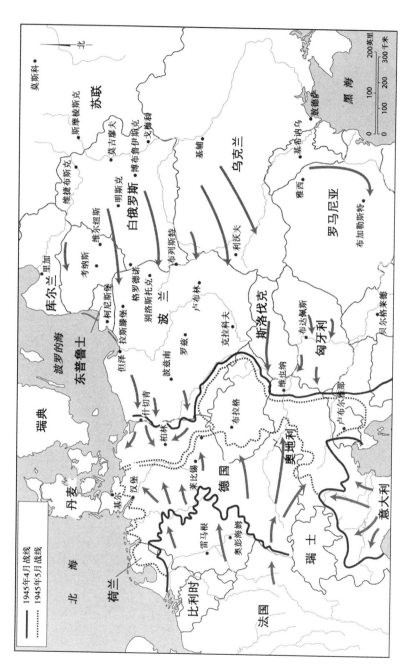

地图 9　德国灭亡，1945 年

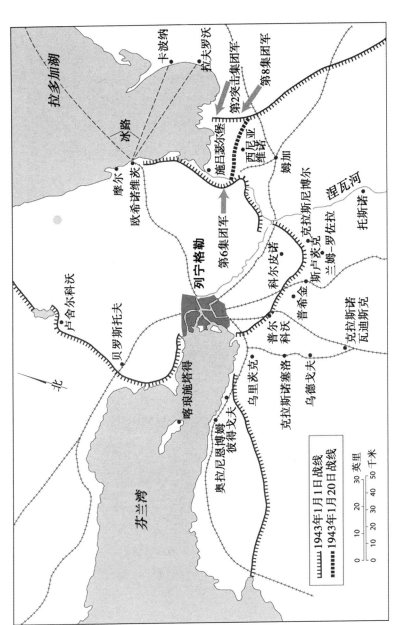

地图 10 列宁格勒围攻战

北

波罗的海

东普鲁士
（苏联）

东普鲁士（波兰）

西普鲁士

波美拉尼亚

德意志民主
共和国

波兰

西里西亚

上西里西亚

德意志联邦
共和国

苏台德

捷克斯洛伐克

奥地利

| 0 | 100 | 200 英里 |
| 0 | 100 | 200 | 300 千米 |

1937年德国疆域示意图
1945年德国边境

地图 11   1937 年和 1945 年的德国边境线

主要大国战时国内生产总值，1938—1945 年

单位：十亿美元

	1938 年	1939 年	1940 年	1941 年	1942 年	1943 年	1944 年	1945 年
同盟国								
美国	800	869	943	1094	1235	1399	1499	1474
英国	284	287	316	344	353	361	346	331
法国	186	199	82	—	—	—	—	101
意大利	—	—	—	—	—	—	117	92
苏联	359	366	417	359	318	464	495	396
同盟国总计	1629	1721	1758	1797	1906	2224	2457	2394
轴心国								
德国	351	384	387	412	417	426	437	310
法国	—	—	82	130	116	110	93	—
奥地利	24	27	27	29	27	28	29	12
意大利	141	151	147	144	145	137	—	—
日本	169	184	192	196	197	194	189	144
轴心国总计	685	746	835	911	902	895	748	466
同盟国/轴心国	2.4	2.3	2.1	2.0	2.1	2.5	3.3	5.1
苏联/德国	1.0	1.0	1.1	0.9	0.8	1.1	1.1	1.3

表 1　主要同盟国和轴心国的 GDP 对比，1938—1945 年

以美元计算，按 1990 年的物价水平折算

来源：Harrison, *The Economics of World War II*

前　言

我的父亲威廉·F. 汉森（William F. Hanson）曾驾驶一架B-29 轰炸机在日本上空执行过三十多次任务。他的堂兄——维克托·汉森（Victor Hanson）的经历则截然不同。维克托的战争生涯在 1945 年 5 月 19 日那一天戛然而止。当时他和海军陆战队第 6 师的战友们正在冲绳岛甜面包山（Sugar Loaf Hill）山顶，进攻一座配备有南部式机枪的碉堡。他们的另一个堂兄弟——罗伯特·汉森（Robert Hanson）的作战方式又有所差别，他在伊朗承担后勤工作，负责将美国军用物资运送给苏联人。[1]

我的表亲理查德·戴维斯（Richard Davis）与这三位汉森的战争经历迥然有异。他跟随巴顿将军的第 3 集团军"横扫"法国。迪克①的战争也不同于我的另一个表亲——贝尔登·卡瑟（Beldon Cather）。小时候，我记得农场里有一个不时发烧的贝尔登。他在太平洋战场上感染了登革热，多次发作后终身半残废，承受着神经系统的痛苦。贝尔登的兄弟霍尔特（Holt）则在另一个地方，以另一种方式与另外的敌人作战。他在第 7 集团军炮兵营服役，于 1944 年 11 月阵亡，被葬在法国的埃皮纳勒美军公墓（Epinal American Cemetery）。

第二次世界大战将来自美国、英国、德国、日本、意大利和苏联家庭的年轻人结成奇怪的联盟，送往世界各地厮杀。他

---

① 迪克（Dick）是戴维斯的昵称。（若无特别说明，本书脚注均为译者注，后文不再说明。）

们出于各种原因在空中、海上和地面作战；通常使用新式的机械，采用还没有完全掌握的作战方式对抗各式各样的敌人。20世纪60年代初，我们家的退伍军人们经常在假日聚会上分享他们服役时的故事。当我们在一旁偷听他们所描述的异域风情时，不禁疑惑他们参加的到底是不是同一场战争。

老兵们坚持说，他们就是同一阵营的士兵，共同对抗一个有着不同面孔的恶魔。如何在全球范围内以迥然不同的方式，与不同的盟友一起，向不同的敌人开战，最后凝聚为同一场战争，这是一个相互矛盾的现象，也是本书的主题。本书意图解释为何这场战争会波及世界，为何与以往大部分战争模式不一样，为何不是可预测的敌人在有限的几个地点，并通过人们熟知的方法战斗。

我将此书主题定为第二次世界大战有两个原因。第一，在此之前，没有任何一场所谓的单一战争会在一堆看似毫不相干的前提下，在如此多样的地域内发生。第二，从未有一场战争有如此多种不同的战斗模式——袭击伦敦的火箭弹、缅甸丛林战，或利比亚的坦克对决，它们似乎各自属于完全不同的战争。

然而，第二次世界大战的开端却相当传统，由发生在1939年到1940年，包括英国在内，欧洲强权之间的一系列边境争端引发。正如欧洲历史上的大多数情况一样，依靠更完善的战前准备和军备武装，侵略者通常以突然袭击的方式攻击他们认为较弱的邻国。至1940年底，这场司空见惯的欧洲混战已经达到恺撒或拿破仑时代的规模。但是到了1941年底，灾难性的事件接踵而至：所有较小的冲突出乎意料地交织在一起，汇成一场席卷全球的全面战争。轴心国德国、意大利和日本很快就在物资上处于下风，战略准备也不足，极有可能遭遇毁灭性的惨败。西方先进的科技和工业能力一旦与极权主义狂热和充分动员的民主国家相结合，这场扩大化的战争就必将以前所未有的方式变得无比致命。[2]

历史上，边境冲突总是周期性爆发，打打停停。然而三个意外事件可以解释为什么在 1939 年至 1941 年之间发生的边境冲突不再被视为一系列独立的战争，而是被重新定义，合并为我们现在所知的"第二次世界大战"。第一，德国在未事先警告的情况下，入侵其伙伴苏联（1941 年 6 月 22 日）。第二，除了与中国的长期战争之外，日本还对英美在太平洋及亚洲的基地发动突然袭击，制造出新的敌人（1941 年 12 月 7 日至 8 日）。第三，德国与意大利共同对美国宣战（1941 年 12 月 11 日）。

仅仅在 1941 年这一年，正是这些无法预见的事态发展将此前分散在欧洲和亚洲的区域性冲突重新整合为一场旷日持久且相互关联的全球大战，并吸引三个拥有大量航空母舰、先进飞机、火炮和机动车辆的强大国家——日本、苏联、美国入局，三国分别加入两个可怕的军事联盟作战。这场世界范围内的大战被重塑为德国、意大利、日本对抗英国、苏联、美国、中国的战争，还有一些相对弱小的国家各自选边站队。至此，第二次世界大战的整体概念诞生了。[3]

尽管随后的战争宣传铺天盖地，但不能用常见的宗教、人种或地理分歧来解释这场令人困惑的战争，作战方式更不能以常理论之。将同盟国团结在一起的唯一纽带大概就是它们都是轴心国侵略战争的受害者，曾遭受无端袭击。这个三方同盟最初是为了报复阿道夫·希特勒而成立的，因此他死后数月就烟消云散了，几乎和建立时一样迅速。

这本书并非严格按照时间顺序行文，也不会对所有战区和战役历史面面俱到。相反，本书以一些特定战役为例，关注更为宏大的主题，即交战双方如何就战争的动因、方式和地点做出或明智或愚蠢的选择。本书没有罗列部队日常战斗、前进和撤退的详细记录，这绝非一部战史。

本书各章节分析了各种作战方法和作战效能，及战争中平民、工业、空军、海军、步兵、装甲部队、围攻战和军事领导所扮演的角色，评估不同的投入和战略如何导致一方获胜而另一方失利，研究不同战区、不同对手和不同战斗模式最终如何将诸多冲突定义为同一场战争。

在章节之上，全书论证了曾经占据优势的轴心国在政治、经济、军事方面完全没有为赢得这场它们在 1941 年错误发动的全球大战做好准备。在接下来的四年中，轴心国杀死了对手更多的士兵和平民——绝大多数是苏联人、东欧其他民族和中国人——但这绝不等同于摧毁了对手进行战争的能力。

很多人为我完成此书提供了帮助，对此我表示感谢。自 2003 年任职以来，斯坦福大学胡佛研究院（Hoover Institution）一直为我提供支持，特别是名誉主任约翰·雷西亚（John Raisian）和现任主任托马斯·吉利根（Thomas Gilligan）给予的帮助。我从胡佛研究院的同事那里习得了很多关于战争与和平的见解，尤其是彼得·伯克维茨（Peter Berkowitz）、彼得·罗宾逊（Peter Robinson）、谢尔比·斯蒂尔（Shelby Steele）和托马斯·索厄尔（Thomas Sowell）。胡佛研究院档案馆负责人埃里克·托马斯·瓦金（Eric Thomas Wakin）及工作人员无私地帮助我收集了研究所收藏的二战时期的大量珍贵照片。感谢比尔·纳尔逊（Bill Nelson）绘制了本书地图。胡佛研究院古典历史和军事历史研究员大卫·伯基（David Berkey）是一位优秀的研究助理。他帮助我编辑手稿，查找藏在故纸堆中的书籍和期刊，提醒我注意诸多曾经忽略的史实和观点，对此我深表谢意。我的助理梅根·林（Megan Ring）也及时提供了管理协助，特别是在编辑和参考书目方面。

马丁·安德森（Martin Anderson）及其妻子——已故的伊莉·安德森（Illie Anderson）慷慨地资助我担任胡佛研究院马丁和伊莉·安德森基金会高级研究员，我得以研究古典历史和军事历史学。每年9月，我都以韦恩和玛西亚·布斯克（Wayne & Marcia Buske）基金会杰出研究员的身份在希尔斯代尔学院（Hillsdale College）教授一个月的历史学。在过去十年中，我与同事们，特别是拉里·阿恩（Larry Arnn）主席和汤姆·康纳（Tom Connor）教授、马克·卡尔特霍夫（Mark Kalthoff）教授和保罗·拉厄（Paul Rahe）教授，一直就第二次世界大战的相关问题畅所欲言。我还要感谢希尔斯代尔学院的同事艾尔·菲利普（Al Phillip）。在过去十年里，他和我一起组织一年一度的欧洲军事历史之旅，并帮我安排参观了第二次世界大战的许多重要战场和饱受战争蹂躏的欧洲城市。

布鲁斯·桑顿（Bruce Thornton）教授是我三十多年的朋友，为我提供了关于20世纪30年代战争和文献的独特见解。我的前编辑——因康特出版社（Encounter Books）的彼得·科利尔（Peter Collier）热诚地通读了本书初稿，其独有的判断和睿智的编辑建议使我受益匪浅。威廉姆森·默里（Williamson Murray）教授有关第二次世界大战的渊博知识无人能及。他慷慨地提出了许多有见地的建议，使我免于写下一些不当观念。本书中所有错误都与他人无关，我本人承担全责。罗杰·赫托格和苏珊·赫托格（Roger & Susan Hertog）一直是我的坚定支持者。无论过去还是现在，我一直珍视十多年来罗杰在外交和安全问题上的正确判断。

劳拉·海默特（Lara Heimert）是贝斯克出版社（Basic Books）的发行人，是她鼓励我撰写有关第二次世界大战的作品，否则我可能永远不会写下这本书。我要感谢贝斯克出版社的高级编辑罗杰·拉布列（Roger Labrie）、文稿编辑卡尔·扬伯特（Karl Yambert），还有精心审阅原稿、帮助我理清思路和研究方法的拉腊（Lara）。格伦·哈特利（Glen Hartley）担任我的文学经纪人已有 30 年之久。他与作家协会代表林恩·朱（Lynn Chu），以及拉腊鼓励我写一部与众不同的二战历史；我再次感谢格伦和林恩提供的专业知识，感谢他们为我在偏远的加利福尼亚农村和出版界之间建立起沟通的纽带。

我的儿子比尔·汉森（Bill Hanson）和女儿保利·斯泰因贝克（Pauli Steinback）一如既往地给予我鼓励，并坚定地支持我的工作，特别是在亲爱的苏珊娜（Susannah）——我的女儿、他们的姐姐突然去世的那个时期。苏珊娜曾经每周都打电话询问本书的进展，促使我完成了这项工作。我很幸运能拥有这样一个善良、温柔之人的亲情和友谊，即使是那么短暂。

在两年的写作和研究中，我的妻子兼朋友珍妮弗（Jennifer）陪同我实地考察了奥马哈海滩（Omaha Beach）、巴斯托涅（Bastogne），并穿越整个西西里岛，时时提供指导，贡献了出色的判断和诸多创意。

今年我 63 岁，在曾曾外祖母露西·安娜·戴维斯（Lucy Anna Davis）留下的农舍中完成了本书。我的外祖父母里斯·戴维斯和乔治娅·戴维斯（Rees & Georgia Davis）、父母威廉·

汉森和保利娜·汉森（William & Pauline Hanson）、兄弟阿尔弗雷德·汉森和内尔斯·汉森（Alfred & Nels Hanson）、表兄弟马伦·尼尔森和里斯·尼尔森（Maren & Rees Nielsen）曾与我一起在这里居住。这里有我对他们的思念，以及对这片土地的共同热爱，是书写、回忆和纪念的完美之地。我还是个小孩时，就从家人、农场主、邻居、退伍老兵们在餐厅的交谈中第一次知晓了人类为第二次世界大战所付出的可怕牺牲。所有人坚信，他们所经历的这场面貌千变万化的大战是一出地狱般的悲剧。然而，即使战士们远离故土千里之外，或身处死亡地带，这场大战也依然值得他们为之奋斗。

V. D. 汉森
于加利福尼亚州塞尔马
2017 年 8 月

第一部分
理念
他们何时、何地、为何而战？

在理念之战中，被杀害的却是人。

——斯坦尼斯瓦夫·耶日·莱茨（Stanisław Jerzy Lec）[1]

第一章　古典背景下的战争

第二次世界大战中有大约 6000 万人殒命。

从入侵波兰（1939 年 9 月 1 日）到日本正式投降（1945 年 9 月 2 日），平均每天有 27000 人死于轰炸、枪击、爆炸、刺刀、焚尸炉、毒气、饥饿和传染病。轴心国战败者杀死或饿死了其中大约 80% 的受害人。盟国胜利者主要消灭的是轴心国士兵，失利的轴心国则杀害了大部分平民。

在库尔斯克，死在坦克中的德国和苏联士兵（亦有 2000 多辆坦克被击毁）比历史上任何一场装甲战役都要多。1945 年 1 月，一艘苏联潜艇在波罗的海击沉了德军运输舰"威廉·古斯特洛夫"号（Wilhelm Gustloff），造成史上单舰平民和士兵死亡人数最多（9400 人）。历史上损失最惨重的陆上战役发生在斯大林格勒，列宁格勒围攻战则是平民丧生最多的一场战役。犹太人大屠杀的死亡机器使得从阿提拉到帖木儿，再到阿兹特克人的杀戮看上去如同儿戏。军事史上最致命的一天就发生在第二次世界大战期间。1945 年 3 月 10 日，东京遭到燃烧弹轰炸，10 万人（实际数字可能多得多）失去了生命。在战争中投下的两颗原子弹当即造成广岛和长崎 10 多万人死亡，其中大多数是平民；还有数万人最终因暴露于辐射中而罹难或致残。第二次世界大战的破坏性无以复加，这场厮杀似乎彻底改变了往昔的战争概念。

然而，战争如何爆发、为何爆发、在何处爆发，却是可以预见的。第二次世界大战中先进的科技和极权主义思想不应让我们无视这一事实，即这是本性难移的人类在已知气候气象条件下，在熟悉土地上进行的战争。他们根据古老的规则参战、厮杀并缔造和平。种族和文化优越论等古老观念经过重新表述之后，驱动了 1939 年至 1945 年间的这场全球血战，其出发点只是为了证明一些意识形态比其他的更好，或者（至少）更强大。纳粹德国坚信，自第一次世界大战之后，其他精神孱弱的西方国家——尤其是英国和法国——一直在图谋压制必然占据主导地位的德国势力。自 1943 年 1 月开始担任德国海军总司令的卡尔·邓尼茨（Karl Doenitz）元帅在自己的回忆录中精准总结了德国参战的理由："英国之所以在 1939 年发动战争，是因为一个更加强大且与奥地利合并的大德意志会对大英帝国及其经济利益构成威胁。"请注意邓尼茨是如何使用"英国发动战争"这一关键说法，以表明德国是因为受到伤害，并感到愤懑才入侵波兰，所以原本不应该引发一场范围更广的战争。[1]

到 1939 年，德国人已认定，西欧国家的战后政策是不公正和报复性的；德国在独树一帜且强大的民族社会主义①制度下获得了新生，只要付出一些可以接受的牺牲，便能纠正这些政策。不受束缚的德国将在整个欧洲建立霸权，纵然这一努力可能意味着大幅改变现有边界、大量人口迁徙，以及惨重的人员死亡，尽管其中大部分是非德国人。与此同时，另外两个法西斯国家意大利（早在 1939 年 9 月 1 日之前就已入侵埃塞俄比亚

---

① 国内多部权威辞书曾将德文"Nationalsozialismus"翻译为"国家社会主义"，目前已成为约定俗成的专有名词，但从德语构词、政治内涵、历史范畴等角度分析，应为"民族社会主义"。德文"Staatssozialismus"才是"国家社会主义"。本书一律将"Nationalsozialismus"译为"民族社会主义"。

和阿尔巴尼亚）和日本（在德国闪击波兰两年前便已入侵中国）认为，如果希特勒敢于承担风险——就如他在 1939 年至 1941 年看起来已经成功做到的那样——那么它们也应该加入赌局，分享战利品。古希腊历史学家修昔底德（Thucydides）关于荣誉和恐惧的现实主义理念、对自身利益的认知，以及意识形态认同，都可以解释某个国家为什么选择卷入或退出战争，抑或保持中立。

　　第二次世界大战被认为是一场具有西方特征的战争。几个世纪以来，诸如自由市场、私有财产、对自然世界不受约束的探究精神、个人自由与世俗主义等经典传统在欧洲往往比在其他地域更能转化为军事活力。如果我们只能透过 20 世纪的意识形态、技术水平和工业能力的镜头理解这场战争无出其右的野蛮和破坏性，那么它的起源和终结仍然遵循了战争在 2500 多年文明历史中的发展脉络。西方军队的本质依然保持不变，但它正以史无前例的数量和速度膨胀，变成了一只巨型死神。这场两败俱伤的战争很大程度上利用了诞生于西方的武器和技术，尽管其使用者也包括西化的亚洲政权。第二次世界大战中的原子弹、凝固汽油弹、导弹和多引擎轰炸机证实了一个普遍真理：2000 多年来，欧洲各国对非西方国家的战争往往是残暴的，但当这种野蛮的战争准则和科技被用来对付欧洲人自己时，却出人意料地制造出一片尸山血海。

　　发动战争远比结束战争容易得多。自发生在雅典和斯巴达以及各自盟友之间的伯罗奔尼撒战争（公元前431—前404 年）以来，赢得——并终结——一场战争的前提就是找到在物质抑或心理上消灭敌人战斗能力的方法。轴心国和同盟国对如何结束第二次世界大战有着截然不同的观念，而后者对历史上完结战争的模式有着更深刻的理解。当第二次世界大战在 1939 年爆发时，德国并没有一个认真的计划去打败那些（无论是当前还是今后）远在其边境之外的敌人。与遥远的对手不同，第三帝国既没有强大的蓝水海军，也无一支由护航战斗机和四引擎重型轰炸机构成的战略轰炸部队，其超长航程和大载荷本可能令远在天边的任何一个新敌人的家园都不堪一击。希特勒似乎没有意识到，世界上人口最多的四个国家——中国、印度、苏联和美国——要么正在与轴心国作战，要么准备向其宣战，而无论在二战前还是之后，这些国家的人民（远超过 10 亿人）从来没有同时站在一起并肩作战。

其至连拿破仑也没有在不知道如何摧毁敌人的战争能力，或者（这一情况更加糟糕）妄图通过战术胜利迫使强大敌人屈服的情况下，接连向如此之多的强国宣战。德国期望入侵英国的"海狮计划"（Operation Sea Lion）就是个白日梦，但在希特勒发动的战争中，它却是唯一貌似可行的将英国消灭的方法。时任海军总司令埃里希·雷德尔（Erich Raeder）元帅多次警告希特勒，在 1940 年对英国实施两栖入侵是完全不可能的。雷德尔解释了为什么德国海军无法运送几十万士兵通过英吉利海峡，并断言："我不建议在英国登陆。"战后，德国陆军元帅威廉·凯特尔（Wilhelm Keitel）承认，陆军无法承担这项任务，并对希特勒最终同意让步感到欣慰："我非常担心。我清醒地意识到，我们将不得不使用不适合航海的小船来实施这次入侵。因此，我当时完全同意元首的决策。"入侵苏联的"巴巴罗萨行动"（Operation Barbarossa）试图在几乎不可能有效实施闪电战的地方重演闪电战的早期胜利。雷德尔事后声称自己曾反对这项行动，他绝望且徒劳地建议希特勒"在任何情况下都不应与苏联开战"。[2]

战争的永恒要素——大国之间的平衡，威慑对抗绥靖，集体安全，先发制人和预防性攻击，由胜利、羞辱和占领带来的和平——依然支配着这场冲突。就像过去的大多数争斗一样，当德国、意大利、日本看上去正在节节胜利的时候，不管法西斯意识形态有多么可恶，轴心国的民众都支持战争。1940年法国突然崩溃后，就连德国自由派历史学家弗里德里希·迈内克（Friedrich Meinecke）[1] 也沉浸在德意志人的狂喜之中："收复了斯特拉斯堡（Strasbourg）！这怎能不让心脏加速跳动？毕竟，在短短四年的时间里建立起一支数百万人的军队，并使之具备取得如此功绩的能力，是第三帝国令人惊讶的，可以说是最伟大、最积极的成就。"古希腊历史学家修昔底德就经常研究在获知战场胜利或遭受失败后，雅典人民情绪上的剧烈起伏。他最善于捕捉公众得知决定性的军事胜利时那种反复无常的亢奋。[3]

战争进程也印证了另一条经典格言：获胜者往往是能最快地从错误中吸取教训，做出必要纠正，并以最快速度应对新挑战的一方。陆上强权斯巴达最终就是以这样的方式建立了一支更为优秀的海军，而精于航海的雅典人却从未建立一支明显胜过敌人的陆军。罗马是陆权国家，但其舰队取得的战果比海军强国迦太基的陆军更为瞩目。此外，英美两国还通过部署远程战斗机护航、重新调整目标、将雷达整合进防空系统、研发新

---

① 弗里德里希·迈内克（1863—1954年），"历史主义"的杰出代表。代表作有《马基雅维利主义》《历史主义的兴起》《世界公民国度和民族国家》等。

颖的战术、生产更多更好的飞机、培训更具战斗力的机组人员，迅速纠正了战略轰炸中的错误，而德国在空袭不列颠的行动中却没有做出如此有效的调整。美国以德国难以匹敌的速度扩充轰炸机队伍和机组人员规模。德国空军也许是1939年底至1940年中期世界上最强大的战略轰炸部队，但在闪电战最初的6个月内（1940年9月至1941年2月）只向英国投掷了3万吨炸弹。与之相比，盟军在1944年6月至11月半年间，空投的炸弹吨位数是当年德军的20倍之多。[4]

7

同样的差距在海上也是如此，尤其是在大西洋的战斗中。盟军高层针对水面舰艇和飞机运作模式的变革及技术改进比德国对U型潜艇的改良要快得多。美国修改策略，以对日本而言不可思议的效率制造并维修航空母舰、训练新船员。盟国通常会避免发动持续多年、以步兵拉锯战为主的区域性战争，苏联在大多数情况下亦是如此。相比之下，日本、德国和意大利则分别在中国、苏联、北非和巴尔干半岛陷入了泥潭。

经典的战争地缘理论依然重要。表面看来，20世纪在东欧爆发的战争中，地中海本不是热点，因为随着敌对的奥斯曼帝国扩张到西地中海，欧洲人发现新大陆，实行宗教改革，英法两国发生启蒙运动以及工业革命，欧洲权力和影响力的中心早已向北转移。但地中海地区连接着三大洲，尤其是苏伊士运河通航后，这里更是成为欧洲通往亚洲和太平洋的要冲，地位反而愈发重要。连接波罗的海港口和地中海港口的铁路由法西斯政权控制，其构建的南北走廊是轴心国的"脊梁"。大英帝国若失去了地中海，就无法自如控制其全球商贸和交通网络。北非、意大利和希腊早早便卷入战争也就不足为奇了。克里特、马耳他和西西里岛等地中海上的传统战略落脚点也因此在战争中持续遭受轰炸或入侵。

英国、美国、意大利和德国士兵经常会发现自己正在加固或摧毁罗马人、拜占庭人、法兰克人、威尼斯人和奥斯曼人在地中海修建的石质防御工事。直布罗陀仍然坚不可摧。自1713年被英国吞并以来，每一个侵略者都觊觎这座堡垒。由于没有一个可行的计划从伊比利亚半岛的陆地侧向其后方攻击，轴心国只得放弃攻占该要塞的企图。德国和意大利后来试图在地中海和北非发动战争，却没有认真地尝试攻占直布罗陀和马耳他，①　这足以证明他们对历史的漠视。[5]

还有其他一些经典战例被人们遗忘了。西方军事史表明，在狭窄的意大利半岛，由南向北发起攻击往往困难重重，这一点显然再次被盟军决策层忽视。亚平宁山脉的左右两侧是大海，逼仄地形有利于防守，从而令从西西里岛发端的攻势通常在半岛中部就逐渐消弭。似乎只有汉尼拔和拿破仑认为征服意大利的最佳路线是自北向南。欧洲人企图从西方攻击俄国也没有取得多大成功。尽管瑞典、法国和德国都曾为此付出过巨大努力，但是俄国辽阔的土地总是过于宽广，障碍太多，好天气太过短暂，而这片土地上的俄国人骁勇善战，数量众多。即便有飞机和坦克也无法改变这样的现实。对纳粹德国而言，一个尤为严重的问题在于，它的两个最强大的敌人——英国和苏联——在地理上也最难企及。虽然德国在中欧的地理位置使其可以轻易蹂躏法国及东欧，但事关帝国存亡的英、苏敌人却能在耀武扬威的德军攻击下，享受来自海洋和陆地缓冲区的保护。

希特勒从比利时东南部阿登地区发动的攻击曾两度令盟军

8

———————

①　其实德国后来制订了大举入侵马耳他的"大力神计划"，但未实施。

大跌眼镜。①不过，除了第一次世界大战的战例之外，恺撒在其撰写的《高卢战记》中就曾提及此地，后来该地又成为查理大帝所钟爱的战场。这一地理位置极其重要的崎岖地带一直是周边各方军队往来的关键节点。历史一再证明，入侵统一的英国是个糟糕的主意。自罗马人和征服者威廉（William the Conqueror）以来，还没有哪支军队真正尝试过在英国海岸登陆。相比之下，从百年战争到第一次世界大战，英国及其盟友却更容易在欧洲的大西洋沿岸登陆。那里的海岸线更为漫长，防御难度更大，政治上也往往四分五裂。二战期间，机械化部队和轰炸机并没有彻底改变欧洲的军事地缘格局。

拿破仑时代之后，地中海沿岸的南欧诸国都无法单独与北方的欧洲国家抗衡。第二次世界大战也不例外。意大利是第一个投降的轴心国。伊比利亚人明智地避开了战争。希腊被德国轻易击败。北非地区通常在欧洲人之间的殊死搏斗中作壁上观。土耳其在战争的大部分时间里保持中立。如果说第二次世界大战波及全球，那么它的最终走向在某种程度上仍主要由北方的欧洲国家及其前殖民地决定。就这一点而言，自18世纪末以来的所有欧洲战争都是如此。

2400多年前，历史学家修昔底德就强调了海权的军事优势，特别是控制商贸和调动军队的能力。自古以来，海洋的重要性就不曾减弱，对二战中六个主要交战国而言同样如此。战争期间有三个大国遭到过入侵：德国、意大利和苏联；三个则没有：美国、英国和日本。前者都在欧洲大陆上，后者要么是岛屿，要么是被两片巨大海洋隔离的遥远陆地。从公海上发起两栖

---

① 即1940年德军装甲部队根据"曼施坦因计划"穿越阿登山区突袭法国，以及1944年底的"阿登反击战"。

登陆，远比穿越边境或从西西里岛出发在欧洲本土登陆困难。

英国和美国受到周边海域的保护，这意味着遏制德国的威胁对它们而言从来不是生死攸关的挑战，对西欧人来说则不然。在英美人眼里，法国将军们可能总是显得脾气暴躁，但这两个国家可没有与德国接壤。德国攻击英国的唯一途径是占领法国和比利时海岸，因此德国人在 1914 年制订了《9 月计划》（Septemberprogramm）；1940 年至 1945 年，希特勒也一直对大西洋港口垂涎三尺。自 15 世纪以来，相比那些主要母港局限于北海、波罗的海和地中海的国家，面对大西洋的欧洲国家拥有天然优势。

尽管日本实力甚至还弱于德国，但盟军入侵日本诸岛比渡过莱茵河或奥得河，向德国境内发起攻击要困难得多。事实上，没有哪个现代强权曾经侵袭日本本土并大获全胜。盟军决策者对此洞若观火，希望凭借空军优势避免如此局面，他们也正是这样执行的。

基于传统地理考量，日本在 1941 年拥有多种战略抉择。日本入侵中国已长达十余年，可继续加强占领；或者在 1941 年 6 月同希特勒狼狈为奸，从东方攻击苏联；也能将孤悬于亚洲和太平洋上的各殖民地纳入囊中；还可以命令帝国海军对美国和英国发动新的战争，因为作为一个岛国，日本尚无须担忧地面入侵或者敌人发起两栖登陆。一个不言而喻的事实是，无论选择上述哪种地缘构想，习惯于排外且资源匮乏的日本都少有盟友。日本自 20 世纪 30 年代便与西方渐行渐远，1937 年侵略中国，1939 年与苏联开战，对印度虎视眈眈。它在太平洋地区不受欢迎，得不到信任，也无法有效地同轴心国盟友合作。

日本的西部地缘状况决定了它是否能在 20 世纪向太平洋东

10　扩。假如同苏联或中国敌对——这都是常态——日本则必然面临不利的两线战争。在第二次世界大战中，大量日军地面部队——所有时候都超过 60 万人——在中国作战，最终有 50 多万日军丧命于此。日本在 1941 年 4 月与苏联签订互不侵犯条约后，考虑到已在中国战场陷入僵局，遂决意冒险两线出击。但它万万没料到，珍珠港事件将导致日本同时在三个战区与中国、美国，及最后入局的苏联厮杀。由于日本政府和首相东条英机均认为从中国泥潭撤军不可接受，而且鉴于 1932 年至 1939 年，日本帝国陆军在蒙古边境对抗苏联人时的糟糕表现，① 以及传言说美国可能很快对日发动攻击，或者最终对重要资源实施禁运，因此日本认为最佳选择是利用海军航空兵对地理位置遥远的美国进行出其不意的"先发制人"打击。东条英机向战时内阁说，他考虑了所有可能性，"直到头痛欲裂，但结论只有一个，即战争不可避免"。6

　　20 世纪的科技也不能克服天气的影响。在古代，天气往往决定着战场胜负：在希波战争（公元前 480 年）中，薛西斯一世（King Xerxes）的波斯舰队在阿提密西安（Artemisium）遭遇风暴，大部沉没；1187 年的哈丁战役，十字军不堪忍受高温炙烤，惨败于萨拉丁（Saladin）领导的穆斯林军队；滂沱大雨中，拿破仑的炮兵和骑兵部队在泥泞不堪的道路上步履维艰，不幸落败于滑铁卢（1815 年）。直到战争结束，德国人都一直认为，正是 1941 年提前到来的冬季异常严酷，才使他们在莫斯科城下失去了关键的两周时间。于是当窗口期关闭时，胜利的机会也随之而去。因极端严寒，空运补给无法运抵斯大林格勒

---

　　①　指 1938 年的张鼓峰事件和 1939 年的诺门坎事件。

包围圈中的德国部队，他们也无法实施突围。1944年，因大雾影响，英军在阿纳姆（Arnhem）始终得不到空中增援，导致这次盟军主动发起的重大行动①被德军击溃。强风和浓云在一定程度上迫使柯蒂斯·李梅（Curtis LeMay）将军改变战术，他命令自己的B-29轰炸机编队低空飞行，将投掷普通航空炸弹改为投掷燃烧弹，利用凝固汽油弹将东京化为一片火海。现代将军同他们的古代同行一样，常常不出意外地将自己的失败归咎于天气，好像在制订计划时就假定变幻无常且狂暴的自然天气是已知因素，应该配合他们的计划。

到1939年，德国自普法战争（1870—1871年）和第一次世界大战（1914—1918年）之后，在70年内第三次加入欧洲大战。历史上，若敌人并未被彻底击败，或不甘屈从于胜利者开出的政治条款，那么冲突将连绵不断，不论是两次伯罗奔尼撒战争、三次布匿战争，或者后来的百年战争和七年战争均是如此。第二次世界大战的序幕就是这样拉开的：欧洲世界的许多主要国家再次处于战争状态，德国又一次成为侵略者。这一事实也催生出人们耳熟能详的"二战"概念。不过这一次，双方都默认再也不会有"三战"了——德国要么最终实现主宰欧洲的百年梦想，要么作为民族社会主义国家和军事强权而不复存在。然而盟国对历史有着更深刻的认知：在所有事关生死存亡的战争中，只有具备摧毁敌人本土家园能力的一方才能赢得胜利。

这场战争如过去许多冲突一样，时间线是不精确的。在盎

①　即"市场花园行动"。

格鲁文化圈中，官方就有两个终战时点：欧战胜利日（V－E Day）和对日战争胜利日（V－J Day）。① 同许多战争类似，第二次世界大战的盟友关系也含混不清，尤其是像保加利亚这样的国家。举个简单的例子，它与名义上的太平洋战区盟友日本没有任何共同利益，也未曾彼此沟通。同样，希腊人对中国抗击法西斯的战争漠不关心；苏联也不在乎意大利是否已经入侵了法国。7

德国周边的领土争端、东欧及巴尔干地区的种族仇恨、政治不满和国家野心经常会引发局部战争，而这些战争只是事后才被一股脑归入第二次世界大战的范畴，至少在英国和美国是这样界定的。大多数参战方希望将他们的狭义诉求与更为宏大的意识形态运动结合起来。不过更重要的是，他们的目标只是勾连强大盟友，加入很可能获胜的正确一方，并瓜分战利品。弗朗西斯科·佛朗哥（Francisco Franco）将军统治下的西班牙法西斯政府就是典型的超越意识形态关联的机会主义者。1939年到1941年，尽管佛朗哥在不久前的西班牙内战中损失惨重，还不时遭到希特勒的回绝，但他依然考虑加入轴心国一方参战。佛朗哥料想盟国很可能战败，西班牙便能借机攫取北非殖民地。他经常吹嘘西班牙可以单方面占领直布罗陀，或者征召几十万将士为轴心国大业而战。然而到了1943年和1944年，西班牙判断轴心国现在大概率会输掉战争，并失去侵占的领土，便开始不厌其烦地重申其中立地位，以避免早前的立场可能引来盟军入侵，进而导致政府垮台。至1944年底，法西斯西班牙就不再向德国出口金属钨，改口赞美英美的民主体制，还渴望成为

12

---

① 分别为1945年5月8日和1945年9月2日。俄罗斯及东欧国家的胜利日为1945年5月9日。我国的抗日战争胜利日定为1945年9月3日。

战后反共联盟中的一员。[8]

　　1939 年的芬兰人，1940 年的意大利人、苏联人、中国人，1941 年夏的美国人，那段时间没有人能想到，德国入侵波兰已经扣动了引发世界大战的扳机。1939 年战争初期，美国对突然入侵芬兰的苏联实施制裁，但很快便改变政策，向曾经被列入黑名单的苏联提供武器，芬兰就此战败，而不久之前，芬兰还被视为高贵的受害者。长久以来，英国和德国分别向意大利和苏联示好，视其为盟友，反之亦然。尽管日本和法国维希政府都是德国名义上的盟友，日本却占领了法国维希政府控制下的印度支那。苏联领袖约瑟夫·斯大林曾与所有主要交战国签订过条约，达成了各种正式或非正式的互不侵犯协议。

　　一场怎样的战争才能被称为世界大战？除了"第一次世界大战"这个名号本身，它从来就不是真正的全球冲突。在非洲，只有内陆地区发生了一些小规模的局部战斗，还有几十万非洲人加入殖民地部队在欧洲和中东服役，此外就与大战无甚关系。剔除中东和土耳其，亚洲大陆也没受到这场屠戮的影响。除了欧洲大陆及英国附近水域，以及地中海之外，公海上很少爆发水面战斗。空军尚处于襁褓之中。北美和澳大利亚毫发无损。北极地区几乎没有硝烟。

　　事实上，直到 1941 年，从来就没有什么全球战争，即便历史上最血腥的战争也仅仅是区域冲突而已。所谓波斯战争（公元前 490—前 479 年）只是波斯帝国为了吞并爱奥尼亚（Ionia）和希腊本土，将其纳为最西边行省而引发的冲突。亚历山大大帝在希腊、亚洲及北非转战（公元前 335—前 323 年），然而并未顾及西地中海。迦太基与罗马的对决（公元前 264—前 146

年）很大程度上仅仅是地中海事务，影响范围只包括北非当地部落、南欧人和残存在希腊的马其顿势力。十字军本质上是一系列穿越东地中海地区、前往中东的线性战役。百年战争（1337—1453 年）或破坏性很强的美国南北战争（1861—1865年）根本就没有蔓延至全球。

从公元前 2 世纪到公元前 1 世纪，罗马军团和战舰便已经遍布非洲、西欧、亚洲和整个地中海地区。然而他们并未在上述地区同时开战，也不经常在区域外发动战争。温斯顿·丘吉尔形容七年战争（1756—1763 年）为"第一次世界大战"，但考虑到中国、日本没有卷入其中，印度等亚洲地区、南美洲和非洲的大多数人民只受到间接影响，所以实情并非如此。长达 12年的拿破仑战争（1803—1815 年）涵盖了几十个国家，也许最为接近全球性冲突。其衍生和关联战役从欧洲蔓延到北非、中东、地中海、大西洋和北美，将这些地方也变为主要战场。在持续十余年的拿破仑战争中，大约有 500 万人丧命。但总体而言，历史上压根就不存在世界大战的概念。即使是发生次数不多的洲际战争，也未必比更频繁的边界冲突更具破坏性。第二次世界大战改变了这一切。[9]

历史学家和老兵们只有在回溯历史时，才开始将发生在1939 年至 1945 年之间（若考虑日本的情况，时间还要提早到1931 年或 1937 年），遍及全球的一系列冲突看作那场战争的组成部分，但这并没有取得共识。法国在 1940 年 6 月投降，匍匐在敌人脚下长达 4 年之久，对所谓第二次世界大战的概念毫无兴趣。苏联认为"伟大的卫国战争"（Great Patriotic War）与他人无关，将德国视为这场战争的唯一真正敌手，坚信是他们单独打败了纳粹。不过在过去，沙皇们在对抗法国的拿破仑和德意志第二帝国的威廉二世（Kaiser Wilhelm Ⅱ）时，也曾使用相同的自指名词来形容他们的"卫国战争"。

这样的重塑和再造在历史上并不鲜见。例如"伯罗奔尼撒战争"，很大程度上就是修昔底德在公元前5世纪晚期的发明。与其同时代的观念大相径庭，这位雅典老兵和前舰队指挥官在事后将诸多连续不断的战争和穿插其间的事件，如发生在公元前431年至前404年之间的阿基达米亚战争、《尼西亚斯和约》、西西里战争、德利安战争、爱奥尼亚战争等，视作一场战争的不同篇章。同样，持续十年的波斯战争和百年之久的布匿战争也是人们在最后一战分别击败波斯和迦太基后才形成的共识。从这个意义上分析，有观点认为第二次世界大战就是一场跨大西洋国家对阵德国的"三十年战争"的一部分。这场大战爆发于1914年，在1918年平息下来，经历一段修昔底德式的平静和紧张后，于1939年再度开火，最终似乎在1945年永久结束了。[10]

20世纪30年代，混乱预示着战争即将来临。刚开始，民主国家一厢情愿地认为即使那些非民主体制的欧洲国家，如纳粹德国和法西斯意大利，至少还拥有西方共同的古老宗教、血统和历史，因此情感上是亲近的；它们亦有几分理性，不会有意重现1916年在索姆河和凡尔登发生的骇人杀戮。鉴于第一次世界大战的悲剧，希特勒治下的德国肯定会重视谈判和妥协，愿意通过外交方式来弭息争端，而不是再次诉诸自杀性暴力。可惜这种耐心和天真只会削弱传统威慑，反而鼓励了纳粹进一步扩张。

从古至今，大多数战争之所以爆发，一般都能归咎于战前对彼此间军事、经济实力，以及战略目标的错误评估。战前，纳粹德国并不知道大英帝国、美国、苏联有多么强大，后者对希特勒的军事野心也一无所知。他们都需要经历一场世界大战才能恍然大悟。

威慑就是依托更强大的军事力量，凭借实力和意志，从而成功地阻止敌人入侵。纵观历史，若威慑缺失，战争就会爆发。从迦太基到美国南方邦联，较弱的好战分子们总能够说服自己相信不可能的事情，因为他们的幻想没有被冷冰冰的现实提前制止。更强大的力量，以及使用该力量的决心，就有可能在冲突开始前就让其偃旗息鼓。换言之，17世纪英国政治家、第一代哈利法克斯侯爵乔治·萨维尔（George Savile, 1st Marquess of Halifax）对威慑有着更精彩的描述："只要偷马，就会被绞死。"[11]

然而，一旦没有绞死窃贼，也确实有更多的马被偷了，那么孰强孰弱就令人困惑。只有经历一次损失惨重的世界大战，剔除了华丽辞藻和虚张声势后，政治格局才能根据真实的实力再次得到校准。根据温斯顿·丘吉尔的说法，希特勒的《我的奋斗》（Mein Kampf）是一部有关"信仰和战争的新《古兰经》"。它幼稚地咆哮着德国只有重整军备，积极进取，才能获得认同，至少在斯大林格勒战役之前如此。此战之后，广大德国人不再阅读希特勒的著作，也很少听到他的声音，因为第三帝国的野心开始衰退，纳粹德国暴露出远比敌人虚弱的本质，领导这个国家的是一个不合格的战略家。苏联的装甲车比德国更胜一筹，这在战前就是事实。令人费解的是，苏联却未能传达这一确实情报，也就失去了威慑。希特勒事后说道，假若知道德国的制式反坦克武器对苏联坦克，尤其是T-34坦克无效，他就永远不会入侵苏联。也许吧。但是这场发生在东方的区域战争导致超过3000万人死亡后，苏联的真正实力才显露出来。

因此领袖们及其幕僚下属为战前的错误判断付出可怕代价后，只得被迫进行必要的调整。[12]

1938—1939 年，西方民主国家本应能轻易对德国施加威慑，却畏敌惧战。瓦尔特·瓦尔利蒙特（Walter Warlimont）[①]将军解释了希特勒为何如此自信："第一，他认为远东利益比欧洲事务对它们（盟国）更重要；第二，它们似乎并没有做好战争准备。"为了证明希特勒的错误，人们付出了多么可怕的代价啊！[13]

拿破仑在莱比锡（1813 年）和滑铁卢（1815 年）惨败后，才终于承认他的军队根本无法与俄国、普鲁士、奥地利、瑞典、英格兰联军对抗。如果所有这些国家在十年前就结成牢固的联盟，拿破仑可能早就打退堂鼓了。丘吉尔在谈论希特勒的军事扩张计划时，曾经毫不夸张地说："至少到 1934 年，我们还可以在不失一兵一卒的情况下，阻止德国重整军备。缺少的并不是时间。"[14]

1939 年，德国在飞机、装甲车辆、人力资源储备、工业产出等方面并不比英法强，或者说至少没有足够的力量击败并攻占这两个国家。后来的德意日轴心国实力也远逊于随后出现的英美苏三国同盟。轴心国的人口总数仅略多于同盟国的三分之一，更不用说生产能力了。毕竟，到 1945 年战争结束时，美国的战时国民生产总值几乎超过其他所有同盟国和轴心国的总和。[15]

总而言之，即使可以预测的人性从未改变，地理和天气条件自始如旧，人们继续遵循着古老的战争法则，并重复扮演着

---

① 瓦尔特·瓦尔利蒙特（1894—1976 年），曾任德军最高统帅部高级参谋、炮兵上将；德国战败后被列为乙级战犯，获无期徒刑，1954 年获释。

长久以来早已熟知的角色，但 6000 万人死亡、20 世纪的极权主义思想、希特勒无以复加的邪恶、V－2 导弹、两枚投向日本的原子弹、犹太人大屠杀、凝固汽油弹、神风敢死队，以及数百万苏联人和中国人惨遭杀戮，这些事件似乎重新定义了这场世界大战，使它与以往任何一场战争都迥然不同。

16   为何西方世界明明知晓历史教训，了解战争地缘，第一次世界大战所带来的直接创伤尚未抚平，却选择在 1939 年使自己陷入万劫不复的境地？与其说这是一个意外、误判和过度反应的故事（尽管这样的例子显然还有很多），不如说这些国家经过一番深思熟虑后，有意对阿道夫·希特勒的纳粹德国采取无视、绥靖或合作的策略。这些国家拥有资源和常识，却没有意愿反其道而行之。

第二章 积怨、计划和手段

第二次世界大战的起因错综复杂。古老的边境纠纷与国家之间的积怨点燃了紧张局势。第一次世界大战的胜败双方不仅普遍对本以为能结束冲突、建立持久和平的《凡尔赛条约》心怀不满，而且对这项被贴上了各式标签——或太软弱或太强硬——的解决方案怒气冲天。各国越来越认为当前的状态不可持续。

之前两场事关德国的战争——普法战争和第一次世界大战——都没能解决一个老大难问题：如何在欧洲心脏地带遏制统一的、充满活力的、民族主义的德国出现？进入 20 世纪 30 年代后，20 世纪的科技和法西斯意识形态更是为紧张关系火上浇油。这导致到 20 世纪 30 年代后期，欧洲和亚洲都出现了一个名副其实的怪异现象：不论是工业实力还是科技水平，本质上略逊一筹的轴心国人民被看作超人；反之，真正的同盟国超人们却丧失了自信，被敌人视为无足轻重的对手，遭到鄙视。

于是第二次世界大战中最具讽刺意味的悲剧性事件发生了：实力较弱的轴心国在战场上无法击败盟军，却能杀死更多盟国士兵和平民。第二次世界大战是历史上为数不多的，失败方歼灭的部队远多于胜利者，平民死亡人数更甚于士兵的重要战争。在过去的冲突中，也很少有战败者凭借比最终赢家少得多的物资和人力资源，在战争初期迅速取得如此重大的胜利。总而言之，第二次世界大战的开端匪夷所思，进程更加不可捉摸，在技术层面上更是以史无前例的恐怖方式结束。这场战争带来的冲击不仅仅是前所未有的破坏和残暴，而且是当 20 世纪的开明精英们终于承诺要结束所有战争，全球共享和平，分享新式机器和生活方式，使人类比历史上任何时候都更加富有、更加无忧无虑、更加愉悦时，似乎正是新世纪的技术和意识形态不可避免地引发了这场史无前例的野蛮战争。

18   一般认为，第二次世界大战爆发于 1939 年 9 月 1 日，德国大举入侵波兰——这是该国 70 年内第三次越过与这个欧洲邻国的边界。两天后，英国就此对德国宣战。大英帝国和法国至少在理论意义上参战了。苏联红军确信不会与日本同时开战，于是在 17 天后攻入波兰，和纳粹德国一道瓜分了这个满目疮痍、行将灭亡的国家。[1]

    1939 年 9 月之前，德国、意大利和日本，这三个后来的轴心国就在西班牙、阿比西尼亚（埃塞俄比亚）和中国东北发起小规模的战争。但是这些入侵行动并没有引起欧洲民主国家集体做出军事反应，甚至它们对纳粹在 1938 年到 1939 年吞并捷克斯洛伐克大部也熟视无睹。纵观历史，大国往往指责地理位置遥远的小盟国把它们拖入战争，而不是急于阻止或结束这些冲突。1938 年，几乎没有哪个伦敦人或巴黎人甘愿为捷克斯洛伐克献身，也无人阻止轴心国在远离西方国家首都的边境地带大肆扩张的脚步。1939 年 9 月，没人愿为波兰开战。至少他们相信，战争将随着波兰终结而终结。苏联驻英大使伊万·麦斯基（Ivan Maisky）在 1939 年 11 月与比弗布鲁克勋爵（Beaverbrook Lord）进行了一次谈话。[1] 勋爵表明了英国

---

① 伊万·麦斯基生于 1884 年，青年时代被沙皇流放到西伯利亚，1912 年到 1917 年客居伦敦。1921 年，麦斯基正式加入布尔什维克，1932 年担任驻英大使。比弗布鲁克勋爵于 1879 年 5 月 25 日出生于加拿大，1910 年定居英国，1918 年进入内阁。

在战争刚开始 10 周时的恐惧："我是一个孤立主义者。我只关心大英帝国的命运！我希望帝国毫发无损。但我不明白，凭什么为了这个原因，我们就要发动一场耗时 3 年的战争去粉碎'希特勒主义'（Hitlerism）。去死吧，希特勒！如果日耳曼人喜欢他，我很乐意把这个宝贝让给他们，还要向他们鞠躬致谢。波兰？捷克斯洛伐克？和我们有什么关系？张伯伦对波兰做出了承诺，真是该死。"

假如记录准确，比弗布鲁克的言论事实上同希特勒对于英国的最初判断无异。希特勒认为英国将远离欧陆战争，并与第三帝国达成获取各自霸权的协议："英国人的行为好像很愚蠢。他们将被迫睁开双眼看清现实，承认新秩序。"保持中立本质上就是一种选择，必然伤害或打击特定的交战方。中立几乎总是帮助侵略性的食肉动物，而不是受害者。正如印度政治家和社会活动家 V. K. 克里希南·梅农（V. K. Krishna Menon）① 曾经讥讽道："从来就没有所谓积极的中立，就像没有吃草的老虎。"²

尽管如此，希特勒还是慌乱了一阵子——用温斯顿·丘吉尔的话说就是"大为震惊"——那些本以为虚弱不堪的盟国至少在名义上为波兰宣战了。希特勒惊慌失措并不奇怪，因为1939 年 8 月 23 日与苏联签署新的互不侵犯条约后，他如愿以偿，已经消除了第一次世界大战中德国两线作战的梦魇。毕竟，波兰的命运就是一直被肢解，之前至少经历过四次瓜分。希特勒很快恢复了冷静，因为他意识到，即使盟国已经宣战，它们也不太可能真心诚意地去为波兰打仗。此外，希特勒还为波兰

---

① 克里希南·梅农（1896—1974 年），印度民族主义者、外交官、政治家，曾领导印度独立运动，后担任印度国防部部长。

准备了稍微不同的待遇：不仅是迅速击败，而且是以"残酷无情"的方式彻底"毁灭"这个国家。正在盟国犹豫不决，还没来得及有所反应期间，波兰就消失了。第三帝国以变幻莫测的雷霆手段给它们好好上了一课。[3]

然而，在随后 8 个月的占领中，德国和苏联对波兰的两面夹击逐渐被人们接受，法国和英国慢慢地改变了开战的想法。波兰的迅速亡国被视为希特勒一系列入侵行动的最后一次挑衅，使得德国的西方敌人们深为愤怒，但同时也感到极度狼狈和恐惧。蒙羞的西欧人一度从浑浑噩噩中清醒过来，突然意识到指望 1939 年 9 月希特勒在波兰停止脚步是不可能的，因为德国在 1938 年吞并奥地利，以及捷克斯洛伐克的苏台德地区（该国与德国、奥地利接壤的德语区）后，纳粹并没有停下侵略的步伐（见地图 1）。显然，希特勒的目标甚至超越了德皇威廉二世，已不可能通过妥协和外交手段让他满意。德苏两国联合入侵波兰还摧毁了一个不言而喻的民主假设：毕竟，邪恶的纳粹主义能为西方抵抗住苏联布尔什维克。这种不道德的现实政策为纳粹暴行开脱，以换取斯大林主义（Stalinism）远离西方民主国家。然而假如希特勒现在已经同苏联达成协议，那么这种现实政策就没有存在价值了。[4]

希特勒不厌其烦地命令空军在英国上空散发传单，说服英国人不要把失去波兰作为向德国宣战的正当理由。但是一场更大范围的战争已经迫在眉睫。除了大英帝国发挥的全球性的关键作用外，在澳洲、亚洲、北美，以及最终在南美，几个大洲上均出现了与德国结盟，或与之为敌的国家。各国相互宣战，却没有充分意识到，长期看来，任何一个国家都有可能引发世界大战。这一次，大战比 1914 年的一战波及更广，也更加致命。部分原因在于 1939 年的战争诉求很快就超越了贯穿 19 世纪的欧洲难题，即遏制活力无限、国家统一且愤愤不平的德意志帝国，破坏它的大陆战略；同时，技术发展也压缩了时间及空间上的距离。1941 年后的新型战争影响到数亿人的政治前景，远远超出了莱茵河和奥得河的影响范围，战斗偶尔还会波及北极、澳大利亚，甚至南美洲地区。阿姆斯特丹、安特卫普、雅典、柏林、布达佩斯、列宁格勒、伦敦、莫斯科、巴黎、布拉格、罗马、鹿特丹、上海、新加坡、东京、维也纳、华沙和横滨等世界大都市都处于轰炸机或装甲部队的打击范围，一度遭遇轰炸或围困。到 1945 年，世界上几乎所有国家都卷入这场大战，只有 11 个国家保持中立。[5]

大致在 1942 年末，盟军取得斯大林格勒、阿拉曼（El Alamein）和瓜达尔卡纳尔（Guadalcanal）战役胜利后，由于各种事件奇怪地交织在一起，盟国才清楚地认识到德国、意大利和日本在战前就有着共同弱点。于是当阿道夫·希特勒、贝尼托·墨索里尼，以及东条英机领导下的日本军国主义者先后愚蠢地在苏联、巴尔干半岛和太平洋开始豪赌后不久，各国为了对抗它们而组成了一个怪异的同盟。德意军队干涉西班牙内战（1936—1939 年），并成功地击败了弱小的共和军，因而被世人认为实力强大，轻易地赢得了赞誉。它们在那里展示了一批 20 世纪 30 年代末最先进的新型飞机、大炮和坦克，但到了 1941 年，这些武器却因几近淘汰而风光不再。这股力量似乎向世界表明，它们渴望肆无忌惮地使用暴力，无视道德谴责或平民伤亡。最终，佛朗哥的国民军获胜，由苏联和西方志愿军支持的共和军落败。[6]

在大萧条时期，轴心国模式，至少在基础设施和军备方面，

21

一开始似乎比西欧，甚至美国更能适应危机。尽管希特勒的华丽公共工程项目万众瞩目，尽管美国在经济政策上不乏种种愚蠢之举，但事实上，美国战胜大萧条的表现可能跟德国一样出色。轴心国自信心爆棚，吹嘘一场新的机械化战争即将在地面和上空展开。从飞行员查尔斯·林德伯格（Charles Lindbergh）到英国坦克大师 J. F. C. 富勒（J. F. C. Fuller），前来柏林访问的美国和英国军事"专家们"似乎证实了这一信条。大多数人被纳粹的夸夸其谈和虚张声势迷惑，而没有精确调查武器的产能和相对质量。几乎没人会想到，纳粹在 1934 年至 1939 年间耗费巨资重整军备，几乎使第三帝国破产。即便如此，德国在重型轰炸机或主力舰方面的实力仍无法与潜在的敌人平起平坐。

比起西欧和美国的领导人，墨索里尼、希特勒更为疯狂。他们敢于装疯卖傻，这可是战前地缘政治牌局中的高级筹码。两人都是退伍老兵，在一战中受伤并获得过奖章。一代人之后，他们摆出一副真正的斗士姿态，比理性的西方盟国领袖有着更强烈的意愿投入战斗。后者则是一群 20 世纪 30 年代的贵族人士，在第一次世界大战中要么是管理层，要么是普通官僚。这些对比让人想起了历史学家修昔底德对科西拉岛（Corcyra）暴动所发出的警告："直率的智者"比精于世故的对手更能迅速地采取行动，也更为成功。[7]

到了 20 世纪 30 年代，所谓"伟大战争"（Great War，即第一次世界大战）的余波令上一代退役军人陷于宿命论的泥潭。希特勒在几乎所有的夜间演说中都咆哮着，活灵活现地讲述一战堑壕中的故事。这些噩梦磨炼了其性格，却没有告诫他要小心谨慎。希特勒的经验教训与纪尧姆·阿波里奈（Guillaume Apollinaire）、威尔弗雷德·欧文（Wilfred Owen）、西格夫里·萨松（Siegfried Sassoon）①在艺术作品中表现的超现实主义和偶尔的黑暗荒诞截然不同。比起德国艺术家，这些人的反战作品更能吸引国际受众。也许更达观的胜利者能够在恐怖的场景中反思战争；沮丧的失败者则需要将他们注定无果的勇气变成传奇故事，还要为失败寻找借口。

盟国其实是有所准备的。在20世纪20年代至30年代初的大部分时间里，它们至少在战术上，似乎要放弃与另一支庞大且缓慢笨拙的德国军队再度开战。盟国害怕未来的战争又成为一场大规模堑壕战（然而盟国是这种战争形式的胜利者）。基于这样的焦虑心情，重组后的盟国在理论上寻找解决之道，试图利用机动性和机械化作战方式，以避免重现索姆河和凡尔登的堑壕。然而事实是，法国、捷克斯洛伐克等离德国最近的国家却采用保守的静态防御模式，备战工作就是修筑要塞。钢筋混凝土工事令人惊叹，也不乏价值，却与倡导部队机动性的时代潮流和武力反击理论背道而驰。法国的军官阶层已垂垂老矣，缺乏战术创新和协调能力，即使德军将矛头直指马其诺防线上的钢筋混凝土堡垒，他们也能成功。

大萧条时期的民主国家也不敢保证它们的工业潜力能像1918年那样得到充分释放，生产出大量先进的进攻型武器。20世纪20年代应该是享受最终和平红利的时代，而不应该重整军备，将同样一群欧洲国家再次拖入无休止的战争，蒙受更多牺

---

① 纪尧姆·阿波里奈（1880—1918年），法国诗人、剧作家、艺术评论家，超现实主义的先驱之一。他的超现实主义戏剧《蒂雷西亚的乳房》有部分内容隐射了第一次世界大战。威尔弗雷德·欧文（1893—1918年），英国诗人和军人，以描述堑壕和毒气的战争诗篇闻名。他在一战结束前仅仅一个星期不幸阵亡。西格夫里·萨松（1886—1967年），英国诗人、小说家。第一次世界大战时在军中服役，写有尖刻的反战讽刺诗作，与欧文是好友。

牲。1939 年 11 月，入侵波兰两个月后，德国空军首脑赫尔曼·戈林（Hermann Goering）嘲笑正在柏林工作的美国新闻记者威廉·夏伊勒（William Shirer）①："如果我们按你们的速度生产飞机，那我们就太弱了。我是认真的。你们的飞机是很好，但产量不够高。"

戈林的判断通常都错得离谱，但这个错误至少反映出德国人认为盟国已经丧失了威慑力量。这种能力不仅基于物质实力，还取决于外在表现和公认的使用它的意愿。即使到今天，也很少有人注意到，法国、英国、美国的飞机总产量早在 1939 年就超过了意大利和德国。英国已经试飞了早期型号的"斯特林"（1939 年 5 月首飞）和"汉德利·佩奇"（1939 年 10 月首飞）两款四引擎轰炸机原型机，美国则正在生产早期型号的 B-17 轰炸机（早在 1937 年就交付使用）。这些飞机飞行速度慢，有时也不可靠（尤其是英国飞机），但它们为盟国提供了使用重型轰炸机的早期经验，而且很快就出现了改进的全新型号。更重要的是，甚至在美国参战前，盟国飞机制造厂便已准备好与德国的战斗机和轰炸机设计相抗衡，乃至超越。后来，患有妄想症的戈林亲口否认盟军的战斗机护航编队能够抵达德国领空，其实盟国空军进入德国已是常态，有时还会被击落在第三帝国境内。[8]

这都无关紧要。在 20 世纪 20 年代和 30 年代初，几乎每一份盟国的公开宣言都显示出它们怯懦畏惧，反而刺激了实力相对不济的国家挑起战争。在凡尔赛会议之后的十年里，法国、英国和美国都缩减了军队规模。人们签署各种国际条约——

---

① 威廉·夏伊勒（1904—1993 年），美国记者、作家，著有《第三帝国的兴亡》。

《华盛顿海军条约》（1921—1922 年）、《道威斯计划》（1924年）、《洛迦诺公约》（1925 年）、《凯洛格－布里安条约》（1928 年）和《伦敦海军条约》（1930 年）——对《凡尔赛条约》进行调整，以限制海陆军备，相互保证和平，展现自己的美德，建立牢不可破的同盟，甚至宣称战争本身就是过时的，而不是重建军队以震慑德国。早前的胜利者和实力更强大的国家渴望在国际联盟的框架内实现集体安全；过去的失败者和弱国则谈论单边行动，将国际和平视作乌托邦。民主国家的精英们把在第一次世界大战中击败德国和奥地利的胜利重新解释为似是而非的事件，没有真正的赢家和输家；德国人却一门心思琢磨，他们这样的失败者如何才能像以前的敌人那样，成为无可争议的胜利者。

至 20 世纪 20 年代末，一战的获胜方仍在争论，背弃公义的国际军火商是否同侵略成性的德国人一样，对这场灾难负有责任。是陈腐的联盟、唯利是图的资本家、自动触发的军事动员体制、贪婪的银行家、单纯的误判和意外引发了战争，而不是未能在 1914 年再次震慑住强大的普鲁士军国主义和德意志的妄自尊大。英法政治家们幻想希特勒可能是一个经济上的理性主义者，新的贸易妥协应该能抑制他的军事冲动；或者他是一个现实主义者，能意识到一场新战争将让德国付出惨重的代价；或者他们淡化了纳粹种族主义意识形态，认为这只是某种粗糙的公开伪装，以掩盖德国更为合乎逻辑的真实意图；或者他们把希特勒看作头脑清醒的德国资本家、贵族和容克地主们发泄沮丧情绪的暂时有用的工具；又或者他们相信令人厌恶的民族社会主义是对布尔什维主义的有效震慑。[9]

因此，当总理希特勒在 1934 年 8 月 29 日获得了绝对权力并被批准成为元首时，盟国政治家一厢情愿地以为德国人很快就会厌倦这个失败的画家和奥地利下士。精英们有时会把一个人之前郁郁不得志，如未能获得社会认可、没能取得学位，或赚不到钱归咎于他不称职或缺乏才能。英国政治家安东尼·艾登（Anthony Eden）哀叹说，在英国，几乎无人知晓该如何同希特勒或墨索里尼这样的人打交道：

> 你知道，在那段时间里，最困难的事情就是说服我的朋友们相信，希特勒和墨索里尼在心理、动机和行为方式上与英国商人或乡绅毫无共同之处。朋友们却根本不相信。他们认为我对独裁者有偏见，拒绝理解他们。我总是说："当你和元首或领袖交谈时，你便会立刻感觉到在和一种与你截然不同的物种打交道。"[10]

西方民主国家一开始没有意识到，希特勒早期一系列辉煌的外交成就和最初轻松取胜的闪电战使得内心无比压抑，却又以深厚的艺术和知识遗产为傲的德国人为之着迷。数以百万计的德意志人虽然受过良好教育，但他们并没有意识到高雅文化与无情打压对手的民族社会主义基本原则之间的矛盾。或者，如果有什么区别的话，也许他们感觉到了德国武装力量、德国国防军和西方文明霸权之间的共生关系。正如希特勒本人经常在晚餐上对着一小群被他迷住的听众，就歌剧、艺术和建筑夸夸其谈到深夜，吹嘘这些都是他的胜利果实。

装甲指挥官汉斯·冯·卢克（Hans von Luck）① 讲述过一

---

① 汉斯·冯·卢克（1911—1997年），曾在第7装甲师和第21装甲师服役，上校军衔，著有回忆录《装甲指挥官》。

个文化与军事交融的故事。那是在 1944 年 11 月，德军从法国
边境的旧马其诺防线向后撤退的黑暗日子里。当时卢克正走在　25
一座被炸毁的教堂废墟中。在这个战斗最激烈的地区，他突然
看见了一台管风琴，立刻表现出自己是一名有文化修养、艺术
敏感的军人。"我们从墙上的一个大洞钻了进去。我站在废墟
中的祭坛前，抬头望着风琴。它看上去完好无损。之后又有我
们的几个人进来了。'来，'我对着一个上等兵喊道，'我们爬
到风琴上去。'一到上面，我就叫那人踩风箱。我则在风琴上
坐了下来。难以置信，它居然还能演奏。我一时兴起，开始演
奏巴赫的赞美诗《如今我们感谢上帝》（*Nun danket alle Gott*）。
琴声从残垣断壁中飘扬而去。"为保卫民族社会主义德国而战
与在战争废墟中演奏巴赫的音乐之间并没有什么不和谐。[11]

　　情绪同贪婪一样，也会将国家推向战争。唯物质论者可能
会说，三个资源匮乏的轴心国只是为了争夺更多的资源——橡
胶、粮食，尤其是燃料而开战。它们渴望得到更多本属于他人，
通常是弱国的土地，以在公认的边境外扩大自己的影响力和人
口规模。其实德国仅凭借其庞大的人口、强劲的工业，以及在
第一次世界大战中相对较小的损害，即使不用吞并奥地利、苏
台德地区和波兰西部，也能恢复欧洲强国的地位。然而，向民
族社会主义的领导人指出这一点无异于白费口舌。希特勒也不
会相信，到1939 年 8 月底，第三帝国已经取得自建立以来最佳
的地缘政治地位，拥有德国历史上最多的人口和最广大的领土。
1939 年的德国人口规模与现在类似，拥有的土地却远胜于今。
　　敌对的沙皇俄国早已不复存在了。没有奥匈帝国与德国竞
争，美国也不再作梗，摒弃了干涉主义。法国和英国都愿意妥

协。纳粹德国可以从自由市场上，特别是从北美大量购买石油。对于它认定不利于其扩张的任何国际协议，德国都会要求重新谈判或干脆毁约而不用承担任何后果。德国人当时没有挨饿，因此"生存空间"（Lebensraum，"我们要求土地来养活我们的人民，安置过剩人口"）这个概念并非基于现有耕地不足而被提出。[12]

26 向日本指出并不需要占领一半中国领土来刺激它的工业，或者告诉意大利，东非和北非的落后地区无益于改善其长期疲软的经济，同样徒劳无益。相反，在 20 世纪 30 年代早期的艰辛岁月里，这三个法西斯政权都不同程度地憎恨《凡尔赛条约》及其带来的后果，尤其是它们的荣誉因此受到攻击，它们的人民没有得到尊重和应有的报偿。它们发动战争是为了变成世界大国，特别是公认的世界大国。事实证明，非理性不仅是战争的催化剂，也推动了以牺牲他人为代价获得物质利益的欲望。

从 1919 年起，日本和意大利就一直在抱怨。作为一战的获胜方，这两个参战国都认为构建《凡尔赛条约》的强权国家没有从德国和奥地利那里瓜分足够的领土回馈它们。日本并不满意像个仆从那样，在印度洋和太平洋，偶尔在地中海上协助英国海军；对取得原属于德国的加罗林群岛、马里亚纳群岛和马绍尔群岛的少量资产也颇有怨气。意大利认为，获得位于阿尔卑斯山地区的南蒂罗尔（South Tyrol）并无多少领土利益，不足以补偿一战中在奥地利边境上损失的近 100 万条生命。它认为凡尔赛体系代表了"残缺的胜利"。[13]

未来的轴心国虽然气势汹汹，但也忧心忡忡。德国一直深深地担心苏联和英法等国有能力通过全球联盟、贸易禁运和封锁对其进行打压。意大利害怕最终在美国的帮助下，法国和英国海军能够轻而易举地在地中海将墨索里尼驱逐出他所展望的新罗马帝国之外。日本对遍布太平洋的英国及美国舰队深感忧虑，将其视为对帝国自我意识和宏伟蓝图的冒犯。[14]

如果说希特勒的第二个最重大失策——1941年6月入侵苏联为第一个——是在1941年12月11日对美国宣战的话，那么在最初的几个月中是可以理解的。这场即将爆发的全球战争将不可避免地争夺广袤的欧洲大陆，而当时美国地面部队的规模仍然很小。在希特勒的狂热战略计划中，他显然认为在珍珠港事件（根据德国外交部部长约阿希姆·冯·里宾特洛甫的说法，"这是自开战以来最重要的事件"）后，军备不足的美国将全力以赴对抗日本帝国海军，甚至不太可能找到舰船穿越潜水艇出没的海域，将整支军队送到欧洲。[15]

在接下来的1942年，攻击英美联合商船队取得了不俗效果，德国人认为值得为此冒险与美国海军作战。现在美国也面临着一场两线战争。假如美国曾经坐视英国陷入一片火海，看着法国大难临头，对发生在中国的大屠杀无动于衷，那么面对德国与日本结盟的魔影，它很可能无心恋战。希特勒对第一次 27 世界大战的看法相当扭曲。美国虽然在1917年之前几乎解除了武装，但在不到两年时间里，就将近200万军队送到欧洲作战，与此同时还生产了庞大的战争物资。希特勒却对这一奇迹般的成就视若无睹。迟至1941年3月，希特勒还表示并不担心美国介入战争。他相信美国至少需要四年时间才能达到最佳生产状态，而且航运也是个大问题。日本将削弱美国海军舰队，就算日本不能完全做到这一点，美国两栖部队也很难在要塞林立的欧洲海岸线上找到合适的登陆地点。[16]

除了像路德维希·贝克（Ludwig Beck）① 这样的少数德国将军外，没有人胆敢向希特勒指出这就是妄想。向美国宣战后，希特勒可能认为他终于能在全世界范围内解决犹太人了。总之，瓦尔特·瓦尔利蒙特将军声称，希特勒嘲笑那种将美国视为劲敌的想法。美国的战争潜力"在希特勒的心目中并不十分可怕。起初，他对美国的军事能力不以为意"。希特勒没有意识到，到1941年，美国已经开始挖掘大萧条中闲置的生产能力了。20世纪30年代，美国有50%的劳动力没有充分就业，但如果国家动员起来应对一场"全面战争"，要实现全体就业简直易如反掌。[17]

20世纪30年代末，民主国家并未将希特勒统治下的德国视为业已存在的威胁，或者就算是重大威胁，发动战争阻止它也毫无意义。在西欧和美洲的民主国家里，有许多对法西斯主义者抱有幻想的狂热支持者，但在德国、意大利和日本的暴政下，却少有敢于直言的民主主义拥趸。对1933年的德国学生而言，骄傲地集体宣称他们不愿意为新组建的纳粹政府而战是不可想象的，而且很可能要命；而牛津大学辩论社（Oxford Union）的学生们则通过了一项决议，"该组织拒绝为国王和国家战斗"。帕特里克·利·弗莫尔（Patrick Leigh Fermor）② 时年18岁，计划从鹿特丹出发，途经德国，旅行至伊斯坦布尔。他在回忆录中提及了那次投票：

---

① 路德维希·贝克（1880—1944年），上将军衔，曾出任德军总参谋长，1944年密谋刺杀希特勒，政变失败后被枪杀。
② 帕特里克·利·弗莫尔（1915—2011年），英国作家、学者、军人，二战期间多次空降克里特岛，组织当地游击队反抗德军。

　　我被咄咄逼人的目光包围着。有人耸耸肩，发出断断
续续的笑声，露出洁白的牙齿，声音就像守夜人敲起响板。
我能在周围的眼睛里察觉到一丝轻蔑的怜悯和胜利的光芒。
这清楚地表明他们确信，如果我是对的，英国已经堕落和
轻薄到不可救药的地步了……这些大学生使他们的流浪同
胞陷入窘境。我诅咒他们的投票；事实证明，他们错了。
但更令我感到刺痛的是他们不敢与我对质，只是缄默不语，
不公正地暗示我愚不可及。[18]

　　在这两场战争之间，欧洲民主国家，特别是盛行言论自由
的英国，试图用"西方腐化"这样的泛泛理论来解释第一次世
界大战何以如此可怕。英法文学作品折射出民族衰落和文明颓
废的悲观情绪，认为重整军备是反动行径，以牺牲实现社会正
义为代价。现代人通常将此称为"绥靖"，但我们很难理解和
平主义在西欧民主国家中是多么活跃和根深蒂固。在 20 世纪
20 年代的法国，教师工会禁止爱国主义者提及法国的胜利（这
些胜利被认为是"好战的"和"对和平架构的威胁"），还将大
量书籍剔除，比如将凡尔登等战役描述为不过是一场悲剧，对
交战双方产生同等影响的作品。在荷兰，为数不多的大型战舰
被称为"旗舰"（flottieljeleider）而非巡洋舰，显然是为了避免
给人留下它们是军舰的挑衅印象。正如法国作家乔治·杜亚美
（Georges Duhamel）① 所言："在过去的 12 年里，很多像我这样
的法国人都不遗余力地设法忘记此前对德国的认知。毫无疑问，
这样做是轻率的，但它源于我方对和睦与合作的真诚渴望。我

28

────────────

　　① 　乔治·杜亚美（1884—1966 年），作为军医参加了第一次世界大战，自称
"和平主义者和国际主义者"。

们希望忘记。那么我们希望忘记什么呢？就是一些非常可怕的事情。"[19]

或许英国首相内维尔·张伯伦的顾问霍勒斯·威尔逊（Horace Wilson）最为恰当地表达了英国在 1938 年至 1939 年的绥靖气氛："我们的政策从来不是为了推迟战争，或者使我们能够更团结地参加战争。绥靖政策的目的是永远避免战争。"越过海峡，德国人对绥靖政策的理解则截然不同。德国总理弗朗茨·冯·帕彭（Franz von Papen）①后来总结说，在德国强行吞并奥地利的问题（Anschluss，德奥合并）上，"既没有武装冲突，也没有任何外国势力介入。他们曾经对德国重新实行征兵制、再次占领莱茵兰采取了消极态度。他们已习以为常。其结果是，当有人建议希特勒在外交政策上保持温和时，他对这些劝告统统置之不理"。[20]

20 世纪 30 年代末，温斯顿·丘吉尔正扮演着"减弱版"的雅典政治家德摩斯梯尼（Demosthenes）的角色。他警告说，希特勒是一个比马其顿的腓力二世（Philip Ⅱ of Macedon）更残忍的暴君。如果说在 1936 年至 1939 年间，英法两国因无力阻止希特勒的连续挑衅而争执不休，那么纳粹德国内部则日趋一致。一度心存疑窦的德国将军们曾经担心希特勒将黔驴技穷，但很快就被他看似无穷无尽且不费多大代价就取得胜利的外交成就折服。[21]

当法国军队没有在 1939 年 9 月攻击德国脆弱的西部战线时；当法国总理爱德华·达拉第（Édouard Daladier）明确表示为了实现和平，希特勒必须放弃他在奥地利、捷克斯洛伐克、

① 弗朗茨·冯·帕彭（1879—1969 年），德国保守派政治家和外交家，普鲁士贵族，曾在 1932 年担任德国总理。

波兰轻松取得的大部分战果时；当英法不能通过贿赂、让步，或者放下身段向苏联恳请帮助时，大规模入侵法国就成为定局，但法国未必只能坐以待毙。从德军在西班牙内战中的表现，到吞并奥地利和苏台德地区，闪电战取得的战果常常被过分夸大，并错误地等同于固有的军事优势。而事实是，即使在战争初期，德军在波兰和挪威的表现也不过如此。

大多数对此过誉的观察家忽略了一个事实：很难证明德国这种闪电般的攻击是可持续的。他们没有办法与势均力敌的对手进行令人精疲力竭的长期消耗战，更不必说远离本土，在恶劣的天气和崎岖的地形条件下，与那些具有无限工业潜力的敌人进行战斗。很少有人思索，一旦德国解决掉周边容易对付的敌人，接下来会发生什么；也没有人猜测德国必将派遣装甲部队跨越海洋，或者在大草原的泥泞中跋涉，而这些问题本是可以预料到的。对于这样一个军队依赖于大量畜力，国内石油资源匮乏，没有真正的远程轰炸能力，也没有蓝水海军，而且在战略指挥上缺乏连贯性的国家，上述都是不可能完成的任务。德国闪电战永远无法穿越英吉利海峡。1942 年深秋，它也将在斯大林格勒彻底破产。就算这一幕发生得太晚，至少也是合乎逻辑的必然之事。

在德国国防军各军种中，最关键的就是空军。然而事实上，它由一群精力充沛，但头脑发热的无能领导指挥。他们大部分是一战老兵，如赫尔曼·戈林、埃哈德·米尔希（Erhard Milch）和恩斯特·乌德特（Ernst Udet）等。德国空军高层划分各自的官僚领地，阻碍了飞机生产；很长时间内，还坚持专注于俯冲轰炸这一错误理念。德国空军指挥官们设计了一支优秀的地面支援型空军，对弱小国家发动突然袭击时战果斐然，但

30 他们并没有致力于建立一支真正独立的战略部队。广而言之，早期的纳粹及日本战争机器在战前就信心十足，相信利用新式战争资源——海军航空兵、战略轰炸，尤其是大规模坦克集群——配合先发制人的打击，就能消灭敌人，在战争真正开始前结束战争。即使盟国动用了新武器和新策略，在战场上也无法与轴心国的技术和战略优势相抗衡，从而使这些大国更为深厚的工业潜力变得无关紧要。[22]

德国海军的设想是总有一天要用战列舰挑战英国的制海权（与此同时，邓尼茨将军坚持认为 U 型潜艇能够完成水面舰艇不能胜任的工作），却没有哪怕一艘航空母舰。海军只建造大型战舰，从陆军和潜艇部队吸走了宝贵资源，但还是不足以对皇家海军构成严重威胁。雷德尔将军描述了好大喜功的希特勒和第三帝国军事资源之间的鸿沟："英法共有 22 艘战列舰，我军仅有两艘战列舰和三艘袖珍战列舰。敌人有超过七艘航空母舰，我们一艘都没有。虽然齐柏林飞艇接近完工，却因为空军甚至还没有研发合适的运输机而停止建造。盟军有 22 艘重型巡洋舰和 61 艘轻型巡洋舰，我军只有六艘。在驱逐舰和鱼雷艇上，英国和法国合计有 255 艘，我们的数值是 34。"事实上，德国是在没有一架重型轰炸机的条件下发动了战争。当时德国海军只能部署五艘战列舰，仅有 50 艘潜艇可以出航。德国唯一一种可以与法国或苏联坦克相媲美的坦克是马克 IV 型，当时只有 300 辆。[23]

希特勒虽然大言不惭地谈论雅利安人的科学如何先进，却不敢吹嘘德国科研机构和工业界在战前就为他提供了比敌人更胜一筹的武器。梅塞施密特 Bf–109 战斗机对阵英国的超级马林"喷火"式战斗机并无明显优势。1939 年，法国 Char B1 坦克较德国马克Ⅰ、Ⅱ和Ⅲ型坦克的火力和装甲更为精良。法军还装备了400多辆重量较轻，但更为可靠的索玛S－35坦克。希特勒不知道苏联拥有的飞机、坦克、陆军师数量比德军还多，而且质量上很快就达到甚至超过德军水平。[24]

　　如果美国，乃至苏联这样的中立国在1939年8月之前介入战争，它们更有可能以德国为敌，并最终可能派出比德国、日本或意大利更庞大、更多样化的军事力量参战。战前预言装甲部队和空军将成为未来战争重要角色的知名理论家，如朱利奥·杜黑（Giulio Douhet）、J. F. C. 富勒、B. H. 利德尔·哈特（B. H. Liddell Hart）、比利·米切尔（Billy Mitchell）、詹姆斯·莫罗尼·斯佩特（James Molony Spaight）和休·特伦查德（Hugh Trenchard）等，都不是德国人。虽然法国一开始将国家安全寄希望于大规模边境要塞、同反复无常的苏联和弱小的东欧国家签订的并不牢固的友好协定，但最后还是决心重新武装起来。据说早在1930年，英国驻法大使就向小说家、后来也参加过二战的安德烈·莫洛亚（André Maurois）坦诚，为何英国没有听取法国的担忧，防备愤怒且可能崛起的德国："我们英国人在战后犯了两个错误：因为法国获胜了，所以相信法国人变成了德国人；我们还相信德国人通过某种神秘的转变，已成为英国人。"[25]

　　法国被视为西方的壁垒，在其他较小欧洲大陆民主国家和英国的帮助下，法军数量在西线超过了德国。然而法军越强大，法国就越发害怕动用这笔资产，即使是在防御战中抵抗德国。《凡尔赛条约》墨迹未干，恐惧情绪就弥漫开来。一向有先见之明的斐迪南·福煦（Ferdinand Foch）元帅当时就警告说："记住，下一次德国人不会再犯错误了。他们将从法国北部突

31

破，控制英吉利海峡沿岸港口，以将那里作为对英国作战的基地。"[26]

经历了第一次世界大战的惨痛损失后，未来的盟国显然毫无意愿在短时间内再次牺牲更多的年轻生命。当越来越多的人意识到《凡尔赛条约》解决不了多少问题时，民主国家开始玩起猜谜游戏。也许这些国家绝不应该冒犯墨索里尼，因为它们需要此人承诺对抗希特勒。安东尼·艾登曾援引内维尔·张伯伦的一篇可悲日记，文中把德奥合并的责任莫名其妙地归咎于当时已经辞去外交大臣职位的艾登，认为他疏远了墨索里尼。而艾登的继任者——哈利法克斯勋爵则不会这么做："当我给墨索里尼写信时，如果是哈利法克斯而非艾登在外交部，那么这件事（德奥合并）就很可能得以制止。真是太不幸了。"[27]

英国、法国和美国没有充分利用往昔胜利所带来的好处，一些人还私下里认为，德国在一战中失去不少领土，有些抱怨也是正当的。日本是一战后五大巨头之一，有诉求或许也是合理的。西方殖民者经过一番盘算后，甚至认为比起遥远的欧洲殖民国家，日本在亚洲拥有更大的势力范围亦理所应当。日本对欧洲的傲慢态度颇为恼火，于是经过不懈努力，悄无声息地建立起一支一流海军，并培养优秀的海军飞行员，计划在航母

32　舰队的保护下，扩张其在太平洋地区的势力。英美对此的反应是：继续自欺欺人，认为这个好胜的民族没有能力掌握西方科技和战术。[28]

如果轴心国满足于所占领的地域，将吞并行动局限于少数几个邻国和弱小地区，如阿比西尼亚、奥地利、捷克斯洛伐克、中国东北和朝鲜，那么就没有充分的理由诉诸另一场世界大战来阻止它们。民主国家错误地认为，自己的放纵将被视为宽宏

大量。与此同时，轴心国将内维尔·张伯伦提出的一个流行观点——捷克斯洛伐克是"一个遥远的国家"——正确地解读为民主政治道德的破绽。

不幸的是，大多数英国政治家，包括像哈利法克斯勋爵和大卫·劳合·乔治（David Lloyd George，一战后半段担任首相）这样的杰出人物，私下里都因为签订了《慕尼黑协定》（Munich Agreement）而松了一口气。他们忘记了埃斯库罗斯（Aeschylus）的至理名言："誓言不能带给人以公信，但人可以给予公信以誓言。"当法国在 1940 年 6 月初崩溃时，一位法国报业出版商向美国记者 A. J. 利布林（A. J. Liebling）哀叹，法国的即将战败完全是咎由自取：

> 我们老调重弹，谈论全世界的绥靖主义者从埃塞俄比亚开始犯下的所有错误。我们一再回想，假如意大利在 1935 年就被压制，假如一个友好的西班牙政府能够在 1936 年掌权，假如同一年阻止德军在莱茵兰设防，局势将会怎样。我们谈到了由法国设计、在捷克斯洛伐克制造的斯柯达坦克正在撕裂法国军队。在张伯伦和达拉第把斯柯达工厂拱手让给德国人之前，他们压根就造不出这样优秀的坦克。对于每一个有能力思考的欧洲人来说，这些事件已经成为长篇累牍的话题，几乎可以不假思索地一遍又一遍唠叨。[29]

"我们的敌人是小虫子，"希特勒事后恐怕会如此嘲笑盟国所做的和平努力，"我在慕尼黑就把他们看穿了。"他显然准确解读了天真的内维尔·张伯伦所表现出来的善意。而温斯顿·丘吉尔在 1938 年 10 月 5 日对下议院的演讲中说，签署《慕尼黑协定》是"不战而败"。大约与此同时，安东尼·艾登记录了张伯伦首相在慕尼黑会议后与一位英国同僚的对话："要知道，不管他们怎么说，希特勒毕竟不那么坏。"多年来，希特勒一直用谎言蒙蔽张伯伦和其他政要，就是为了使他们相信，他代表有着正当怨恨情绪的受害人民，他和民主国家一样憎恶战争。1934 年 8 月，希特勒在接受英国《每日邮报》记者、狂热支持自己的乔治·沃德·普赖斯（George Ward Price）① 采访时曾保证，"德国目前的问题不能通过战争解决……相信我，除非自卫，我们永远不会再打仗了"。[30]

所有参战国都认为它们能以某种方式取胜。当然，如果德国赢得了第一次世界大战，21 年后就可能不再有第二次了。正是因德国战败，且战后未能解决"德国问题"，从而导致历史又一次重演。然而乍一看，德语民族在经历了早前的灾难性失败后，竟然会如此之快地相信，如果第二次发动类似的可怕侵略，其结果可能会有所不同。为什么希特勒相信他能在德皇威廉二世曾经败北的地方取得成功呢？[31]

希特勒最初在 1939 年对波兰开战时，确信德国这一次不会同时两线作战，而且胃口得到满足后，还能单方面停止冲突。作为一名自学历史的学生，希特勒认为他是以一种小心翼翼地切香肠的方式，改正了威廉二世过去那种不顾后果、同时在两个战区引发战争的错误。希特勒有时吹嘘道："谁说我会像

---

① 乔治·沃德·普赖斯（1881—1961 年），二战开始后到南欧和东欧报道，1942 年前往北非战区。他曾在一篇新闻报道中为纳粹集中营辩护："因为几个下属滥用权力而抹黑整个纳粹政权，就像因狱警在西弗吉尼亚州山区监狱的残暴行为而谴责美国政府一样不公平。"1950 年朝鲜战争爆发，他判断很快将爆发第三次世界大战，便当即前往战场。显然他又一次错了。

1914 年的那些蠢货一样发动战争？"汉尼拔认为他可以改写第
一次布匿战争的结果，而且迦太基虽然在公元前 241 年被打败，
但并没有一蹶不振。因此希特勒和第三帝国同样确信，他们不
会再犯上一代人的战略错误。[32]

　　纳粹德国后来终于发现自己在两条边境和本土上空卷入了
一场不可能取胜的战争。不过在 1939 年，希特勒至少还相信，
由于他同苏联签订了互不侵犯条约，法国见风使舵，英国孤悬
海外，美国仍然保持中立，因此在这一次大战中，德国同一时
间只会有一个敌人。换言之，波兰战役将是一场短暂、有限、
很有希望获胜的战争。随后，德国还将周期性地发动其他短平
快式的边境征服战。起初，他所有的假设几乎都是正确的。然
而，这些美梦在灾难性的 1941 年全都破灭了。第三帝国单方面
选择同英、苏、美三国作战。也许对希特勒而言，这场对阵数
个超级大国的战争仍然是一场与苏联的单挑：西欧地面上还没有 34
英国的一兵一卒，美国正在与日本博杀，腾不出手来。

　　在 1936 年至 1937 年签订的《反共产国际协定》（Anti-
Comintern Pact）伙伴关系框架下，如果德国在欧洲战场所向披
靡，尤其是大英帝国一败涂地的话，那么两大海军强国日本和
意大利很可能会倒向德国一边。旧时的德奥同盟亦将重现。但
这一次结盟，德国是通过强行吞并奥地利，并强迫其往日的附
属国实现的。希特勒还有其他一些理由相信第一次世界大战不
会重演。诚然，在德国领导的联盟中，意大利的军事能力相当
可疑。但无论如何，它在地中海的地理位置是 1914 年的德国所
没有的宝贵资源。贝尼托·墨索里尼创建了法西斯政权模式，
罗马城拥有标志性的宗教地位和西方共同的历史渊源，这些都
放大了意大利的重要性。于是，德国几乎得到了自第一次世界

大战以后的所有盟友，还吸引了意大利和日本这两个新伙伴。

希特勒对另外两个轴心国的海军力量有着不切实际的信任，仿佛通过一种在第一次世界大战中不可思议的方式，就能将地中海和太平洋变成轴心国的内湖。他承认，1939 年的德国海军相对而言比 1914 年弱得多，而为了实现所谓海军均势的"Z 计划"（德国海军建设庞大舰队的长期计划），仍需约十年才能完成。战争刚开始时，颇有先见之明的海军上将雷德尔就感慨说，他那弱小的水面舰队除了"光荣牺牲"外，对打击英国海军几乎无能为力。此后，希特勒认为日本海军能够发动胆大妄为的军事行动，从而在太平洋战争中牵制住欧洲殖民者和美国。出于对苏联共产主义的恐惧，或者对 1940 年后太平洋上富饶的、欧洲人无暇顾及的殖民地的觊觎，或者对英美两国一贯欺凌行为的怨恨，日本一定会渴望与德国并肩作战。

然而，与共同的敌人各自战斗并不等同于协同和互补。用模糊的"轴心"而非"同盟"来描述德国与意大利、日本的关系就能说明问题。很难列举出日本、意大利和德国之间真正有战略协作的例子。国防军最高统帅部（OKW, Oberkommando der Wehrmacht）的瓦尔利蒙特将军承认，德国在 1942 年底与日本人达成了一项旨在协调行动的协议："与处理同意大利的关系准则一样，该文件的特征就是欺骗和伪善。最高统帅部的参谋们没有参与起草，甚至看都没看过。后来，德日两国的军事接触仅限于日本军官偶尔访问德军最高统帅部。"

墨索里尼的女婿、意大利外交部部长加来亚佐·齐亚诺伯爵（Count Galeazzo Ciano）对 1941 年 6 月入侵苏联一事抱怨说："我们在德军越过东部边界半小时后才获悉对苏联的进攻。然而，即使我们对此理解与德国人不同，它在这场战争中也绝不是次要事件。"不过齐亚诺忘了，意大利同样没有预先警告希特勒，就入侵了阿尔巴尼亚和希腊。暴政需要欺骗的滋养。德国一个负责与轴心国伙伴联络的高级官员说："在事先没对我们吐露一个字的情况下，意大利军队穿越阿尔巴尼亚袭击希腊。结果墨索里尼发觉自己处境不妙，最后酿成一场重大灾难……当意大利的冒险行动导致灾祸时，德国人为墨索里尼火中取栗，将其从巴尔干半岛的行动中解救出来。在战争余下的岁月里，意大利就是我们的负担。"同样，偷袭珍珠港也让德国措手不及。若无此事，希特勒可能永远不会向美国宣战。希特勒自以为吸取了第一次世界大战的教训，但他桀骜不驯，欺世惑众，错误反而被放大了。他那些同样傲慢和虚伪的盟友亦不遑多让。[33]

1919 年签订的《凡尔赛条约》只有 20 年寿命。其间德国 36 有意违背，英法美三国在心理上也很抵触。就像原本以为给第一次布匿战争画上句号的《卢塔修斯条约》（公元前 241 年）能够终结罗马和迦太基之间未来所有的冲突一样，《凡尔赛条约》也不幸地将实现和平过程中的最坏因素结合起来。条约中有 440 条内容被看作报复性条款，因此被认为是希特勒在此后崛起的祸因。但问题远比这个复杂。《凡尔赛条约》将战争的罪责完全归咎于德国，只是在心理上对其羞辱。而事实上，《凡尔赛条约》几乎不具有惩罚性，至少在永久并切实地阻止德国重整军备方面是如此。相比之下，二战结束后，北约第一任秘书长黑斯廷斯·伊斯梅（Hastings Ismay）将军简略地总结了盟国的北约发展路线图——"苏联滚蛋，美国进来，压制德国"。如果 1918 年的胜利者，即被称为"四巨头"的英、法、意、美采用了类似于后来北约的协定，希特勒很可能就不会上台，分裂的德国也不会重新武装到希特勒掌权时的规模，而刚刚诞生的苏联将被排除在欧洲强权政治之外。

由于 1919 年的《凡尔赛条约》没有遵循 1945 年的无条件投降原则，这种试图切实维持和平的模式是不可能实现的。直到 1918 年 11 月，战争都还没有波及德国本土。德国人民虽然精疲力竭，饥肠辘辘，但德国并未毁灭。它因发动（和输掉）战争而被胜利者羞辱，不过无人阻止它发动另一场类似的战争。没有一个盟国愿意单方面监督条约的所有条款落实，也没有坚持要求德国遵守其中有关军备限制的内容。正因为德国没有在第一次世界大战中被摧毁，盟国才陷入两难之中，对随后是否应该占领德国犹豫不决，担心有可能遭遇反抗。[34]

更糟糕的是，1918 年之后，德国的地缘政治格局比其传统对手法国或俄国都要好。俄国因 1919 年的革命而四分五裂，其大部分领土或处于冲突之中，或被别国占领，或宣布独立，现在又因东欧地区新成立了一些缓冲国而与欧洲事务分离。法国人口比德国少 2000 多万，对一战损失的承受能力也小得多，而且威廉二世的军队占领其大片领土长达四年，对法国造成了灾难性的破坏。随着奥匈帝国、奥斯曼帝国和沙俄帝国轰然倒塌，德国更容易填补东方的权力真空。[35]

敌对行动停止数月后，巴黎和会于 1919 年 1 月召开。大约 75% 的协约国地面部队此时已被遣散，再想召回军队强迫已经充满怨恨的德国执行条约殊为不易。德国人提到了布尔什维主义在全球扩散的危险，并警告凡尔赛的仲裁者说，任何惩罚性占领只会导致苏式共产主义一路蔓延到莱茵河。真正的战争赔偿表面上是有的（如果能强制执行），但并没有配合相应的措施，以确保德国彻底衰落或永久转变为一种更稳定的民主体制。

由于在停战后迅速离开战场，胜利者可能会渐渐产生焦躁、软弱和羞耻的感觉；同时，战败者认为获胜方既不自信，也不强悍。并非美国不愿意加入国际联盟才导致前同盟消亡，而是它没有维持良好的武装状态，拒绝与英法签订共同防御条约，这很可能助长了希特勒的气焰。[36]

总而言之，按那个时代的标准，《凡尔赛条约》是温和的。该条约并不像德国在 1871 年施加于法国的和平那样严苛，也比德国在 1918 年 2 月强加给新生苏联的条件和缓。1914 年夏末，德国正值全盛时期，德国外交官库尔特·里茨勒（Kurt Riezler）为法国设计了所谓《9 月计划》的投降方案，远比《凡尔赛条约》更具惩罚性。羞辱而不是削弱一个战败的敌人，远比占领失败的敌国、改组其政治体制、剥夺其重新发动战争的能力之后，再施以宽宏大量要危险得多。

德国人会承认有罪，假如他们完全被痛打和谴责——1945年后显然如此——但如果允许他们的国家像 1918 年那样保持独立，情况就不一样了。很快，几乎所有的德国政治家都一股脑地将随后的经济灾难归咎于赔款、但泽走廊（Danzig Corridor），或条约中的战争罪条款，而不是他们自己的愚蠢经济政策或社会动荡。希特勒提醒德国人，祖国在战时和战后都依然神圣不可侵犯。他们对这番话深以为然。尽管一战期间国内骚乱和暴动比希特勒后来宣称的要少得多，但德意志伟大军队的崩溃却被归罪于背后捅刀子的犹太人或共产主义者。美国、英国和法国对德军做不到的事，这些人做到了。德国人痛心疾首的不是德国入侵中立比利时，从而发动了战争，而是德国还占有东、西线的外国领土时，却不知何故输了。[37]

希特勒的将军们后来承认，即使在 1939—1940 年，盟军的装备也比德国好，只是由于士气低落而输掉了初期的边境战争。失败主义已经侵蚀了法国精英的大脑，一些法国右翼人士认为希特勒比左翼更可取。（他们在反对法国社会主义者莱昂·布卢姆时，提出了"希特勒比布卢姆更好"的口号。）或者正如陆军元帅埃里希·冯·曼施坦因（Erich von Manstein）在解释1940 年的西欧征服战时所说的那样："实际上，就部队规模、坦克和火炮数量而言，西方诸强并不逊于德国，在某些方面甚至更胜一筹。决定西欧战役胜负的不是武器装备，而是德国军队的素质和指挥能力。虽然没有忘记战争的永恒法则，但自1918 年以后，德军只是学到了一两件事而已。"或者也不完全如此。在第一次世界大战中，德意志（第二）帝国发动了一场传统战争，最后以休战告终，国家未被占领。希特勒重塑欧洲版图的第二次尝试是一场毁灭性战争，最终会摧毁德国自身。1945 年 5 月的柏林看起来完全不像 1918 年 11 月的样子。[38]

总之，德国遭受的欺凌和屈辱，法国、英国、苏联和美国的纵容，以及第一次世界大战的其他阴暗面，所有这些都解释了为何巴黎和会 20 年后，战争再次爆发。不过，1914 年和1939 年之间的巨大差异也同样解释了后一场战争为什么如此不同。这一次，最大的区别体现在平民伤亡上。1700 万人在第一次世界大战中丧生，大多数是战斗人员（59%），协约国与同盟国[①]的损失相当。更能说明问题的是，第一次世界大战中非战斗人员的死亡原因主要是疾病，以及封锁和农业遭到破坏所导致

---

① 一战中，英法美俄等称为协约国（Entente Powers），德国、奥匈帝国等称为同盟国（Central Powers）；二战中，英法美苏等也称为同盟国（Allies）。读者可根据上下文判断同盟国的具体含义。

的饥荒。当年人们对可怕的 1918 年西班牙流感完全束手无策。

第二次世界大战在很大程度上是一场蓄意杀害平民的战争，轴心国尤为恶劣。大多数死亡者不是士兵：在公认的 6000 万死亡数字中，70%—80% 是平民。非战斗人员的死亡原因主要有五种：（1）纳粹精心策划了犹太人大屠杀，并在东欧和苏联占领区有组织地杀戮平民及战俘，以及日本在中国的暴行；（2）大规模空袭（尤其是使用燃烧弹）城市和工业区；（3）饥荒，主要由轴心国的野蛮占领所导致；（4）人口的大规模迁移，主要发生在普鲁士、东欧、苏联和中国东北；（5）极权国家和民主政府都将交战国人民等同于军队，因此认为有必要对其进行集体惩罚。[39]

第一次世界大战依然是欧洲国家之间的内部冲突。无论是更加专制的德国领袖，还是更倾向于社会主义的法国人，抑或秉持民主理念的英国政治家，他们大致都认同有限议会政府和贵族统治体制。三位代表最强大国家的最高（实际或象征性的）领导人——英王乔治五世、德皇威廉二世和俄国沙皇尼古拉二世——彼此都是亲戚（英国国王是德皇和沙皇的表亲），甚至在外表和衣着上都几乎一模一样。除了奥斯曼帝国，所有主要参战国都信仰同一个上帝，声称共享欧洲历史。正是因为他们共同拥有这些特质，若想激励己方人民付出更大努力赢得战争，就只能诉诸特有的民族性格、民族自豪感、辉煌历史等说辞——随你怎么称呼它们。

第二次世界大战前夕，这种传统的欧洲共通性早已土崩瓦解。民族社会主义将成为普鲁士军国主义的力量放大器。意大利法西斯主义者吹嘘说，只有他们才能恢复古老的罗马帝国荣光。在亚洲，东京的战争狂人们凭借武士道精神得到了人民信任，他们摧毁了在日本刚刚成立的议会政府，并承诺在日本主导下的"大东亚共荣圈"内，建立起亚洲新秩序。德国、日本、意大利的大规模群众运动的理念与君主制和资产阶级共和政府背道而驰。国家军队成为意识形态和革命的武装力量。到1918年，毫无疑问普鲁士的军国主义比任何一个协约国的都要残暴。然而到了1939年深秋，人们却漠视德国的冷酷无情，将其看作理所当然的现象。德国国防军不仅由德国传统地域范围内说德语的人组成，其官兵也被重新打造，变成自带神圣光环、拥有纯正血统、天生高人一等的"德意志民族"。与此类似，墨索里尼的新意大利政权也大肆鼓吹"种族"（razza）；大和魂（Yamato-damashii）的内涵不仅仅包括那些说日语或在日本荫护下生活的人。按照达尔文主义者的观点，居住在非洲、亚洲和美洲的弱小民族将会灭亡，注定就应该被奴役。西欧人同样会堕落，这倒不是因为天生就劣等，而是因为他们沉浸于财富和享乐中而颓废，丧失了民族精神、坚定的信仰，也没有活力四射的领袖。

　　1938年8月，德国将军们警告希特勒说，若德国进攻捷克斯洛伐克，建于1938年至1940年、与马其诺防线对峙的西墙防线（英国称之为"齐格菲防线"，后在此爆发了血腥的许特根森林战役）不足以抵御法国及其盟友的攻击。希特勒对此嗤之以鼻："威廉·亚当（Wilhelm Adam）将军说，西墙防线只能守三天。我告诉你，如果由德国人防守，它可以坚持三年。"1940年4月，墨索里尼在考虑意大利是否应该加入战争站在德国一边时，目空一切地说："当别人正在书写历史时，我们如果袖手旁观，简直就是耻辱。胜利并不重要。要使一个民族伟大，就只有让人民去战斗，即使你不得不去踢他们的屁股。"[40]

鉴于这些现实，丘吉尔和罗斯福坚持认为，将轴心国推向战争的极权主义和民族主义意识形态不同于过去的好战思想，务必予以摧毁。按照盟国的观点，曾经头脑清醒的德国、意大利和日本人民已经催眠般地依附于邪恶势力，因此必须将其从中解放出来，即使不得不和他们的士兵一起受苦受难也在所不惜。这一次是不可能有停战协议的，也不会签署第二个《凡尔赛条约》。盟国必须取得无条件的胜利。在第二次世界大战中，死亡早已司空见惯，这源于法西斯的疯狂和为了消灭它所需的压倒性武力。从逻辑上分析，盟国必然会因使用暴力、对平民施加集体惩罚（这在第一次世界大战中是不可想象的）而自我辩解。1945 年，盟军用燃烧弹对德国和日本的主要城市进行轰炸，投掷了两枚原子弹，对东欧数百万讲德语的平民进行种族清洗，彻底扼杀普鲁士精神，胜利者对此毫无悔恨之意。

尽管德国在 1914 年也有残暴行径，但根本不能同武装党卫队和达豪（Dachau）或奥斯维辛（Auschwitz）这样的集中营相提并论。威廉二世统治下的德国不会像第三帝国那样，在 1941 年 8 月杀害 7 万—9 万患有残疾、慢性疾病和发育迟缓的本国公民。1918 年，日本不会出现"神风敢死队"，到 1944 年却是理所当然。德意志（第二）帝国在本土没有被占领的情况下于 1918 年投降，这种情形在 1944—1945 年是不可想象的。1942 年 5 月，为了填饱肚子和避免不必要的损失，大约 11000 名美国及菲律宾军人放弃了科雷希多岛（Corregidor）。相比之下，随后占领该岛的日军并没有在 1945 年 2 月的战斗中撤离这座岛屿要塞，6700 名守军伤亡殆尽。事实证明，消灭各种各样的民粹主义，尤其是那些被种族优越论煽动的意识形态，远比打败一个主权国家的军队要艰巨得多。[41]

41

　　还有其他一些因素可以解释为何第二次世界大战导致了如此惨重的伤亡。大规模杀人技术比 1918 年更加发达。的确，毒气、潜艇、战舰、大炮、机枪、连发步枪、手榴弹和地雷早在 1939 年前就被广泛使用。在战争初期，地面部队的作战模式从表面看来同 1918 年的相似。他们都携带着栓动步枪和手榴弹，在火炮和机枪的攻击下成片倒下。钢盔依然不能为头部提供足够防护。当时也没有普及可以抵御步枪子弹的实用防弹衣。进攻方发起挑战，防守方予以回应。在历史上无休止的攻守循环中，工业化武器帮助进攻者取得了一些优势，不过仍然处于防御方的控制之中。步兵除了利用散兵坑和堑壕之外，没有太多其他方式来躲避炮火。野战炮变得更大，数量更多，打得更准，但仅从外观看来，它们与第一次世界大战的大炮亦无不同。在海上，战列舰的舰炮打得更精准，但口径并未增加多少。驱逐舰和巡洋舰航速更快，体型通常更巨硕，但可以辨识出它们还是军舰。第二次世界大战中的大部分水面舰艇装备了更高级的武器、引擎和火炮，可是乍看上去同一战中的战舰别无二致——其实很多军舰同时参与了这两场战争。潜艇、鱼雷和深水炸弹与第一次世界大战时相比有所改进，但并不是新生事物。

　　调动人员和物资的能力，以及通过海陆空方式更便捷地实施机动才是关键因素，也是将欧洲边界争端转变为全球战争的催化剂。与第一次世界大战中看似致命的终极武器相比，科技和工业进步才是导致二战中数千万人死亡的元凶。尽管人员损失比轴心国更甚，但这些革新大多对盟国有利。首项突破便是空军。到 1939 年，战斗机和战斗轰炸机的发展逐渐淘汰了堑壕战，同时还能为快速机动的摩托化部队清除前进道路上的威胁，并保护其侧翼。在战术空中支援的配合下，地面部队的杀伤力得以大幅增加。战略轰炸将平民百姓也卷入战争之中，引发了平民应该承担多少战争罪责的质疑，在过往的战争中从未有人思索这个问题。到战争结束时，以英美为主的盟军战术和战略空军所造成的破坏，远远超过了轴心国空军取得的类似战果。1943 年中期至 1944 年，虽然有些迟，但盟军轰炸机部队还是成功摧毁了德国的石化和运输工业，并迫使其将大批飞机和火炮从东线转移到本土参与防卫。[42]

同那些在 1916 年至 1918 年取得过短暂战术优势、模样古怪、行动笨拙的机器相比，装甲和运输车辆已经有了天壤之别。仅仅 20 年后，数以万计的先进车辆便横空出世。它们的机械性能愈发可靠，动力更为强大，武器和防护也越来越好。与 1918 年的同类比较，1945 年的吉普车或坦克看起来更像 2016 年的样子。独立的装甲集群利用震慑战术，在步兵推进过程中充当先头部队，并实现了过去不可能取得的突破。快速包围战术将俘虏大批敌军，尤其是在东线，其规模之大在第一次世界大战中是不可想象的。

速度可以杀人，这是人们在这场战争中获得的一个经验。若士兵能够以更快的速度移动更远的距离，他们便能制造更多死亡。整个师现在每天可以机动 30 英里以上，并从后方数百英里之外获取补给。① 如何长期稳定地获取精炼燃料是制订所有军事后勤和供应管理计划时的重中之重。第一次世界大战结束时，英国外交大臣寇松勋爵（Lord Curzon）用一句妙语总结了这场胜利："我们在一片石油的海洋里游向胜利。"第二次世界

---

① 1 英里约为 1.6 千米，30 英里约为 48.28 千米。1 平方英里约为 2.59 平方千米。1 英亩约为 0.40 公顷。1 平方英尺约为 0.09 平方米。1 磅约为 0.45 千克。1 美制加仑约为 3.79 升。非公制单位后文不再另行注释。

大战中的同盟国亦是如此。[43]

　　各国在第二次世界大战中共制造了超过 400 万辆军用卡车。尽管参战人员数量增多，但二战中使用的马匹可能比第一次世界大战还要少。1940 年以后，大部分畜力都由德军和苏军所使用。到 1944 年底，苏军已经基本实现摩托化运输（战争快结束时，纳粹宣传部部长约瑟夫·戈培尔称苏联军队为"摩托化的机器人"），这部分得益于美国赠送的 457561 辆卡车和装甲车辆。与之相对，直到战争末期，德军都还饱受燃料短缺之苦，一直依赖马匹以满足运输步兵的大部分需求。新闻报道其实把 1941 年的闪电战写成神话了。更多的时候，德国人实际进行的是"Pferdkrieg"，即一种依靠马匹、适合在春夏季牧场草料丰富时发动的战争。[44]

[43]　航空母舰的宝贵价值在太平洋战争伊始就体现出来。它们很快淘汰了战列舰——这种老式舰种作为主力舰，到战争末期就几乎消失了。在第二次世界大战中，绝大多数船只的损失是由潜艇、飞机和驱逐舰发射的鱼雷或炸弹造成的。相比之下，巨型战列舰或重型巡洋舰凭借侧舷重炮取得的战绩却寥寥无几。海军航空兵（偶尔也有陆基空军）在很大程度上将海上大战——新加坡海战、围追"俾斯麦"号（Bismarck）战列舰、珊瑚海海战、中途岛海战、马里亚纳海战、莱特湾海战和冲绳岛海战——变成了航母舰载机之间的竞争。除了担心对方的航母外，舰载机可以肆意对任何敌舰进行攻击。在整个战争期间，只有两艘轻型航母和一艘舰队航母①（"光荣"号，HMS Glorious）被水面舰艇摧毁。轴心国和同盟国的航空母舰数量对

----

　　①　舰队航母指能与主力舰队一同行动、执行作战任务的航母，与护航航母和其他较小的航母相区别。

比为 16∶155，巨大的不平衡意味着盟军能够比敌人更容易取得大西洋、地中海和太平洋上的战术空中优势。苏联人、德国人和意大利人都没有部署航空母舰。他们的舰队规模也不大，鉴于空中掩护能力不足而没有发挥重要作用。苏军倒也罢了，但德国海军因没有航空母舰而大受其害。由于不承担海外任务，苏联仍然主要是一个依靠陆基空军的步兵大国，但其两个欧洲战区的盟国却拥有庞大的航母打击力量。轴心国拥有的航空母舰和海军飞行员都来自日本。然而直至战争结束，日军也根本无法与英美的巨大产量相抗衡。显然，德国一直认为未来的战争将局限于大陆上，因此海军航空兵的作用有限，而且波罗的海和大西洋海域也不利于展开空中行动。很早以前，雷德尔对航母的愚蠢评价就充分代表了德国人的意见，他称其"只不过是油罐车"。⁴⁵

德国海军即便恢复理智，重新规划优先事项，也没有足够的资源建造一支强大的航母舰队。希特勒入侵苏联后，轴心国需要更多地面部队、卡车和装甲车辆。在德国本土上空，为了拦截盟军日益增多的轰炸机，空军战斗机很快成为防御关键。受制于空军和陆军消耗了大量资源，德国和意大利拥有航空母舰仅仅只是一个幻想。与此同时，轴心国的水面舰艇往往在盟军的海军航空兵攻击下沉没，损失也得不到及时补充。1943 年以后，只有英国和美国继续建造大型水面舰艇，用于支援两栖登陆行动。

电子、医学和高科技领域内的突破也有利于同盟国。与其说英美两国展示出卓越的发明天赋，不如说它们拥有一种务实态度，即想方设法将新的科学发明更快、更多地应用到战场上。雷达和声呐终结了只要躲在云层或海洋深处，就能隐形无敌的

44

观念。到 1940 年，人们在目测到飞机和潜艇之前，就能计算出其运动轨迹。战争至少从一些与天气有关的传统限制中解脱出来了。

在所有这些使战争更为致命的关键技术上，英国和美国的进步都超过了德国。盟国有时也会在技术发展上落后，不过它们很快就能追赶上来，使轴心国丧失最初取得的突破。血浆、磺胺类药物、大规模疫苗接种和后来青霉素的引入，可有效降低败血症、破伤风、坏疽和其他细菌感染的致死率。"受伤"不再必然导致"阵亡"。虽然德国能更高效（或更残忍）地把负伤士兵送回战场，但英美军队在所有医学领域都能最有效地治疗受伤士兵，预防疾病。

喷气发动机和火箭科技最终将使战争发生革命性的变化。不过这两种尚远在天边的武器既没能及时帮助德国人，也没有足够的产量改变第二次世界大战进程。以德国空军的喷气式飞机为例，梅塞施密特 Me－262 "飞燕" 式战斗机虽然速度快，但载油量有限，且驾驶性能不佳，反而被盟军大量优秀的活塞式战斗机，尤其是被英国的 "喷火" 式和美国的 "野马" 式战斗机压制。轴心国有能力生产火箭、喷气式飞机和先进的鱼雷，却主要依赖马匹运输物资。这证明它们缺乏统筹全局的工业生产政策和务实的技术规划，而美国、英国和苏联在这一领域的表现都非常出色。第三帝国有着后现代的创造力，但在实际执行和操作层面则停留在前现代。人们经常会忽视这一点。

原子弹和弹道导弹，这两项横空出世的发明只在战争末期被投入使用，虽然引发了道德争议，但产生了骇人的效果。德国人取得的科学成就白白浪费，反之，原子弹则立下首功，帮助美军不用登陆日本，避免在敌国本土血战。即使广岛和长崎的死亡人数少于日本其他城市居民因常规燃烧弹轰炸而死亡的数量，即使 V－2 导弹杀死的英国人远少于笨重的"飞行堡垒"轰炸机和"兰开斯特"轰炸机杀死的德国人，这两件新式武器却能在不远的将来组合在一起，变成潜力无限的大规模杀伤性武器。假如战争再持续几年，就有可能出现携带导弹的巨型舰队，甚至是弹头为核武器的炸弹（尽管只有美国这么做过），而且可以毫无顾忌地使用。[46]

最后，所有交战方都把军事决策权交给文职领导人。这群人中没有亚历山大、恺撒、拿破仑，甚至连事实上的最高军事领导人也没有，如埃里希·鲁登道夫（Erich Ludendorff）将军和保罗·冯·兴登堡（Paul von Hindenburg）将军。第一次世界大战最后一年，德意志帝国的绝大多数军事及战略决定均由此二人在不受文职官员监督约束的情况下制定。当他们发现军队战败后，便惊慌失措地决定退出战争。在第一次世界大战的最后几个月里，道格拉斯·黑格（Douglas Haig）、斐迪南·福煦和约翰·J. 潘兴（John J. Pershing）将军制定了盟军在西线的大部分战略决策，同样没有受到太多干涉。与之相反，第二次世界大战中的军事指挥官——乔治·马歇尔（George Marshall）将军、格奥尔吉·朱可夫（Georgy Zhukov）将军、伯纳德·蒙哥马利（Bernard Montgomery）将军、德怀特·艾森豪威尔（Dwight Eisenhower）将军、山本五十六海军大将，以及德国的弗朗茨·哈尔德（Franz Halder）将军、埃里希·冯·曼施坦因将军和埃尔温·隆美尔（Erwin Rommel）将军——都要遵循由丘吉尔、罗斯福、斯大林、希特勒、东条英机（尽管他自己也是一名现役军官，却也接受裕仁天皇的领导）提出的战略方案。这听起来可能违反直觉，但将军们通常比监督他们的文官

45

们更为谨慎地使用兵力。

希特勒在 1942 年采取的荒谬军事战略使第二次世界大战的伤亡统计中又增加了成千上万具尸体。德国军队在 1942 年底的斯大林格勒战役和 1943—1945 年的战斗中，也因不及时主动后撤而遭受惨重损失。第二次世界大战在一定程度上否定了乔治·克里孟梭（Georges Clemenceau）的名言："战争太重要了，不能留给将军。"事实上，一场全球战争同样太重要了，不能把它交给一个退役下士。

总而言之，第二次世界大战在某种意义上仍是一场传统的冲突，依然在人们熟悉的军事地理环境下进行。这场战争是由人类古老的情感，如恐惧、荣誉和自私自利所激发的，更具体地说，则是源于传统威慑缺失。这种威慑力量由印象和表象来判断，几乎与军事力量和资源这样的硬实力同等重要。然而，无论是德国的纳粹主义、意大利的法西斯主义，还是日本的军国主义，这类 20 世纪极权主义的代表性意识形态往往使侵略者的行为变得反复无常。他们的行动不再谨慎，也难以预测。所有交战方都认为，战争将不再通过停战和让步，而是通过切实摧毁敌人来实现终止。这种共识认定轴心国都是手段娴熟的凶手，尤其是德国和日本，只有被摧毁后才可能承认失败，因此所有同盟国需要采用相应的暴力以应对。当极权主义与 20 世纪的工业技术结合在一起时，必然在全球范围内掀起毁灭狂潮。

战争为什么会爆发，它是如何变得这样杀人如麻，为什么联盟会如此不稳定，交战各方为何往往截然不同，它们的胜利观为什么又有这样大的差异，这些疑问应该已得到解答。

第三章　老的、新的和奇怪的同盟

每个交战国家的野心在战前并非一成不变。它们根据战场
态势来调整目标，决定应该扩张还是收缩。人民的期望在遭受
挫折时会降低，暂时的成功使大众产生能够实现伟大征服的幻
想——公众舆论变化无常是所有国家的共同点，即使在极权国
家也不例外。1942 年之前，希特勒必须借助德国人的收音机，
咆哮着发出战争威胁；斯大林格勒战役后，宣传部部长约瑟
夫·戈培尔却再也无法说服他回到直播厅。1940 年，欣喜若狂
的德国民众迎接希特勒从巴黎凯旋。1944 年底，他在高度戒备
下从"狼穴"撤离，谨慎地再度现身，却无人喝彩。在关键的
1944 年，希特勒整整一年时间都没有向德国人发表广播讲话。[1]

中立国西班牙和瑞典在 1940 年向第三帝国投怀送抱，到了
1945 年却对是否继续与其进行贸易而犹豫不决。很多国家在
1943 年后才加入同盟国阵营。德国的大批盟友于 1944 年后退
出轴心国。这是人类自古以来就具备的趋利避害的天性。不过
战争中也有少数几个例外：1945 年 7 月，胜利者温斯顿·丘吉
尔在英国大选中落败；1944 年 3 月，一支已经精疲力竭的日本
军队试图入侵印度。

德国、意大利或日本如果能更加理性的话，应该巩固消化
它们靠侵略所攫取的利益。希特勒的言论往往自相矛盾，一会
儿声称只希望在欧洲大陆称霸，有时又提及要征服整块欧亚大
陆。但有迹象表明，到 1941 年中期，德国可以在不攻击其事实

上的盟友——苏联的情况下，基本统一欧洲，为所欲为。然而，暴躁的希特勒入侵法国，轰炸英国，对苏联发动突然袭击，还向美国宣战。数年后的 1945 年，就在第三帝国摇摇欲坠之时，他竟然声称自己从未想过要在波兰以外的地方开战。

48　　人们有时会忽视法国迅速陷落对扩大战争所起到的关键作用。法兰西共和国轰然坍塌，使西方国家在第一次世界大战中付出的英勇牺牲最终看上去毫无意义。一战时期的协约国都对前景产生了深深的悲观情绪。1914—1918 年，那支法国军队曾经笼罩在无坚不摧的神话中。随着光环褪去，法军连同这个国家一起消亡，世界也发生了天翻地覆的变化。希特勒错误地以为他现在无所不能，于是相应地扩大了之前被压制的征服计划。尽管英国皇家海军和空军仍然坚持战斗，带来些许麻烦，但德军在六周内就完成了兴登堡和鲁登道夫的大军在四年内都没能取得的战绩，所以也不必太过担心英国。假如法国能够保留自治权力，苟且生存下来，那么希特勒在东线和其他地区自由实施的大多数行动就会被无限期推迟。[2]

　　据说在 1940 年闪电战前夕，希特勒曾向他的建筑总监、后来的军备部部长阿尔贝特·施佩尔（Albert Speer）吹嘘："伦敦将化为一片废墟，从现在算起，最多三个月！我对英国民众没有一丝一毫的同情。"希特勒确信，他那无须付出太多代价就能扩大德意志领土的方法已得到印证，也同样适用于对抗美国和苏联的全球战争。原因之一是，对战时总是躲在地堡里的希特勒而言，战争不仅在政治上有利，也能在精神上滋养伟大的种族。早在 1934 年，他就夸口说："战争吓不倒我。如果德国人民面临贫困，我将第一个挨饿，给我的人民树立一个好榜样。"[3]

在法西斯分子的基因里，即使最微小的胜利也会刺激他们好高骛远。弱小的意大利只在英属索马里兰（Somaliland）暂时取得了胜利，因此它一旦入侵希腊，就无法确保其在北非的稳固地位。在整个20世纪30年代，日本人都没有在战前制订切实可行的战略计划，以打击未来可能的敌国，如英国和美国的本土。假如日本人放弃攻击新加坡、菲律宾和遥远的珍珠港，巩固在中国攫取的收益，便可建立从中国到太平洋的霸权，还可能避免一场全面战争，取得对已不复存在的荷兰帝国和摇摇欲坠的法兰西原本拥有的诸多孤悬在太平洋上的殖民地的霸权。

所以，每个轴心国都有许多战略选择，可以在英法等国和苏联不卷入全球战争的情况下，继续巩固各自占有的资产。每一个轴心国都匮乏石油，但是它们可以从同盟国和苏联伙伴那里获得足够的燃油而不必挑起战争；日本也可以放弃攻击珍珠港和新加坡，从荷属东印度群岛得到所需。[4]

轴心国的命运变化多舛。起初，它们只是接受了被施舍的所有东西；然后拿走了几乎所有不用花大代价就能占为己有的财产；接着尽可能多地保留它们所窃取的领土；最后，它们只求政权能苟延残喘。至于盟国，到1942年，它们基于三个事实达成了共同的战争目标。这也是美、英、苏之间三次峰会以及英美双边会谈的讨论重点。第一，它们有一个未曾言明的共识，即之前的绥靖战略（安东尼·艾登称其为"不惜一切代价的和平"）、中立政策，或者与轴心国事实上的联盟，都彻底失败了，是不折不扣的耻辱。英美两国的领导人比斯大林更容易承认这一点。欧洲人谴责美国置身于欧洲战争之外，美国则批评欧洲没有为事关它们自身利益的战争做好准备。不过面对希特勒的东进，那位苏联领袖只能怪自己，因为之前他与纳粹德国

49

达成正式协议，还煽动希特勒发动侵略战争。不管怎样，到了1943 年底，经过多轮磋商和协议，盟国一致同意，鉴于过去的外交行动只会导致更多的羞辱和战争，因此所有成员国不能与任何轴心国领导人单独媾和。

第二，具有讽刺意味的是，盟国进一步承认，它们曾经对轴心国的欺骗毫无防备，从某种意义上说，它们的反应也就不足为奇了。这迟来的恍然大悟使盟国越发坚定地进行总动员，以敌人难以想象的方式进行战争。而轴心国则日益沉浸在天真的妄想中，更不用说与之匹敌了。盟国意识到早前对轴心国放任自流的错误，绥靖政策也彻底失败，因此丘吉尔和罗斯福在1943 年的卡萨布兰卡会议上发出最后通牒，正式提出了无条件投降的要求。这也意味着盟军决心要在事实上摧毁驱动轴心国的意识形态。[5]

第三，消灭轴心国势力将付出以过去的战争经验所无法想象的大量鲜血和财富，还需要所有盟国放弃彼此之间大相径庭的战后规划，暂时统一目标。1941 年之后，丘吉尔、罗斯福和斯大林一开始各自谋划，后来联合起来准备发动一场毁灭性的战争。他们的计划远比劳合·乔治、伍德罗·威尔逊（Woodrow Wilson）和沙皇尼古拉二世的方案更可行，实施条件也更充分。盟国加入第二次世界大战，是为了纠正第一次世界大战结束时所犯下的错误，也是为了避免类似情况导致第三次世界大战。它们解决了前一个问题，但还需要在之后半个世纪中付出巨大牺牲，并承担"无条件责任"，才能克服第二个问题。[6]

第二次世界大战中的奇怪联盟开启了一个杀人盈野的潘多拉魔盒。在战争正式爆发后的六年多时间里，死者不计其数，这很大程度上是因为两个最疯狂的主要参战国（德国和日本）

屠杀了大量苏联人和中国人。这些平民至少最初居住在边境附近，敌军容易抵达此处，本国军队一开始无法保护这些平民。苏联后来加入了二战，并和英美等国结盟。就在第三帝国正处于崩溃之中，盟军从两条战线上同时逼近，并几乎完全掌控了制空权之际，希特勒却无所顾忌地在东欧心脏地带——主要是德国占领区内屠杀了 600 万犹太人。第二次世界大战及其余波与 20 世纪的这些大屠杀有着千丝万缕的联系。[7]

这场战争给了希特勒足够的资源和舞台以实施他的杀戮计划，特别是在东线策划的"最终解决方案"。吞并波兰，统一东欧，占领波罗的海诸国，入侵苏联——在这些国家居住的数以百万计的犹太人面对希特勒政权的暴行时，只能任其宰割。[8]

纳粹德国和苏联签订了互不侵犯条约，至少在政治层面，国际上对国家共产主义的支持才减弱了。不过希特勒入侵苏联改变了这一态势。斯大林与英美等国开始合作，由此变成了亲切的"乔大叔"（Uncle Joe）。[9]

几乎没有观察家能在 1939 年 9 月成功预测 1941 年末将出现同盟国和轴心国这两大军事联盟。除了邪恶的德国、意大利、日本法西斯所奉行的扩张主义政策外，苏联同样应因其纵容行径而为第二次世界大战爆发负责，这也是之后各国结盟关系发生奇怪转变的主因。英法两国与苏联均有对抗德国的历史，在德国向西扩张的严峻威胁下，与苏联结盟并无不妥。因此在 1939 年之前，通过反法西斯宣传，三国似乎有机会建立不那么牢固的联盟。第二次世界大战最大的悖论之一就是斯大林希望德国与西欧国家在 1940 年相互消耗实力，不料德国却在 1941 年 6 月反过来攻击自己。鉴于斯大林之前对纳粹姑息，一些英美人士私下认为不必急着在西欧开辟第二战场，就让苏联和面目可憎的纳粹在东方争斗去吧。具有讽刺意味的是，苏联原本与第三帝国并无共同边界，两国只是在 1939 年 9—10 月瓜分了波兰才开始接壤。战后，盟国认可了苏联对波罗的海国家和部分东欧地区的所有权。这些地方其实是斯大林在 1941 年 6 月之前与希特勒合作期间所攫取的。这又产生了更大非议。[10]

苏联距离东普鲁士如此之近，很难想象 1939 年后，希特勒会不顾身后有一个历史上纠葛不断、意识形态对立的"伙伴"，而向西发动进攻。同样，若英法在德国西部边境进行战争动员，他也无法向东攻击苏联。据说极度失望的雷德尔将军曾在"巴巴罗萨行动"实施前夕为希特勒的决策而哀叹："我不相信他会重蹈覆辙。他自己曾不断地谴责 1914 年帝国政府发动两线战争是愚蠢的。我们在任何情况下都不应违反德苏条约，因为它确保我们远离两线作战。"雷德尔如此愤怒很可能是战后编造的谎言。事实上大部分德军精英分子都支持"巴巴罗萨行动"，相信在西欧轻松取得的胜利能持续下去。[11]

52　　在 1941 年，是苏联而不是德国，拥有世界上数量最庞大的军队、装甲车辆、飞机；是苏联而不是德国，拥有世界上最优秀的坦克和火炮。从 1939 年到德国入侵前夜，苏联制造了 8 万门迫击炮和大炮、1.7 万架飞机、7500 辆坦克，其中包括近 2000 辆新型 T-34 和 KV-1 坦克。是苏联而不是德国，能够出口燃油和粮食。苏联部署的陆军师比所有轴心国加起来还要多。希特勒又一次忽略或轻视了这些事实，反而信赖对苏联先进的军事装备一无所知、只会迎合自己的德国情报部门。纳粹高层对现代化红军的评价完全过时了。他们专注于斯大林在 1938—1939 年对红军军官团实行"大清洗"，嘲笑苏联在 1939 年有气无力地进攻波兰，以及 1940 年攻击芬兰时所暴露的种种问题；甚至一直追溯到日俄战争（1904—1905 年）和 1917 年沙皇的陆军兵败如山倒。然而以上所有史实都不足以证明，选择 1941 年中期在苏联土地上作战是明智的决定。[12]

1918 年，德国在布列斯特 - 立托夫斯克（Brest-Litovsk）狠狠地羞辱了苏联人。希特勒也知道，20 世纪 20 年代和 30 年代苏德军队合作的前提是苏联工业和技术水平落后于德国。1940 年，希特勒显然还相信一个判断一战中东西方实力的僵化公式：假如一战中德国未能征服法国，而不到三年就能击败苏联，那么 1940 年法国在六周内陷落，便意味着苏联区区一个月便会土崩瓦解，就好像 1939 年崛起中的共产主义苏联类似于 1917 年摇摇欲坠的沙皇俄国，抑或是 1939—1940 年的法国人与 1914 年信心满满的法国人一模一样。

1941 年 5 月，德国占领法国期间，负责控制媒体的卡尔·布雷默（Karl Bremer）据说有一次在保加利亚驻柏林大使馆的招待会上喝醉了。自以为是的法国军队突然崩溃令其大受鼓舞，于是他很快就口无遮拦，暴露了入侵苏联的计划："两个月内，我们尊敬的（纳粹理论家阿尔弗雷德·）罗森贝格（Alfred Rosenberg）将成为整个苏联的领袖，斯大林会完蛋。我们要摧毁苏联，比法国更快。"布雷默只是在编造更多希特勒式的神话。1940 年 6 月，希特勒在巴黎展开一段胜利之旅，其间对德军最高指挥官威廉·凯特尔将军说，击败苏联要比刚刚完成的对法国的征服要容易得多："相信我，凯特尔，相比之下，苏联战役就跟孩童在沙箱里玩游戏一样容易。"[13]

考虑到后方还有一个尚未征服的英国，经历过第一次世界大战的希特勒倍感压力。尽管希特勒大谈特谈东方的"生存空间"、战略矿藏、农地油田，其实他的战争经验全部来自西线，来自残酷的索姆河战役和帕斯尚尔（Passchendaele）战役，因此他相信那里永远是最难啃的骨头。于是希特勒这样安慰自己：如果沙俄帝国惨败于德国，而英国胜之，那么即使丘吉尔还能苟活，斯大林也必将灭亡。

苏联领导人只关心苏式共产主义和斯大林式的制度能否生存和扩张。假如英法在1939年前无可置疑地向苏联保证其反德立场，那么在某种程度上，斯大林就可能基于共同利益与之深入谈判，并很有可能延缓，乃至制止这场未来的世界大战。然而德国和苏联已决意入侵东欧，英法又不愿意厚颜无耻地出卖这些国家的民族自决理念，因此也就无从谈起与斯大林建立伙伴关系。斯大林和希特勒同样憎恶波兰独立，决心实施背信弃义的军事合作。当时苏联已经准备好与希特勒达成一项更有利的协议，共同瓜分波兰，并保证互不侵犯。[14]

现在，苏联可以压制日本；德国也终于能够放开手脚，专心对付法国。比起西方民主政治家，斯大林大概更愿意同希特勒（"无论我们对希特勒的方式有何看法，只有这种能力非凡的人才能成功地把德国人团结起来"）这样的极权主义者达成协议。对希特勒而言，他也同那些掌握了绝对权力的人惺惺相惜。希特勒渐渐崇拜起斯大林来，甚至在战争后期，红军大量歼灭德军的时候他还说："丘吉尔除了写了几本书，在议会发表过几次技巧娴熟的演说外，没什么值得夸耀的了。与之相对，姑且不论斯大林信仰的主义，毫无疑问，他成功地将一个拥有1.7亿人口的国家重新组织起来，为大规模武装冲突做好了准备。如果斯大林落入我手中，我可能会饶他一命，或许把他关在某个温泉胜地；丘吉尔和罗斯福则要上绞架。"[15]

条约签订后，苏联把目光投向了波罗的海国家和与东欧接壤的地区，很快就表现出征服欲望，连希特勒都觉得太过分。 54
苏联则坚持，在苏联向共产主义制度转变的混乱中，这些地区是独立出去或被别人夺走的，共产党人只是收复原本就属于沙皇俄国的旧地而已。此外，苏联并没有向第三帝国提供所承诺的全部资源，对德国技术和工业品的需求却越来越多。这使得希特勒认为，互不侵犯协议也许损害了德国的利益，特别是石油方面。斯大林越来越担心，作为抵御德国扩张主义的传统堡垒，法国崩溃得太快。此后不久，他正式吞并波罗的海诸国，收割了罗马尼亚的大片领土，并加强军备。德国为了向西欧民主国家开战并消除后顾之忧，容忍了苏联的所作所为。斯大林也曾分析，西线大战要艰难得多。英法等国之前出于原则考虑，不愿意认可斯大林的"现实政治"，并以此为代价建立联盟。讽刺的是，如今它们却完全置捷克斯洛伐克于不顾，当波兰面临危险时也无所作为。早前的一切谋划都化为泡影。[16]

斯大林与希特勒达成的任何长期合作关系注定都要夭折。共产主义与纳粹主义是两种截然不同的意识形态。马克思主义关注于阶级斗争，而不针对某个特定种族，与民族社会主义制度下的雅利安种族偏见相比更具活力和国际吸引力，因此希特勒视其为纳粹德国生存的主要威胁。两国都还在为上一次世界大战而耿耿于怀。苏联仍然就1918年苏德停战协议中的屈辱条款感到愤怒。1914年，沙皇军队在东普鲁士施加的暴行不逊于德军在比利时的野蛮行径，德国人也对此念念不忘。如果说苏联与西方签订协议便可能阻止战争，那么与希特勒签约则会将战争拖入持久的深渊。

在太平洋战争爆发和演变的过程中，苏联也起到了关键作用。1939 年 5 月至 9 月间，苏联在中国东北边境取得了一系列对日作战胜利。很多日本军官确信在苏联东部边界与之单独作战是不明智的。在朱可夫元帅的指挥下，苏军地面部队组织得力，装备更佳，人数也超过日军。不仅如此，当这场边境战争结束时，斯大林与日本名义上的反共产主义轴心同盟——纳粹德国签署了互不侵犯条约，更是强化了自己的军事优势。日本遭到德国背叛，愤懑不已，只好向现实妥协，在 1941 年 4 月正式与斯大林签订互不侵犯条约。[17]

55　　如此相互欺骗对二战同盟的性质产生了两个根本性的影响，也可以解释为何这场战争扩大为全球冲突。第一，1941 年 6 月，日本没有收到初期配合入侵苏联的要求，也就不会协助希特勒的"巴巴罗萨行动"，同时沿着中国东北边界从苏联东部发动进攻。这种消极政策部分出于日本对自身利益的考量和恼怒，部分因为希特勒的贪婪和狂妄。为了独吞预想中的所有战利品，1941 年 6 月，他故意冷落日本（到了 1942 年末，他绝不会如此）。事实上，1941 年 4 月，在"巴巴罗萨行动"启动前数周，德国人得知日本人决定与斯大林缔结条约后，瓦尔利蒙特将军注意到军官们对此漠不关心，甚至还松了口气："我们不需要任何人，他们只能来搜刮尸体。"同年 9 月，德军在三个月内取得了重大胜利，希特勒吹嘘说："此时此刻，每个人都渴望召开世界和平会议。就我而言，我宁愿再打十年仗，也不会满足于这样的胜利。"也许希特勒还错误地认为，日军在东部攻击人烟稀少的西伯利亚，对配合德国进攻苏联工业和商业中心没有太大的直接帮助，还不如在亚太地区牵制英美海军及部分地面部队。[18]

　　无论如何，日本的缺席令陷入困境的苏联摆脱了两线作战。

大批由美国《租借法案》所提供的援助物资从美国西海岸港口
出发，可畅通无阻地抵达符拉迪沃斯托克（海参崴）。1941 年
11 月，斯大林根据东部形势，紧急抽调近 20 个师向西驰援，
保卫莫斯科，成功地拖延了德军围攻和当年大获全胜的德军闪
电战。战后，无能的陆军元帅凯特尔承认，尽管德军长驱直入，
取得了历史性战果，但终究没能转化为类似 1939—1941 年速战
速决的胜利："决定性的布良斯克（Bryansk）战役对苏联人来
说是一次可怕的打击。然而在此役之后，以及莫斯科和列宁格
勒围攻战，或者发生在顿涅茨盆地（Donetz Basin）的一系列战
斗后，我们必须意识到，这将是一场漫长的战争。"[19]

　　第二，1939 年 9 月 14 日，苏联与日本停战，确保了后方安
全，便能肆无忌惮地侵犯波兰。同样，1941 年 4 月 13 日正式签
订的《苏日中立条约》也让日本放开手脚，敢于向英国和美国
叫板。相比难缠的苏联，1940 年 6 月之后，防守薄弱的荷兰、
法国，或许还有英国的殖民地更具诱惑力。日本，尤其是军方，
自然会选择资源丰富的亚太地区下手。值得注意的是，斯大林
在很大程度上遵守了他对纳粹和日本帝国的承诺，远比履行战
后与英美签订的协议更为严格。或许还更糟：斯大林坚守对日
互不侵犯条约条款，以确保前往苏联的舰船能够安全离开美国
港口，并通过日本控制的水域抵达符拉迪沃斯托克。苏联急需
来自美国的租借物资，却通过支持与美国誓不两立的敌人来得
到。在独裁政权的欺骗游戏中，很难确定哪个才是罪魁祸
首——为了避免三线作战，日本曾与希特勒的对手达成各种协
议；为了跳出两线战争的火坑，德国早早地就与日本的死敌签
署条约；苏联曾在不同时期与德日两国签下合约，却损害了有
助于维持其生存的英美两国的利益。

56

纳粹德国、日本和苏联在近两年的时间内一直相互博弈，避免同时陷入两场冲突，这也是二战中所有六个主要参战国最担忧的状况。不过在1945年战争最终结束时，只有善于投机取巧的斯大林才基本上达成了这一目标。在波兰兵败如山倒的那个时期，温斯顿·丘吉尔曾颇有远见地谈及苏联在1939年的欺骗行为："我无法预测苏联的行动。这是谜中谜，但还是有一把钥匙可以破解，那就是苏联人的私利。"[20]

通过分析各主要交战国的优势和弱点、各国政府的性质，以及它们如何利用对手已知弱点或惩罚无端发动侵略战争者的决定，就可以明白各参战方在1941年末是怎样选择战争同盟的。苏联是仅有的一个基本上避开了海战和系统性战略轰炸的交战国，因而可以部署战争中最大规模的陆军，专注于步兵作战。尽管斯大林处心积虑地企图无偿攫取领土，但在交战各方中，最后苏联付出了最为惨重的代价。历史学家仍在试图弄清，苏联的灾难在多大程度上是由他们自己的表里不一所造成的。同时也要注意到，斯大林一方面在1941年到1944年间不断斥责英美两国未能立即开辟第二战场并打击他的前伙伴希特勒，另一方面却断然拒绝任何反击日本的建议。然而当时苏联至少有能力在其亚洲边境针对日本占领军采取一些行动，以缓解盟友同轴心国进行两线作战的压力，同时促进援助中国的物资运输。事实上，斯大林列举了无法与日本开战的各种原因，这些原因都能归结为他不愿与两个敌人同时作战。斯大林的盟友虽然面对的轴心国士兵要少得多，却身陷战争之中。[21]

57　　从1939年9月3日到1945年9月2日日本在东京湾正式投

降，大不列颠是盟国中唯一全程参与对抗德国及其他轴心国的国家。英美苏三巨头中，只有英国在没有受到直接攻击的情况下，作为波兰的盟友在名义上对轴心国宣战。从 1940 年 5 月西欧沦陷到 1941 年 6 月苏联遭遇入侵，一直是大英帝国——不是法国、美国，也不是苏联——单独承受德国的攻击。英国的资源和人力远不及美国半数，却要在意大利（西西里岛）等欧洲地区、北非、太平洋地区、大洋海面和水下奋战，还要同美国一道，对欧洲大陆发动代价高昂的战略轰炸。其不断扩张的经济是三个盟国中最被低估的。澳大利亚、加拿大、新西兰和南非等自治领地为英国稳定地供给物资，输送了许多最优秀的战士，这些是英国在这场全球战争中的战略关键。多达半数陆军师，以及 40% 的英国皇家空军官兵招募自海外殖民地、自治领和印度。希特勒谈起大英帝国时总是口若悬河，不过他不知道，英国可以在一场世界大战中得到各种各样的资源——工业品、农产品、金融支持、军事援助、人力；他也不清楚世界各地的英国属民有多么忠诚，为母国军队贡献了几十万兵力。[22]

有个明显的事实被希特勒忽略：1939 年，英国海军比任何一个轴心国的海军都强大，英国空军也在迅速发展，足以与德国空军平分秋色。出于超远距离作战和保护帝国本土的需要，英国很自然地强调海、空力量的重要性，尽量避免发生在法国和比利时的那种绞肉机式的地面战斗。1938 年末，英国军事备战开始出现巨大转变，而纳粹政权似乎对此一无所知。痴迷于陆战的希特勒发觉英国并未像 1916 年那样动员庞大的远征军支援法国，没有意识到正在不断增长的英国海、空军的重要性，也忽视了英国依然可以进口物资，也有能力确保军事补给线的安全。[23]

从 1939 年 9 月第二次世界大战肇始，盟国中最坚定的大不列颠便明确揭露了轴心国咄咄逼人的威吓本性，预测了纳粹的侵略进程，并借助温斯顿·丘吉尔在 1940 年 5 月 10 日上台之后的杰出领导力和英国人民与生俱来的抵抗精神，奠定了未来同盟的基础。丘吉尔早在 1937 年就警告傲慢的德国驻英大使约阿希姆·冯·里宾特洛甫：英国人并不像先前绥靖政策所表现的那样软弱。在位于伦敦的德国大使馆里，丘吉尔曾拒绝与德国就东欧和苏联问题狼狈为奸，为此还遭到里宾特洛甫大使的威胁。丘吉尔回应说："不要低估英国。她很聪明。假如你们又把我们拖入一场世界大战，她会像上次那样，让全世界跟你们作对。"德国人没有意识到，绥靖政策并非一成不变，只是暂时祈愿不要承受太多伤亡，以换取最终避免伤亡的期望。这种情绪最终可能引起民众的挫败感，并激励他们迸发正义之怒和热情而投入战争。或者正如乔治·奥威尔（George Orwell）等人所指出的那样，"国际政治中……你要么愿意无限期地执行绥靖政策，要么在某个时刻准备战斗"。绥靖也不一定是反映军事备战程度的晴雨表。绥靖国家往往比侵略者享有更多的军事优势，尽管其更大的愿望是不动用这些优质资产。[24]

1944 年中期以后，尽管时间不长，英军还是与盟友一起在部分战场上共同作战。美国在 1941—1945 年所承担的角色比 1917—1918 年更为重要，作战持续时间也长得多，这意味着英国遭受了比第一次世界大战更少的人员伤亡。1945 年，苏联贡献了对抗德国巨兽的大部分步兵，而早年的沙皇军队在 1918 年 11 月 11 日西线停战前就分崩离析了。1942 年，浴火重生的红军在一条战线上战斗，从而帮助英国释放更多资源去扩张空军，也能腾出手来同日本作战。这种全球范围内的出击超过了第一次世界大战期间英国远征军的作战规模。

　　假如丘吉尔如希特勒和部分英国显贵所愿，在 1940 年 6 月 59
同德国达成协议，抑或未能在此前一个月担任首相，那么纳粹
德国可能就不会掉头入侵苏联，也有可能开战后干净利落地击
败它。只有英国生存下去，才能够确保西方形成抵抗希特勒的
欧洲第二战场，只不过在 1944 年 6 月之前，英国是通过空中力
量和地中海上的战斗来实现的。倘若英国沦陷，美国就无法发
动早期空袭行动，最终也不能在西欧登陆。无论如何，如果没
有英国，美国将缺乏一个前沿集结区，用以重新夺取欧洲大陆。
1940 年，英国通过顽强抵抗，足以说服美国在欧洲战场上投入
更多的力量。从 1939 年 9 月开始，英国人在与德国人作战的过
程中积累了丰富经验，这对 1942 年参战的美国而言非常宝贵。

　　在盟国三巨头中，大不列颠的实力最弱，人口最少，但在
诸多方面上却最有原则、效能最高。英国付出了巨大的资源，
一直承担全球作战的重担，还经常孤军作战，战后的权势反而
变弱了，那时世界将成为苏联与美国的天下。美国人可能厌倦
了英国人的说教和帝国虚荣，但英国人拥有其他大国无法匹敌
的可靠、勇敢、创造性和天赋，这对盟国至关重要。

　　在第二次世界大战的六大主要交战国中，只有美国的大陆
本土没有遭到任何实质性的入侵和轰炸。两片大洋数千英里宽，
将美国与亚欧隔开，使其工业免于兵火之灾，希特勒很快就会
为此哀叹不已。不过，距离如果确保美国军事生产从不间断，
那么也意味着美国与欧亚的政治关系并不密切。长期以来，它
对轴心国军队的实力缺乏及时更新和准确的评估。就像第一次
世界大战那样，信心十足的美国人无论是登陆意大利的西西里
岛，还是在英国的军事基地驻防，他们抵达欧洲后，总是确信

自己有办法打败德国，而经验丰富的英国人却无能为力。

美国在珍珠港事件之前曾直率地提出了各种建议。尽管它萌生了重整军备的念头，但是对于一场旷日持久的陆空大战，准备还是严重不足。英国和欧洲其他国家虽然在 20 世纪 30 年代初几乎解除了武装，不过在慕尼黑会议之后，很快就清醒过来。到 1939 年，英法两国的年度国防开支已接近德国，将国民生产总值的 21%—23% 用于军备。到 1940 年，这两个经济体的国防费用合计起来超过了德国。相比之下，尽管有大规模海军扩张计划，美国 1939 年的国防开支仍仅占其国民生产总值的 1%；1940 年，即使战争正在欧洲肆虐，也才增加到 2%。国防开支占美国预算的百分比在 1932 年至 1939 年间有所下降，并受累于国会政治拨款的利益纠葛，而且经常未能有效划拨到位。[25]

美国安全的地理位置也是一把双刃剑。虽然前线远离本土，但要抵达战区代价昂贵，殊为不易，有时也会威胁到补给线安全。整个战争期间，美国提供的补给最多，支付的运输开销最甚。它通过危险的天空和危机四伏的水域，向全世界派遣士兵，分配物资。由于美国人是战时唯一没有受到攻击的民众，因此以军事上倘若战败，美国作为一个国家将要灭亡为说辞，是很难把整个国家团结起来的。[26]

然而，美国是冲突各方中，唯一可以在所有战区，以任何手段，全面对抗日本、意大利和德国的交战国。这些非凡的付出可以从美国经济转型中反映出来。到 1944 年底，它每年投入超过 800 亿美元用于战争，远远超过其国民生产总值的 40%。到 1945 年，93.5% 的年度预算支出用于军队或与国防相关的投资项目。与纳粹德国相比，美国在军事上的花费要高出 20%。尽管所有轴心国都谈论美国人颓废萎靡，但美国男女工人的人均工业产出却远远超过其他任何一个参战国。[27]

　　派遣部队到离家千里之外的战区，向作战经验丰富的轴心国部队发起进攻，这使美国从一开始就居于不利地位，机动性则是克服这些劣势的关键。美国为此在海军和空军领域投入了大量资金和人力，并专注于生产数量庞大、可靠易用、高效实用的武器。一支1200万人的军队肩负着巨大责任，承担着向苏联输送物资、保卫澳大利亚、跨越空中和海洋彻底破坏日本等轴心国工业生产的各种任务。战争中最昂贵的两个武器项目——"曼哈顿计划"和B–29轰炸机研制，都是为了通过空中打击来毁灭远方的敌人。20世纪初，美国军方从未考虑越过边境进入墨西哥或加拿大来发动一场大规模战争。因此，美国战前武装力量自然不可与庞大的德国和苏联的陆军及装甲车辆保有量相提并论。[28]

　　从珍珠港事件到1943年，美国在第二次世界大战早期的表现形如一条陡峭的学习曲线。这个处于大萧条时期、军力不足、盛行孤立主义的国家正准备武装起来加入一场世界大战。一开始，美国人无法设定正确的战略目标；美军则未经战阵，装备着许多刚刚发明、质量堪忧的武器；战地指挥官也能力平平。然而，到了1943年中期，美国便已解决了上述大部分问题，组织起一流的战术空军、战略轰炸机、航空母舰、潜艇和地面部队，以先进的作战方式同占据地理和后勤运输优势的敌人搏杀。

　　由于第一次世界大战的胜利并没有带来各方所承诺的持久和平，美国对此深感失望。但此后，它还是出于两个原因再次加入另一场发生在海外的战争。第一，日本袭击了美国位于太平洋的基地。如前所述，如果日本绕开菲律宾，将夏威夷移出"愿望清单"，只把不能自保的荷兰和法国殖民地资产纳入囊中，或者专注于英国控制下的新加坡、马来西亚、缅甸和印度，

61

那么美国就没有理由当即加入太平洋战争，帮助英国。就像闪电战期间，伦敦燃起熊熊烈火，标志性建筑坍塌，数千名市民丧生时，美国也曾袖手旁观。美国或许把中国罗曼蒂克化了，即便如此，在中国与日本长达十年的斗争中，美国也并没有给予其太多军事协助。

第二，1941 年 12 月 11 日，德国、意大利对美国宣战。这是第二次世界大战中最大的错误之一。假如德国没有这么做，那么美国在珍珠港事件后就会有充分的理由，将其所有资源集中起来对付日本。希特勒之所以做出这样灾难性的决定可能部分出于情绪。他对富兰克林·罗斯福有着病态般的憎恨，在许多马拉松式的演讲中对其肆意谩骂，最著名的一次就是 1939 年 4 月在帝国议会前的演说。希特勒的决断在某种程度上也是德国海军游说的结果。海军潜艇部队希望从源头上攻击美国护航舰队，因为德国人普遍怨恨唯利是图的美国杂种打着《租借法案》的旗号，援助第三帝国的敌人。

1941 年 12 月对美宣战后，希特勒幻想日本海军能够牵制住美国人，削弱他们的远征力量。无论是国防军元帅还是希特勒，他们都没有意识到，这个冲动的决定将旋即给德国带来灭顶之灾。瓦尔利蒙特将军声称，他对希特勒突然宣战感到困惑，并努力举出三个可能的原因，为这一令人费解的行为辩护："第一，忠实于与日本签订的条约；第二，愿意支持如日本这种军人国家的浪漫情怀；第三，与美国持续保持敌对的态度。"瓦尔利蒙特的观点后来再次被提及。战后，当即将走上绞架的约阿希姆·冯·里宾特洛甫被问及为什么希特勒要对美国发动战争时，他对审问者给出了自私而又令人困惑的回答。里宾特洛甫说，尽管他自己一直反对，但希特勒宣称，美国援助英国这一行为就已经构成了战争状态，而且若要使结盟存在意义，第三帝国就应该支持日本。多么奇怪的论断。如果这是真的，又该如何解释德国人曾毫不犹豫地欺骗日本，在 1939 年 8 月与苏联签订了互不侵犯条约，而当时斯大林正在与日军进行一场事实上的边境战争。

此外，至 1941 年 12 月初，德军已在莫斯科城外止步不前。与此同时，希特勒和日本人都错误地认为，美国备战不足，可能是一个容易攻击的目标。这是拿破仑式的习惯——老冲突还没结束就发动新战争，这促使希特勒对英闪击战破产后，过早地将注意力转移到苏联。[29]

珍珠港事件后，美国人民这次终于被罗斯福政府说服了：他们并非参与一场远在欧亚、可有可无的战争，而是事关生死存亡的防御战。美国认清了这一事实，全力进行战争动员和备战，其规模甚至超过了 1917—1918 年。与第一次世界大战完全不同的是，美国人现在面临着两线战争的困境，以及如何优先选择对手的矛盾。纳粹德国是更大的生存威胁，但更直接、情感上更仇视的敌人是日本帝国。与第三帝国不同，日本在和平时期袭击美国领土，屠杀美国水兵。由于苏联和英国都采取"德国优先"的策略，美国人便会质疑，既然盟军势力在太平洋战区缺失，为何美国也要以德国为首要敌人。美国可以通过宣布"欧洲优先"政策来回答这个问题，但实际上，太平洋战争的绝大多数战役都是由美国海军、海军陆战队、部分训练有素的陆军师和空军承担的。

美国是这场战争的第二大军事力量，服役人数超过 1200 万（累计超过 1600 万）。各大国中，美国遭受的战斗伤亡比例最低（约 41.6 万人，略高于参军人数的 3%）之所以人员损失不大，是因为美国制造的飞机最多，下水船只吨位最重，为官兵提供了最广泛、最高效的医疗服务，并且到了1945年中期，美国国民生产总值超过了其他四个交战国的总和。

美国不像德国、意大利、日本和苏联那样，为了争夺新领土而战，而且最终归还了所占领的大部分地区。美国的初期战略是尽快进攻第三帝国的心脏地区，打败德军，消灭纳粹，然后入侵日本。1917年至1918年，美国人与疲惫不堪的德国军队短兵相接，击败了敌人，但并没有经历过类似凡尔登或索姆河那样的战斗。美国领导人深知国内民众喜怒无常且缺乏耐心。他们迫切盼望军队能取得决定性胜利，但同样很快就会厌倦旷日持久、无法带来迅速和明确结果的战争。珍珠港事件后仅一个月，罗斯福政府就制订了年产2万门高射炮、4.5万辆坦克和装甲车，以及6万架飞机的目标。该计划看上去似乎不可能实现，但到了战争末期，居然能部分达成。[30]

总而言之，整个战争期间，"盟国"这个概念一直在变。1940年6月之前，复数意义的"盟国"特指大英帝国和西欧民主国家。1940年，法国、斯堪的纳维亚诸国和低地国家崩溃；1941年6月，苏联遭到入侵。此后，苏联、英国才成为仅有的与轴心国积极作战的"盟国"，并与中国结成松散的同盟。

1941年12月，战争爆发大约27个月后，日本偷袭珍珠港，轴心国分别向美国宣战，于是"盟国"构成再次发生变化。将美国、英国、苏联这三大巨头绑定在一起的当然不是意识形态上的兄弟情谊（更不用说不同的自由价值观和貌合神离的政府），也不是每个国家都愿意与所有三个轴心国作战。然而，联结三巨头的纽带却极为牢固，那就是纳粹德国要么入侵了某个成员国的家园，要么首先对某个成员国宣战，要么攻击成员国的盟友，以及所有盟国彻底摧毁纳粹德国的强烈意愿。

至于轴心国，尽管战前宣称要团结一致，有着真正的法西斯共性，还空谈什么"钢铁"般牢不可破的条约，但它们同样从根本上改变了自己的联盟。与盟国不一样，轴心国不是针对敌对国的行为做出反应，其决策相当短视，完全是基于德国将赢得战争的判断，并确保自己取得有利的战后地位。1939 年 9 月至 1940 年 6 月，在欧洲战区唯一积极作战的轴心国只有德国。随着法国在 1940 年 6 月被击溃，墨索里尼统治下的意大利姗姗来迟，加入德国阵营，企图不费功夫就从已经被击败或羸弱的敌人那里搜刮战利品。1941 年 12 月 7 日之后，轴心国的概念再次扩大，日本和几个东欧国家也加入进来。日本人预测，摇摇欲坠的英国和苏联将很快落败，而中立的美国军备不善，又秉承孤立主义，一旦开战将孤掌难鸣，只能签署城下之盟，于是日本帝国海军在太平洋上突然袭击了美国和英国。这种悲剧性的讽刺正是第二次世界大战的特征。各同盟国在意识形态方面毫无亲近感，只为追求正义的复仇而并肩作战。法西斯轴心国一脉相承，发动侵略战争的目的却往往相互矛盾。这些好战分子各怀鬼胎，幻想实现自己的特殊利益。

这场战争在全球的扩散方式就像它爆发时那样充满矛盾，也如各交战国怎样以及为何形成不同的联盟那样具有讽刺意味。许多涉及战略、武器、工业政策、人力资源、技术、领导层的决策，都来自起初导致轴心国发动战争的相同心态和预测，盟国则寻求可怕的反击。

第二部分
天空
空军的罪恶与辉煌

空中没有大路，没有通道，没有一处可以对敌人宣告："如果他要攻击我的首都，就必须来到这里。"天空中，到处都是四通八达。

——H. G. 威尔斯[1]

第四章　空军革命

空军在第一次世界大战期间才刚刚走向成熟，到第二次世界大战，轴心国和同盟国就一共制造了80万架军用飞机、运输机、教练机。其发展速度之快令人啧啧称奇。大约有30万架飞机在战斗中被击落，因事故坠毁，或受到严重损毁被丢弃。盟国生产的飞机数量是轴心国的三倍。在重型轰炸机、运输机、战斗轰炸机等关键类别上，盟军飞机很快就在质量和数量上胜出。胜利者因此在机动性、部署能力和攻击范围方面拥有轴心国无法比拟的优势。

相关档案，尤其是涉及东线的记录并不完备。比如德国空军的大部分文件在战争结束时无影无踪，可能是德国人有意为之，也有可能在1945年春季的混乱中被当作垃圾丢弃。不管怎样，通过合理预测，双方大约有35万名飞行员和机组成员丧生，尽管大多数军队将空难统计为陆军损失。几乎有200万欧洲和亚洲平民死于战略轰炸，其中至少一半是妇女儿童。第二次世界大战始于轰炸机空袭华沙，终于广岛和长崎的原子弹爆炸。尽管空中力量的发展令人印象深刻，但第二次世界大战期间，可能只有3%的战斗伤亡与飞机有关。不过空军仍然是所有军事拨款中最大的单项支出，平均占主要交战方支出的30%，美国战时预算的40%以上。民主国家特别青睐这种昂贵的投资，不仅可以减少步兵损失，还能在不必杀死大量敌军的情况下，摧毁其工业设备和生产战争物资的能力。建立一支空军需要建造并维护诸多复杂的机器、机场、通信设施，大量消耗昂贵的航空燃料，支付飞机维护成本，还要投入巨额资金训练飞行员和机组人员。这一切都同地面部队的运作方式大相径庭。[1]

68　　　空军的投入产出比很难估算。至 1941 年，空军已经深深融入陆、海军的战术行动和后勤运输过程之中，几乎不可能为其单独制定预算或评估战略贡献。还有心理因素需要考量。发出凄厉尖叫的"斯图卡"轰炸机令波兰人和法国人恐惧不已；发誓永不投降的日本政府面对一片火海中的东京和满目疮痍的广岛、长崎又该做何感想。人们普遍认为，仅凭空军本身不足以结束战争。不过日本在其本土尚未被入侵的情况下就宣布投降，很大程度上是因为 B－29 轰炸机投掷的燃烧弹和两枚核武器，而非苏联攻入中国东北地区。[2]

　　日本陆军并不看重装甲作战。德国海军很少发动两栖攻击行动。苏联并未频繁实施战略轰炸。然而，所有交战国都投入了某种形式的战术空军参战，并从陆、海军调拨关键资源助其建设。同样，军用飞机还催生出过去完全想象不到的辅助性武器和技术，如大型航空母舰、空降部队、导弹、半自动火箭弹，以及喷气式飞机。战争中杀伤力最大的两项发明是凝固汽油弹和原子弹——都是需要从空中投掷的武器。空袭导致 1945 年 3 月 9 日至 10 日（东京）和 8 月 6 日（广岛）成为战争史上最致命的两天。

　　20 世纪之前，战斗者要么是步兵，要么是水手。他们可能是马拉松平原上的希腊重装步兵，萨拉米斯海面上的三层划桨战船水手，维也纳城墙内外的士兵，勒班陀战役中的水兵，滑铁卢战场上的骑兵，以及特拉法尔加海战中操纵风帆战列舰的海员。所有投掷式武器——箭、投石、标枪、炮弹都发射自地面或舟船上。从黑火药时代到 19 世纪末，目标通常都在攻击者的目视范围内。1939 年，一切都永远地改变了。[3]

当然，空中作战在 1939 年倒也并非新鲜事物。热气球就曾在拿破仑战争（1803—1815 年）中偶尔被投入战场；1849 年，奥地利也曾使用热气球对威尼斯进行"轰炸"。这种武器引起了民众恐慌，但对战争进程没有产生影响。第一次世界大战中，交战双方操纵着数千架双翼飞机，犹如神话中的伊卡洛斯（Icarus）[①] 或列奥纳多·达·芬奇在素描本描绘的梦想之物那样，在大地上空厮杀。1914 年后，空战规模迅速升级，经常有数以千计的飞机卷入混战。不过即使在那时，飞机仍然被看作不可靠，甚至是危险的机器。尽管到 1918 年底，各方共生产了 20 万架战斗机和运输机，但在战略层面上，飞机对战争的影响十分有限。第一次世界大战中，法国和英国只是偶尔轰炸过德国。柏林几乎完全没有受到影响。[4]

德国的齐柏林飞艇和轰炸机在一战中对英国和法国仅造成了轻微的破坏和人员伤亡，远远少于 20 多年后盟军的一次常规轰炸行动。空军到 1918 年才终于发展成法国和比利时两国的重要战术部队，不过尚未演化为强大的战略武器。航空科技只经过区区 40 年发展，到第二次世界大战爆发时，单翼飞机就变得如此强大和快速，以至于那些空战指挥官令人震惊地突然宣布，要用空军压制战场。该理论基于这样一个重要假设：战斗不仅将转移到空中，还能彻底改变地面上的战斗模式。

当技术迅猛发展时，总会出现一些怪诞的想法。两次大战

①　希腊神话人物，他使用蜡和羽毛打造的飞翼逃离克里特岛，却因飞得太高，致使太阳融化了双翼上的蜡，最后落水丧生。

之间，就有狂热的支持者宣称，空军将令绝大多数地面战斗消失。意大利空军军事理论家朱利奥·杜黑将军在战前以戏剧化的方式警告说：

> 掌握制空权，就意味着拥有进攻的能力，威力之大超乎想象。它能切断敌人陆、海军与行动基地之间的联系，并使其失去赢得战争的机会。它能保护国家不受侵犯，陆军和海军高效运行，人民能在安全的环境中平静地生活和工作。简而言之，制空权就是胜利。反之，空中战场的失败就是最终失败。失利方只能任凭摆布，毫无抵抗能力，被迫接受敌人开出的条件。

德国针对英国的闪电战失败了，因此杜黑的几乎每一个论断很早就被证明是完全错误的。那些空军和装甲部队倡导者的问题不在于其误解本身，而是在夸张地预测武器未来前景时，忽视了"挑战－应对"这样一个古老的循环：对"总是能穿过防线"且"不可阻止"的坦克或轰炸机而言，二战中将会出现相应的新式反制武器，如廉价的便携式"铁拳"反坦克火箭筒或高性能战斗机。[5]

70　　西欧堑壕战给人们留下了挥之不去的创伤，他们发誓再也不能重蹈覆辙，固执于步兵静态作战模式，因此出现标榜空军无所不能的浮夸理论也就不足为奇了。20世纪20年代，一些政治家出于善意，试图禁止生产某些种类的飞机，并取缔战略轰炸学说，然而这类乌托邦式的努力反而加剧了民众对空中力量的恐惧，同时也刺激其本国军队渴望拥有最致命的空中打击力量。两次世界大战之间，航空技术取得的长足进步——战斗机和轰炸机的有效载荷、航程、时速（仅在 1935 年到 1940 年之间就增加了两倍）——也令欧洲公众感到害怕。20 世纪 20 年代和 30 年代，空军的发展速度堪比冷战早期核武器的进展。届时又出现了另一个论点，即新式武器已经进化到如此可怕的程度，以至于将来任何类型的战争只要爆发，就必将摧毁人类文明。[6]

人们相信，新一代飞机飞得又高又快，完全可以穿过前线战场，攻击后方的平民目标。只要出动这样的战争飞行器，就能令敌国的战时生产能力崩溃，或者至少能恐吓民众，使敌国停止军事行动，进而减少生命损失。不过换言之，也没有哪个军事理论家或政治家清楚地知道下一次战争中空军将发挥怎样的作用。

"我认为，让一个普通人明白，世界上没有任何事物可以保护他不挨炸，未尝不是好事。无论别人怎么跟他保证，轰炸机总能来袭。进攻是唯一的防御方式。这意味着若想自救，你必须比敌人更多更快地杀死他们的妇孺。" 1932 年 11 月 10 日，对防空体系有效性持悲观态度的英国首相斯坦利·鲍德温（Stanley Baldwin）向英国下议院发表了上述一番千夫所指的言论。鲍德温可能是对的：在大多数情况下，大多数轰炸机通常都能穿透防线，深入敌人后方。但是它们付出的代价也十分高昂，是否划算需要打一个问号。战略轰炸的可持续性和有效性也令人疑窦重重。鲍德温后来承认，当英国面临德国入侵的威胁时，制造战斗机和轰炸机可以对德国产生威慑。其继任者内维尔·张伯伦继续生产战斗机，并鼓励空军发展，这一点值得称道，不过他最终又回到了先前的观点，即大规模重整军备既浪费金钱，又挑衅味十足。鲍德温和张伯伦的问题不在于他们单方面自解武装，而是当第三帝国正在崛起时，两者都没有依托英国的工业发展和技术进步，加速战斗机制造并扩大产能。[7]

71   一些战前的著名空军提倡者——克莱芒·阿代尔（Clément Ader，《军事航空学》）、朱利奥·杜黑（《制空权》）、威廉·"比利"·米切尔上校（《空中国防论》）、英国皇家空军元帅休·特伦查德、瓦尔特·韦弗（Walther Wever）将军——从不同角度预言，不仅空军将成为未来所有陆、海战术行动的组成部分，而且通过战略轰炸就能从根本上抑制敌人的生产。所有人当中，思维最灵活的也许是韦弗。他并不一味坚持成立独立的空军军种，只依赖空中手段打击敌国的工业、人口中心，从而为德国赢得战争，而是试图确保德国空军拥有多方面的战术和战略攻击能力。此后，柏林、东京在空袭中化为一片废墟，或许还有原子弹的投掷，都再次证明空军决定论不乏正确之处。但如果结合德国、英国、美国空中部队的惊人损失，该理论则大错特错，更不用说盟军还是必须出动地面部队攻入德国、意大利本土，才能结束战争。即使经历长时间轰炸后，城市及居民的恢复能力之快也出乎意料。事实证明，飞机如同弓弩，其有效性取决于技术上的挑战和应对，以及发展出的合适的战术战略。[8]

很快，尚未成熟的轰炸机进攻方式遭遇高射炮、阻拦气球、雷达、战斗机的反制，加之还有浓雾、冰霜、积云、强风等自然因素影响，后者是柏林和东京最好的防御手段。战前，人们曾梦想天空中将出现战无不胜的武器；到 1940 年末，幻想就被现实打落到地面。事实证明，空军无法抹平英国的工业设施，这个岛国到处都是防空阵地。同样，在夜空闪现的德国亨克尔、道尼尔、容克轰炸机也无法恐吓伦敦人民，迫使他们放弃抵抗。英国只要出动数千架飞机，便能将汉堡置于一片火海之中，但刚开始，英国空军也不能有效地制约德国工业。德国依然能生产出可以将苏联坦克炸成一堆废铁的新型虎式及豹式坦克。[9]

　　人类毕竟不是生活在天空中，而是在地面上活动，在空袭时还得躲进地下。尽管战略轰炸在第二次世界大战期间最终成为致命的撒手锏，但它永远不能消灭深藏在地下的敌人。若要摧毁其抵抗意志，彻底击败并占领他们的土地，只能在陆地上与之决战。空军看不到躲进加固建筑物里的敌军，也无法审讯战俘或与平民交谈。对空军决定论持批评态度的人认为，轰炸机、战斗机仅仅是可以在不同战区之间调度的资产罢了，要迫使敌人投降，还得出动地面部队。

　　至 1943 年，随着更优异的引擎、机身、导航和瞄准系统不断推陈出新，空军摆脱了早前的虚幻理论，战略轰炸和战术空中支援慢慢开始实现那些战前理论家的大胆主张。战斗机经过改进，瞬间就可以倍增装甲部队和步兵的战斗力，这在 1939 年以前是不可想象的。空军最终也得益于大量远程护航战斗机，而不是先进的新式轰炸机，大大增强了深度渗透能力。制空权意味着消灭敌人空军，以获得对天空的绝对统治，进而可以肆无忌惮地打击下方任何目标。掌握了制空权，空军的攻击模式就充满无限可能；若没能掌握制空权，执行任务的飞机迟早要被另一架飞机击落。

　　正如空军倡导者亚历山大·P. 德·塞维尔斯基（Alexander P. de Seversky）所说："只有空军才能击败空军……要想真正消灭一支攻击型空军，或者与之形成均势，唯有依靠更具优势的空军。"第二次世界大战中，关于空军的最大争议并不是飞机能否对地面目标造成巨大破坏。（轴心国在 1945 年战败，其首都和许多工业城市——柏林、不来梅、杜塞尔多夫、汉堡、

72

神户、美因茨、米兰、东京、横滨——都被夷为平地，罪魁祸
首往往是空军。）相反，问题在于空军取得的军事收益与付出
的高昂成本是否匹配；如果回答是肯定的，又该如何有效
利用。[10]

　　人们到 1945 年形成了大致共识：若能最终获得制空权（不
再存在敌方有效的空中抵抗），甚至仅仅形成空中优势（不断
击败敌人空军），一股崭新力量便会以惊人的方式释放出来，
继而凭借其他军种不可能实现的手段，摧毁敌国的陆军、海军、
工业设施、居民中心（假设海军和地面防空系统不能抵消飞机
的攻击力）。然而，如果交战双方势均力敌，空中僵局就会变
成比拼消耗，而这些资源本可以用于地面部队。尤其是考虑到
飞行员和机组人员的伤亡率往往超过步兵，就更不划算了。

　　飞行员和飞机同等重要。有时候，优秀的飞行员就算驾驶
一架普通飞机也能媲美一架由菜鸟机组人员控制的先进飞行器。
飞行员不仅是战士，在某种程度上也是技工。他们必须比地面
上那些驾驶内燃机的司机更为充分地了解自己的机器。更重要
的是，飞行员几乎可以随时随地且随心所欲地攻击敌人。战斗
空间从平面扩展到立体。从埃涅阿斯·塔卡提克斯（Aeneas
Tacticus）、维盖提乌斯（Vegetius）、孙子、拜占庭皇帝莫里斯
（Maurice）到卡尔·冯·克劳塞维茨（Carl von Clausewitz）将
军和安托万 - 亨利·约米尼（Antoine-Henri Jomini）①，所有这

---

　　① 埃涅阿斯，公元前 4 世纪左右的古希腊军事理论家；维盖提乌斯，公元 4
世纪下半叶古罗马帝国军事家，著有《论军事》一书；莫里斯皇帝，582
年即位，曾击败波斯萨珊帝国军队；安托万 - 亨利·约米尼，拿破仑时代
的军事家，在理论上总结了拿破仑战争的规律、经验和教训，创立了较完
善的军事理论体系。

些军事家撰写的经典军事手册中的实用元素突然间似乎变得无关紧要了。狂热的空军信徒深信他们创造了一门全新的军事科学和军事理论。[11]

20 世纪前，军舰只能在海面上作战。即使是曾于 1939—1940 年在斯堪的纳维亚半岛作战的经验丰富的山地部队，或翻越了中缅战区高原的英美及日本军队，也很少在超过 10000 英尺的高度战斗。相较之下，如今的飞机可以从贴近地面的高度直至 30000 英尺高空，无视大海和山脉阻隔，以被桎梏在平面上的陆地士兵和海军水手所无法理解的三维方式作战。特别是 1944 年末，能够在高达 5.5 英里上空飞行的 B－29 "超级空中堡垒" 轰炸机投入现役后，盟军更倾向于派遣轰炸机群执行任务，因为地面防空火炮和大部分战斗机都对其无可奈何。但该模式有时会忽视一件事：飞机为了达到如此高度，需要大幅增加动力，消耗更多燃料，从而在根本上削弱了投弹准确性，降低了有效载荷和速度，不利于机组人员工作，有损机械性能。虽然空军摆脱了地形束缚，不过这种新兴技术还不完全为人所了解，依然受到诸多制约。

若德国虎式坦克动弹不得，或英国驱逐舰失去动力时，被困人员仍然可以得救，继续在陆地或海面上作战。一旦飞机在空中发生机械故障，在最幸运的情况下，机组成员也只能打开降落伞，盘旋着降落到地面，最坏的情形则是自由落体摔死。换言之，飞机和潜艇一样，本质上是比水面船只或轮式车辆更危险的运输工具，特别是在北方高纬度地区的恶劣天气条件下。海战是难以掌控的，但这也正是历史上大多数最重要的海上战役——比如萨拉米斯、勒班陀和纳瓦里诺（Navarino）——都发生在陆地附近的原因。[12]

　　航空技术的发展速度远远超过了海上和陆地战争中最激进的进步。笨拙的火绳枪用了 300 年才取代了弩和长弓，而在两次世界大战之间短短 20 年里，空军就彻底变了。事实也的确如此。1944 年初，美国新型"埃塞克斯"级（Essex）航空母舰已经能够压制日本海军，确保美军制海权。该型航母远比吨位更小、结构更简单的"黄蜂"号（USS Wasp，CV－7，1940—1942 年）航母，或由大型巡洋舰改装而来的"列克星敦"号（USS Lexington，CV－2，1927—1942 年）航母和"萨拉托加"号（USS Saratoga，CV－3，1925—1946 年）航母更为精密复杂。德国虎式坦克的威力（虽然可靠性不佳）大幅超过了早期火力有限、击溃波兰的小型马克 I 型和 II 型坦克。尽管如此，所有这些改进都是渐进式的，而不是开创性革新。坦克技术的高低依然取决于炮塔、履带、装甲和内燃机的参数指标。[13]

　　相比之下，第二次世界大战刚刚爆发时，诸如英国双翼型"剑鱼"式鱼雷轰炸机这样的笨拙飞行器还大行其道，到战争结束时，居然不可思议地出现了德国 Me－262 喷气式战斗机和 V－2 导弹。空军见证了战争中最伟大的技术突破。与火炮、坦克或水面舰船等领域不一样，这种全新技术拥有巨大的发展潜力，吸引了欧洲顶尖工程师和科学家投入研究。美国空军[①]领导人，如"哈普"·阿诺德（"Hap"Arnold）[②]、吉米·杜立德（Jimmy Doolittle）、柯蒂斯·李梅和卡尔·斯帕茨（Carl Spaatz）都是战争中最出色的将军。[14]

---

① 第二次世界大战期间，美国并无正式空军，航空队隶属陆军管辖。本书中的"美国空军"特指美国空中力量，而非独立军种。

② 即亨利·哈利·阿诺德（Henry Harley Arnold），二战时曾任美国陆军航空兵司令，为正式建立美国空军奠定了基础。

　　空战同样是非常孤独的。即使在最大型飞机内，如将日本城市人口密集区化为一片火海的巨型 B‑29 轰炸机，也只能容纳 11 名机组成员。这是一种完全不同的体验。就算是一艘小型"弗莱彻"级（Fletcher）驱逐舰，通常也需要配置超过 300 名官兵。坦克乘员周围则有多达数百名步兵配合行动。战斗机飞行员比其下方的勇士们更依赖于他自己的飞行器，仅凭指尖就拥有比步兵和海员摧毁敌军目标更强大的能力。不过飞机需要一整队地勤小组负责加油、维修、装配武器，人数远远超过后方为一名步兵提供补给和装备的后勤单位。空军采用的是金字塔型，而非横向的团队协作模式。飞行员或轰炸机组需要许多幕后支援人员通力合作，才能发挥战斗力。[15]

　　海军上将"公牛"小威廉·哈尔西（William "Bull" Halsey Jr.）在战争末期时 62 岁，莱特湾大海战中就站在舰桥里指挥战斗。1939 年入侵波兰期间，63 岁的格尔德·冯·伦德施泰特（Gerd von Rundstedt）将军亲临前线。相比之下，空军将帅很少执行常规战斗机任务，最多偶尔担任轰炸任务的观察员。没人期待美国陆军航空兵司令——亨利·阿诺德将军会率领 B‑17 轰炸机群飞越德国，也不会有人要求柯蒂斯·李梅将军（他曾从中国起飞，多次执行最危险的 B‑17 和数次 B‑29 飞行任务）带领 B‑29 机群向日本空投燃烧弹。只是这两位将军乐此不疲罢了。空军的游戏规则完全不同：中老年将军可以在舰桥或吉普车里指挥部队，但坐在战斗机或高性能轰炸机的操作台后面就不那么容易了。空中战斗的死亡率更高，加之高海拔低气压的严酷环境，使得空军将领坐镇后方更为常见。同样，相对地面吉普车里的指挥官，空军高级军官坐进驾驶舱内，显然更难与其他轰炸机里的下属沟通。就像空军元帅阿尔贝特·凯塞林（Albert Kesselring）只能从格里内角（Cap Gris Nez）① 眺望英吉利海峡对岸一样，第一次世界大战中的王牌飞行员、身材肥胖的赫尔曼·戈林也缺乏第一手情报，对英国"喷火"式战斗机及皇家空军的实时动向知之甚少。[16]

　　远方的统帅部只能遥控指挥，正如邓尼茨将军无法实时知晓 U 型潜艇随时面临的危险。这就可以部分解释为什么在大多数情况下，飞机（潜艇）部署那么不合理。空中战役往往与飞行员的意愿背道而驰。如 1940 年，德军决定放弃攻击英军机场，转而轰炸城市地区；又如 1942—1943 年，美军不顾惨重损失，为实施精确轰炸而发动日间空袭。第二次世界大战中，美国陆、海军共有超过 20 名将军在战斗中阵亡，但只有为数不多的几名航空兵将领死于空难，如弗兰克·马克斯韦尔·安德鲁斯（Frank Maxwell Andrews）中将、小米勒德·菲尔莫尔·哈蒙（Millard Fillmore Harmon Jr.）中将、詹姆斯·R. 安德森（James R. Anderson）准将②，却都不是在执行任务时被击落。

　　到 1945 年，航空母舰，而非战列舰，被认为是海军最致命的攻击武器。美国在欧洲战场的两次最大规模进攻行动——诺曼底登陆和阿纳姆战役——中，空降部队都发挥了重要（但并不总是成功）的作用。倘若没有英国的"蚊"式和"台风"战斗机，没有美国的"雷电"战斗轰炸机，1944 年 7 月和 8 月初的盟军地面进攻很可能在诺曼底就止步不前。从诺曼底登陆日（D 日）到 1945 年 5 月 8 日欧战结束，美军战斗机和战斗轰炸

---

① 法国距英国最近点，离英国多佛尔仅 34 千米。
② 安德鲁斯中将 1943 年乘坐一架 B-24 轰炸机，飞机在冰岛上空发生机械故障，后撞毁在一座山峰上，他当场身亡；哈蒙中将 1945 年乘军机从关岛前往华盛顿，途中失踪，1946 年被宣告死亡；安德森准将 1945 年遭遇空难，现美军在关岛的安德森空军基地就是以他的名字命名。

机令人难以置信地出动了 212731 架次，向德军发射了 2400 万发点 50 口径子弹，平均每日高达 7 万多发，每个敌军战斗人员可遭到 20 发。不管怎样，德国装甲兵认为从东线转移到西线反而更危险。这主要是因为英美装甲部队比规模庞大的苏联坦克军更容易得到来自致命战斗机的空中支援。[17]

船舶能够在狂风暴雨中航行。大规模两栖作战行动，如诺曼底登陆，就是在波涛汹涌的海上进行的。1941 年 5 月，多艘英国巡洋舰、战列舰、驱逐舰、航空母舰不顾浓雾狂浪，围堵德国的"俾斯麦"号战列舰。即使深秋气温降至零下 50 华氏度①，中央集团军群仍然向莫斯科奋力挺进。

然而，早期 B-29"超级空中堡垒"轰炸机在执行高空精确轰炸任务时，即使遭遇正常状态下的云层和气流，也注定会失败。倘若希特勒不能确信比利时将出现连续暴风雪、浓雾天气，战场上空将乌云密布，那么他就绝不敢在 1944 年 12 月 16 日下令德军通过阿登山区，发动"守望莱茵"战役②。此役中，英美战斗轰炸机因天气状况无法起飞，德军一度进展顺利。即使使用了简陋的雷达设备，天气状况依然决定着二战时期空军的作战效能；海军或步兵行动对天气的敏感度则没那么大。"假如目标区域的天气不适合轰炸，"美军准将海伍德·S. 汉塞尔（Haywood S. Hansell）写道，"那么整项任务就会失败，许多机组成员也会白白牺牲。"[18]

荷马史诗中，帕里斯（Paris）利用弓箭射杀了持矛手阿喀琉斯，而被认为不如后者英勇。中世纪骑士若亡于弩箭，会让人深感悲哀，而在面对面的战斗中被另一个贵族用阔剑砍死，

① 约等于零下 45.6 摄氏度。
② 盟军称之为阿登战役，或"突出部"战役。

则无人叹息。到了 20 世纪，同样的分歧观念也在诺曼底上空上演。一支精锐的武装党卫队步兵排在东线经历了三年噩梦般的战斗后，好不容易幸存下来。而盟军新手飞行员操纵"台风"或"雷电"战斗机低空扫射，就能轻松歼灭这群老兵。装甲部队被成群结队的战斗轰炸机炸毁，德军将领们只能望空哀叹。他们不仅对德国空军的（相对）无能而愤怒，而且感到悲凉。在传统军事观念中，远程攻击部队——如今就是那些驾驶战机、20 岁左右的英美大男孩们——不应该从远处随意猎杀那些更优秀、经验更丰富的步兵，而受害者却连他们的脸都看不见。[19]

二战中的步兵和水手会牢骚满腹地说，比起堑壕和散兵坑，或者狂暴海面上的糟糕食堂和吊床，空军机组成员的食物、住宿都要优越得多，作战时间也要更短。大多数机场都位于前线后方。即使在两次任务之间的相对平静期，巡洋舰上的水手也不敢有丝毫大意，因为他们永远不知道敌人会不会从海面下、天空中或水面上突然冒出来。士兵们抱怨说，他们要等上几个星期才能找到机会休息放松，但飞行员们每天都能享受如此待遇。这样的观点完全没有考虑到空军所面对的死亡现实。比如，B - 17 机组人员的伤亡率高于大多数步兵部队或水手。到 1944 年底和 1945 年初，德国空军平均每月因事故和作战而损失 30%以上的现役战斗机。[20]

地面士兵受伤人数是死亡人数的三到四倍。但在空中，这一比例正好相反：死亡人数是受伤人数的三倍。这无疑要归因于广泛配置的大口径机关枪、机关炮、高射炮，以及高海拔；伤者也难以得到医疗救助。金属飞机薄薄的外壳几乎不能为飞行员和机组人员提供保护。如果被比步枪口径还大的机枪或机关炮击中，他们很可能连渣都不剩。除了偶尔在座椅后面配置装甲外，大多数飞机因动力不足，无法在铝制机身上加装防护。飞机速度比陆地车辆要快得多，因此一旦坠毁，也更为致命。驾驶轰炸机相当于操纵没有装甲的坦克或舰船。参加过不列颠战役的空军少将哈罗德·伯德－威尔逊（Harold Bird-Wilson）讲述了一个可怕的故事。当时，他的一个中队长向一架德军梅塞施密特 Bf－110 重型战斗机发动攻击，这是一个错误："德国佬击中了他。我们最后只找到了他的衬衫。"有关第二次世界大战的诗作中，没有哪首比兰德尔·贾雷尔（Randall Jarrell）的《球型枪塔射手之死》更让人难忘了。这首诗的最后一句令人毛骨悚然："我死了，他们用水管把我从枪塔里冲出来。"[21]

即使机组成员能成功地从被击落的 B－17 或 B－29 轰炸机中跳伞，也不一定能生还。他们除了面临抓捕和囚禁的危险外，偶尔还会被敌国平民当作纵火犯而草草处决。我的父亲是一名 B－29 轰炸机主控火炮手，执行过 30 多次飞行任务。他曾经回忆说，在低空投掷燃烧弹时，自己有时甚至连降落伞都不穿，因为就算安全降落到地面，也会当即被熊熊烈火烧死，或被愤怒的民众打死。战斗轰炸机经常向民用火车、非军用车辆、房屋、农场倾泻弹药。当飞行员跳伞或迫降时，那些等着俘获他们的人肯定不会忘记他们干的"好事"。机组成员并不过多关心他们的行动会对数千英尺以下的平民造成怎样的影响。多年后，一名参加过火攻行动的 B－29 机尾炮手回忆说："与地面上的人不同，我们高高在上，远离自己所制造的痛苦。我们是匿名的毁灭者。"费多尔·冯·博克（Fedor von Bock）元帅曾私下宣称，他对自己热诚服务的纳粹主义毫无好感。在战争的最后几天，他的妻子和继女逃离前线时，一架英国战斗机突然向她们乘坐的汽车猛烈扫射，所有人全部死亡。没人为此感到内疚。[22]

历史上，西方军队的骑兵扮演过五个主要角色。他们是战前侦察部队，刺探敌军阵形。他们为脆弱的步兵掩护其暴露的侧翼。作为重骑兵，他们会利用所装备的骑枪，为步兵在敌阵撕开一个缺口。骑兵也是移动迅速的追击者，可以用来捕杀四处奔逃、不堪一击的败军。他们偶尔会集合起来，向敌人的阵地发动全面猛攻。第二次世界大战中的空军就是一类新式骑兵，同样承担上述所有五项任务。1944 年 7 月底，盟军从诺曼底地区向外突破期间，空军侦察部队为美国陆军通报德军堡壕的位置。D 日登陆后七周，盟军发起"眼镜蛇行动"（Operation Cobra）。在 1944 年 7 月最后一星期里，约 3000 架美国重型轰炸机和战斗轰炸机发起攻击，在德军装甲部队的防线上打开一个缺口。那次大规模空袭使停滞在灌木树篱中的美国第 1 集团军得以摆脱困境。

当新组建的美国第 3 集团军从诺曼底出发，向东追击敌军时，指挥官乔治·S. 巴顿（George S. Patton）将军正是依靠埃尔伍德·"皮特"·克萨达（Elwood "Pete" Quesada）将军的战斗轰炸机联队所提供的战术空中掩护，才不必担心部队在快速移动中，强悍的德军装甲部队会从侧翼包围过来。三年前，"巴巴罗萨行动"的基础便是利用移动范围远远超过步兵的装甲部队形成突破，而它们容易受到攻击的侧翼同样需要空军保护。即使美军战斗轰炸机不能总是能够轻易阻止德军装甲集群，它们依然能有条不紊地摧毁补给卡车，切断后勤保障，威吓坦克兵和炮兵组员，肆意屠杀步兵。几个星期后，在所谓"法莱斯口袋"（Falaise Pocket）包围圈，德国 B 集团军群试图从正在关闭的盟军钳形攻势中逃离出来。盟军按拿破仑时代猎骑兵的作战方式组建空中追击编队，重创 B 集团军群残部。战争结束时，成群结队的战斗机在敌国本土上空肆意飞行，任何移动的东西都难逃一劫。[23]

空军既是革命性的，又保持着传统。它把机枪和重炮带上天空，就成了天上的骑兵。空军重新定义了速度和距离。炸弹从超出炮兵想象的超远距离袭来。机载武器不是由缓慢移动的车辆或战舰发射。在炮弹击中目标时，承担武器发射平台功能的飞机早就绝尘而去。

空军实力维持平衡对双方都没有好处。空军占优势的一方有时可以主动发起进攻，然而胜负难料。取得真正的制空权很难，可一旦获得，便意味着空军能压制陆地和海洋。空军并非导致轴心国失败的唯一因素。不过一般而言，在 1942 年中期之前，当德日军机在西欧、苏联、亚洲、太平洋地区所向披靡时，轴心国同样占据优势。它们失去制空权后，盟军飞机便能够飞到任何它们想去的地方发起攻击。在 1943 年至 1945 年间，散布于世界各地的轴心国军队迅速从两军对峙状态走向失败，直至彻底灭亡。

第五章　从波兰到太平洋

　　　德国和日本战前就开始了大规模军备武装和军事动员，意大利也不遑多让，因此轴心国的空军力量较盟国占有领先地位。它们向措手不及的邻国肆意扫射、空袭，进而因过度自信不可避免地陷入松懈状态。以日本为例，1939—1940年，其军费开支占全年预算的72%。德国在20世纪30年代中期制造的飞机数量比美国或英国的都要多。1939年，日本甚至生产了两倍于美国的飞机。然而，盟国开始奋起直追；到1942年底，其战斗机、战斗轰炸机的质量和数量便与轴心国不相上下；至1943年末，运输机、战斗机和轰炸机取得了明显优势。第二次世界大战的整个过程再次反映了1939年至1944年间，各国在飞机领域的相对生产能力和改进水平。[1]

　　据报道，在西班牙内战中现身的意大利、德国飞机，以及盘桓在中国东北上空的日本飞机，都比西方民主国家的飞机更先进，数量也更多。战前，德国拥有全世界最优良的航空运输体系。不过对轴心国来说相当不妙的是，即使到1940年底，日本和德国生产的飞机总量仍然只有中立国美国和陷入困境的英国加起来的60%，差距在1941年还会继续扩大。德国早期发动的边境战争令全世界误以为德国空军在飞机数量和质量上的最初优势将一直保持下去，纳粹德国在技术、工业能力甚至意识形态方面的固有优越性也展现无遗。1941年初，这样的观点在英国、苏联、地中海上空的激战中遭到动摇；到1942年底，则彻底被推翻。[2]

1939 年 9 月 1 日，刚成立四年的德国空军从北、南和西三个方向蜂拥进波兰上空。超过 2000 架战斗机、俯冲轰炸机伴随着装甲部队一路向前。德军马克 I 和 II 型坦克本来已近淘汰，但是由于得到了近距离空中支援，这些轻型装甲车辆得以碾压波兰军队，大肆轰击波军补给仓库和交通枢纽。德国不费吹灰之力就获得胜利，证实了人们从不久前西班牙内战中得到的结论，即只要德国战术空军和装甲部队联手，任何抵抗将毫无意义。

1939 年末，很少有评论家注意到，几乎解除武装的美国在和平时期就拥有了一款四引擎轰炸机 B-17。即使是最初版本，该机型也与德国空军的小型双引擎轰炸机一样好，甚至更加出色。德军理所当然地认为，中型轰炸机就足以打击紧贴国境线的假想敌。在战争的头两周，德国甚至没有必要进行密集的战略轰炸。波兰将几乎所有军事资源都投入边境战场，又不断被德军摧毁。军方也不可能迅速通过波兰现有的战略储备或工业生产补充这些物资。至于那些远在波兰东部的波军，一时还顾及不上，就留给苏联解决了。[3]

希特勒和戈林看到了轰炸华沙和恐吓居民的宣传效果；西欧人收到了德军发来的信息，一想到这样的燃烧弹也将很快如雨点般降落到本国平民头上，就惶恐不已。1939 年 9 月，德国拥有当时全世界组织最严密、训练最有素的战略轰炸部队。护航战斗机和双引擎轰炸机足以令近邻望而生畏。9 月 24 日至 27 日，德国空军有计划地对华沙进行轰炸，旨在杀害平民，打击士气。这是自 1918 年之后，首座欧洲城市遭此劫难。华沙市区基本处于不设防状态，约 40% 的区域被 500—1000 架德军轻型、中型轰炸机摧毁，2.5 万至 4 万平民死亡。德国空军引发了世人普遍的恐惧，但很少有人设想，若波兰拥有高射炮、阻拦气球、战斗机中队，或新型雷达站，德军是否还能如此轻松惬意。

美国航空英雄查尔斯·林德伯格在 1936—1938 年对德国空军进行过数次精心安排的参观访问。[①] 他提醒英美两国军事机关注意，德国新机型不仅性能卓越，而且功能多样，折射出纳粹主义的天然活力。1938 年 11 月，在写给阿诺德将军的一封私人信件中，林德伯格错误地暗示德国空军几乎天下无敌："毫无疑问，德国是世界上军事航空业最强大的国家，其领导地位随着时间的推移而不断提高。在许多领域，德国人已经领先于我们；他们还正在迅速追赶我们在其他诸多领域的领先地位。"

林德伯格对德国人的专业精神抱有盲目崇拜。第三帝国的飞行员经验丰富，技术娴熟，有胆有识，地面支援战术出色，这些都令他印象深刻。然而，德国空军与林德伯格的描述并不相配。这种夸大其词更多是林德伯格基于国家相对意志和决心的罗曼蒂克式观念，而非军事实力。访问德国 40 年后，林德伯格在自传中仍滔滔不绝地讲述着德国组织化的生机："令我印象最深刻的是，人民从不停歇地参加各种活动；为了建立新工厂、机场和研究实验室，专制命令得到不折不扣的执行。"

奇怪的是，直到 1938 年底，林德伯格也没有从根本上评价德国空军轰炸机和美国新式 B－17 "飞行堡垒" 轰炸机的优劣，比较德国运输机与改装后的美国民用大型客机 DC－3（美国军方不久后就将其更名为 C－47）的异同，或者分析 Fw－200

---

① 林德伯格是历史上第一位驾机成功飞越大西洋且其间无着陆的飞行员（1927 年），政治上亲德，支持孤立主义。

"秃鹰"式远程飞机（福克－沃尔夫公司制造）如何对抗多用途且实用性更强的 PBY "卡特琳娜"飞机（联合飞机公司制造）。梅塞施密特 Bf－109 战斗机也并不比英国新型超级马林"喷火"式战斗机更佳。林德伯格还忽视了德国航空电子设备和雷达落后于英国的事实。德国工业缺乏大规模装配生产的经验，尚不能同精于此道的美国汽车工业相媲美。而且赫尔曼·戈林当然不像战前的英国和美国空军将领那样，是一名称职的空军元帅。[4]

尽管如此，在第二次世界大战的最初几天，波兰战役简直就像是为了恐吓英法公众而量身定制的一样。容克 Ju－87 "斯图卡"轰炸机发出尖锐的叫声，以几乎垂直的角度俯冲，直到快接触地面前最后数秒才拉升爬起，同时以致命的精准度朝拥挤一团的波兰步兵投掷炸弹。新式 Bf－109 战斗机数小时内就取得了制空权。倒霉的波兰空军在不到两周时间内全军覆没，800 架飞机无一幸存。[5]

德军从东普鲁士向南，从德国东部和被吞并的捷克斯洛伐克地区向东，同时发起攻击。由于苏联将在短短三周内袭击波兰，因此波军很快就丧失了通过广阔国土向东部实施战略撤退的机会。欧亚大陆上一个实力较弱的国家几乎同时遭遇两个邻国，也是世界上最强大的陆权国家，以突然袭击的方式入侵。世人却没有重视这些因素。相反，那些可能成为下一个攻击目标的人则认为，得到空中支援的"闪电战"（Blitzkrieg，德国战略家通常并不使用这个术语）事实上不可阻挡。

就算没有天空中的那 2000 架飞机，德国装甲部队和步兵也能击败波兰。直到对阵英国皇家空军后，戈林才明白，如果敌人的飞机和飞行员能够轻易得到补充，或者与德国空军的扩张速度相当，甚至还能更快，那么关注敌人的空军损失数量也就没什么意义了。德国人怀有如此天真的想法，很大程度上得归咎于希特勒。尽管他在 1939 年将德国军事开支提高到国内生产总值的 20% 以上，却从未让德军或德国工业做好准备——哪怕是心理上的——以应对与发生在 1939 年至 1940 年间欧洲边境战争相比，完全不是一个等级的大规模战争。

　　希特勒对丹麦（1940 年 4 月 9 日）和挪威（1940 年 4 月 9 日—6 月 10 日）的空袭行动进一步提高了德国空军战无不胜的声望，而德军飞机的实际质量和数量再一次遭到忽视。丹麦人在六个小时内，挪威人在两个月内就投降了，德军依然在天空中所向披靡。然而德国空军未能阻止挪威海岸炮台和英国战舰接连击沉数艘海军舰船，包括十艘驱逐舰，几乎占现有德国驱逐舰舰队规模的一半。除了能在天气晴朗的时候欺负弱小邻国外，德军在执行其他攻击行动时都将面对真正的挑战，诸如斯堪的纳维亚半岛的严酷气候和恶劣天气，以及在没有航空母舰掩护的情形下实施复杂的大型两栖作战。[6]

　　出于种种原因，希特勒的空军永远无法大规模制造出与美国的 B‑17 和后来的 B‑24 类似的优秀重型轰炸机，甚至也无法生产英国的初代"斯特林"和"哈利法克斯"轰炸机，更不用说载重量达到八吨、非凡的重型"兰开斯特"轰炸机了。挪威战役数月后，事实将证明这一缺陷是德国空军的最大软肋之一，意味着它永远无法通过空袭迫使英国屈服，甚至连大幅减少英国的工业产出也做不到。在 1939 年，拥有万众瞩目的中型轰炸机就可以让邻国陷入惊慌与恐惧，但这并不表明德国空军就有能力飞越海洋，或进入苏联境内奔袭千里，实施远程战略轰炸。

德国工业界在 1937 年即有能力制造优异的四引擎福克－沃尔夫 Fw－200"秃鹰"式飞机作为民用航空器，拥有了生产翼展超过 100 英尺的四引擎飞机的技术。德国未能掌握重型轰炸机的制造实力，并非因为技不如人，而是战术失策。早期德国空军的元帅们一度执着于仅凭中型轰炸机的俯冲轰炸能力就可以替代高空战略轰炸的错误思路。德国战略家还认为，闪电战就等同于短期战争，因此对远方敌人的工业设施进行长期战略轰炸毫无必要。还有一部分原因是希特勒正在考虑开发诸如导弹、喷气式飞机这类神奇武器，如此也就不需要重型轰炸机了。1943 年，德国在喷气式飞机和 V 型火箭项目上耗资巨大，继续投资研发重型轰炸机因此变得困难重重。虽然存在缺陷，但亨克尔 He－177 依然是一款非常出色的试验产品，其动力系统仅仅由两台发动机短舱，实际上就是两对耦合发动机构成。然而该机型研发最终失败，让追求四引擎飞机的设计人员失望不已。很少有飞机像 He－177 那样，理论上如此先进，充满创新，实践上却不可行。

英国早期速度慢、易受攻击的四引擎轰炸机，如短程"斯特林"和"哈利法克斯"轰炸机到 1942 年末就逐渐被"兰开斯特"重型轰炸机取代。在 1942 年初多尼尔 Do－217 问世之前，这些早期重型轰炸机的可靠性、有效载荷和速度等指标，可能同任何一款德国制造的中型轰炸机相媲美。此后，德国为了得到可靠的四引擎，或增强型双引擎战略轰炸机，将几乎全部资源投入研制梅塞施密特 264（代号"美利坚"）、容克 Ju－290、亨克尔 He－177（代号"狮鹫"）等项目上。德国人不断尝试制造重型轰炸机的事实表明，他们最终还是认可了四引擎通常要优于双引擎设计。尽管单引擎输出功率在战争期间有越来越大的趋势，但两台引擎始终无法为大载荷、远航程的重型轰炸机提供足够的动力。

希特勒本人对亨克尔 He–177 的失败怒不可遏："这个废物是有史以来制造的最大垃圾。"这款亨克尔飞机与美国研制 B–17所耗费的工时一样多，尽管拥有出色的有效载荷、速度和航程，但产量很低，而且缺乏美国轰炸机的那种可靠性。戈林计划到1942 年部署 400 架重型轰炸机，1943 年建立一支拥有 1000 架飞机的轰炸机编队（其中大部分机型为问题不断的亨克尔 He–177）。可是由于性能不可靠的亨克尔明显逊于盟国同类型飞机，该方案最终将注定是一个苦涩的妄想。德国人常常编织神话，夸大未经实战检验的原型机，把设计欠佳的"狮鹫"（以及一系列失败型号）命名为"乌拉尔"轰炸机，Me–264 得名"美利坚"。好像授予响亮的名称后，这些原型机就能变成可以破坏苏联、美国工业生产的真正利器。德国生产了数架六引擎原型轰炸机（如容克 Ju–390），却没有一种可以实际量产的四引擎飞机。这是典型的纳粹式浮夸冒进。[7]

在多次晚餐交谈中，希特勒谈及了解决轰炸机困境的神奇方法："如果我拥有时速超过 750 千米的轰炸机，就能在任何地方建立霸权……我会歼灭敌人，因为他们不可能弥补在此期间的生产损失。"希特勒幻想得到他（和他的敌人）从未拥有过的武器；相比之下，盟国领导人并没有奢求时速 400 英里的轰炸机，而是找到了利用已经实现量产的机型的新策略。在 1944 年 7 月底的"眼镜蛇行动"中，盟军出动 B–17 重型战略轰炸机和 B–24 战术对地支援轰炸机，撕开了德军防线；从 1945 年 3 月开始，美军派遣 B–29 高空轰炸机执行低空飞行任务，在日本上空投掷燃烧弹。[8]

四引擎轰炸机存在阻力大、结构复杂、维护困难等缺点，实际上并不一定比双引擎机型更有优势。例如，考虑到单个引擎功率和效率均有大幅提高，如今的洲际客机正趋向于使用两台，而不是四台引擎。不过受限于 20 世纪 40 年代的航空科学，为了实现更大吨位载荷和更远航程的目标，就有必要设计重型轰炸机，并配置四台那个年代的标准引擎。德国优异的戴姆勒 - 奔驰 DB603 发动机可以输出 1700 马力。结构相对紧凑的新型双引擎多尼尔 Do－217 轰炸机安装该发动机后，得以暂时匹敌美国轰炸机的大部分性能指标，直到 B－29 出现（该机型安装了四台机械性能相当可靠的赖特 R－3350－23 和 R－3350－23A 双气旋发动机，每台动力输出为 2200 马力）。即便如此，双引擎多尼尔 Do－217 轰炸机最终也只建造了不到 2000 架。有理论认为，高性能双引擎轰炸机的速度、射程和炸弹载荷等指标可以与大型四引擎轰炸机相媲美，不过这一说法从未在第二次世界大战中得到充分证明。

1944 年初，德国人终于承认他们根本就没有能力制造优秀的轰炸机和战斗机，而后者对于保卫本土免遭盟军 B－17、B－24、"兰开斯特"的空袭非常必要。德国空军司令戈林如此解释为什么德国轰炸机在战争后期几乎无影无踪："你必须考虑到，我可以用生产一架四引擎轰炸机的资源，造出四或五架战斗机……与小型战斗机增产相比，重型和中型轰炸机减产就算不上什么了。"当然，戈林是对的。第三帝国遭受大肆轰炸期间，其战斗机产量确实惊人地大幅增加，但这多少有些于事无补，德国的局面反而更糟了。这些战斗机仓促出厂，粗制滥造，而且德国空军也没有配备足够的飞行员和燃料。

尽管希特勒在战前就有宏大的海军建设计划，不过德国并没有部署航空母舰，也就没有能与美国、英国、日本的航空母舰舰队相提并论的海军航空兵。希特勒显然相信，海面战斗将始终在靠近德国、意大利海岸线的地方打响，处于轴心国陆基飞机的航程范围内，而不会针对英美两国。同战列舰一样，航空母舰的建造成本也很高，只会从雷德尔海军上将手中吸取资源，推迟战列舰和战列巡洋舰的发展；也不利于打造由先进 U 型潜艇组成的巨型跨洋舰队，因此遭到影响力越来越大的邓尼茨的反对。与其他国家海军不同的是，德国海军内部，除了有航空母舰派和传统舰艇派（支持传统水面舰艇，如战列舰和巡洋舰）的争执之外，还有 U 型潜艇与其他所有水面舰船的竞争。

1940 年 5 月 10 日，德国对法国和低地国家发动入侵，很大程度上就是波兰战役的重演。希特勒再一次在没有任何预兆的情况下，利用相对晴朗的天气袭击邻国。相对短暂的战斗并没有加重德军供应及后勤负担。虽然法国、比利时和荷兰空军并肩作战，表现优于波兰空军，但还是不足以改变战果：德军在数天内就为前进中的装甲部队取得了制空权。[9]

德国下达了一项颇具争议的命令，派遣 110 架亨克尔双引擎轰炸机空袭鹿特丹。这标志着德军开始毫无顾忌地对民用目标实施破坏。由于大风及缺乏有效的消防措施，位于该市历史中心的木制高楼焚毁殆尽，大约 1000 名市民死亡，大批人员（具体数字不明）无家可归。这是对英法两国发出的又一次明白无误的威胁，警告它们在战略轰炸的新时代，对抗德军将遭遇怎样的下场。英国皇家空军准将维尔夫·伯内特（Wilf Burnett）还记得这样一件事：

德军入侵荷兰后，我中断休假，被召回部队，在 1940

年 5 月 15 日执行对德国本土的首次行动。我们的目标是多特蒙德（Dortmund），回程时经过了鹿特丹。德国空军前天轰炸了这座城市，下方仍在燃烧。我很清楚地意识到，"静坐战"（phony war）已经结束，这次来真格的了。当时消防部门已经扑灭了一些火，但整座城市仍然到处都是起火点。这是我第一次看到燎原大火所造成的破坏。我们从鹿特丹南郊飞过，在六七千英尺的高度仍然可以闻到地面上燃烧产生的烟味。看着整座城市在烈火中燃烧，我震惊不已。我从未经历过如此规模的破坏。[10]

86

德军于 5 月 10 日越过法国边境。当时英国在法国兰斯（Rheims）附近建有基地，部署了超过 400 架战斗机和轰炸机，包括"飓风"式战斗机、"费尔雷"（Fairey）和"布里斯托"（Bristol）轰炸机。尽管数量上处于劣势，而且经常在敌军上空作战，但英国战斗机驾驶员在一对一"狗斗"中并不逊色于德国最出色的飞行员。德国飞行员惊讶地发现，在敦刻尔克的初期空战中，出现了数架似乎从英国基地起飞的超级马林"喷火"式 Mk I 战斗机。这种新式战机不同于数量更多也为人熟知的霍克"飓风"式战斗机，在速度、可靠性、爬升速率等指标上与德国空军的梅塞施密特 Bf‑109E 不分伯仲。虽然航程有限，但"喷火"式战斗机的可操控性和易用性俱佳，整体性能可能还更胜一筹。经验不足的英国飞行员同经历波兰战争洗礼的德国老兵相比完全不落下风，乃至高出一筹。"喷火"式战斗机月产量也比 Bf‑109 系列多。英国飞行员只要稍加训练，无须高超技巧就能驾驶这款优秀的机型，因此接受短期培训后，即可迅速被派遣至战斗单位。

　　无论是在敦刻尔克还是英吉利海峡，英国"喷火"式战斗机飞行员证明了在急促的遭遇战中，他们的表现都始终优于驾驶 Bf–109 的德军对手。不过这并不是重点。关键在于，德国空军终于遇上了真正难缠的敌人。事实让他们认识到，在"斯图卡"俯冲轰炸机、中型轰炸机编队（常常缺乏护航）、飞行员的充分训练、稳健的飞机产量、初代雷达、无线电导航及寻路系统的突破性应用等德国原先独占鳌头的领域，德国空军都不再是独一无二的了。然而，空军必须拥有压倒性优势，才能以相对廉价的代价实现希特勒的侵略计划。对德军而言幸运的是，皇家空军继续在没有护航的情况下前往法国作战，对德国地面目标展开攻击，导致一度在三天内就损失了 200 架轰炸机。[11]

　　丘吉尔最终做出了一个颇有争议但明智的决定，即停止向崩溃中的法国派遣战斗机增援部队。从 5 月至 6 月初，英国皇家空军损失的战斗机数量占其可部署总量的三分之一到二分之一，超过 200 名飞行员牺牲。两支空军将在几周后的 1940 年仲夏迎来大决战。所有人都翘首观望。

　　法国飞行员寡不敌众，驾驶着数量有限且性能落后的柯蒂斯 P–36 "鹰"式战斗机，以及毛病不断但操纵性极强的新型德瓦蒂纳 D.520 战斗机与英国"飓风"式战斗机并肩作战。虽然最后被击败了，但他们击坠的 Bf–109 数量要多于己方损失。这也预示着德国空军将在不列颠上空遭遇类似的麻烦。事实上，法国战斗机的表现在几乎所有战斗机类型上都强于德国空军。不过这很大程度上是因为德军战斗机中队的战斗力被用来支援快速前进的地面部队。不幸的是，盟军没有充分利用它们的先进飞机、出色的飞行员和主场地利，未能确保战机得到良好的维修维护，保持出勤状态。飞机的数量和质量并不是取得胜利的唯一条件。纵观整个第二次世界大战，最重要的是作战效能问题：每架飞机能飞行多少架次，在多大程度上能与地面部队协同战斗。在这方面，德国空军每天出动飞机的频率要高得多，而且德国空军为装甲部队提供地面支援的效率也远高于法军。

　　在南部战线，墨索里尼的意大利空军趁机飞抵意法边境，期望加速法国崩溃，给处于失败边缘的英军最后一击。法国飞行员与意军战斗机和轰炸机鏖战，同样表现出色。法国失败不是由于战机质量不佳、飞行员素质差或缺少飞机，而是因为指挥失误、组织涣散、士气低落，导致 3000 架可用的战斗机中只有四分之一投入实际战斗。飞机飞行次数太少，也没有得到适当维护；过多飞行员被过早地送到北非避难；太多人一直处于预备役状态。即便如此，法国和英国战斗机还是击毁了大约 1400 架正在执行任务或停放在地面上的德机，几乎和德军在英国上空失败后损失的飞机数量一样多。这些损耗影响到了一年后的苏联战役，对德国空军造成了很大困扰。更重要的是，志得意满的德国空军在法国空战胜利后又总结了一条错误经验：德国军队的组织、训练和士气可以轻易地抵消飞机数量和性能上的劣势——这是一个虚渺的神话，将在闪电战及此后的战争中被打破。[12]

　　发生在英国上空、1940 年 7 月 10 日至 10 月 31 日之间的空战通常被称为"不列颠之战"，相对短暂但异常激烈。事实上，这场战役从 1940 年 6 月就开始了，时断时续，持续了一年时间，直到德军再也无法承受巨大的损失。1941 年 6 月，德国悍然入侵苏联，德国空军妄图通过进一步轰炸英国迫使其屈服的军事行动这才宣告结束。除了在挪威遭遇过暂时挫折、法国发动的几次成功的装甲坦克反击，以及 U 型潜艇的损失外，德军一直所向披靡，但空军对英作战却彻底失利了，这是德国军队第一次毫无争议的失败。空战结果也是决定性的，纳粹德国没有备用方案以夺取不列颠岛上的制空权。在接下来的五年里，希特勒徒劳地希望出现奇迹来改变对英战争形势。1941—1942年，英国在海外战场上连尝败绩；此后 V－1、V－2 火箭也投入使用，但德国空军在 1940 年未能达成的目标还是遥不可及。

德国空军曾经计划迅速清除英吉利海峡内的英国海军，确保对英国战斗机编队的空中优势，然后肆无忌惮地系统性轰炸对方的军工设施，尤其是港口、货船、仓库码头。这都是发动两栖入侵的前奏。为了加速击垮英军士气，空军还策划像对待华沙或鹿特丹那样，偶尔轰炸平民聚居区。此后，德军可选择出动两栖登陆部队长驱直入，取得名副其实的胜利（"海狮计划"）。或者，处于封锁中的英国将因士气低落、食品和武器匮乏，而被迫乞求和平。这也能给美国提个醒：只有对第三帝国保持善意，才能免于类似的最终清算。然而，德国空军除了关注飞行员的技术和飞机性能之外，对其他一些无形但对于取得空中霸主地位同样重要的因素却相当漠视，如飞行员和飞机的可替代率，空军指挥部是否能对实时变化的战况保持创新力和反应力，敌人目标与己方空军基地之间的距离，常规气象条件，其他战区空军的协同能力等。此外，德国人没有意识到，英国雷达与其说技术领先，不如说更强调系统性和实用性。雷达站建在关键位置，加之工作人员训练有素，能准确分析数据并迅速向战斗机中队指挥官提供情报。

攻击前夕，英国可服役的战斗机比德国少了大约 300 架。德国空军对前景非常乐观。从法国占领区的新基地起飞，或从距离更远一些的挪威出发，前往英国轰炸目标，这几乎算得上是短途飞行。不过德军很快就发现，就算是针对英国北部以及苏格兰的目标实施次数有限的轰炸任务，Bf-109战斗机也显得航程不足，无法提供护航，对轰炸机机组成员而言也过于劳累。1940年夏末，天气应该不会构成太多障碍。英国空军是当时盟国仅存的空中力量，无论是英联邦地区的飞机及飞行员、中立的美国，抑或亲德的苏联都不可能在短时间内改变与德国空军的实力对比。当时美国机库中没有任何一架飞机——无论是P-36、P-39或P-40战斗机——能超过正在英国前线作战的战斗机。性能不错的P-38"闪电"战斗机业已停产，而双引擎战斗机直到1942年4月才广泛投入战斗。

然而，让所有人始料未及的是，英国不仅击退了德国空军的战略轰炸，还给予其致命打击。到1941年春末，在法国战役中已损失1400多架飞机的基础上，希特勒还将为在不列颠上空失去的1600架飞机以及近3000名飞行员和机组成员而后悔不迭。尽管德国为"巴巴罗萨行动"集结了大批军队，飞机产量也有所提高，但入侵苏联时，德国空军的实力却明显下降了，投入的轰炸机数量比1940年5月开始的法国战役还少了至少200架。当苏联向希特勒提供物资，帮助其摧毁英国时，英国战斗机却正在削弱德国空军实力，降低了德军试图在几个月内就轻松战胜苏联的可能性。这是战争中最重要，也最难以事先预料到的贡献之一。[13]

传统观点认为，如果德国对英国雷达设施和战斗机基地再持续集中攻击数天，至少在一段时间内就可能会打破皇家空军的战斗机防御屏障。但是英国突然报复性地轰炸德国，尤其是1940年8月25日对柏林发动了一次无关紧要的空袭。希特勒对

89

此大发雷霆，命令戈林和他的部下从 9 月初开始，转而在夜间袭击伦敦。这一不明智的战略调整造成大量人员死亡和设施破坏，不过仍然没有彻底摧毁英国的工业生产；同时，摇摇欲坠的英国皇家空军还得到了关键的喘息机会，机场和雷达得以免遭进一步攻击。

有关德军在英国失利的原因，传统解释肯定是不完整的。更有可能的是，德国的失败在很大程度上归咎于空军元帅们。就像希特勒的暴躁脾气一样，他们错误的战略和行动思维在战前就埋下了伏笔。德国战斗机飞行员和飞机虽然规模庞大，但在质量和数量上并没有特别优于英国的"喷火"式中队，在很多情况下甚至处于下风。事实上，当战斗于 1940 年 7 月 10 日正式打响时，双方拥有战备状态良好的新型顶级战斗机——Bf - 109 与"喷火"和"飓风"式战斗机——但在数量上英国占优。至 1940 年底，德国人每月损失的飞机比英国人还要多，生产架数却更少。这对一个即将入侵苏联的侵略者来说是不可接受的。

德国轰炸机大多是亨克尔 111、多尼尔 Do - 17，以及优秀的容克 88 中型双引擎飞机，所有以上机型载弹量都不尽如人意。在英国上空飞行的德国飞机还得担忧燃油不足的问题。英国战斗机则有更多的时间进行拦截和格斗，飞行员可以在友军控制的区域内跳伞逃生。英国空军基地的建造质量也更好，很多跑道都做了硬质优化。与之相对，德国空军在法国占领区设置的前进基地，通常只能凑合着用泥土、草坪和碎石铺砌跑道。德国人策划在当年夏末实施空袭，期望在天气恶化、目标被云层遮蔽之前就能轻松取胜，然而这并不明智。英国人比德国人更清楚本国天气多变，难以预测。而后者却经常自以为对北半球高纬度地区的气候变化了如指掌，结果在英国和苏联腹地却发现，天气恰恰是始料未及的敌人。[14]

伦敦也不同于华沙或鹿特丹，不但配备了探照灯、高射炮、阻拦气球等先进的防空武器，还有一支经验丰富的消防队伍。巨型都市伦敦在1939年仍然是世界上最大的城市。大伦敦地区有800多万居民，略多于纽约。它也代表了抵抗第三帝国的中心，吸引了大批来自自治领地，最有天赋、最勇敢的飞行员，以及从东欧占领区逃出来的志愿者。与波兰人和荷兰人不同，英国人可以确信德国轰炸完全是战略性的，不是为了配合步兵突进和装甲攻击。换言之，他们事前就知道，每一架飞越海峡的德军飞机都是为了轰炸城市和机场，或者为轰炸机提供掩护。

不列颠之战不仅是德国第一次（也是最后一次）试图利用空军彻底击败敌人的战略尝试，也是战争史上的首创。早期的德国空军被要求仅凭一己之力就摧毁英国的抵抗能力，而德国陆军和海军对此都只能作壁上观。问题不在于德国空军错误判断了哪些因素将成为闪电战的障碍，而是在1940年，全世界没有任何一支空军清楚地知道战略轰炸到底需要什么条件，才能全面压制敌人的战争潜力。

英国皇家空军上将休·道丁爵士（Sir Hugh Dowding）是一位没有得到充分赏识的战术天才。他精心配置英国空军剩余的战斗机，安排高性能的"喷火"式战斗机集中对付德军战斗机，用稳定的"飓风"式战斗机专门攻击敌人速度较慢的轰炸机。但如此一来，"喷火"式战斗机将失去先发机会，不得不放弃追击脆弱且数量有限的轰炸机，而让英国城市陷入一片火海。短期内舆论一片哗然，道丁甘愿忍受这样的责难。到战役结束时，德国空军的中坚力量——赫尔曼·戈林最仰赖的 Bf-109 战斗机的损失数量比德军其他所有机型都要多。[15]

与稳健的道丁形成鲜明对比的是，戈林的性格一直相当古怪。战后，一个美国审问者对其如此总结评价："懒惰、肤浅、傲慢、虚荣，最重要的是，是个享乐主义者。"海因茨·古德里安（Heinz Guderian）将军前往戈林的卡林庄园（Karin Hall）拜访时注意到："他要么脚蹬一双用俄罗斯皮革制作、配有金马刺的红色靴子——对飞行员来说，这物什实在刺目；要么就穿上长裤和黑色漆皮高跟鞋出席希特勒召开的会议。他身上散发着浓烈的香味，脸上涂抹着油彩，手指上戴满了沉甸甸的戒指，上面镶着许多大宝石供其炫耀。"在英美空军中，如此个性的人是不可能掌握最高指挥权的。道丁或阿诺德也不会像戈林那样，承担无关的责任，从经济计划到占领政策，到处指手画脚。[16]

希特勒往往忽视轰炸效果的情报，决策反复无常。戈林几乎是凭本能迎合元首，在雷达站、机场、工业设施和平民聚居区之间交替选择战略重点。道丁大胆地预测说，随着战斗机护航减少，德军轰炸机群在成功迫使英国士气崩溃或摧毁英国城市、工业设施之前，将遭受不可持续的损失。他赌对了。近一个世纪以来，英国工业一直落后于德国。当下，德国控制了欧洲大部，理论上拥有的资源量远远超过英国。尽管如此，在不列颠之战中，英国飞机产量还是达到了德国的两倍之多（分别为 2354 和 975 架新机）。从 1939 年到 1945 年的七年战争期间，有五年英国飞机制造量都多于德国。[17]

德国战略轰炸部队从未从彻底的失败中恢复过来，实质上在 1941 年 6 月就终结了对英作战。他们担心如果继续与英国皇家空军纠缠，便无法为即将到来的侵苏行动提供支持。仅此一役，德国空军共有 3000—4000 名飞行员和机组成员丧生、被俘

或失踪，而英国军工产能仅仅降低了5%。虽然不列颠之战导致　92
大量平民和军人伤亡——共有44652人死亡，52370人受伤，
但这个数字还不到轴心国在斯大林格勒战役中损失的10%。英
国空军的胜利促使希特勒将目光转向东方。即使不能拥有绝对
制空权，他也要实现长期以来攻打苏联的愿望。这一错误得以
让西方保存了抵抗火种。英国及其陆海军没有经历波兰和西欧
的宿命，这在很大程度上要归功于杰出的飞行员和飞机，以及
温斯顿·丘吉尔、休·道丁和一批英国空军指挥官的领导。毫
不夸张地说，正是"喷火"式战斗机令希特勒在1940—1941年
的整个战略时间表化为泡影，从而改变了战争的进程。[18]

　　在接下来的四年里，德国人和苏联人只会偶尔试图轰炸对
方的经济基础设施和居民中心。斯大林格勒是苏联一座偏远省
城，没有足够的防空武器。1942年秋，德国空军配合陆军，将
这座城市夷为平地。据说有一次炸弹耗尽后，德军轰炸机甚至
直接朝防守方头上扔废铁块。此外，德军的战略轰炸重点还包
括列宁格勒和莫斯科，以及苏联的交通运输系统、石油和工业
制造设施。五万多名苏联平民死于空袭行动，这个未经证实的
数字比不列颠战役中非战斗人员的伤亡人数都要多。

　　战争期间，乃至战前，苏联就将大部分工业转移到乌拉尔
山脉以东。德国轰炸机永远无法到达那里，因此也就不可能切
实遏制苏联的军工生产。德军轰炸城市的目的通常是为附近不
断前进的己方步兵提供战术支援。这种狭隘保守的作战模式令
那些策划战略轰炸的英美指挥官难以理解。苏联对柏林及数座
东欧沦陷城市，特别是罗马尼亚的石油设施也发动了几次空袭，
但都徒劳无功，此后同德国一样，实际上就放弃了战略空袭行

动。与德国不同的是，苏联可以承受战略轰炸的缺失。由于英美从 1942 年开始扩大了空袭规模，因此斯大林认为没有必要大量生产多引擎轰炸机，最多不超过苏联飞机产能的 15%。[19]

东线交战双方都没有像英美两国那样，研制出类似于"兰开斯特"、B－17、B－24 这样的第二代重型轰炸机，更不用说美国后来的巨型 B－29"超级空中堡垒"了。苏联四引擎图波列夫 TB－3（Tupolev TB－3）轰炸机速度慢，载重量小，升高限度低，战前就已过时，不过战争期间仍然保持服役状态。[20]

1941 年夏天，就连德国空军也意识到，中型轰炸机航程有限，根本不能用于这个面积比英国大一百倍的国家。苏联的冬季严酷无比，暴雪遮蔽了高空轰炸机的视线，隐藏了目标，还加剧了飞机保养难度。德国人的补给线过长，输送轰炸机燃料也因此变得困难重重。德军数量很快被对手超过，导致空军几乎无法腾出战机为零星执行轰炸苏联城市任务的轰炸机提供护航。1942年底，苏联工业便可以为苏军提供数以千计的高品质 T－34 坦克。至此，德国空军别无选择，只能集中力量专注于对地支援作战，或者护送装甲车辆、火炮从遥远的德国工厂抵达前线。[21]

即使德国未能取得不列颠之战的胜利，但陆地上，闪电战的优势依然毋庸置疑。苏联不是岛屿，不能依靠四面环绕的海洋阻拦装甲车接近。所以希特勒确信，通过坦克快速穿插，展开巨大的包围圈，以及实施战术空中支援，仍然能复制击溃波兰和西欧国家地面部队的战绩，在短短数周内就撕碎苏军防线。第二次布匿战争中，汉尼拔正是通过一次大胆的双钳形机动，在意大利东南部包围并歼灭了一支规模更大的罗马军队（坎尼战役，公元前 216 年）。自德国诞生以来，取得类似坎尼战役的胜利是每一个德军指挥官的梦想，而且无疑也嵌入德军总参谋部的基因之中。如果装甲部队在广阔地域上作战，并拥有战术空中优势，那么德军就能像普法战争中的色当战役，或第一次世界大战中的坦嫩贝格战役那样，随时多次取得决定性胜利，彻底消灭红军。

还有一个被忽视的事实是，苏联的新盟友——英国和美国——很快就具备了轰炸德国本土的能力，但没有直接在西线开辟第二战场。相比之下，德国空军却缺少这样的伙伴提供战略空军支援。意大利和日本没有能力轰炸苏联和英国的工厂。在东线大决战中，苏联的盟友比第三帝国的伙伴更有价值、实力更强。

入侵第一天，德国空军宣称摧毁了 2000 多架苏联飞机。这个数字也许过于夸张。一周内，苏联空军的损失便超过 4000架。至 1941 年冬，那支夏季还齐装满员的苏联空军基本上不复存在了。德国人吹嘘，仅在 1941 年，他们就消灭了 2 万多架苏军飞机。苏联最终将在东线失去近 9 万架战机，但其兵工厂却制造了 15 万架，此外还有 1.8 万架军机通过《租借法案》进口自英美两国。德国空军取得的战果惊人，损失的飞机要少得多，补充战损却没有苏军那样容易。[22] 94

苏联最初损失的飞机大部分是过时型号。对德国空军来说不幸的是，到了 1942 年底，由雅克夫列夫（Yakovlev）、拉沃契金（Lavochkin）和伊柳辛（Ilyushin）等苏联设计局设计的战斗机和战斗轰炸机开始大批量生产。它们同 Bf-190 一样优秀，即使与最新型号的 Fw-190 相比也毫不逊色。德国空军的麻烦来了。根据《租借法案》，美国向苏联提供了约 5000 架 P-39"空中眼镜蛇"战斗机。该机型被美国人看作过时产品，却在苏联备受青睐。安装了 37 毫米机炮的 P-39 耐用性高，是一款优秀的对地支援战斗机。这又是一个盟国紧密合作、最大限度利用整体资源的案例，轴心国则完全做不到。就像看到苏联优秀的 T-34 坦克后目瞪口呆一样，德国空军也没有预料到苏联科学家和工业界能够研制生产出数千架可执行地面支援任务的一流飞机。苏军无视传统教条，不以取得制空权为第一要务。苏联空军指挥官不在乎是否能在高空格斗中击毁敌人，而是不顾己方飞行员和飞机的惊人损失，试图压制靠近地面战场的敌军飞机。[23]

此后，东线空战基本上都遵循着熟悉的剧本展开：苏军熟知地形，内线作战（初期），补给线短，燃料充足，飞机性能不俗且产量庞大，还拥有无穷无尽的人力，终于能够与德国空军一较高低，并在 1944 年彻底压倒敌人。另有两个意想不到的事态发展促成了苏联空军反败为胜。到 1943 年初，英美出动轰炸机攻击欧洲沦陷地区和德国本土的架次是早前的三倍。后方面临的威胁已是火烧眉毛，迫使德国空军调派数千架战斗机和数千门防空火炮以保卫本土。与此同时，美国下一代中程"雷电"和"闪电"战斗机也开始投入战场。就在东线军队迫切需要更多的装甲车辆和大炮的时候，德国却不得不增加防空武器生产，对坦克和野战火炮的重视程度有所降低。1943 年，斯大林反复批评英美未能在西欧开辟第二战场，但他闭口不谈战略轰炸有效打击了德国反坦克炮生产，减少了德国空军为地面支援作战而出动的架次，也没有提及为了应对盟军登陆北非、意大利（西西里岛）的军事行动，德军还必须从东线抽调兵力，重新部署空军力量和防空装备。[24]

95　　1939 年至 1940 年间，人们还认为精确打击军事和工业目标既符合"道德"，也很科学，然而轰炸居民中心很快便大行其道，其中一些目标甚至没有太多战略价值。某些人危言耸听，和绥靖主义者一样，害怕战略轰炸可能造成巨大的破坏。这种观点在 1939 年不正确，但并不意味着到 1944 年还是错的。

直到 1941 年，盟国和轴心国的现代轰炸机都无法进行有效的精确轰炸。一份法国战前编制的轰炸手册曾警告（但很大程度上被忽视了），在一万英尺的上空准确命中目标的概率只略高于九分之一。对德国而言，他们可以肆无忌惮地无差别轰炸华沙、鹿特丹、巴黎，因为这些城市几乎没有防空能力，也不可能对第三帝国实施报复。后来在不列颠之战第一阶段，由于担心英国皇家空军对德国城市反击，尽管不情不愿，希特勒的确还是暂时将德国空军的攻击目标限制在一定范围内。不过当英国对柏林发动了一次无关痛痒的空袭后，他便很快转移了注意力。而且德军改变策略更有可能的原因是，空军认为对英国首都投掷燃烧弹，既可摧毁对方的抵抗意志，还能破坏码头和工业设施。[25]

挺过了闪电战的初期打击后，从 1942 年初开始，英国对德国西部进行了猛烈攻击。轰炸机群主要由过时的，或存在一定缺陷的中型双引擎轰炸机（"惠灵顿"、"惠特利"、"汉普登"和"曼彻斯特"）组成，而且几乎只在夜间行动。显然，由于敦刻尔克大撤退、苏联对建立第二战场的要求、美国对战略空军的投入，以及暴躁的空军中将亚瑟·哈里斯（Arthur Harris）的个人权威，英国轰炸机司令部从稀缺的战争资源中逐渐得到了更多份额。

战略轰炸行动刚开始困难重重，不过哈里斯有时还是能取得一些令敌人胆寒的战果。1942 年 5 月 30—31 日，英国轰炸机司令部针对科隆实施了"千机轰炸"，将市中心 600 英亩土地夷为平地，迫使 10 万多平民逃离，自身损失了大约 43 架轰炸机。踌躇满志的哈里斯从公众那里得到了"轰炸机"这个绰号。现在，他觉得已经找到了毁灭第三帝国的正确路径，尤其是还有一流的"兰开斯特"轰炸机加盟。按计划，到 1943 年初，该新式飞机将大量投入现役（在科隆轰炸机群中仅占 7%）。1943 年 3 月，一支由 442 架轰炸机组成的庞大机群飞抵鲁尔工业区，将炸弹（其中大部分是燃烧弹）倾泻到克虏伯兵工厂所在地埃森（Essen）的市中心，英军则损失甚微。

96

英国重型轰炸机满载炸弹（通常混装有燃烧弹）在夜间出动，利用双曲线"基"（Gee）导航系统（根据接收两路无线电信号的时间差定位）制导，使用 H2S 机载雷达扫描地面目标。因此英国人相信德国无法阻止战略轰炸。执行夜间任务的轰炸机无须太多进攻性武器，因而重量更轻，机组人员（大多数四引擎轰炸机平均只有七人）也较日间出勤的美国 B‐17（十人）更少。若一架重型轰炸机坠毁，人员损失当然也相应较少。哈里斯的论点有时很难反驳：就算区域轰炸没有显著遏制城市中心对战争的支持，也能无形中打击敌军士气，让工人无家可归，破坏市政设施，迫使德国将军事开支转移到地面用途，投入巨资建设民防设施。

不过，至少在轰炸行动的头几年里，几乎没有证据表明德国公众因为英国空投燃烧弹而反对希特勒。正如希特勒自己所说的那样："我对空袭毫不在意。我只是嘲笑它们。人们越没有什么可失去的，就会越发狂热地去战斗……只有当战争来到自己家门口时，他们才会疯狂打仗。人就是这样。现在，即使是最笨的傻瓜也能意识到，除非我们打赢，否则他的房子永远无法重建。"[26]

还需补充的是，哈里斯怀有一种《旧约圣经》中的正义之怒，整个轰炸机司令部也因此充满了这种复仇情绪。战略轰炸是当时英国唯一的报复方式，恃强欺弱的德国人终于遭受到迟来的报应。在哈里斯关于这场战争最著名的评论中，他很有预见性地总结了自己在未来下达的指令："纳粹带着一种相当幼稚的妄想发动战争，以为只有他们能轰炸，而没有人能反击。在鹿特丹、伦敦、华沙和其他五十个地方，他们将这种天真的理论付诸实践。'他们所种的是风，所收的是暴风。'①"

哈里斯一点也没有夸张。他于1941年中期接管轰炸机司令部，当时手上只有69架重型四引擎轰炸机。战争结束时，他可以轻而易举地派遣2000架飞机行动。1943年3月5日到7月13日，英国轰炸机倾巢出动，轰炸了整个鲁尔河谷，最终将波鸿（Bochum）、科隆、多特蒙德、杜伊斯堡（Duisburg）、杜塞尔多夫、埃森、盖尔森基兴（Gelsenkirchen）、克雷费尔德（Krefeld）、米尔海姆（Muelheim）和伍珀塔尔（Wuppertal）化为一片火海，还破坏了莫内河（Moehne）和埃德尔河（Eder）上的水坝。尽管阿尔贝特·施佩尔正在对德国工业进行重组，但就在东部前线急需新装甲车和大炮的时候，关键的钢铁和武器产量反而下降了。²⁷

1942年盛夏，美军（他们对德国空军针对华沙或贝尔格莱德的暴行知之甚少）抵达英国。虽然缺乏英国和德国那样的精确轰炸经验，但他们最初并不同意进行区域轰炸。很快，美国空军就在日间出动据称可执行高精度投弹任务的B-17"飞行堡垒"轰炸机，对欧洲大陆实施轰炸，从而为盟军统一的24小时

① 出自《旧约·何西阿书》8:7。

昼夜攻击战略铺平了道路，也造成了不同空军作战理论之间的激烈冲突。美国人辩称，装备精良的 B－17 轰炸机配备有十名专业人员和九挺重机枪，足以免遭来自战斗机的猛烈攻击。（一个轰炸机群共有约 700 挺点 50 口径机关枪可与战斗机对射。）美国人还提到了他们大肆炫耀（尽管有些夸大其词）的诺顿投弹瞄准器（Norden bombsights），声称这套仪器能以近乎定点打击的精确度破坏德国的战略性工业设施。然而，英国无视美国提出的为避免附带损害而只瞄准军事目标的托词，继续执行区域轰炸战略，并取得了更为致命的效果（见地图 2）。

1943 年 7 月，英美对汉堡发动了持续时间超过一周的"蛾摩拉行动"（Operation Gomorrah）。英军"兰开斯特"轰炸机夜间空袭，美军 B－17 白天攻击（次数较少）。大火共导致四万人丧生，数千人流离失所。该行动取得的出色战绩为未来盟军合作起到了良好的示范效应。事实上，美军在破坏城市上只是起了辅助作用。德国损失惨重，恐怕得归因为一场偶然到来的完美风暴。由于轰炸行动具有突然性，加之不同往常的盛夏大风，盟军飞机又意想不到地从空旷海面上抵近，以及首次广泛使用箔条对抗雷达搜索，所以轰炸机群在暴露前就到达目标上空，这才制造出一场在其他战场上看不到的独特火焰风暴。英国人没有在道德上对区域轰炸扭怩作态。相反，美国人则坚持只对工业设施进行精确轰炸，即使绝大部分炸弹都偏离了目标。之所以战果不佳，是因为美军飞行员过分依赖不甚可靠的雷达定位，而且诺顿投弹瞄准器在战斗中无法适当修正风和云的干扰。[28]

美军通过技术突破，如可抛弃的副油箱能够增加战斗机护航航程，更先进的雷达能改善导航，变得更像英国人那样作战，而不是反之。事实上，世界上最先进的巨型 B – 29 轰炸机除了加入英式夜袭行动外，直到战争末期也没有开发出其他使用模式。B – 29 的设计初衷是高空飞行，昼间精准投弹，不过在1945 年则变成了"兰开斯特"轰炸机的放大版，同"兰开斯特"一样，将地面上的敌人置于火海之中。

美国在 1943 年 11 月召开的德黑兰会议上宣布了两项彻底击败第三帝国的战略规划：一是盟军将于 1944 年在法国海岸登陆，二是英美将对德国本土昼夜不停地轰炸。这是为了回应苏联提出的不可能要求，即立刻在西欧开辟第二战场，打击德国陆军。多年后，柏林解放者之一——瓦西里·崔可夫（Vasilii Chuikov）元帅仍然忽略了盟军轰炸的贡献，表达出苏联对英美根深蒂固的猜疑："开辟第二战场的行动被大大推延了。比起西方政客们传递给我们的那些充满无尽安慰的承诺，这反倒使苏联士兵看清了我们西方盟友的真面目。"尽管如此，苏联越抱怨西方盟国无所作为，英美空军轰炸的次数就越多。[29]

迟至 1943 年中期，盟军的空战效果依然不容乐观。轰炸机损失居高不下，德国军备生产仍在攀升。有一段时间，德军将夜间战斗机、先进的探照灯、高射炮、改进的雷达网整合到一起。从苏联前线调来的经验丰富的战斗机飞行员驾驶着最新型号的 Fw – 190 和 Bf – 109，给予英国轰炸机迎头痛击。在这种情况下，空军中将"轰炸机"哈里斯的断言——仅凭战略轰炸，在 1943 年底或 1944 年初也许就能赢得战争——被证明是不可能的。随着轰炸机深入德国境内，它们将越来越频繁地遭遇德军战斗机，损失也必然增大。1943 年 8 月 1 日，B – 24"解放者"轰炸机编队从利比亚起飞，空袭罗马尼亚的普洛耶什蒂（Ploesti）油田和炼油厂。这是一场不可思议的灾难，后来被称为"黑色星期天"。美军确信，他们可以在 100 英尺或更低的高度，出其不意地接近目的地，一定可以击中那些易燃目标。事实上，德国人和罗马尼亚人掌握了战争中最先进的防空系统，正严阵以待。在起飞的 178 架 B-24 飞机中，53 架坠毁，55 架受损。大约 660 名机组成员丧生、被俘、失踪，或遭中立国扣留。178 架轰炸机中只有 33 架完好无损地返回利比亚；幸存者驾驶的飞机大多千疮百孔，还有不少在地中海地区紧急迫降。这次"潮汐波行动"（Tidal Wave）臭名昭著，死于防空火炮的空袭者比死于炸弹的平民还多。如此"战绩"在战略轰炸行动中实属罕见。8 月 1 日空袭普洛耶什蒂所造成的破坏效果既不持久，也不严重，不足以削减德国的石油供应。[30]

不久之后，美军又遭遇"黑色星期"（1943 年 10 月 9—14 日），虽然没有令美国重型轰炸机完全失去战斗力，但也至少迫使决策者放弃采用日间长途奔袭，大部分时间无护航深入德国及其盟友境内实施轰炸的战术。共有 148 架 B-17 轰炸机在施韦因富特（Schweinfurt）上空执行第二次大轰炸任务时被击落或损坏（在 1943 年 8 月 17 日的第一次突袭中，美军损失了 60 架轰炸机，另有 90 架受损），占整个编队的 20%。600 名美军机组成员牺牲或被俘。仅 10 月份，每次任务平均就要损失 28 架轰炸机。B-17 机炮手埃尔默·本迪纳（Elmer Bendiner）后来写道："可怕的景象在整个德国、荷兰和比利时下方呈现，到处都是燃烧着的飞机。我们似乎在欧洲乱扔自己人的尸体。"[31]

远程轰炸任务的数量就此有所减少，但并没有被完全取消，特别是在 1944 年 6 月之前，盟军也没有其他手段来履行对苏联的承诺（开辟第二战场）。轰炸机的确偶尔会造成相当大的战略破坏，而且随着远程护航战斗机的出现，人们感到轰炸机大展神威的日子即将到来。即使是代价高昂、声名狼藉的远程精准空袭任务——1943 年 8 月 17 日，针对滚珠轴承厂和 Bf - 190 飞机制造厂的第一次施韦因富特 - 雷根斯堡突袭——也成功导致这两座工厂减产一半。美军乐于补充受损的机组成员和飞机，因为轰炸部队指挥官认为他们至少击中了目标，或削弱了德国空军，或者兼而有之。[32]

一年后的 1944 年夏天，英美显然赢得了空战。他们每次空袭所损失的轰炸机比此前要少得多，护航战斗机数量则在增加；德国战斗机部队每月却要损失一半的兵力，从而抵消了战斗机的巨大增量。规模庞大的英美轰炸机编队重点攻击燃料供应设施（多为石油和人工合成燃油工厂）、交通枢纽、飞机制造厂。由数百架高性能“雷电”和“野马”战斗机组成的编队则携带副油箱承担护航任务，它们不必紧贴着轰炸机飞行，能够在更广阔的空间追捕德军战斗机。德国空军最终不得不俯首认输。带有副油箱的“喷火”式战斗机本应在德国上空发挥更为突出的作用，但是因为一系列错误决定，直到 1944 年，都一直被排除在远程护航任务之外。这主要是源于西班牙内战时期的旧偏见。当时认为轰炸机，特别是在夜间飞行期间，没有得到战斗机支援也能完成任务。此外，英国的失误也要归因于皇家空军部分高级指挥官的固执。其实“喷火”式战斗机只要经过相当简单的调整和改装，就能成为一款优秀的远程护航机，但他们忽视了这一点。相比之下，美国人从未经历过闪电战的创伤，觉得没有必要为了保护自己的家园而限制他们的战斗机发挥。[33]

仅仅在 1944 年 5 月一个月内，德国空军就失去了一半的单引擎战斗机以及四分之一引以为傲的 Bf - 109 和 Fw - 190 飞行员。1944 年前五个月，德国空军损失了相当于其全部飞行员的兵力。盟军在战争的最后九个月将制空权牢牢掌控在手里。盟国空军系统性地摧毁了超过 60% 的德国大城市，不过因为德国大幅调整经济结构，重新安排劳动力，所以战争物资生产依然保持了增长。到战争结束时，约有 180 万德国工人被调离工厂，去修理被炸毁的石油设施和交通网络。轰炸不仅令德国的火车和坦克无法调配转移，而且把工厂的熟练工人变成了修理工，从而破坏了生产力。[34]

盟军最后九个月的成功轰炸必须与之前英国（鲁尔空袭除外）和美国（1940—1943 年）的失败进行权衡比较。在过去的70 年里，这种残酷的交换比一直是战后关于战略轰炸的争论焦点。英美两国总共有超过 16 万轰炸机机组人员死亡、受伤或被俘。以英国轰炸机司令部为例，其被部署在欧洲的机组人员大约有一半伤亡。这一比例高于第一次世界大战中的堑壕战，甚至超过了自愿（或被迫）加入"神风敢死队"的日军死亡率。美国损失了四万名空军官兵、六千架轰炸机；战略轰炸耗资430 亿美元。盟军轰炸机机组人员遭受了灾难性损失，以及近期对德国工业所受损害的再评估更为乐观，因此一定程度上转移了向成千上万德国平民（其中许多人并没有直接参与战争）空投燃烧弹的道德问题。考虑到东线有近 2700 万人正在厮杀，奥斯维辛的烟囱日夜冒烟，盟军无法在 1944 年中期之前攻入法国，需要开辟第二战场以安抚斯大林，以及 1944 年夏季之前在西线其他战区（如意大利）展开行动又不能对第三帝国造成严重伤害等因素，想要精确衡量战略轰炸在道德上是否合理几乎是不可能的。[35]

盟军承认，为了削弱德军战斗力，与对德国合成燃料工厂和交通运输设施进行的终极打击相比，它们轰炸城市、令平民流离失所的效果并不显著。当盟军地面指挥官穿越被炸成废墟的德国城市时，会认为区域轰炸没有战略意义，只是一项野蛮而徒劳的工作。德军投降前一个月，乔治·S. 巴顿将军在日记中写道，陆军将领们达成了共识："我们都认为无差别的轰炸毫无军事价值、残忍暴虐且浪费资源，所有精力都应该始终放在纯粹的军事目标和少数特殊选择的地区上。就德国而言，它的命门就是石油。"[36]

如果盟军轰炸机没有首先摧毁德国的石油供应和交通系统，终结德国空军对地支援能力，使德军装甲师无法在白天机动，那么无论是苏联、英国，还是美国都不可能在 1945 年 3 月和 4 月攻入德国。轰炸不仅大大降低了德国工业产量，而且在从大西洋到东线的广阔战场上导致德军损失惨重，并帮助数百万人提前从第三帝国的劳动营和灭绝营中解放出来。正如历史学家威廉姆森·默里（Williamson Murray）所说，战略轰炸和东线血战是盟军获得胜利的两个主要原因。他还总结了英美战略轰炸对德国空军的影响："没有决定性的时刻，也没有明确的胜利。准确地说，美国将德军拉进一场绞肉机般的战斗中，不断消耗着敌人的飞行员和装备物资。正是这种强大压力的累积效应，最终使西方盟国获得了欧洲上空的制空权。这一成就无疑是第二次世界大战中决定性的胜利之一。"[37]

地中海位于三大洲的交界处，三大宗教起源于此。从直布罗陀到苏伊士运河，它还是连通全球贸易的重要商道。鉴于地中海的历史重要性，轴心国空军理应将那里视为必须优先控制的区域，而且它们一开始还占得先机。伊比利亚半岛的沿岸国家都是亲德派。1940 年夏天之后，法国南部海岸地区也在名义

102

上与希特勒结盟。意大利本身就是轴心国之一。德国、意大利、保加利亚在 1941 年 6 月占领了希腊。土耳其保持中立，似乎倾向于德国（在斯大林格勒战役前）。巴勒斯坦的阿拉伯人同样亲德。意大利和维希法国控制了从大西洋到埃及边境的绝大部分北非地区。自罗马时代之后，地中海及其沿岸地区还从来没有像这样归属于同一个联盟。

然而，轴心国在此并没有保持军事优势，也从未拥有制空权。这就注定了它们此后必须付出巨大努力，占领从摩洛哥到苏伊士的北非地区后，才能切断大英帝国的贸易线路，或者与日本势力合流。1942 年 11 月，盟军发起"火炬行动"（Operation Torch），在阿尔及利亚和摩洛哥成功登陆。此后，英美迅速从位于大不列颠的现有基地和美国护航航母上调来大批飞机参战。到 1943 年春，英美军队仅在北非就部署有两千多架作战飞机和轰炸机。[38]

1941 年 6 月德军入侵苏联，不料此后却日益陷入困境，因此希特勒下令将部分空军部队（虽然没有人们想象的那么多）调往东线，导致德国空军在意大利及北非地区的实力有所下降。此外，意大利人以及后来抵达战场的德国人如果能提早行动，或许能轻松入侵马耳他岛，但都错失良机。而且随着苏联战场麻烦不断，轴心国也失去了迫使西班牙法西斯政府允许其军队从陆地方向攻击直布罗陀的机会。鉴于地中海空战陷入拉锯之中，长期对抗德国的军事力量正在集结，希特勒在 1941 年 11 月 15 日将凯塞林元帅及第 2 航空队从苏联调到了意大利。凯塞林在随后几个月里逐渐恢复了对马耳他的空战均势，甚至偶尔还占据上风。为了向埃尔温·隆美尔元帅提供更多补给，他曾计划攻击该岛（"大力神计划"）。直到 1942 年 11 月，隆美尔在阿拉曼退败后，这个方案才被放弃。

在美军抵达欧洲之前，英国人就在地中海建设了数个战斗机基地，分布于从直布罗陀到塞浦路斯的广阔区域内。比起轴心国在西西里岛和克里特岛空军基地对盟国的威胁，这些中心节点对穿行于地中海航线上的轴心国运输船更加危险。"巴巴罗萨行动"之前，德国人就已证明他们有能力入侵并占领包括十二群岛（Dodecanese）①和克里特岛在内的诸多地中海岛屿；1942年12月之后，德军在地中海战区的主要任务就是稳定北非战局，切断盟国的海上贸易，而不是吞并埃及和苏伊士。但是到了1943年5月，约23万名德国和意大利士兵投降，为支援北非战线而进行的空战就此结束。第三帝国数个最精锐的陆军师被歼灭，人力损失几乎与斯大林格勒战役最后几周的伤亡相当。盟国空军在此期间一直发挥着重要作用。战争初期，空中力量帮助仓促应战的英军不至于全军覆没；此后，又为准备充分的英美军队提供支援，使之得以保持进攻态势。

比起保护帝国的贸易，美军更关注制订新目标去轰炸欧洲。他们认为地中海地区的盟军基地特别适合对第三帝国东部进行远程轰炸。在从南部侵入德国的航线上，敌军战斗机数量很少。104从盟军位于地中海的基地出发，沿路天气通常较好，也更容易预测。东欧的目标——特别是罗马尼亚的油田——都在轰炸机航程之内，若从英国出动就鞭长莫及了。与B–17相比，B–24"解放者"轰炸机航程更远，但受到德国战斗机攻击时也更为脆弱，因此非常适合部署在南方基地。至1943年11月，有将近1000架美国四引擎轰炸机在北非和意大利（西西里岛）

---

① 又称佐泽卡尼索斯群岛，位于爱琴海的东南部，群岛由12个较大的岛屿和150多个小岛组成。

上空作战，为英美两国全天候轰炸战略新辟了一个战场。[39]

　　盟军地中海部队却未能利用其战术和战略空军的巨大优势，对意大利战区的地面行动产生重大影响。1944—1945 年，地中海盟军空军（MAAF）控制了意大利领空；至 1944 年，超过 5000 架战略和战术飞机可投入战斗。德国装甲部队只能越来越多地在夜间行军。到 1944 年，大部分通过布伦纳山口（Brenner Pass）向南的铁路运输都遭受了不间断的空袭。任何待在堑壕外的德军都要面临飞机连续扫射的危险。可惜盟军始终无法将制空权转化为在意大利的战略胜利。个中原因不一，比如战场地形崎岖，降雨频繁，洪水肆虐；部分盟军部队被调往法国；以凯塞林元帅为首的德国地面部队指挥官能力出众，作战勇猛；盟军缺乏协调一致的最高海陆空司令部；以及负责指挥美军及后来盟军行动的美国陆军中将马克·克拉克（Mark Clark）作战不利，时常受到质疑。可见即使战术空军能够取得压倒性优势，也依然具有局限性。意大利战场就是这样一个不成功的案例。[40]

　　虽然军力更为集中，海军航空兵在欧洲战区发挥的作用却很有限。法国在建成两艘计划中的航空母舰前就被击败了。① 德国和意大利均有宏伟的造舰计划，但从来没有下水过哪怕一艘预想中的航空母舰。相比之下，英国开战时有六艘舰队航母正在建造中，此外还有六到七艘现役航母。在塔兰托（1940 年 11 月 11—12 日）和马塔潘角（1941 年 3 月 28 日），英国海军

---

　　① 　舰队航母排水量通常在 18000—35000 吨，并且配备有 80—100 架飞机；轻型航空母舰要小得多（10000—15000 吨），只能携带大约前者一半的飞机数量。护航航母，又称"吉普航母"，甚至更小，排水量大约为 10000 吨，携带 15—25 架飞机。——作者注

战机对意大利战列舰舰队造成重创，导致意军在北非和马耳他行动受挫，再也无法在意大利近岸水域之外发动攻势。英国"剑鱼"式双翼鱼雷轰炸机也帮助海军击沉了德国的"俾斯麦"号战列舰（1941 年 5 月 27 日）。意大利舰队在 1942 年底基本上失去了战斗力，德国水面舰艇到 1943 年初也退出了战斗。航空母舰可以随心所欲地为盟军在北非、西西里岛和地中海其他地区的两栖作战提供空中掩护。盟军登陆诺曼底之后，地面部队便不再需要海军的空中支援了；英美护航航母则多用来追捕残存的德国 U 型潜艇，保护穿梭于北美和英国之间的运输船队。[41]

浩瀚而平静的太平洋则是另一番景象。日本在战争开始时即拥有十艘航空母舰，这一数字超过了英国和美国部署在太平洋的航母总和。日本袭击珍珠港那天，美国太平洋航母舰队恰巧在海上，从而幸运地逃脱一劫。不过盟军决定采用蛙跳战略向日本本土逼近，因此美军航母几乎参与了此后每一次重要的海上和陆地大战。

太平洋战场上的海战呈现出如下特点：每次航空母舰对决——珊瑚海海战、中途岛海战、东所罗门群岛海战、埃斯佩兰斯角海战、圣克鲁斯群岛海战、菲律宾海战、莱特湾海战——最终总是美军取得战术或战略胜利，或者至少也是打成平手。尽管美国海军于 1941 年 12 月参战时，太平洋上只有四艘航母［"大黄蜂"号（Hornet）、"企业"号（Enterprise）、"列克星敦"号和"萨拉托加"号，"黄蜂"号直到 1942 年 6 月才从大西洋调来］，但事实上，美国航母从未在任何一场航母对航母的海上空战中败于日本帝国海军。至 1942 年 11 月，美国虽然取得了中途岛之战的巨大胜利，并消灭了四艘日本航

105

母，可是一段时间内，仍然只有一艘"企业"号航母在太平洋上坚持作战。

　　美国海军航空兵取得如此辉煌的战绩，有以下几个始终如一的特点。首先，与日本、英国相似，美国也是海军航空兵的先驱，在两次世界战争之间拥有长期使用航母的经验。美军海军将领接受过多科目训练，不喜欢像日本人那样，制订充斥着诡计和欺骗、过于复杂的计划，即使在形势不利的情况下也能想方设法避免灾难性损失。因此美军在任何一次交战中都没有损失一艘以上的航母。四年战争期间，美国海军一共击沉了20艘日军各类型号、大小不一的航空母舰，与此同时，美军失去了11艘航母，其中只有四艘是舰队航母。

106　　其次，美国在战争期间建造了大约22艘舰队航母，而日本同期只生产了16艘（包括轻型航母和舰队航母）。美国新型"埃塞克斯"级航母可装载90架飞机，最高航速33节，标准排水量27100吨，长度近900英尺，是当时世界上品质最优的航母。更重要的是，美国还以惊人的速度，在战争前夕和战争期间建造了150多艘各类航空母舰（舰队、轻型和护航航母）。美国还不断扩充航母飞行员数量，而日本海军航空兵的实力则因航母和飞机损失巨大、飞行员培训时间过短且达不到合格标准而在不知不觉中减弱。[42]

　　比起美军航母，日军航母还得应对数量更多的敌军潜艇和水面舰只。美国人更善于修理和维护航母舰队，也能及时补充机组人员。珊瑚海海战（1942年5月4—8日）之后，严重受损的"约克敦"号（Yorktown）仅仅在珍珠港经过68小时抢修，就能够再次出海参战。反之，受伤的"翔鹤"号（Shokaku）和飞机损耗殆尽的"瑞鹤"号（Zuikaku）两艘日军航母却花费数月时间进行维修或补充机组成员。一个月后，日本人将在中途岛战役中为此承担可怕的恶果。如果珊瑚海海战的结局能够反转，那么日本帝国海军可能会出动六艘舰队航母前往中途岛作战，而美国只有两艘应对。

美国还可以在不影响航母舰队建造的前提下，入役一批新战列舰（1941 年 4 月至 1944 年 4 月间共十艘）。日本远远达不到上述规模。日本参战时就有十艘战列舰，然而战争期间只建造了两艘——排水量 7.2 万吨的庞然大物"武藏"号（Musashi）和"大和"号（Yamato）。这是世界上两艘最大、最昂贵的战舰，可是在战斗中并没有起到多大作用。美军舰载机蜂拥而至，一举将其击沉。据估算，"大和"号和"武藏"号战列舰的建造成本约为每艘 1.6 亿—1.7 亿日元。日本帝国海军用这笔钱可以造出十艘最新式的"秋月"级驱逐舰（Akizuki，每艘约 1800 万日元）。该舰型性能优异，尤其适合执行商船护航和反潜任务，被誉为二战时期最好的驱逐舰之一。一支由 20 艘"秋月"级战舰组成的舰队所制造的破坏远远强于"大和"级战列舰。这两艘姊妹舰就是吸干日本海军航空计划资源的"白象"①，常常因缺乏燃料而窝在军港里无所事事。[43]

战争伊始，日军装备的战斗机和鱼雷轰炸机与美军战机不相上下，甚至更好。然而，珍珠港事件后不到两年，美国航母基本上都配备了"地狱猫"（Hellcat）战斗机、最新的"无畏"（Dauntless）和"地狱俯冲者"（Helldiver）俯冲轰炸机，以及"复仇者"（Avenger）鱼雷轰炸机。这些第二代战斗机和轰炸机在速度、武器装备、性能、生存能力等方面都优于对手。

---

① "white elephants"，引申为昂贵却"无用的东西、摆设"。

107 　　日本舰载飞机若想在数量上超过敌人，仅凭当前的生产速度无异于痴人说梦。日本在 1944 年的生产顶峰期共制造了 28180 架军用飞机，如果只与中国、英国或苏联单独交战，这个数字倒也相当可观。虽然面临两条战线，但同年美军还是向欧洲和太平洋地区派遣了 9.6 万架崭新的飞机。到战争结束时，仅美国海军航母舰队和后勤基地就接收了 8 万架飞机，比日本在整个战争期间为其所有军事部门生产的飞机还要多。这种产能高低反映了巨大的工业差距。在钢铁和煤炭方面，美国的产量远远超过日本的 10 倍。石油产量更是戏剧性地一边倒：美国参战时，其国内石油年开采量是日本的 700 多倍。1941 年，日本石油产量居世界第 22 位，美国第一。没有充足的精炼燃料，日本人就永远别想建造、运行、训练一支能与英美匹敌的航母舰队。[44]

　　日本为了能在太平洋地区与英美海、空军并驾齐驱，越来越多地缩减其地面部队规模。尽管历史学家有时低估了日本经济的产出和生产力（更近似于苏联，而非意大利），日本花费在空军和海军上的庞大资金仍然无法同英美相比。这有助于解释在中国和缅甸作战的日本陆军为何长期得不到充分补给，也无力实现任何长期战略目标。[45]

　　到 1943 年中后期，美国海军在太平洋地区完全取得了制空权。美军航母舰载机飞行员不必过多担心敌人的海军航空兵纠缠，可以放心大胆地执行各种重要任务。他们追捕日本船只和运输舰，突袭岛屿和本土上的日军设施，并为美国两栖作战行动和轰炸任务提供空中支援。事实上，日军水面舰艇、潜艇和陆上神风特攻队对美国航母及其舰载机造成的损失比海军航空兵的空袭战果还要大。1942 年以后，美国再也没有损失过一艘舰队航母。

舰载机也促使美国创建了陆基空军。美国航母连续八个月向驻守在瓜达尔卡纳尔岛的海军陆战队"仙人掌"航空队支援"野猫"（Wildcat）战斗机和俯冲轰炸机。1944 年 6—8 月，美军攻击并控制了马里亚纳群岛。这次关键的胜利要完全归功于海军航空兵的压倒性优势。美军占领关岛、塞班岛和天宁岛后，很快就在岛上建设 B–29 轰炸机基地，开始向日本本土发动空袭，对日本造成了极为严重的影响。当海军大将永野修身得知丢失马里亚纳群岛的消息后，悲叹道："地狱降临了。"[46]

航母对决完全颠覆了空战逻辑。一般来说，飞机动力必须更强，并通过精心设计，更大的攻击范围才能实现。从表面上看，舰载机和陆基飞机都应如此。但是航空母舰的作战方式十分独特，可以将空军基地推进到更靠近敌人的位置——即使飞机还在空中——这样就为舰载战斗机和战术轰炸机增加了一个新维度，扩展了航程。这是陆基飞机望尘莫及的。

当然，太平洋和大西洋上的空战模式大相径庭。与轴心国的陆基空军相比，日本的海军航空兵对英美舰船构成的威胁完全不同，战争初期也更为严重。但是到 1944 年中期，盟军在这两个战区已经基本上压制了轴心国空军，取得了制空权。英美就此可越来越无所顾忌地出动庞大舰队，在它们选择的任何地方发动两栖攻击或打击敌人的基地。

据说伏尔泰曾写道："上帝不是站在人多的一边，而是站在枪法最好的一方。"[47]就空战而言，到 1944 年，盟军飞机数量最多，飞行员训练水平最佳，因此得以击溃 1939 年战争开始时世界上最优秀的空军。这一成就使成千上万架飞机能够攻击那些在地面和海上毫无还手之力的平民和士兵，这也正是建立空军的初衷。

在二战传统的陆地和海洋战场，科学技术和作战模式以惊人的速度持续发展。飞机是一种革命性武器。通过技术改进和反馈的不断循环，到 1945 年出现了诸如导弹、喷气式飞机、巨型四引擎轰炸机这样的武器，与 1939 年的装备相比，似乎来自外星球。同样，航空炸弹和空战战术也与飞机的革命性变化相匹配。1939 年，没有人敢预测原子弹出现，也不会有人想到日本人会组建"神风敢死队"，驾驶着自杀飞机，充当名副其实的巡航导弹。下一章将讨论空军如何结束了第二次世界大战太平洋战区的战事。这里有一个悖论：就在空军最终主导战争走向，并野蛮地向无数工人和平民投掷燃烧弹的时候，其致命的威力也突然终结了战争，进而拯救了数百万人的生命。

第六章　祸从天降

整场战争中，最致命的武器是美国的 B－29 轰炸机。它也 许是二战期间研发的所有新式武器中，唯一一种体积越大、性能越好的装备。不同于"大和"号战列舰、德国所谓的"皇家"或"虎王"坦克，B－29 颠覆了业已破产的"巨大至上"（gigantism）观念。该机型既庞大又数量众多，正好契合"巨大化"的定义，是大块头的同类机型中唯一进行大批量生产的武器系统（大约4000架）。波音公司制造的 B－29 "超级空中堡垒"在日本上空投掷出致命的凝固汽油弹；它是历史上第一种也是唯一一种在战时投放原子弹的飞机，为此将永载史册。战争刚开始，美国人就承认，依靠现有的陆基多引擎轰炸机，空袭岛国日本要比袭击德国和意大利困难得多。日本列岛被一圈外围群岛拱卫，所有岛屿都已要塞化，由成千上万作战经验丰富的老兵驻防，还有战斗机基地保护。位于中国和印度的友军空军基地距离遥远，补给也殊为不易。远东气候难以预测，变化模式也不如欧洲那样得到过充分研究。

直到 1945 年初，日本工业基本上还没有遭受严重攻击。即使日本正在节节败退，战斗机损失惨重，无以为继，还缺乏足够的燃料储备，就连供飞行员训练的燃油也不足，但至 1944 年中期，日本生产的战斗机数量仍比战争期间的任何时候都多。1945 年 2 月下旬，东京还完好无损，而柏林则成了名副其实的废墟。

在美国人看来，摧毁日本工业生产能力的唯一有效方式就是在距日本本土约 1500 英里范围内的岛屿上部署一种新式超远程重型轰炸机。盟军现有的重型轰炸机 B - 17、B - 24 和"兰开斯特"从位于英国和意大利的不同基地起飞，其往返航程足以覆盖第三帝国的大部分地区。但在太平洋地区，以上机型不论选择从哪个岛屿基地出发轰炸日本，都还差数千英里。[1]

110　　美国人甚至早在战争开始前就在研究解决方案。B - 29 "超级空中堡垒"计划十分昂贵，费用可能比研制原子弹的"曼哈顿计划"还要高：10 亿—30 亿美元，取决于各种相关研发成本如何分摊。1942 年 9 月 21 日，第一架 B - 29 原型机试飞，此后不到两年，航空史上最复杂的飞机就投入量产。这架轰炸机堪称庞然大物，翼展长 141 英尺（远远超过大多数德国轰炸机的两倍），最大装载重量超过 13 万磅，使得其前身——大型 B - 17 "飞行堡垒"（翼展 103 英尺，装载重量 5.4 万磅）也相形见绌。"超级空中堡垒"配有 11 名机组人员，比大多数型号的 B - 17 多出一名，速度更快（最高时速 365 英里），通常情况下，有效载荷为 B - 17 的近两倍（10 吨），并极大扩展了作战半径（理论上为 3200—5800 英里）。[2]

革命性的新式飞机却不好伺候，有赖于庞大的地面支持体系和后勤保障系统。面对每小时耗油 400—500 加仑的大家伙，军需官最终意识到，在战区给 B - 29 机群提供补给，只能通过海上运输的方式。该轰炸机安装了四台赖特 R - 3350 - 23 双气旋涡轮增压型发动机，配有一套新颖的自动计算和同步火控系统，以及新型加压舱。所有这些改进都需要熟练的地勤人员使用昂贵的备件，进行不间断维护。1945 年 1 月之前，柯蒂斯·李梅将军指挥了美国对日本本土的所有战略轰炸行动。他形容新型 B－29 的"小毛病同史密森学会昆虫博物馆里的虫子一样多。刚刚把故障清理完，又有一堆从飞机引擎罩里面爬出来"。① B－29 仅机头部分就需要 100 多万颗铆钉和大约 8000 个零件。约 1400 家分包商为飞机提供零部件。³

尽管美国公众期望军方能尽快对日本本土岛屿实施攻击，但早期建于印度和中国的 B－29 空军基地交通不便，补给困难，有时还容易遭受日军反击。至战争结束，总共损失了 400 多架 B－29 轰炸机，大多数可能是飞行事故和机械故障造成的——这一统计数字并不一定表明飞机本身不可靠，因为根据新的作战模式，飞行员需要驾驶 B－29 从遥远的海岛起飞，连续飞行长达 16 个小时以上，而且通常是在夜间执行任务。机群大部分时间在水面上飞行，还得应对日本上空的恶劣天气。

1944 年 11 月，马里亚纳基地已做好频繁执行空袭任务的准备。事实上，从该基地起飞前往日本本土的 1500 英里航程中，B－29 常常会出现导航错误，一些飞机就此失踪。考虑到机组须出勤 35 次任务（后来经常增加），且在黑暗的大海上长途奔袭，每架次损失率尚可"容忍"（每执行一次 16 小时时长任务，大约损失 1.4 架飞机），但仍然有三分之一的机组人员很可能无法幸存。总共有 3000 多名 B－29 机组人员死亡或失踪。⁴

该型飞机能够在三万英尺以上高空重载飞行，理论时速近 300 英里，可无视敌方高射炮和战机拦截，系统性地对日本工业设施实施精确轰炸。虽然这架巨大的轰炸机从未用于攻击德国，但有关 B－29 性能特点的新闻报道仍让希特勒本人惊恐不已。他梦寐以求的"美利坚"和"乌拉尔"轰炸机竟然在敌国

111

---

① 此处为双关语，英文中"bug"的原意为小昆虫，又有故障、缺陷的含义。

成为现实。斯大林得到四架 B-29 后，立即下令对其展开逆向工程。新飞机名为图波列夫 Tu-4（图-4），是苏联第一架成功入役的远程重型轰炸机。1947 年至 1952 年间，苏联一共制造了 800 多架图-4，它们后来作为装载核弹的战略轰炸机一直服役到 20 世纪 60 年代。[5]

112

巨型 B-29 轰炸机于 1944 年 5—6 月入役，就在 B-24 和 B-17 在欧洲战区遭遇损失惨重的"黑色星期"数月之后。根据欧洲的实战经验，四引擎轰炸机十分脆弱，加之每架新型轰炸机的初期建造费用是"解放者" B-24 的 2—3 倍，如果将研发成本算进来，B-29 更是天价，因此人们越来越担心该项目将走向灾难性的失败。

中国、东南亚沦陷区和日本往往多云，总是持续刮强风。驻扎在印度和中国基地的 B-29 机群既不能保持正常飞行，也不能精准轰炸，飞行员经验不足也是原因之一。只有 5% 的炸弹能够击中预定目标。关于日本军火企业确切方位的情报十分匮乏。美军用燃烧弹空袭之前（1945 年 3 月 9—10 日），轰炸日本本土只造成了 1300 名日本人死亡。B-29 轰炸机即将成为军事史上最昂贵的失败项目。相比之下，就算希特勒投资受挫的 V-2 弹道导弹计划所吞噬的巨额资金也显得微不足道。[6]

柯蒂斯·李梅将军找到了最终解决方案。此前，他曾作为轰炸机大队和航空师指挥官，率领 B-17 轰炸机在欧洲长期作战，后于 1945 年 1 月从海伍德·S. 汉塞尔将军手中正式接管了位于马里亚纳群岛的第 21 轰炸机司令部，负责指挥 B-29 编队。李梅的解决之道与这架飞机的整个设计原理相悖，因而引起广泛争议。不过后来事实证明，这个巧妙的方案既反直觉，又残酷简单。李梅命令 B-29 机群在 5000—9000 英尺的低空突袭，而不是根据飞机设计初衷，白天起飞，在相对安全的高度飞行。按照李梅在英国执行任务的方式，轰炸机中队以夜间攻击为主（至少在前三次燃烧弹空袭任务中如此），没有配备标准防御武器，也不依赖精密的投弹瞄准仪。低空飞行可以有效避免不稳定的引擎发生故障，也无须爬升到高海拔，从而节省了燃料。轰炸机的炸弹载荷提高到十吨甚至更多，这对以螺旋桨驱动的轰炸机来说简直不可思议。B－29编队混装了M－69凝固汽油弹和高爆航弹，于是臭名昭著的日本急流不再是轰炸机的障碍，如之前那样把常规炸弹吹离目标，而是成为美军盟友，四处散播地狱之火。

　　B－29的优势在于有效载荷，而不是精度本身。日本防空系统缺乏高射速、小口径防空火炮，基本上无法应对在夜间高速低空突入的轰炸机。此外，美军夺取硫磺岛的战役仍在进行中。空军在3月实施火攻时，美军即将把该岛上的日本守军全部歼灭。夺取硫磺岛后，B－29轰炸机便能直接（也更省油）地飞往东京，而不必担心途中遭到敌方战斗机拦截。[7]

　　无论是在道德还是执行层面，李梅的上级没有一个反对这种激进的战术改变。他们之所以默认，部分原因是早在珍珠港事件之前，美国陆军参谋长乔治·C. 马歇尔将军就下令研究对日本城市进行燃烧弹轰炸的可行性，作为对日本帝国发动战争的应急计划的一部分，因为当时每十个日本人中就有将近四个生活在城市里。另一个原因是长官对李梅的尊重。他曾率领B－17轰炸机编队在欧洲上空执行过最危险的任务，而且很早就冒着巨大的风险，驾驶B－29从中国飞越喜马拉雅山脉。此外，人们还认识到传统高空飞行任务取得的成效寥寥，或者正如李梅这样描述他的职责："指挥部队，就要用B－29取得战

113

果。办不到，就卷铺盖走人。办不到，太平洋战区就永远不会有战略空军。"[8]

与另一位策划实施燃烧弹攻击的英国空军中将亚瑟·哈里斯类似，李梅在战后也遭到嘲讽和非难，至少部分原因来自对日火攻。纵火焚烧居民中心与美国此前在战争中一直鼓吹进行精确战略轰炸的伦理完全背道而驰。李梅的前任——海伍德·汉塞尔将军辩称，他的精确打击效果正在提高，至少迫使日本人分散工业设施，从而降低了生产效率。

与"轰炸机"哈里斯不同的是，李梅明智地没有提出过分主张，至少一开始没有要求让日本平民"流离失所"，彻底结束战争。不过他坚持说，鉴于日本将分散的工厂隐藏在居民区内，因此使用燃烧弹固然不幸，但也是迫不得已。随着日本工业产量下降，李梅自然功不可没，理所当然地为平民死亡人数过高而辩解。他喜欢扮演一个为达目的不择手段的军人角色，但在强硬的外表之下，李梅就像巴顿一样，也是战争中最内省、最善于分析、最有天赋的指挥官之一。如果说他一门心思要将"炸弹扔到目标头上"的做法令人生畏，那么他同时也是一位真正的美国战争天才。[9]

1945 年 3 月 9—10 日，美军使用凝固汽油弹轰炸东京。这段时间至今仍是军事史上最具破坏力的 24 小时。更可怕的是，就连突袭的策划者最初也不确定 B-29 新战术会对拼死抵抗的东京产生多大影响。战后，美国设立了一个庞大项目——美国战略轰炸调查团，对战略轰炸进行调查。共有 1000 名军方和民间调查员编写了超过 300 卷的战略轰炸调查报告，用类似临床医学术语的语句概括了这次袭击的杀伤力："六个小时内，死于东京大火的人可能比人类历史上任何时候都多。"超过十万平民死亡（远远超过汉堡和德累斯顿死亡人数之总和）。也许还有同样数量的人员受伤或失踪。16平方英里的城市化为灰烬。我父亲执行过那次任务。他还记得，飞离目标时，全体机组成员都能闻到人肉和木头燃烧的气味。半个世纪后，父亲还在述说，轰炸机所释放的火球在一万英尺高空，方圆约五十英里范围内都能看见，这令他们不寒而栗。

那次可怕的突袭之后，除非马里亚纳基地的凝固汽油弹出现短缺，否则就再也没有什么能阻止B-29轰炸机大开杀戒了。接下来五个月内，李梅以与设计初衷完全相反的模式使用B-29轰炸机，将日本最大的66座城市中半数以上的市中心成功摧毁。地面上的日本人相信，正是对中小城市的燃烧弹攻击导致破坏范围越来越广，最终打垮了民众的士气。如一个亲历者所言："在东京这样的大城市，情况已经够糟糕的了，但是小城市更惨，大部分城区都沦为焦土。整个（1945年）5月和6月，人们的精神彻底崩溃了。"10

美国B-29轰炸机造成的平民死亡总数可能超过50万，然而确切数字永远无法查明。当然，大轰炸致使日本武器和燃料生产几近停滞。机组人员可能每月飞行长达120小时，远远超过在欧洲执行B-17任务的常规飞行时间。B-29若不执行燃烧弹任务，便会袭击日本主要港口，投掷水雷，很快就将敌人的航运量减少了一半以上。轰炸迫使日本的运输系统、港口、码头关闭，生产物资供给中断，对工业造成的破坏不亚于燃烧弹。由于无法进出港口，盟军又拥有制空权和制海权，超过65万吨日本商船被击毁，另有150万吨商船失去效用。11

在欧洲实施区域轰炸和燃烧弹攻击最终还是引发了争议。不过没人对1945年2月后将日本付之一炬的空袭行动产生任何类似的道德忧虑。导致这一矛盾的原因有很多。除了常说的日本突然发动偷袭，从而招致美国的民族仇恨外，还有德国投降后，无休止的战争使人们产生越来越强烈的疲惫感。坏天气和急流使在日本上空进行精确轰炸变得相当困难，投掷燃烧弹攻击以木制和纸张建材为主的日本房屋则会非常有效。1923 年的关东大地震及后续大火损毁了东京和横滨几乎所有的木制建筑，造成 14 万人死亡——美军制订空袭计划的领导层不会对这一历史事实视而不见。[12]

115

尽管英国人在战争初期就认可了在欧洲进行区域轰炸的合理性，而美国人则固执地坚持进行精确攻击，然而在太平洋战区，道德考量的方式却截然不同。美国人独自指挥整个战略层面上的军事行动，不再处于既能批评又能向盟友学习的有利位置。鉴于 B－29 项目的巨额投资，以及该型轰炸机一直不能承担对日本实施精确轰炸的重任，美国内部便出现了不惜任何代价也要立即取得成效的主张。即使这意味着放弃一些设计 B－29 轰炸机的最初动因：不受高射炮和战斗机攻击的高空飞行能力，以及对重工业实施精准空袭。血腥的硫磺岛战役（1945 年 2 月 19 日—3 月 26 日）和冲绳岛战役（1945 年 4 月 1 日—6 月 22 日）终于使美国战略家确信，入侵日本本土将导致更多美军伤亡，只有通过空军才能避免这一情况发生。最后，尽管没有明说，但大家还是达成了一致意见：把日本的城市通通烧掉。

至于燃烧弹的道德问题，美国人认为不能完全归咎于他们。因为在空袭前，他们投下泛泛而言的传单，警告平民撤离，如："很遗憾，炸弹不长眼睛。根据美国的人道主义政策，美国空军无意伤害无辜人民，因此现在向你们警告，撤离名单上指定的城市，挽救你们自己的生命。"不过撤离后的日本家庭如何在 3—4 月的农村生存则是另一回事了，当然也不可能确切知道名单上的哪个城市何时会成为空袭目标，况且日本军方也不可能允许所有民众离开。

李梅和同僚还提到了日本战时工业的分散性。日本人有意将战时生产与居民中心结合起来，从而导致美军燃烧弹在击中军工目标时，也必然会殃及民用建筑。他们还指出，尽管战争的最终结果已毫无悬念，但每天都还有成千上万的美国、英联邦和亚洲士兵在与日军作战时牺牲，或在日本的战俘营中遭受疾病和虐待而死亡。日本后来指控美军空袭是种族灭绝行为，这显然十分虚伪，因为日本帝国军队仅在中国就导致约 1500 万人死亡，而在 1945 年之前，盟军根本没有能力进驻中国。尽管如此，直言不讳的李梅还是坦承："我想如果输掉了战争，我就会被当作战犯来审判。"[13]

燃烧弹几乎彻底摧毁了日本的工商业，从而缩短了太平洋战争的持续时间。惨烈的东京大轰炸后，尽管日本消防和民防系统得到改善，在其他城市遭受空袭时，平民的伤亡也有所减少，但 B - 29 轰炸机还是以一种与欧洲轰炸不同的方式削弱着民众士气。一名日本记者迫于压力，否认美军大肆宣扬的火攻空袭对日本城市造成了严重损失，不过他也承认，"有关'超级空中堡垒'的破坏报告没有夸大；如果有的话，那也是空战史上最令人震惊的轻描淡写"。至 1945 年夏天，日本只剩下京都、广岛、长崎、札幌四个主要城市大抵上还完好无缺。[14]

两颗原子弹都是由 B - 29 轰炸机投下的。它也是美军唯一一种能够从马里亚纳基地起飞，携带这种重达一万磅武器抵达日本本土的机型。有关是否应该使用这两颗炸弹的争议主要集中在伦理层面，即如果能够做到不必入侵日本本土，那么能够

116

拯救更多生命吗？在最近的冲绳岛战役中，美军有 1.2 万名海陆空将士当即阵亡，另有 5 万多名士兵受伤，很多人后来不治身亡，此外还有约 20 万日本人和冲绳岛人丧命。然而与美国入侵日本本土相比，硫磺岛和冲绳岛的血腥厮杀所产生的令人生畏的伤亡代价似乎微不足道。

伦理问题远比这些悲剧数字所显示的要复杂和可怕得多。占领冲绳岛后，李梅能够在离日本本土更近的地方建立更多基地，而且随着欧战结束，数千架 B－17 和 B－24 重型轰炸机以及 B－25 和 B－26 中型轰炸机正处于闲置状态，可以拿为所用。每月都有几十架崭新的 B－29 轰炸机抵达前线，到战争结束时，美国总共生产了大约 4000 架。英国也准备将"兰开斯特"重型轰炸机组成所谓的"猛虎部队"（即使在缩小版的计划中，也有 22 个飞行中队，共 260 多架飞机），急切地想派遣至太平洋战区。总的来说，盟军可以集结惊人的 5000 多架多引擎轰炸机参加对日空战。每天都有轰炸机从马里亚纳群岛起飞前往日本，从距离更近的冲绳基地出发的架次更为频繁。50% 以上的日本主要城市已被夷为平地。

117　　在广岛和长崎投下两颗原子弹所引发的重要后果不仅使美国不必付出高昂代价就能登陆日本，而且保护了日本文明，使其免于在梦魇般的烈火中焚毁殆尽。如若不然，到 1946 年，美国和英联邦国家就可能会集结至少两三千架中型和重型轰炸机执行空袭任务。仅仅两三次这样的大规模行动，空投的 TNT 当量就超过了那两颗原子弹。这样一支盟军空军在一个月内就可以轻而易举地投下相当于十颗原子弹的破坏当量。而且在之前 3 月 9—10 日的空袭中，仅 334 架轰炸机火攻东京，所导致的死亡人数就超过了广岛和长崎核爆。

"在我看来，"日本首相铃木贯太郎在战后指出，"日本终究将会被空袭摧毁，这是不可避免的。因此，仅凭 B - 29 轰炸机，我就确信日本应该寻求和平。除了 B - 29 空袭之外，还有原子弹，这只是另一个屈服的理由……基于 B - 29 的攻击效果，就我个人判断，日本毫无获胜希望。"李梅在谈到使用原子弹时意思也差不多："日本败局已定，这种武器的作用不大。"

由于轰炸机在欧洲战区损失惨重，盟军还得派遣地面部队突袭德国，因此如果没有 B - 29 轰炸机实施决定性的火攻，如果没有空投原子弹，那么美国战略轰炸的遗留问题在战后将会严重得多。相比之下，鉴于 B - 29 的杀伤力，战后人们形成这样一个共识（无论正确与否），即飞行员可以操纵巨大的轰炸机，通过火攻方式摧毁敌人的心脏地带，从而赢得战争胜利，而不需要派遣步兵进攻敌国本土。这种错综复杂的作战模式在冷战时期非常有影响力，特别是在朝鲜战争和越南战争期间。直到 20 世纪 80 年代激光和 GPS 精确制导武器出现后，军事计划制订者才有了更多战略施展空间，显然还获得了道德层面上的自由。[15]

正是凭借李梅的天才，B - 29 轰炸机才得以摇身一变，成了一种低空飞行、粗暴的火攻轰炸机（有点类似德国在 20 世纪 30 年代的思路，设想用双引擎中型轰炸机执行低空或俯冲轰炸任务）。无比讽刺的是，B - 29 耗费了巨大的研发和生产成本，拥有优异的高空性能、气密性和精密的机载武器，李梅却一概置之不理，转而充分利用其在航程、载荷、速度等方面的独特优势。该型轰炸机仓促投入量产，其所应用的技术大多未经测试验证，不料却成为战争中最致命的常规武器。这不啻二战中最伟大的科学奇迹之一。

118

　　1944 年夏天至初秋，轴心国研发了三种全新的空中武器：德国的 V－1、V－2 火箭，以及日本神风队驾驶的自杀式俯冲轰炸机。这是德日两国希望利用新科技和新战略，以突破盟军防空体系的最后挣扎。他们承认盟军飞机主宰了天空，而且没有常规补救措施改变这一事实。然而，除了以上共同点外，希特勒的后现代导弹和日本的前现代自杀式飞机有着天壤之别。

　　V－2 火箭的前身是 V－1 巡航导弹（两者都被称为"Vergeltungswaffen"，意为"复仇武器"，其含义显然是为了报复盟军轰炸，而盟军轰炸本身又是回应最初的德国空中侵犯）。德国宣传部让公众相信，英国人最终将为空袭汉堡和科隆付出代价。这导致德国人不切实际地希望，V 型武器可能会迫使敌军减少对本土轰炸的次数，并减缓盟军地面部队的推进速度。然而效果适得其反。当德国人清楚地意识到，火箭并没有使英国进攻有任何明显停滞后，公众只会普遍对这种神奇武器的前期炒作感到失望。[16]

　　V－1 导弹的主要攻击目标是英国。根据其特有的发动机噪音，英国人将其称为"小火车"或"嗡嗡弹"。这种早期版本的巡航导弹只不过是一枚 5000 磅的自行式飞行炸弹，实际战斗部为 1900 磅炸药。V－1 安装了设计出色、性能可靠的脉冲喷气发动机，可在 2000—3000 英尺相对较低的高度，以每小时 350—400 英里的亚音速飞行。该导弹的主要缺点倒不是速度相对较慢，或有效载荷低，甚至航程过短（不超过 150 英里），而是其自动驾驶导航系统太过原始。这套设备由陀螺仪、风速仪和里程表组成，只能根据方向、距离、燃料分配、风况、燃料消耗、重量等因素进行粗略校准。在 V－1 导弹攻击最猛烈的时期，每天有 100

枚射向英国。"嗡嗡弹"从欧洲沦陷区的沿海地段向英吉利海峡
对岸发射，大多数飞向面积广阔的大伦敦都市圈，不过无法设定
具体着弹点。V－1导弹的最终战果表明，比起美军在白天对德
国进行精确突袭时投下的炸弹，这种武器更加偏离目标。 119

　　V－1生产和部署的精确数字仍然不清，存有争议。德国最
后可能制造或部分组装了近三万枚V－1导弹，实际向英国多
个目标发射一万多枚，其中超过2400枚袭击了伦敦。诺曼底登
陆之后，又有约2500枚导弹瞄准了盟军占领下的安特卫普以及
法国、比利时沿海地点。导弹摆脱这些地区防空炮火拦截的比
例非常高。尽管半数V－1发射失败，偏离航线，或被盟军的
地面防空部队及空军击落，但仍有超过6000名英国平民丧生，
近18000人受伤。V－1导弹的精密程度不如随后的V－2，更
容易受到攻击；不过它在提供相近的有效载荷的同时，成本更
低。德国人每生产一枚V－2所消耗的资源，可制造20多枚
V－1。尽管V－1速度较慢，容易被英国防御武器破坏，但20
枚V－1总共可携带3.8万磅炸药，击中战略目标的概率仍比一
枚仅装载2200磅炸药、无人能挡的V－2更高。假设有25%的
V－1抵达目标附近，每单位有效载荷成本也只有一枚成功发射
的V－2导弹的五分之一。不过直到战争结束，这两种V型武
器也完全没有影响到英国军火工业的生产能力。[17]

　　尽管V－1的射程较短，但就向防御严密的目标投送一吨
炸药的成本而言，这种早期巡航导弹显然对正在输掉战争的一
方还是有些功效的。1940年德国轰炸英国失败，或1944年初
所谓的"婴儿闪电战"① 都曾导致德军机组成员和飞机损失惨

---

① 即德国在1944年1月21日至5月29日期间，针对英国发动的战略轰炸
　　"摩羯星座行动"。

重。而 V−1 导弹不同，尽管有数千名饥饿的奴工在工作时死亡，却没有军事人员因此丧命。按以往的常规轰炸方式，需要配置护航战斗机和轰炸机机组成员，而如果利用巡航导弹空袭，其制造和部署成本相对低廉。仅此一点，就使 V−1 成为一种强大而恐怖的武器。

诚然，这些导弹并没有损害英国工业，但几个月来，"嗡嗡弹"迫使英国空军挤出大约四分之一的轰炸架次去袭击 V−1 基地（这让人想起 1991 年萨达姆·侯赛因对以色列发射误差较大的飞毛腿导弹。同样，美国和联军在一段时间内也重新分配了宝贵的空军资源）。战争结束时，尽管 V−1 投送的炸弹总当量相当小，但每吨爆炸物导致的敌人伤亡率和建筑破坏程度与早期德国轰炸机取得的战绩几乎相同，德国空军却无人员损失。[18]

120　　　V−1 的恐怖源于它出现的时机。1944 年 6 月，此时距主要空战结束已过去三年多，然而在没有任何征兆的情况下，这种新型武器开始投入使用。（1944 年的"婴儿闪电战"造成大约 1500 名英国平民死亡，当年 5 月基本结束。）英国民众为此震惊不已。他们曾经认为家园已经相对安全了，不会再遭到空袭，尤其是盟军地面部队登陆诺曼底后，将很快肃清位于欧洲沦陷区内的大部分德军前沿空军基地。直到盟军占领了足够多的欧洲领土，这种短程武器才宣告失效，V−1 导弹对英国城市的威胁也终于结束。最后一代 V−1 只得被迫转向攻击安特卫普港及其周边区域。[19]

后续 V−2 火箭的情况完全不同。V−2 是一种真正的弹道导弹，不过从投送炸药飞越英吉利海峡所需的费用来看，它实在是一种糟糕的武器。虽然廉价的 V−1 导弹向英国和欧洲大陆目标发射的数量比之后的 V－2 型号要多得多（德国制造或部分组装了 5000—6000 枚 V－2 导弹，发射了 2500—3200 枚），不过没有什么武器能够防御这种超音速武器。火箭最高攀升到 55 英里高空，然后以每小时 1800 英里的速度撞击地面。

经证实，只有 517 枚 V－2 击中了伦敦市区。尽管如此，它们还是杀死了 2500 多名平民，伤及数千人。平均而言，每一次向伦敦成功发射一枚 V－2，就会导致约五人丧生。然而与面对 V－1 不同的是，伦敦人很快就接受了无法防御超音速 V－2 导弹随机落下的现实。美国剧作家 S. N. 贝尔曼（S. N. Behrman）在 1945 年 1 月谈及 V－2 对伦敦的影响时说："当天我来得很晚，与我会面的英国政府官员不经意地说，第一批 V－2 导弹早就砸下来了，留下了很深的大坑，但破坏力远没有预想的那么严重。他接着说，因为无法预警，所以 V－2 来袭时，没人可以告诉你在外面散步时应该怎么做。你只能闲逛，空想，直到被打中。"[20]

比较 V 型火箭与传统轰炸机的功效具有一定的启发性。战争后期，盟军仅发动了四到五次大规模空袭（每次出动 500 架飞机，每架运载 4000 磅炸弹），其爆炸当量就相当于所有 V－2 发射弹药的总和。然而，两种 V 型武器代表了进化的方向，活塞式和螺旋桨式轰炸机则没有更多发展空间了。V－1 及 V－2 导弹分别是 20 世纪晚期出现的巡航导弹和冷战时期洲际弹道导弹的前身。1944 年末，盟国对取得胜利充满了信心，因此即使这两个项目研发预算庞大，导弹缺乏精准目标定位能力，有效载荷相对较轻，但为了对敌人产生心理影响，德国还是有理由支持使用 V－1 火箭（但不是更昂贵的 V－2）。"复仇武器"是德国在缺少训练有素的飞行员，连作训燃料都匮乏的情形下入

121

役的。这也是既能向敌军目标投送炸弹，又能将盟国空军注意力从空袭德国城市转移开来的唯一可行的办法。

V 型导弹固然很可怕，但假如希特勒能够在早些时候就给远程战略轰炸机项目提供同样多的支持，那么将有更大的机会让英国陷入浩劫。此外，美国战略轰炸调查团估计，投入 V 型导弹项目里的庞大资源原本可以多生产 2.4 万架战斗机。来自德国的观点认为这些计划的成本还要高一些，并估算如果将全部投资和生产成本——例如生产 5000 枚 V-2 火箭，每枚需要投入 2 万个工时——用于飞机制造，可为德国空军提供超过 2.5 万架顶级的 Fw-190 战斗机。这个数量比已经生产出来的 2 万架 Fw-190 还要多。倘若这些飞机再配备优秀的飞行员和充足燃料，则很可能改写德国上空的空战历史。

德军最高统帅部最初没有被告知 V 型武器计划的具体内容。但是，即使后来听取了有关 V-1 和 V-2 项目的简要汇报，统帅部也没有多大兴趣。这是完全可以理解的，因为统帅部的结论是"每天可以投送的炸药量少于在大型空袭行动中的投放量"。另一个选择是，如果希特勒取消 V-2 项目，将资源全部用于 V-1，他就有可能得到超过十万枚这样的巡航导弹，更有可能成功地在英国民众中煽动起恐怖情绪。就像其他一系列宏大项目一样，德国错误地在 V-2 计划中投资不菲。这对德军来说就是一场巨大的灾难，其危害即使在今天也没有得到充分认识。[21]

日本采取了一种更令人毛骨悚然（尽管财政上更明智）的方法来对抗盟军的空中优势：用人的生命代替惊人的研发和物质成本。自杀式飞行员又称为"神风特攻队队员"，得名于 1281 年一场有如神助的风暴，这场"神风"致使一部分企图进攻日本的蒙古舰队沉没。日本第一次大规模出动"神风特攻队"可能是在 1944 年 10 月的莱特湾海战中,就在德国首次向英国发射 V 型导弹之后数月。如同德国的火箭袭击一样,日本之所以采取自杀式攻击,还是因为此时轴心国无法穿透盟军的防空系统,向敌人目标投放炸弹。对日本而言,只能通过这种方式打击不断扩大的美国太平洋舰队。[22]

有关袭击架次、损失、取得的战果等信息尚无法确认,因为最初起飞的"神风特攻队队员"中只有 14%—18% 到达并击中了预定目标。此外,还有一些自杀式任务与常规轰炸混编执行,因此通常很难将所有破坏都划为敢死队的战绩,甚至很难确切知道军方正式指定执行自杀任务的飞机数量,也很难将以特定方式撞向目标、损伤严重的传统轰炸机和战斗机空袭算作"神风特攻"。日本海军(占 65% 的架次)和陆军航空兵的飞机都参加了自杀式袭击。[23]

德国 V 型导弹和"神风特攻"之间有三重区别,对研究二战战略智慧的本质颇有启发意义。第一,与恐怖的 V 型导弹相比,日本攻击者具有战术和战略上的精准性,对美国海军舰队造成了相当程度的破坏。每次"神风特攻"行动中,平均有 10% 的飞机因机械故障被迫返航;另有 50% 在接近目标前就被击落或坠毁。许多飞机要么完全错失目标,要么袭击后几乎没有造成什么损害。尽管如此,在"神风特攻"的十个月里,日本自杀式飞行员撞击了 474 艘盟军军舰,以损失 3860 名飞行员和机组成员的代价,换取了大约 7000 名澳大利亚、英国和美国水兵的性命。1944 年 10 月以后,美国海军全部损失的约 50% 归功于"神风敢死队"。他们击沉舰船、杀死水兵的成功率大约是传统日本海军轰炸机的十倍。[24]

第二，每架"神风"自杀式飞机的材料消耗与 V 型导弹相比简直是微不足道。即使在 1944 年底，日本仍然拥有数千架过时的战斗机。它们可能不是美国"地狱猫"和"海盗"（Corsair）战斗机的对手，但可以被改造成非常好的"神风巡航导弹"。在这层意义上，自杀式飞机有效利用了现有的军事资源，在飞行员技能、训练和燃料等方面的投入远远少于以常规方式使用的军机。

第三，"神风"飞行员大多驾驶三菱 A6M 零式战斗机；由于是单程任务，从本土基地起飞，其航程超过 1000 英里，是 V 型导弹射程的五倍多。只有当日本诸岛屿上的机场均被摧毁，"神风特攻队"得不到燃料、飞机和零部件补充后，自杀式袭击的威胁才终于解除。直到这时，日本政府才最终认清了现实，宣布投降。

"神风特攻队"在美国进攻冲绳期间的战绩最为辉煌。由于美国军舰高度集中，又相对接近日本本土机场，因此"神风特攻队"击沉了 17 艘美国军舰，杀死近 5000 名水兵，然而这丝毫没能改变战役进程。与 V-1 相比，"神风"飞机在空速和有效载荷上有所不足，不过可通过更远航程和极高的攻击精度得到弥补。事实证明，人类大脑比 V-1 或 V-2 火箭的原始制导系统更善于找到战略目标。从狭义的战略意义上分析，"神风特攻队"就像 V 型导弹一样，拥有巨大的进化空间，几十年后将会以匪夷所思的形式再现。最显著的例子就是 2001 年来自中东地区的自杀式劫机者制造的"9·11"事件。这是自 1812 年战争期间英国军队火烧白宫①以来，外国敌人在美国本土造

---

① 1812 年战争又称美国第二次独立战争。1814 年英军占领华盛顿，并将白宫烧毁。

成的最惨重损失。[25]

自杀式零式战斗机虽然通常由经验不足的飞行员操控，但配备有 500 磅炸弹，满载易燃的航空油料，以每小时 300 英里的速度冲向目标，足以成为一种骇人的武器。如果"神风特攻队"早在中途岛战役中上场，只用对付三艘美国航母和由过时的 F4F"野猫"战斗机组成的脆弱防护网，那么日本帝国海军可能会迫使美国的太平洋战略发生根本性变化，从而延长战争时间。

最后，"神风特攻队"的存在本身就是一个悖论。自杀式攻击是有效的，但又反映出日本士气低落和绝望，表明在"神风特攻"出现之前，战争就已经不可挽回地走向失败了。[26]

德国和日本都采用了非常激进的战争计划，创纪录地将大笔军事预算投入空军建设。直到战争结束，希特勒还在拼命寻求诸如 V－1、V－2 导弹和喷气式战斗轰炸机这样的神奇武器，而日本人则求助于"神风特攻队"。这是最后的绝望。德国和日本都承认，敌军装备的战斗机和轰炸机更加先进，数量也更多，自己已经不可能与美英苏的传统空军相抗衡。

轴心国空军落入下风是多种原因造成的，其中一些同样可以解释为何舰船、装甲车辆、火炮和步兵部队的早期优势会最终丧失。只要计算一下产量就一目了然。德国和日本认为空战本应遵循 1939 年和 1940 年，在诸多边境区域冲突中取得过成功的作战模式。考虑到早期所赢得的辉煌胜利，以及身边的敌人都不堪一击，轴心国判断大规模生产新型战斗机和轰炸机，同时训练新飞行员的需求就显得不那么迫切，也不必慌慌张张地去调查研究美国、英国或苏联正在生产的飞机质量和数量。轴心国不仅对英美在航空工业和制造业领域的禀赋一无所知，也忽视了苏联工业生产的潜力，导致其过度自信。

以优秀的梅塞施密特 Bf – 109 战斗机为例（共生产了 33000 架），该机型在战争期间只有部分被 Fw – 190（共生产 20000 架）取代。德国在战争大部分时间里都依赖这两种主力战机。相比之下，早期精巧的美国战斗机，如 P – 40 "战鹰"（Warhawk）就在仅仅四年而非六年内一直保持更新升级，甚至被数量更多、更高级的全新研发的战斗机替换。可靠的双引擎 P – 38 "闪电"（洛克希德公司生产，共 10000 架）是 1943 年美军现役中首屈一指的战斗机。此后 P – 47 "雷电" 战斗机（共和飞机公司制造，共 15500 架）进一步增强了空军战斗力。同样，出色的地面支援战斗机 "雷电" 又得到性能更好的 P – 51 "野马" 战斗机（北美航空公司制造，共 15000 架）的支援。该型飞机经过改装，配备了英国劳斯莱斯梅林引擎，一举成为战争中最卓越的全能机型。在第二次世界大战的空战历史中，"野马" 产生的影响比任何一款其他型号的战斗机更大。它们遮天蔽日，出现在德国上空，改变了战略轰炸的整个局面。有一种观点认为，纳粹德国和日本帝国也许能联合起来生产一种集合双方优势的超级战斗机，就像英美合作生产 P – 51 那样。不过这是天方夜谭。

与此同时，在太平洋战区，早期的海军航空兵和舰载战斗机，如 F4F "野猫"（格鲁曼公司制造，共 7800 架）就被航母搭载的 F6F "地狱猫"（格鲁曼公司制造，共 12000 架）和陆基 F4U "海盗"（沃特公司制造，共 12500 架）取而代之。"海盗" 作为一款美制航母舰载战斗机，效果不尽如人意，然而正如英国人把 "谢尔曼"（Sherman）坦克升级成致命的 "萤火虫"（Firefly），把 "野马" 改装为战争中顶级的护航战斗机那样，"海盗"也摇身一变，成为一款一流的航母舰载机。无论是德国还是日本，都没有打算生产比老旧战斗机数量更多的全新型号产品，更没有制订任何正式计划。战后，凯特尔元帅承认，第三帝国不仅在战斗机产量上落后，而且在质量上也不及盟军："就战斗机和轰炸机而言，我认为我们无法与英美竞争。技术上，我们落伍了，没有保持优势。我们的战斗机作战半径不足……我不能说德国空军退步了，只是觉得，我们的作战方式在技术层面并没有保持领先。"[27]

125

资源和地理因素发挥了关键作用。德国从1942年底，日本工厂在1944年末和1945年，都分别遭到系统性轰炸。尽管盟军轰炸行动存在诸多问题，但没有人否认，重型轰炸机在最后几个月里对轴心国的飞机生产、交通运输和燃料供应造成了严重破坏。燃料供应能力是轴心国和盟国空军之间最大的区别。一旦英美在1944年成功地将轰炸重心放在德国的运输系统、燃油精炼厂、煤炭转化厂，一旦日本油轮在美国海军的攻击下不能再从荷属东印度群岛运送石油抵达日本，那么随着轴心国在战前储备的石油耗尽，飞行员训练时间——这是保持空军战斗力的关键因素——也就不得不骤然减少。德国和日本很快就只能派出菜鸟飞行员，让他们驾驶维护不善的飞机对抗精锐的英美敌手。

由于苏联军事工业大多转移到了乌拉尔山脉以东，德国空军到1941年停止了对英国实施大规模常规轰炸，以及美国本土远离战火，所以盟国飞机生产得以不受干扰破坏。至1944年，德国和日本每年奇迹般地制造出近七万架飞机机架，不过这无损大局，因为盟国生产的机架数量是这个数字的两倍多，而且质量通常更好。德国和日本增加的飞机及飞行员数也许足以维持对欧洲沦陷区和环太平洋地区的控制，但英美苏的工业机器马力全开后，德日便无法应对这场世界大战了。[28]

虽然飞机质量的重要性不言而喻，但更关键的是能够升空的优质战机数量。太平洋战争之初，日本零式战斗机，以及欧战末期的 Me - 262 "飞燕" 喷气式飞机均为世界上最好的机型。但前者的设计停滞不前，到 1943 年就过时了。后者既不可靠又很稀缺。事实上，F6F "地狱猫" 和 F4U "海盗" 的性能大幅领先，产量是零式战斗机的两倍，研发时间则只有一半。这就在很大程度上解释了为什么美国能在太平洋战区早早获得了制空权。[29]

126　　　德国的 Me - 262 喷气式战斗机相当于空中的虎式坦克，性能一流，但极其复杂又过于昂贵，从未大规模生产（仅制造了1400 架），相应的燃料和维护人员也很匮乏。适合该机型起降的跑道较长，这又很容易被执行巡航侦察任务的英美战斗轰炸机识别。Me - 262 的新型喷气发动机使用寿命短，维修保养又烦琐又费钱。德军飞行员花了数个月的宝贵时间来调整正确使用喷气式飞机的方法。他们违背了希特勒的初衷，不是把 Me - 262 用作多用途轰炸机、地面支援攻击机或格斗机型，而是用以集中精力地消灭盟军的重型轰炸机。二战期间的早期喷气式飞机和最新型号的高性能活塞式战斗机之间的关系类似于 15 世纪的火器和弓箭：使用火药的武器预示着军事革命，而弓箭则处于进化的死胡同。然而，从成本效益分析，就易用性和可维护性而言，弓箭在一段时间内依然比早期笨重的火绳枪更适合广泛使用。

优异的德国战斗机，如 Bf - 109 和 Fw - 190 也在升级，并大批量制造（约 55000 架），可是其总数仍然少于战斗性能不分伯仲的"喷火"（超级马林公司）、Yak - 9（雅克夫列夫设计局）、P - 51"野马"（北美航空公司）、P - 47"雷电"（共和飞机公司）等战机产量。[30]

事实上，自我感觉良好的德国空军，无论是在战争前夕还是在战争期间，都是德国军队中准备最不充分的军种。随着战争持续，可分配的资源也在减少，德国空军的战斗力逐渐下降。空军各级领导人，从恩斯特·乌德特到戈林都不称职，思路也经常跳跃，不时有一些奇葩想法。（过度肥胖的戈林是个贪恋奢侈享乐的瘾君子。据说因为钢铁短缺，他曾对阿尔贝特·施佩尔提出建造混凝土火车头的想法。）德国空军指挥官耗费了太多时间，执着于将大型双引擎轰炸机用作战术俯冲轰炸机。德国空军的战略轰炸与其说是一个独立的战略任务，不如说只是向地面支援行动提供战术辅助。德军于 1941 年 6 月入侵苏联，由于存在近 400 万地面部队缺口，空军必须行动起来，弥补差额。假如入侵者能完全实现摩托化，统一装备大量新式坦克，德国空军就可能从战术任务中解脱出来，深入陆军前方，攻击敌人的工业设施和运输系统，或者集中袭击机场。当时苏联的防空水平很低，根本无法与刚刚同德军鏖战厮杀后的英国防空体系相比。[31]

一些设计失败的机型，如双引擎重型战斗机 Me - 210（速度快，不可靠，事故频发，仅完成 90 架），或性能稍好的后继机型 Me - 410（制造了约 1200 架）被匆匆投入生产，以取代日益落后的重型战斗机（如 Me - 110）。可是这些新飞机的战绩远远不如单引擎、高性能的新型"喷火"和"野马"。尽管德国空军有着天马行空的设计思想，有各种试验机型，以及对"巨大至上"的执着，但它们仍旧没有制造一种能与美国 C - 47

"空中火车"（道格拉斯公司研制，英国空军命名为"达科他"）相媲美的大型运输机。C－47 性能可靠，产量巨大（制造了超过 10000 架），坚固耐用。原本堪用的德国容克 Ju－52 运输机速度较慢，有效载荷低，建造的数量还不及前者的一半。盟军充分利用了航空领域的大量突破性技术，如辅助导航设备、可抛弃式副油箱、自闭式油箱、箔条、空对地雷达等，取得了最显著也最实际的效果。[32]

到 1943 年，盟军开始更为积极地关注训练和保护飞行员。空军让经验最丰富的飞行员教导新学员，而不是让他们一直在前线服役，直至不可避免地战死，从而白白浪费了积累的专业知识。盟国建立了规模更大的空军学院，制订更完善的训练方案。这都意味着到了 1943 年底，更多美国、英国甚至苏联飞行员拥有比轴心国的空中对手更长的飞行时间。到战争结束时，美国战斗机飞行员战斗之前的单飞时长是敌人的三倍。这也许可以解释为什么在空战格斗中，他们能以 3∶1 的比例击落更多德国战斗机。

飞行员在摇晃颠簸的航空母舰甲板上起飞降落需要长时间训练。1942 年，日本第一代顶尖的航母飞行员在珊瑚海海战、中途岛海战和瓜达尔卡纳尔岛附近发生的一系列航母遭遇战中损失惨重，日本海军自此就从未恢复元气。虽然击沉美军航空母舰是日本长远战略的关键所在，但日本没有持续投入资源以扩大新飞行员队伍，因而数量不断减少的"海鹰"——训练有素的精英舰载机飞行员，以及数百名隶属海军的陆基战斗机驾驶员得不到补充。[33]

从道德角度来看，军队中某些特定兵种的伤亡率高低与其他兵种本应被一视同仁。不过从战略层面考量，精英飞行员死亡所造成的训练和物资保障方面的成本损失远远高于步兵。例如，日本在珊瑚海和中途岛失去娴熟的海军飞行员所遭受的恶果，就有点类似于基督教联盟对阵奥斯曼帝国的勒班陀海战（1571 年）中，奥斯曼精锐弓箭手大批伤亡。尽管奥斯曼苏丹的桨帆船舰队在希腊北部的西海岸附近全军覆没，但他完全能够将其恢复如初，而训练补充数千名熟练的射手则要困难得多。这也能解释在接下来的数年内，为何奥斯曼帝国针对地中海中部和西部的进攻行动有所减少。日本人直到 1942 年底才开始认真对待这个教训，对他们而言实在是悲哀。[34]

128

美国人有一项专长，就是在新占领的土地上建造新的飞机跑道。他们在马里亚纳群岛、硫磺岛、冲绳岛，或者在法国解放区、意大利（包括西西里岛）建设了庞大的基地，轴心国对此望尘莫及。当年德国发动不列颠之战时，很多军机都是从位于法国的临时基地起飞。这些基地缺乏混凝土跑道，给飞机起降带来了不必要的危险。日本资深飞行员和飞机工程师因美日两国建设空军基地的能力过于悬殊而哀叹道："很明显，美国工程师能够在任何地方、任何时候建立空军基地，日本却受限于原始的施工方法、材料短缺、工程建设技能不足。这种有利于美国的差距必然会在很大程度上影响战争的最终结局。"[35]

从珍珠港到中途岛，日本只有依靠航母舰载机才能攻击美国的资产。这是步兵、战列舰、巡洋舰都无法做到的。反之，后来美国采用跳岛战术成功包围日本，其先头部队也正是一支庞大的海军航空兵。同样，一旦盟军在诺曼底登陆前几个月里夺取了制空权，数量庞大且更为先进的战斗机就能帮助美军地面部队在不到十个月的时间内抵达德国。若仅凭美军装甲车、步兵的数量和质量，要实现上述目标绝无可能。

对盟军来说，1944 年底的最佳投资莫过于让一名 21 岁的年轻飞行员接受九个月的训练，学习如何驾驶产量巨大、相对便宜的优秀战斗机或战斗轰炸机，如超级马林公司的"喷火"、霍克公司的"台风"、Yak‒9、拉沃契金设计局的 La‒7、P‒47"雷电"、P‒51"野马"。最后一种战斗机重量轻，全铝制，成本低，最高升至 4 万英尺，若携带可抛弃式副油箱，往返航程即可达到 2000 英里，在 2.5 万英尺高空飞行的最高时速为 437 英里。这些战斗机四处巡航，压制住德国精锐的装甲部队和经验更丰富的步兵，帮助重型轰炸机得以最终摧毁德国。德国资深装甲部队指挥官 F. M. 冯·梅伦廷（F. W. von Mellenthin）少将于 1944 年来到西线，绝望地发现坦克不能采用像东线那样的模式在法国作战："很明显，美国空军使我们的装甲部队处于无可救药的劣势之中，常规装甲作战原则在这个战区并不适用。"同时，在广阔的太平洋地区，"海盗"和"地狱猫"战斗机用了大约一年时间，有条不紊地削弱着日本帝国海、陆军的战术空中力量，使之减少至无关紧要的程度，从而使太平洋大部分地区成为英美两国的地盘。[36]

围绕第二次世界大战中各国的所作所为，存在诸多不同意见。战略轰炸或许是其中最具争议性的问题。然而，各交战国在利用高空轰炸机方面却令人惊讶地取得了一致意见。虽然各方在战争早期就部署了这种武器，但起初并不如在战术和地面支援行动中使用战斗机和战斗轰炸机那样，能够以较高的成本效益，取得立竿见影的战果。无论是物质上还是心理上，战略轰炸都未能打垮英国；当德国入侵苏联取得初期成功时，当苏联在东欧战场打败第三帝国的地面部队时，战略轰炸也没有起到多大作用。日本从来没能用轰炸迫使中国屈服。英美空军对欧洲实施战略轰炸，的确削弱并最终摧毁了德国，但行动主要集中在战争的最后几个月，还经常因判断错误、不顾实战经验、拘泥于教条而遭受巨大损失。

美国战略轰炸调查团公布的结论是，美国对第三帝国的轰炸是成功的，但代价高昂：四万名机组人员死亡，6000 架飞机坠毁，耗费 430 亿美元。调查还显示，轰炸在某些领域（如石油、卡车生产、运输系统）相当成功，而在其他行业（如滚珠轴承、航空生产）则不那么顺利。这反而使争论变得更加激烈，也更为微妙，引发的问题远比提供的答案多得多。对战略轰炸作用的评估有时也矛盾重重：地面上的受害者常常声称，是轰炸帮助盟军赢得战争；而天空中的胜利者则刻意淡化自己的成就。如果要通过分析德国的月度工业产出来评估盟军空军的贡献，就必须考虑在没有战略轰炸破坏的情况下德国的生产能力，否则就不可能得出准确的结论。换言之，阿尔贝特·施佩尔采用无耻手段强制征召劳工，分散工厂，种种努力最终都将是徒劳的，因为轰炸对德国经济造成了巨大破坏，无论如何都将导致其在 1945 年中期之后最终崩溃。[37]

1939 年至 1944 年初，盟军发动了一系列灾难性的空袭行动，主要有英国从 1943 年 11 月至 1944 年 3 月，对柏林的失败攻击（2500 架轰炸机受损或坠落）；1943 年 8 月，美国对罗马尼亚普洛耶什蒂油田的突袭（100 架 B - 24 轰炸机受损或坠落）；还有 1943 年 8 月和 10 月，美国两次试图摧毁德国施韦因富特的滚珠轴承工厂（近 350 架 B - 17 受损或坠落）。从悲剧意义来看，这些失败可能为盟军提供了一些经验教训，有助于其改进轰炸行动，并最终帮助空军在 1944 年底至 1945 年间，将德国诸多城市夷为废墟。尽管盟国在北非和意大利（西西里岛）发动了一些攻势，但如果不能在德国占领下的欧洲北部开辟一条新战线，那么它们就不能理直气壮地说服苏联和自己的民众，它们也在同样打击第三帝国。

从地缘战略的角度来分析，轰炸行动有助于维持盟国团结，尤其是无法履行承诺的时候，因为若答应斯大林匆忙跨越海峡，登陆欧洲大陆，必将是一场灾难。不仅如此，红军在 1943 年底至 1944 年向西推进之时，战斗力突然大增。究其原因往往与德军将数以千计的火炮和战斗机调离东线，去抵御英美轰炸机对第三帝国的攻击有关。纳粹将新生产出来的军火物资和人力资源重新分配到防空领域，而没有加强地面部队以对抗红军。这也是红军能恢复元气的根本因素。

德国工业缺乏燃料和铁路设施，最先进的新型装甲车从制造厂开始生产，直到运抵前线，随时都是盟军空袭的目标，因此即便西线盟国远征军规模相当小，也无甚经验，却能在不到一年的时间里攻入德国的核心地带。此外，对战斗机等飞机和保障人员的支出，加上累积起来的巨大破坏，迫使敌人必须负担天文数字般的防空和民防费用，即使在没有遭受进一步攻击的地区也是如此。例如，到 1943 年，英国对其民防部队投入了相当于近 20 亿美元的经费，主要是因为害怕德国又发动一次"不列颠之战"；而德国在防御轰炸方面的投入甚至更多。

区域轰炸不仅迫使德国将工厂分散，破坏了轴心国城市中的交通枢纽，而且削弱了维持战争所需的社会凝聚力。如果没有轰炸，很难想象盟国在地面部队突入日本和德国本土之前，就能打击轴心国的战争经济。至 1944 年，每天都还有成千上万的无辜平民在东欧、苏联、中国、东南亚和太平洋地区忍饥

挨饿，饱受折磨，在德国和日本占领军的毒气和子弹下殒命。　131
如果没有区域轰炸，也就是说如果英国效仿美国在白昼实施
"精确"轰炸行动，如果美国在 1945 年同样继续将 B - 29 作为
高空轰炸机，对日本执行传统的精确轰炸任务，那么战争很可
能会延长到 1946 年。倘若真是如此，更多战斗伤亡和平民罹难
的数字可能会接近死于盟军区域轰炸中的德日平民的数量。

　　现在仍没有明确的答案破解这些战略目标和人道主义之间
的两难困境。不过战略轰炸对加速德国毁灭和日本投降依然起
到了不可忽视的作用。简而言之，能够派遣大量重型轰炸机
（并拥有燃料）的一方获胜，没有这种能力的另一方战败；更
直白些，不能建造四引擎轰炸机的一方因牺牲了战略投送所覆
盖的范围，从而输掉了战争。尽管有诸多限制性条件，但美国
战略轰炸调查团还是谨慎得出了取得胜利的最终结论：

　　　　盟军空军克服人力、物力上的困难，通过不懈努力，
　　付出巨大的代价后，才取得了这样的成就。它的成功还取
　　决于机组成员与指挥官的勇气、刚毅和英勇；取决于领导
　　力、才能和基础实力上的优势。这些因素共同作用，使盟
　　国得以安排飞行员和机组人员接受适时、细致的高强度训
　　练；生产出大批高质量的飞机、武器和物资；确保基地和
　　补给线安全；军队发展兼顾速度和创造性；促使强大的各
　　盟国精诚合作。其中任何一项失败都可能严重缩小甚至消
　　除盟国优势。[38]

　　若一方制造的飞机数量是另一方的三倍，并训练出十倍以
上的飞行员，那么从大西洋中部到中国边境上空，盟国空军必

然获得胜利，进而确定无疑地取得地面作战胜利。

　　飞机改变了第二次世界大战的战斗面貌，不过关于海军和海权的古老观念仍然支配着一个国家如何通过海洋向它的海外资产（包括空军基地）输送补给、提供防卫，以及谋求更多利益。地球被大气环绕，为空军提供了无限广阔的空间驰骋；而132海洋覆盖着地球表面的70%。二战期间，即使是航程最远的飞机，也很少能在不着陆加油的情况下飞行超过3000英里。主力军舰一次加满油后，可航行五倍于此的距离。海军即使在远航过程中也能补充燃油——二战时期的飞机不可能做到——因此舰船拥有空军所不具备的独立性和自主性。

　　1939年战争爆发时，英国和美国分别拥有当时世界上第一和第二大舰队。第二次世界大战中，一个关于相对海权的谜团是，轴心国决心要实现某种海上霸权的战略目标，但为何在发动侵略战争前，又都假定能够击败具备优势的敌国海军。在这种背景下，以下三章所探讨的内容看上去充满矛盾：德国和日本都认为通过技术优势——前者体现在先进的U型潜艇，后者拥有世界上最强大的航母舰队——就可以战胜英美两国海军，尤其是敌人的战列舰。然而，轴心国统帅部最终还是将宝贵资源白白浪费，去建造差不多已经过时的巨型战列舰和巡洋舰，而盟国却更具创新精神，部署了世界上最现代化、最强悍的潜艇和航母。

第三部分
海洋
海上、空中和地面的海军力量

因此，海权的历史，从其广义来说，涉及有益于使一个民族依靠海洋或利用海洋强大起来的所有要素，但仍主要是一部军事史。

——阿尔弗雷德·塞耶·马汉（Alfred Thayer Mahan）[1]

第七章　战舰与战略

1945年1月30日，苏联潜艇 S－13 用鱼雷击毁德国运输舰 "威廉·古斯特洛夫"号，创造了人类历史上单舰人员伤亡最惨重的纪录。苏联艇员在致命的鱼雷上写下"为了祖国""斯大林格勒""为了苏联人民"这样的字句。

这艘客轮以一名战前被刺杀的瑞士纳粹分子的名字命名。就在红军抵达波兰西部前几天，"威廉·古斯特洛夫"号作为临时改装的运兵船，装载约10500名德国平民和军事人员，从哥德哈芬（Gotenhafen，现为波兰的格丁尼亚）启程，撤离到德国北部。该船没有装甲防护，只配有轻武器，而且吨位太小，无法容纳大量难民和军队。更不幸的是，它还冒着蒸汽，在冰冷的波罗的海水域里航行。在那个寒冬之夜，前来护航的德国战舰也寥寥无几。至少有三枚来自 S－13 的鱼雷击中了"威廉·古斯特洛夫"号。它很快就倾倒直至底朝天，不到45分钟就沉没了。人们绝望地试图逃离"威廉·古斯特洛夫"号，但还是有9400人死亡，其中包括5000名儿童。[1]

"威廉·古斯特洛夫"号的命运提醒我们注意古代和现代海战之间的差异。数百甚至数千人挤在一艘船上，周围波涛汹涌，几秒钟内就可能死亡。然而，由于舰队官兵分散在众多舰船之中，而且将大量人员送往海上耗资巨大，想在海上杀死成千上万的人比在陆地上困难得多。因此，"威廉·古斯特洛夫"号是海战例外，而非常规。第二次世界大战中，单日死亡最惨重的事件不是船难，而是汉堡、德累斯顿、东京等城市遭受燃烧弹攻击。"东京火攻"造成的平民死亡人数是"威廉·古斯特洛夫"号的十倍之多。1944 年 4 月至 7 月，每天死在奥斯维辛集中营的人数几乎就同"威廉·古斯特洛夫"号的遇难人数相当。到目前为止，主要交战国——德国、英国、日本、意大利、苏联和美国——各军种中，海军死亡人数最少。尽管海上危机四伏，但火才是人类最大的杀手，而水是逃离烈火的避难所。

　　历史上最惨烈的海战发生在桨帆时代的萨拉米斯战役（公元前 480 年）、埃克诺穆斯角海战（公元前 254 年）、勒班陀海战（1571 年）。其死亡人数同陆地战役的阵亡人数大致相当，如普拉蒂亚之战（公元前 479 年）、坎尼会战（公元前 216 年），或奥斯曼帝国发动的第一次维也纳围攻战（1529 年）。雅典人、罗马人、基督教水手分别在这三场海战中取得了胜利，他们摧毁了敌人数以百计的三桨座战船和加来战舰（galley）①，将所有战败者处死，而且无情的大海也会帮助他们杀死那些不会游泳的可怜虫，但海战死亡人数仍不及更为普遍的步兵战斗。即使很久以后，在 19 世纪及 20 世纪最大规模、最具决定性的海战——特拉法尔加战役（1805 年，英国、法国、西班牙总共死亡近 15000 人）、日德兰大海战（1916 年，8500 人死亡）、中途岛海战（1942 年，3300 人死亡）、莱特湾海战（1944 年，15300 人死亡）——中，情况依然没有发生太大变化：阵亡人数少于同时代的陆地战役，如拿破仑战败的莱比锡战役（1813 年，约 92000 人死伤），或德国第 6 集团军及仆从国军队遭受惨

---

　　①　一种单层甲板的大帆船。

败的斯大林格勒战役（至 1943 年 1 月，死亡人数高达 170 万至 200 万）。古代的经验在现代仍然有效：海上最致命的战斗远不及陆地上的厮杀。[2]

当一艘船只爆炸或正在下沉时，可能有数以百计乃至千计的人会在几秒内丧命——1941 年 5 月 24 日，英国皇家海军的"胡德"号（HMS Hood）战列巡洋舰被德国"俾斯麦"号战列舰发射的炮弹击中，随即发生大爆炸，1418 名船员中只有三人幸免于难——但二战中，即使舰队战败，大多数水兵在一般情况下也能幸存。这就是海战的永恒悖论：大海既可以成为一艘船的坟墓，也可以是舰队官兵的避难所。[3]

猛烈的风暴给海军造成的损失往往比敌人还要大。狂风之所以危险，部分原因在于，就算水兵们具有良好的航海技术，指挥官也谨慎小心，但舰队的首要职责还是进行军事冒险。更重要的是，战舰——无论是装有笨拙的接舷装置的罗马战舰，如"乌鸦"战船①，还是美日两国的顶级重型航母和巡洋舰——的设计初衷都是为了破坏其他船只。军舰设计从来不是为了追求稳定，也不是为了能更加安全地把装载的人员物资送到港口。

随着舰体用钢铁打造，动力换成了燃油发动机，以及配备了先进的导航设备，海军不再必须靠近陆地才能开仗，而是时常直面惊涛骇浪，在远离海岸的中大西洋和太平洋奋战。以 1935 年 9 月千岛群岛附近发生的所谓"第 4 舰队事件"为例，日本太平洋舰队遭遇台风袭击，多艘新设计的重型巡洋舰、驱

137

---

① 古罗马人在第一次布匿战争中发明的一种特殊战舰。船头安装有接舷装置，与敌舰即将接触时吊桥放下，罗马士兵便实施跳帮战术，冲上敌舰甲板与敌人近战。

逐舰以及航母严重受损。该事件直接导致日本海军舰艇设计和建造方案推倒重来。[4]

1944 年 12 月，台风"眼镜蛇"袭击了在菲律宾吕宋岛附近执行任务的美国第 3 舰队。尽管有雷达、无线电通信和空中侦察等手段，威廉·哈尔西海军上将指挥的舰队还是一头扎进时速超过 100 英里的台风之中。风暴共造成 793 人死亡，3 艘驱逐舰沉没，30 多艘航空母舰、战列舰、巡洋舰和驱逐舰受损。与标志性的珊瑚海海战或中途岛战役相比，在台风"眼镜蛇"中丧生的美国海军人数更多，受损船只数量也多得多。哈尔西随后接受军事调查法庭的质询，遇到的麻烦比莱特湾战役后的审查还要严重。在莱特湾战役中，哈尔西下令对日本航母部队进行追击，虽然损失不大，但遭到了诸多质疑。[5]

当舰队出海时，本土通常有地面部队严密守卫，因此建设海军、赢得海战的目的不一定是杀死大量敌方战斗人员。相反，舰队的职责是破坏并击沉昂贵的商船和军舰，杀死或淹死有经验的海员，从而让敌人的巨额投入"打水漂"，同时削弱对方从海上调动军队的能力，切断进口资源的通路。失去一艘像"俾斯麦"号这样的战列舰大致相当于损失 700—800 辆虎式 I 型坦克，约占虎式坦克总产量的 60%。[6]

即便如此，就算是再强大的舰队也很难（至少在合理的有限时间内）让敌人在饥寒交迫中屈服。海军同空军一样，一直是陆军的辅助力量。在伯罗奔尼撒战争的最后时刻，斯巴达人和他们日益壮大的联盟最终摧毁了雅典舰队，胜利驶进比雷埃夫斯港（Piraeus）①。然而，即便取得了这样的胜利，想要结束

————·————

① 比雷埃夫斯港为希腊最大港口，距离雅典九千米。

战争，斯巴达人还是需要重装步兵去占领阿提卡（Attic）① 腹地，依赖陆军将雅典围得水泄不通。美国南北战争期间，北方联邦利用封锁策略严重破坏了南方邦联的经济，使其无法进口关键武器，亦不能出口最重要的商品棉花。不过威廉·T. 谢尔曼（William T. Sherman）将军最终还是必须穿越南方，并击败南方邦联军。为了同格兰特将军的大军会合，他又率军前往北弗吉尼亚的波托马克（Potomac），所到之处大肆破坏，将南方化为一片焦土。在两次世界大战中，英国均对德国实施封锁，削弱了德国的抵抗意志，但德意志（第二）帝国和第三帝国并不会投降，除非敌人的步兵打垮了帝国军队。美国摧毁了日本帝国海军的舰队，但此后之所以不必发动两栖登陆行动入侵日本，最大的因素可能还是核武器与燃烧弹。总而言之，一旦舰队压制了敌人海军后，其主要任务除了阻止进口和封锁海岸外，最终还是要为陆地作战提供支持。[7]

只要能控制远离本土的陆地和贸易，即使是自然条件最恶劣的国家也能凭借海船而发家致富。这就是为什么一个海权大国在遥远的海洋上遭遇失败，就会在短短几个小时内引发商业和财政上的猛烈海啸，并最终失去战争动员能力。日本在中途岛战败，损失了四艘舰队航母，意味着太平洋战争开始仅仅七个月后，日本就不再处于战略优势地位，无法阻止美国舰队攻击其生死攸关的海上航线，也就不能安全地将新占领的资源丰富的"大东亚共荣圈"与东京连接起来。沉没的数艘主力战舰本可以保护从荷属东印度群岛至本土工厂的石油运输线，但日本既缺乏资本也没有劳动力来迅速补充这些大型军舰。在1942

138

---

① 现为雅典所在的大区，也是古希腊对这一地区的称呼。

年，海军优势通常代表数百架军机能从航空母舰上起飞，畅通
无阻地在 200—300 英里范围内飞行。当日本海军不再占据这些
优势后，便无法阻止美国海军陆战队，甚至数量更多的陆军部
队通过跳岛战术向日本本土推进，也不能切断其前沿基地之间
的联系。[8]

　　正如使用空军是为了控制天空一样，海上的人类战争总是
为了获得制海权。英国空军和海军在 1942 年之后拥有绝对优
势，导致希特勒气急败坏地说，那些所剩无几的昂贵水面舰艇
毫无价值。他威胁说，仅存的几艘巡洋舰和战列舰闲置无用，都
应该拆成一堆废铁。然而有了制海权，大国便可随心所欲地调遣
部队；没有它，就只能局限于地面行动，而且在很大程度上将主
动权拱手让于对手。一个大陆帝国要取得制海权并非绝无可能，
如斯巴达于公元前 404 年利用波斯提供的资金，完成了这一壮举；
罗马在第一次布匿战争中建立了强大的舰队，不过这种情况实属
罕见。大多数陆上强国——奥斯曼帝国、法国、俄国、奥匈帝
国、德国——总是很难降服海上的敌人。他们的对手拥有丰厚的
资本、悠久的航海传统及技术，足以弥补人力资源的不足。[9]

　　建造了错误类型，或者没有建造足够数量的正确类型的战
舰，都将是异常巨大，有时是致命的投资浪费，这对工业资源
有限的海军强国来说更是如此。海军大佐源田实可能是日本最
重要的海军航空兵专家，他嘲笑海军内部认为战列舰无所不能
的思想，那些鼓吹建造大型战舰的人应该为挥霍巨额军费负责。
他嗤之以鼻地说："这样的军舰就是日本海军的万里长城①。"
源田实还将憧憬战列舰大决战的观点视为"意淫演习"。尽管

---

① 原文为"中国墙"。源田实的原意是，中国修筑了长城，结果根本没能抵
御外敌入侵，此类军舰同样如此。

"俾斯麦"号、"提尔皮茨"号（Tirpitz）、"大和"号、"武藏"号装备了令人生畏的巨炮，但作为战前巨舰大炮时代的浪漫产物，它们在二战中几乎没有取得什么战果；即使是希特勒也把他那些毫无用处的崭新战列舰贬为"最后的盔甲骑士"。它们将被打得落花流水。事实上，从航母或陆地基地起飞的轰炸机可以肆意攻击这些巨大的"油老虎"，更经济的潜艇和驱逐舰也能发射鱼雷将其击沉。

二战中的超级战舰之所以臭名昭著，很大程度上是因为它们创下了有史以来因敌对行动而沉没的最大战舰纪录。日本那两艘姊妹怪兽吞食石油的速度如此之快，以至于"大和饭店"①不得不经常窝在港内不敢动弹。甚至在战前，日本就有人忧虑"战舰没有石油，不能开动"，这个担心很快成真。美国海军最终明智地拒绝了建造所谓 7 万吨级超级无畏舰的战前要求，担心如此庞然大物会过度消耗海军预算。人们对超级战列舰的浪漫情怀从战争伊始就初见端倪。所有主要海军强国都计划建造更巨大的"恐龙"，例如蓝图上的美国"蒙大拿"级战列舰（约 7 万吨，配备 12 门 16 英寸口径大炮）、日本"A–150"级战列舰（7 万吨，配备 5 门 20 英寸口径大炮）、英国"狮"级战列舰（4.3 万吨，装备 9 门 16 英寸口径火炮；建造了一艘），还有德国的巨型"H"级战列舰（H–42，9 万吨，装备 8 门 20 英寸口径火炮）。要么由于惊人的预算，要么战争期间有越来越多的证据表明战列舰已经过时，不足以抵御廉价的海军战斗轰炸机的攻击，因此所有这些计划最终都被取消了。[10]

战争刚刚打响时，一支舰队的规模和质量未必总是能决定

---

① "大和"号战列舰无论是住宿还是餐饮条件都远优于其他舰艇，又没有战斗任务，因此有"大和饭店"的绰号。

海军的成败。更为关键的因素是战时是否具有扩充、改进和维持舰队的能力。16 世纪，奥斯曼帝国在地中海游弋的船只通常比劲敌威尼斯的多，但它缺乏如威尼斯兵工造船厂那样的生产能力和创新思维，无法以更快的速度生产出更优质的替代战舰。斯巴达人的海上联盟最终包括了柯林斯人和叙拉古人。三者拥有的三桨座战船规模与雅典舰队旗鼓相当。不过直到波斯帝国投入资金支持斯巴达之前，雅典海军几十年以来一直能够比敌对联盟建造数量更多、速度更快的战船，配备的船员也更为优秀。[11]

140   1939 年至 1941 年，德国、日本、意大利舰队的整体实力已经跟不上联合起来的英美战区舰队。差距还会扩大。轴心国的造舰能力只相当于盟国的一小部分。它们的海军经验不足，而且没有可靠的石油供应。"俾斯麦"号、"大和"号在 1941 年看来可能比"亚利桑那"号或"宾夕法尼亚"号更加壮观。然而，轴心国却只分别建造了两艘与前者同级的战列舰①，而后者则是整整一代快速现代战列舰的先驱。从 1941 年至 1944 年，美国建造了三个级别（"北卡罗来纳"级、"南达科他"级、"艾奥瓦"级），共十艘新型战列舰（"北卡罗来纳"号、"华盛顿"号、"南达科他"号、"印第安纳"号、"马萨诸塞"号、"亚拉巴马"号、"艾奥瓦"号、"新泽西"号、"密苏里"号、"威斯康星"号）。它们从不缺乏燃油，头顶上还有密不透风的空中掩护；最重要的是，它们在支援两栖登陆作战时扮演着水上炮台的重要角色。战列舰能否生存，取决于哪一方掌控

---

① 即德国的"俾斯麦"号、"提尔皮茨"号，以及日本的"大和"号、"武藏"号。

了海上制空权；1942 年以后，答案一直都是"盟军"。[12]

德国和意大利从未有机会登陆英国，更不用说美国了。日本尽管在战前拥有一支实力超群的舰队，但仍不及英美联合后的海军力量，也从来没能对美国或英国本土产生威胁。第二次世界大战决定着所有参战国的命运，然而在这场生死攸关的战争中，其中一方竟然如此轻易地就甘拜下风，自认永远不可能入侵敌国本土。这在历史上确实相当罕见。[13]

希特勒开始意识到建造战列舰和巡洋舰的成本过于高昂，而经济远不及德国的意大利居然压榨出一支规模远胜于己的舰队，希特勒因此相当欣赏墨索里尼的执着（或愚蠢？）。战争前夕，德国甚至一度希望能够在地中海地区部署军队，幻想可以依靠意大利的水面舰队为其非洲军团维持补给。1941 年 12 月，德军在莫斯科城外举步维艰，希特勒却在珍珠港事件后向美国宣战。他如此做的理由很多，比如天真地以为日本将牵制英美舰队主力，从而让英国和苏联得不到援助；低估了盟国造船产能，或误判了《苏日中立条约》的本质。按照希特勒的观点，太平洋战争最理想的局面莫过于美英军舰调离大西洋和地中海，这样 U 型潜艇就可以最终切断从北美向英国输送援助物资的道路。[14]

希特勒对意大利舰队的幻想很快就被英国海军戳破了。他十分重视从容易抵达且邻近德国的地区获取自然资源，如高加索的石油、西班牙的钨、瑞典的铁矿石、乌克兰的谷物等。这表明希特勒十分清楚，他是在没有强大海军的情况下挑起战争的，因此不能确保从世界其他地方进口这些必需品。德国忽视建设蓝水海军，不仅是因为造船资源有限，也出于一系列其他因素：财政拮据，希特勒倾向于在大陆上打一场短期战争，坚信陆基空军的战略价值更大，德国空军基地毗邻英国和斯堪的纳维亚半岛，德意志（第二）帝国的水面舰队表现不尽如人意且损失惨重，以及造船业因《凡尔赛条约》的限制而起步较晚等。可是，如果德国不能充分开发东欧和苏联的石油资源，如果合成石油工厂产能不足，一旦敌军切断了从海上进口石油的航路，德军就无法获得足够的燃油。[15]

希特勒在绝望之际终于决定退而求其次，试图打造一支可破坏敌方舰队的"反海军"（anti‑navy），但其本身并不能保证有利于维持第三帝国的海上贸易。短小精干的水面舰队、不断壮大的潜艇部队，再加上意大利海军，这支"反海军"就有可能在少数几个关键的战略要地牵制英国舰队，堵住通往英国的海上航道；而且迫于日本的威胁，盟军战舰终将抽离至太平洋。与此同时，希特勒将维持一个从伏尔加河到大西洋的庞大陆权帝国，无须过多依赖进口资源。因此，小规模的（且假想中的）德国反制力量将使握有制海权的大西洋上的盟军军舰无法从中充分获利。[16]

希特勒不会忘记，德国潜艇部队在第一次世界大战中就是采取了这样的战略，虽然终究还是失败了，但足以令英国人恐惧万分。几乎一半的德国潜艇及艇员到 1918 年底被英国反潜部队消灭，尽管如此，U 型潜艇还是击沉了 5708 艘商船，约占全世界商船吨位总数的四分之一。虽然如此丰硕的战果依然没能阻止大不列颠——第一次世界大战结束时，英国商船队的规模甚至比刚开战时还要庞大——但这不影响结论。一战时期的某些德国战略家指出，威廉二世投资 U 型潜艇部队的效果比建设帝国舰队的无畏舰要好得多。[17]

142　　在德国海军内部，互为竞争对手的埃里希·雷德尔元帅与卡尔·邓尼茨元帅都曾梦想扰乱洲际海运航线，同日本整合大战略，入侵英国这样的岛国或像美国这样的遥远国家，但在1941年末，上述这些目标都远远超出德国海军的能力。战争前夕，雷德尔曾警告希特勒，海军重整军备计划（所谓的"Z计划"）至少五年内无法与英国匹敌，十年内也不会取得优势。德国人在战前研究中得出结论：如果英国潜艇防御能力在1939年力压一头，那么即使有U型潜艇，德国海军也将会延续在第一次世界大战中大西洋战场的失败结局。

最终，德国还是决定投入巨资建设多艘先进的大型水面战舰。战争开始时，德国海军已入役十艘现代化战列舰、袖珍战列舰、重型巡洋舰，另外还有七艘在建。可惜德国得到的回报却微乎其微。这就是为什么战争伊始，邓尼茨只能部署可怜的57艘潜艇。德国希望建立一支能与英国海军抗衡的水面舰队，这堪比之前拿破仑的奢侈幻想。拿破仑相信法国能够建造更好、更强大的风帆战列舰，足以压制英国海军的数量优势，抵消敌人在指挥、技能和经验方面的强项。[18]

1939年底，第三帝国财政已经入不敷出，此时更可取的战略方案是永远不要与世界上规模最大的两支舰队开战；次优战略是蛰伏到1944—1945年，抱着微弱的希望，期待英美海军原地踏步，不再扩建，而德国海军将膨胀到现在的四倍。唯一现实的选择是实现邓尼茨在1939年的梦想，组建一支由300艘潜艇构成的庞大舰队，同时取消所有战列舰和巡洋舰发展计划。希特勒拒绝了以上所有三个预案，他也从来没有认真地制订计划，用来打败这两个潜在的海上敌人。[19]

日本的情况又不一样。战争开始时，其海军实力位居世界第三，在太平洋地区的水面舰队则超过了英美。至 1942 年 1 月 1 日，日本在所有类型军舰的数量上都多于美国太平洋舰队。珍珠港事件发生后，日本可当即部署至太平洋的航空母舰数量是美国的两倍（6∶3）。稍后美国才从大西洋、地中海地区调来了"黄蜂"号航母，从本土诺福克海军基地调来了"大黄蜂"号航母。日本海军的轻型航母也有数量优势（4∶0）。其他水面战舰的差距则更大，如战列舰（10∶2）、巡洋舰（38∶16）、驱逐舰（112∶40）；驱逐舰上还配备了可怕的九三式"长矛"氧气鱼雷。

尽管日本航母舰队在全世界首屈一指，但帝国海军依然坚信战列舰才是获得制海权的最终决定性力量。这种反潮流的冲动不仅源于仿效西方国家，痴迷大型水面舰艇，也来自日俄战争（1904—1905 年）期间日本自己的传奇经历。在 1905 年 5 月 27 日至 28 日的对马岛海战中，日军虽然战列舰较少，但巡洋舰较多，总排水量大，加之先进的火炮数量占优，还有领先的测距仪辅助，因此东乡平八郎海军大将彻底歼灭了俄国舰队。这场胜利使人们相信，为了夺取制海权，除了依靠小型驱逐舰发射鱼雷外，还需要更多、更大、更好的舰炮。[20]

日本帝国的潜艇舰队也是太平洋地区规模最大的，不仅组织精良，还装备了优秀的鱼雷。然而，日本最初并没有打算穿过苏伊士运河，在地中海与轴心国会师，更不用说在大西洋作战了。帝国舰队正在太平洋战区同时与三面之敌作战——为正占据在中国东北的日军输送补给并沿中国海岸线巡逻；同驻缅甸、马来西亚的英美军队作战，并威胁印度；阻止美国通过跳岛战术逼近本土。任务已经够多了！

美国人——以及许多日本人——都曾认为，对遥远的珍珠港美军基地发动攻击无异于痴人说梦，因为日本舰队无法克服加油困难而成功实施如此远距离的行动，况且通往夏威夷的漫漫海路上还必须保持无线电静默。袭击珍珠港完全不符合军事常理，就是一场赌博，永远不可能复制。这个空前绝后的行动需要出色的航海技术和组织能力，也少不了运气；美国人也很"配合"：军事战略上浑浑噩噩，军队在冬季缺乏警惕性，压根就不在战备状态。1943 年之前，如果不在和平期间发动偷袭，任何航母舰队都很难对远在天边的敌国领土产生重大影响。此后，美国人也不可能完全仿效日本早先的突袭。以"大黄蜂"号航空母舰为核心的美国海军第 18 特遣舰队原计划在 1942 年 4 月 18 日发动"杜立特空袭"①，但距袭击目标还有 170 英里时就被日军发现，B–25 轰炸机群只能提前 10 小时起飞。²¹

　　日本在珊瑚海和中途岛战役中损失惨重，又在瓜达尔卡纳尔岛海域附近屡次与美军遭遇，双方进行了六次消耗战；即便如此，直到 1942 年底，日军航空母舰、战列舰和巡洋舰在总数上仍占优势。"大黄蜂"号航母于 1942 年 9 月沉没，此后太平洋上只有一艘美国航母——受损的"企业"号，与八艘日本航母，及其五倍数量于己的舰载机对抗。

　　太平洋战争爆发后半年内，日本帝国海军取得了骄人战绩，人人为之欢欣鼓舞。尤其是在珍珠港和新加坡、爪哇海和印度洋，日本海军无可置疑地击败了美国军队。胜利在很大程度上应归功于技术高超的航母飞行员。日本分析人士认为"在战争的前六个月，仅我军舰载飞机就击沉了两艘航空母舰，重创一艘；导致一艘水上飞机母舰倾覆；击沉或重创十艘战列舰；摧毁巡洋舰四艘，重创两艘；击沉十艘驱逐舰……与同盟国在太

144

————————

　　①　即空袭东京。

平洋战区遭受的损失相比，我军着实十分轻微"。尽管没有任何事实可以保证日本最终能赢得战略胜利，但他们仍然有充分的理由认为，日本已经取得了战术上的成功："在战争头六个月里，敌舰和日军战舰的损失统计表明，日本完美实现了'理想作战条件'下的海军理念，即'只有在掌握制空权的条件下才发动决定性海战'。早在太平洋战争爆发前十年，我军一直在潜移默化地教导航空兵，使他们相信，在我方空中压制下，海战必将取得胜利。太平洋战争的最初阶段毫无悬念地证明，这一信念是正确的。"仅仅六个月，日军就占领了马尼拉、拉包尔（Rabaul）、新加坡、马来亚、缅甸及其周边地区，可谓前所未有的战绩。在这么短的时间里，"日本比历史上任何一个国家都占领了更多土地，而且没有损失一艘战舰"。[22]

即使美国的军舰制造速度和飞行员训练效率令日本帝国海军望尘莫及，但直到早期经验极为丰富的日本飞行员和航母舰员损失殆尽后，盟国海军才开始迎头赶上。对美国人来说，他们津津乐道于在珊瑚海海战（1942年5月7日至8日）所取得的战术成功，以及中途岛战役（1942年6月4日至7日）的战略胜利，但他们并未因两场战役就获取了制海权。这一目标直到1943年底才得以实现。这主要得益于美国将主力舰更换一新，打造了一支崭新的舰队，也不再像珍珠港、珊瑚海、中途岛和瓜达尔卡纳尔岛等地发生的战斗那样持续损失战舰了。人们常常忘记，1942年8月初，即中途岛战役两个月后，美军在所罗门群岛的萨沃岛附近遭受了羞辱性的惨败——四艘盟军巡洋舰沉没，日军再一次全身而退。近40年前，日本正是通过战列舰和巡洋舰赢得了对马岛海战的辉煌胜利。萨沃岛海战就是缩小版的对马岛海战，日军与美军的伤亡比例为1∶20，比美军在中途岛取得的胜利优势还要高出 10 倍。[23]

为了赢得海战胜利，日本在战前制定了一个显而易见的战　145
略，即在 1941 年 12 月至 1942 年初，对英美舰队发动一系列突
然袭击，削弱其实力；英美两国必将本能地发起反击，日军应
在随后的传统海战对决中，用战列舰、巡洋舰和航母让敌人彻
底服输。由于日本控制了制海权，盟国只得被迫寻求和谈，而
不是耗费鲜血和财富来重新打造整个太平洋舰队；盟国也没有
必要组建作战师，只是为了把遥远的日本人从新攫取的土地上
赶走。然而，日本人未曾料想，1943 年中期，他们将遭遇三支
劲旅：幸存的英国舰队（到 1944 年将大幅扩充）、战前美国海
军的残余力量（依然庞大），以及新创建的美国太平洋舰队
（其规模超过世界上现有全部海军之总和）。[24]

日本海军没有意识到，美国海军具有不屈不挠的战斗精神，
其将领亦拥有极高的军事能力，尤其是切斯特·尼米兹
（Chester Nimitz）、雷蒙德·斯普鲁恩斯（Raymond Spruance）、
威廉·哈尔西、查尔斯·洛克伍德（Charles Lockwood）这样的
高级指挥官。他们六十岁上下，戎马一生，基本上都是在大海
上度过。美国海军中当然也有很多无能的舰长和将军，不过考
虑到美国太平洋舰队如此庞大且急剧扩张，这倒也不奇怪。好
在高层制定的关键决策始终优于日本海军军令部。

日本海军将领经常幻想通过复杂的行动来迷惑美军，分散
其舰队，这在中途岛战役及之后的莱特湾海战中表现得尤为明
显，反而忽视了应该在太平洋上攻击美国商船这样更普通也更
重要的任务。日本海军将领还有一个致命的习惯，就是在接近
胜利的关键时刻却不敢放手一搏，显然是担心失去数量有限又
不可替代的战舰。这样的战例在日本海军中比比皆是。缺乏经

验的南云忠一中将在偷袭珍珠港的行动中优柔寡断；高木武雄中将在珊瑚海海战中击沉"列克星敦"号航母后，不敢动用"瑞鹤"号航母上的全部舰载机去追击退却中的受伤航母"约克敦"号；在第一次瓜达尔卡纳尔岛海战中，阿部弘毅中将原本占据优势，却突然下令撤退；三川军一中将在萨沃岛取得了那场著名的夜战胜利，却没有乘胜追击，一举歼灭瓜达尔卡纳尔岛附近的美军补给船；栗田健男中将在莱特湾海战中，突然莫名其妙地撤离萨马岛（Samar Island）。我们通常不会把胆怯与侵略成性的日本帝国海军联系在一起，但在某种程度上，缩手缩脚恰恰是日本海军的顽疾，美国则不是这样。[25]

146　　　经过短短三年战争，到 1945 年 1 月，太平洋地区的美国海军不仅在所有舰种质量上强于日本，数量上也有着压倒性优势：可部署的舰队航母（14∶2），在役轻型和护航航母（66∶2），现役战列舰（23∶5），巡洋舰（45∶16）；最重要的是，驱逐舰达到惊人的 296 艘，而日本仅存 40 艘。然而，如此悬殊的对比数字只是美国海军实力的一部分反映罢了。1943 年中期，美国海军战斗机（"地狱猫"）、俯冲轰炸机（"无畏"和"地狱俯冲者"）和鱼雷轰炸机（"复仇者"）比日本同类机型更优异，数量更多，还拥有驾驶技术越来越娴熟的飞行员。事实上，日本帝国海军作战理念的最大缺陷就是忽视了航母飞行学员的训练，每年培养的舰载机飞行员连一千人都不到，只有区区数百人。而且即使日本海军在前六个月的战斗中所向披靡，此后新晋飞行员的增长数量也跟不上其损失速度。日本的战略野心只能依靠经验欠缺的航母飞行员来实现。这一点在战争初期的珊瑚海战役中就初露端倪，当时日军轰炸精确度很低。[26]

　　　战前的日本海军战略建立在一系列不太可能实现的假设之

上，而且很快就同痴心妄想无异。尽管美国承诺在大西洋和地中海战区为商船护航，还要准备两栖登陆作战，但美国海军并未因此在太平洋放慢前进步伐。此前美国实行孤立主义政策是美国人选择的结果，而不是自身缺乏发动战争或重整军备的潜能。没有证据表明，战前日本的水面舰艇和航母就一定优于美国航船的设计。就算是日本引以为傲的航母俯冲轰炸机"瓦尔"① 和零式战斗机，也未必强于美国战前生产的"无畏"和"野猫"；况且这两款日军飞机也不像美国同类机型那样，能够得到迅速改进和更新。大型舰队航母，如"列克星敦"号和"萨拉托加"号于 20 世纪 20 年代中期入役，与日本同级别的"加贺"号（Kaga）和"赤城"号（Akagi）不相上下，甚至更优。在 20 世纪 30 年代大部分时间里，它们都位列世界上吨位最大、火力最致命的军舰之中。

　　与进攻菲律宾或马来亚不同，日本没有制订切实可行的计划攻占夏威夷，可能是因为认为珍珠港距离美国本土太近，而且很难为这样一个远离日本的前哨站提供燃料和补给。即使太平洋战争完美开局，日本也没有系统性方案以占领其他具有战略价值的盟国领土，如中途岛、澳大利亚和新几内亚南部。英国以及后来参战的美国在大西洋上建立了一套有效的护航体系；而日本却不知道如何保护油轮和货轮，因此其商船极易受到潜艇、水雷、水面舰艇和轰炸机的攻击。[27]

　　表面看来，日本海军在发动战争时拥有诸多技术优势和物资准备，包括经验丰富的海军航空兵、高效的夜战火力、卓越的驱逐舰，对太平洋也很了解。他们建造了一流的潜艇，拥有

① 即九九式舰上爆击机，简称"九九舰爆"，盟军称作"Val"。

世界上最致命的鱼雷。虽然九三式"长矛"氧气驱动鱼雷易燃易爆，使用危险，但所有性能指标都名列前茅。它的时速比美国鱼雷快大约 15 英里，射程是美国的三倍，战斗部炸药量比美国的多出 300 磅。不幸的是，日本帝国海军缺乏战略眼光，很少命令潜艇攻击脆弱的英美舰船，而是更多时候将其用作水面舰队的辅助作战单位。正如希特勒无法巩固在欧洲大陆占领区的优势，开发那里的自然资源、制造合成产品一样，日本人也曾一厢情愿地认为，凭借战无不胜的海军（其实只能欺凌比其弱小的对手），他们就能确保"大东亚共荣圈"的安全，并大肆掠夺这些刚刚占领的遥远地域。日本根本没有能与其宏伟的战略目标相配套的足够的海军力量。这也正是轴心国制定战略的特点。[28]

贝尼托·墨索里尼统治下的意大利居然也有一个清晰连贯的海军战略，即确保意大利皇家海军可以在地中海为所欲为。地中海在意大利人眼中就是"我们的海"（Mare Nostrum），连接着这个"新罗马帝国"从南欧到爱琴海和北非的领土。墨索里尼推测，德国潜艇会让英美海军在北大西洋上忙得不可开交，这样就无暇顾及地中海，留在那里的少数舰队必然孱弱不堪。1934—1935 年，墨索里尼运用欺诈手段，哄骗强大得多的英法海军允许意大利军队通过苏伊士运河，在非洲东部发动了一场殖民战争。这次成功刺激意大利法西斯产生更多妄想，认为意军的高昂士气和进取精神足以弥补海军数量和物资力量处于劣势的缺点。1935 年，世界上最强大的海军没有阻止墨索里尼在东非扩张。如果说这是因为英国害怕规模小得多的意大利战列舰，那么就太肤浅了。人们忘记了，1940 年以前，英国舰队其实可以轻而易举地将整个意大利远征军消灭。[29]

意大利从来没有建造过航空母舰，而试图依赖位于意大利南部、西西里岛、北非的空军基地为地中海舰队提供掩护。尽管如此，意大利海军在纸面上的实力依然不容小觑。它拥有 6 艘战列舰，为首的是巨型旗舰"利托里奥"号（Littorio）和"维托里奥·维内托"号（Vittorio Veneto），每艘重达 4 万多吨，装备有 9 门 15 英寸口径火炮。拱卫旗舰的是 19 艘重型和轻型巡洋舰、59 艘驱逐舰和 119 艘潜艇。意大利海军不用顾及大西洋和太平洋战事，于是在 1940 年之后便成为地中海地区最强大的海上武装力量。除了欠缺航母外，意大利海军的几乎每一类型军舰都在数量上胜过由安德鲁·坎宁安（Andrew Cunningham）上将指挥的英国地中海舰队。轴心国当时在西西里岛建立了大型空军基地，1941 年 4 月占领克里特岛后，这些基地更能为意大利海军提供强大的空中支援。[30]

不过意大利皇家海军的主力舰均没有配备现代雷达，舰队也没有夜战能力。与英国海军良好的后勤保障设施相比，它既缺乏石油储备，也没有足够的物资支持。意大利没有制订切实可行的计划，以对驻扎在苏伊士、马耳他、直布罗陀的英国地中海舰队主力发动全面攻击，更未能切断通往英国的中东石油航线。[31]

意大利于 1940 年 6 月 10 日参战。其胜利之道取决于三个方面的进展，其中两个在很大程度上不受意大利的掌控。第一，德国即将击败法国，这意味着原本实力不俗的法国海军在地中海的强势地位将会终结；不久，英国又摧毁了维希法国位于法属阿尔及利亚的凯比尔港（Mers-el-Kébir）和达喀尔港（Dakar）的主力军舰，进一步巩固了意大利的优势。因此在大约五个月的时间里，意大利海军坐享其成，在地中海一家独大，霸占着制海权。[32]

第二，墨索里尼暗自祈祷，德国在1940—1941年将继续把战略重点聚焦于不列颠，要么发动入侵，直接占领这个国家，要么利用U型潜艇，破坏英国进口粮食、燃油以及其他物资的通道，迫使这个岛国签署城下之盟。不管是哪种情况，英国皇家海军很快将不得不减少其在地中海的军事力量。当墨索里尼与法国和英国开战时，他信心满满地盘算，敦刻尔克大撤退数周后，英国不可能在即将到来的闪电战中幸存下来。至于希特勒是否将在1941年6月入侵苏联，他也抱着事不关己的态度，不料那次突袭反而最终将德国部署在地中海的空军力量调离出去。

第三，墨索里尼于1941年12月11日对美国宣战时，关于美国海军力量只有非常模糊的认知。而意大利在1940年6月对英国宣战时，绝对不会如此草率。鉴于美国在1939年至1940年坚守孤立主义，尤其是庞大的日本帝国海军还威胁着美国在太平洋地区的利益，墨索里尼显然认为美国不能或不愿在遥远的地中海部署兵力。所有轴心国都犯了同样一个致命错误：高估了日本舰队的实力。[33]

换言之，除非德国不与苏联开战，不列颠被德国空军和U型潜艇团团包围，美国保持中立或者至少被日本牵制，意大利舰队才能为北非远征军输送给养。早在1942年秋，所有这些情况都发生了翻天覆地的变化。墨索里尼的海军是在战前建设的，主要关注巡洋舰和战列舰的吨位大小、速度快慢、火炮粗细、装甲厚薄等参数。在这些方面，意大利海军账面上的部分军舰与英国的大致相当。但如果分析不那么理论化的指标，而是诸如夜战能力、雷达装备、通信和情报系统、舰员的训练水平和士气、军官经验、维修，以及燃料、弹药供应保障等因素，那么意大利海军差得其实很远。意大利海军也没有实现那些本可使盟国陷于瘫痪的战略目标，如堵住地中海入口，封锁苏伊士运河，保持通往北非的海上通道畅通，或者占领马耳他。对意大利人来说最可悲的是，他们的海军——战争爆发时世界第四强舰队，陷入了发展停滞状态。这支庞大的海军是意大利 20 多年来投入巨额资金和无数人力的结果，国力已不堪重负。意大利海军在地中海的短暂战争经历可以用一句话总结：自始至终，都没有为哪怕一艘新型主力舰铺设龙骨，更不用说完工了。在军事史上，很少有如此强大的舰队在战争中几乎没有起到任何作用，又如此迅速地灭亡。[34]

二战伊始，英国拥有世界上规模最大的水面舰队：12 艘战列舰、7 艘航空母舰、56 艘轻型和重型巡洋舰，以及 180 多艘新型及老式驱逐舰。1906 年，英国的“无畏”号（HMS Dreadnought）下水，引领了现代战列舰的发展潮流；1912 年，英国人将“海伯尼亚”号（HMS Hibernia）战列舰改装为平顶甲板，并首次实现飞机在军舰航行过程中起飞。作为一个岛国，英国拥有众多不冻深水港，可以远眺北海，监视英吉利海峡，遥望北大西洋。

在大西洋和地中海上，皇家空军与德军不分伯仲，海军更是占有优势，因此英国人正确判断，只要保持这样的态势，德军就不可能入侵他们这个岛国，也不能通过饥饿使之屈服。相反，西方盟国总有一天会将英国作为安全的大本营，向欧洲大陆派遣登陆部队，直至抵达柏林，结束战争。1940 年，丘吉尔还认为，如果苏联成为盟友，它将消耗第三帝国原本用于英国

150　的资源，起到转移纳粹焦点的效果。依靠遍及全国的造船工业，英国得以继续扩大其舰队规模，加之现有的海军优势，大不列颠便能够从缅甸到北非、地中海，这样广阔的海域内作战。英国军舰保证了帝国能够继续获得海外资源，也有能力运送陆军在轴心国控制下的欧洲外围地区和日本登陆。

　　英国海军的目标是压制规模庞大但缺乏经验的意大利海军，使轴心国军队困于北非动弹不得，确保德国无法从大西洋进口物资，还要保护陆军能在地中海任何地点实施两栖登陆。英国还能够向缅甸或太平洋地区派遣地面部队，因为日本和德国之间缺乏协调配合。这不仅是因为希特勒狂妄自大或他的外交官无能，而且是因为德国缺乏足够的船只，也没有控制便捷的海上通道，可以穿过苏伊士运河或绕过好望角抵达亚洲。

　　至 1943 年，英国成功实现了几乎所有海上战略目标。然而代价也很巨大：五万多名海员死亡（几乎是一战中英国水手阵亡人数的两倍），五艘战列舰和战列巡洋舰被击沉，八艘舰队航母和轻型航母沉没，还损失了多达 34 艘巡洋舰、153 艘驱逐舰和 74 艘潜艇。经过六年厮杀，到战争结束时，皇家海军失去了近一半的战前军力、三分之一的战时舰队；人员和舰艇损失远远超过后来规模更大、经历了四年战争的美国海军。尽管如此，英国军队凭借自己的海、空军力量，与盟国一道，赢得了这场比第一次世界大战更为持久、更加血腥的战争，而死亡人数仅为上一场战争的 40%。[35]

　　总而言之，英国在第二次世界大战中参战时间最长，却在六个主要交战国中伤亡人数最少，这都有赖于海军成功完成了任务。丘吉尔和他的顾问们认为，正是英国海军、美国和苏联陆军，以及英美轰炸机部队避免盟军卷入又一场索姆河血战。

他们的观点无疑是正确的。从法国陷落到德国入侵苏联，在这关键的一年里，英国没有铁杆盟友，却有很多敌人。英国皇家空军和皇家海军此时不能确信英国能赢，只能力保不输，这是理解这个时期战争进程的关键之处。1940 年末，当时英国所处的局面不禁让人想起海军上将——第一代圣文森特伯爵约翰·杰维斯（John Jervis）在 1801 年说的话。面对势不可挡、将在英国海岸登陆的拿破仑军队，他说："诸位大人，我并不是说法国人不会来。我只是说他们不会从海上来。"[36]

20 世纪 30 年代末，美国赶在参战前进行了一次相对现代化的海军造舰运动，在太平洋地区大致与日本舰队形成均势，并且与英国海军一样，对意大利和德国舰队保持优势。美国担心，万一英国海军在 1940 年战败，那么德国海军便可能整编英国和法国的舰队，纳为己用，如果再加上意大利和日本海军助阵，美国仅凭自身实力很难战胜德国人。珍珠港事件后，美国的困境并不在于其战前舰队规模太小，或者忽视了海军航空兵和潜艇的作用。相反，真正的挑战在于，美国重整军备后，决心要毫无争议地击败并占领所有三个远离美国本土的轴心国，同时还要向苏联和英国提供军援。美国现有力量不足以达成上述过于激进的战略目标。珍珠港事件后不久，美国采取了一项简单而雄心勃勃的海军战略作为回应：确保大西洋航运安全，维持英国生存；取得地中海制海权，以便能够在轴心国占领区登陆；竭力牵制日本海军一年时间，直至生产出足够强大的舰队以摧毁敌人，然后在日本控制的太平洋岛屿实施两栖登陆，并最终攻占日本本土。

美国海军决策层一开始纠结于孰先孰后的矛盾。他们认为日本不是首要敌人，但是这个国家又拥有非常强大的舰队，并成功攻击过美国，因此对美国领土构成了更大的威胁。然而，至少在官方立场中，战争部认定东京居于次要地位，欧洲才是主要战场。美国新成立的参谋长联席会议直到一年后才认识到，"德国优先"政策对陆军和空军有效，但不一定适用于海军。换句话说，美国可以重点将装甲车辆、空降部队、摩托化步兵师、战略轰炸机部署到欧洲，而把大量潜艇、水面舰船、航空母舰、海军陆战队，以及数个精锐步兵师派往太平洋。美军在太平洋战区取得了绝对优势，这是欧洲战场上的盟军不敢奢望的。[37]

　　自美国丢失了菲律宾，英军在马来西亚和缅甸一败涂地后，美国海军的短期目标是保障澳大利亚至中途岛、夏威夷的海上补给线通畅，同时保存实力，避免残存的太平洋舰队被军舰数量更多的日本海军全歼。此后两年，美国重新建造了大量商船，海军规模剧烈膨胀。随着德国、意大利海军在大西洋和地中海逐渐消耗殆尽，美国将部分战舰转移至太平洋对抗日本，美军得以进一步巩固制海权，缓缓从"大东亚共荣圈"的外围一层层向内突破。[38]

　　美国的战略是基于以下几个假设制定的：在拥有制海权的情况下，安全运送海军陆战队和多达21个陆军师执行跳岛任务，直至最终抵达日本本土，同时保障后勤供应；巡洋舰和战列舰不会无所事事，在两栖登陆行动中，它们是理想的机动炮台，为登陆部队输送火力支援；美军航母和潜艇部队继续削弱日本舰队军力，使其瘫痪；空军可以从岛屿上的新建空军基地或航空母舰上起飞，对日实施轰炸及布雷任务，并为扩张中的舰队提供空中掩护；潜艇负责攻击日本商船。

　　美国未曾与德国或意大利打过一场重要海战；珍珠港事件

后，美国没有损失过一艘战列舰，也没有在 1942 年后失去舰队
航母。德国人希望利用 U 型潜艇，在 1942 年头 6 个月内就切断
不列颠与北美之间的联系。不过到 1941 年 12 月美国参战时，
英国已经通过护航系统、先进的情报机制、新式科技，以及现
有的空军和水面舰队优势，初步找到了制约德国潜艇的办法。
虽然美国刚开始并不认可英国的战略，但美军还是在参战不到
一年时间内就帮助英国击败了 U 型潜艇。大西洋战役的胜利使盟
军可以利用水面船舶在北非、西西里、诺曼底发动两栖登陆。[39]

　　美国海军如何在战争中期一举成为世界上规模最大、战绩
最耀眼的海上力量，这是一个复杂的故事，但总体轮廓依然清
晰。早在 1922 年，美国海军就将"兰利"号（Langley，1.1 万
吨）战舰改装为美国第一艘航空母舰，此后按航母思路，全新
设计了"游骑兵"号（Ranger，1.45 万吨，1934 年入役）航
空母舰①。如前所述，"萨拉托加"号航母和"列克星敦"号航
母改装自战列巡洋舰的船体，于 1927—1928 年服役，标准排水
量 3.8 万吨，最大时速 35 节，配备有 90 多架战斗机和轰炸机，
是战前最大和最负盛名的海军战舰。虽然有些笨拙，但在战争
爆发时，它们也许是世界上最出色的航母。在其漫长的军旅生
涯中，这两艘航母吸引了一大批极具创新精神的军官加入海军
航空兵，如欧内斯特·金（Ernest King）、比尔·哈尔西②、马
克·A. 米彻尔（Marc A. Mitscher）等未来的海军将领。美国
人还在航母战略和巨舰战略之间建立了一种互惠关系。他们认
为航母战斗群的概念是先前舰队理论的自然延伸，尽管那种将
巡洋舰、战列舰及各种护卫战舰集结在一起的方式很快就会过

153

————————

① "游骑兵"号又被翻译为"突击者"号。
② 即威廉·哈尔西。

时。同德国、法国或意大利舰队比较，美国舰队与英国舰队具有更多相似性。前三国都欠缺成熟的航母技术，而英国在1918年就入役了世界上第一艘真正现代意义上的航空母舰"百眼巨人"号（Argus）。

战时服役的24艘"埃塞克斯"级航母是在"萨拉托加"号和"列克星敦"号的基础上，自然而然进化而来的，它们也是战争期间最先进的航空母舰。人们常常忘记，在1943年至1944年间击溃日本帝国海军的那支美国舰队，其实很大程度上早在珍珠港事件之前就完成了设计，并得到批准开建。这还得感谢具有远见卓识的国会议员卡尔·文森（Carl Vinson）。他时任众议院海军事务委员会主席，为了重组和扩大美国海军，从1934年至1940年连续推动通过了五项具有里程碑意义的相关法案。参加过瓜达尔卡纳尔之战的老兵詹姆斯·琼斯（James Jones）后来成为一名小说家。他曾经写道，一支崭新且庞大的美国舰队横空出世，"仅1943年，国内就生产了2艘快速战列舰、6艘舰队航母、9艘轻型航母、24艘护航航母、4艘重型巡洋舰、7艘轻型巡洋舰、128艘驱逐舰、200艘潜艇……如果日本海军参谋们看到这份名单，他们一定会心惊肉跳"。[40]

美国并没有像日本那样，将潜艇用于攻击军舰，而是将重点放在商船上。就这一点而言，美军从拥有长期反潜经验的英国盟友那里获得了很多宝贵的知识和操作技能。与日本不同的是，美国潜艇都是独立搜索目标，追捕敌人的商船队，从而切断了日本本土与"大东亚共荣圈"内新近攫取的领土之间的联系。

美军的"小鲨鱼"级（Gato）和"白鱼"级（Balao）是性能最好的潜艇，并在战争中大批量建造。美国太平洋舰队潜艇部队司令、海军中将查尔斯·洛克伍德是战争中最具革新意识的潜艇部队将领。他授予一线指挥官极大的自由决定权，还为他们提供质量上乘的潜艇和鱼雷，敦促部下要敢于冒险，集中精力攻击通向遥远的日本帝国本土的补给线。到了1943年，解决了战前鱼雷的一些早期问题之后，潜艇部队几乎将日本商船队消灭殆尽。[41]

　　主力舰之间对轰的传统作战模式已然过时。美国找到了让那些即将僵死的战列舰、重型及轻型巡洋舰焕发新生的方法。4艘"艾奥瓦"级是战争中速度最快、设计最精良的战列舰。美国24艘战列舰中，虽然大多数在瓜达尔卡纳尔（1942年11月14—15日）和菲律宾（1944年10月25日）附近海域成功地与日本海军进行了至少两次舰队决战，但美军还是更多地将这些主力舰用作漂浮的火炮平台。德国人、意大利人、日本人永远没法这么干。

　　新型"巴尔的摩"级（Baltimore，排水量超过1.4万吨）重型巡洋舰配备了9门8英寸（超过200毫米）和12门5英寸（127毫米）口径火炮。自1942年后，优秀的轻型巡洋舰，如"克利夫兰"级（Cleveland，排水量1.2万吨，6英寸及5英寸口径火炮各12门），在意大利（西西里岛）、诺曼底、南法等地区，参加了美军发动的所有重要的两栖入侵行动；在太平洋战区，更多夺岛战役中也都有它们的身影——美国海军水面舰艇为登陆部队提供了不可或缺的轰炸准备，并对敌军火炮实行定点打击。虽然军舰上的巨炮比日本或德国所有的陆上火炮威力都要大得多，但它们有时找不到合适的弹道，无法直接命中钢筋混凝土和珊瑚构成的防御工事的脆弱屋顶。尽管如此，美军战列舰的射程超过20英里，仍然可以轰击登陆海滩及后方地区，同时不必担心敌军反击。战列舰上的14英寸（350毫米）

和 16 英寸（约 400 毫米）火炮比美国陆军自己的重型 240 毫米榴弹炮（一种炮管较短、弹道弯曲的大炮）大得多。有时，舰炮向日军防御工事发射了数百发炮弹，但海军陆战队和陆军部队攻击沙滩时，依然会诟病海军没有清除所有敌人。不过炮击的目的本来就不是完全摧毁日军阵地，而是加强地面进攻。所有地面部队都抱怨海军火力的种种不是，但谁也没有否认他们的胜利与此密切相关。

总之，诸如"俾斯麦"号、"提尔皮茨"号、"大和"号、"武藏"号、"罗马"号（Roma）、"维托里奥·维内托"号这类轴心国建造的战列舰是海军工程的巅峰之作，可惜它们只是浪费了资源，从来没有像"田纳西"号（Tennessee）或"新泽西"号（New Jersey）那样，投入两栖作战行动。[42]

苏联国土广袤，石油、矿石、煤炭几乎完全自给自足（粮食需要进口，以弥补可能的损耗和耕地损失），苏联人据此相信，他们不用过多依赖海运调动部队，也无须保障从海上稳定输入进口物资，就能打一场无论是进攻还是防守的战争。得益于盟国海军优势，苏联人的上述假定基本上符合预期。苏联红海军及其战略空军根本无力与庞大的苏联地面部队争夺资源，这一点同美国海军（340 万官兵，50 万海军陆战队）和空军（240 万官兵）获得的巨额军费截然不同。1941 年与德国开战时，苏联没有航空母舰，仅剩三艘老旧战列舰。至 1944 年，红海军得到的拨款从战前水平进一步下降到仅占苏联国防预算的 6% 左右。[43]

苏联虽然在 20 世纪 20 年代大肆宣扬共产主义将在世界范围内扩张，但在军事上其实并无准备，而是集中精力保卫本土。苏联人私下里认为，他们迟早将与东面的日本和西面的德国开战，或者挫败西方列强再次进行的武装干涉；与此同时，他们还对近邻，如波兰、芬兰发动地面进攻。鉴于这样的战略目标，以及石油、粮食、矿石又都能自给自足，投资建设一支能与敌人或盟国相媲美的海军意义甚微。苏联暂时放弃以武力向全世界输出共产主义的早期理念后，便更加轻视海军发展。虽然苏联在参战时拥有的潜艇数量最多，但其水面舰队是六大主要参战国中最弱的一支。

波罗的海及北海天气恶劣，德国也很少派遣所剩无几的舰队进入苏联海域，因此德国海军同苏联北方舰队之间没有爆发过大型战斗。另外两支苏联海军——黑海舰队和太平洋舰队——在盟国取得最后胜利上没有起到太多作用。日本人仍然恪守与苏联签订的互不侵犯协议，以至于几乎半数美国租借物资都是由苏联船只从北美西海岸港口直接安全地运抵符拉迪沃斯托克港。这条苏联商船往来的所谓太平洋租借航线成了整个战争期间最安全的运输路线之一。至 1944 年，苏联潜艇不时在黑海和东波罗的海击沉轴心国货船和小型水面舰艇，不过没有苏联（或德国）战舰对"巴巴罗萨行动"产生过重大影响。苏联最终在太平洋战争结束前几天向日本宣战。为了占领库页岛和千岛群岛中的一些日本岛屿，苏联还不得不向美国租借了250 多艘小型船舶。[44]

苏联在 1941 年 6 月遭受入侵前，斯大林曾期望德国 U 型潜艇能慢慢让英国人陷入饥饿的困境，最后拖垮英国，使其屈服。"巴巴罗萨行动"实施之后，斯大林改弦更张，希望英国海军消灭德国舰队，切断为德国北方集团军群输送补给的航线，并向苏联提供战争物资。1941 年 12 月 7 日后，斯大林进一步假定英美舰队将吸引日本海军的注意力，从而排除轴心国开辟新战

156

线并对苏联发起地面攻击的可能性，苏联也就不必同时在两个战区实施进攻。战后，苏联把野心转向全球，他们才有足够的时间建设蓝水海军，以实现俄罗斯帝国的扩张。[45]

早在 1939 年，就有战略家警告公众，全面战争一触即发，战法也将与第一次世界大战全然不同。新式中型战略轰炸机、快速可靠的坦克将使原来的静态战争模式变为一场机动战和包围战。观察家预测，U 型潜艇会再次试图勒杀大不列颠，使其无法获得来自海外的救援物资，同时德国也能就此打破封锁。几乎没有海军专家预见到航空母舰即将在战争中扮演主角。美国之所以参战，是因为停泊在珍珠港锚地的战列舰遭受了敌方航母的毁灭性打击。不过让所有美国高级海军军官松了口气的是，三艘部署在太平洋战区的航空母舰——"企业"号、"列克星敦"号和"萨拉托加"号刚好出海，避开了攻击。战列舰曾经是一个国家海上力量不可替代的象征，却如此迅速地转变成顽冥不化的时代错误，这种现象在军事史上相当罕见。珍珠港在战前并没有"航母锚地"，假如有的话，假如航母群遭受重创的话，美国人可不会为日本人错失三艘出海的战列舰而庆幸。

战前航母大多由远洋邮轮、战列巡洋舰或战列舰改装而成。这是为了应对 1922 年《华盛顿海军条约》对战列舰吨位限制的滑稽对策。当时各国海军都没有找到战列舰的最佳设计方案，也没有就该如何确定火力、航速或尺寸等指标形成共识。尽管条约签订后建造的航空母舰，如"赤城"号、"加贺"号、"列克星敦"号、"萨拉托加"号无疑都相当巨大，但它们并非一开始就是作为航母而设计建造的。早期舰载双翼飞机速度慢，性能也不可靠，无法稳定地对目标攻击。这样敌方水面舰只

（在雷达出现前）就能偷偷靠近，一举将脆弱的航母轰到海底。结果，许多早期航空母舰都装备了 8 英寸和 5 英寸口径大炮。157 对巨舰大炮情有独钟的人而言，也许把战前航母想象成布满炮塔、如假包换的战列巡洋舰更容易接受，它们只不过加装了飞行甲板而已。

　　大多数战列舰主炮口径为 14、15、16 甚至 18 英寸；根据装药量、炮弹类型、火炮仰角、射速不同，其最大射程在 16—25 英里不等。炮弹的破坏力不仅取决于火炮口径，还受到速度和有效战斗载荷等其他因素影响，这又反过来同炮管质量和长度有关。举例来说，"艾奥瓦"级战列舰安装有 16 英寸口径火炮，虽然口径更小，但由于炮弹更重、速度更快，杀伤力反而与"大和"号发射的 18 英寸炮弹差不多。二战时期的大多数大炮可以每 35 秒或 40 秒开火一次，并保持射速直到弹药耗尽或炮管磨损报废（根据炮弹种类、发射火药剂量、炮管质量不同，可发射 150—400 发炮弹）。战列舰是海洋的主宰——只不过控制的地盘半径只有 20 英里左右。[46]

　　相比之下，一艘标准的舰队航母每天可以轻轻松松派遣三四十架轰炸机和战斗机起飞三到四架次，向 200 英里外的敌人发起攻击（飞行时间超过一小时，视天气情况而定）。最可能的战斗模式是，保持警惕的航空母舰躲在敌舰巨炮射程之外，放飞自己的俯冲轰炸机和鱼雷轰炸机向目标投掷炸弹。战列舰的问题不在于航母能对舰船和岸上设施造成更大破坏，也不是舰载机更便宜，生产速度更快，而是它们不具有海军航空兵的"射程"，更容易受到反击。对战列舰而言，从舰载机发射的鱼雷往往比另一艘水面舰艇的密集炮击更加危险。

　　航空母舰拥有更多技术手段消灭敌舰，既可低空轰炸，也能俯冲投弹，还可以空投鱼雷。舰载战斗机防御空袭的能力远胜于战列舰的防空炮，而且依托良好的雷达，舰载机能够察觉潜在的攻击威胁，严密布防，提前做好准备。建造航空母舰还很便宜。飞行甲板比战列舰巨大而复杂的机械炮塔花费更少，也节约人力。新式的"艾奥瓦"级战列舰于1943—1944年加入太平洋战场，每艘造价比最新型号的"埃塞克斯"级舰队航母高出约2000万美元，所需舰员人数与航母相当（近3000人）。9门16英寸口径大炮理论上每小时可以向20英里以外的目标发射超过1000发巨型炮弹（每枚重约3000磅），但是"埃塞克斯"级航母载有90—100架飞机，可以攻击200—300英里以外的敌人，战列舰无论如何也只能望洋兴叹。战列舰能完成的任务——炸毁水面舰艇、炮轰海岸阵地、显示武力存在——航空母舰都能做得更好，而且一样省钱。

在第二次世界大战中，只有三次战列舰击沉（或仅仅是协助击沉）航空母舰的战例。挪威战役期间，由于舰长极其无能，未按规程布置空中巡逻，导致陈旧且吨位较小的英国海军"光荣"号（在20世纪20年代晚期被改装为航母）航母于1940年6月8日被德国战列舰"沙恩霍斯特"号（Scharnhorst）和"格奈森瑙"号（Gneisenau）击沉。同样，日本重型巡洋舰"筑摩"号（Chikuma）和"大和"号战列舰于1944年10月25日摧毁了小型护航航母"甘比尔湾"号（Gambier Bay）。改装的日舰"千代田"号（Chiyoda）轻型航母在1944年10月25日的恩加尼奥角海战中因空袭而遭重创，后被美军巡洋舰击沉。形成鲜明对比的是，航母舰载机在战争期间消灭了十多艘战列舰以及数百艘巡洋舰、驱逐舰、潜艇。轴心国四艘最大最昂贵的战列舰——"俾斯麦"号、"武藏"

号、"提尔皮茨"号、"大和"号——全部是被舰载飞机击沉或重创的。

经过第二次世界大战实战检验，曾经威风凛凛一个多世纪的战列舰走到了进化终点，战后逐渐从世界上大多数舰队中消失。在珍珠港受损的大型战舰大多是在一战期间或刚刚结束之后服役的，与1943年的新型号在火力上大同小异。导弹时代来临前，传统的二战水面舰艇由于精度问题，很难在15英里之外连续击中另一艘舰艇。然而，战列舰的传奇魅力在一段时间内仍然俘获了海军的心，人们沉醉于这样一幅有着两个世纪历史的浪漫形象：英法两国海军在拿破仑战争期间，排成一线，面对面近距离开炮对轰。战列舰代表着美丽和神圣，其庞大的体积和火炮是国家力量的证明。虽然战列舰大决战颇为罕见，但海军将领们依然被其展现出的原始的、毫不含糊的致命武力迷得神魂颠倒，对这头吞金巨兽的成本效益价值失去了清晰判断。[47]

20世纪60年代，随着导弹被引入海军，保留巡洋舰的观点又出现了。史上第一次，大型水面舰艇具有了打击数百英里范围内目标的能力，堪比航母舰队。虽然巡洋舰和战列舰是早已过时的概念，但今日美国新型的"朱姆沃尔特"级（Zumwalt）"驱逐舰"的排水量约为14500吨，比二战时期大多数重型巡洋舰还要大，其实质就是一种袖珍战列舰。

二战期间，水面舰艇的武器装备或多或少都固定不变，舰载飞机则不断迭代升级，而且往往还相当彻底。1943年，美军"地狱猫""地狱俯冲者""复仇者"等战机与其早期同型号相比，简直就是一种全新飞机。战列舰和航空母舰通常都采用类似的船体结构，不过后者可以延伸其进攻距离，依靠火炮的前者则难以望其项背。无论是"北达科他"级，还是新型"艾奥瓦"级，战列舰射程有限，且无法改变。比较起来，1942年，一架标准舰载鱼雷机的理论总航程为450英里（如道格拉斯公司制造的TBD"毁灭者"），作战半径约为该距离的一半。然而仅仅一年后，大多数航母都可以部署装备了副油箱、航程为1000英里的鱼雷轰炸机，作战半径接近400英里（如格鲁曼公司生产的TBF"复仇者"）。换言之，航母可以在不大幅改装舰体、引擎或甲板的情况下，将攻击距离翻倍。假如德国、意大利能为各自的战列舰和战列巡洋舰配置一艘航母，例如可搭载12架左右改装后的Bf-109战机或30架Ju-87"斯图卡"的"齐柏林伯爵"号（Graf Zeppelin），那么它们赢得大西洋和地中海战役的机会就会大得多。[48]

海战的第二次伟大革新发生在海底。即使是早期型号的潜艇，尤其是德国的U型潜艇，在第一次世界大战中也是非常致命的武器。它们的制造成本和人力需求远比巡洋舰和战列舰少，但在协约国开发出有效的水雷、深水炸弹，组织起护航舰队和空中巡逻之前，对商船的杀伤力却要大得多。潜艇紧急下潜通常能比水面舰艇的防空炮更好地应对空袭。

重新武装起来的德国建立了一支U型潜艇舰队，不必花费任何代价去与英国皇家海军庞大的水面舰队直接抗衡，就迅速拥有了攻击英国船只的手段。除了日德兰海战期间，德军水面舰队在第一次世界大战的大部分时间里一直停泊在港口内不敢动弹，潜艇舰队则在全球各地攻击敌人，共击沉了5000多艘船只。至1939年，随着航程、速度、下潜深度和武器装备的进步，升级后的潜艇似乎能在第二次世界大战中获得更辉煌的成功。

　　德国潜艇击沉的敌国商船和战舰吨位数超过 1400 万吨，远 　160
远高于第三帝国所有战列舰、巡洋舰、空军、水雷战绩之总和
（700 万吨）。潜艇与大型水面舰艇的成本效益比解释了为什么
潜艇部队得以扩张，战列舰不再发展。很快，德国人也因为把
建造潜艇的宝贵资源转移到水面舰队而后悔不迭。1941 年 5
月，"俾斯麦"号战列舰沉没，跟着一同沉入海中的还有约 2
亿帝国马克投资，以及 2200 名水手。其姊妹舰——稍大一些的
"提尔皮茨"号甚至更为昂贵；1944 年 11 月，英国轰炸机在挪
威峡湾炸毁了这艘战舰，导致 1000 名德军海员丧生。这两艘巨
型战列舰合起来的战果却微不足道，仅击沉英国标志性的"胡
德"号战列巡洋舰，击伤一艘英国战列舰和数艘巡洋舰，还对
英国在斯匹次卑尔根岛（Spitsbergen）的军事设施进行过一次
炮击。"提尔皮茨"号从未向任何一艘海轮动用过主炮，其遭
遇与更大的日本"白象"——"武藏"号雷同。潜艇在第二次
世界大战中则击沉了大约 17 艘航空母舰，远远超过水面舰艇炮
击取得的三艘战绩。战争结束多年后，虽然同为施潘道
（Spandau）监狱里的战犯，邓尼茨和雷德尔却仍然为海军拨款
问题争论不休。邓尼茨指责那位曾经的上司缩减了潜艇舰队规
模，去建造华而不实的水面舰艇。[49]

　　大西洋战役中，德国在 U 型潜艇建造及维护方面的费用仅
为盟国货物、船只沉没所遭受的损失，以及用于反潜支出的十
分之一。德国海军蒙受了巨大损失（建造的 1100 多艘潜艇中，
781 艘沉没；总计约 4 万名潜艇艇员，约 3.3 万人阵亡）。尽管
如此，上述数字还是少于盟军商船和战舰上的丧生人数（大约
7.2 万人）。U 型潜艇部队的所有损失——人员和装备加在一
起——也不过是几场陆地大战消耗的一小部分。然而，潜艇舰

队对英国形成的遏制威胁，比任何一支德国空军或陆军更大。[50]

德国本可以更为巧妙地部署潜艇。潜艇部队大约击沉了美英苏三国 1450 万吨舰船（或者战损比为每损失一艘潜艇对应击沉敌船 18565 吨）。反之，美国太平洋潜艇舰队只损失了 52 艘，共击沉 520 万吨敌船（战损比大约为 1∶10.2 万吨）。虽然德国潜艇的战绩比美国多 900 万吨，但其规模是美军的四倍，参战时间也多出近两年。美国潜艇舰队效率出众的秘诀在于盟军反潜能力远比日本和德国强。除此之外，美国潜艇体积更大，雷达性能更优越，比战斗在大西洋的 U 型潜艇更适合太平洋环境。最重要的是，司令官卡尔·邓尼茨习惯对 U 型潜艇进行"微操"，而美军太平洋潜艇部队司令查尔斯·洛克伍德的指挥风格则截然不同。[51]

二战之前，海军中盛行的观点是，水面舰艇越大，杀伤力就越强，因此军舰装备了大量 14 英寸及 16 英寸口径火炮，还增加防护装甲。更为实用的潜艇和驱逐舰通常都不被纳入海军实力评估范畴。20 世纪早期的驱逐舰平均排水量为 1200—1500吨，安装 4—6 门 4 英寸口径火炮，航速超过 30 节，并配有10—12 个鱼雷发射管。就在一战爆发前，驱逐舰开始承担新型任务，作为舰队屏障，保护高价值舰船免受敌军水面战舰或潜艇攻击。驱逐舰还可充当侦察兵，通过无线电传回敌方舰队的方位信息。它们特别适用于在敌方海岸线附近执行巡逻任务，也善于攻击商船，遏制鱼雷快艇袭击。第一次世界大战期间，便于大量建造并装备了深水炸弹和轻型火炮的驱逐舰是承担反潜任务的首选，还能够以远低于巡洋舰的成本为商船护航。[52]

驱逐舰上安装的 3、4 或 5 英寸火炮口径太小，不能对大型水面舰艇造成严重破坏。鱼雷倒是能击沉战列舰或巡洋舰，但驱逐舰又太脆弱，无法贴近敌舰至鱼雷的有效射程。直至 20 世纪 30 年代《伦敦海军条约》签订，诸如巡洋舰这样的大型战舰均受到各种海军协议对军舰吨位的限制，而驱逐舰则不在此列，因此其体积才在两次世界大战之间有所增长。出于经济原因，放大较便宜的驱逐舰船体比缩小轻型巡洋舰更为划算。如果对海上巡航所需投入的军舰吨位进行成本效益分析，上述结论会更有意义。例如，德国海军应该派出 20 艘多功能驱逐舰在大西洋作战，而不是派遣一艘"俾斯麦"号战列舰。

　　第二次世界大战彻底改变了驱逐舰的使用模式。舰上装备有雷达和声呐、更优秀的鱼雷、更多高射炮和多具深水炸弹抛射器。到战争结束时，驱逐舰发展成为最全能型的军舰。如此多样的武器系统被塞入便宜的小船体中，驱逐舰就此成为海军不可或缺的舰种。它们既能为商船护航，猎杀潜艇，也能为舰队提供屏护，防止潜艇偷袭，还可以在舰队四周布设雷达哨，防御来自常规轰炸机群或"神风敢死队"的空中突袭。驱逐舰体积小，很难被击中。同时，驱逐舰只有薄薄的金属外壳，就像一个"锡罐"。来自巡洋舰和战列舰的巨型穿甲弹通常会直接穿透舰体，而不会引起爆炸。莱特湾战役中，美日舰队在萨马岛交锋时（1944 年 10 月 25 日）就发生过这样的情况。与此相反，驱逐舰极少能发射鱼雷击沉敌人的巡洋舰和战列舰。一个罕见的战例是，在苏里高海峡之战（1944 年 10 月 24 日至 25 日）中，日舰"扶桑"号（Fuso）就很可能是被美军"梅尔文"号（Melvin）驱逐舰用鱼雷击沉的。

　　就像法国在飞机和装甲领域拥有出色的德瓦蒂纳战斗机和 Char B1 坦克一样，法国海军在理论上的技术优势并不一定等同于海战效能。战前，法国下水了一批先进的巡洋舰和战列舰，

162

并通过建造六艘具有开创性的"空想"级（Le Fantasque），重新定义了什么是完美的驱逐舰。该型军舰排水量2600吨，时速达到惊人的40英里以上，并配备了五门5.4英寸口径火炮。然而，法军的指挥系统、组织能力、经验和士气都与其航海工程技术不相匹配，工业企业也从未生产出足够数量的新型舰船和飞机。与其他法国舰队残部一样，大部分"空想"级驱逐舰转移至北非港口避难，1940年6月之后对战争不再产生什么影响。[53]

战争期间，共有490艘驱逐舰被击沉，超过其他所有级别水面舰艇的总和。仅美国就损失了68艘，但珍珠港事件后，美国海军就再也没有失去一艘战列舰，1942年10月之后，所有航母也安然无恙。通过建造数百艘驱逐舰而非几十艘战列舰或航母，美国海军便可以分散风险，避免大型舰只折损，还有余力在相对边缘地区派驻军舰。1940年9月，英国人迫切需要在大西洋战役中得到增援，于是把位于加勒比海和纽芬兰的基地移交给美国，以换取50艘老旧驱逐舰。他们可不会要一两艘战列舰或十来艘巡洋舰。从建造成本、人力消耗与所获得的收益衡量，驱逐舰自始至终都是战争中最经济的投资。[54]

163　　战后70多年里，潜艇、驱逐舰和航空母舰一直都是海军的中坚力量。战列舰和二战时期的巡洋舰则从大洋上彻底消失了。

在接下来的两章中，本书将关注发生在大西洋和太平洋上的海战，并讨论在长达六年之久的第二次世界大战中，海上战争中一直不变的三个主题。第一，轴心国没有在战前建造足够多的、本可以拯救其失败命运的舰只，尤其是优秀的德国U型潜艇和日本航母。相反，德日两国投入巨资建造昂贵的战列舰和重型巡洋舰，收益却甚少。第二，获胜的英美海军是真正的两洋舰队，有能力同时对抗日本、德国、意大利，还能向全球各地派遣补给船。相反，轴心国舰队很少敢于冒险离开各自的海域。第三，从战争开始直到结束，世界上最大规模海军的殊荣一直归属于英美两国，其原因合乎逻辑：牢牢掌握海军霸权建立在诸多看上去不那么浪漫的优势之上，如工业能力、政策保障、经验积累，以及快速训练成千上万名海军军官和水手的能力。

第八章　从大西洋到地中海

　　第二次世界大战期间的第一场海上战役发生在北大西洋战区（北海和波罗的海也有零星战斗），这也是持续时间最长、最为势均力敌的大海战。交战一方是以 U 型潜艇为主力、部分水面舰艇配合的德国海军，其对手是往返英国和北美的盟国运输舰、护航舰队和远程战斗机。这场海战被称为"大西洋战役"，初期可以说是一战时期德国潜艇作战任务的部分重演。德国海军战略家判断，英国每年需要进口 5500 万吨粮食和各类自然资源才能生存，因此只要让英国人陷于饥饿之中，就能令其不攻自破。此外，德国潜艇部队指挥官还幻想利用 U 型潜艇打破盟军对德国港口的封锁，或者至少在欧洲占领区近海获得海权优势，从而阻止盟军在未来发动两栖登陆行动（见地图 3）。

　　虽然德国在两次世界大战之间取得了航海通信和航海工程领域的革命性突破，但让德意志（第二）帝国潜艇战略注定失败的因素，同样会对第三帝国的 U 型潜艇舰队造成负面影响。历史将再度重演。盟国，包括姗姗来迟的美国，生产的商船数量远远超出 U 型潜艇所能击沉的数量，从而赢得"吨位战争"。又一次，盟军开发出新的反潜技术和应对策略，远比德国人更快、更有效地升级潜艇。至 1918 年 11 月，德意志（第二）帝国共摧毁协约国舰船近 1300 万吨，战斗中损失 178 艘潜艇，5000 名艇员；而第三帝国参战 6 年（而非 4 年），取得的战绩略好一点（1400 万吨），失去的海员却是一战时期的 5 倍之多

（近 33000 人），U 型潜艇损失达 4 倍以上（781 艘）。[1]

大西洋战役从 1939 年战争爆发第一天开始打响，持续至 1945 年春战争结束，共历时 6 年。其中，从 1943 年中期到战争结束，大西洋战场上只剩零星战斗。从 1940 年中期到 1941 年 12 月，在其他英联邦战舰的支援下，英国舰队是唯一一支还有实力继续与德国海军相抗衡的海上力量。皇家海军试图封锁德国及欧洲沦陷区，令德军处于饥饿的困境。这项战略久经考验，其最初假设是，德国仍将像第一次世界大战时那样，主要沿国境线作战；海上通道依然局限在传统的北海和波罗的海，船舶无法直接进入大西洋。不过这两个假设在二战中都大错特错。

纵观海军历史，有两个关键因素永恒不变。第一，基地的位置和安全在很大程度上决定了机动舰队的部署效能。第二，这些基地的安全取决于陆地战争的胜负，或者至少同驻防在周边地区的地面部队有关。1939 年欧洲战争开始时，英国海军压根未能预料到，德国海军会在一年内通过直接占领或结盟的方式，控制了欧洲大陆几乎所有海岸线。到 1941 年秋，德国陆军还吞并了苏联的大部分欧洲领土。相比之下，英国的海上补给线仍然像第一次世界大战时一样脆弱，但这次又多了一些十分严峻的不利条件。德国迅速占领了挪威和法国的海岸线，舰队以此为门户，可直通大西洋。除了直布罗陀，英国很快就失去了欧洲大西洋沿岸的所有友港。希特勒现在有了意大利地中海舰队加盟。世界第四大海军——法国舰队也不再是英国的伙伴。突然之间，切断英国的物资进口看上去比第一次世界大战时要容易得多；反之，英国企图通过阻断德国海运路线来延缓德军进攻则毫无可行性。[2]

一系列重大转折时刻决定了德国是否能成功封锁英国。第一，轴心国和盟国为了建立更强大的海军，展开了激烈竞争。

具体而言，德国要以比英美建造新商船和护航舰更快的速度，补充战争中损失的 U 型潜艇和艇员。"吨位战争"不仅有赖于经济实力，还取决于码头、船厂、相关工厂是否免于敌军空袭，以及能否制定正确的战略决策，合理分配关键资源。

第二，每个强国都寻求在舰船设计、通信、情报、武器、侦察等方面，能比对手更快地取得突破性进展。1939 年，强大的德国和意大利舰队横空出世；盟国原本规模更大的海军则已经有十年没有进行相应的升级改造。此时胜负未定，谁也不能准确预测战争走向。德国和日本还研发出一些极具创新性的航海科技，从精密鱼雷、夜间光学设备、XXI 型 U 型潜艇、水雷，到潜艇换气装置、复杂的密码机，不过两国之间却没有彼此分享潜艇相关的科学进展。它们没能像英国那样，做好将新取得的科技突破应用于大规模生产的充分准备，投入反谍报系统和科研机构的资金及人力也逊于盟国。[3]

第三，当时尚不清楚空军是更有利于协助 U 型潜艇击沉商船，还是可以为护航舰队提供帮助以摧毁潜艇。对攻守双方而言，飞机的优势是相对的，取决于谁能制造出更多更好的远程飞机，以及做出正确的战略选择，决定何时使用、如何使用空军力量。[4]

第四，德国和英国海军其实都能从盟友的合作中获益更多。尽管意大利派遣了数艘潜艇前往大西洋，但意大利和日本的水面舰队在大西洋发挥重要作用的可能性为零。同样，尽管德国偶尔会派 U 型潜艇前往印度洋或南太平洋，但所谓"季风艇群"① 对日本帮助甚微。相比之下，美国和英国在欧洲战场上

---

① 1943 年，德国潜艇部队使用日军提供的港口为基地，在远东地区执行猎杀商船的任务。

是通力合作的盟友，在太平洋战区是相互竞争的伙伴。[5]

第五，陆地上的战况瞬息万变，有可能影响到德英双方的海军作战。同样，大西洋以外的战场也可能吸走海军需要的重要资源。最重要的是，由于美国和苏联参战，地缘战略发生了变化，大西洋战局进而也出现转折了。

大西洋拉锯战历经数个阶段。其划分标志正是在上述五个决定性时刻形势的突然逆转。尽管在其他战场上，盟国陆军和空军惨遭溃败，但反潜战在战争头几个月还是很顺利的。英国拥有 180 多艘反潜驱逐舰，远多于第三帝国的 U 型潜艇。实力较弱的德国海军不仅要向世界上规模最大的海军发起进攻，还要攻击往来北美和大英帝国之间的庞大商船队。

U 型潜艇在第一次世界大战期间展现出致命的杀伤力，纳粹也在大谈特谈重整军备，然而奇怪的是，德国潜艇部队规模在战争开始时却微不足道，其中很多还是过时的 II 型近海小潜艇。II 型潜艇在航程、速度、体积、武器、通信等各方面都不如新式的 VII 型系列，本来就不适合在广阔的大西洋上高效作战。此外，德国生产的磁性鱼雷到 1941 年还一直故障频发，海军为此困扰不已。由于很大一部分鱼雷在接触敌舰时未能爆炸，潜艇艇长的努力付出化为泡影，士气也因此一落千丈。[6]

英国根据一战经验，毫不迟疑，马上开始为北美运输船队提供护航。德国此时尚未完善"狼群"战略，也没有足够的资源部署大量潜艇埋伏在大西洋深处，躲避空袭，等待缓慢航行的船队。对这样一支小型 U 型潜艇舰队而言，靠几艘潜艇单打独斗，在广阔的大西洋上寻找猎物，成功的机会微乎其微。尽管如此，英国还是立即意识到，有必要采取一切手段，扩编原

169

本已经相当庞大的驱逐舰舰队。1940 年 9 月，英国敦促美国采取临时措施，批准用 50 艘一战时期封存的驱逐舰作为部分筹码，交换英国在纽芬兰和加勒比地区的基地。时至今日，这项协议还经常被世人讥讽，认为刻薄的美国单方面捡了个大便宜。的确，很多"考德威尔"级（Caldwell）和"威克斯"级（Wickes）驱逐舰一点也不现代化，外形还相当丑陋。但是这批驱逐舰中还包括 19 艘性能优异的"克莱姆森"级（Clemson），美国自始至终都在使用。大多数驱逐舰将与 U 型潜艇展开长期对决，并在战争中幸存下来。与此同时，德国却不断损失水面舰艇，英国反而持续增加。1940 年 4 月 9 日至 6 月 10 日，希特勒对丹麦和挪威发动了长达两个月的进攻。其间，德国海军失去了三艘重型、轻型巡洋舰和十艘驱逐舰，不得不从大西洋战场抽调潜艇，英国反潜舰队规模则在扩大。[7]

英国还拥有反潜技术方面的先期优势，在使用早期雷达和声呐设备（或 ASDIC[①]，反潜探测调查委员会）方面更富有经验。这两套系统结合在一起，为定位在水面和水下活动的潜艇提供了新优势。英国从第一次世界大战最后一年开始测试应对 U 型潜艇的终极战略，即综合利用护航舰队、声呐探测、深水炸弹、空中监视和飞机攻击等手段，并形成制度，在军中推行。为消除德国潜艇的威胁，海军大臣温斯顿·丘吉尔也不遗余力地给予支持。反之，德国海军战略总是显得混乱不堪。邓尼茨和雷德尔依然就 U 型潜艇和水面战舰的优先性而争论不休，指望希特勒能将注意力放在他们各自支持的领域。

170　　　　此外，从 1939 年 9 月至 1940 年 6 月，法国舰队也加入进来，

---

① ASDIC 实际就是声呐，只是英国方面故弄玄虚的一种叫法。

与英国人一起在欧洲大西洋沿岸巡逻。德国海军则仍旧被限制在北海和波罗的海港口内动弹不得。在冬季大部分时间里，这些海港都结冰封冻，而且距离大西洋运输航线太远，导致 U 型潜艇的活动范围相当有限。到 1940 年初，短暂的潜艇攻势基本上都以失败告终。在 1939 年的大部分时间里，邓尼茨只有不到十艘 U 型潜艇能够同时派遣至大西洋巡航。他需要新基地、更多新型潜艇，以及一套不同的潜艇攻击策略，这样才能吸取上一场大战的教训。[8]

战争进入第二年后，"吨位战争"的局面发生了根本性变化。在北大西洋被潜艇击沉的盟军船只数量激增。1939 年最后四个月，平均每月有 28 艘商船被毁，而到 1940 年，这个数字上升到每月约 40 艘。这主要得益于德国 U 型潜艇生产量上升。1939 年，德国每月只建造 1.5 艘潜艇；但到 1940 年，月产量为 4 艘；1941 年，产量更是达到了令人难以置信的每月 16.5 艘。

同样重要的是，新式 VIIC 型潜艇也逐步投入战斗。它们最终将成为潜艇舰队的支柱：战争期间，共有 568 艘服役。VIIC 型潜艇比所有早期德国潜艇的速度都要快，航程更远，携带的鱼雷数量也更多。不过放在全球范围内比较，它们的作战效能往往被夸大了。与 1941 年至 1942 年间服役的美军"小鲨鱼"级潜艇［后迅速被"白鱼"级、"丁鲷"级（Tench）潜艇取代］相比，VIIC 型潜艇在灵活性和操纵性上虽有胜出，但其他方面远不如对手，如鱼雷数量少、空间狭小、航程近、速度慢、舒适度差。由于美军和德军潜艇部队的战区并不重叠，因此人们很少注意到美国潜艇的优势和德国潜艇的相对劣势。

邓尼茨也很快完善了"狼群"攻击策略，让几艘潜艇事先埋伏起来，等待缓慢行进的运输船队进入伏击圈后再行攻击。自 20 世纪 30 年代中期以后，德国人还破解了英国海军密码，

常常提前得知船队的时间表和路线图。邓尼茨精心设定潜艇的
攻击区域，使之远在英国第一代空中巡逻机的航程以外。经过
数月经验积累，许多 U 型潜艇指挥官极大地改进并完善了他们
的作战战术。胜利的天平慢慢向德国人倾斜。[9]

171　　陆地上的战况也有利于德国海军。随着西欧民主国家在
1940 年 6 月相继垮台，潜艇战发生了天翻地覆的变化。德军在
法国海岸的波尔多（Bordeaux）、布雷斯特（Brest）、拉罗谢尔
（La Rochelle）、洛里昂（Lorient）和圣纳泽尔（Saint-Nazaire）
等不冻港建设了新式防空码头，为出没于大西洋的 U 型潜艇提
供庇护。潜艇从这里出发前往战区，比之前从北海基地出行缩
短了约 500 英里，可利用节省出来的航程，向大西洋深处前进。
福克－沃尔夫公司生产的四引擎 Fw－200 "秃鹰" 式远程海上
侦察攻击机在战前是德国汉莎航空的民用机型。作为首屈一指
的客机，Fw－200 改装后可滞空 14 小时，飞行距离超过 2000
英里。法国海岸地区曾驻扎过一支配备有雷达的小型 "秃鹰"
部队，执行大西洋中部侦察任务，为潜艇指挥官提供宝贵的情
报。至战争结束，这些装备了炸弹挂架和简易投弹瞄准器的
Fw－200 还共计摧毁了 35 万吨盟军船舶。然而令人费解的是，
德国只制造了不到 300 架 "秃鹰"，只有体积稍小、配置双引
擎的美国 PBY "卡特琳娜" 水上飞机（联合飞机公司）的十分
之一。由于数量太少，"秃鹰" 飞机无法改变大西洋的战
争走向。[10]

　　1940 年，德军席卷西欧的完美风暴令英国的处境更加恶
劣。法国海军在 1940 年 6 月之后所剩下的残兵败将已经无关紧
要了。一个月后，善于投机的墨索里尼将 26 艘潜艇派往波尔
多，协助正在大西洋作战的德国 U 型潜艇。英国人突然意识

到，他们在挪威海域和地中海地区正陷入战争状态，而为了应对来自日本越来越严重的威胁，又不得不向遥远的太平洋殖民地派遣更多补给船队。与此同时，出于对德国入侵的恐惧，英国皇家海军在 1940 年大部分时间内都部署在英伦三岛附近。这些额外任务分散并削弱了整个北大西洋的英军反潜力量。于是德国自信地认为，在空军未能迫使当前唯一的敌人——大不列颠接受停战谈判的情况下，潜艇可能会取得成功。[11]

不过到了 1941 年春，英国排除万难，几乎独自渐渐遏制住了德国潜艇的势头。大西洋拉锯战的天平在两年内第三次发生逆转。尽管艇长拥有更丰富的经验，鱼雷得到改进升级，潜艇数量也较多，但 U 型潜艇的作战效能与 1939 年相比，几乎还是原地踏步。这对死敌的地缘战略也发生了改变。德国没有充分开发欧洲的工业潜力，反而被迫将越来越多的军力分散部署到从北极圈到撒哈拉沙漠的广阔地域。1941 年前六个月，德军专注于策划"巴巴罗萨行动"，要在远离北大西洋 1000 英里的地方发动一场陆空大战，将关键资源分配给了陆军和空军。

与此相反，到 1941 年春季，英国便脱离了西欧战事。日本攻击新加坡之前，英国在希腊的防御战业已失败，也无力针对欧洲大陆发动有力的空中反击，因此大幅缩减战线，仅在北非维持战斗。在闪电战最危急的几个月里，英国的飞机制造业产能还是超过了德国。与此类似，即便德国海军已经加速生产，此时英国和加拿大每月下水的商船、驱逐舰和小型护卫舰的数量依然超过了第三帝国新增的 U 型潜艇。

1941 年 5 月，德国海军旗舰"俾斯麦"号沉没，这标志着在过去 20 个月里，第三帝国水面舰队侵扰皇家海军、削弱英国商船队的所有努力都告一段落。海军上将雷德尔曾寄予厚望的诸多新式巡洋舰和战列舰要么躺在大西洋海底，要么被英国军舰击伤，隐藏或困守在法国、德国、挪威的港口内。控制德国水面舰艇残余力量的任务被转交给了英国战斗机和轰炸机部队，皇家海军得以腾出更多舰艇，一心一意对付 U 型潜艇。[12]

面对英国新型雷达，德军缺乏有效的反制措施。这一点同等重要。1941 年 5 月，从两艘 U 型潜艇中（一艘被俘，一艘沉没），英国海军搜索到德军密码本和恩尼格玛密码机元件。邓尼茨为了精细操控潜艇舰队，每天需要发送大量加密无线电文本。不料到 1941 年下半年，英国密码破译人员已经能够通过恩尼格玛密码机读取德国海军的通信信息，帮助皇家海军进一步增强搜寻德国潜艇的效率。英国海军部安排北美运输船队绕开"狼群"集结点，也可以拦截并摧毁来往交战区域的"独行狼"。同样，英国在潜艇战中之所以能取得密码优势，不仅是因为技术上领先，或者偶然捕获到德国密码本和编码机，而且是因为建立在更为复杂、全面的体系之上。英国人脚踏实地，快速破译德国密电，并及时传递给前线部队。[13]

德军还没有彻底完蛋。1942 年初，轴心国和盟国为大西洋之战开启了第四个，也是最致命的阶段，各方军事战略、地缘政治、科学技术和生产能力又一次发生巨变。1942 年 2 月，德国海军情报部门为恩尼格玛密码机引入了第四个转子，使密码系统更为复杂，导致盟军长达数月内都无法监听 U 型潜艇通信。大约在同一时间，德国海军负责监听的部门（B‐Dienst）也在破解英国和盟国商船密码系统（BAMS）方面取得重大进展。在 1942 年生死攸关的几个月里，德国海军事先就知晓了大部分事关盟国船队行动方案和航行路线的通信内容。U 型潜艇指挥官们对狩猎目标的未来动向了如指掌，甚至比这些目标还要了解它们自己的路线计划。

　　美国在1941年12月加入战争，对英国而言绝对利好，本应该立即就能影响战局。这支在战前打造的美国舰队当时依然是世界上第二大舰队，现在可以放开手脚打击U型潜艇了。不幸的是，在美国参战后的前六个月，情况恰恰相反。出于种种原因，海军作战部部长欧内斯特·金并未当即派遣美国军舰为前往英国的运输舰队护航。于是大多数美国商船队成了U型潜艇肆意猎杀的对象，让德国人占尽便宜。金对珍珠港事件无比愤怒，在最初几个月里拒绝将大量军舰从对日作战中调离。他摆出了一副忽视英国的姿态，其实手头也确实没有足够的驱逐舰和远程轰炸机用于打击U型潜艇。缓慢移动的运输船沿着不受照明管制的海岸城市航行，在灯火通明的背景映衬下，鲜明的轮廓显现出来。其结果是，美国商船刚刚从东海岸港口出发，便成为德国潜艇的饕餮盛宴。月复一月，许多运送食品、汽油、战争物资的货轮在美国海岸附近被德军炸毁，上面的大部分船员遇难。[14]

　　在新一轮对抗美国的潜艇战中，德国海军发动了"鼓点行动"（Paukenschlag），在前八个月里，以损失20多艘U型潜艇为代价，共击沉600多艘舰船，总吨位超过300万吨。如果没有大量商船储备，如此一边倒的败绩足以压垮任何一个刚刚参战的国家。

　　邓尼茨在美国东海岸部署的潜艇不超过12艘，取得如此成就令人叹服。德国人对Ⅶ型潜艇略加改装，增加其航程，同时派出一些排水量更大的新式Ⅸ型潜艇，希望将大西洋战役的战线永久向前推进至美国海域。德国最终建造了超过200艘Ⅸ型潜艇。与早期型号相比，它们的操作不够灵活，水下航速慢得

多，不过行动范围极为广阔，还拥有六具鱼雷发射管（大多数
Ⅶ型只有五具）和更强劲的引擎。[15]

随着 1942 年秋天临近，邓尼茨做出了大西洋战役中最重要
的判断：他的潜艇部队消灭盟军船只的速度终于超过了敌人的
建造速度，而英国工厂和军队所依赖的重要资源正濒临枯竭。
他还认为，既然日本舰队从 1941 年 12 月到 1942 年 5 月取得了
一连串胜利，那么也就能把美国水面舰艇吸引到太平洋战区。
为了给苏联提供补给，更多美国商船将不得不从北大西洋航线
上调离。于是随着盟军兵力分散，U 型潜艇舰队集中力量，德
军将在与北美护航编队的较量中处于优势。然而，邓尼茨被胜
利蒙蔽了双眼，并没有意识到，他在美国参战后取得的惊人成
就只是一时的反常，与其说是德国实力使然，不如说源于美国
缺乏经验和糟糕的决策。一旦金上将调遣驱逐舰和新式远程
B-24 "解放者"轰炸机（尽管数量总是不足）参与护航，德
国 U 型潜艇舰队将会发现，1942 年的战局有多么振奋人心，
1943 年就会有多么糟糕。[16]

美国以史无前例的规模生产驱逐舰、护卫舰，以及更多商
船，这也成为阻碍 U 型潜艇取得胜利的最大障碍。由于迫切需
要赢得对抗德军潜艇部队的海战，到 1942 年第四季度，美国削
减了用于建造战列舰、航母、巡洋舰以及装甲车辆的资金。美
国战略家认为，如果补给船不能到达英国，不能保持海上航线
畅通，那么讨论该组织多大规模的远征军在地中海和西欧海岸
登陆，压根就是纸上谈兵。[17]

德国海军昙花一现的成功有赖于短暂获得了情报优势。但
在 1942 年 10 月，英国人从另一艘失事的 U 型潜艇上发现了恩
尼格码密钥和密码设置，于是又一次破译了修改后的德国海军

密码。12 月，他们再次读到了邓尼茨的指令。海军上将马克斯·肯尼迪·霍顿爵士（Sir Max Kennedy Horton）此时接任英军反潜指挥官。他的前任珀西·诺布尔（Percy Noble）的诸多创新也被他一并继承下来。两人共同制定各种新颖战术，包括授予反潜舰更多独立行动的权力，允许它们在更为广阔的海域内巡航，重点关注正在被 U 型潜艇攻击的船队；同时还派出支援艇协助营救船员。

很快，猎人就成了猎物，此后再也没有转变过来。1944 年 2 月，詹姆斯·杜立德将军下令，美军战斗机不再担负为轰炸机直接护航的任务，可以自主搜索德国机场和远处的德军战斗机。同样，英国水面舰艇也越来越多地向 U 型潜艇发起主动进攻。无论是在空中还是在海上，该策略的基本原理都是相似的：当飞行员和舰长得以摆脱必须紧跟着轰炸机和商船队的束缚后，他们就可以找到各种方法，在敌人最脆弱的地点和时间展开猎杀。最好的防御就是脱离预设规则，大胆进攻。[18]

175

德国人致力于研究诸如潜艇换气装置和氢动力推进等需要长期投入的"黑科技"。盟国则关注开发能够逐渐取得成果、更实用的技术，如多发深水炸弹抛射器、高功率机载探照灯、自带空中掩护的小型护航航母，以及一直在进行升级改进的雷达和声呐。这些改变在 1943 年中期开始对战局产生重要影响，最终令德国海军整个潜艇部队铩羽而归。

1943 年 4 月至 5 月间，横渡大西洋的 ONS – 5 护航舰队通常被视为盟军取得大西洋战役最后胜利的象征。这支船队中，每三艘商船便有一艘军舰伴航。尽管有将近 40 艘 U 型潜艇组成"狼群"，围攻船队一个多星期，42 艘商船中仍有至少 30 艘安全抵达目的地。六艘参与攻击的 U 型潜艇沉没，更多潜艇受损。随后几周，大西洋护航队遭受的损失微乎其微，至少比攻击它们的 U 型潜艇舰队少得多。大西洋战役在 1943 年秋落下帷幕。仅 5 月份，德军就损失了所有现役 U 型潜艇数目的四分之一（一个月内 43 艘），而只击沉了 58 艘舰船，仅仅是盟国每月新增产量的一小部分。与此同时，美国造船厂还在生产数百艘"自由轮"（Liberty）以及吨位更大的"胜利轮"（Victory），至战争结束时，总计制造了超过 3200 艘。[19]

虽然 U 型潜艇在整个战争期间都是不容小觑的攻击武器，但在冲突的最后 24 个月里，它们并没有对盟国构成严重威胁。邓尼茨承认，到 1943 年初，"雷达，特别是机载雷达的定位功能，实际上剥夺了潜艇上浮到水面作战的能力……因此，我命令潜艇从北大西洋撤回……我们输掉了大西洋之战"。尽管盟军护航舰的数量每月都在增长，但 1944 年和 1945 年，绝大多数商船均能够安全地航行于北美到英国的跨大西洋航线上。

邓尼茨在海上消灭了大量盟军船只，不过他从未成功缩减敌人的护航舰数量。当然，他也不能从源头上彻底破坏工厂生产，而这才是摧毁敌方持续进行战争能力的最经济的方法。于是在大西洋战役之后，盟军的商船队规模比以前更大了。对于德国 U 型潜艇在战役中的表现，最婉转的评价是，从人员和物资相对成本效益这样的狭义指标分析，大西洋是德国在战争中唯一可能获胜的战场，虽然事实上它在大西洋战役中是失败者。[20]

176 　　能否在地中海东部掌握制海权，决定着苏伊士运河关键出入口的归属，关乎英国在埃及重要补给基地的安危，并影响土耳其的政治倾向。土耳其名义上保持中立，实为墙头草。不过德国于 1941 年 4 月冒险攻占克里特岛之后，地中海东部战局基本上维持在稳定状态：德国和意大利仍然占领着十二群岛，直到战争末期才易手。轴心国在此可通过空军控制爱琴海大部分地区。然而，德意两国并没有充分利用这一有利开局，改变地中海战区走势，更不用说彻底切断盟国从大西洋经苏伊士运河进入太平洋的海上运输通道。轴心国之所以失败，要再次归因于皇家海军的巨大优势。在皇家空军的掩护下，英国舰队得以继续在亚历山大和塞浦路斯外海自由行动。德国或意大利从来没有对这两个基地进行系统性轰炸。德军在阿拉曼战役中失败，以及 1941 年 12 月，意大利海军特种部队在亚历山大港袭击了两艘英国战舰后，英国位于地中海东部的基地逐渐解除危险，在战争剩余时间内大致处于安全状态。德国没有将克里特岛和十二群岛作为进一步征服的起点，从而获取更大的战略优势。早期在地中海东部赢得的战利品就这样任其浪费，终于在 1943 年底失去了意义。

　　日本和德国很早就已经放弃了在苏伊士运河会师的幻想。不过丘吉尔在 1943 年秋天重新夺回希腊爱琴海和十二群岛的宏伟计划也彻底搁浅。德军利用爱琴海诸岛上的空军基地，掌控着这片海域的制空权。美国则没有兴趣夺取十二群岛。很难看出英国将德军赶出爱琴海对盟军在西欧和东欧即将进行的决定性战役有何益处。总而言之，尽管地中海东部的希腊海域偶尔发生激烈战斗，但从 1941 年夏天直到战争结束，那里都是一潭死水，战局僵持不动。挪威的形势同地中海战区一模一样。从 1940 年开始，第三帝国就在那里驻军，但并没有得到战略回报；军队也无事可干，反而空耗资金和人力。[21]

　　地中海中部和西部的战局则复杂得多。与英国控制下的埃及不同，从利比亚东部到大西洋之间的北非很快陷入持续不断

177　的战火之中，而南法及意大利是盟军实施两栖登陆的焦点地区。马耳他和西西里岛靠近德国边界，也是事关战争全局的关键枢纽，因此双方在 1942 年和 1943 年展开了激烈争夺；塞浦路斯和克里特岛却保持平静。尽管英国在与意大利水面舰队的一系列交锋中取得了初步胜利，但从 1940 年到 1942 年中期，轴心国海军仍然占据优势。至 1940 年 6 月，法国战舰要么沉没，要么被解除现役。美国海军直到 1942 年底才姗姗驶入地中海。英国在直布罗陀、马耳他和亚历山大拥有军用机场，不过克里特岛、利比亚和西西里岛也建有轴心国的战斗机基地，英国人占不到任何便宜。地中海上，意大利水面舰艇和德国 U 型潜艇数量仍然比英国战舰多。尽管面临各种不利因素，英国还是维持了一条通往马耳他和埃及的地中海通道，能够向处于围困中的部队提供援助。[22]

　　原因还是在于英国人的作战技巧更为高明。虽然意大利海军规模更甚，但雷达设备不佳，燃油供应得不到保障，也不善于夜战，因此在与英国地中海舰队进行一系列决战的最后关头，往往只能龟缩进港口，或短暂激战后就脱离战斗。这类似于日本海军实力刚开始在账面上貌似与美国太平洋舰队平起平坐，其实只是带有欺骗性的数字罢了。英国可以从大西洋战区和太平洋战区灵活调遣战舰，生产船舶的能力高出一筹；反之，意大利未能充分调动资源，造船工业也停滞不前。英国敢于在战斗中使用战列舰和巡洋舰，结果战舰大多数幸存下来；意大利把战舰雪藏起来，消极应战，反而损失殆尽。

178　　　1940 年 11 月 11 日至 12 日，英军将首次攻击意大利的目标定在塔兰托港。富有冒险精神的安德鲁·坎宁安海军上将指挥皇家海军舰载机在意大利海军母港投放鱼雷，击沉战列舰一艘，重创两艘。这是航母舰载机历史上第一次在没有水面舰艇帮助的情况下，独立击沉战列舰，对墨索里尼产生了极大震撼。意大利舰队很快就从现在暴露在英国海军攻击范围之内的适宜母港向北转移。虽然这支舰队经常冒险去挑战前往马耳他的护航编队，而且两艘受损战列舰在不到一年的时间内就重新投入使用，但意大利皇家海军再也不敢奢望能战胜英国舰队（见地图4）。

这场里程碑式的战役的后续影响颇具讽刺意味。日本人在制订偷袭珍珠港的计划时，很可能仔细研究了这次袭击，尤其是英国轰炸机创造性地在浅水港投放鱼雷的战法。也许正是因为日本海军的效仿过于雷同，才导致他们像英国人一样，没有在前两轮成功打击之后进一步采取攻击行动，从而彻底摧毁美国舰队及其军事设施。与此同时，成功创造这场革命性成功的英国人自己显然也没有从中学到什么。一年多后，"威尔士亲王"号（Prince of Wales）战列舰和老旧但依然强大的"反击"号（Repulse）战列巡洋舰在没有战斗机护航的情况下驶往新加坡，结果半路上被日军陆基飞机轻而易举地炸成碎片。其惨烈过程比英国航母飞行员早些时候击沉意大利战舰更富有戏剧性。[23]

四个多月后（1941年3月27—29日），坎宁安将军在希腊伯罗奔尼撒半岛附近的马塔潘角再次出击。他率领由英联邦国家组成的舰队击沉了三艘没有雷达设备的意大利巡洋舰和两艘驱逐舰，自身损失轻微。同样，英军之所以能取得一边倒的战绩，得益于他们拥有更优良的航海技艺、过人的胆识、灵敏的雷达和情报体系。轴心国歼灭英国地中海舰队的唯一手段是空中力量和U型潜艇，而不是寄希望于意大利巡洋舰和战列舰的数量优势。例如，在1941年5月克里特岛附近海域爆发的战斗中，德国空军以轻微代价击沉了两艘英国轻型巡洋舰和六艘驱逐舰。为了孤立马耳他岛，切断英国通往北非的补给线，轴心国与同盟国展开了一场拉锯战。战斗中，轴心国空军和潜艇部队，加之水雷阵，摧毁了两艘英国航母、一艘战列舰、10 多艘巡洋舰、40 多艘驱逐舰以及 40 艘潜艇。到 1942 年底，轴心国似乎即将赢得地中海战役的胜利。[24]

179   意大利舰队本应该尽可能多地消灭可用于反潜作战的英国驱逐舰，这样才能支援 U 型潜艇行动。可是意大利海军旧病复发，一点也不敢承担风险。而英国人即使需要在其他战区投入多得多的资源，也勇于担当。从 1942 年至 1943 年，尽管英国地中海舰队损失的舰只更多，不过其规模反而超过了意大利海军。美军总算在 1942 年 11 月 8 日加入地中海战局，于是英国人制定了为赢得地中海海战所需要达成的三个目标：确保为北非部队提供补给的航路能够很快得到护航；削弱轴心国海上力量，使之不足以对盟军登陆北非和南欧形成威胁；重建一条从英国经苏伊士运河，再到印度洋和太平洋的安全航路。在实现这些目标的过程中，坎宁安的表现不仅胜过德意对手，他也很可能是整个欧洲战区最为出色的海军将领。

    相比之下，希特勒和墨索里尼为轴心国制定的地中海战略着实糟糕透顶。马耳他岛，而不是克里特岛，才是大陆间的战略枢纽，但德意陆军从来没试图登岛，大举进攻。十二群岛依然还是战略死胡同。夺取直布罗陀本应是希特勒关心的头等大事。然而，他与西班牙独裁者弗朗西斯科·佛朗哥的谈判未能达成一致。经历残酷的西班牙内战后，佛朗哥不愿意掺和希特勒的战争，除非得到维希法国的大部分北非领土。希特勒没有得到西班牙的配合，结果导致英国人通过占领直布罗陀，进而控制了进出地中海的西出口。考虑到地中海所有沿岸地区不是中立国就是轴心国统治地区，这样的局面相当怪异。具有讽刺意味的是，如果德国在西班牙内战期间没有向佛朗哥提供物资，如果听凭共和党人获胜，那么希特勒很可能在1940年秋，即法国沦陷后不久就入侵虚弱的西班牙，并夺取直布罗陀。

　　1942年，鉴于太平洋战场局势，英国海军将部分舰艇调往缅甸，以确保印度安全。与此同时，为执行"巴巴罗萨行动"，轴心国也从地中海抽调资源，力度甚至高过英国。希特勒本人曾经嘲弄说，德国人对地中海地区"毫无兴趣"。入侵苏联是灾难性的决定，轴心国因而永远无法调集足够兵力和资源将英国势力一劳永逸地驱离地中海。战争中，这种情况在其他地域也一再发生。[25]

　　1942年底以后，意大利舰队便几乎耗尽了石油，战舰所剩无几，也不可能为拯救困在北非的轴心国远征军发挥实质性作用。即使在战争的最后日子，德国U型潜艇也能不时地击沉盟国舰只，但"狼群"破坏地中海贸易的时代早已结束。到1943年中期，英美舰队可以自由选择时间和地点，在地中海沿岸某地实施登陆。大约有60艘U型潜艇曾经进入地中海作战，但只有一艘在战争中幸存下来。[26]

　　墨索里尼建立一个不断壮大的北非帝国和重塑地中海的白日梦终究还是破灭了。埃尔温·隆美尔将军也曾短暂设想直取苏伊士，然后挥师穿越中东抵达里海，甚至也许能与1941年6月入侵苏联的南方集团军群会师。取得地中海战役成功的关键从来不取决于某个大国控制了多大地盘——1942年的地图显示，意大利拥有的领土面积多过英国——而是占领区的地理位置。只要直布罗陀、苏伊士、马耳他——地中海的出入口和中转站——仍控制在英国人手里，它们的战略意义就远比罗得岛、克里特岛和西西里岛更加重要。随着盟军舰队和空军力量不断加强，轴心国在地中海唯一的获胜希望就是德国迅速击败苏联，拉拢土耳其、西班牙这样的中立国入伙，增加舰船、飞机的可投入量，并期盼日本海军驶进苏伊士运河。这一切在1941年末仍有可能实现，到1942年秋天则困难重重，至1943年初就彻底无望了。

然而，地中海并没有像丘吉尔最初设想的那样，成为盟军穿过欧洲"软肋"、攻入奥地利和德国的门户。地中海制海权充其量只能帮助盟军进入意大利（西西里岛）和法国南部，然后盟国利用部署在意大利的远程轰炸机深入德国东部及其东欧仆从国实施轰炸。此外，一旦德国和意大利海军丧失了作战能力，英国便能相对容易地确保物资、军队安全通过地中海，前往太平洋。[27]

欧洲战区的海战颇为反常，早在德国和意大利崩溃前两年就结束了。1943年末之后，盟军舰船除了偶尔遭遇残余的U型潜艇攻击之外，基本上可以为所欲为；而对于陆地战争，这种局面直到1944年底或1945年初才得以出现。

由于日本帝国舰队实力更强，加上盟国在分配资源时表面上执行"欧洲优先"政策，因此太平洋战争对英美两国而言应该要艰巨得多。可是情况恰恰相反，英美舰队在六个月内就与敌军形成均势，在两年内获得优势，在不到三年的时间里夺取了绝对制海权。到1944年，盟国海军已经无所顾忌，几乎把所有的注意力转向为地面部队和空军提供补给和支援。这也成为舰队出海的主要目的。

第九章　浩瀚之海

南太平洋属于一片极为广阔的海洋，比起地中海或大西洋，这里距离华盛顿和伦敦的盟军海军司令部更为遥远。海军行动因而更加依赖于空军配合，需要陆军实施两栖登陆并争夺岛屿上的基地，以及后勤系统提供足够的燃料，这又彰显出补给舰、运兵船、油轮和护航舰队的重要性。世界上最强大的三支舰队——分属英国、美国和日本——在太平洋上捉对厮杀，因此世界上规模最大的海战——珍珠港、珊瑚海、中途岛、瓜达尔卡纳尔、菲律宾海和莱特湾等海战——在这里爆发绝非偶然。

1942 年 2 月下旬，也就是珍珠港事件发生后仅两个月，一支由美国、英国、荷兰、澳大利亚的巡洋舰和驱逐舰拼凑而成的联合舰队，即所谓的 "ABDA 司令部"① 在爪哇海与一支实力不相上下的日本舰队迎头相遇。盟军战舰的目的是击沉日军运输船队，从而阻止日军入侵爪哇岛，并扼制敌军正盛的势头。这是自日德兰海战以后最大规模的水面舰艇对战。当主要战斗及后续小规模冲突全部结束时，盟军有两艘巡洋舰和三艘驱逐舰被击沉，2300 多名海员丧生，其中包括海军上将卡雷尔·多尔曼（Karel Doorman）。这位勇敢的荷兰舰队指挥官跟随自己的旗舰——"德·勒伊特"号（De Ruyter）一同沉入海底。日军连一艘军舰都没有被击沉，仅有 36 名水手死亡。珍珠港事件

① ABDA 分别是美英荷澳四国的英文首字母。

之后，盟国还不愿相信日本能控制太平洋，但爪哇海战役单方面的屠杀彻底打消了西方人的种族优越感。事实上，盟军现在认为日本水兵都是超人，惊恐地认定，此前在珍珠港和新加坡海域遭遇惨败是必然结局，而非特例。

太平洋战争伊始，日本海军在几乎每一个作战领域都占据优势。他们的巡洋舰和驱逐舰普遍比盟军的更大，火力更猛。日本海军炮火精准，尤其在夜战中，优势越发明显。盟军舰队却领导松懈，协同混乱，组织不力。乍看上去，人们可能会误以为，拥有五百年海军传统，并借此获得全球霸权的是日本而非英国，是日本人发明了无畏舰、大口径舰炮和蒸汽动力船。1942 年底，也就是美国在中途岛取得胜利后六个月，美国海军部署在太平洋地区的六艘航母中，有四艘——"大黄蜂"号、"列克星敦"号、"约克敦"号、"黄蜂"号——沉没，第五艘"萨拉托加"号遭受重创，无法行动。[1]

太平洋海战与大西洋、地中海的战斗模式一直都截然不同。战斗人员之间的对决方式就有很大差异。双方都拥有航母舰队。这场大海战不是从 1939 年秋开始的，而是延后两年多才爆发。当时航空及航母技术已经适应战时需要，并得到了长足进步。科研人员也充分汲取了来自大西洋和地中海战区的经验教训。在大多数情况下，英美两国只与一个海上敌人——日本作战，而不是在欧洲那样存在两个敌人。1943 年后，欧洲轴心国家在将盟国舰船调离太平洋上没有向日本提供任何间接帮助。除了在战争初期和尾声联合执行过一些作战行动外，英美两国发现没有必要如在地中海和大西洋那样，立即进入协同作战状态，集中大批军舰或联合实施两栖登陆来专门针对日本。在英国人看来，新加坡陷落只是一场心理灾难，与伦敦的烈火相比，或许就无关紧要了。相比之下，美国领土在战争中仅遭受过唯一一次直接的猛烈攻击，罪魁祸首正是日本，而不是德国。大不列颠在太平洋没有一寸海岸线，美国的太平洋海岸线则超过1200英里。

这些不同之处也有助于解释为什么美国海军会像英国人最初在大西洋上那样，在太平洋上掌握主导权。在英国人眼中，美国海军总司令欧内斯特·金脾气暴躁，固执己见，同乔治·马歇尔将军的风格完全不一样。之所以如此，部分原因是英国海军将领就日本问题提不出多少有价值的建议，而马歇尔则十分看重经验丰富的英国陆军将军针对德国和意大利的宝贵看法。英国作为轰炸机基地和登陆欧洲大陆的跳板，其地位至关重要，但在太平洋战区则无此战略价值，因此美国人倾向于在太平洋上单干。不论怎样，英美舰队在太平洋战争期间还是能够保持充分沟通，避免相互误解，但在其他方面，他们并不怎么在意对方。这种独立作战模式在某种程度上成效似乎还相当可观，而大西洋战役初期，英美各自为政，则很不成功。[2]

太平洋战争中，双方都对敌人怀有深深的成见，体现在以下三个方面。第一，日本人错误地认为，西方海员、海军航空兵、海军陆战队和陆军地面部队没有尚武精神，不如日本水兵和两栖部队那般凶猛好斗。但他们惊愕地看到，中途岛战役中，美军飞行员居然驾驶着落后的 TBD "毁灭者" 轰炸机，携带有缺陷的鱼雷，就像是可以随意牺牲的弃卒那样，毫无畏惧地飞向死亡。在瓜达尔卡纳尔岛，经验丰富的日本老兵与美国海军陆战队第 1 师及随后增援的数支陆军部队鏖战厮杀。他们震惊地发现，尽管美军训练不足，一开始能力有限，但敌人的战斗精神远比物资装备更为强大。

第二，英美也错误地以为，日本只是西方科技的模仿者，必然在设计、航空和技术工艺等所有海军相关领域都落后一步。很快，日本人就凭借优秀的光学设备和熟练的夜战炮术，杀了个下马威，在萨沃岛海战中大获全胜，令美军大吃一惊。日本是一个通过吮吸其他国家资源而发展起来的寄生强权。在太平洋战争爆发时，虽然缺乏机载雷达，日本海军却拥有更多航空母舰、世界上最大的战列舰、最优秀的鱼雷和驱逐舰、最娴熟的海军飞行员。他们驾驶的舰载轰炸机、战斗机、鱼雷机也不逊于，乃至胜过美国同类机型。

第三，部分出于种族仇恨，交战各方在太平洋和亚洲战区很少对敌人宽大处理。日本人常常对被俘美军水手严刑拷打，之后将其处决。这种行为既是他们的军事准则，也成了恐吓西方士兵的手段。美国人虽然基本上遵循西方战争的规则，然而事实证明，他们更为残暴。美军依靠压倒性的火力优势，屠杀大多数不愿投降的敌人，也不在乎军事行动可能给日本工业区的平民造成附带损害。

美日双方的认知都很刻板，但日本人犯下的错误更多。至1942年末，英美海军和地面部队同日军一样勇敢无畏；而日本的科技水平和工业能力到1943年时已处于劣势。日本尽管在战前掌握了大量先进技术，却永远追赶不上西方敌国在科技上取得突破的速度和工业动员能力。战争期间，从提出技术创新挑战，到相应做出改进，需要尽量缩短研发周期，西方国家对此轻车熟路。此外，还抱着前现代战争观念的日军实施了各种残暴行为，令对手怒火中烧，以至于就算日本人惨遭恐怖的轰炸袭击，也无法被看作受害者，博取世人同情。

与欧洲战区不同，盟军在太平洋上发起海战并不是为了配合陆地行动和空中突袭。大多数美国步兵战斗都是两栖作战，依赖登陆艇，也需要海军为远征军和海军陆战队提供支援。与此不同，英美海军在大西洋和地中海的任务则是夺取海上优势，并以此为基础，向德国占领区派遣常规步兵和装甲部队，或者阻止轴心国发动两栖行动或空降入侵。这种联合作战模式确保陆军能一路攻入德国本土的心脏地带，但他们也因此很快就脱离了海军火炮和海军航空兵的掩护。³

海军战舰在太平洋更具自主性，一般不参与步兵行动。盟军的攻击目标是日本海军和商船队，试图让这个过度扩张的庞大海上帝国在饥饿中屈服。盟国海军的战略与德国海军围困大不列颠类似，但有两处重要区别。首先，德国海军并无绝对优势，而英美猎手比日本更为强大，拥有大量军舰、飞机，还有新科技加持。其次，美军信心十足，一定要占领或摧毁日本本土，而德国早在1941年中期就放弃了消灭英国的类似想法。

同时进行两线作战的不止盟军一方。日军在中国和缅甸陷入泥潭长达十年之久。为了从日本本土运送武器和军队前往这些战区，帝国海军不得不从太平洋抽取宝贵的作战资源，确保那个方向的海上优势。太平洋战争也远比大西洋之战难以预测。自从古雅典和罗马帝国海军称霸地中海以来，那里就是西方列强再熟悉不过的战场。然而，盟军即使在新加坡和菲律宾建有重要基地，也仍然极少涉足南太平洋大部分地区。几个世纪以来，欧洲国家和它们的美洲殖民地政权一直为控制穿越北大西洋的航线争斗不休，而美国舰队对瓜达尔卡纳尔岛和爪哇岛附近海域知之甚少。从洋流浅滩到热带疾病，再到鲜为人知的土著民族，这一切都使得太平洋战区充满异国情调，在此作战远比航行在大西洋或地中海上更为神秘。若非如此，詹姆斯·米切纳（James Michener）不可能写出一本名为《北大西洋故事》的畅销小说；罗杰斯与汉默斯坦（Rodgers and Hammerstein）也不会为在同样寒冷海域内作战的美国人创作一部田园牧歌般的音乐剧。尼古拉斯·蒙萨拉特（Nicholas Monsarrat）在战后创作的史诗小说《沧海无情》（*The Cruel Sea*）的内容则完全不同，讲述了在大西洋之战中军人如何同狂暴的天气和狡猾的德国 U 型潜艇战斗，充满了噩梦般的元素。①

太平洋战争中，美日海军共有过 40 多次交锋。尽管日本人遵循着冷酷无情的武士道精神，不过他们也倾心于美国海军上将阿尔弗雷德·塞耶·马汉的伟大构想，即寻求一场终极决战，从而摧毁敌人海军，获得制海权，随后通过谈判迫使敌人屈服，而不谋求绝对胜利。这个观点在珍珠港事件 36 年前就得到了印证。俄罗斯帝国舰队在对马岛海战中几乎全军覆没，俄国政府不得不寻求和平。从中途岛战役到莱特湾海战，日本帝国海军总是设定过于复杂的作战计划，但都围绕一个目的展开，那就是引诱美国人踏入陷阱，然后一举歼灭，从而使美国的战争机器瘫痪。不过即使日本人在珍珠港取得了最伟大的战术胜利，这套 19 世纪的海军战略还是完全失败了。问题不仅仅在于他们击沉的战舰类型不对，数量也不够，或放过了珍珠港内的军事基础设施和大型油库，以及他们未能煽动伤痕累累的美国人在中太平洋地区盲目发动反击。珍珠港偷袭行动的真正缺陷是，

---

① 詹姆斯·米切纳，美国作家，二战期间加入海军在太平洋作战。1947 年，他根据自己的参战经历创作《南太平洋故事》一书，获普利策奖。理查德·罗杰斯与奥斯卡·汉默斯坦，一个作词，一个作曲，开创了 20 世纪音乐剧的"黄金时代"。他们共同创作的《南太平洋》是百老汇音乐剧史上的经典之一。尼古拉斯·蒙萨拉特，英国作家，在第二次世界大战中参加了北大西洋护航战。

即使取得胜利，日本也无法企及美国庞大的人力资源和生产能力。日本人并没有充分意识到，停泊在珍珠港的舰队只是美国战略力量的零头。这个国家虽然遥远，但坚不可摧，实力超群。

历史上，很少有海战能直接终结战争，即使是一方获得压倒性胜利的萨拉米斯、锡拉库萨、勒班陀或特拉法尔加海战也难以做到。与日本寻求的胜利模式相反，美国的目标不是在战列舰和航空母舰的决定性海战中彻底消灭敌人，而是在无声无息中切断日本海上补给线，坚守远程战略轰炸机基地，使驻防岛屿的日军与本土失去联系，陷入孤立。美国无意取得一次象征性的重大胜利，从而迫使日本人相信当初发动珍珠港偷袭就是一个错误，只能通过让步及和平谈判加以纠正。美国海军的真正任务是摧毁日本人进行战争的能力。

太平洋战争可分为三个泾渭分明的阶段。第一阶段从 1941 年 12 月 7 日到 1943 年 1 月 1 日。日本在这一年中主要对阵战前组建的那支美国太平洋舰队，同时与英国、英联邦国家，及孤零零的荷兰舰队作战。珍珠港事件之前，美国太平洋舰队就拥有傲人实力，包括九艘战列舰、三艘航母、24 艘重型和轻型巡洋舰、80 艘驱逐舰和近 60 艘潜艇。然而在 1941 年 12 月 7 日，这支舰队的所有舰种兵力都被日本帝国海军超越，尤其是航母数量严重落后。

188

日本海军拥有战舰数量优势；作战人员经验更丰富，训练时间更长，夜战能力高超；舰载飞机力压美军一筹；鱼雷威力更是远超对手。因此经过爪哇海海战、珊瑚海海战、中途岛海战和瓜达尔卡纳尔海域的五次海战等一系列激烈交锋后，就海军幸存吨位方面，日本总战绩与美国打成平手。尽管在中途岛惨遭巨大损失，但直至 1942 年底，日本仍然大致保持着军事对等，至少在帝国海军摧毁的敌舰数目同自身损失舰船数量这个层面没有吃亏。日本完好无损的舰队航母数量依然为世界首位，足以保卫"大东亚共荣圈"的外层防线。

转眼进入 1943 年初，太平洋战争第二阶段接踵而至，从此变成了一场完全不同的战争。交战双方是一支几乎焕然一新的美国舰队和思维僵化的日本帝国海军。日本人还抱着战前的海军战略不放，又面临石油短缺和高技能航母飞行员不断损耗的困境，在战争中日益步履维艰。就在日本宣布自己成为太平洋地区霸主之际，它却完全没有意识到，美国不仅可以从庞大的大西洋舰队调来越来越多的战舰，而且从 1940—1941 年就开始打造全新的舰队。这支海军的规模不仅比 1941 年战前的美国太平洋舰队还要大，甚至超过整个日本帝国海军两倍有余。如前所述，除了建设一支新的护航舰队（拥有 122 艘舰船）和轻型航母（九艘）之外，美国还生产了 24 艘大型"埃塞克斯"级航母（每艘约 27100 吨，载有 90—100 架飞机）。航母上很快就配备了新一代"地狱猫"战斗机、"地狱俯冲者"俯冲轰炸机、"复仇者"鱼雷攻击机。每一种都比日本同类机型更加优异。到战争结束时，美国海军训练了超过六万名海军飞行员，部署约九万架各类舰载飞机。

特别值得注意的是护航航母。这类航母排水量为 8000—10000 吨，航速 17 节，其设计目的不是取代，而是增强轻型航母和舰队航母的战斗力。它们体型小巧，没有装甲，速度缓慢，航行在波涛汹涌的海面上又十分颠簸，对水手毫无舒适性可言，但也许是战争中最具创新性的海军发明。姑且不论护航航母造价低廉、建造速度快的优点，它们在许多方面都比体积更大的轻型航母或舰队航母更具成本效益优势。仅仅 3.5 艘护航航母携带的舰载机就足以与一艘标准舰队航母的空中力量相媲美。就服务舰载飞机所需舰员数量而言，护航航母也更为经济（3500∶850 人）。美国海军在太平洋战争期间一共出动了 122 艘护航航母，做到了舰队的航空兵力收放自如，从而掌控广阔的大洋；否则就需要额外增加 34 艘舰队航母的巨额开支才能达到同样的效果。随着新式重型舰载机被分配给"埃塞克斯"级航母，数千架第一代轻型 F4F "野猫"战斗机和"无畏"俯冲轰炸机在护航航母上实现了"再就业"。

　　在不到四年时间里，美国造船厂制造出的船舶的吨位数令人瞠目结舌；而且主要交战国正在服役中的每一类型战舰，美国均能生产，且质量上乘。除了两艘新式"北卡罗来纳"级战列舰（3.6 万吨，九门 16 英寸火炮）外，美国海军还增添了四艘速度更快、威力更强的"南达科他"级战列舰（3.5 万吨，九门 16 英寸火炮），最让人叹为观止的则是四艘"艾奥瓦"级巨型战列舰（4.5 万吨，九门 16 英寸火炮）。此外，美国人还将在珍珠港事件中沉没的六艘老式战列舰打捞上来，重新投入现役。"俾斯麦"号下水后，德国人大肆宣传，称其为德国海权历史上的开创性时刻。对此，美国人只是不屑一顾地打了个哈欠。他们生产的四艘"艾奥瓦"级战列舰的质量个个都超越了"俾斯麦"号和"提尔皮茨"号。[4]

　　配合航母和战列舰作战的还有 14 艘新型"巴尔的摩"级重型巡洋舰（1.45 万吨，九门 8 英寸火炮）。美国海军驱逐舰实力更是首屈一指，包括 175 艘"弗莱彻"级、58 艘"萨姆纳"级（Sumner），以及超过 95 艘先进的"基林"级。日本错误地将大量资源投入建设巨型战列舰，反而削弱了本来就处于

劣势的舰队实力。美国则打造了一支由 400 多艘护航驱逐舰
（约 1400 吨，航速 24 节）组成的庞大舰队，虽然看上去单调乏
味，但灵活性更佳。至 1943 年，大部分护航驱逐舰均被部署在
太平洋。这种通用型战舰能够用 3 英寸和 5 英寸（后续型号上
安装）口径火炮拦截商船，为舰队提供防空支援，向大型船只
发射鱼雷，投射深水炸弹攻击潜艇。日本潜艇部队正是被护航
驱逐舰与护航航母制约，才从未取得可以与美国潜艇相匹敌的
战果。这也解释了为什么美国商船在太平洋遭受的损失相对较
小，为什么美国军舰甚至有余力去追击日本最小的拖网渔船。[5]

珍珠港事件之后，美国还建造并部署了一支崭新的潜艇部
队。该部队由先进的大型远程潜艇组成，包括 70 多艘"小鲨
鱼"级、122 艘"白鱼"级，以及其他级别的 228 艘新型潜艇。
190 同样，这批潜艇绝大部分都部署在太平洋战区。日本损失的舰
船总量中，半数以上都是美国潜艇的功劳。它们还成功切断日
本的海上补给线，与投掷凝固汽油弹和水雷的 B - 29 轰炸机群
类似，以这种不为世人关注的方式破坏日本经济。"白鱼"级
和稍后服役的"丁鲷"级是战争期间生产数量最多的潜艇
型号。

1943 年初至 1945 年 8 月，太平洋战争进入第三阶段。美国
水面战舰和潜艇开始对日本商船发动毁灭性打击。此外，美国
战舰还为两栖作战行动提供持续不断的火炮支援，保护美国货
轮得以在大洋中自由通行，为越来越接近日本本土的海、空军
基地输送急剧增加的补给物资。至此，依赖进口资源的日本本
土经济终于被绞杀；分散的太平洋诸多岛屿上的几十万日本士
兵亦沦为孤军，既得不到增援，也无法撤离。

军事史上，没有哪一支海军像日本这样发动战争时如此不

可一世，却又在如此短的时间内灰飞烟灭，无论是萨拉米斯海战中的波斯人、伊哥斯波塔米战役（公元前 405 年）中的雅典人，还是勒班陀海战中的奥斯曼人、特拉法尔加海战中的法国人，甚至 1905 年的俄国人。

美国根据战前态势，本应该能够预料到夏威夷可能会遭受由航空母舰发动的突然袭击，不过偷袭珍珠港的战役构想和实施过程依然非常出色。一支由六艘航空母舰和多艘承担护航任务的主力舰（两艘战列舰、三艘巡洋舰、11 艘驱逐舰；至 1945 年，除一艘幸免外，其余全部沉没）所组成的庞大日本舰队隐秘前进到距夏威夷海岸 200 英里处。更令人惊叹的是，日军第一航空舰队——约 353 架飞机发动了两个波次的袭击——完全出乎意料地在两小时内就彻底摧毁了美军太平洋司令部所属全部战列舰和大部分空军力量，自身损失极其轻微。自特拉法尔加海战以后，还没有任何一支海军以如此之少的伤亡（64 人死亡），取得如此之大的战绩（2403 人阵亡，四艘美国战列舰沉没，四艘受重创），然而日本几乎没有收获任何战略层面上的成果。[6]

日本人的如意算盘是，只要切断北美通往澳大利亚的航线，在东太平洋和南太平洋阻滞美国舰队两年，巩固他们新获得的帝国领地，那么正在欧洲战场节节败退的英美两国最终必将主动谋求和平。从战略需求角度分析，珍珠港偷袭在执行层面上也不够彻底。南云忠一海军中将此前并无航母指挥经验，并未下令对珍珠港实施第三、第四波次空袭，否则很有可能破坏港口设施，炸毁舰队所需的大部分贮存燃料，摧毁宝贵的补给舰和潜艇，或者把军火库和生产车间一炸了之。尽管南云忠一对海军航空兵的作战方式一无所知，但他也有一些正当的理由不

191

这么做。日本舰队自己的燃料供应就捉襟见肘。无可替代的海军飞行员是舰队核心，人数本来就不多，南云忠一无法承受可能的损失。三艘美国航母或数量不详的潜艇依然下落不明。12月的天气变幻莫测，冬季在公海上加油绝非易事，令总是处于焦虑中的日本帝国海军更加不安。得知舰队对珍珠港发动两次袭击就安全返航后，许多日军飞行员私下里都松了一口气。也许最重要的是，这位舰队司令官知道，随着久负盛名的美军战列舰队折戟海底，保守的日本海军军令部将认定珍珠港行动获得完胜。[7]

在珍珠港事件发生后的七个月里，日本舰队横行无忌，轻而易举地在亚太地区抹去了旧日的欧洲殖民政权和美国的势力。掌握了制海权，事实上就意味着日军可以不受阻挠，任意在菲律宾、泰国、马来西亚、荷属东印度群岛、威克岛、新不列颠岛、吉尔伯特群岛、关岛和香港登陆。历史学家经常指责日本人在战争早期染上了"胜利病"。不过在珊瑚海战役之前，仅仅在四场早期海战（分别发生在珍珠港、新加坡、印度洋、爪哇海）中，盟军就有六艘战列舰、一艘航母、一艘战列巡洋舰、六艘巡洋舰和五艘驱逐舰被日军击沉或搁浅。日军屠杀了六千多名英国、荷兰、英联邦国家及美国海员，自己仅损失一艘战舰，不到二百人阵亡。尽管日本海军取得了战术上的胜利，战略上也斩获颇丰，但还是没有实现摧毁美国航母舰队的主要目标。更重要的是，随着日军在太平洋战区一路势如破竹，"大东亚共荣圈"的范围日益扩大，日本海军和商船队也就越发人手不足，供给短缺。[8]

太平洋局势在珊瑚海战役（1942年5月4—8日）中悄悄地发生了变化，尽管当时并不明显。相对弱小的美国舰队仅以两艘航母为中心，其携带的舰载机又大多为老旧型号，但还是同日本人大致打成平手。珍珠港事件仅仅五个月后，美军就打破了日军此前的连胜纪录，无疑是一项惊人的壮举。日本帝国舰队在珊瑚海损失的海员和宝贵的舰载机飞行员数量均比美方多。此外，由于珊瑚海战况不利，日本撤销了入侵新几内亚莫尔斯比港（Moresby）的计划。这是战争中帝国海军首次取消两栖登陆行动。虽然美军损失了"列克星敦"号航母，"约克敦"号航母遭重创，但日军轻型航母"祥凤"号（Shoho）沉没，舰队航母"翔鹤"号受损，舰队航母"瑞鹤"号上的舰载机损失殆尽，日本遭受的打击更为沉重，尤其是美国还具备更为完善的修理能力，主力舰可以尽快返回战场。[9]

下一场大战发生在中途岛（1942 年 6 月 4—7 日）。套用丘吉尔关于英国取得阿拉曼战役胜利的评论，这不是日本舰队走向终结的开始，而是美国开始遏制日本侵略的结束。① 以损失早前就负伤的"约克敦"号航母和大部分鱼雷轰炸机为代价，美军消灭了日本四艘舰队航母和近 250 架舰载飞机。[10]

美国取得中途岛之战的胜利有很多原因。首先，未经事前计划，老旧的"毁灭者"鱼雷轰炸机不顾牺牲，将日军战斗机吸引开，从而让速度更快、从高空悄无声息进入战场的"无畏"俯冲轰炸机抓住了战机。其次，日本联合舰队司令山本五十六大将错误分割了原本十分庞大的舰队，派遣数艘战列舰、航空母舰、巡洋舰前往阿留申群岛，执行战略上毫无意义的入侵计划，因此这些战舰均缺席中途岛海战。山本五十六战前的过度自信也因情报工作失误而化为乌有。他不仅没有得到关于

192

193

---

① 丘吉尔的原话是："这不是结束，甚至不是结束的开始，而可能是开始的结束。"他以此提醒人们，战争依然漫长，不能松懈。

"企业"号和"大黄蜂"号的确切方位信息，甚至还以为"约克敦"号已经在珊瑚海战役中沉没或彻底瘫痪了。最后，山本五十六似乎相信，这两艘排水量不足两万吨的美国航母无论在哪里，都不会对他的豪华舰队构成致命威胁。[11]

实力非凡的美国海军情报机构通过破译日军密码，得到了一些预警信息，知道日本下一步将在何处、何时以及以何种方式发动袭击。来自中途岛的陆基飞机干扰了航母打击特遣舰队指挥官南云忠一的判断，将其注意力从美军航空母舰那里移开。美国人为了胜利而甘冒风险，日本人过于小心翼翼只是为了不输。日本舰队在中途岛一役损失了四艘舰队航母，几乎相当于整个战争期间建造的所有舰队航母之和。中途岛海战意味着日本此后在南太平洋进行扩张时，再也不能期待继续拥有曾经视为常态的海军优势了。[12]

不过日本海军是如此强大，不可能在珊瑚海和中途岛两场战役后就被轻易消灭。日军战列舰和巡洋舰依然擅长夜间作战。尽管损失惨重，但日本在 1942 年仍保持着海军航空兵的微弱优势。很快，日本人就在战斗中证明了他们的韧性。1942 年 8 月至 11 月间，美日双方为了给正在瓜达尔卡纳尔岛上激战的部队运送补给，在该岛附近海域进行了一系列残酷的海战和几次较小规模的遭遇战：萨沃岛海战（8 月 8—9 日）、东所罗门群岛海战（8 月 24—25 日）、埃斯佩兰斯角海战（10 月 11—12 日）、圣克鲁斯群岛海战（10 月 25—27 日）、瓜达尔卡纳尔海战（11 月 12—15 日）和塔萨法隆格海战（11 月 30 日）。长达五个月的海上冲突结束后，美国人赢得了这座岛屿，但损失与日本人相当：约 440 架飞机、5000 多名海军官兵，以及 20 多艘舰船。在持续不断的战斗中，"萨拉托加"号、"企业"号航母受损，"黄蜂"号、"大黄蜂"号沉没。由于早些时候"列克星敦"号航母和"约克敦"号航母分别在珊瑚海及中途岛沉没，美国在南太平洋实际上已经没有一艘完好无损的舰队航母了。这种状况直到"企业"号结束全面修理改装，返回现役，及1943年中期新一批"埃塞克斯"级航母入役后才得以改善。由于航母大量损失，在1942—1943年的大部分时间里，航母舰队未能发挥更具侵略性的作用。在新一代航空母舰到来之前的短暂间隙，日本占领着几十个太平洋岛屿，将陆上空军基地视作不会移动的"航空母舰"，反复侵扰脆弱的美国舰队。这套消灭美国海军航空力量的战略似乎正在奏效。[13]

194

　　然而，日本人还是失去了瓜达尔卡纳尔岛。美国占领该岛后，日本再也没有任何机会切断通往澳大利亚的盟军补给线，更不用说进军印度洋了。日本的驱逐舰和海军航空兵遭到了不可弥补的损失。因此是瓜达尔卡纳尔，而非中途岛才是太平洋战争的真正转折点。[14]

　　到1943年中期，对日作战形势开始向好的方向转变。至1944年底，美国海军不仅拥有世界上规模最为庞大的海军航空兵力量，甚至比同时代其他所有国家航空母舰搭载的舰载机总和还要多。1944年6月19日至20日，美军为登陆马里亚纳群岛，与日军在菲律宾海展开大规模激战，将美国的压倒性优势展现得淋漓尽致。当所谓"马里亚纳火鸡大猎杀"落下帷幕时，仅仅一支美国快速航母打击舰队（七艘舰队航母、八艘轻型航母、七艘战列舰）就歼灭了太平洋地区的大部分日本海军航空力量，击落450多架舰载机，击沉三艘日本航母，自身无一艘战舰损失。美国取得胜利有很多原因，最主要的是美国海军派出了更多更好的飞机参战, 其中绝大多数是先进的 F6F "地狱猫"战斗机。飞行员也个个训练有素, 身经百战。

莱特湾战役爆发于 1944 年 10 月 24—25 日, 双方共有约 370 艘舰船投入厮杀, 就总吨位而言, 可能是史上规模最大的海战。美军在短短四天内就终结了日本继续发动常规攻势的能力。此役中, 日军飞机首次对美国舰队发起自杀式攻击, 但帝国海军的飞机数量可能比美军的舰艇数还要少。日军的损失也很惊人, 包括一艘舰队航母、三艘轻型航母、三艘战列舰以及不可思议的十艘巡洋舰和九艘驱逐舰。此后不到六个月内, 日本将作战手段系统性地转变为"神风特攻", 并在冲绳岛以这种方式给美国海军造成其历史上最严重的伤害。但是在莱特湾海战之后, 日本军舰就再也没有对美军构成任何战略威胁, 亦失去了持续作战能力。公元前 405 年, 雅典在伊哥斯波塔米战役中惨遭灾难性的失败, 致使古城面临围攻。莱特湾失利就是日本版的伊哥斯波塔米战役, 帝国的辉煌在此终结。[15]

195 　日本舰队在短短三年内就烟消云散, 这不仅仅是庞大且作战技能高超的美国航母舰队和水面战舰的功劳。从美国西海岸到南太平洋, 美军补给线可谓坚如磐石; 还有一支数量似乎无穷无尽的商船队为美国海军陆战队和陆军部队提供远胜于日方的有力支援。

日本缺乏这样的后勤保障。其中一个原因是, 在不到四年的时间里, 美国潜艇共击沉了 200 多艘日本军舰和 1300 艘商船。远远超过 50% 的日本舰船都毁于美军之手。鉴于美国参战时并没有多少潜艇实战经验, 作战区域也比大西洋更为广阔, 这是一个相当了不起的壮举。而且随着日军不断后撤, 敌人的补给线在缩短, 自身的却在延长, 美军潜艇部队能取得这样的功绩实属不易。

日本人的反潜能力远不如在大西洋作战的英美两国。根据计算，美国潜艇攻势是整个战争期间成本效益最高的作战手段。日本为实施反潜行动，弥补因美军潜艇造成的舰船损失，所付出的代价是美军发动潜艇进攻的成本及美国自身商船损失总和的40多倍。在战争开始时，美国的经济规模便已经是日本的十倍，因此这样的代价对日本而言是不可能持续的。

太平洋海战的最后一幕却是一出反讽剧。战争伊始，日本人在新加坡附近海域让全世界海军学到这样一课：在没有空中掩护的情况下，派遣像"威尔士亲王"号、"反击"号这样的战列舰或战列巡洋舰参战毫无意义。不到四年后，日本帝国海军被迫命令世界上最大的战列舰"大和"号前往冲绳作战。这艘巨大的海上"神风特攻舰"既无充足燃料，也没有空中支援，却不得不面对世界上最强大的海军航空兵，执行这趟有去无回的自杀任务。1940年，英国人在塔兰托港教训意大利人，战列舰在俯冲轰炸机和鱼雷轰炸机面前不堪一击；可是他们在1941年新加坡外海却忘记了这个教训。日本在新加坡也吸取了同样的经验，然而他们依然在1945年的冲绳岛重蹈覆辙。[16]

与德国和意大利的情况一样，日本的侵略野心太大，远远超过现有海军实力，也缺乏足够潜力建造新战舰、训练新船员。在有限战争的条件下，如1904—1905年的日俄战争，日本帝国海军也许能在东太平洋与皇家海军或美国太平洋舰队相抗衡，但它无法同时与世界上两支规模最大的舰队作战，更不用说战场还如此广阔，从阿留申群岛一直延伸到印度洋。日本海军还得在整个太平洋上运送军队，保护这个比日本本土大得多的新帝国及其海上通道。

尽管航海技术、海军体系和战斗勇气这类传统因素依然重要，不过决定第二次世界大战海战胜负的关键还是哪一方建造的商船和战舰吨位最多，哪一方的优秀指挥官能够率领更多水手在出色的军舰上作战。英美两国令轴心国再也不能通过海洋运输物资和军队。1942年之后，也是英美而非德日，掌握了战区主动权，能够决定在何时、何地、如何进行战斗。船舶是盟国合作的基础。英国将向苏联送去援助，并为美军跨越英吉利海峡登陆欧洲提供支援，承担巨型仓库和军事基地的角色。美国将继续向英国和苏联输送至关重要的粮食和资源，同时与日军进行一场生死决战，并与英国合作，铲除德国在地中海和意大利的势力。

战争结束时，盟国投入战场的飞机、坦克、步兵都比轴心国多，但双方最大的差距在于战舰和商船。无论是总吨位还是船只数，盟国海军总建造量至少超过轴心国的7—10倍。二战中有6000万人丧生，海战导致的伤亡人数最少，远远少于空军行动和陆军作战。然而，正是盟军拥有海权优势，才使三个同盟国数百万人幸免于难，才能确保盟国在这场战争中稳操胜券。

在接下来的五章中，本书将在战术及战略层面上，反复探讨关于地面部队相对作战效能的几个主题：军队规模、士兵素质、武器装备特性、最高指挥官的能力等。以上要素并非静止不变，而是随着交战国在寻求适应、改变、提升的过程中而演进。然而，直至1943年底，盟军的作战能力、武器补给以及将领水平方才做到能与发动第二次世界大战的国家大致匹敌，因此盟军在地面上取得胜利的最终原因还是其陆军规模远远超过了轴心国。

第四部分
大地
地面、空中和海上的陆军

如果不做过多简化，1940年法国陷落后半个世纪的军事史可归结为：西方军队任由步兵退化，直到关键时刻，他们才发现这种忽视是多么愚蠢。

——约翰·A. 英格利希和布鲁斯·I. 古德蒙松
（John A. English and Bruce I. Gudmundsson）[1]

第十章　步兵至上

从荷马史诗中特洛伊城下的希腊联军和特洛伊守军，到最终在扎马之战中击败汉尼拔的罗马军团，步兵一直都是最关键的军种。文明只能建立在陆地之上。除了在阿里斯托芬（Aristophanes）① 式的喜剧舞台上之外，城市不可能高居云端，即使技术进步、社会剧变，也改变不了这个现实。无论是过去、现在，还是将来，征召并武装一支地面部队永远比海上或空中力量容易，也廉价得多。

具备压倒性优势的海军能够使岛屿或较弱的陆地国家陷入资源短缺的困境，有时甚至还能逼迫其屈服。1945 年，盟国海军在对日作战中接近达成这一目标，如果有必要的话，也可以在 1946 年或 1947 年完成任务。德国一度认为，它的潜艇舰队到 1942 年底便能迫使英国就范。实际情况却恰恰相反。英美舰队反而在 1942 年几乎切断了第三帝国的所有海上进口通道，致使其石油供应开始短缺。持续不断的战略轰炸将德国及日本的城市化为真正的废墟。然而，在全面战争中，如果最终要彻底打败敌人，改变敌国政体以防死灰复燃，那么就必须击溃敌方陆军，并由步兵攻占其领土。事实上，日本和德国没有能力入侵并占领英美两国，盟国则的的确确计划要将战靴踏上敌国本土，这是轴心国输掉战争的另一个原因。[1]

---

① 阿里斯托芬（约公元前 446—前 385 年），古希腊三大喜剧作家之一。

古往今来，即便是那些影响深远的海空大战——从埃克诺穆斯角海战、亚克兴角海战、特拉法尔加海战、日德兰海战，到用燃烧弹和核武器轰炸日本、1991 年打击伊拉克，以及 2000 年，巴尔干半岛上的斯洛博丹·米洛谢维奇（Slobodan Milosevic）及其政府在空袭下垮台——也依然取代不了步兵的作用。在普拉蒂亚之战中，希腊人凭借强大的重装步兵才能最终获胜，摆脱波斯皇帝薛西斯的入侵，而不仅仅是依靠辉煌的萨拉米斯海战。由于欧洲人从未围攻伊斯坦布尔，因此即使神圣同盟（Holy League）在 1571 年的勒班陀海战大胜奥斯曼帝国，奥斯曼人依然可以对西方构成威胁。现代，英国海、空军在 1982 年夺回福克兰群岛（Falklands）① 的战争中发挥了重要作用，不过最后还是得派遣陆军登陆该岛，以武力迫使阿根廷步兵投降并撤离。萨达姆·侯赛因政权在过去 12 年中一直承受着猛烈空袭，但直到 2003 年，一支联军陆军部队攻入巴格达后才被铲除。空军和海军可以赢得有限战争，但是除非使用核武器，否则就无法在全面战争中获胜。战胜国为了确保实现全面战争的永久胜利和持久和平，必须对战败国实施占领。

第二次世界大战中，考虑到德国居于欧陆中心的有利地理位置，以及德国陆军长期以来一直以战斗力顽强而著称，因此对盟军来说，它们不得不将步兵置于首要地位。德国一线地面部队在其鼎盛时期曾达到 500 万之众。为了消灭第三帝国，盟国必须将绝大部分德国陆军消灭或俘虏。[2]

即使是第二次世界大战前夕的三大海军强国——英、美、日，其最终建立的陆军规模也胜于海军。这些军种间的差异在

① 阿根廷方面称之为马尔维纳斯群岛。

整个战争期间变得越来越大，1943 年欧洲战区主要海战结束后这一点变得尤为明显。1944 年，德国空军及海军战斗人员经常作为步兵作战。第二次世界大战中，陆地厮杀同海空大战一样恐怖。在死亡和失踪的各方战斗人员中，75% 以上都是步兵。中途岛战役是盟军海军的历史性胜利。然而，美国和日本在四天内的总死亡人数（约 3419 人）还不到库尔斯克战役（为期两周）中，苏德两军单日死亡人数的三分之一。[3]

　　步兵以各种方式在 20 世纪的技术和组织变革中存留下来。最重要的是，士兵在 1945 年所装备的武器比历史上任何时候都要致命。二战中最伟大的革命性武器既不是装甲车，也不是更具杀伤力的火炮，而是看似普通的步枪，能以过去战争所难以想象的速度喷射子弹。仅美国就在二战中生产了 400 多亿发轻武器子弹。至 1942 年底，大多数美国士兵的主要武器换装为点 30 口径、配 8 发弹夹的导气式 M1 加兰德步枪。这款步枪是第一款批量生产的半自动枪械，性能可靠。战后出现的 AK－47、M16 等致命性攻击武器就是从以加兰德步枪为代表的诸多二战武器发展而来。美国新式 M1 步枪的前身是第一次世界大战中备受好评的 M1903 斯普林菲尔德栓动式步枪，虽然远距离射击精度不如斯普林菲尔德，但后坐力要小得多，也不需要射手每射出一发子弹就要扣动一次扳机，既能保证射速，也能提供足够精准的持续火力。一名训练有素的美国士兵通过更换弹夹，可以在 1 分钟内发射 40—60 发子弹，在 300 码范围内效果很好。早期的专用 M1918 勃朗宁自动步枪（BAR）十分笨重，采用 20 发可拆卸弹匣供弹，射速为每分钟 500 发。易于使用的 M1 则完全不同，是一种轻型通用武器。巴顿将军曾要求部队使用"行进间射击"战术（每两到三步射击一次），认为只有像 M1 这样的武器才有可能实现这样的快速射击，称其为"有史以来设计最为完美的战斗武器"。[4]

　　1942 年，M1 的卓越性能令全世界都叹为观止，甚至引发了一场轻武器军备竞赛。各国争相以 M1 为标准，大规模生产射速更高、穿透力更强、弹匣更大的半自动和全自动步枪。1944 年，恐怖的德制 StG - 44 "风暴步枪"（Sturmgewehr）横空出世。该枪型共生产了 40 多万支，是世界上第一款突击步枪。其可拆卸弹匣装弹 25—30 发，并结合了卡宾枪的精确射程（300—400 码）和重机枪的理论射速（每分钟 500—600 发子弹）。德制 MG - 42 轻机枪的研制时间比 StG - 44 更早，平均射速为每分钟 1200 发子弹，1942 年至 1945 年间，共生产了 40 万挺。它可能是这场战争中最令人胆寒的步兵武器了，以一种过去无法想象的方式令丑陋的杀戮艺术更趋完善。盟军很幸运，1941—1942 年，德军尚未大规模装备这两种武器。[5]

　　至第二次世界大战结束时，几乎所有大国共为数百万步兵配发了手提式机枪、半自动步枪或第一代突击步枪。子弹像风暴一样扑面而来，远远超过第一次世界大战堑壕战的火力。二战步兵还配备了 20 年前无法想象的辅助武器。手（枪）榴弹威力比一战时期更猛，型号也更为丰富，如果通过步枪发射，射程可增加 10 倍，达到 350 码。全部主要参战国军队到 1944 年都装备了手持式火焰喷射器，专门用于对付坚固阵地。

　　士兵们在二战中使用的地雷数量和种类都大大超出以前人们的想象，从小型人员杀伤地雷到大型反坦克地雷，应有尽有。这种便携式爆炸装置使步兵能够布置反装甲火力场，阻止整个坦克纵队前进。各种地雷和反坦克武器在北非、亚洲以及太平洋战场广泛使用，竟然使美军得出坦克并非战无不胜的结论，就连计划组建的装甲师数量也最好缩减。所有这些步兵武器都易于操作，只要稍加练习就能上手。[6]

　　装备进步大多体现在进攻性武器方面，但也并非全然如此。在单兵所携带的60—90磅装备中，通常有不易变质的口粮和医疗用品，还包括小型工具和定位引导辅助设备。当个人装备重量飙升时，摩托化运输工具的性能也在增加，至少在盟军方面如此。1944年，一个典型的美国步兵师拥有近1400辆机动车。这有助于解释为什么现代步兵携带的物资重量比历史上任何时期的步兵都要重，包括过去的希腊重装步兵及其仆从。无论是在战争期间还是战后，美军军队一直备受诟病的一点是，大兵们的背包重量异乎寻常，乃至占其自身体重的约50%。但事实上，如果按照体重比例分析，美军背负的物资其实轻于日军（接近自身体重的100%）。与其说美国士兵重装上阵证明了美国富足，不如说这反映了战场的客观要求。所有二战步兵都能得到过去士兵做梦都想不到的食品、衣装、武器和补给，而且无须给自己配个"扈从"。这种古老的军职有时会伴随古典重装步兵奔赴沙场。[7]

　　钢盔，特别是德国M1935（及其后期各类版本）和美国M–1型，比一战型号覆盖了更多头部和颈部区域。它们有时是用高强度镍锰合金制成，可以有效降低头颈受伤概率。军方还迫切需要一种能有效抵御子弹和弹片穿透，又足够轻便，可以随身穿着的防弹衣。不过所有此类研究都以失败而告终。与第一次世界大战类似，由于进攻性武器蓬勃发展，防御性装备陷入停滞，步兵伤亡在第二次世界大战中急剧上升。直到20世纪下半叶越南战争后，随着新型陶瓷材料和复合金属纤维出现，军方才能够为步兵提供可以抵御现代高速子弹和部分弹片的防弹衣。而第二次世界大战正好处于这个循环过程中的不幸阶段。此时各类攻击性武器，如步枪、机枪、手榴弹、大炮和炸弹铺天盖地而来，变得更为致命，而个人防护装备却没有相应跟上发展。历史上，人口有限的富裕社会往往兵源不足，且战斗大多发生在开阔的平原地带，因此步兵防御技术通常会加速推进。在现代社会兴起之前，希腊和罗马的步兵军团可能是防护最好的士兵。他们的盔甲可以有效抵挡各种类型武器的攻击。这种情况在历史上可谓相当罕见。[8]

由于步兵杀伤力激增，航空母舰和 U 型潜艇大量入役，以及战略和战术空军力量迅速增长，二战时期，大多数国家都减少了军队中地面部队的相对比例。随着后勤需求和机械化程度提高，部署一个陆军师的费用比上一次世界大战更加昂贵，还需要更多支援型部队、机械维护部门为士兵和数量庞大的机器提供保障。以美国为例，虽然现役军人动员规模比第一次世界大战大得多（1220 万∶约 400 万），涉及的战区也多得多，但出于各种可以理解的原因（人力被分配给庞大的海、空军，工业也急需大量熟练工人），1945 年 5 月在中欧前线作战的美国步兵人数比 1918 年 11 月还要少。[9]

不同于第一次世界大战中的静态堑壕战，由于欧洲、地中海和太平洋地区地形迥异，二战存在各种步兵战模式。以德国多次侵略他国的边境冲突为特征，首先出现的是大大小小的欧洲地面战争。波兰灭亡后，希特勒很快又向西、向南发动了第二波短暂的边境入侵。人们又一次观察到同此前如出一辙的闪电战和后勤支援方式。德军的表现再次令人目瞪口呆，就连 25 年前的德意志（第二）帝国军队恐怕也想象不到他们能以这样的方式连续横扫东欧和西欧国家。

　　然而，德军在 1941 年 4—6 月入侵并占领希腊及其克里特岛之后，大陆战争的面貌发生了骇人的变化，规模也急剧扩张。1941 年 6 月 22 日，第三帝国向苏联发起进攻，试图扩大在欧洲的军事势力范围。德国及其盟友一共动员了近 400 万军队，但当这支大军于 1941 年 6 月进入广袤的苏联后，却不得不面对全新的阻碍。除此之外，德军此前在波兰、法国、巴尔干地区已损失大量飞机、坦克，空军在不列颠和克里特岛上空也损兵折将，这些战斗消耗从未得到补充。德军现在几乎占领了整个欧洲，不过这也是沉重的负担，吸走了大量人力资源。德国于 1940 年 6 月接连战胜法国、比利时、荷兰后，暂时偃旗息鼓，不愿意进入全面备战状态，而且战败的欧洲军队留下了数以百万计的步枪、火炮、炸弹、机动车辆、飞机，因此第三帝国似乎不必再继续扩军，增加军需生产，就足以应付入侵苏联的行动，迎接这一史无前例的挑战。

204

　　当然，希特勒为该行动增加了陆军师数量，德军最高统帅部完善了空军、装甲部队、步兵之间的联合作战模式。德军飞机、坦克、火炮的质量和数量也有所改善和增加。尽管如此，如今拿德军目前的规模与其所要征服的苏联广阔地域和必须击败的敌军数量相比，它在苏联的处境可能比在西欧更为不利，尤其是在 1939—1940 年的战争中，还损失了大量对地支援飞机和资深飞行员。整个第二次世界大战中，大部分步兵伤亡均可归咎于德国陆军在 1939 年至 1945 年期间发动的一系列东欧和西欧战争，以致战斗伤亡总人数超过了其他所有战区之和，且大致相当于平民和军人死亡总数。[10]

　　虽然英美两国在第一次世界大战中都曾向法国和比利时派遣大批远征军，但二战的步兵作战形式却更为多样。各参战方部署规模庞大的远征军前往另一片大陆作战：在北非战区，遍布着英美、德意军队；意大利（西西里岛）及西欧遭遇盟军入侵；缅甸、中国战区有英国和日本军队厮杀。① 远赴海外的军队要克服水土不服和补给方面的困难，更需要军种间密切合作。远征军开始战斗的起点在敌国海岸线，因此从本土通过陆路，直接将物资运送到前线的模式并不总是有效，这导致后勤能力甚至变得比战斗力更加关键。祖国，至少对交战某一方而言，总是十分遥远；所以即使某国入侵部队被击退，该国通常也不会立即陷于危机之中。比如，阿登战役的结果并没有直接威胁到纽约安全，这同德军第一次试图通过阿登地区入侵法国时的巴黎态势，以及 1941 年 12 月的莫斯科和 1945 年的柏林所面临的危局完全不同。奇怪的是，直到阿登战役爆发前夜，希特勒才回过神来，提醒沃尔夫冈·托马勒（Wolfgang Thomale）将军，德国比美国要脆弱得多："如果美国人说'我们要走了。不干了。我们派不出更多人手去欧洲'，那么一切如初；纽约还是纽约，芝加哥还是芝加哥，底特律还是底特律，旧金山还是旧金山。什么也没改变。但是如果我们今天说'我们已经受够了'，那么我们就真的要完蛋，德国也将不复存在。"[11]

进行一场远征战争，指挥官需要时时刻刻关注部队的士气和精神状态。官兵们知道他们不是在保卫自己的家园，而是越洋袭击他人的国家。1940 年 5 月德国入侵时，法国人的感受与盟友英国远征军大不相同。二战中，最恪守文明准则的战区——如果大言不惭地用这个词形容恐怖的北非战场的话——是从埃及到摩洛哥的这片地域。来自欧洲的战士（如意大利

205

---

① 二战期间英国没有派遣大规模地面部队进入中国，反而是中国远征军去了缅甸。这句话可能是作者"笔误"。

人、德国人、英国人、法国人）或美国人在那里鏖战，但都不是在自己的国家。历史上，每一支远征军——入侵希腊的波斯军（薛西斯），攻入巴克特里亚王国的马其顿军（亚历山大大帝），进攻帕提亚帝国的罗马军团（执政官克拉苏），攻打意大利的拜占庭人，耶路撒冷城外的十字军——经历数次激烈战斗后，最终必将陷入困境。人们总是容易忽略，第二次世界大战中，美国、英国、加拿大和英联邦国家的步兵几乎不会在其本土作战（夏威夷和阿留申群岛除外）。这就能解释为何这些国家不惜投入巨资建设空军和海军，也能反驳有人批评它们的步兵不够凶猛，无法与德国、苏联或日本的地面部队相媲美。[12]

鉴于英国和日本都是岛国；美国坐拥两大洋缓冲区，与敌人远隔重洋；意大利的扩张机会在地中海的另一侧，因此两栖登陆行动在第二次世界大战中显得尤为重要。后勤保障是意大利、德国、英国和美国在北非作战的关键要素，也关系到盟军在意大利、法国南部和诺曼底战役的成败。以这种模式作战，其前提条件是将陆军安全地运送到大洋彼岸。这一点甚至还制约着船运来的火炮、坦克大小和性质。美军决策者和后勤部门从来不会考虑将德国笨拙的轨道炮或沉重的虎式坦克这样的武器跨洋运输，然后在港口或诺曼底海滩上的盟军人工港（代号"桑葚"）卸载。海上远距离运输武器的需求不仅会额外增加开支，也能促进创新和试验。船运方式限制了武器尺寸和设计，但人们在评估第二次世界大战中各国武器质量时，却很少考虑这个因素。利用铁路向库尔斯克部署虎式坦克可能比通过意大利或德国货轮运往突尼斯要容易得多。

另一种远征形式是以岛屿和沿海地区为作战中心，两栖部队在取得海空优势后强攻登陆。鉴于计划占领的目标区域面积相对较小，一般情况下入侵者只能从海岸线出发，前进距离不超过 100 英里，通常情况下更短。这些地面行动的目的是消除敌军战略据点，同时为海、空军提供基地，将敌人从空中和海上分割开来。纵观第二次世界大战，只有少数几次登岛行动失败，攻击者被迫返回舰船或就地投降。所有这些溃败都来自英国或其自治领军队的战例，如在挪威（1940 年 4—6 月）、迪耶普（1942 年 8 月）、十二群岛（1943 年 9—11 月）等地的登陆作战。失利的原因主要在于战略混乱，计划不周，以及未能在行动前取得海空优势。

日本正是控制了天空和海洋，才确保能顺利入侵菲律宾、新几内亚大部、新加坡、阿留申群岛；同样，美国也是拥有制海权、制空权后，才得以从塔拉瓦（Tarawa）一路跳岛至冲绳。直到 1942 年底，或者说直到日本短暂取得海空战场上的优势后，日本远征军才能获得成功。这个窗口期稍纵即逝，日本此后几乎所有的两栖行动都以失败而告终，曾经占领的土地也丧失殆尽。

美国则开始稳步向上。1941 年底至 1942 年初，美国海军陆战队和陆军不敌日军，失去了关岛、威克岛和菲律宾。到 1942 年下半年，美军才在瓜达尔卡纳尔岛发起反击，从此开启了一系列虽然代价高昂，但连战连捷的两栖作战行动。他们从未被击退过，这主要归功于开战前完善的物资保障，以及空军和海军提供了火力支援。

当美军登陆受阻或向内陆推进困难重重时，如在奥马哈海滩，第一次进攻塔拉瓦岛的黑暗时刻（1943 年 11 月），或向冲绳岛上的首里防线推进（1945 年 5 月），他们仍然奋勇向前，部分原因是他们确信，自己登陆后不会被抛弃在海滩上，而这也正是获胜的秘诀。从这个意义上说，美军自信且坚决的态度不禁让人想起骄傲的雅典人。他们围攻米洛斯岛，威胁在劫难逃的岛民们说，他们绝不会放弃封锁，因为雅典战士"从没有因害怕任何敌人而从围攻中退却"。[13]

战前，很多人幻想可以采用大规模空降对敌实施突袭，然而这种进攻方式并不现实，二战期间只出现过数次空降行动。风况很难预测，无法保证空降兵在预定地点着陆，而不是偏离线路，甚至降落到敌人的阵地。当降落伞在空中晃来晃去时，伞兵只能任由敌方地面和空中火力夹击，毫无还手之力。一旦落地，这样的轻装部队在抵御不可避免的反击时，又缺乏足够的重武器、火炮和装甲车辆；如果他们位于敌后或过于突前，便很难得到补给。尽管如此，空降部队在一段时间内看上去还颇为诱人，尤其是对敌发动突然袭击的优势很有吸引力。他们能克服诸如河流、堡垒这样的自然和人工屏障；可以同正在向前推进的步兵大部队配合，将敌军一举包围，而敌人甚至压根不知道危险将来自哪里。[14]

德军空降兵又名"伞兵猎手"（Fallschirmjäger），之前只是在波兰及挪威小试牛刀。法国战役中，整整三个空降团伞降西欧，正式开始大展神威。从 5 月 10 日至 14 日，德国伞兵针对通往阿姆斯特丹的穆尔代克大桥（Moerdijk Bridge）、鹿特丹和海牙附近的一些机场连续采取大胆行动，攻克了号称坚不可摧的比利时埃本－埃马尔要塞（Eben Emael，5 月 10 日）和阿登地区的一系列桥梁。人们相信，德国伞兵创造的新战法将令孱弱的西方民主国家加速崩溃。

"伞兵猎手"初战告捷，促使德军很快又推出一项更为雄心勃勃又极度危险的"水星行动"（Operation Merkur），即在

1941 年 5 月 20 日对克里特岛发动入侵。德军现在不是在陆地上作战，而是在海上对抗经验丰富的英国海军，因此空降任务可谓漏洞百出。超过 350 架飞机在行动中被击毁。惨重损失一时间难以弥补，这也是为什么在"巴巴罗萨行动"最为关键的前两年中，德军飞机长期短缺。此外，德军伤亡近 7000 人。这是在一场重要战役中，首次出现胜利方损失人数比落败者还要多的结果。[15]

克里特岛之战共导致 3094 名伞兵阵亡，这也许是德国占领克里特岛后特别野蛮的原因之一。希特勒也因此意识到，空降部队若得不到迅速补给，尤其是行动前没有制海权和制空权，那么伞兵其实毫无防御能力。鉴于在克里特岛付出了高昂代价，他不仅拒绝批准在战略价值更高的马耳他岛实施空降，而且将未来所有空降行动规模降级，只在次要的北非、意大利战场，以及阿登战役中再次使用。现代伞兵作战理论大部分都是德国原创，但他们在盟军试图效仿之前就放弃了这套战略。[16]

德军在克里特岛的惨痛经历过去两年后，盟军于 1943 年 7 月 10 日首次试图派遣一个师的空降部队攻击西西里岛。该行动同样被视为成功完成，但也遭受了类似的灾难性后果。大风破坏了滑翔机及其阵形，使滑翔机到处散落。伞兵七零八落地在距离指定目标很远的地方着陆。以美军第 82 空降师第 504 团为例，在海滩及海面上的盟军误以为他们是德国人，对滑翔机和运输机猛烈扫射，导致友军超过 200 人伤亡。支持空降模式的人一如既往地辩称，这样的混乱和误导也能起到意想不到的效果，让德国和意大利守军陷入恐慌。

1943 年 9 月，训练有素的第 82 空降师在意大利萨莱诺（Salerno）取得了一些战果。盟军为此备受鼓舞，决定冒险投入美第 82、第 101，英第 6 空降师，总共近 5 万伞兵，于 1944 年 6 月 6 日配合 D 日诺曼底登陆，一同展开行动。空降兵的任务是，在盟军登陆部队击破海滩防线之前保护沿途桥梁，同时摧毁德军炮兵阵地，扰乱通信，制造混乱，阻止德军增援部队驰援登陆地区。然而当时天气恶劣，德军防空炮火猛烈，战场情报也很匮乏，一切都乱了套，没法按照计划执行。好在至关重要的奥恩河大桥和卡昂运河大桥在伞兵的保护下安然无恙。早在西西里岛的空降行动中，德军就对盟军空降兵的勇气和胆识备感惊讶。久经战阵的德国士兵在被俘时就问美国伞兵，他们是否曾与日本人作战。[17]

　　空降军在声名狼藉的"市场花园行动"中遭遇到有史以来最大一次灾难性惨败。该行动计划于 1944 年 9 月控制数座荷兰境内的莱茵河大桥，接着大军渡河，在德国防线上钻一个窟窿后攻入鲁尔工业区，在 1945 年来临之前结束战争。由于大众文学和电影对这次行动进行了重构，"遥远的桥"① 不幸地成为该战役的标志，就好像"市场花园行动"实际成功了 90%，只是在最后关头未能夺取位于阿纳姆市的莱茵河大桥一样。事实并非如此。

　　计划一开始就问题重重。伯纳德·蒙哥马利将军忽视了一条重要情报：驻防阿纳姆市的德军规模庞大，其中还包括人员不足但斗志高昂的党卫队第 9 和第 10 装甲师。这两个师正在进行休整，由积极干练的瓦尔特·莫德尔（Walter Model）元帅指挥。英国伞兵部队空投于此，无异于自投罗网。

　　为夺取进入德国领土之前的最后一座桥梁，盟军在阿纳姆

209

---

① 1977 年上映的英美合拍经典战争片，又名《夺桥遗恨》。

地区设定了一个关键着陆区，但距离莱茵河太远。增援部队又因英国的恶劣天气而推迟出发。负责占领前面几座大桥的两个美军师都是经验丰富的老兵，而英军第 1 空降师被分配了最艰巨的任务，控制阿纳姆市内那座"遥远的桥"。他们虽然英勇善战，但此前从未尝试过如此大规模的空降行动。计划制订者曾以为盟军装甲部队能够在狭窄的土路上快速前进，事实证明这完全是异想天开。蒙哥马利同敢于冒险的隆美尔或巴顿不一样，其实并不善于高速机动推进。他的下属弗雷德里克·勃朗宁（Frederick Browning）将军既平庸无能又目光短浅，恰恰缺乏不受重用的马修·李奇微（Matthew Ridgway）少将所拥有的罕见天赋——挽救一个原本就糟糕透顶的计划。布赖恩·霍罗克斯（Brian Horrocks）将军是一位令人钦佩的装甲指挥官，有着辉煌的战绩，但他缺乏那种近乎疯狂的攻击性，不敢命令装甲部队鱼贯而行，突破德军阻击，为夺桥盟军提供支援。奇怪的是，尽管这个方案天生破绽百出，执行又不力，但如果地面作战部分——霍罗克斯率领的英国第 30 军装甲纵队——敢于承担更大风险，放弃中途休息，那么"市场花园行动"仍然可能取得成功。[18]

盟军最后一次大规模空降是 1945 年 3 月的"大学行动"（Operation Varsity），创造了战争中单一地点单日最大空降人数纪录。蒙哥马利指挥三个美军空降师和一个英军空降师，声势浩大地渡过了莱茵河。不过此时战争胜负已定，距离结束只剩下短短七周时间了。其他盟军指挥官，如考特尼·霍奇斯（Courtney Hodges）将军和巴顿将军在没有空降部队帮助的情况下，也几乎同时越过莱茵河。这场夺取莱茵河桥梁和河边城镇的空降行动看上去更像是一场仪式，而非军事必需。具有讽刺意味的是，复杂的"大学行动"是所有盟军空降计划中最专业的，因为其降落地点距离友军战线比此前近得多，而蒙哥马利的地面部队在空降之前就开始进攻，而不是在行动期间或之后。更讽刺的是，"市场花园行动"虽然构思拙劣，但至少可能改变了西线战争的进程。相比之下，六个月后的"大学行动"尽管指挥更专业，却对盟军横渡莱茵河或向德国进军并无多大贡献。[19]

实战证明，除了早期德国在法国及比利时，美军在 D 日黎明前，以及 1945 年重新夺回科雷希多岛等行动之外，投放伞兵成本高昂，得不偿失。不过空降兵均经过严格训练，锐意十足，在担任更传统的步兵角色时是非常优秀的战士。苏联创建了战争中规模最大的空降部队，却在重要战役中使用次数最少，仅在维亚济马战役（1942 年 1 月 18 日—2 月 28 日）和第聂伯河会战（1943 年 9 月）中使用两次，而且并不成功。日本和意大利也组建了规模较小的空降分队。但超高伤亡率迫使苏联人、日本人和意大利人不得不承认，空降部队更适合作为地面上的步兵战斗。

地面行动的最后一个战场便是古老的围攻战，即对敌人的城市和驻军发起暴风骤雨般的攻击。围攻战依然遵循老一套方式，并未因大量新式攻城炮和航空炸弹投入使用而有所改变；决定围攻胜负的传统要素，如良好的补给、封锁线、人数、天气条件等，依然至关重要。同过去一样，对攻守双方而言，漫长的围攻战在心理上是沉重的负担。他们不惜浪费鲜血和财富，也要执着于攻击或防守要塞，即使那里并不值得付出这样的代价。当平民在空间有限的城市内与士兵迎头相遇时，死亡人数便会急剧上升。这毫不奇怪，第二次世界大战中最惨烈的杀戮就发生在列宁格勒和斯大林格勒，这正是强攻城市要塞的结果。

除了日本本土，决定第二次世界大战所有战区最终胜负的还是步兵。人们曾经以为，这场战争将彻底改变冲突发生的方式及地点，不料反而验证了陆军自古以来就拥有的至高无上的地位。不过有一点需要引起高度重视：步兵不再仅仅代表大炮、炮兵支援和车辆，也包括承担运输、后勤、通信任务的舰船，以及为陆军提供保护和火力支援的空军。盟军士兵比轴心国拥有更为强大的海空支援，以至于这些在 20 世纪需要考虑的事项改变了古老标准，重新定义了什么才是优秀的步兵。

第二次世界大战时期的各国军队表面看来都很相似。一眼望去，轴心国和盟军地面部队的制服装备、组织形式显然起源于共同的西方传统，即使是西化的日本亦是如此。但仔细观察，各方军队又截然不同，反映出不同的文化和独特的政治历史。下一章将重点探讨，在整个战争期间，各国如何保持自身的特质：苏联依靠压倒性的人数和火力主宰战场；美军的优势在于组织、后勤、无与伦比的海空支援；英国凭借职业军官的专业技能，以及激励前殖民地和英联邦部队为同一目标作战的独特能力；支援不足、武器装备匮乏的日本士兵凶狠残忍；德军杀伤力惊人，士兵利用自己高超的战斗技能，试图胜过敌军数量和补给上的绝对优势。尽管这样的概括总结在实战中一再得到证明，但军队往往还是被迫以一种与它们固有特性不一致的模式作战，因为各国最高统帅们的唯一目标就是陆军必须适应特殊的地理环境、工业能力和战略现实。在大多数情况下，一支保持传统的军队不会把国家推向战争，反而是国家驱使了军队；而且军队很快就会相应地做出调整，有时是习惯使然，有时则未必。

第十一章　士兵与陆军

恐怕没有人知道第二次世界大战中的优秀步兵是怎样炼成的。分析比较中需要考虑无数因素：战斗时长、武器特性、面对的敌军类型、战略要求、指挥官在战术战略方面的领导力、陆军的相对规模、伤亡交换比、后勤能力，以及陆军所在战区的特殊地位。陆军也并非一成不变。它们的作战效能随着兵员持续损失和相应而来的增援部队、后勤保障和新式武器而起起伏伏。战斗力也是一种相对的评估：一支军队即使被判定为作战能力高超，也不是绝对不变的，还必须与不断发展的标准和敌军状态相比较。1944 年，德国士兵装备的枪炮和坦克比 1941年更好，但与迅速壮大、战斗力不断提升的苏联红军相比，德军实力反而变弱了。

不同的伤亡交换比有时也能被粗略地定义为"战斗力"，然而这个指标并不总是能有效地衡量步兵是否优秀。美军在越南取得了惊人的杀伤率，但没有摧毁北越军队，也未能拯救南越自治政权。日本军队以令人作呕的方式和速度屠杀中国士兵，不过他们从未真正有效地占领中国。

第二次世界大战中最强大的陆军就是那些能够集结最丰富物资、组织最多人力的军队。而且他们通常将海空军力量结合起来以推进其出色战略，正确地将这些资源投入战场，从而赢得大多数战斗，直至最终取得战争胜利。就像第一次世界大战时期那样，人们也公认第三帝国训练出来的步兵战斗技能最为

高超。然而，德国即使再次发动了一场战争，还是会以相对较
214　快的速度战败，并导致灾难性后果。这一对矛盾表明，要么是
所谓的步兵优势再次诱使德国确定了不可能实现的战略目标，
现有的各种战争资源种类和数量却远远达不到所需；要么是德
国步兵的声誉言过其实，或许两者兼而有之。

一般来说，那些判定战斗力的古老标准在第二次世界大战
期间并不适用。这不仅仅是因为成千上万的士兵并非死在轻武
器的枪口之下，而是亡于空军飞机或装甲车辆；还因为一些国
家领导人被法西斯主义意识形态冲昏头脑，枉顾战略或战术现
实，下达匪夷所思的命令，让数以百万计的军人毫无意义地死
去，比如陷入斯大林格勒包围圈内的德国人，或困在孤岛上插
翅难飞的日本军队。[1]

六个主要交战国中，美国向陆军投入的人力资源比例相对
最小：只有约 48%（不包括陆军航空队）。然而美国武装力量
迅速扩大到仅次于苏联的规模（1220 万:1250 万），因此陆军数
量反而增加到了 600 万，不过地面战斗部队只占其中约三分之
一（约 200 万），这一比例基本保持至战争结束。至 1945 年 5
月，美军总共组建了约 90 个陆军师，其中派往欧洲战场的步兵
师和装甲师还不到 60 个，其余部署在意大利、地中海、太平洋
战区。从诺曼底登陆到德国投降之间的 337 天里，欧洲战区一
半的美国步兵持续战斗了 150 天，40% 的人战斗了 200 天，大
多数士兵呈现战斗疲劳状态。六个主要交战国的陆军中，美军
是唯一的远征军，几乎总是处于进攻状态。虽然美军在 1943 年
初的卡塞林山口（Kasserine Pass）遭遇挫折，攻击被迫停滞；
1944 年末，又在许特根森林和阿登森林惨遭更为严重的失利，

但美军地面部队既没有长期盘踞阵地不动，也没有发生如1941年英军在北非和希腊作战时的防御性撤退或意军在1940—1941年从希腊败退这样的战例，更未像1941年的苏联红军或1944—1945年的东线德军那样溃败千里。正是秉承持续进攻的理念，美军才大力扩建海、空军，提升部队后勤和机动能力。

美军规模惊人，然而在所有参战人员中，身处前线的地面作战部队比例却相对较小，只有16%。这也解释了一些关于美国武装力量的传奇悖论：与其他大国相比，为什么美军总体上伤亡相对较少？为什么美国长期缺少步兵师？为什么在一线战斗的步兵往往疲惫不堪、损失惨重？为什么美国能以如此多种不同的方式向如此多地区投射军事力量？总而言之，在前线作战的陆军人数越少，就有越多人手解放出来，加入海、空军，或从事后勤工作。但是这里又出现了一个悖论，即集中空军和海军力量来支援步兵，提高了其杀伤力，但最终使数量过少的地面部队在长期作战行动中精疲力竭，战斗力反而降低了。[2]

与1917年参加第一次世界大战之前的情况类似，第二次世界大战于1939年9月在欧洲爆发时，美国现役陆军人数尚不足20万。同多数大陆型军队不一样，美国在二战前20世纪大部分时间里都没有好战的邻国，基本上也不必担心外国远征军入侵，因此美国军队在和平时期一直维持较小规模。1939年，美军装备也非常糟糕。点50口径机枪竟被视为一种反坦克武器。陆军标准步枪依然是栓动式斯普林菲尔德M1903。超过75毫米口径的火炮寥寥无几。人类文明史上，很少有哪个国家拥有如此庞大的经济体量和人口，却只征召如此少量的军队。

215

然而到 1945 年战争结束时，美国陆军规模扩充到超过 800 万士兵和陆航飞行员，1945 年达到顶峰（8276958 人），世界排名从原来的第 19 名上升到第 2 名。1945 年的美国陆军军官人数比 20 世纪 60 年代整个冷战时期的士兵人数还要多。然而在主要交战方中，美国地面部队配置在一线的战斗师数量最少（到 1944 年底，陆军和海军陆战队拥有不足 100 个师）；与陆军实际总规模和美国所有军事力量相比，非战斗人员比例也相应最高。即使在 1943 年末，节节败退的意大利军队也有 300 万之众，几乎与在海外作战的美军地面部队和空军人数（370 万）相当，而意大利全国人口只有美国的三分之一。1200 万美军中，近 40% 在远离战区的后方承担诸多非战斗任务。[3]

美国选择的战略是在两条战线上投入大量资源，用来建设海、空军，完善后勤补给。该战略基于这样一个事实，即苏军最终组建有 500 多个现役师，牵制住了超过 300 万轴心国地面部队。尽管苏联在 1941 年 6 月前曾与纳粹德国合作，但美国还是向现实妥协，选择与之结成同盟。这里的弦外之音是，美国公众承认，红军杀死且被德国步兵杀死的人数要比美国步兵多得多。1943 年，在苏联红军的协助下，这个距离前线最遥远的大国得以投入巨资建设后勤保障体系，组建战术及战略空军，并建造庞大的两洋舰队。三大盟国分工协作是盟军在 1942 年后迅速扭转战局的因素之一，但其重要性一直被低估。[4]

战争后期，美国军队已遍布全球，执行种类繁多的军事任务，这也解释了为何美国陆军在某一特定战区规模相对较小。例如，就在诺曼底登陆那一天（1944 年 6 月 6 日），部署在世界各地的其他美军部队同样在海上和空中发起大攻击。作为命运多舛的"狂暴行动"（Operation Frantic）的一部分，美国空军利用意大利机场和苏联在乌克兰的加油基地实施穿梭轰炸①，出动 150 多架 B－17 轰炸机及 P－51 战斗机护航，袭击位于罗马尼亚加拉茨（Galati）的油田。另有 500 架 B－17 轰炸机和护航机空袭了老目标——罗马尼亚的普洛耶什蒂油田。与此同时，第 12 航空队对德军在意大利的阵地实施连续战术空袭。盟军地面部队也在两天前刚刚占领了罗马，并在城内驻扎，准备进攻意大利北部的哥特防线（Gothic Line）。在 6 月 6 日这个具有里程碑意义的日子里，亚太战区的美国太平洋舰队正准备在一周内进攻马里亚纳群岛，其联合作战兵力规模几乎与诺曼底登陆行动一样庞大。当天，B－29 轰炸机准备首次从中国的前沿基地对日本进行突袭；6 架 B－25 "米切尔" 中型轰炸机和 10 架 P－51 护航机对中国大阳江（Tayang Chiang）② 展开行动。B－25 轰炸机也攻击了正向印度英帕尔（Imphal）前进的日本军队。同一时刻，"拉顿" 号（Raton）潜艇正在西贡附近追踪一艘日本护航船；"哈德" 号（Harder）潜艇在婆罗洲海域击沉一艘日本驱逐舰，而 "马鲛" 号（Pintado）在马里亚纳群岛附近用鱼雷摧毁了一艘货船。美国空军则对布干维尔岛（Bougainville）、新不列颠和新几内亚的日军进行战术打击，并出动 B－24 重型轰炸机袭击密克罗尼西亚群岛（Micronesia）的波纳佩岛（Ponape）。

　　换言之，就在陆军及向其提供支援的海、空军发动历史上规模最大的两栖登陆行动之际，美军却同时在意大利对德军发

---

① 一种轰炸战术，轰炸机从己方基地起飞，轰炸第一个目标，然后继续前行，飞往另一处机场，在那里补充燃料和弹药后返回原基地，并在归途中轰炸第二个目标。该战术可以大大增加飞机作战半径和行动突然性。

② 原文为中文音译，可能是位于湖南东安县的大阳江，又名清溪江。

起进攻；轰炸机从意大利和英国起飞，进行远程轰炸；潜艇在太平洋地区用鱼雷击毁运输舰队；集结军队攻打马里亚纳群岛；从位于中国的基地到新几内亚的机场，空军正在实施一系列空袭行动。这是战争中的典型一日。当天，从诺曼底到中国海，B－17、B－24、B－25、B－26、B－29、A－20、P－38、P－39、P－40、P－47、P－51，多种型号的战机群倾巢出动，升空作战。[5]

在主要参战国中，美国地面部队死亡比例最低：全军不到3%阵亡。不过在1942—1945年，随着约70万海军陆战队队员加入战场，同陆军并肩作战，这一数字上升到接近4%。相对较低的死亡率可能再次反映出，美军在战争中得到的各类物资最为充足，至少在空军和火炮支援、医疗救治以及食品燃料补给等方面遥遥领先。美国陆军之所以伤亡少，还因为其参战时间不到四年；而英、德两军战斗了五年半，苏联近五年（包括作为德国盟友时的作战时间），日本在中国和太平洋地区鏖战了六年多。① 然而也有批评指出，美国陆军罹患一种在第二次世界大战中被称为"战斗疲劳症"的比例远高于其他军队。这种精神疾病在第一次世界大战时名为"炮弹休克症"，近来又被称为"创伤后应激障碍"（PTSD）。不仅如此，美军受伤士兵重返现役的比例也比轴心国军队或苏联红军低。更令人震惊的是，只有一名美国士兵因怯懦逃离战场而被枪决。有多种原因可以解释为何美国对受到物理伤害和心理创伤的士兵如此关

① 不清楚作者是按照什么标准计算各国的参战时长。英国于1939年9月3日对德宣战，1945年5月8日德国投降，约为五年八个月；苏联于1939年9月17日入侵波兰，参战时长同英国差不多；美国在1941年12月7日参战，日本在1945年8月15日投降，约为三年八个月。众所周知，中国的抗日战争历时14年。

注，但从务实角度分析，美军士兵能够得到更为人道的待遇还是因为这个国家拥有巨大的物质优势，美国人相信他们的国土不可能遭受侵犯，更重要的是，政府负担得起。

美国陆军从未像德军、日军、意军和苏联红军那样，曾经面临被彻底歼灭的险境。隆美尔在 1943 年 2 月的观察报告中这样评价美国士兵：

> 虽然美国人还不能与英国第 8 集团军的老兵相提并论，但他们的装备更多更好，战术指挥更加灵活，足以弥补其经验不足。事实上，美军反坦克武器和装甲车辆如此之多，以至于在即将来临的机动作战中，我们获胜的希望微乎其微。敌人在防御战中展现出一流的战术水准。[6]

换言之，世界上没有任何一支陆军能在生产、维护、修理 218 和使用机器方面与美军比肩。

在德国和日本，不同军种之间各自为战，争吵不休，互相抨击对方应为灾难性损失负责。相比之下，美国人的行动艺术和作战原则是实施多兵种联合作战，以此多次在整个太平洋地区成功地实施了两栖登陆。美军之间也存在竞争关系，但内部有一个共通点，那就是对机器的迷恋和掌控。在战略层面上，B - 29 重型轰炸机日复一日地对日本港口布雷封锁，功能上正好与海军战舰和海军航空兵形成互补。航空母舰承受住了"神风特攻队"的袭击，尽管损失严重，但还是赢得了冲绳岛海域的制空权，确保海军陆战队和陆军能够得到来自空中和海军舰炮的支援。B - 17 四引擎高空轰炸机扮演了战术飞机的角色，通过轰炸在德军防线上撕开一个缺口，帮助在诺曼底陷入困境的美军地面部队突出重围。正如美英加三国盟军总司令德怀特·艾森豪威尔将军用官腔这样总结美国的战争模式："战争由三个部分组成，但海、陆、空战并非孤立。只有所有要素中的所有资源都根据一个适当选定的共同目标进行有效组合和协调，才能发挥其最大潜能。"[7]

假若一名美国士兵首次遭遇机枪扫射或飞机轰炸，假若他饥肠辘辘地走进战场，没有医疗护理，假若掩护他的坦克中弹着火或因缺油而在路边抛锚，那么一个在东线有着三年多作战经验的德国掷弹兵就能轻松把他撂倒。德国士兵在战后接受采访时，流露出对苏联士兵的尊重和对美国大兵的不屑；苏联人对德国士兵和美国士兵的不同情感与此类似。这是可以理解的，因为东线战争远比西线更为残酷。然而，一支军队能否发挥作战效能不仅仅取决于单兵英雄主义或战斗热情，还在于所有能投入战争的资源——火炮、空中支援、食物药品和后勤补给。[8]

美军的重点不在于培养一个个凶猛的斗士，不是寄希望于通过绝对忠诚和强烈的荣誉感将军人们紧密联系起来（虽然美国大兵通常就是这样），而是要保证他们得到足够的物资保障，充分习得专业知识技能，从而击败所面对的任何敌人，并尽可能在冲突中幸存。赢得战争的是体系而不是人。从某种程度上说，这种思路可以追溯到公元前 100 年至公元 1 世纪。按标准化制度组建的罗马军团装备精良，不时在莱茵河和多瑙河流域与日耳曼部落爆发战争。这些蛮族武士每一个人都勇猛异常，大胆无畏，战斗技能高超，但作为一支军队，却往往落败。[9]

与美国陆军相比，德军更强调部队忠诚、个人自豪感和荣誉感，以及高强度军事训练。德国人崇拜工艺技巧，士兵被视为工匠。他们可以制造出技术水平超越美国"谢尔曼"坦克的豹式装甲车，但其生产数量永远赶不上美国，可靠性和易用性也不尽如人意。美国将军们，如乔治·巴顿曾试图将美国大兵塑造成一种类似德国战士那样的致命杀手（"美国人热爱战斗——传统就是如此！所有真正的美国人都喜欢战争带来的刺激和冲突"）。他的演讲内容和行事风格后来成为流行漫画的素材。巴顿的观念足以解释为何会发生差点断送其职业生涯的"扇耳光事件"①。[10]

美国陆军在每一次重要的地面战役中，面对的都是作战经验更为丰富的德国和日本军队。1942 年后，轴心国还得以享有防御优势，更为了解当地地形，也更接近补给基地。表面看来，防御应该比进攻要容易得多。比如保卫瓜达尔卡纳尔岛或塔拉瓦岛比占领它们要轻松；在西西里岛或诺曼底登陆比击退两栖攻击部队更难；驻守许特根森林中，便能抵御强攻；轰炸机更有可能在卡西诺山（Monte Cassino）坠毁，而非全身而退；强渡莱茵河显然异常艰难；在本土上空击落轰炸机的概率比它飞越 1000 英里敌境，然后安全返回要高。

除了在突尼斯（1943 年 2 月）因初来乍到而遭遇几次败绩外，美国陆军赢得了所有进攻性战役，而且战损远远少于对手。再次强调，美军的标志就是机动性。想象一下这样一幅场景：一支三万多人的德国远征军于 1941 年初夏从法国南部起航，安全穿越大西洋，并在加勒比海诸岛登陆。而事实则正好相反，是巴顿将军率领西部特遣部队离开纽芬兰岛的护航集结点，于 1942 年11 月横渡大西洋，在摩洛哥的卡萨布兰卡顺利下船。德国不可能

---

①　1943 年夏，巴顿在后方医院发现有两个被诊断患有"精神疾病"的士兵，于是怒斥其胆小怯懦，扇打耳光。该事件引起轩然大波。

采取类似这样的行动。[11]

美军之所以能取得一系列战役胜利，不仅仅得益于其优秀的军事作战能力，还因为其提前评估己方补给系统能够提供什么或不能做到哪些事情；收集情报，判断敌军对进攻行动可能

220 做出的反应；以及决定军队的最终战略目标。巴顿将军率领第3集团军快速突进，于1944年8月下旬超过了后勤极限；与此类似，隆美尔的非洲军团在1942年仲夏处于同样的窘境，实战结果却大不相同。巴顿军团没有一溃千里，因为他可以依靠空投，维持最低限度的补给，在必要时刻还能够得到附近盟军的增援。巴顿也明确知道最终任务是穿越莱茵河，而德军最高统帅部的将军参谋们从来都不知道隆美尔的非洲军团到底会去哪里。1941年6月，希特勒愚蠢地命令德国军队进攻苏联，大多数德国陆军元帅却噤若寒蝉，认为这个错误的决定不容置疑。相反，当富兰克林·罗斯福同样轻率地希望美国军队于1943年就要登陆法国西海岸时，许多文职和军事专家便迅速通过合理论证，列举无可辩驳的数据（登陆艇数量短缺，空中优势不足，U型潜艇依然活跃，缺乏两栖作战经验），试图让总统暂时放弃这个想法。罗斯福冷静地接受了建议；希特勒则勃然大怒，对提出忠告的顾问们胁迫威逼。[12]

为了适应在全球范围内进行两场战争的地理分布要求，美军地面部队被巧妙地一分为二。只有英国人和美国人参加了欧洲战区和亚洲战区的长期战争；没有任何其他轴心国或盟国能够在如此遥远的距离，成功地同时完成这两项任务。美国最终配置了6个海军陆战队作战师和21个陆军师，加之辅助部队和空军，共同承担对日地面作战任务；由于太平洋战区夺岛登陆作战的特殊性，还整合进来更多海军力量。"跳岛"战斗通常比大

陆战役持续时间更短，但也更频繁。这种专业化作战方式使精选出来的陆军师、海军陆战队及其海空支援部队得以熟悉日本人的战争方式。美国海军陆战队在太平洋上的地狱沙场——瓜达尔卡纳尔岛、塔拉瓦岛、硫磺岛、冲绳岛——血战厮杀，并取得最后胜利，在之后70年时间里一直以精锐部队著称。太平洋战区的美国陆军同样如此，他们参加的两栖登陆行动次数甚至比海军陆战队还多。[13]

事实证明，在太平洋作战与和德国人或意大利人战斗有很大不同。岛屿上常常发生短兵相接或肉搏战。轻武器造成的美军死亡比例较大，而欧洲战区的炮火杀伤力要大得多。从塔拉瓦岛到冲绳岛，美军在太平洋登岛作战行动中越来越多地利用舰炮、坦克、火焰喷射器、凝固汽油弹等新式装备，采取复杂的两栖战术；同时，由于岛上地形崎岖，季风天气恶劣，很多不那么先进的武器，如手榴弹、步枪、刺刀和匕首也在战斗中大量使用。[14]

海军陆战队从未在欧洲作战，美军航母在1943年后也很少出现在西线。当时美国奉行"欧洲优先"战略，其出发点是担心万一英国沦陷，希特勒就能赢得战争，从而导致美国再无可能以英伦三岛为基地，反攻欧洲大陆。不过战局很快就趋于明朗：英国不可能遭遇德军入侵，于是美国的侧重点也发生变化。美国在第二次世界大战初期对欧洲和太平洋战区采取7：3的比例分配资源，不过在实际运行中就迅速变成将海军和海军陆战队优先派往太平洋，75%的陆军师和装甲部队部署在欧洲。甚至美国武器生产也遵循这样的分配原则。"地狱猫"战斗机不会在欧洲为B-17轰炸机护航。"埃塞克斯"级航母在建造时就没有考虑到在地中海作战。战列舰在太平洋非常重要，在大西洋战区则不那么关键。鉴于本土安全无虞,美国是主要盟国中唯一一个可以选择重点战区的国家。英国和苏联靠近第三帝国,因而无法享受这样的战略自由。[15]

在作战层面上,没有哪支军队能像美军那样拥有如此充足的卡车。美国生产了近240万辆军用运输车辆,超过了轴心国、英国、苏联之总和。这导致美军与其他国家陆军的作战方式截然不同,而且他们一旦踏入战场,其行动速度要快得多,辐射范围也更广。是卡车而不是坦克为盟军赢得了地面战争,然而第三帝国、意大利和日本从未能真正理解其中的真谛。不仅如此,考虑到每辆卡车必须跨越大西洋或太平洋才能投入作战,这项了不起的成就更加令人叹服。[16]

美国步兵总是配有大量手榴弹、地雷和机枪,其性能也胜于意大利和日本军队。到1943年,美军炮兵是战争中最致命的部队,不仅规模庞大,野战炮数量众多,弹药充足,而且炮手都经受过良好训练,通信能力一流。美军装备了越来越多的105毫米和155毫米口径火炮,也不乏巨型8英寸口径大炮和240毫米口径榴弹炮。这些火炮便于机动,有的还是自行火炮,杀伤力倍增,而其他军队往往低估了机动性的重要。1945年,美国发明了近炸引信,配合早前先进的瞄准系统和通信技术,美军步兵因此获得了最为精准的火炮支援。[17]

就相对作战效力而言,美国陆军给予了意军和日军毁灭性打击。这样的效果来自前者习惯于大规模投降,而后者总是负隅顽抗。人们经常指出,无论是在1942年还是1945年,无论是防御还是进攻,无论数量多寡,无论是单纯的地面战斗还是联合行动,德军平均每阵亡1人,就要交换1.5个美国兵的生命。尽管不如美国陆军航空队在空战中对德国空军具有一边倒的 3∶1 的优势，但这依然是个惊人的比例。令人叹服的统计数据足以证明德国步兵十分优秀，不过也可能是因为美军方面并非仅仅被动防御，而是更多发动了高风险的进攻和登陆行动。

在 1939 年之前，德国卷入战争的次数并不比美国多。战后心理学研究也没有发现德国公众比其他国家人民更倾向于极权统治的证据，也无法证明德国人因崇拜独裁而变为更加顺从或更有纪律的士兵。到战争中期，美国应征入伍的新兵的训练时间与德国士兵不相上下。无论是德国海军还是空军，其杀伤率都逊于陆军。

德国陆军取得这样的成就，一方面源于 1939—1943 年积累了丰富的作战经验，另一方面则来自意识形态教化、优异的军官培训体系，以及整支部队的专业化水平。德国陆军士兵自青少年时代就被大肆灌输了民族社会主义信条。直到 1941 年，希特勒的宣传机器还在对这些年轻人洗脑。纳粹的说辞鼓动人心，提高了战场上德国士兵的士气，效果比第一次世界大战中的德意志（第二）帝国好得多。德国步兵可能真的相信，他们天生就比敌人强大；他们确信德意志战争文化和战争体制在近期表现卓越，而且一直出类拔萃。于是德军很少因实施暴力或为时常犯下的暴行而困扰。事实也确实如此。至少在 20 世纪 30 年代末和战争的头几年中，德军配有先进武器，战场指挥能力出众，这都增强了士兵们的信心。在德国当兵很有面子。比起美国军人（从列兵到将军），德国士兵具有更高的社会声望，这样便能吸引优秀的新兵，至少也能提高士气。德国三个军种中，很明显只有陆军能够与敌人相抗衡，并且优于德国的盟友。[18]

虽然美军最高指挥层也存在缺点，但陆军仍然培养了大批

优秀的将军（准将、少将、中将），以及较不受重视的后勤、
223 支援参谋人员。参与策划"霸王行动"（诺曼底登陆）的盟军
军官人数足以让设计"巴巴罗萨行动"的轴心国参谋部相形见
绌，而且他们一般不会受到非军职人员的干涉。德军最高统帅
部的瓦尔特·瓦尔利蒙特将军在谈及德军登陆挪威的表现时，
将其作为反面例子与盟军比较，认为"德国独裁领袖在军事领
域造成极大混乱，而民主国家采用的指挥组织形式朴实无华，
堪称典范，通过观察盎格鲁－撒克逊联军在 1942 年 11 月登陆
北非和 1944 年 6 月登陆诺曼底的出色行动便一目了然"。[19]

　　第二次世界大战中，每支军队都曾射杀大量战俘，对平民
施加暴行。也许除了英国及其自治领军队，就规模而言，美军
是第二次世界大战中犯下战争罪行最少的军队。一般而言，美
军不会发生如德军在东线杀害成千上万苏联战俘的情况，也不
允许部队像日军那样对平民施加强奸、抢劫和屠杀。意大利军
队在索马里和埃塞俄比亚有组织地实施暴行，日本人强迫平民
充当慰安妇，德军在希腊射杀自己的前盟友意大利人，而美军
不存在类似上述的行为。它没有成立过死亡小队，也没有参与
种族灭绝，而这正是德国和日本军队的罪孽。最后，大多数敌
人宁愿向美国人或英国人投降；大多数盟国都寻求美国支持；
大多数平民也欢迎美国人到来。[20]

　　很多人批评二战中的美国步兵从来没有像德国、日本、苏
联，甚至英国步兵那样承受巨大的压力。美国士兵们很容易晋
升为士官（最终占所有现役士兵的 50%）。军官比例高达 10%，
可能与派往前线作战的部队比例一样高。太多士兵被诊断患有
精神疾病（占所有军事人员的 9%），这一比例高达德国军队 10
倍以上。美国大兵受伤后要在医院里治疗很长一段时间，平均

为 117 天；而且 36% 的伤员伤愈后，无须返回战斗部队。美国士兵需要太多补给（每天超过 80 磅），很多本应该上前线的人却待在后方。他们过于依赖炮兵，否则就无法推进；他们认为自己应该坐车，而非步行到前线。补充兵员总是零零散散，以个体身份被分配到一线；来自同一地区的士兵没有被组成一个有凝聚力的集体，成建制地派遣至战区。然而美国士兵还是能够英勇战斗，相比之下，德军处决了超过 2.5 万名战士。[21]

224

对大兵们的批评忽视了美国陆军创造了几乎是一夜之间从无到有的奇迹。没有任何一支陆军必须被运送到如此遥远的海外战区作战，而且被要求刚刚抵达战场就要发起进攻。没有任何一支陆军会像它这样与其他军种激烈争夺人才。与轴心国地面部队所遭受的损失相比，没有任何一支以陆军为主的军队有如此轻微的伤亡。

1941 年的美国军人与过去或未来的美军稍显不同。多数年轻的新兵在大萧条时期长大。他们对物质的期望往往较低，即使在军中过斯巴达式的简朴生活也比做一个平民在贫困中挣扎要好。20 世纪 30 年代末的日子比"咆哮的 20 年代"或 50、60 年代要艰难得多。1941 年参军的数百万美国人也是首次通过驾驶拖拉机、运输卡车、小汽车、摩托车等机动车辆，才开始熟悉第一代和第二代内燃机。与之前或之后的年轻人相比，这一代二十岁左右的青年更擅长操作机械。巴顿将军认为这种能力对美国军队至关重要："美国人，作为一个民族，是世界上第一流的机械师。美国，作为一个国家，拥有最强大的大规模机器生产能力。因此，我们有必要利用我们的固有优势，创造新的战争方式。我们必须尽最大努力，在地面上，在天空中通过机器进行战斗。"美国军队也正是这么实践的。[22]

苏联红军是独一无二的军队。第二次世界大战前没有，此后也不存在与之类似的武装力量。虽然嗜血成性的敌人发起突然袭击，在苏联领土上烧杀抢掠，但红军具有许多不同寻常的特质。首先，苏联军队在战争伊始就已经非常庞大。当德国人入侵时，苏联在西部和东部战区有超过 500 万兵力。在抵抗德军的广阔战场上，红军初期就拥有 200 多个作战师，此外还有 100 多个师分布在苏联全境。其次，苏联从未停止扩军：整个战争期间，苏联共征召 3000 万人入伍；在 1200 多万人的军队中，巅峰时期的作战力量远超 1000 万。

225 　　在其鼎盛时期，苏联理论上可以部署超过 500 个师。美国人在不到一年半的时间里组建了近百个陆军师，这已经是了不起的军事动员壮举；而苏联在同一时间段内则动员了 400 多个新成立的陆军师或补充师，尽管这些师规模较美军小，装备少且机动化程度低，无须远隔重洋运抵前线，苏联也不必为庞大的海、空军提供补给。[23]

苏联军队蒙受的损失也是独一无二的。仅在德国入侵的头一年，就有大约 450 万苏军死亡，几乎与 1941 年的德军总数相当。至战争结束时，苏军在战斗中丧生的人数（700 万）远远超过了它最初的规模。如果把因病死亡和被俘之人算在内，这个数字可能要飙升到 1100 多万。此外还有 1000 万到 1600 万平民罹难。艾森豪威尔将军曾转述苏联元帅格奥尔吉·朱可夫一段关于地雷的评论，反映出苏联一贯对征召兵的损失持漠不关心的态度："朱可夫元帅向我坦陈了他在实战中的做法，简单来说就是，'战场上布有两种地雷，分别为反人员地雷和反车辆地雷。当我们到达雷区时，我们的步兵依然发动攻击，就好像雷区不存在一样。我们认为，反人员地雷造成的损失只相当于机枪大炮的水平。假如德国人选择用强大的防守部队而不是地雷来保卫这一地区，我们的伤亡程度也差不多'。""任何一个美国或英国指挥官如果采取这种战术，"艾森豪威尔指出，"我都可以清晰地想象出他的下场会是怎样。"[24]

　　德国将军们虽然对红军的力量极为尊重，但在谈及苏军战术时指出："只要采取灵活防御战术，苏联人主动发起的进攻通常就没有危险。他们总是很固执，一次又一次地重复攻击。这是因为苏联指挥官生活在恐惧之中，害怕一旦停止进攻，就会被认为缺乏决心。"苏联红军到底消灭了多少德国士兵，尚无确切数字，比较合理的猜测是，死亡、失踪、被俘、受伤的德国将士中，70%—80%（大约500万人）可归功于红军。甚至在入侵苏联的最初几天，德国人就发觉苏联战士同他们之前所碾压的波兰、斯堪的纳维亚、西欧和巴尔干半岛敌手迥然不同。一名德国军官谈及苏联人的抵抗时还心有余悸："战争方式完全改变了，我们对此茫然无知。我们很快就发现首批侦察巡逻队落入苏联人手中。我们心情沉重，坐立不安，感到十分害怕。"[25]

　　希特勒向德国国防军保证，苏联人将在三个月内瓦解，就像之前所有目标都会倒在德军地面部队的铁蹄之下一样。可是早在1941年8月，即德国军队入侵苏联两个月后，士气就开始下降，因为无论他们杀死或俘虏了多少苏联官兵，装备充足、意志坚定的对手反而越来越多。1941年8月，入侵行动尚为顺利，一名年轻的德国中尉赫尔穆特·施蒂夫（Hellmuth Stieff）就在给妻子的信中绝望地写道："我们日复一日地看到和经历的所有这些情况……渐渐使你产生怨恨，以至于你宁愿缩进自己的躯壳里，逃避这一切。如果短期内这一切不发生改变，灾

难就将来临。眼睁睁看着这一幕发生，真是太可怕了。"²⁶

尽管人们认为苏联的科学和工业能力在战前比较落后，但在第二次世界大战中，红军装备的坦克性能卓越，数量惊人（各种型号的 T - 34 坦克超过 8 万辆），拥有比其他参战国陆军更多的榴弹炮、火箭炮、重炮和高射炮（超过 50 万门）。即使在 1941 年中期，就在德军入侵的那一刻，苏联拥有的装甲车数量也超过了英国、法国、德国、意大利、美国之总和。苏联自身具有生产近 20 万辆重型卡车的能力，加之通过《租借法案》从美国和英国进口了 37.5 万辆，因此苏军拥有战争中摩托化程度最高的陆军师。苏军所有战前装备的装甲车辆在 1941 年损失殆尽，而且大部分坦克生产线也迁移至乌拉尔山脉以东。在这种不利情况下，至 1943 年初，红军向前线部署了 2 万多辆坦克，并保持每月补充 2000 辆。²⁷

从 1942 年到 1945 年，美国、英国及其自治领为苏联运送了超过 1.4 万辆坦克。其中一部分是装配有英国 17 磅火炮的升级版柴油动力"谢尔曼"坦克，比德国豹式和虎式坦克的总产量还要多。1942 年中期后，苏军单兵通常装备着优良的 PPSh - 41 冲锋枪（战争期间生产了 600 多万支）或 SVT - 40 半自动步枪（160 万支）。虽然这两种步枪都无法与其他国家军队的相应单兵武器抗衡，比如德国的 StG - 44 突击步枪或美国的 M1 卡宾枪，但规模庞大的苏联红军到 1943 年就普遍装备了这些武器，足以对德军造成实际伤害。

苏联工业生产效率很高，取得了了不起的成就，尤其是集中精力制造军火（坦克、火炮、机枪、步枪等）；同时依靠《租借法案》，大量进口食品、卡车、铁路机车、铁轨、无线电广播设备和其他重要的自然资源，尤其是铝，这是生产坦克引擎或飞机机身不可或缺的金属原料。此外，在 20 世纪 30 年代后期，苏联中央决策层终于邀请西方，特别是美国公司参与技术援助项目，从而获取了诸多关于流水线大规模生产和零部件标准化方面的专业知识。苏联工业的面貌得以焕然一新。火炮方面，到 1944 年中期，苏联军队拥有的大炮数量是德国人的十倍之多。到 1945 年 1 月，红军装备了十几万门大炮、重迫击炮，炮兵人数超过一百万人。与此同时，德国将大量火炮和飞机调往本土参与地、空防御作战，加之军备生产和运输陷入混乱，用于东线的战争物资正在减少。[28]

　　红军是战争中最致命和最可怕的步兵部队。这支军队规模惊人，拥有钢铁般的纪律以及无穷无尽的坦克、卡车和火炮。苏联人口基数庞大，是除了中国和印度之外，可招募战斗人员和辅助兵种数量最多的国家，因此可以承受大量步兵损失而无须担忧兵源不足。苏联军队远离太平洋和地中海战事，不承担为其他盟友提供支援的责任，不必对轴心国实施战略轰炸或发动大规模海战，因此步兵部队可以专注于在一条战线上对抗一个敌人。二战东线就此成为历史上规模最大、最惨烈的战场。苏联内陆地区虽然落后但有利于防御，给来自欧洲的侵略军制造了重重障碍。尽管许多德国军官曾在 1917 年至 1918 年深入苏联境内作战，并占领大片领土，但德国人依然声称，他们不熟悉这片苏联人称为"祖国母亲"的广袤土地，不了解这里的天气、交通、地形。1941 年 8 月，一名德国军官描述了一幅令人无所适从的景象："我已经受够了这个人们大肆吹嘘的苏联！这里简直就是史前时代……我们饱受炮火折磨，为了躲避弹片，日日夜夜不得不躲在散兵坑里。洞里满是积水。虱子和其他害虫到处滋生。"如果他去问问那些资深的高级军官，就会知道从 1918 年到现在，战场情况压根就没发生什么变化。[29]

228 　德军实际上是同两支不同的红军作战。初期的那支苏联军队在 1941 年 6 月至 1942 年春之间就渐渐消亡了。在大约一年的战斗中，超过 400 万官兵阵亡，装甲车辆、飞机和大炮也损失殆尽。但是令德军困惑的是，遭受重创的红军从未彻底崩溃，而是向苏联内陆撤退了 800 多英里。这是一年前被打得狼狈不堪的法国、荷兰和比利时军队无法选择的战略。广阔的苏联大地如同没有边界的敦刻尔克，红军可以向后退却，并重新集结。

德军继续向前推进，占领了苏联位于欧洲部分的 100 万平方英里土地，摧毁或控制了 7500 座工厂、超半数发电设施，但侵略者的力量也随之衰减。与此同时，苏联重新征召了 450 万士兵，与残余部队整合到一起。第二代苏军装备有大量新型 T-34 坦克，以及大口径、多类型火炮和半自动武器。越来越多的改进型战斗机投入战场，为部队提供支援。至 1943 年，苏军还得到大量来自英美两国的卡车、无线电设备及其他物资。除了英美援助外，苏联能够绝境逢生还要归功于共产主义政府依然屹立不倒，整个国家的工业安全地转移到乌拉尔山以东。即使苏联所承受的巨大牺牲对于西方来说不可想象，但苏联人民已经习惯于面对苦难。这是一场史无前例的生死存亡之战，交战双方都明白，失败就意味着死亡。就算苏联坦克在前线的平均寿命不足 6 个月，但考虑到每个月都有 2000 辆崭新的 T-34 坦克和近万名坦克兵加入红军，这一点其实无关紧要。总之，红军在 1944—1945 年对抗德军的表现如此优异，以至于整个欧洲在此后半个世纪都将战战兢兢。[30]

英国陆军仅占英军总数的 56%，比例只比美军略高。英国陆军从战争之初就必须处理无数此前未曾预见的战略难题和作战困境，尤其是法国崩溃之后。英国为了能够集中力量发展海军，在长达一个世纪内，坚持从欧洲大陆至少选择一个陆权国家作为自己的缓冲地带和伙伴，但 1940 年 6 月的那场飞来横祸令这个战略彻底破产。从 1940 年 6 月 25 日到 1941 年 6 月 22 日，英国陆军及其英联邦"兄弟"是唯一一支尚有实力能与轴心国作战的地面部队。从开战以来至敦刻尔克大撤退期间，英国远征军（约 40 万士兵和后勤人员）遭到德军迎头痛击，溃不成军，超过六万人在法国战役中阵亡、被俘或受伤，最终不得不仓皇撤离。英国陆军在敦刻尔克登船时丢弃了绝大部分装备，到 1940 年 7 月，本应该基本上丧失战斗力。然而在"巴巴罗萨行动"的前一年，英军仍旧独自在北非和巴尔干地区与意大利和德国军队作战，同时还握有大西洋制海权，并在地中海对意大利舰队形成压制。[31]

　　1940 年 4 月至 6 月，英军付出超过 4000 人伤亡的代价后，依然没能阻止纳粹成功入侵并占领挪威；同年 6 月，英国远征军不得不从敦刻尔克全部撤离欧洲大陆。因此到 1940 年末，英国的决策者们才终于清醒过来，告诫自己，依靠空军和海军力量才是保卫大英帝国的明智之举。在最好的情况下，一支兵力相对较少的专业化远征军也只能够在欧洲边缘地区遏制部分规模较小、实力较弱的轴心国军队，而应该避免发生类似 1914 年与德国陆军主力部队直接冲突的错误，至少在翘首以盼的美国海外大军到来之前应该如此。除非苏联和纳粹德国之间发生冲突，除非美国下场参战，否则英军很难有希望重返西欧，而且英国也不可能独自击败德国陆军，攻入德国本土。不过与此同时，英国仍然具有相当强大的工业实力和海空力量，军队斗志昂扬，军事专业能力强，最高统帅指挥得当，所以希特勒成功入侵英伦三岛或企图通过轰炸迫使英国屈服的可能性微乎其微。要么出现新式的神奇武器，要么有一支生力军投入战场，否则英德两军将在1941年形成僵局。

1940年夏，英国军队及其盟友还面临着一场全球危机。除了保护本土不受德国入侵外，英军还寻求维护从苏伊士到缅甸的海外利益，然而德国人、意大利人将很快威胁到这些殖民地，尤其是日本的攻势更加凌厉。从1940年7月到1942年秋，英军在新加坡、希腊（克里特岛）和图卜鲁格（Tobruk）节节败退或就地投降，舆论一片哗然，人们对温斯顿·丘吉尔的领导力也产生了怀疑。1940年秋，英军对位于埃及和利比亚的意大利军队展开攻势，但随着1941年初部队调往希腊，以及德国增援部队抵达，英军曾经取得的军事胜利还是丧失殆尽。日本则于同年12月8日不宣而战，此前大英帝国最为保险的巨额东方资产在1941年底瞬间化为乌有。[32]

1942年11月，美军现役部队进入欧洲战区，英国军队的前景才有所改善。英美两国迅速建立了一种新型伙伴关系，战争中首次在后勤和海空力量方面取得了对轴心国在地中海地区的优势。自从1943年5月赢得北非战役的最终胜利后，英国陆军除了在"市场花园行动"中惨败外，再也没有在欧洲战场上的其他战役经历彻底失败。尽管英军散布于世界各地，同时在数条战线分别对抗意大利、德国、日本的军队，但在六大主要交战国中，其阵亡人数最少（144079人，另外还有239575人受伤，33771人失踪，152076人被俘）。[33]

英国陆军最终取得胜利不是因为优越的物资保障，或一群拿破仑时代的杰出元帅英灵附体。尽管英国拥有足够多的步枪、大炮和坦克，但除了意军（有时也包括日军），英军其实并不比其他盟军或轴心国军队强。虽然英国军官们首要关心的问题是远离任何冒险行动，避免伤亡激增，防止出现无法弥补的损失，不过这支承担太多任务的军队之所以能够绝境逢生，还要归功于其专业精神、总体上高昂的士气，以及精益求精的参谋团队。英军装备了射速虽慢但极为精准的栓动式李恩菲尔德点303口径（4号）步枪，并很快配有各种型号的司登冲锋枪（生产了400多万支）。后者经不断改进，在实战中成了一种优秀的近距离致命武器。一战时期的老式水冷点303口径维克斯机枪依然凶猛无比。诺曼底登陆期间，英国炮兵的表现几乎和德军一样出色。英国陆军的机动性则远优于敌人。也许除了适宜战斗的"丘吉尔"坦克外，1943年之前的英国坦克其实都性能不佳。但当美国"谢尔曼"坦克加入战斗，尤其是1944年中期，部分"谢尔曼"主炮改装为英国产17磅火炮后，英国步兵得到了装甲部队强有力的支持。至1943年，英国步兵部队的地空协调能力已经超过了除美国以外的其他任何军队。这得益于优异的战场通信能力与"喷火"和"飓风"式战斗机，以及"台风"战斗轰炸机的出色性能。[34]

几位英军将领——尤其是伯纳德·蒙哥马利和威廉·斯利姆（William Slim）——是这场战争中最优秀的领导人和最专业的军事指挥官。蒙哥马利因取得阿拉曼战役的胜利而声名鹊起，他也因诸多错误决策而备受诟病，如击退隆美尔后没有及时追击，未能及时关闭"法莱斯口袋"包围圈，无法迅速占领安特卫普的重要港口，还有不幸的"市场花园行动"。蒙哥马利在阿登战役后愚蠢地大放厥词，还过度准备，命令部队大张旗鼓地跨越莱茵河。然而蒙哥马利深得丘吉尔和帝国总参谋长阿兰·布鲁克（Alan Brooke，即后来的第一代阿兰布鲁克子爵）

将军的信任。不过他们还是私下承认，蒙哥马利性格暴躁，常常做出有损同盟的举动，是个缺乏想象力的苦干家，但他不会231 遭遇惨败。奇怪的是，尽管像乔治·巴顿这样的将军们都对蒙蒂①颇有怨言，但也敬重其才华，必要时也能与之融洽共事。[35]

英国最高统帅部明察秋毫，否定了盟军在 1944 年前过早登陆西欧的意见，推翻了温斯顿·丘吉尔更为异想天开的爱琴海作战方案，而且在很大程度上影响了美国在 1942 年至 1943 年间关于从北非到意大利广阔战区的战略设想。1940 年，西方民主国家只剩下英国没有陷落。它之所以能够做到军工产能可与大得多的德国相提并论，政治影响力足以比肩其他更强大的盟国，都得归功于出色的军事能力，尤其是英国陆军对轴心国取得的战果超过其自身损失。轴心国只在新加坡、缅甸、希腊及其克里特岛和利比亚的一些个别战役和特定战场上击败了英国。然而，那些一定时间内的战术胜利并没有给轴心国带来持久的战略优势，英国依然保持海军强势和战略轰炸能力，其工业基地相对较少受到攻击。[36]

有关第二次世界大战的研究中，一项重大课题是德国步兵的强悍战斗力在多大程度上转化为持续的战略胜利。战争期间，无人能在训练、部队指挥、士气等方面与德军匹敌。德军训练手册可能会强调"卓越的战斗力可以弥补人数上的劣势"，但问题在于"人数劣势"如何定义，比如 1:2 的劣势与 1:5 或 1:7 大不相同，而到了 1944 年底，后一比例在许多战区都成为现实。有一种过时的观念认为，步兵优势是通过地面部队杀死

---

① 蒙哥马利的昵称。

更多敌人，减少自身损失来实现的。这在某种程度上可以解释德国强大的军事能力，然而该理论却淡化了盟军在人数、装备、补给、舰船、飞机等方面更为重要的优势。[37]

德国陆军卓越的作战能力往往被来自最高统帅的荒谬决策抵消，例如希特勒在 1941 年至 1942 年间，重新调整整个东线的各陆军集团军群的战略方向；在斯大林格勒和阿拉曼战役，以及随后的 1943 年至 1944 年期间，下达了不撤退、不投降的命令。他还多次发动注定失败的攻势，如 1944 年底的阿登战役，以及 1945 年 3 月，为解救被苏军围困的布达佩斯而实施的"春季觉醒行动"（Operation Spring Awakening）。希特勒狭隘的地缘战略观点受到了德军最高统帅部和陆军总司令部（程度较小）参谋们的盲目怂恿。由于训练局限和天性使然，即使最优秀的德国将军也不具备从大战略或地缘政治的角度来谋划战争的能力；希特勒还经常故弄玄虚，大谈特谈关键战略资源、不断变化的联盟，以及文化方面的鬼话，把将军们搅得困惑不已。他那种虚构历史的咆哮在普鲁士军官团中很吃香。他们常常无法从希特勒平庸的战略思想中认清灾难性的后果，而且在战时他们的权力很大程度上也不受文官集团掣肘。（据说第一次世界大战伊始，德皇威廉二世揶揄说："总参谋部什么都不告诉我，也从不征求我的意见。我无所事事，只能喝茶散步。"）

1941 年底，入侵苏联的德国国防军已不可能轻易取得之前在法国那样的胜利，于是希特勒开始毫无征兆地频繁更换指挥官，如格尔德·冯·伦德施泰特、埃里希·冯·曼施坦因、海因茨·古德里安等将军。很难想象蒙哥马利会因未能及时关闭"法莱斯口袋"或"市场花园行动"惨败而被丘吉尔炒鱿鱼；或者罗斯福将进入许特根森林的考特尼·霍奇斯将军解职。到

1943 年，德军已从一支气势逼人、优秀的区域进攻型军队转变为兵力不足、物资匮乏、分散在各地的占领军，在敌人强大的海空军压迫下，再也无法赢得它所发动的地面战争。德军的任务已经调整为全面防御，就像日本人的抵抗方式那样，希望通过歼灭向前推进的敌军步兵，使盟国认识到大量人员伤亡和物资损失不可避免，从而放弃无条件投降的诉求。武装党卫队的中高级军官，如全国总指挥（大致相当于大将）泽普·迪特里希（Sepp Dietrich）、分队长（上校）约阿希姆·派佩尔（Joachim Peiper），或一级突击队大队长（中校）奥托·斯科尔泽尼（Otto Skorzeny）等人，与其说是拘泥于教条的纳粹分子，不如说是盲目的邪恶战士。他们热切地接受冷酷无情的纳粹理念，就像曾经确信能征服世界那样，即使失去所有的获胜希望，也要继续疯狂战斗。[38]

德国步兵就是第二次世界大战中的斯巴达人。德国国防军陆军（Heer）像古代斯巴达的公民战士（Homoioi）一样，是训练有素、令人畏惧的专业化军队。与斯巴达人类似，德军士兵充盈着军国主义思想，虽然一直兵力有限，但战绩非凡，又常常出于愚蠢的战略目的而被投入战争。德国陆军中也有如斯巴达的布拉西达斯（Brasidas）、吉利普斯（Gylippus）、吕山德（Lysander）那样思维敏捷且特立独行的将军，但除了罕见的曼施坦因或隆美尔外，更多的则是如同斯巴达白痴国王一般毫无想象力的指挥官（阿尔弗雷德·约德尔、威廉·凯特尔、瓦尔特·瓦尔利蒙特）。这群人把持最高统帅部，同希特勒一起，白白浪费了他们的致命军队。

自 1939 年 9 月开战到 1942 年 11 月，在斯大林格勒被包围之前，德军几乎是百战百胜，无论是苏军还是其他十几个国家的军队，无一不是其手下败将。德国的军事训练水平和作战理论被公认为无懈可击。在第二次世界大战期间，德国陆军《作战指挥》（*Truppenführung*）手册的核心精神就是提倡各级军官的主动性（Auftragstaktik，任务型命令），即使是低级军官也能不受上级"微操"制约，以他们认为适合的方式完成既定任务。具有讽刺意味的是，专制的纳粹党给予下级军官的自主权比英美民主国家授予少校和上校的还要多。[39]

所谓闪电战就是集中坦克部队，同时在空中支援配合下，摩托化师奋勇向前，包围机动性不佳的敌军，瓦解其士气。考虑到德军的对手相对较弱，而且德军是以突然袭击的方式对邻国发起入侵，因此很难说 1939 年至 1941 年的闪电战到底是真正的革命性战术，还是被过誉的神话。尽管如此，大部分德国陆军直到 1941 年仍然没有实现摩托化，战场机动步履蹒跚。这支军队主要依靠马匹移动，大量装备的轻型马克 I 和马克 II 型坦克质量堪忧，次于大多数法国坦克：仅波兰战役，就损失 800 多辆，被德国人自己贴上了"不适合战斗"的标签。即使是装甲师，拥有的坦克数量也相对较少。"巴巴罗萨行动"前夕，海因茨·古德里安将军麾下的第 2 装甲集团军人员编制 148554 人，但只列装了 930 辆坦克。入侵苏联的是一支前现代军队：1.5 万辆波兰农家马车，75 个师仅靠马匹驱动，数百种各类车辆是从欧洲掠夺而来的过时产品，73 种不同型号的坦克，以及 52 种高射炮。战争爆发时，德军一个标准的摩托化师配置有 900 辆卡车，以及 5000 匹马。[40]

与波兰、法国或英国军队相比，开战时每个德国步兵师的火力配置更多：24 门榴弹炮、72 门反坦克炮、135 门迫击炮和 442 支机枪。1939 年，德国的敌人甚至没有一个组建有正式的独立装甲师。然而当庞大的德国陆军第一次遇到势均力敌的对手时，其内在弱点就暴露无遗。37 毫米反坦克炮无法击穿法国重型坦克，对早期型号的苏联 T - 34 坦克也无能为力。由于燃料短缺和车辆产能不足，以及军队规模扩大，到战争末期，依赖马车运输的德国师比例（大约 85%）可能比 1939 年 9 月更高。如果说盟国担心汽油供应，德国军队就只能依靠牧草。在战争的最后两年里，按照希特勒的个人命令，德军在两条明确的战线上来回折腾，恢复到毫无创意的、自上而下的传统指挥模式（Weisungsführung）。[41]

希特勒对军事行动横加干涉，反而削弱了德军战斗力。他还让一群阿谀奉承之徒，如威廉·凯特尔、阿尔弗雷德·约德尔、瓦尔特·瓦尔利蒙特等人进入最高统帅部，去监督那些业务上更专业的陆军总司令部的精英参谋。1941 年 12 月，希特勒免去瓦尔特·冯·布劳希奇（Walther von Brauchitsch）将军的陆军总司令部最高长官一职，随后亲自下场，直接控制了军队，实质上终结了军队原有的自治权，陆军总司令部也因此成为可有可无的部门。战后，阿尔贝特·施佩尔告诉审讯者，希特勒接管陆军总司令部"是这场战争中最不幸的决定"。[42]

假如希特勒不参与作战决策，那么列宁格勒、莫斯科甚至斯大林格勒都有可能被占领，战线将在伏尔加河沿岸稳定下来。问题不仅在于希特勒疯狂，一味禁止德军战术撤退，结果几十万本可以逃出生天的德军被彻底歼灭。他也有胆怯的时候。当勇猛突进也许能取得更大胜利时，希特勒却可能失去勇气，命令德军停止向前。一个典型案例就是敦刻尔克大撤退前，他同意一些将军的建议，下令装甲部队停止前进。任职于陆军总司令部的弗朗茨·哈尔德将军甚至在战争初期就说过，当法国战事进展顺利时，希特勒有时会变得"极度紧张"，"害怕自己的成功"，"不愿冒任何风险"。如果能在敦刻尔克一举消灭30多万英军士兵，必将对英国公众和刚刚上台的丘吉尔政府造成沉重的心理打击。放任整个英国远征军撤回本土，可能是德军入侵苏联之前犯下的最为严重的错误。

36名德国陆军大将中，只有3人能在战争中保住职位，而其他无一例外，均招致不幸。17名陆军元帅，仅剩1人在战争结束时仍保留指挥权；其余16名元帅不是被解除职务，就是被现役部队除名，要么就是被处决、阵亡或沦为战俘。陆军的问题不仅是职业军官团听命于不称职的总参谋部，而且这个总参谋部又完全受制于越来越不理智的希特勒。[43]

同苏联红军一样，德国也存在两支陆军。第一支是规模较小的精英核心部队，由大约50万士兵组成，按当时的标准，他们装备有优秀的武器，配备了出色的军官。直到1942年，该部大部分时间仅部署在德国边境地带，很少与具有类似水准的敌军步兵作战。另一支德国军队基本上只是替代品，规模庞大，战斗力参差不齐。这支德军装备落后，补给有限，在遥远的异域作战，缺乏空中支援，因成立了滥杀无辜的死亡小队而军纪堕落。很多人是被迫入伍的征召兵，年龄太小或太老，而且训练不足。这支军队的任务是占领被征服的约150万平方英里土地——面积远远大于罗马帝国的鼎盛时期。而到了1944年，占领区内的公开反抗已是此起彼伏。[44]

德国的命运在1943年后开始尽显颓势：北非战局已经不可收拾，库尔斯克战役之后处于守势，德军在诺曼底全面败退。尽管庞大的第二支德军在各条战线上不断后退，盟军仍然很难击败德国陆军的核心力量。因此，希特勒在一定程度上是正确的，那就是依靠德国陆军卓越的作战能力——"德国士兵无所不能"——来抵消盟军的人数优势和他自己下达的混乱战略命令。德国军人的士气并不仅仅来自对民族社会主义信条的狂热信仰，还源于德意志民族自豪感和民族主义复兴。从 1939 年 9 月到 1941 年 4 月，令人难以置信的军事胜利更使得德国陆军产生了一种天降大任的使命感。斯大林格勒包围圈中的德军于 1943 年 2 月 2 日投降后，再也没有毫无准备的邻国可供德军突然袭击了，这时宣传部部长约瑟夫·戈培尔才宣称要对所谓已经伤痕累累的苏联发动"全面战争"。[45]

第二次世界大战时期，德国陆军的最大特点相当荒谬，那就是长期缺乏人力资源。虽然这支军队最终扩充到 500 多万人，但要实现希特勒为国防军设定的宏伟战略目标，至少就兵力而言远远不够。这种反常现象很容易从入侵苏联前夕的军队状态中窥见一斑。在不到一年的时间内，希特勒就为野战部队增加了 84 个师。自 1940 年 6 月法国陷落以后，德国陆军新增 65 万名士兵，总兵力很快就达到 380 万人，此外还有 15 万名党卫队队员。数字看上去相当可观，尤其是最终还有几十万来自芬兰、罗马尼亚、匈牙利，以及后来加入的意大利和西班牙联军加盟。事实上，对于试图占领并保卫波兰、挪威、丹麦、荷兰、法国、希腊及其克里特岛，还得向北非派遣部队，并驻防本土的第三帝国来说，这点人数显然是杯水车薪。与此同时，德国国防军正在 100 万平方英里的空间内，向人数和装备更多的苏联军队发起进攻；在大西洋和欧洲上空生死搏杀；6 个月后，德国又对美国宣战。[46]

任何一个苏联士兵在战场上遭遇德军都意味着一段可怕的经历。究其原因可不仅仅是他们的战斗经验、作战技能和组织体系不如对手。到 1944 年，成千上万的东线德国士兵装备了战争中最具杀伤力的手提机枪——StG - 44，这也是世界上第一支真正的突击步枪。自 1942 年以来，一些德国步兵部队还配发了战争中最优秀的轻机枪——重 25 磅、可以击中 2000 码外目标的 MG - 42。德国步兵装备的 MG - 42 的数量通常比盟军同类型轻机枪多，而后者射速则只有前者的一半。StG - 44、MG - 42，以及豹式和虎式坦克，这些武器的任务都是试图孤注一掷，为正在节节败退的德国步兵部队提供更多火力，从而以更高质量克服数量不足的问题。然而，在西方列强之间的战争中，该战略很少有成功案例。第二次世界大战并不是一场西方人拥有现代武器，而当地武装几乎没有的不对称殖民战争，如祖鲁战争（南非，1879—1896 年），或马赫迪战争（苏丹，1881—1899年）。虽然德国一段时间内在单兵武器和装甲车辆方面占有领先地位，但相对于盟军的火炮、坦克，这些技术优势不足以抵消其人力和机械方面日益严峻的数量劣势。[47]

战争期间，德军犯下的暴行并不都是武装党卫队所为，特别是在苏联前线。在入侵战争头七个月里，德国正规军平均每天坐视一万名苏联战俘因处决、疾病或饥饿而死——到 1941 年底，总共有近 200 万人死亡。这场大屠杀在一定程度上归因于德国人自己未能预见苏军会大规模投降，而且在物资匮乏、游击队骚扰和恶劣天气的情况下，也没有做好应对大量战俘的准备。但这只是部分原因。根据民族社会主义信条，德国军队一直被灌输俄罗斯人和斯拉夫人都是劣等民族的观念；战后，他们也不配在纳粹占领下的苏联土地上继续生存。在总参谋部制订的"巴巴罗萨行动"计划中，陆军一开始就压根不关心战败后苏联人的死活。德军进入苏联后，可以说是热切地执行臭名昭著的"政治委员令"。(第二条："亚细亚野蛮战争方式的始作俑者是政治委员。因此必须立即且毫不犹豫地对其采取严厉措施。当他们在战斗中被俘虏时，须按规定就地射杀。")[48]

日本陆军同其他五个主要参战国陆军的不同之处在于，它既是一支军事力量，也是一股政治势力，足以影响国家政策。陆军大臣是一个由军方控制的职务，通常独立于首相，或与之平级，最终只服从于天皇本人。日本在1941年以前对中国东北地区（1931年）、中国其他地区（1937年）和苏联（1939年）发动的军事行动主要是陆地战争，但无一不是陷入泥潭或惨遭失败。按照西方标准，日本海军、海军航空兵、空军的装备比陆军本身要好得多，因此陆军在日本占有统治地位反而极具讽刺意味。第二次世界大战之前，这个国家之所以能在日俄战争中多次取得戏剧性胜利，其实在很大程度上应归功于帝国海军（不过陆军在中国东北也取得了一些不俗胜绩）。[49]

1941年，日本陆军总兵力170万人，组成了57个作战师和各类辅助部队，除了苏联红军以外，比其他任何一个盟国地面部队规模都要大。但大多数日军驻扎在中国和中蒙边境，自1932年以后，日本在蒙古边境陷入了与苏联之间的长期、低烈度冲突。至1938年，日苏两军之间发生了2800多起摩擦事件。1939年，在一系列愈演愈烈的边境战争中，朱可夫将军指挥下的红军装甲和炮兵部队占尽优势，终于在诺门坎彻底击溃日军。

日本在1941年合乎逻辑的选择是继续扩军——陆军到1945年将稳步增至500万以上——从而在中国站稳脚跟，并与纳粹德国联合起来入侵苏联。然而人力短缺将一直阻碍日本实现陆地上的战略野心。尽管日本拥有庞大的陆军，战前人口也超过了 7000 万，但只有约 20% 符合条件的日本人曾经入伍服役，动员比例低于纳粹德国。[50]

直到 1941 年底，日本才与英国和美国开战。尽管日军自己在同苏联和中国的战争中表现不尽如人意，他们却对英美军队抱有蔑视之心。1940 年 5 月和 6 月，英法两国步兵的糟糕战绩让日军确信，英法远不如苏联强大。时机也很重要。1941 年 11 月下旬，日本人仍然认为德军很有可能会攻陷莫斯科。消灭苏联后，欧洲轴心国便能释放更多资源对抗英国，从而迫使英国乃至美国从太平洋地区撤军。讽刺的是，日本陆军却在 1941 年决定放弃与纳粹德国合作来两面夹击苏联，转而同意帝国海军向美国开战。这一决定可能拯救了苏联，但也注定了日本的宿命。日军早就介入亚洲事务，又凭借出其不意的突袭和盟军士兵普遍缺乏经验而占尽先机，但到 1942 年末，这些优势迅速消失了。1942 年底，珍珠港事件发生后不到一年，美国海军陆战队第 1 师便登陆瓜达尔卡纳尔岛。即使是处女秀，此前毫无作战经验的陆战队队员也证明了他们同日本士兵一样勇敢，而且在补给、食品、武器装备等方面远胜于对方。[51]

日本步兵在中蒙边境与苏联人硬碰硬（1939 年 5—8 月）之前，从未经受过装甲车辆、火炮和空中支援等西方现代武器和战术的全面考验。35 年前的日俄战争中，日军确实在鸭绿江和奉天获得胜利，但其对手是装备落后、指挥不善的沙皇军队。苏联则是工业化国家，红军实现了机械化，完全不可同日而语。

日本从未生产过哪怕一辆中型坦克，更不用说性能接近早期英国或美国类似型号的重型坦克了。日本也没能完全理解重型野战火炮协同射击的价值。日军在自行火炮、运输卡车、吉普车、重机枪和无线电定向炮火等领域远远落后。日本陆军师

238

基本上没有实现摩托化，更别提利用可靠的无线电联络呼叫空中支援了。日军中也没有一支能与美国海军"海蜂"工程兵（Seabees）比肩的部队。事实证明，在太平洋地区的恶劣气候、崎岖地带和茂密丛林中，美国海军工程兵部队利用工程机械，创造性地采用各种方法建造空军基地和飞机跑道，对战局产生了无可估量的影响。

239　　日军指挥官往往更多地从作战角度考虑问题，好像在新加坡或菲律宾取得的战术成功就能在事实上等同于某种战略胜利。日本和英国一样，也是一个岛国。但在1941年之前，它还没有真正的海上作战经验，规模上也无法与1942年底盟军攻入地中海时相比。日军缺乏两栖登陆艇和完善的后勤保障，既不能确保登陆部队安全通航，也无法输送充足的补给物资。这在一定程度上导致了瓜达尔卡纳尔岛上的日军注定要全军覆灭。尽管日军可以轻易将远征军运送到中国港口，但它缺乏针对已设防的太平洋岛屿实施多次小型两栖登陆的装备。除了珍珠港、新加坡和菲律宾三地之外，日本军队的作战模式是夺取那些不会遭遇激烈抵抗的领土，然后构筑防御工事，让盟军相信，收复这片地域的代价超过其自身价值。然而，珍珠港事件后不到6个月，日美海军在珊瑚海战役中战为平手，于是日本放弃对新几内亚南部海岸的莫尔斯比港发动两栖攻击。日本帝国陆军一直是个谜。它能够像德军那样狂热地战斗，但组织涣散，补给落后，这又类似意军。它与两个轴心国盟友一样，都有意高估军事狂热的价值，贬低机动车辆和战备物资的作用，轻视盟国发动战争的潜力。[52]

　　尽管如此，从1942年末到战争最后几个月内的冲绳岛战役，日本帝国陆军得益于各种因素，经过一系列岛屿作战和入侵缅甸行动，给盟军造成了可怕伤亡。陆军以及各级将校已经在中国战斗了近10年时间，至少直到1942年和1943年，其作战经验远比英美军队丰富。本间雅晴、栗林忠道、牛岛满、山下奉文等日本陆军将领能力出众，侵略成性，精明过人。这些人的下场要么是在战争结束时因战争罪被判处绞刑或枪决，要么在战败中同部队一起消亡。战争初期，盟军在数量上并不落下风，但日军抓住敌人准备不足且士气低落的时机，将其杀得落花流水。此后，这些将军成为研究美军两栖作战模式的大师，学会了如何构筑防御工事才能给敌人造成巨大损失。太平洋岛屿风光旖旎，然而精心设计的碉堡暗道隐藏在混凝土和珊瑚之下。日军利用静态防御战术，再加上丛林山区地形和工事，盟军机械化步兵的机动性和火力优势被抵消了。美国、英国及其自治领的伤亡人数开始急剧上升。[53]

20世纪30年代，日本军国主义将传统的武士文化、武士道、神道、佛教、天皇崇拜与当代法西斯主义结合起来，为军事暴行开脱。有一种兴起于现代的邪说，即日本军人具有种族优越性，其精神价值以战场上的英勇行为和对敌人的残忍程度来衡量。自1904—1905年日俄战争胜利以后，日益西化的日本军队陷入自相矛盾之中：一方面梦想达到与西方列强同等的机械化水平，鼓励实现现代化；另一方面却走回头路，鄙视那些认为物资和机器才是战争关键，而非男子气概的人。

日本陆军因伤而亡的比例大于其他所有军队。从瓜达尔卡纳尔岛的泰纳鲁河战役到塞班、冲绳更为血腥的攻击，日军组织发动毫无意义的"万岁冲锋"。这样的战斗无异于自杀，不可能取得任何战术优势。二战时期的德国士兵可能比德意志（第二）帝国的军人更加热衷于战争。同样，侵略中国的日本军队在20世纪早期也被灌输了这类错误思想，甚至在鸭绿江和奉天战场对俄国人取得了惊人胜利的日俄战争期间也是如此。佐藤小次郎将军在战前创作了一部颇为流行的幻想小说《假如美日开战》，其中就流露出这样的观点："勇气和怯懦是决定性因素，力量和弱点只是次要的。"然而，力量的确非常重要。即使佐藤小次郎的想象十分美好，但事实上，日军最终要损失10名士兵才能杀死1名英美战士。[54]

对于那些待在固定堑壕内、很快就处于守势的日军而言，日本的轻武器在理论上并不比西方的同类武器逊色多少。南部轻机枪、89式榴弹发射器、有坂38式步枪、75毫米火炮等都是可靠易用的武器。但在1939年之前，由于没有同西方交过手，日本装甲部队一直处于发展停滞状态，规模太小，坦克也过于轻型。口径大于75毫米的火炮数量同样不足。机动车辆只是英国和美国的零头。珍珠港事件发生时，日本人口约7300万，与大德意志地区的8000万人口相当。因此日本各军种相加，总兵力也达到了700多万人，但盟军所有类别的武器系统产量都超过了日军。美国生产了250多万挺机枪，日本生产的还不到这个数字的五分之一。英国制造了400万支手枪，日本只有8000支①。美国部署了10万辆坦克和自行火炮，日本不到5000辆。甚至意大利军队在1943年解散时，拥有的迫击炮数量（17000门）也是日本（8000门）的两倍多。[55]

在过去十多年间，日军杀害了中国、印度和印度支那地区2000多万手无寸铁的平民。然而，在近四年的战争中，日本军队只杀死了大约12万名英美士兵，俘虏约七万人，自身则有约200万官兵死于敌手。日本帝国陆军以残暴而著称：在第二

———————
① 原文如此。

世界大战中，没有哪支军队与装备精良的敌人作战时，交换比会如此之低；与此同时，却对平民杀人如麻。

1940 年 6 月 10 日，墨索里尼向英国和法国宣战；三年后，意大利皇家陆军便不复存在。意大利步兵和德国国防军的士兵一样，几乎同所有二战主要参战国交锋，亦遭受惨重伤亡：法国（1940 年，1943 年初再次开战）、苏联（1941—1943 年）、英国（1940—1943 年）、美国（1942—1943 年），甚至与德国大打出手（1943—1945 年），可谓绝无仅有。除了一开始在东非和埃及西部地区战胜了寡不敌众的英国殖民军队外，意大利皇家陆军此后就再也不能在没有外援的情况下，取得重大战役胜利。

超过 400 万意大利人在皇家陆军中服役，其中 50 万人在战斗中死亡或失踪。墨索里尼作为希特勒的坚定盟友加入这场战争。然而 1943 年后，大量意大利人最终却成为军事在押人员死在德国战俘营，或作为强制劳工在德国丧命；其人数甚至比被美军俘虏并关押在战俘营的还要多。虽然意大利陆军拥有的战争资源在大国中最少——空中支援不足，补给物资匮乏，装甲车辆和炮兵水平低下——但它在这场战争中所扮演的角色在所有军队中最雄心勃勃，又影响深远。人口约 4500 万的意大利组建了 90 多个师，接近美国地面作战部队的规模，而美国人口超过 1.3 亿。[56]

从埃塞俄比亚战争（1935—1936 年）、西班牙内战（1936—1939 年），再到入侵阿尔巴尼亚（1939 年），意大利一直未能从耗资巨大的远征战中完全恢复过来。到墨索里尼向法国和英国宣战时，意大利军队的军备物资已经捉襟见肘。墨索里尼的对外政策常常前后抵触。他在"和平"时期过度扩张军队，却在 1939 年德国发动战争时完全措手不及。20 世纪 30 年代，希特勒热情夸赞意大利恃强欺弱的行径，1940 年 6 月之后，又对意大利的无能备感失望，他也从未明白为何意大利会如此自相矛盾。

对意大利来说不幸的是，墨索里尼在战前凭借优势兵力和先进武器，取得了一些小规模干预战争的初步胜利。这使得法西斯政府确信，意大利皇家陆军就算只是小跟班，也是德军的重要伙伴。而事实上，在每一类别军事作战能力对比中，意大利军队的实力都要远远弱于战争初期的英法武装力量。战时的意大利经济是欧洲所有主要大国中最落后的一个。可墨索里尼依然坚持建立一支庞大的地中海水面舰队，加重了经济负担。这些战列舰和巡洋舰最后被证明毫无战略意义。意大利汽车工业产量只略高于法国和英国汽车产量的 10%。意大利拥有的战略物资，如石油、煤炭、铁矿石等亦很有限；它的敌人则储备充足。[57]

1918 年，意大利损失了 50 多万人之后，作为协约国四巨头之一，终于在残酷的战斗中击败了奥匈帝国。意大利陆军此后也并非必然会滑向衰落。意大利现在之所以积重难返，既有政治原因，也存在战略失误。两者相互作用，损害了意军的战斗力。首先，墨索里尼认为没有必要把主力部队限制在邻近的北部边境，而是假设德－奥新盟友为自己提供了一个宝贵的缓冲区，从而能够腾出手来组建远征军前往东非、北非、法国、巴尔干半岛、苏联和希腊作战，但这远远超出了意大利的海上运输和后勤保障能力。其次，在第一次世界大战中，意大利的盟友是强大得多的英国、法国、俄国和美国，而德国很难取代这些国家的角色。早前的联盟也能够更好地将意大利有限的战争手段与各盟国间共同的战略目标相匹配。墨索里尼将他在第二次世界大战中雄心勃勃的地中海战略称为"并行战争"（Parallel War）。一开始，他既害怕德国侵犯他的势力范围，也担心英国顽强抵抗。[58]

尽管意大利的军工制造水平一直保持着一流水准，也生产了一些优秀的地面作战武器和原型装备，如 P26/40 型坦克、SPA-Viberti AS.42 装甲车、多种 75 毫米和 100 毫米口径中型野战火炮、伯莱塔 38 型冲锋枪等，然而法西斯国家没有大规模生产的概念，更何况缺乏资源，无法满足生产需要。少数有竞争力的意制武器要么在 1943 年才投入生产，为时已晚，要么数量太少，无关痛痒。[59]

1940 年 6 月 10 日，墨索里尼接连派遣军队越过边境进入法国，但很快就被溃败中的法国军队一顿痛殴。7 月，意军入侵英属索马里兰，将兵力不足的英国驻军成功驱离。然而一年后，意大利驻东非部队主力就被击败。1940 年 9 月 13 日，意大利皇家陆军入侵埃及，不久就被规模小得多的英国军队击退，被迫经利比亚撤退 500 英里。只因隆美尔率军赶到，而且获胜的英军分兵到希腊，意军这才暂时逃脱灭顶之灾。1942 年，北非意军残部得到增援，并与德国非洲军团联合作战。1943 年 5 月，轴心国军队在突尼斯投降，这支意大利部队也随之不复存在。1940 年 10 月下旬，当东非和北非战区人力匮乏，物资急缺的时候，意大利却派出 50 万大军入侵希腊。这是一场彻头彻尾的灾难，意军被困在巴尔干半岛，直到德国人杀来才算得救。单单为占领希腊，意大利就伤亡近 9 万人。[60]

墨索里尼在战争中犯下的最严重错误——不过考虑到他的错误实在不胜枚举，这样的断言总是不乏争议——就是派遣了 10

243

多个师前往苏联前线作战。至少有 8.5 万名士兵在那里丧生，另有 3 万人受伤，可能还有 2 万至 3 万人死在苏联战俘营。意大利皇家陆军在与德国非洲军团配合作战时，长期受累于补给不足，却在东线损失了 1200 门火炮和 1.8 万辆机动车辆。墨索里尼更担心的是，如果匈牙利人和罗马尼亚人在没有意大利人在场的情况下加入德军作战，那么会有损意大利人的声誉（意大利"必须向我们的盟友还债"）。毫无疑问，他也认为德国将轻易获胜，因此希望借机从瓜分苏联中分一杯羹，特别是高加索地区的石油。[61]

意大利陆军与德军联手，共同防御西西里岛，惨遭重大伤亡：25 万本土驻军中，有 14 万人死亡、受伤和失踪。随着意大利于 1943 年 9 月退出轴心国，这支陆军很快便解散了。

如果墨索里尼没有向苏联和巴尔干地区派兵，那么他就能在英国相对虚弱的时候在北非部署一支百万大军，从而使盟军在南欧的进展至少倒退一年。墨索里尼认为意志力是军队成功的要素，然而他忽视了官兵的士气高低取决于军事领导力的优劣，以及后方是否能为前线提供比敌人数量更多、质量更优的武器。

意大利的士兵们最终也不想掺和第二次世界大战。如果不是迫不得已，他们宁愿选择前往意大利北部边境，或与东非及北非规模较小的殖民地军队作战。然而恰恰相反，墨索里尼在这场欧洲战争中选择与拥有现代化军队、对意大利没有历史仇恨的前盟友为敌。这支陆军就此变成了远征军，开战三年多之后，果不其然就彻底覆灭了。[62]

244

总之，若要对第二次世界大战各国陆军战斗力进行评估，只考察步兵本身是远远不够的。根据 19 世纪的步兵标准，德国和日本陆军中大部分都是作战人员，具有狂热的尚武精神和高超的战斗技能，实力在第二次世界大战中可能名列前茅。但进入 20 世纪后，一些关键的军事发展令他们的专业能力无用武之地，从而解释了盟军为何能从 1943 年中期开始取得地面战斗的系统性胜利。第一，不仅盟军地面部队享有来自天空的强大火力支援，而且空军拥有战斗机、战斗轰炸机数量和质量上的绝对优势，加之燃料无限量供应，更多受过专业训练的飞行员入役，使得盟军牢牢掌握了制空权。当梅塞施密特 Bf－109 和三菱 A6M 零式战斗机在波兰、法国或太平洋上空肆无忌惮地飞行时，德国和日本陆军便所向披靡；当 1943 年后它们不再主宰天空时，陆军也停滞不前。两国步兵不仅与盟国陆军作战，他们的对手还有向地面扫射、投掷炸弹的飞机，运送食物和弹药的大型运输船，以及轴心国完全无法比拟的各种先进武器。

　　第二，轴心国有限的工业基础和脆弱的海上航运使其远征军难以为继，而远离本土作战又正是轴心国侵略军的特点。轴心国地面部队进入北非、苏联、东南亚和太平洋诸岛后，很快就发现他们面临着与过去战斗环境截然不同的地形地貌和新挑战。而且强大的敌人更清醒地意识到，在遥远的异国他乡打一场现代战争，关键因素在于后勤补给和机械化运输。

　　意识形态，无论是好是坏，都是德、日、苏三国军事力量的放大器。斯大林钢铁般的意志既导致苏军在 1941—1942 年陷入包围圈，蒙受惨重损失，也激励其在 1944—1945 年不顾高昂代价，势不可挡地向前突进。相比之下，德国和日本军队则无法承受法西斯首脑在斯大林格勒和太平洋地区下达的不撤退命令。苏联幅员辽阔，工业基础深厚，还拥有物资丰富的盟友。这些优势使其具备了德国和日本所没有的战术和战略纵深。斯大林虽然固执，但苏联军队没有溃散；反之，希特勒和东条英

245 机一意孤行，部队就会彻底崩溃。具有讽刺意味的是，德国和日本可能拥有最出色的单兵，却组合成最糟糕的军队。

下一章将讨论德国在 1939 年 9 月至 1941 年 4 月期间取得了一连串边境战争胜利后，便密谋于 1941 年 6 月入侵苏联，反而招致灭顶之灾。德国军队吞并的弱小西方邻国越多，就越相信自己的精气神才是成功的催化剂，而不是依靠诸如良好的天气、便捷的后勤、在重整军备和军火生产方面先人一步等传统要素。德国空军在 1940 年和 1941 年面对的敌人是与之前受害者完全不同的盟国军队。希特勒本应该从不列颠之战中吸取教训。那场失利的战役对即将爆发的苏联地面战争同样具有启发意义，德国陆军应该意识到苏联也享有地理优势，能够得到来自国外源源不断的补给，装备有尖端武器；苏联人民也甘愿为国牺牲，誓不投降。然而，从敦刻尔克到斯大林格勒的一幕幕对德国陆军来说就是一出希腊式悲剧。德国之所以狂妄自大，是源于对弱国发动突然袭击，但对一个强国故技重演时，只会引发可怕的复仇——苏联红军给德军造成的伤亡是此前所有冲突的 10 倍。

第十二章 争夺欧陆的东西部战争

从 1939 年至 1943 年 2 月，德国连续对九个国家和地区——波兰、丹麦、挪威、低地国家（比利时、荷兰和卢森堡）、法国、南斯拉夫、希腊、北非的英国殖民地和苏联——发动了一系列地面进攻。德军要么发动了成功的突袭，要么是姗姗来迟，介入业已持续不断的冲突。与此同时，苏联红军于 1939 年 11 月 30 日至 1940 年 3 月 13 日入侵芬兰，史称"冬季战争"（Winter War）。然而，两场在整个欧洲大陆蔓延的攻势彻底改变了整个战争进程，一次于 1940 年 6 月在位于大西洋海岸的敦刻尔克戛然而止，另一次发生在 2000 多英里之外伏尔加河畔的斯大林格勒，并于 1943 年 2 月终结。

由于德国是第二次世界大战的始作俑者，又是轴心国中最强大的成员，所以战争走向取决于德军地面部队在这两场欧陆战役中的发挥。尽管美国、意大利、日本、苏联都曾经屏气凝神，密切关注第三帝国对周边邻国发动的早期边境战争，但正是法国溃败，以及后来对苏联的突然袭击才决定了欧洲战争的轨迹，一定程度上也影响了太平洋地区局势。总体而言，当德国陆军碾压其邻国时，就会吸引持观望态度的意大利和日本参战，苏联在一段时间内也是如此。当德军在苏联停滞不前时，德国对盟友的控制便会减弱，就连在北非和意大利（西西里岛）等其他地区的军事行动也因此受到了牵连。

这两场针对法国和苏联的欧陆战争还有另一个特点：法国

军队被认为是德国扩张的主要障碍，然而几个星期内就全线崩溃；"无能"的红军却最终攻克了柏林。军事史上，从来没有一个大国在如此高估一个关键敌人能力的同时，又如此低估另一个对手。第一次世界大战中的西线绞肉机在二战时重现于东部；1917年东线崩溃以及随之而来的德军大规模占领却于1940年在西部再次上演。

庞大的法国军队在1940年6月糊里糊涂地一败涂地——这场灾难即便到了80年后还令人费解——第二次世界大战的整个战略方针也随之重新调整。1939年9月战争爆发时，德国国防军一直专注于一个不屈不挠的首要敌人：20年前曾率领联军在法国和比利时战胜德皇军队的法国陆军。正如希特勒在《我的奋斗》中频繁叫嚣的那样，法国被认为是德国重新确立欧洲霸主地位的主要绊脚石。其他民主国家，如英国（以及很快入局的美国）正在加大对战略空军和航空母舰的投入，而法国则决心加强地面部队力量。很多人认为，法国人也许会战败，但绝不会束手就擒。他们肯定将不顾一切地在自己的国土上奋勇抵抗（1939年，法国无意对德国西部边界发动先发制人的猛烈攻击），比丹麦人、挪威人或波兰人更加狂热地去战斗。冬季战争期间，苏联的入侵行动计划不周，指挥不力，遭遇芬兰人顽强抵抗。德国人见识到高度积极主动的防御部队会给予规模更大、拥有现代化装备的入侵者沉重打击。但德国人相信，只要能在北部击败法国军队，那么这个国家的大部分地区就会望风而降，而且西欧大陆的其余国家也会落入第三帝国之手，于是两线作战的担忧便将烟消云散。第二次世界大战期间，德国最大的悖论在于，1940年它对法国的恐惧远远超过了1941年对苏联的畏惧。但是，就像拿破仑重振旧政权的僵化军队一样，苏联红军无论在物质上还是精神上，都比沙皇军队有了长足进步，显然对德军构成了更大威胁。

法国人口（5000万人）与工业能力（1938年国民生产总值约为1860亿美元）均不如第三帝国（8000万人，3510亿美元），甚至在德国于1939年和1940年初发动的第二轮征服战争之前也是如此。法国人知道人口劣势是真正的软肋，因此比英美更早开始重整军备。到1940年5月，法国建成了一支拥有超300万人和近3500辆坦克的庞大军队。从理论上讲，法国武装力量同凡尔登战役中的英勇先辈们的一样强大，特别是其战斗机和坦克质量足以令敌人胆寒。是否应该建造马其诺防线一直存在争议，但不论如何，法国还是在瑞士和卢森堡之间建成了一道长300英里、几乎不可逾越的藩篱，用于保护从德国进入法国的最便捷通道。法国也得以腾出大批军力，部署到北部和东部几乎没有设防的法比边境。法国人担心筑起要塞会将他们的比利时盟友孤立于北部防线之外。孰料马其诺防线在潜移默化中令法国滋生被动防御心理，反而抑制了在缺乏防御工事之处所必需的进攻精神。就连希特勒也曾认为，入侵法国将是一场延续至1942年的长期战争，1940年5月绕开马其诺防线，快速穿越法国三分之一的领土，只是这场消耗战的第一阶段。大多数最高统帅部的参谋们预测，最终战局很可能是德军占领法国北部，然后建立一条静态战线，与逃亡至南部的残余法军对峙。[1]

希特勒之所以如此害怕法国，又对苏联毫不在意，很大程度上源于他自己过去的步兵经历，以及缺乏有关苏联内部和防御体系的可靠情报。第一次世界大战期间，希特勒在西线当兵打仗，跟着部队输掉了战争。他认为东线德军并不比他强，却能取得胜利，只能归结于对手太弱。

249

　　他和他的将军们非常了解西欧，对盟国的军事武器和技术感到恐惧，尤其是法国的坦克、战斗机，以及英国的轰炸机。相比之下，纳粹领导层后来一直惊讶于苏军武器到底来自何方，仿佛苏联在1941—1942年损失了难以想象的大量装备后，红军的巨大军事储备就会奇迹般地耗尽。戈培尔在1943年3月2日的一篇日记中提到与德国空军总司令戈林的一次谈话："在我看来，他（戈林）对摧毁苏联的战争潜力有些无能为力。他绝望地一遍又一遍问，布尔什维克的武器和士兵到底是从哪里变出来的？"纳粹之所以优先考虑法国，还是因为他们痛恨社会民主主义，同时对苏联权力结构——尽管是布尔什维克式的——有一种病态崇拜。约瑟夫·斯大林在1939年8月至1941年6月曾纵容希特勒掉转枪头指向西方。希特勒一再表示，他尊重这位早前的合作者，赞同其事业和手段。希特勒只是蔑视西方政治家的软弱，因为冷酷无情才能体现他的道德观。[2]

　　西欧面积只有不到苏联国土的20%。最重要的是，这里拥有良好的道路和标准化铁路，而且缺乏苏联那样的战略纵深。苏联广袤的东线大地可以将追赶败军的入侵部队一口吞噬。西线战场位于德国鲁尔工业区附近，补给压力要比穿越广阔的乌克兰来运送物资轻松得多。法国人和德国人都是有着西欧血统的亲族，这意味着战争不会像后来的东线那样野蛮凶残。那些被包围的部队很可能会投降，因为他们认为能够得到"欧洲"式的人道待遇。希特勒显然相信，在未来战争中，苏联人将负隅顽抗，但德军依然能利用红军缺陷而轻易获胜；反之，法军未必善于打仗，但他们的武器和经验与德军相当，因此仍可长期坚持，立于不败之地。实际情况则完全相反，这在很大程度上可以解释随后发生的战争为何如此怪异。

　　1940 年 5 月 10 日，希特勒下令 300 多万士兵、近 2500 辆坦克和 7000 多门大炮入侵比利时、法国和荷兰。然而根据推测，作为攻击目标的西方民主国家却能够集结比德军更多的兵力、装甲车辆、飞机。德军最高统帅部的决策者们一开始被这一事实搅得寝食难安。他们还担心所征召的侵略大军中，半数士兵缺乏作战经验或军事训练。还有更多理由令其忧心忡忡：仅仅经过九个月的战争，德国三分之二的坦克就已经过时了。马克 I 和 II 型仍是德国装甲部队主力，明显无法同大多数法国坦克一较高低。

　　法国国土面积小得多，又没有得到来自美国的大量租借物资，因此仅凭自身力量，无法重新大规模动员人力资源或增加工业储备，而这正是苏联能够在 1942—1945 年从入侵中恢复元气的秘诀。比利时、英国、丹麦、法国、荷兰和挪威等国各有各的小算盘，根本无法统一协调各自的军队或军火工业，因此它们纸面上的军事实力只不过是存在于幻想中的怪兽奇美拉①。波兰和捷克斯洛伐克沦陷后，诸西方民主小国幻想能坚守固定阵地作战，或者指望希特勒把注意力转移到它们的邻居——英国和法国身上。

　　战前，英国压根就没打算按 1914—1918 年的战争规模（150 万至 200 万官兵），在西线部署大量地面部队，与盟国共同保卫法国领土。因此在 1940 年 5 月 10 日德军发起进攻时，英国投入战斗的空军和地面远征军数量维持在略多于 30 万人。大部分师都是在仓促之间组建，官兵未经实战考验，准备不足。1939 年 11 月，英国远征军第 2 军司令阿兰·布鲁克承认："在

---

　　① 古希腊神话中的吐火怪兽，代指不切实际的梦想或想法。

抵达这个国家（法国）的头两个月里，远征军几乎在各个方面都不适合作战……派遣未经训练的军队参加现代战争将会招致同波兰人一样的灾祸。"[3]

251　　法国军队通信能力极差，没有无线电手段协调装甲部队和空中支援。老态龙钟的将军们昏聩不堪，不能像德国人那样充分利用他们手中的强大武器。威廉·里特尔·冯·托马（Wilhelm Ritter von Thoma）将军后来将德军装甲部队的胜利归因于集中兵力，尤其是利用坦克和飞机击溃了敌军的抵抗防线，以及部队在夜间迅速挺进，机动纵队携带燃料和食物，自主行动。富有传奇色彩的法国历史学家马克·布洛赫（Marc Bloch）① 是一名久经沙场的战士，他也同意这一观点："德国人在这场战争中的主导思想是速度。而我们的思维方式还停留在昨天，乃至前天。更糟糕的是，即使明明知道德国采用新式战术，我们却视而不见，或者完全没有理解到时代的快速节奏。"[4]

　　德军总参谋部提出又否决了各种（大多是可以被对方预测到的）进攻计划，最后才同意采用更出乎意料的方案。部分原因是此前墨守成规的全面进攻计划落入盟军手中，德国人担心该计划已经破产。相当激进的新攻击方案即著名的"曼施坦因计划"（Manstein Plan）：创造中央突破，大军通过崎岖的阿登森林后攻入比利时——正好从马其诺防线北边绕过——并且假设盟军一旦发现德军没有出现在比利时北部，而是穿越阿登，在后方像镰刀一样将他们分割，此时盟军就会陷入战略混乱。

----

① 马克·布洛赫，1886 年出生，法国"年鉴学派"的奠基人之一，代表作有《封建社会》《国王神迹》《法国农村史》等。布洛赫参加过一战时期的索姆河战役和马恩河战役，二战期间投入抵抗运动，1944 年 3 月 8 日被捕，受尽酷刑后于 1944 年 6 月 16 日被纳粹杀害。

规模较小的 C 集团军则南下牵制马其诺防线，使大多数没有困于比利时附近的法军不敢轻举妄动，以免被德军另一支部队钳制。当盟军主力一分为二后，德军便从森林中杀出，向海岸推进，从而切断驻防在比利时边境的盟军与南法大部分地区的联系，进而把敌人赶下海（见地图 5）。

乍一看，德国的计划似乎相当荒谬。英法两军可以提供强有力的空中支援掩护。荷兰和比利时的军队也并不完全是纸老虎；他们全副武装，在熟悉的地域上作战，当德军主力部队还在奋力穿越森林或渡河时，便可杀出，攻击其侧翼。法国南边的大部分领土仍未受到战争影响。凭借丰富的工业储备和人力资源，新组建的法国部队可以源源不断地奔赴前线。

然而在阿登突袭后六周内，英法联军便土崩瓦解。重新复盘，导致这场惨败的原因是多方面的：法国的静态防御战术已然过时；缺乏战斗力强、机动性高的后备军；英国、法国、比利时和荷兰的防御力量未能协调一致；通信不畅，士气低落。所有这些恶果都来源于十年来的绥靖政策、波兰战役后长达八个月的静坐战，以及指挥官们老朽不堪，却还把持着僵化的统帅部。马克·布洛赫再次将西欧崩溃总结为一次"奇怪的失败"，因为入侵法国的德国国防军规模比荷兰、比利时、法国和英国远征军的总兵力还少 100 万人，此外还有 4000 门火炮、1000 辆坦克的差距。入侵前夕，法国军队一直在稳步扩张，而德军自波兰和挪威战役以来，旧装备仍没有更新完毕。

法国作家安德烈·莫洛亚（André Maurois）后来加入了抵抗组织，他这样评论这场突如其来的崩溃：

　　敌人不可战胜的神话迅速传播开来，所有想退却的人都以此为借口。在摩托化部队抵达之前，可怕的消息就已经出现，为敌人的到来做好了准备……城市里充斥着谣言：'德国人在杜埃……德国人在康布雷。'……虽然这一切在不久以后就成为事实，但此时此刻则是假新闻；家家户户都在窃窃私语，足以让成千上万的男人、女人和孩子采取行动，甚至连军事领导人也慌乱起来，命令他们的部队向海边撤退，结果全部沦为阶下囚。

所有这些失败主义言行与斐迪南·福煦元帅在大约 26 年前第一次马恩河战役中那封著名电报的气概有着云泥之别。尽管法军当时正处于四面楚歌之中，他却轻蔑地说："我的右翼在撤退，我的正面受到敌军猛攻，好极了，我正在进攻。"[5]

德国人策划了一场从未有军队尝试过的大规模装甲集群攻势。这支庞大的侵略军以德国特有的方式被分为三个集团军群（A、B、C）。集团军群司令官格尔德·冯·伦德施泰特指挥 45 个师，费多尔·冯·博克管辖 29 个师，威廉·里特尔·冯·莱布（Wilhelm Ritter von Leeb）率领 18 个师。三人都是德国国防军中的超级明星。早在前一年秋季，伦德施泰特和博克就改变了波兰战役期间的战斗模式，现在他们负责指挥一场更大规模的包围行动。B 集团军群的任务是突进低地国家，牵制并击退驻守北法的英法联军；A 集团军群则必须穿过阿登高地，将盟军一切两段。C 集团军群计划攻击马其诺防线，同时阻止法军从南部向正在北方实施侧翼机动的德军进行反击。

253　　法国人相信，阿登山区如传说中那样是不可能穿越的天堑，因此它自然而然成为马其诺防线的延伸，也许他们以为所有摩托化师都同他们自己的装甲部队一样笨拙。事实上，所谓阿登高地（Ardennes 一词源自拉丁语 arduus，意为"陡峭的"）的大部分"山地"森林海拔不到 2000 英尺，并不像名称所暗示的那样难以逾越。装甲军军长海因茨·古德里安将军和入侵计划制订者兼军长埃里希·冯·曼施坦因都认为阿登山脉实际上为德军提供了一道通往海岸的门。如果德军胆敢穿越山脉或攻击马其诺防线，将凸显出他们无所畏忌的品质，以及对传统军事智慧的蔑视。意识到德军正从不可能出现的地方源源不断地涌入后，盟军立即陷入一片恐慌。"这场战争，"马克·布洛赫后来在战俘营中写道，"就是不断地令人目瞪口呆。这对士气的影响似乎非常严重。"一年后，同样三位陆军集团军群司令将依照一个类似的三路进攻计划，指挥德军入侵苏联。[6]

6 月 22 日，50 万被打得晕头转向的法国军队突然投降，法   254 国战役基本告终。但是在法国中部和南部地区还有更多武装部队尚未被歼灭，以及几乎同样多的潜在游击队队员。游击队是全国抵抗运动的核心，完全有可能把法国农村变成后来在约瑟普·布罗兹·铁托（Josip Broz Tito）领导下的南斯拉夫或苏联中部。然而，没有法国领袖呼吁民众进行游击战，甚至无人命令军队集中撤退到南部要塞。第一次世界大战期间的法国优秀将领（路易·弗朗谢·德斯佩雷、斐迪南·福煦、约瑟夫·霞飞）都已作古①，那些最具创新精神的军官，如夏尔·戴高乐（Charles De Gaulle）、亨利·吉罗（Henri Giraud）、菲利普·弗朗索瓦·勒克莱尔（Philippe François Leclerc）、勒内 – 亨利·奥尔里（René-Henri Olry）、让·德拉特尔·德·塔西尼（Jean de Lattre de Tassigny）等人按法国标准要么太年轻，要么在

---

① 原文有误，德斯佩雷于 1942 年逝世。

1940 年时军阶太低。至于一群老态龙钟的将军，如 67 岁的莫里斯·甘末林（Maurice Gamelin）、64 岁的阿方斯·约瑟夫·乔治（Alphonse Joseph Georges）和 73 岁的马克西姆·魏刚（Maxime Weygand）等，很难判断他们中间谁才是那个最坚定的失败主义者。法国人基本上认可了 84 岁的菲利普·贝当（Philippe Pétain）元帅提出的投降主张，而不希望效仿芬兰人那样坚决抵抗。阿兰·布鲁克将军在一战时曾前往法国作战，对这个国家相当仰慕。1939 年，他作为英法两军联络官，却对战前法国军队萎靡不振的样子感到失望："我从来没有看到过比这更邋遢、更糟糕的军容。士兵没刮胡子，马匹没有精心梳理毛发，衣服和鞍具都不合身，车辆脏兮兮的，士兵对自己或部队没有一丝自豪感。然而，最让我震惊的是这些人脸上的表情，一副不满和抗拒的神态。尽管命令他们'向左看齐'，也没一个人认真去执行。"

在 1940 年 5 月 10 日和 1941 年 6 月 22 日的两次入侵行动中，西欧国家（法国、比利时、荷兰、卢森堡，加上英国远征军）和苏联的兵力都超过了攻击者德国国防军。两者最初拥有的飞机和坦克数量也与德国相当；武器质量在大多数情况下与第三帝国不相上下，甚至更优越。西欧国家和苏联同样因德国军队突然发动袭击而惊愕惶恐。将军们意志消沉，不知所措。那么，在闪电战的头几个星期里，它们到底有什么关键区别呢？

西方的士气崩溃了，而东方的战斗精神却节节高涨。从那以后，历史学家们一直在争论为何会出现这样奇怪的脱节，尤其是考虑到第一次世界大战的结局正好相反：西方国家生存下来，苏联才是投降者。学者总是能正确指出，辽阔的疆域让苏联有了战略退却的空间；苏联威权主义将投降定为死罪；守军

255

充分利用了苏联的恶劣天气；苏联长期处于贫困状态，绝望驱使苏联人不顾一切地去战斗，这是20世纪20年代至30年代后凡尔赛时期的法国和低地国家所没有的精神状态。"战斗精神比武器装备更加重要"听上去老调重弹。然而，无论造成东西方不同抵抗态度和过程的确切原因是什么，人们对希特勒早期大陆战争的反应提醒我们，这个警句其实并不陈腐。[7]

胜利也给德国人带来了诸多难题。第三帝国当即就得担负占领西欧约40万平方英里新增领土的任务，此外还要统治比利时、丹麦、挪威和波兰。希特勒从未真正意识到，完成对波兰、丹麦、挪威、荷兰、比利时、卢森堡、法国、南斯拉夫、希腊的一系列征服后，每一处都需要驻扎数以万计的占领军，而这些军队本可以部署在未来的苏联前线。希特勒同样没能领会1918年《布列斯特-立托夫斯克和约》签订后的教训。德国从布尔什维克政府手中割取了大片地区，为了有效占领，100万德国士兵却不得不被束缚在那里，反而没有足够军队火速调往西线，遏制源源不断的美军涌入法国。

法国沦陷后的几个月，希特勒漫不经心地考虑让大量士兵复员回家。他坚信，曾经强大的法国军队灭亡时所引发的震撼将让西方世界彻底失去勇气。私下里，他则担心盟国实施海上封锁，多年的军事建设和当前战事正在把德国经济推向破产的边缘。无论如何，他认为《慕尼黑协定》签署时的那一批英国外交官很快就会再次来德国履职。分析人士普遍认为，在盟军海上禁运没有结束的情况下，希特勒不太可能向苏联发动另一场新战争，毕竟德国近三分之一的石油进口自苏联。[8]

尽管法国在不到50天的时间内陷落，总计超过35万官兵伤亡，但德国军队本身也蒙受了重大损失，这是一个经常被人遗忘的事实。在六个星期的战斗中，当场阵亡、因伤而亡或被宣布为失踪人员的德军有近五万人，另有超过十万人受伤。这是一笔为胜利而付出的血腥代价，大致与美军在十年越南战争失败后的损失相当。1939 年 9 月至 1940 年 6 月，德军相对迅速地征服了整个欧洲大陆，但陆地和海洋上的战斗依然消耗了十万德国人的生命，三十多万人受伤。德军持续对波兰、西欧、挪威发起进攻，随后又爆发了不列颠之战，紧接着在 1941 年春的巴尔干半岛遭受更多伤亡。整个德国空军为此损失了超过2000 架战斗机和轰炸机，以及数百架至关重要的运输机。

尽管德军在所有冲突中都保持全胜，但自法国战败后，其战略地位却未得到改善。要想取得成功，就必须谨慎权衡利弊。一方面，至少在 1942 年 11 月之前，将部分占领区委托给投降的所谓维希自治政府管理；另一方面要派驻足够数量的士兵（大约十万人），将反抗规模控制在最低限度。不久，意大利军队经过几个月的战斗后，在北非一败涂地。希特勒此前时而诱惑西班牙加入轴心国，时而拒绝其参战。如今独裁者弗朗西斯科·佛朗哥将军决定远离战争，以确保直布罗陀仍然控制着西地中海的出入口。德军将意识到，它既无法派遣陆军入侵英国，也不可能用航空炸弹迫使其屈服。尽管取得了一定成果，但可怕的潜艇战并没有切断英国进口资源的航线。总之，对已经精疲力竭的德国国防军来说，即使不攻击现在与第三帝国接壤的苏联，局势就已经令人忧心忡忡，更不用说与美国开战了。

最后的讽刺是法国的灾难性沦陷。在法国崩溃后的一年半内，欧洲的长期远景反而更有利于战败国，而非胜利者。自由的法国人民将收获美国这个慷慨的盟友，而德国不得不在苏联领土上与敌人进行全方位较量。1940 年 6 月还不是法国的末日；到 1945 年 6 月底，将有法国士兵踏上德意志的土地，而此刻德军已无一兵一卒留在法兰西。[9]

　　1941 年东线上的两个超级大国的相似之处多于不同，均制订了攻击对方的应变计划。不幸的是，这两个事实上的盟友在 1939 年瓜分了波兰后，终于接壤了。德国和苏联是欧洲最大的国家，都拥有庞大的军队，控制着广阔的帝国。它们对西方民主国家所认同的现代战争"规则"嗤之以鼻。因此，在东线爆发的陆地大战将是一场前所未有的战争。

　　在 1941 年 6 月 22 日入侵苏联前，德军战机就连续数周公然飞越苏联领空，苏联情报部门也对即将到来的突袭日期进行了精确预测，英国人向斯大林发出了一系列关于希特勒预谋背信弃义的警告，同时德军开始在苏联边境大规模集结，然而德国人却再一次成功地让敌人猝不及防。这是继对波兰和法国之后的第三次突然袭击。100 多万德国士兵在没有任何警告的情况下，兵分三路，大举进攻。近 400 万轴心国军队不仅是历史上最大规模的入侵部队，也是欧洲有史以来最强大的侵略军——比占领了莫斯科的拿破仑大军还要多出六倍。德军当时并没有制订必须严格执行的总体战略蓝图，大体计划是，在苏联军队逃离前线，并重新集结于莫斯科和列宁格勒之前，通过庞大的装甲集群横扫苏联西部地区，将苏军一分为三，围而歼之。三个集团军群将在各自负责的地理区域内招募当地人，如北方的芬兰人、南方的匈牙利人和罗马尼亚人，作为盟友。这些民族都与苏联存在传统边界争端，而且期望寻求机会收复失地。[10]

　　希特勒无法抗拒战胜苏联所带来的潜在收益：整个欧陆战争将以德国完胜而告终；德国对粮食和石油供应的长期担忧将

257

一扫而空；孤立的英国独木难支；东欧纷争将通过分配苏联的边境领土来解决。结果却是，6月22日标志着军事史上最恐怖的杀戮拉开序幕。在接下来的四年中，不断循环上演着惨烈死亡和破坏，每天都有近25000人丧生，直至战争结束。[11]

希特勒的如意算盘是通过军事打击来震慑并恐吓苏联政府，使其陷入瘫痪，从而获得东面的"生存空间"来安置德国移民，并为渴求资源的第三帝国攫取自然财富和粮食，使德国免受英美海上封锁之苦。这是一个拥有1.8亿人口的陆地超级大国，北起挪威，南至阿特拉斯山脉，西起英吉利海峡，向东延伸到波兰；核心是坐拥8000万人口的德意志第三帝国。

希特勒相信，随着德军在苏联境内势如破竹，布尔什维克政权行将覆灭。那些所谓的劣等民族臣服后，要么大批死亡，要么沦为奴隶，苏联——至少在第聂伯河、顿河和伏尔加河流域——也将成为德国控制下的封建领地。第三帝国就可以进一步向东，直至乌拉尔山脉脚下，在欧亚历史分界线上建造永久驻扎德国军队的防线。这是一道名副其实的"生死墙"，留在东面的苏联人最后只能饿毙。希特勒甚至早在1940年夏就相信，进攻苏联无疑会大获全胜，日本也将得以解除对东部战区的担忧，从而协助德国压制美国海军，制止美国人向英国提供大规模援助。在希特勒的心目中，虽然他的空军和海军都输给了英国，但陆军依然所向披靡，战无不胜。

希特勒还指责苏联没有按照互不侵犯条约的规定，履行与第三帝国进行贸易和商业活动的义务。他对苏联入侵东欧、芬兰和波罗的海诸国尤其恼火。1941年初，他向海军上将雷德尔抱怨，斯大林要求吞下波斯湾的所有石油，而不是与第三帝国分享。他憎恨斯大林大张旗鼓地在巴尔干半岛通过共产主义解放运动进行政治渗透。戈林后来声称，在苏联突然入侵芬兰之后，纳粹相信斯大林可能会随时攻击他们。尽管希特勒狂言需要资源，但如果没有新的粮食和石油来源，德军将寸步难行，已经开始近两年的战争也将不可持续。事后看来，这些都只不过是虚幻的理论而已，但在1941年春，对未尝败绩的德军来说，似乎相当合理。[12]

德军最高统帅部有一个坏习惯：总是过早地判定已经取得胜利。1941年7月，就在"巴巴罗萨行动"开始两周后，陆军总参谋长弗朗茨·哈尔德在日记中写了一段著名的话："总的来说，在德维纳河和第聂伯河一侧粉碎苏军主力的目标已经实现。根据被俘苏军将领的说法，我毫不怀疑在两河以东，我们再也不会遇到激烈抵抗了。因此毫不夸张地说，我军在两周内就赢得了苏联战役。"[13]

假如将整个苏联的战败定义为在苏联西部地区大量歼灭苏军，迅速占领苏联全部领土面积的20%，那么哈尔德就是对的。但是，德国的胜利理论需要一个前提条件才能生效：苏联人必须按照预期，像他们此前在芬兰和波兰，或战争刚刚爆发时的模式作战，像之前的法国军队那样打仗也可以。此外，德军还须保持在法国战役中曾经享有的人力和武器对比上的优势。尽管苏军在国外的战绩常常乏善可陈，然而没有任何历史证据表明，苏联人在自己的土地上作战依旧如此。"俄罗斯母亲"即使耗尽人力，也要阻止侵略。

"巴巴罗萨行动"的主要策划人之一埃里希·马克斯（Erich Marcks）将军在行动方案中假定，占领苏联欧洲部分已实现工业化的领土后，将削弱苏联的生产能力，对其造成致命打击。突然摧毁苏联现有军事力量，意味着补充兵员和物资无法及时加入战场，或者即便到来也数量太少，不足以影响战局。德国人的逻辑是，如果斯大林当初因为畏惧德国的潜在实力而于 1939 年 8 月寻求与希特勒签订互不侵犯条约，那么一旦他真正领教到这种力量施加在苏联西部地区的致命打击后，就可能跪地求饶。希特勒记得，在第一次世界大战中，共产党人以意识形态为重，他们并非民族主义者。他们曾经在 1918 年 3 月迫不及待地退出战争，并且几乎全盘接受德国占领军提出的要求，做出重大妥协后签署了《布列斯特 - 立托夫斯克和约》。希特勒完全误读了斯大林主义，认为它是一个没有竞争力的全球化共产主义运动，而不是在某种意义上类似于沙皇帝国扩张那样的狂热民族主义。

尽管斯大林一开始逞强蛮干，拒绝以空间换取时间，但希特勒还是未能理解历史悠久的俄国传统防御战略就是放弃大片领土，利用国土面积让侵略者最终精疲力竭；与此同时，俄国依然还有战略纵深供向后撤退的军队重新集结。1811 年，拿破仑入侵俄国前一年，沙皇亚历山大一世就曾警告法国大使："我们有足够的空间……这意味着无论我们可能遭受怎样的挫折，也绝不会接受一个强加于我们的和平。"[14]

至 1941 年底，德军攻占莫斯科或列宁格勒的企图已然破产，消灭红军和苏联军工生产的目标也未能达成。德国人已经输掉了这场战争。占领苏联的欧洲部分只不过是切断了一条可放弃的蜥蜴尾巴，连接在前面的身体依然活蹦乱跳。夏去秋来，德军向东每前进一天，就更加迫切地渴望彻底结束这场冲突。1941 年 10 月，在维亚济马 - 布良斯克战役中，大批苏联士兵在德军设下的巨大包围圈中被俘，总参谋部据此相信，他们依然能在冬季之前占领莫斯科并赢得战争。陆军总司令部的爱德华·瓦格纳（Eduard Wagner）将军于 10 月 5 日写道："我们正在制定的行动目标在早些时候会吓得我们毫毛竖起。向东，向莫斯科进军！然后，我估计战争将基本结束，也许苏联真的会崩溃，元首的军事判断力常常令我震惊不已。他直接介入军事行动，可以说是坚毅果断，而且到目前为止，他一直都是正确的。"

260

瓦格纳（作为于 1944 年刺杀希特勒阴谋计划的同谋之一，最终自杀）将在不到三个星期内改变他的乐观预测。由此可见，德国将军和他们的元首一样浮躁："依我看来，战争不可能在年内结束，仍将持续一段时间。怎么会这样？问题还没有解决。"1941 年 11 月 7 日，希特勒本人向将军们承认，"巴巴罗萨行动"的最初目标将不可能在 1941 年内达成；德军未能在计划时间内把苏军赶到伏尔加河以东，并夺取高加索地区的油田。次日，在慕尼黑的一次公开讲话中，希特勒否认发动的是"闪电战"——一个他现在称为"愚蠢的词"。[15]

东线战争大致分为两个阶段。第一阶段就像一支短暂的插曲，始于 1941 年 6 月 22 日德军首次发起进攻，然后所有战线在 1941 年 12 月中旬都陷入停滞。1942 年春，德军在南方继续进攻，最终于 1943 年 7—8 月，经历惨烈的库尔斯克战役后结束。从列宁格勒到高加索，德军在绵延千里的战线上处于寡不敌众、补给不足的状态，还必须应对死灰复燃的来自后方游击队的威胁。

德军初期发动的进攻行动被基本遏制后，战争进入第二阶段，轮到苏军开始顽强地发起持续攻击，其间德军时不时进行反击。1942—1943 年，苏军缓慢地收复在 1941 年仓促应战所丢失的土地。德军则逐步放弃这片陌生的地域，但速度比当年的苏军慢得多。这表明德国陆军尽管兵力落于下风，不过防守能力依然不俗。1944 年，德军规模比 1941 年 6 月入侵苏联时还要大，而红军数量几乎达到了德军的两倍。红军将原来的"列宁格勒—莫斯科—斯大林格勒"战线向前推进到东普鲁士边界，并向东欧逼近。1945 年初，第三帝国东欧盟国的大部分领土要么落入红军之手，要么这些国家政府转而支持苏联。斯大林准备在 1945 年春季对德国和奥地利发动最后的总攻（见地图 6）。

在地面战争中，希特勒习惯于关注苏军的伤亡数字，而非补充兵员。这种幼稚的想法也反映出希特勒对苏联空军、装甲部队、炮兵力量的评估完全是违反军事经验的。1942 年 1 月，副总参谋长君特·布卢门特里特（Günther Blumentritt）将军如此记录希特勒的幻觉："他不相信苏联人还能增强实力，也不愿听取这方面相关证据的汇报。（陆军总参谋长）哈尔德和他之间发生了'意见之争'……当哈尔德告诉他（苏军的数量优势）时，希特勒猛拍桌子，说这是不可能的。他不愿相信的事，就不会相信。"[16]

按德国的逻辑，苏联人本应该像希特勒的早期受害者那样，乖乖放弃战斗。1941 年，苏军中有一半的坦克老朽不堪，近80% 的飞机已经过时。但从冲突一开始，仅凭德国初期的优势并不能决定战局，而在于这种优势是否足以抵消苏联广阔的土地、庞大的人力资源和工业储备。苏联的人力是第三帝国的两倍之多。如果德军未能在数周内击溃红军，那么他们就会发现自己身处一场远离故土的消耗战中，周围满是同仇敌忾的敌国人民。"巴巴罗萨行动"之前，德国军队没有在 200 英里以外陆地作战的经验，而且自 1918 年以后，也没有打过一场全面战争。[17]

在入侵开始后的六个月内，德军占领了近 100 万平方英里土地。其内居住着苏联四分之一到三分之一的人口，约 5000 万至 6000 万平民。此外，德军消灭了 400 多万苏军士兵，夺取了苏联大约半数粮食、煤炭和矿产资源。希特勒宣称他的入侵行动是西方文明与东方劣等种族、斯拉夫部落之间的冲突。他的豪言壮语中有一点点真心。希特勒立志于在欧洲建立一支多国组成的、庞大的反布尔什维克十字军。在近 400 万轴心国侵略军中，就有近 100 万人来自芬兰、罗马尼亚、斯洛伐克，最后还有相当数量的匈牙利人、意大利人、西班牙人，以及西欧沦陷区的志愿兵加入进来。此外，德国从现已遣散的欧洲各国军队中清理出大量卡车、坦克和火炮，送往东线。

至 1942 年，第三帝国在原本 8000 万人口的基础上，增加了来自轴心国占领区和欧洲盟友的约 1 亿人口；苏联在前期扩张后原有 1.8 亿人，经德军占领和战争损失，减少到 1.5 亿以下。尽管在战争的前 12 个月里损失了 400 多万官兵，但到 1943 年，苏军部署在前线的人数保持在 600 万到 700 万之间，几乎是东线轴心国军队的两倍。这一反常现象并不能用德国的征兵比例更小来解释。两国军队最终征召军队人数都占其可用人力资源的 13%—16%。苏军还设法让更多伤员重返前线，同时征募了大约 200 万女性加入战斗部队。理解"巴巴罗萨行动"计划为何如此制订的一个角度是，希特勒试图在不动用庞大人力和装备的情况下，采用廉价的方式与苏联作战——如果最初入侵苏联的 400 万轴心国军队可以被称为廉价的话。他现在拥有世界上规模最大的工业基础，但由于德国经济寄生于被征服的国家，其目的在于榨取价值而非长期投资，因此他未能充分调动轴心国在欧洲占领区的全部战争潜力。[18]

262

　　德国入侵失败的原因还有很多。最初的目标在最高统帅部和陆军总司令部之间心照不宣，但从来没有得到清晰的阐述：德军是不是要直接攻击莫斯科，迫使红军在一场超级战役中投入大量防御兵力，进而通过巨大的钳形攻势，一举将其摧毁，然后确保占领具有象征意义的苏维埃首都和共产主义的神经中枢？没有人知道，而且希特勒关心的还是另外两条南北战线。德军将领们按照克劳塞维茨的理论慷慨陈词，说前线的焦点应该是莫斯科。这座城市可以引诱苏联军队蜂拥而至，德军可就地围歼。不过希特勒却高谈阔论，提出北部列宁格勒的战略位置十分重要，并具有庞大的工业潜力；南方的乌克兰是大粮仓，高加索地区则蕴含丰富的石油资源。1941 年 8 月，希特勒下令将中央集团军群的装甲部队从莫斯科调往乌克兰。由于海因茨·古德里安将军反对这一争议巨大的命令，希特勒对他咆哮道："我的将军们根本不懂战争经济。"

　　希特勒坚称，他研究过拿破仑在 1812 年的失败案例，对夺取"无关紧要的"莫斯科没有太大的兴趣，因为占领这座城市并没能解决当年法国人的战略困境。尽管如此，他和参谋们似乎对历史上诸多入侵亚洲的大惨败视而不见：大流士一世进攻斯基泰王朝①，亚历山大大帝前进到印度河流域后已是强弩之末，罗马的克拉苏进军帕提亚，以及第二次到第四次十字军。所以这些初看上去声势浩大的入侵行动终究都无功而返，因为所涉及的地域实在太过广袤，所需物资太过庞大。古老的战争法则也证明，随着入侵部队向前推进，其战斗力则不断被削弱，占领沦陷区的军队终将陷入泥潭；侵略军必须保护不断延长的

---

① 公元前 512 年，波斯国王大流士一世攻打斯基泰。斯基泰人采用坚壁清野的战略，逐步后撤。后来波斯军因缺乏补给而不得不败退。

补给线；人员和装备因距离增加而损耗殆尽；永远都没有足够的时间在秋冬来临之前结束战争。[19]

希特勒的联合大军也许有实力攻占莫斯科和斯大林格勒，但还不足以沿着从波罗的海到里海附近的 750 英里战线上，分成三个独立的集团军群一字排开。德军将领辩称——尽管大多是在战后的采访中——将攻击重点锁定列宁格勒或莫斯科可能会取得成功，但南方集团军群于 1941 年和 1942 年向伏尔加河长途进军反而导致三个作战方向全部失败。[20]

"巴巴罗萨行动"的另一大缺陷是，德国将大量资源分散用于非军事目标，使得征服愈加困难，尤其是"最终解决方案"占用了海量的军事资源。按照纳粹逻辑，除非希特勒占领波兰东部和苏联西部，否则就不可能完全解决所谓的"犹太人问题"，因为这两个地方历来是绝大多数欧洲犹太人的家园。此外，当与苏联的战争进入第二和第三个年头后，随着德国伤亡人数节节攀升，希特勒越来越多地回过头来谈及，这次入侵是出于自保的理由而不得不先发制人的防御性战争，是在斯大林对纳粹德国采取同样行动之前，孤注一掷地对其进行打击。不过，战后并未发现足够证据支持这一说法。然而，当苏联外交部部长维亚切斯拉夫·莫洛托夫（Vyacheslav Molotov）在第一时间接到德国驻莫斯科大使关于这次突然袭击的照会后，他道出实情："我们肯定不应该受到这样的打击。"最终入侵苏联的真正原因可能很简单，仅仅是因为希特勒认为，既然征服了整个西欧，并控制了东欧的大部分地区，那么他也能随心所欲地进攻苏联，而且赢得胜利也应该轻而易举。[21]

希特勒一直桎梏在第一次世界大战的范式中不能自拔。他十分欣慰德国在一战中击败苏联这一事实。列宁早在 1918 年 3

月，即苏俄成立之初，就将大片苏俄领土割让给了德国和土耳其。随着《布列斯特－立托夫斯克和约》签订，德国从新生的苏俄政府手中夺取了100万平方英里土地和5500万人口。因此在希特勒看来，斯大林的共产主义很可能无法调动足够的人力资源，也无法唤醒苏联人的抵抗意志。[22]

波兰战役胜利后，希特勒，而不是他的将军们，明智地坚持说，德军下一步可以在西方发动一场先发制人的战争，并再次获胜。而谨慎的最高统帅部则担心补给不足，行动实施起来存在很大缺陷。是希特勒，而不是他的指挥官们，每一次都证明了自己的先见之明，至少在短期内如此。此外，苏联在1939年9月瓜分波兰和1939—1940年的芬兰战争中并没有表现出应有的水平。希特勒清楚地知道苏联军队在1904—1905年和1918年遭受的灾难性惨败，也掌握了斯大林在1937—1939年对苏联军队实施大清洗的内情：半数红军军官因此被处决或监禁。然而关于朱可夫元帅在中蒙边境的诺门坎战役中对日军取得的决定性胜利，德国人却知之甚少。简而言之，过度自信也使得"巴巴罗萨行动"在没有确定清晰目标的情况下就发动了。

除了在1941年8月突然将原本指向莫斯科的中央集团军群部分力量重新部署到南方集团军群，加入包围基辅的战斗之外，德军还执行了一系列本可避免的错误战术决策。而且一旦军事行动超过6个月，后勤准备不足的问题就原形毕露。希特勒错失趁早夺取列宁格勒的时机，却命令围困而非直接攻击这座城市。仅1941年12月，他直接或假借其他高级指挥官之手，解除了一大批德军中最出色的军官的职务，如冯·博克、古德里安、冯·莱布、伦德施泰特、曼施坦因，以及35名军、师级指

挥官，因为他们经常就必要的战术停顿或撤退问题与希特勒争
论不休。虽然苏联的冬天有利于防御者，但假如这个冬季同往
年一样典型（晚一个月来临，不那么狂暴）；假如希特勒没有
在 1941 年 4 月发兵巴尔干半岛，去镇压南斯拉夫起义，挽救墨
索里尼在希腊的烂摊子；假如希特勒未在 12 月 11 日对美国宣
战；假如南方集团军群在 1942 年夏天向高加索地区进军（"蓝
色行动"）途中，希特勒没有下令再次分兵，那么德军在短期
内还有一丝成功的希望。

　　所有这些"假如"都掩盖了这样一个事实：德国人也是北
方民族，他们应该和苏联人一样了解严冬。1933 年印发的德国
陆军训练手册建议军官："在寒冷的天气里，必须保护好耳朵、
脸颊、手和下巴。"除了警告须配备合适的衣物和补给品外，
该手册还强调："人员和马匹的冬季装备需求必须提前做好计
划。"何况苏联并不是充满异国情调的埃塞俄比亚，更不是那
个万里之遥的美国。相反，苏联的实际情况众所周知。这个国
家自 1939 年 8 月以后就或多或少与希特勒勾肩搭背，双方进行
军事合作的历史可以追溯到 20 世纪 30 年代初。没有充分获取
情报就入侵苏联是彻头彻尾的疯狂想法。那种希特勒可能不知
道 T–34 坦克的论调实质上就是对这种臆想的控诉。"巴巴罗萨
行动"的问题与其说是德国陆军多次调整攻击方向或中途改
道，倒不如说是德军没有足够的人力和装备来完成如此庞大的
计划。[23]

　　1941 年 12 月 11 日，希特勒对美国宣战，此事很快对东线
战局产生灾难性影响。美军从 1942 年底开始对德实施大规模战
略轰炸，加之英国坚持不懈的努力，终于迫使德国空军从苏联

265

抽调一半以上执行对地支援任务的战斗机，转移到欧洲，负责
拦截高空轰炸机。对德国地面部队来说更糟糕的是，德国飞机
生产状况到 1943 年发生了逆转，为国内战场生产的战斗机数量
首次超过了为东线德军准备的地面支援轰炸机。至少有 1.5 万
门不同口径的精良野战炮留在了德国国内，作为防御盟军空袭
的高射炮被部署在城市外围，从而使陆军部队失去了大量对付
苏联坦克最有效的武器。德国将全部战争资源的 10% 用于生产
高射炮及配套弹药，而且超过 80% 的此类型火炮都部署在第三
帝国境内，以抵御英美轰炸。[24]

德国空军之所以无法向围困在斯大林格勒的第 6 集团军运
送物资，除了天气恶劣、燃料短缺、防空炮火密集外，还有一
个原因是没有足够的运输机。在早前入侵克里特岛，以及后来
为利比亚的非洲军团提供补给的行动中，空军损失了大量运输
机，目前尚未得到补充。虽然斯大林从 1941 年到 1944 年 6 月
一直猛烈抨击英美盟军未能开辟第二战场，但红军于 1943 年以
迅雷之势发起反攻，其部分原因是德国将战争资源从苏联转移
回地中海战区和本土。[25]

"巴巴罗萨行动"对第二次世界大战的结局产生了决定
性影响。要理解其历史作用，一个好办法就是去请教威廉·
特库姆塞·谢尔曼将军。他甚至在攻陷了亚特兰大
（Atlanta）后还预言说，只有把南方的精英战士们通通杀光，
美国内战才会结束："我担心所有人会得出错误的结论：因
为我占领了亚特兰大，于是所有工作都完成了。远非如此。
我们必须消灭我曾经反复强调的那 30 万人。"谢尔曼对南方
邦联军赶尽杀绝，这也正是苏联红军要对德军做的。从 1941
年中期到 1945 年初，红军不惜牺牲了 800 多万官兵才得以

实现上述目标。虽然红军付出的代价往往并不明智，也绝非必要，但它毕竟战胜了人们一致公认的陆战史上最优秀的陆军力量。苏军摧毁的德国步兵和装甲部队比其他任何一支军队都要多。[26]

苏联前线的战争不仅重创了德国陆军，还帮助奄奄一息的西线重获生机。英国在不列颠之战中幸免于难。当希特勒把注意力转向东方时，英国利用这一喘息之机重组陆军，并派向海外，攻击轴心国最薄弱的地方。结果则胜负参半。随着美国在珍珠港事件后参战，英美联军最终在 1944 年 6 月重返法国。这一支联军以一种完全不同于四年前英法联军在敦刻尔克退败的方式作战。正如苏军在东线经历了撤退和反攻两个阶段一样，第二次世界大战对西欧而言也意味着两场大陆战争：第一次在 1940 年 6 月以惨败告终，第二次始于 1944 年 6 月，旗开得胜。

在下一章中，本书将通过分析各种原因，解释 1941 年后地面战争是如何蔓延至全球的。苏军在 1943 年并没有崩溃，而是撤退并重新集结。这是西欧国家在 1940 年未能做到的。红军无须庞大的海军或空军配合，便能掉转头来反攻德国。英美军队最终将以不列颠为前进基地，海、空军是其必须仰赖的力量。

在中国、缅甸、太平洋岛屿以及北非和意大利（西西里岛），不同战区都有一个相同走向。新成立的英美同盟尚无足够兵力，也没有作战经验进攻德国或日本本土。于是两国将地面部队部署到第三帝国周边的北非、意大利（西西里岛），以及位于日本"大东亚共荣圈"边缘部分的太平洋岛屿和缅甸。

至 1943 年底，英美军队实力骤增，逐渐成长为战斗老练、杀气腾腾的武装力量。于是两国把向地中海和太平洋地区派遣远征军视为攻入德国和日本的必要条件，从而能够按照它们的意愿，决定性地赢得战争。

第十三章 远征大军

从 1941 年中期到 1944 年，苏联人苦苦挣扎，他们的英美盟友则避免直接向德国和日本境内进攻。尽管两国本土基本上未受到战争冲击，然而通过在北非和意大利（西西里岛）的历次战斗，英美联军依然成长为一支经验丰富、杀伤力强、补给充足的军队。在太平洋战区，红军于 1939 年就同日军停战，并遵守了 1941 年 4 月双方签订的互不侵犯协议，似乎要将盟军最终进攻日本的责任推到英美两国身上。与德国不同，日本是一个拥有强大海军的岛国，因此任何试图登陆日本本土的行动都比进攻法国沦陷区更具挑战性。因此，英国和美国计划主要利用两栖地面部队切断各岛屿通往本土的补给线，从而首先将日本帝国的陆地和海洋领地相互剥离。由于最终对日本发动地面入侵时，海、空军基地将起到至关重要的支援作用，因此保护基地安全也是重中之重。

地中海地区的天气温暖晴朗，有利于空军和装甲部队作战。与后来的苏联前线相比，德军将领均认为"非洲就是天堂"。此处地形也没有构成严重障碍。英国在 1917—1918 年曾试图摧毁盘踞在中东的奥斯曼殖民帝国，而此时北非的情况则有所不同。当地阿拉伯人对支持某一方并无强烈倾向性，因此不是影响战局的重要因素。双方都在中立地带作战，胜利或失败取决于自己的行动，而不是他们无法控制的外部因素。[1]

北非地面战争，至少在 1942 年 11 月美军抵达之前，基本上是在熟悉沿海地形的英国、法国、德国和意大利远征军之间展开。该战区的战斗模式通常被称为"沙漠战争"，发生在一条沙漠走廊中，里面有诸多定居点，地中海就在视野之内。当时各方军队还没有掌握 1944 年那种典型的装甲大战或机械化运动战，也没有如东线以及后来的西线某些时候那样野蛮。这主要是因为没有一个交战国是在自己的本土作战，而且苏联也没有参与进来。美国人已经有近四分之一个世纪没有与欧洲军队作战了。英军和意军在埃及开战之前，只在法国交锋数个星期。最终，双方军队中都有法国人的身影。总而言之，北非是欧洲所有主要轴心国和同盟国军队初次相逢的战区，也是一个战斗力此消彼长的竞技场，原来缺乏经验的部队不断进步，表面上老练的军队却原地踏步。由于大多数英语国家军队首次聚集于此，因此北非战场的知名度反而比地位重要得多的东线更高（见地图7）。[2]

意大利于 1940 年 6 月 10 日向英国宣战后，两国是北非战役初期唯一的主要交战方。轴心国当时似乎很有希望控制非洲海岸。法国海军被迅速消灭了。维希法国成立后，阿尔及利亚、摩洛哥和突尼斯便成为名副其实的轴心国地盘。意大利海军在地中海的人数与英国皇家海军不相上下。英军还要在北大西洋担负保护运输船队的重任，这对英国维持地中海霸权构成了真正的挑战。为数不多的北非英军部署在最东边的埃及，保卫苏伊士运河和亚历山大港。[3]

北非战场成败的关键在于战前弱小的英国警察部队能否幸存下来，能否确保进出地中海的直布罗陀和苏伊士运河保持畅通。如果英国在 1940 年失去了苏伊士、马耳他和直布罗陀，那么盟军于 1942 年 11 月登陆北非的行动就永远不可能发生，地中海很可能已经成为墨索里尼口中的"我们的海"，这标志着英国一条重要的生命线就此终结。此外，在英国本土遭遇轰炸的同时，丘吉尔却还在海外维持驻军，实为冒险之举。帝国总参谋长阿兰·布鲁克将军早在 1941 年夏天就指出，英国资源短缺，对外承担的义务过大，当需要决策在何处防御、何处撤退时，又总是引发无休止的辩论："在这些问题上，错误的答案可能意味着我们所熟知的生活方式将就此终结，并导致大英帝国倾覆。"[4]

北非的西部处于维希法国的掌控之下，意大利第 5、第 10 集团军，以及辅助部队共 14 个师，近 25 万人从利比亚向东行进，对阵驻防在埃及的四万英国军队。该部由英军中东司令部总司令阿奇博尔德·韦维尔（Archibald Wavell）将军指挥。韦 271 维尔老成持重，但他面临的局面并不乐观，很可能得不到及时增援。驻扎在意属东非南部的 25 万意大利占领军虽然尚未投入战场，不过依然形成威胁态势。另一支规模大致相同的敌军正从西方杀来，而且德军增援部队随时可能出现。上个月，意军刚刚在索马里兰与英军进行了一场短暂战斗，还取得胜利，因此他们仗着人多势众，确信自己将在埃及埋葬这支英军，并把北非并入意大利帝国的版图。[5]

意大利军队的规模虽然庞大，但糊弄不了人。它的装甲车辆仍然老旧不堪，甚至连英国的轻型巡航坦克都不如。时任北非总司令的伊塔诺·巴尔博（Italo Balbo）空军元帅是意大利军中唯一一位能力与魅力兼具的指挥官，不料却在 1940 年 6 月 28 日图卜鲁格上空被友军防空炮火击落，当场丧生。于是最高统帅权转移到人脉广泛的陆军元帅鲁道福·格拉齐亚尼（Rodolfo Graziani）手中。可是平庸的格拉齐亚尼行动时犹犹豫豫，拖延数周后，直到 9 月中旬才姗姗入侵埃及。格拉齐亚尼私下盘算，虽然英军人数仅仅是己方的零头，但意军没有相应的装备补给，将遭遇一场惨败。他的预言很快就成真了。[6]

关于这场意军大溃败，加来亚佐·齐亚诺伯爵，即外交部部长兼墨索里尼的女婿在日记中郁闷地写道："在利比亚，一名意大利将军竟然让自己被俘。墨索里尼把责任归咎于意大利人民：'我缺乏合适的原料。就连米开朗琪罗也需要大理石来造像。如果只有黏土，他也不过是个陶工罢了。一个 16 世纪以来一直任人鱼肉的民族，不可能在几年内变成刀俎。'"6 月 29日，入侵开始八天后，齐亚诺这样评论巴尔博的死亡："他的生命因不幸的错误而终结……巴尔博不该这样结束……他希望避免战争，直到最后一刻还在坚决反对。然而一旦做出决定，他就像一个忠诚的战士那样对我说，他将果断且勇敢地采取行动。可是命运却偏偏与他作对。"

到了 8 月，齐亚诺在日记中记录了更多悲观内容："供水不足。我们正在走向失败，而在沙漠中，失败必然会迅速演变成一场彻底的灾难……我把这件事报告给了领袖，他对此很恼火。因为在与格拉齐亚尼的最后一次谈话中，他获知进攻将在几天后开始。格拉齐亚尼没有与我商定行动日期。他宁愿放弃进攻，或者至少在两三个月内保持按兵不动。墨索里尼的结论是：'如果某人没有了升职空间，那就别再给他布置任务。格拉齐亚尼害怕失去的东西太多了。'"意大利空军在北非拥有大约300 架轰炸机和战斗机，表面上似乎相当强大，而实际上燃油、配件十分短缺，导致空军问题重重。与此同时，燃料不足的意大利皇家海军则过于担心在埃及海岸附近遭遇英国海军，因此不敢跟随意军进攻路线，为其运输补给。[7]

272

英国军队寡不敌众，但在韦维尔将军和理查德·奥康纳（Richard O'Connor）将军的指挥下，表现不俗。庞大的意大利第 10 集团军在短短三天内就向埃及境内出人意料地前进了 60 英里，而英军则节节后撤。但令人费解的是，格拉齐亚尼随后在西迪·巴拉尼（Sidi Barrani）蹲守，等待来自图卜鲁格的更多补给，试图挫败必将到来的英军反击。军事史上，很少有一支正在前进的远征军仅仅是出于自己的意愿而停止向前。尽管如此，几乎毫无准备的英国人还是花了近三个月时间进行补给，然后才开始发起反攻（"罗盘行动"，Operation Compass）。在接下来的三个月里，他们把意大利人赶回利比亚中部，重创第 10 集团军，俘虏了 11 万至 14 万名战士，以及意军所有机动车辆、火炮和飞机。英国人继续穷追猛打补给匮乏的意大利军队，一直杀到图卜鲁格。1941 年 1 月 22 日，利比亚的这座重要港口落入英国人囊中。它将在 18 个月内四次易手。据说安东尼·艾登后来这样评价意军于 1 月 5 日在巴迪亚（Bardia）的败绩："从来没有这么多人向人数这么少的部队大规模投降。"8

凭借海、空军优势，再加上通过图卜鲁格港得到补给，得意忘形的英军开始向班加西（Benghazi）挺进，料想取得完胜后，便结束北非战事。英军于 1941 年 2 月初抵达目的地，然后沿着海岸继续前进至欧盖莱（El Agheila）。这里距英军最初离开埃及的出发点远远超过了 600 英里。意军只剩下大约 10 万人还留在利比亚。英军只需要想办法阻止残存的第 5 集团军通过的黎波里（Tripoli）获取补给物资，即大功告成。9

英军此前在 1940 年 6 月成功地从敦刻尔克大撤退；德国陆军无力入侵英国本土；英国军队还在闪电战中坚持抵抗德军空袭和 U 型潜艇的攻击；现在又有超过半数意大利军队被歼灭。

凡此种种，令全世界认识到，人数有限的英军虽然总是疲于应
战，但绝不欠缺勇气。不过丘吉尔在韦维尔和其他将军的压力
下，勉强下令英军在利比亚的欧盖莱停止追击，以便将宝贵的
精锐部队派遣至希腊，拯救那里的危局（"光泽行动"，
Operation Lustre）。考虑到英国目前只有希腊这一个铁杆盟友，
绝对不能抛弃，因此这是一项令人钦佩却不符合军事原则的决
策。为了阻止4月将抵达的德军入侵希腊，将近六万名士兵奉
命离开亚历山大港，在希腊雅典的比雷埃夫斯港登陆。超过两
万名英国士兵将在希腊战场阵亡、被俘或受伤。这些牺牲毫无
意义，不仅没有避免巴尔干半岛陷落，随着隆美尔率领规模不
大、新组建的非洲军团赶来，北非的意大利残军反而起死
回生。[10]

在接下来的一年半时间里，英国和轴心国军队在北非轮流
上演"猫捉老鼠"的游戏，直到追击者的战线拉得太长，补给
供应不上才告一段落。这又反过来给被追击者提供反攻机会，
然后再次犯下同样的冒进错误。只要德意步兵部队与英军形成
势均力敌的局面，只要双方都没能取得海空优势，只要其他战
区同等地消耗双方兵力，北非战场就会一直陷入僵局。最后，
由于两件始料未及的事件发生，问题才彻底解决了：1942年11
月，美国大军到来；德军在斯大林格勒战役中惨败，并在之后
的战斗中陷入越来越窘迫的境地，于是原本可以派往利比亚和
埃及的轴心国增援部队只得转往苏联。

为了营救意大利人，希特勒于2月12日指派埃尔温·隆美
尔中将前往利比亚的黎波里。隆美尔在法国战役期间是一名师
长，尽管自命不凡，但战斗中勇往直前，不屈不挠。跟随隆美
尔的那支小规模部队很快发展成拥有两个师的新非洲军团。他

的任务是调整德意联军防线，阻止英军向利比亚东部沿海地区的昔兰尼加（Cyrenaica）推进，同时挽救意大利远征军的残余力量。

漫长的北非战线自西始于突尼斯首都突尼斯市，向东一直延伸到埃及的阿拉曼，绵延约 1600 英里，比从柏林到莫斯科的陆路还要长 400 英里。与即将入侵苏联的 150 多个德军师相比，隆美尔手中的部队算不上精锐。尽管如此，当他抵达北非时，德国军队还从未遭受过重大失败，而且他坚持认为，德军的质量足以胜过它所面对的任何敌人，也不惧怕对手拥有的资源优势。据说在一次著名的换俘仪式中，隆美尔对一位被俘的英国将军说："你把坦克群排开，我把它们炸成废铁，就算你我坦克数量比是 2∶1，那又有什么区别呢？"隆美尔下达了明确指令，即全军等到 5 月，待第二支装甲部队——第 15 装甲师抵达后再展开行动。然后，他需要牵制住英国军队，同时不能分散已箭在弦上的"巴巴罗萨行动"的资源和注意力。

1941 年 3 月，隆美尔率领一个德军师和两个意大利师刚刚抵达北非，就在欧盖莱附近向英军发起进攻。尽管英军到目前为止还占据优势，但由于有四个师调往希腊，实力大减。隆美尔很快便横扫敌军，将其彻底赶出昔兰尼加。北非是展现隆美尔十足霸气的舞台。这里地形平坦、视野开阔清晰，是装甲坦克的理想战场，而且远离控制欲强烈的希特勒和他手下那群只会说"是"的总参谋部参谋。不过隆美尔还是缺乏补给，坦克性能也落伍了。[11]

没有什么大不了的。隆美尔把军队分为两支，一支沿海岸线行进，另一支穿越沙漠。仅仅 12 天，德军就前进了 350 英里，引起英国人一片恐慌，而不久之前，英军正是如此威胁意大利人的。三周内，班加西陷落，图卜鲁格被围。甚至在期待已久的德军第 15 装甲师于 4 月赶到战场之前，英军就缩回到埃及境内。[12]

275　　隆美尔凭借出色的战术运用，彻底扭转了北非战局。考虑到他是与装备落后和训练不佳的友军联合作战，如果把隆美尔安排在东线，他本可以取得更大战果。隆美尔叹息道："意大利人的自卑感非常严重。在这种情况下，倒也不足为奇。他们的步兵没有反坦克武器，火炮是完全过时的型号，训练水平也远远达不到现代标准，因此我们的军队不断冒出各种严重问题。许多意大利军官认为战争只不过是一次愉快的冒险，结果他们不得不承受痛苦的幻灭。"[13]

　　隆美尔仅仅依靠第 5 轻装甲师和意军便令轴心国力量重焕生机。德国陆军总司令部却惊得目瞪口呆。最初的任务只不过是拯救一支行将就木的意大利军队。轴心国并不想在"巴巴罗萨行动"前夕发动一场全新攻势，尤其是即使成功实现了隆美尔设想中最耀眼的胜利，德国也没有相应的战略蓝图可供遵循。柏林的德军最高统帅部从来都不知道如何评价隆美尔过于成功的战绩。这有些类似乔治·巴顿将军在 1944 年 8 月率部横扫法国。他的辉煌进军并不符合当时盟国远征军最高统帅部（SHAEF）预先制订的方案，即英美联军沿广阔的战线向莱茵河前进。

　　隆美尔的情报参谋之一——备受好评的弗里德里希·威廉·冯·梅伦廷一度认为隆美尔可能改变了整个战争的局面：

　　　　我所隶属的最高统帅部仍然没有看到非洲战区的重要
　　性。他们也没有意识到，只需要用相对廉价的手段，我军

就可以在近东取得胜利。从战略和经济价值来看，这里远
比征服苏联南部的顿河弯曲部更有意义。我们前面的土地
蕴藏着丰富的原料；非洲和中东，这些地区本来可以帮助
我们摆脱对石油的一切忧虑。只要再增加几个师，保证补
给充足，我军就能确保整个近东的英军全军覆没。但实际
情况并非如此。[14]

如果他得到了补给，如果他在柏林的上司们有一个持续的
宏大战略，知道该如何进一步打击英国和即将成为敌人的苏联，
那么隆美尔就没有理由不能像在利比亚那样，在埃及击败撤退
中的英国人。但是要想得到后勤保障，首先要占领围困中的图
卜鲁格港，需要意大利海军保持继续进攻的能力，以及希特勒
愿意向北非派遣更多援军，而不是仅仅给他两个师。不幸的是，
德军总参谋部的弗朗茨·哈尔德将军和弗里德里希·保卢斯
（Friedrich Paulus）将军认为隆美尔是个令人讨厌的家伙。他
"野心勃勃"，"性格存在缺陷"，而且"脾气暴躁"，"很难与
之相处"。英国军事思想家利德尔·哈特对隆美尔的总结也许
最到位："他令参谋抓狂，却受到战士的崇拜。"尽管如此，隆
美尔还是未能说服希特勒，他有能力拿下苏伊士，切断英国从
中东获取石油的线路，并将地中海再次变成轴心国的内湖。或
者更确切地说，他无法向陆军总司令部拿出过硬的证据，表明
德国有足够的补给，也有能力送到隆美尔军中，以满足一系列
大胆军事行动的需要。[15]

韦维尔将军为了解救围困中的图卜鲁格，从东面向轴心国
军队发起了一系列持续不断的进攻；至1941年6月中旬，均被
隆美尔一一化解。这也许是德国在这场战争中第一次进行的纯

276

粹防御战。随着英军精疲力竭，现在整个埃及一直到苏伊士运河基本处于不设防状态。韦维尔的败军撤退到位于亚历山大港以西仅 66 英里的一个铁路站点——阿拉曼。不过如果还没有占领图卜鲁格的小型港口和要塞，德军就不可能继续向东进攻。于是战争再一次进入拉锯阶段。直到 1941 年 11 月，新组建的第 8 集团军在克劳德·奥金莱克（Claude Auchinleck）将军的指挥下发起第三次大规模救援行动，这才最终化解图卜鲁格之围。[16]

英军的失败诱使隆美尔进行反攻，但终究因缺乏补给而功亏一篑。他被迫放弃夺取图卜鲁格的计划，开始了一场漫长的撤退，一路回到了欧盖莱，那里是他在前一年 3 月发起进攻的起点。1942 年新年之际，隆美尔的军队规模比初来乍到时还要缩小了不少。而英军尽管损失惨重，此时拥有的兵力、坦克和飞机数量反而比隆美尔到来之前更多。面对这样的窘境，大多数将军都会在绝望中辞职，把过去彻底失败的一年看作退休前的痛苦序曲。

隆美尔不甘认输。在凯塞林元帅的指挥下，德国空军在北非战区逐渐加强力量。得到适度补给后，隆美尔步步为营，收复了丢失的土地。很快，非洲军团上上下下都将隆美尔视作神明。这项不可思议的成就让人想起维吉尔（Virgil）① 的著名论断："他们能行，因为他们认为他们能行。"（《埃涅阿斯纪》5.231）隆美尔——这位昔日负责希特勒人身安全的营长——之所以能够在缺乏后勤支持的情况下赢得一段时间的胜利，是因为他让他的部队相信，他们不仅是不可战胜的，而且是职业军

---

① 维吉尔（公元前 70—前 19 年），古罗马诗人。

人,重新回归为德意志(第二)帝国陆军,而非希特勒的国防军。

六个月后,1942年6月21日,隆美尔卷土重来,终于拿下了图卜鲁格,抓获了3.3万名英国和英联邦国家战俘。港口里堆满了给养。隆美尔认为他终于可以继续朝东,向亚历山大攻击前进了。1942年,德军再次向高加索地区发起进攻,同时南方集团军群向伏尔加河挺进,"蓝色行动"取得了初步成功。北非、苏联,加上最近新加坡和菲律宾沦陷,轴心国军队似乎又一次势不可挡。不幸的是,隆美尔元帅的补给物资至今为止从来就没有充裕过,自1941年夏天以来更是每况愈下。德国在东线已有超过100万人伤亡;在向高加索地区进军途中,德军即将迎来斯大林格勒会战,这将是一场事关生死存亡的战斗。意大利海军已经失去了在地中海的短暂优势。美国加入了战争,并正向英国和苏联不断输送补给装备,还计划入侵阿尔及利亚和摩洛哥。由于人员和战机向东方转移,德国空军正在失去对地中海战区的制空权。

尽管如此,隆美尔还是第三次率领轴心国军队攻入英国控制下的埃及。他无法保证自己的军队能得到补给,也很清楚之前两次入侵埃及时,后勤一塌糊涂。但是隆美尔还是按照第一次世界大战中德意志(第二)帝国军队最好,或者说是最自以为是的传统,认为自己的领导能力是一个难以量化的军力放大器,随之而来的战役胜利可能会创造此前未曾预料的战略机遇。另一项选择是按兵不动,但这意味着非洲军团将束缚在藤蔓上,最终枯萎死亡,结局恐怕更加悲惨。6月底,隆美尔率部逼近距亚历山大不到70英里的阿拉曼,并安营扎寨,期望从图卜鲁格得到补给物资。德国人以为战争即将结束的幻象再次出现

（他们曾经看到克里姆林宫塔尖上的红五星，把英国皇家空军打到只剩下最后一个后备中队，或者登上了高加索山脉上的厄尔布鲁士峰）：德军很快就能控制苏伊士运河，与南方集团军群在盛产石油的高加索地区会师，地中海将是轴心国的天下。然而隆美尔在图卜鲁格的补给基地依然在 350 英里之外。部分轴心国补给船只能在 1400 英里外的的黎波里靠岸。不出所料，到 9 月底，隆美尔绵长的补给线就出现麻烦。按照德军以战养战的传统，非洲军团 85% 的车辆都是其缴获的英军破旧车型，而且汽油也耗尽了。

278 　　第二次阿拉曼战役于 10 月 23 日打响。非洲军团与补给充足的英国第 8 集团军对峙，后者的指挥官是刚上任的伯纳德·蒙哥马利将军。与隆美尔相比，蒙哥马利在人员、燃料、火炮、飞机、坦克等各个方面都有明显优势，甚至还拥有 300 辆刚刚卸船的崭新美式"谢尔曼"坦克。（在 1942 年秋的一小段时间内，"谢尔曼"坦克比所有北非德军装甲车辆都要强悍。）蒙哥马利采取谨慎策略，没有命令部队攻击隆美尔精心设置的预设防御阵地。[17]

　　隆美尔的计划被盟军情报部门截获，蒙哥马利因此得知了其准确的行动信息。阿拉曼的地形也有利于英国人进行防御准备。德军指挥部在开战前夕却一片混乱。当战斗打响时，隆美尔本人正在休病假，要到第三天才能返回战场。代理司令官格奥尔格·施图姆（Georg Stumme）将军因心肌梗死在开战后第二天病亡。希特勒插手干预战事，禁止德军战略撤退，又一次重复东线的自杀式命令。最后，斯大林格勒城郊的战斗几乎把最高统帅部的所有注意力都吸引到了苏联战场。

　　经过两周多鏖战（10 月 23 日—11 月 7 日），蒙哥马利不断削弱隆美尔的防线。非洲军团既缺乏补给，也没有足够的空中掩护，即便退却也困难重重。燃料耗尽，德国人固然无法前进，但也不能后撤。隆美尔终于在 10 月 25 日重返战场。他无视希特勒不准后退的命令，决心挽救非洲军团。他计划放弃利比亚大部分地区，一路狂奔回突尼斯边境附近，期待谨慎的蒙哥马利不敢大举进攻，美军也不会从西部登陆，出现在他的身后。当隆美尔最终脱离战场时，德意军队中还能够继续战斗的士兵只剩下不到一万人。其余官兵要么阵亡、受伤、被俘，要么丢失了所有装备。实际上，除了隆美尔残部和一些驻守利比亚的意军之外，非洲军团就此在北非全军覆没。[18]

隆美尔曾经计划孤注一掷，提议动用相对无所事事的德国占领军，搜刮法国和挪威的资源来为他的这支小型军队提供补给，还可以通过占领马耳他岛，确保能有更多补给船队往来北非。隆美尔可能认为，与其重新调整东线的补给配置，不如开辟一个新的战区，利用胜利来缓解德国在苏联陷入的困境。[19]

毕竟，只有大胆地攻击亚历山大港并切断苏伊士运河，才是德军在北非这潭死水中存在的理由。隆美尔知道，即使在 1941 年夏，德国仍能为他提供充足补给，满足其前进需求。他的判断得到了证实。后来不知何故，希特勒在 1942 年 11 月和 1943 年初向局势更为艰难的突尼斯派遣了相当数量的增援部队，其中大部分是通过空运。隆美尔正确地认识到，补给问题取决于意志力，或者是通过在战场上取得辉煌的胜利后，倒逼最高统帅部提供帮助。[20]

所有那些历史上曾成功入侵北非的欧洲战将——大西庇阿入侵迦太基（公元前 203 年），盖乌斯·马略打败努米底亚国王朱古达（公元前 107—前 105 年），或者拜占庭将军贝利撒留

（Belisarius）摧毁汪达尔帝国（公元 528 年）——都知道胜利的关键在于规模相对较小的军队必须控制安全的补给通道，能够从欧洲通过海运得到给养，这样才能前进。隆美尔的失败证明这个法则依然有效。古代军队知道他们在北非的目标是什么，希特勒军队的整体战略却模糊不清——除了不要太快输给占有优势的盟军之外。[21]

珍珠港事件后，美国决定采取"欧洲优先"的政策，陆军总参谋长乔治·马歇尔将军明智地主张要尽快在法国海岸地区登陆。陆军参谋部在一定程度上也参考了美国在第一次世界大战时的经验。美国于 1917 年 4 月 6 日宣战时，陆军规模同样不到 20 万人。从 1917 年 6 月 26 日到 1918 年 11 月 11 日，美国在法国部署了 200 多万士兵，最终以每天一万人的速度抵达欧洲。美军大规模集结导致德意志（第二）帝国陆军全面崩溃。尽管整个欧洲大陆如今实际控制在德国手中，而且 1942 年与 1917 年的登陆情形大不相同（法国不再是盟国），但美国人仍然相信，1943 年初发动入侵至少可以重演第一次世界大战的成功。他们在 1918 年打败的德意志帝国军队正是他们即将在战斗中相遇的德国国防军的前身。部分空军人士仍然坚信，在白昼实施无护航轰炸，可以令第三帝国来不及组织欧洲防御体系。可是西方盟军若要在西欧登陆，就需要足够规模的军队，以及必不可少的登陆艇、装甲车辆、火炮、空中支援，然而这些条件在 1943 年并不具备，更不用说 1942 年了。当英国人终于说服美国陆军认清现实后，富兰克林·罗斯福总统推翻了军事顾问们的建议，直接下令采取折中方案，派遣美军进入北非参与外围战斗。在北非西部某处登陆，将向美国人民表明，他们的地面部队终于投入对德国和意大利的战斗。这也有助于确保从直布罗陀穿越地中海，直至抵达苏伊士运河的航运安全。[22]

根据"火炬行动"（Operation Torch），十多万英美军队将分别从英国和美国出发，然后在摩洛哥和阿尔及利亚实施数次登陆，目标是占领卡萨布兰卡、奥兰（Oran）和阿尔及尔（Algiers）的重要港口。维希法国部队则将迫于压力而加入盟军。西班牙目睹两大盟国的强大实力后，便会坚信不论是过去，还是现在，保持中立政策乃明智之举。英美联军将很快在突尼斯遏制住德国和意大利军队；同时蒙哥马利领导下的第8集团军也大举增援，对轴心国军队实施夹击。美国陆军将这次行动看作来年横渡英吉利海峡的热身运动，是评估作战方式、武器装备和指挥人员的绝佳机会。但英国人不这么认为。相反，他们把征服北非视为一块向所谓欧洲"软肋"地区前进的跳板，从而攻入奥地利，同时也能将法西斯意大利踢出战争。这一进军可以完全避免跨越英吉利海峡，付出高昂代价后在法国登陆；也不必将英国变成对法国大西洋海岸实施两栖攻击的出发基地。类似这样登陆法国的行动很有可能以失败告终。[23]

尽管姗姗来迟，但德国还是向突尼斯空运了大量至关重要的物资、坦克、大炮，以及一个师的新兵，导致战斗持续了六个月。希特勒突然关注北非战事着实令人费解。一年前形势好得多的时候，他曾不容置疑地对隆美尔说，没有多余的军队可供其在埃及节外生枝。但到1942年11月底，重组后的德意装甲部队在现有的意大利驻利比亚军队和原非洲军团残部的基础上，又增加了三个师。此时美军尚缺乏经验，高级军官能力有限，因此1943年初，隆美尔指挥扩大后的"非洲军团"取得了一些胜利。隆美尔于1943年3月将最高指挥权移交给汉斯－于尔根·冯·阿尼姆（Hans－Jürgen von Arnim）将军之前，德军经过一系列战斗后，在两军首次大规模交锋的卡塞林山口战役（1943 年 2 月 19 日至 24 日）中大获全胜。然而西方盟军源源不断地输送兵力和物资，速度远远超过轴心国能力所及。美军在卡塞林山口被德军反坦克炮压制，经历了近 6500 人伤亡和约 200 辆坦克损毁后，也开始重新接受训练，决心再也不能在战斗中蒙羞。

281　　　隆美尔在 3 月飞回德国，希望要么获得更多增援，要么希特勒下定决心撤退。然而两个目的都没达成，他再也没有回到北非。1943 年 5 月 13 日，近 25 万轴心国军队投降，其损失相当于在斯大林格勒覆灭的第 6 集团军。宣传部部长约瑟夫·戈培尔感叹说，至少大部分第三帝国士兵被西方军队俘获，而不是像斯大林格勒战役后那样，被送到苏联集中营里，必死无疑。在隆美尔的余生中，他不时会收到原非洲军团老兵们的信，不过这些信件辗转来自位于美国南部的战俘营。当时有一期《时代》杂志刊登了一则广为流传的逸事。意大利战俘在前往美国战俘营的途中碰上了抓获他们的美军。面对嘲笑，意大利人回应说："尽管笑吧，但我们要去美国。你们要去意大利。"[24]

　　数以万计最精锐的德国士兵，连同他们的意大利盟友被毫无意义地留在北非，自生自灭。汉斯·冯·卢克（Hans von Luck）上校作为非洲军团代表前往柏林，计划向希特勒陈述轴心国军队在包围圈中的真实困境，请求他允许军团撤退到西西里岛。"听着，卢克，"最高统帅部作战局局长阿尔弗雷德·约德尔说，"绝对不存在撤离非洲的问题，也不会考虑来一次你口中的德版'敦刻尔克'。元首还没有做好撤退的准备。我们甚至不会让你去见他。他一定会大发雷霆，把你扔出去。"约德尔带着卢克来到一张东线战役地图前，向他指出，在斯大林格勒正发生一场与北非类似但更为惨重的灾难。在斯大林格勒和北非的双重溃败中，德军损失了50多万最优秀的士兵，从此再也没有恢复元气。[25]

地中海突然间变成了盟国的内湖。西西里危在旦夕，而德军控制下的克里特岛很快就失去了战略意义。数百万吨级的盟国运输船可以畅通无阻地从印度洋通过苏伊士运河抵达英国，在这条较短航线上，不用担心遭遇德国飞机和U型潜艇的攻击。维希法国在北非的政府和伊比利亚半岛固守中立的独裁政权也都进行了必要的政策调整。西方盟国的战术空军开始急剧膨胀。但是正在这个紧要关头，德军装备的新型虎式坦克依然稀少，豹式坦克还未问世。早期马克III和IV型的性能并不比新式"谢尔曼"坦克优异，而后者的数量要多得多。根据巴顿将军和蒙哥马利将军在北非的表现，他们似乎可以与最优秀的德军将领一较高下。英美军队则保持兵力集中，在一条战线上作战。它们积累了两栖作战方面的宝贵经验，并最终训练出一支强军杀进德国。地中海战役削弱了德国力量，盟国军力则得到增强。

挟胜利之威的英美两国下一步选择的入侵目标不是法国，而是意大利。它们决定沿袭历史上以非洲为基地的军队足迹，从西西里出发攻入欧洲大陆，正如贝利撒留率领一支规模不大的拜占庭军队在公元535年的线路一样。这是因为从西西里岛的博奥角（Cape Boeo）到突尼斯的邦角（Cape Bon）是跨越地中海的最近距离，只有区区75英里，比从西西里西部城市马尔萨拉（Marsala）到墨西拿海峡的距离还要短。罗马历史学家李维（Livy）记录了这样一个戏剧性的故事。老加图（Elder Cato）为了警告罗马元老院咄咄逼人的迦太基充满危险，从斗

282

篷的折缝中掏出一颗无花果扔向地面。他告诫元老们，这颗果实还是新鲜的，因为三天前才刚刚采摘。这就是迦太基军队能够直达罗马的全部时间。[26]

英国人认为，虽然西西里岛是入侵意大利南部的理想之地，但历史表明，该岛很难成为攻入奥地利的起点。更好的办法是从撒丁岛甚至科西嘉岛向北进攻意大利。如果占领了这两个岛，接下来在意大利北部实施两栖登陆就会容易得多，而且还能将半岛上的德国兵力一切两段。然而美国人认为西西里岛与其说是进入中欧的通道，不如说是保卫地中海航路安全的途径，岛上的空军基地还可被用来轰炸第三帝国南部和东部地区。更重要的是，西西里岛战役将是欧洲战场上第一次在敌人设防的海岸线上进行两栖作战。美军认为这场战役是 1944 年春季入侵法国的必要准备。[27]

三个美军师从突尼斯出发，第四个师从阿尔及利亚的奥兰启程。它们整编为西部特遣部队，隶属于乔治·巴顿少将的第 7 集团军，将在西西里岛的南角登陆。伯纳德·蒙哥马利的英军在苏伊士上船，登陆点就在巴顿军队的附近。英美两国计划在 100 英里长的狭长海滩上发起进攻，然后向北部的墨西拿前进，战略意图是阻止大约 25 万轴心国军队逃到意大利。

然而"哈斯基行动"（Operation Husky，1943 年 7 月 9 日—8 月 17 日）从一开始就存在根本性缺陷。考虑到盟军的实战经验和训练水平，这一行动过于复杂。蒙哥马利和巴顿两人针锋相对，并不像合作伙伴。空降是计划的第一步，却受到强风干扰，导致伞兵被吹散，着陆地点远在预定目标之外。西方盟军没有派遣两栖部队前往墨西拿，未能在初期就封锁轴心国军队逃亡意大利本土的线路。奥马尔·布拉德利（Omar Bradley）和英军将领反对乔治·巴顿采用多次小型两栖作战包抄德军，而类似的登陆行动本应该规模更大且更频繁。经过五周艰苦战斗，英美两军在墨西拿会师。但在此之前，已有超过一半守军，即十多万德意军队安全渡过海峡，进入意大利。蒙哥马利将军（还有布拉德利）的指挥总是相当怪异，在获取胜利时往往让败军逃离后重新集结，比如此前的阿拉曼战役、现在的西西里岛战役，以及不久之后在诺曼底爆发的法莱斯围歼战。只要希特勒不坚持让受困的军队战斗到最后一人死亡或被俘，那么德军在任何时候都有一种不可思议的能力，设法从严密的包围圈中逃脱。[28]

从战略上讲，入侵西西里岛至少促使墨索里尼的法西斯政府垮台，他本人也在 7 月 23 日被捕。意大利退出战争逼迫希特勒接管了轴心国的防御体系，进而导致该国爆发内战。而这一局面在某种程度上是盟国希望避免的。英美联军将西西里岛作为空军基地，对意大利本土实施轰炸。两国军队对阵经验丰富的德军也不落下风，自身战损与对敌人造成的伤亡大致相当。西西里岛战役既满足了英国控制地中海的强烈愿望，也为美军跨英吉利海峡入侵法国做好了准备。这场战役还一度安抚了喋喋不休的斯大林，让他看到苏联的盟友终于决心在陆地上开辟重要的第二战场。

然而英美联军毕竟还是没有登陆欧洲大陆。要做到这一点，就需要在意大利南部和中部海岸发动一系列两栖作战行动，然后突破德军设置的重重防线，越过山脉，渡过河流艰难地向北挺进，恐怕直到第二次世界大战结束也打不到德国。入侵西西里岛之前，意大利还没有被正式确定为盟军的下一个目标。但这显然是顺理成章的后续行动，因为盟军大部队近在咫尺，它们也越来越有信心击败轴心国。

尽管亚平宁半岛就在眼前，似乎是个合理的目标，不过意大利本土却给盟军带来了另一种形式的难题。9 月 9 日，马克·克拉克将军率领美国第 5 集团军在那不勒斯外围地区的萨莱诺登陆。然而即便是那不勒斯，距离奥地利维也纳也有500 多英里，比从诺曼底海岸到莱茵河的距离还要长。墨索里尼政府垮台，以及新政府与西方盟国在 9 月结为正式同盟的意义也很有限。几十万意大利军队突然投降，加之数百万家属，盟国需要调运大量食物和燃料以维持其生存。意大利从墨索里尼的法西斯政权中解放出来，却成了希特勒的牺牲品。意大利人将在他们自己的土地上经历可怕的战争。德国国防军不会再尊重他们的生命财产安全。意大利法西斯顽固分子与共产党游击队交战，大多数意大利人虽然保持中立，却困于内乱，夹在美国、英国、法国、德国的装甲车、火炮和炸弹之间。

1943 年 8 月初，当疲惫不堪的巴顿得知第 7 集团军中不断有人被诊断为战斗疲劳症，需要送往医院治疗时，他越想越气。结果脾气暴躁的巴顿在视察战地医院途中，分别对两名美军士兵扇了一巴掌。此两人并不仅仅饱受战斗疲劳的折磨，其中一个还患有疟疾，另一个是脱水和发烧。此举引发了媒体和公众舆论的强烈抗议，似乎巴顿欺凌战场上生病的士兵与美国价值观相悖。艾森豪威尔将军迫于压力，不得不解除巴顿的战斗指挥权，长达 11 个月之久。巴顿失去了率领驻意美军作战的机会，闲坐西西里岛无所事事；与此同时，美军却在不远的意大利战场因指挥不力而停滞不前，急需他重返岗位。由于巴顿未能现身意大利战区，以及“霸王行动”初期策划和登陆过程中也没有发挥他的专业知识和洞察力，盟军为此付出了不少生命代价，也引发了军事道德方面的棘手问题。巴顿的目的是让更多士兵投入战斗，其错误行为与美国陆军的平等和民主价值观相背离；然而，当战场急需称职的指挥官时，美军最优秀的作战将领却被迫靠边站，结果意大利战场上出现了更多伤亡，美军在诺曼底登陆初期也被困在战场上动弹不得，损失惨重。[29]

　　直到 1945 年战争结束，盟军在意大利一直受到指挥失误和各种灾祸的困扰。对罗马实施首次空降的行动考虑不周，马修·李奇微将军在最后一刻明智地取消了该计划。谨小慎微的马克·克拉克几乎毁了盟军在萨莱诺的两栖登陆作战。盟军大大低估了冬春天气对大军北上的影响，也没有充分考虑亚平宁山脉的崎岖地形。

　　克拉克将军轻视了纳粹狂热分子——希特勒最青睐的元帅阿尔贝特·凯塞林（后来被指控并判处犯有战争罪）的能力。在防守方面，凯塞林同名将瓦尔特·莫德尔和戈特哈德·海因里希（Gotthard Heinrici）一样出色。从严格的军事意义上讲，凯塞林是德国版的威廉·斯利姆。这位挽救了缅甸危局的英国将军同样才华横溢，但同样没有得到足够的赏识。这或许是因为斯利姆也经常在知名度较低、没有过多宣传的战区作战。盟军对突破冬季防线体系（包括古斯塔夫防线、伯恩哈特防线、希特勒防线）的困难认识不足；在 1943 年剩下的时间里，固守防线的德军和恶劣天气给盟军带来了极大阻碍，致使其寸步难行。1944 年 1 月 22 日，由于约翰·P. 卢卡斯（John P. Lucas）少将行动迟缓，盟军登陆安齐奥（Anzio）后失去了一次直接杀进内陆的战机。一开始不知所措的德军抓住机会重新集结。如果让更积极的巴顿指挥，他很可能一鼓作气把敌人消灭。该防御体系的军事意义也类似于罗伯特·李（Robert Lee）在里士满设下

285

的防守阵地。在 1864 年春末和夏季的大部分时间里，这个优秀的防御工程几乎摧毁了强攻中的北军波托马克军团的战斗意志。[30]

正如凯塞林元帅所预料的那样，当克拉克的部队终于在 5 月突破德军设在安齐奥的封锁线后，就立即挥师罗马，因为自古以来，夺取这座城市将获得无上荣耀。美军于 6 月 4 日，即诺曼底登陆日前两天进入罗马。占领只具有象征意义，但德国第 10 集团军却实实在在逃脱了包围圈。安齐奥登陆行动的部分初衷亦化为泡影。为了转移德军注意力，美军于 1944 年 1 月 20 日至 22 日对拉皮多河（Rapido River）发起正面攻击，不料一脚踏进德军雷区，置身于密集的火炮弹幕中，再现了当年协约国军队在第一次世界大战时的拙劣表现。盟军将士对德军预设防御阵地发动勇敢无畏的攻击，事前却未经周密筹划，导致战死在安齐奥登陆后的官兵比登陆前还要多。

1944 年 2 月 15 日，卡西诺山修道院遭到轰炸，这在军事和文化史上不啻一场悲剧。丘吉尔曾梦想发动一场巨大的钳形攻势，穿过斯洛文尼亚，经卢布尔雅那峡谷（Ljubljana Gap）后进入奥地利。此举不仅能缓解盟军在法国的压力，至少还能在苏联红军抵达之前占领部分东欧土地。然而盟军未能在 1944 年秋突破德军精心布置的贯穿意大利北部的哥特防线。丘吉尔的计划完全落空。墨索里尼在北意建立了一个法西斯傀儡政府（意大利社会共和国），引发各交战派系之间爆发更多冲突。大批美军士兵被抽调到西法和南法前线（作为"龙骑兵行动"中 50 万远征军的一部分），以及英军此前在希腊的前车之鉴也提醒西方盟国，它们在欧洲的地面部队太少，很可能直到战争结束军队还没抵达奥地利。[31]

盟军攻克西西里岛后，没有转移矛头，而是继续向意大利发起进攻。在长达 608 天的意大利战役中，盟军在半岛上进行登陆作战、占领城市、来回机动，种种努力却仍然使意大利成为这场战争中最具争议的战区。从相对伤亡对比（盟军 31.2 万人，德军 43.5 万人）和最后取得的战果来看，很难说付出这些代价是值得的。该战区不仅削弱了德国在西欧的防御力量，也消耗了盟军计划用于入侵法国的不少战争资源。盟国成功征服西西里岛后，就已经导致墨索里尼政权灭亡，并在轴心国中散播政治混乱，因而完全不必陷入大陆泥潭，受累于意大利的国内派系斗争，遭到德国的报复。如果意大利南部设有轰炸机基地，就能在进攻德国东部时增加胜算，但盟军在西西里岛上新建立的空军基地或多或少也能确保其在地中海大部分地区拥有空中优势。即使盟军没有发动大规模入侵，大多数驻意德军仍然会被困在意大利不敢动弹，远离诺曼底。

意大利战区还有其他一些问题。英国和美国就如何击败德国的地中海大战略存有分歧，这显然不利于两国之间的合作关系。要想在 1943 年和 1944 年迅速取得胜利，还需要一位具有强烈进攻欲望的盟军最高战区指挥官以取代马克·克拉克。当时诺曼底登陆已箭在弦上，致使盟军物资和兵力更加捉襟见肘。颇有讽刺意味的事情还有很多：丘吉尔因他钟爱的计划在付出高昂代价后依然失败而沮丧不已；虽然美军将领们反对入侵意大利，但罗斯福仍然乐观地认为，在此消耗德军是值得的。美国人认为结束战争的最快方法是登陆法国，向东进军。尽管这是一个明智的战略，不过英国人也正确指出，在 1944 年中期不可能完成这项任务。这两个不可调和的立场让意大利战局更是雪上加霜。性情古怪、经常夸大其词的 J. F. C. 富勒是一位颇有见地的军事史学家。他认为盟军在意大利的军事行动是一场

"毫无意义的毁灭性战役"，"作战方式错误，没有战略目标，没有政治诉求"。他的结论大体正确。[32]

至 1944 年春，盟军大多数研究轰炸战略的军事家私下承认，仅凭空军无法结束战争，或者至少不能取代在西线开辟"第二战场"的步兵。为了对苏联履行在欧洲大陆作战的承诺，为了攻入德国，并在其投降和战后占领中起到决定性作用，盟军唯一的途径就是按照美国参战之初的设想，在法国西海岸登陆，随后向东进军，跨越莱茵河。

诺曼底登陆（"霸王行动"）是自公元前 480 年春，波斯国王薛西斯入侵希腊以来，史上最大规模的陆海联合行动。从马拉松战役到加利波利之战（1915 年 4 月），它令历史上所有命运多舛的抢滩作战相形见绌。诺曼底登陆将成为此后美国一系列大规模两栖行动，如硫磺岛战役（1945 年 2 月）、冲绳岛战役（1945 年 4 月）、仁川登陆（1950 年 9 月）的典范。相比之下，此前所有跨英吉利海峡的登陆战争——恺撒（公元前 55 年）、征服者威廉（1066 年）、亨利五世（1415 年）等人的入侵，抑或 1809 年英国人在佛兰德登陆——都显得微不足道。

"霸王行动"之所以可行，除了盟军拥有海、空军优势，物资充裕，以及在北非和意大利（西西里岛）积累了两栖作战经验之外，还因为盟军的基地就在登陆地点附近的英伦三岛。这与此前在地中海战区的许多登陆作战行动有所不同。即使是最远处的法国诺曼底海滩，距离朴次茅斯和英国补给点、登船点、机场也只有大约 140 英里。在整个登陆和突防过程中，英美空军连续数周对诺曼底狂轰滥炸，同时为了迷惑德军，还空袭了大部分法国北部港口。盟国空军虽然摧毁了德国的通信线路和铁路，但也导致法国平民大批死亡。盟军在登陆前 5 个月就开始轰炸。在此期间，至少有 35000 名法国居民死于盟军飞机轰炸、低空扫射和炮击，大致相当于英美地面部队在诺曼底战役（6 月 6 日至 8 月 25 日）中的全部阵亡人数。如果算上与 D 日登陆相关的间接轰炸行动，被盟军火力杀死的法国平民总数可能超过 7 万人。这一数字远远超过在闪电战和 V－1、V－2 导弹袭击中丧生的所有英国平民人数，也多于法国在 1940 年沦陷后被德国人杀害的所有法国平民人数，几乎等于德国抓捕并送往东部灭绝营的法国犹太人人数。[33]

第一天就有超过 15 万名英军、加拿大军、美军分别在指定的五片海滩上登陆，另外还有超过 2.5 万名伞兵在德军防线后方空降。由于科唐坦（Cotentin）半岛或加来（Calais）是较为理想的登陆点，因此盟军判断选择距离英国更远的诺曼底会让敌人猝不及防。更重要的是，诺曼底地区地势开阔，盟军不会局限在封闭的半岛内，德军也无法集中兵力固守一条狭窄的防线。与之前在西西里岛和意大利本土的登陆不同，"霸王行动"历时一年多精心策划，吸取了盟军在迪耶普（Dieppe）、西西里、萨莱诺和安齐奥等地两栖作战的经验教训。盟国为入侵行动精心设计了各种新设施和新武器，如移动式"桑葚"人工港、铺设在英吉利海峡下的"冥王星"（PLUTO）海底输油管道，以及新式"谢尔曼"和"丘吉尔"坦克。这两种经过改装的坦克可以清除地雷，剪断铁丝网，在松软的沙滩上开辟通路，还能跨越障碍物。[34]

一支前所未有的庞大舰队正在英吉利海峡集结，承担运送和保护登陆部队、输送补给物资的任务。为了确保近 6000 艘补给船和登陆艇的安全，英国和加拿大海军有超过 1000 艘军舰参加了这次"海王星行动"（Operation Neptune），占其全部海军

288

力量的 80%。仅水兵就有近 20 万人，比第一天登陆的陆军部队还要多。

"俾斯麦"号和"欧根亲王"号在大西洋公海上横行霸道的日子早已一去不复返了。U 型潜艇成群结队离开英吉利海峡边混凝土掩体的盛况也不再出现。尽管德军正在为西线部队装备先进的第二代武器，如虎式、豹式坦克，"铁拳"火箭筒（一次性单发反坦克武器），"坦克杀手"火箭发射器（美式"巴祖卡"火箭筒的德国升级版），StG - 42 突击步枪等，但盟军占有战术空军优势，尤其是"台风"和"雷电"战斗轰炸机，简直就是火力倍增器。[35]

虽然盟军成功登陆，但并不像计划中那样顺利，海上波涛汹涌，狂风大作，登陆艇被吹离航向或直接掀翻。由于登陆地点远没有加来附近的海滩那么出名，因此盟军对登陆海滩的特性不是完全了解，而且行动确实过于复杂，这才造成了一定混乱。计划制订者在一定程度上低估了沙滩后方的不利地形，尤其是奥马哈海滩的情况更为险恶。不过最关键的因素大概还是盟军将领错误判断了分配给美军的那片登陆海滩所具有的防御深度，没有坚持进行更长时间、更猛烈的舰炮轰炸。这一失误可能导致数百名美军丧生。事实上，在第一天行动中，五片登陆海滩只有两片得以打通贯连。附近几座城镇，如巴约（Bayeux）、卡朗唐（Carentan）和圣洛，都没有按预定计划即刻占领。重要城市卡昂直到六周后才被攻克。盟军在海滩上伤亡一万人，其中 4000 人阵亡。

289　　1415 年的阿金库尔战役爆发前，亨利五世率领的英国军队到底将在诺曼底还是加来登陆，无人得知。德国人就像 500 多年前的法国人一样，依然被敌人精心策划的各种欺骗手段迷惑，困扰不已。守军倾向于相信盟军的主攻方向将设在北方遥远的加来海峡，而且攻击时间也不可能选在狂风暴雨的日子里。盟军很快就建立了稳固的滩头阵地。在接下来的一个星期里，大量人员和物资源源不断送上岸来，然后沿着空降部队开辟的安全通道抵达前线。盟国空军和海军舰炮帮助登陆部队打退了敌人的多次反击。德军一直在犹豫是否应该采纳隆美尔的明智意见，即立即将预备装甲师投入战斗，在盟军后勤补给方面的强项变成压倒性优势前，就将登陆部队消灭在滩头阵地，或者按照冯·伦德施泰特将军和大多数陆军总司令部参谋——尤其是古德里安——的保守观点，把装甲师作为中央预备队，入侵者突破防线后，再根据战况将其切断。

德军最后决定两套方案都采用，但两套方案都没有取得成功。装甲预备部队对海滩的反击过于分散，规模太小，而且时常遭遇空袭。不到一个星期，盟军滩头阵地便扩大到连绵近100英里。不到一个月，就有100万盟军部队登陆，离盟国远征军最高统帅部计划攻入德国境内的目标越来越接近了。不管希特勒的装甲预备队是立即部署在滩头阵地还是从后方调来，都已经不再重要了：他们所到之处总会遭到盟军空军袭击，甚至连独立行军的摩托兵和步兵也在劫难逃。美军 P－47 "雷电"战斗机装配了可靠耐用的风冷发动机，载弹量大，速度快，火力猛。英国霍克公司制造的 "台风" 战斗轰炸机用于对地支援。这两种战机铺天盖地而来，相当于数百辆坦克的威力。[36]

盟军现在有两条主要的对德大陆战线，即东线和西线，此外还有陷入僵局的意大利战区。所有战线的相对进展将变得大致彼此关联，有时还会被粗暴地政治化。自 1941 年秋以后，苏联人就一直抱怨说，他们承担着对抗大部分德国国防军的压力。

斯大林忽视了他自己先前与希特勒的伙伴关系，还指望纳粹能击败英国。他也无视英美两国为红军输送了大量物资的贡献。由于东线德军兵力一直保持在 300 万以上，并没有大幅削减，因此斯大林对盟军之前在北非和意大利（西西里岛）等地区开290辟第二战场的价值并不认可。即使到了 1944 年 6 月，战略轰炸也没有迫使德军将足够多的火炮和战斗机调离东线，至少在红军看来是这样。此时，斯大林既没有兴趣，也没有能力帮助英美联军在亚洲和太平洋战区开辟一条新战线打击日本。由于日本允许悬挂苏联国旗的美国商船运送租借物资，自由进入符拉迪沃斯托克，因此几乎可以肯定，斯大林并不想撕毁与日本签署的协议。

斯大林格勒战役胜利后（1943 年 2 月），斯大林认为德国国防军已经濒临崩溃，于是轻率地命令苏军发动了一系列进攻行动，却几乎一无所获。希特勒也判断西方盟军不会在 1943 年开辟第二战场，因此从西线调来了 20 个师。然而在关键的库尔斯克战役（1943 年 7 月 4 日—8 月 23 日）结束后，斯大林重拾信心，不再坚决要求盟军跨越英吉利海峡。这可能表明他已经在私下认可盟军的战略轰炸和地中海战区的意义，即对迫使德国从东线抽取战争资源起到了不可估量的作用。又或者他认为仅凭绝地重生后的红军就可以占领德国全境，甚至解放西欧，为苏联谋取战后优势。

尽管如此，当苏联人接近波兰边界并准备为德军入侵三周年悼念时，红军正准备对德国中央集团军群发动致命一击。"巴格拉季昂行动"（Operation Bagration，1944 年 6 月 22 日—8 月 19 日）将德军注意力再次转移到东方，而此时盟军正困在诺曼底海滩后面的树篱丛中进退两难。"巴格拉季昂行动"是苏

联在这场战争中规模最大、最成功的一次战役。在不到一个月
的时间里，来自波罗的海沿岸方面军和白俄罗斯方面军的 200
多万官兵就摧毁了德国中央集团军群。这些红军是苏联机动性
最高的部队，拥有超过 20 万辆卡车，其中绝大部分由美国提
供。现在德军防线上出现了一个大窟窿，露出一条通往华沙的
阳关大道。到了 7 月，红军离柏林的距离已经和刚刚登陆诺曼
底的盟军差不多了。

　　经验丰富的苏联士兵现在更靠近德意志传统军国主义的心
脏地带——东普鲁士，但西方盟军距离鲁尔工业区和德国军工
复合体中心也仅有约 500 英里。尽管西方盟军只在欧洲北部作
战不到一年时间，苏军则在东线已经战斗了四年，而且盟军消
灭的德军数量也远少于红军，但此时盟军可以在和苏军差不多
的时候到达德国中心地带。另外，盟军即将重新夺回的欧洲北
部地区都是富庶之地；苏联占领的却是欧洲最贫穷的地方，甚
至还会被撤退前的德军洗劫一空。斯大林抱怨说，盟军之所以
能够取得进展，是因为德军决定在东线进行更激烈的抵抗。在
某种程度上，他所言不虚。早在 1944 年 6 月，即将离任的格
尔德·冯·伦德施泰特将军了解到西线正在消耗东线德军的资
源，于是对最高统帅部的凯特尔说："你们这些笨蛋，求
和吧。"[37]

　　成功登陆诺曼底后，盟军试图从海滩向内陆推进，但从 6
月 6 日至 7 月 25 日，整个战线几乎停滞不前。蒙哥马利仍然滞
留在卡昂城外，牵制着德军大部分装甲部队，而美国第 1 集团
军情况更糟，深陷诺曼底的茂密树篱中动弹不得。一位不知道
姓名的美国步兵军官如此总结树篱之战："这场战斗的一切都
混乱不堪，我压根就搞不清楚双方的行动。"盟军也许提前探

291

知了诺曼底地区的潮汐规律和沙滩地形细节，但他们显然忘记了，就在海滩后面几英里的地方，尤其是在奥马哈，有长达数英里的树篱林。里面到处是错综复杂的灌木、深植在土壤中的树木、高高低低的护堤、狭窄不堪的道路，简直是德军理想的防御之地。这是一个奇怪的失误，因为好几位参与制订方案的美军将领在第一次世界大战期间就曾在法国服役，应该对法国乡村环境很熟悉，并且对奥马哈附近的特殊地貌也应有所了解。[38]

好在美军在坦克上焊接了金属铲齿，把树篱铲倒才算部分破解了奥马哈海滩后面的死结。身披重甲的"犀牛"在护堤上犁地，铲起泥土，在田地中开辟通道，从而帮助美军避开致命的狭窄道路。英国将军珀西·霍巴特（Percy Hobart）为应对在D日遇见的德军障碍，独创性地将"丘吉尔"坦克和"谢尔曼"坦克改装成装甲工程车辆，开发出全系列"滑稽"坦克，然而美军一开始愚蠢地拒绝了他的发明。显然，美国人出于民族自豪感，不愿意采纳英国人对"丘吉尔"和自有"谢尔曼"坦克的谋划已久的改装，而是寄希望于临场发挥的聪明才智。

为了冲出艰难的树篱地带，击退敌人的顽强抵抗，美军最终出动约1500架B-17和B-24重型轰炸机，成功摧毁了德军在圣洛周围设置的固定阵地，又不慎两次误伤友军，造成数百名美军士兵伤亡。莱斯利·麦克奈尔（Lesley McNair）中将在事故中当场遇难。为突破德军封锁，"眼镜蛇行动"于7月25—31日在空军掩护下打响，并由此开启了盟军从8月1日到9月初，长达一个多月的急速推进。现在，速度是诺曼底战役的首要目标。盟军形成了一个巨大的包围圈，将德国第7集团军吞进所谓"法莱斯口袋"中。德军西线主力，即B集团军群的大部分防御力量深陷其中，被英美联军的铁鳌撕得粉碎，但还是有部分残军得以撤过塞纳河，逃脱一劫。乔治·巴顿将军率领新组建的第 3 集团军，连续多天以每天 50 英里的速度推进，让人想起当年谢尔曼"向大海进军"的壮举。① 反复无常的美国媒体又开始大肆宣传巴顿的勇猛无畏，还拿蒙哥马利的所谓胆怯畏战与之对比。舆论将美装甲部队冲刺视为美国精神的标志，认为有可能在 1944 年内彻底结束战争（见地图 8）。39

随着英国、加拿大和美国军队前进势头加快，盟国远征军最高统帅部却从来没有试图根据三路大军指挥官的不同个性和所期望达到的战略目标而调整向东进攻的计划。英美很快因不同进军策略发生分歧，就到底应该扩大进攻面还是压缩战线而各执一词。蒙哥马利将军反复强调，他所率领的盟军规模较小，最好优先选择一条捷径，从比利时和荷兰进入鲁尔工业区；该方案比由美国第 3 集团军长途跋涉前往巴伐利亚和捷克斯洛伐克，同时考特尼·霍奇斯率领第 1 集团军全线推进更为有利。德军将领后来承认，如果盟军在 1944 年末集中力量，就有可能突破德国防线，而全面进攻直到 1945 年春以后才能做到这一点。40

诺曼底登陆期间，英美两军之间还有更多矛盾接踵而至，甚至影响到了团结。蒙哥马利将军行事一贯有条不紊，甚至被讥笑为慢条斯理，如此评论倒也并非空穴来风。他的标志性特点就是谨慎稳重，谋划良久才敢小心翼翼地前进。蒙哥马利决心尽量不冒任何风险，在避免被德军包围的同时，还要减少伤

① 南北战争时期，联邦将领谢尔曼率军于 1864 年 5 月从田纳西州查塔努加出发，经过佐治亚州的亚特兰大，向海边的萨凡纳进军，12 月上旬到达目的地。北军一路大肆破坏，给南方邦联经济造成了毁灭性打击。

亡。按照他的个性，其实不太可能推行激进方案，如选择较短路线通往鲁尔，更不用说稍后"市场花园行动"这样复杂的军事行动了。该方案试图在 1944 年 9 月占领莱茵河河口附近、荷兰境内的多座大桥，然后直接杀进鲁尔。当巴顿在 9 月初接近莱茵河时，盟军为了把物资补给集中在"市场花园行动"上，不得不为他的旋风突进按下暂停键。不过这也未能挽救"市场花园行动"的失败。诚然，巴顿走的是一条迂回线路，最终目的地是捷克斯洛伐克，而且他从来就没按照盟国远征军最高统帅部的既定剧本演绎。他的疯狂进攻到 8 月底让德军不知所措，导致他们无法重新集结，组织起像样的抵抗。[41]

293 　　诺曼底行动的计划者也从未充分预料到，如果不能从德军手中完整夺取大西洋港口的控制权，将会如何。当英军和美军终于占领了法国那些主要港口城市时，才发现许多目标已被德军破坏。于是早在 1944 年 9 月中旬，也就是登陆作战开始后不到三个月，盟军就因补给短缺而陷入停滞，各部队之间还激烈地争夺稀缺的油料。盟军后续登陆的部队越多，从海岸线向内陆推进的路程越长，他们就越发缺乏燃料、食物和备件，直到攻占了重要港口安特卫普后才有所缓解。[42]

　　简而言之，西方盟军在诺曼底登陆后向东挺进的速度飘忽不定，要么突飞猛进，要么原地踏步，总是落入每两三个月就要循环一次的怪圈。行动放缓在很大程度上是不可避免的，远远不只是后勤供应问题。随着冬季来临，白昼变短，天气变差，这又将限制和阻碍盟国空军出动，降低为地面部队提供掩护的效率。在秋冬恶劣天气里，盟军经常得露宿野外，而德军在撤退途中则能进入他们熟悉的小镇和城市内休整。由于美国、英国和加拿大分别在意大利、缅甸和太平洋岛屿等地部署了庞大的海、空军，地面战斗也正如火如荼，因此都缺乏地面作战部队。盟军内部的竞争开始影响联合作战。但最重要的是，德国人仍然是一流的战士，当他们试图阻止敌人进入自己的祖国时，迸发了更强大的战斗力。

8月底，诺曼底战役结束，大约有50万德国士兵被击毙、俘虏或受伤。德军损失了绝大多数装甲车辆和重武器。尽管他们被击溃，但并未覆灭，依然有超过100万士兵退守莱茵河西岸重新集结，为抵抗盟军的秋季攻势做好了准备。1944年9月中旬，西线陷入第三个停滞周期。盟军的快速推进告一段落，再次回到此前6月至7月初的缓慢前进状态。

盟军的运动战受制于恶劣天气和德军新布下的防御阵形，而深陷类似一战那样令人沮丧的僵持状态。它们被牢牢定在许特根森林不能动弹。这个面积不大的区域在比利时和德国边界的亚琛附近，树木茂密，山峦纵横，西南面是广阔的阿登山区。就在这持续数月之久的延误中，盟军将在德国，而非东欧与红军会师，也许同时还有100万犹太人、苏联人、东欧囚犯死在纳粹集中营和劳役营中。按照第一次世界大战的标准，德军现在就应该寻求停战了。但是盟国要求犯下滔天罪行的第三帝国无条件投降，而且希特勒也下令死战，结果直到德军抵抗彻底瓦解战争才结束。奇怪的是，当英国和美国在1943年1月的卡萨布兰卡会议上宣布无条件投降通牒后，德国总参谋部似乎对如何结束这场关乎生死存亡的战争无动于衷。根据瓦尔利蒙特的描述，当最高统帅部得知盟军要求时，其反应却是"几乎没有人注意到这一新闻"。[43]

到1945年2月，因为希特勒鲁莽地在阿登山区发动"守望莱茵行动"，并以失败告终，德军后备役部队再一次——也是最后一次——消耗殆尽。变幻莫测的西线战场随即转入第四阶段。盟军于3月跨过莱茵河，主要沿着德国的高速公路向各个方向挺进。4月初，盟军机动部队横扫第三帝国，在大范围包围中俘获了数十万战俘，并在易北河与苏军会师（见地图9）。后来在冷战高潮时期，很多人质疑艾森豪威尔将军为何不派遣军队攻占柏林。作为英国、加拿大、美国地面部队最高指挥官，艾森豪威尔当时遵守了与苏联就战后占领区势力范围达成的初步协议，认为这样可以避免在苏占区对德军采取军事行动，从而令数万英美将295 士白白送命。不过如果西方盟军直扑柏林，那么德军的抵抗是否会比同苏军凶猛作战时要消极一些呢？这一观点一直没有定论。[44]

批评盟军的诸多失误很容易。这些错误决策增加了步兵伤亡，延长了战争时间。其中一些问题是未能恰当地发挥巴顿将军的才能所导致的。巴顿行事让人捉摸不透，有时还面目可憎，但他是盟军中最有才华的高级战地将领。布拉德利和蒙哥马利应该对盟军未能及时关闭"法莱斯口袋"（8月8—21日）负有主要责任，导致大量被困敌军逃脱包围。其中撤退下来的党卫队第2装甲军残部经过休整，被派遣至荷兰。结果英美伞兵在数周后的"市场花园行动"中，不幸与其正面交锋。

9月初，蒙哥马利将所有精力投入以跨越莱茵河为战略目的的"市场花园行动"，因而没有多余兵力控制住通往比利时安特卫普港的入海口。随后为占领河口地区，盟军发动了"斯海尔德河战役"，导致英军和加拿大军队超过1.2万人伤亡。直到当年11月底，盟军才得以充分利用这座欧洲最大型港口装卸物资，缓解了后勤压力。由于补给不足而迟迟无法机动的盟军终于可以朝莱茵河以西进军。德国第15集团军有6.5万名士兵在蒙哥马利对安特卫普入海口的猛攻中全身而退，随后同从诺曼底败退下来的残军合并，在德军西线最高指挥官瓦尔特·莫德尔元帅的指挥下准备重新战斗。仅仅不到一个月，他就在阿纳姆市内那座"遥远的桥"边粉碎了英军跨越莱茵河的企图。

蒙哥马利为了从荷兰边境的莱茵河突入德国境内，精心谋划了"市场花园行动"（1944 年 9 月 17—25 日）。然而结局却十分不幸，完全是在浪费资源，战争也因此被拖进了 1945 年。"市场花园行动"从一开始就问题重重，考虑不周。情报部门搜集的敌军信息有限甚至错误百出，也未能准确预报天气。装甲纵队必须沿一条狭窄的土路前进，通过至少六座德军重兵把守的桥梁。仅配有轻武器的空降部队受命占领这些大桥来为坦克开道，不料着陆地点却远离目标。失败的行动消耗了大量资源，不仅导致夺取安特卫普港的计划被拖延，还占用了机动性更强的美军的补给物资，减缓了第 3 集团军的步伐。这也是战争不可能在 1944 年内结束的另一个原因。盟军接着在荷兰和许特根森林（1944 年 9 月 19 日—1945 年 2 月 10 日）惨遭失败，战局依然没有好转过来。尽管美军在阿登战役（1944 年 12 月 16 日—1945 年 1 月 25 日）前就察觉到一些可疑动向，可还是疏忽大意，被德国人打了个措手不及。德军将希特勒在西线约 25 万人的最后预备队集中起来，重点攻击缺乏经验的美军第 99 师和第 106 师，以及精疲力竭的百战之师第 28 师，将这三支部队彻底击溃。

更令人沮丧的是，美军为了将暴露在外线的德军击退，没有选择切断其与后方基地联系这一更优方案，而是直接强攻突出部。于是德军得以缓慢而有条不紊地逐次撤退。此役中美军伤亡人数超过十万人，是二战中损失最惨重的一次战役。而此

296

前人们还错误地认为，德军战斗力已经被大幅削弱，不可能再造成这样的损伤。在战争即将结束前，胜利者遭受惨重伤亡总是令人难以接受，如1864年北方联邦军队在弗吉尼亚的惨败，1918年德军发动的致命春季攻势，以及美军在冲绳岛损兵折将。似乎应该还有更好的方法消灭走投无路的敌人，而不必在正面交火中牺牲步兵的生命。1944年底，盟军凭借"超级机密"（英国破译了德国军事密码）和空中优势搜集到大量情报，在前线部署了规模可观的情报部队，并得到了比利时和法国沦陷区数千名抵抗战士的协助。可是他们万万没有预料到，德国军队竟然就在眼皮底下，正在西线进行自1940年入侵法国以来规模最大的一次集结。

因为一系列误判，英美联军未能尽快攻入德国腹地。其中美国第1集团军压根就不应该贸然进入50平方英里的许特根森林地区。原本拥有机动优势的美军在此饱受地形崎岖之苦，五个月中停滞不前，还有3.3万人伤亡和失踪。霍奇斯将军显然应当为这场不必要的战役负责。若不是规模大得多的阿登战役转移了人们的注意力，没有关注这场正在进行中的浩劫，他很可能会被问责。美军一旦进入许特根，就放弃了好不容易才确立起来的所有优势。森林阻碍了空军对地支援。树木和地形令盟军的空中优势、机械化的高机动性荡然无存。大量先进的火炮也无法发挥威力。莫德尔元帅的兵力处于1∶5的劣势，不过作为防御战大师和阻滞敌军进攻的专家，他在一块完美的画布上绘制了自己最伟大的防守杰作。美军在这场美国历史上持续时间最长的战役中身心疲惫，而大多数困难其实都可以很容易提前预料。1945年2月，美军仰仗补给上的绝对优势和雄厚兵力，才终于取得许特根森林战役的胜利。[45]

天气开始好转，德军的战斗力逐渐油尽灯枯。盟军抓住战 297
机，于3月中旬横渡莱茵河；装甲部队在德国境内长驱直入。
尽管盟军犯下了许多错误，但诺曼底登陆仅仅九个月后便跨过
莱茵河，这项成就仍然令人震惊不已。当然，也有人持不同看
法。尽管美国第3集团军前往德国的道路比其他部队更远，但
1944年8月底似乎存在一个短暂的窗口期，该部只要凭着一点
想象力和即兴发挥，就有可能越过莱茵河进入德国。不过一旦
第3集团军形成一条狭窄的突出部，无人知道最后的结局到底
是美军将德军包围在莱茵河流域，还是美军自己最终被困于德
国境内。虽然存在诸多不尽如人意之处，但德军西线防御体系
在短短11个月内就土崩瓦解，仍然超出了登陆前最乐观的预
期。美军有着强烈的自我批评传统，就算做得比预期好也不能
成为借口，为错过取得更佳战绩的机会而辩解。

历史学家无法就各盟国军队在击败德国地面部队方面的相
对贡献孰多孰寡而达成一致。自1941年6月21日以后，庞大
的苏联红军面对的德军地面兵力、坦克、火炮数量一直比英美
联军多得多；他们消灭的德国士兵也达到英美的3—4倍之多。 298
但从另一个角度分析，经验不足、规模小得多的英美军队在11
个月内就成功地从诺曼底海滩杀入德国内陆（该距离为莫斯科
到柏林路程的四分之三），而红军攻到德国首都则耗费了四年
时间。况且西方盟军实现上述目标的伤亡代价仅是苏联步兵的
5%。第一次世界大战的梦魇曾经萦绕在他们心头：实力强劲的
德国步兵拥有内线防御和补给优势，当年的协约国军队就曾在
法国和比利时境内鏖战多年。然而在漫长的进军中，盟军成功
驱散了旧时的心理阴霾。从D日到1945年4—5月，盟军摩托
化部队你追我赶，向德国猛攻。在英美人的脑海中，这11个月

常常具化为第二次世界大战的标志。这种国家沙文主义的观点经常会受到嘲笑，因为在第二次世界大战中，犹如世界末日般的东线才是摧毁德国军队的主战场，苏军为此付出了难以承受的代价。事实就是如此。不过除了英美两国之外，战争双方同样没有其他军队有能力进行如此大规模的两栖登陆，能在如此遥远的战场为如此庞大的军队输送补给和装备。1944—1945年，英、加、美军在西欧战区的主要成就不在于取得了彻底胜利，也不是击溃了德军，而是它们居然通过可以接受的相对较小代价，成功登陆，持续战斗，并最后获胜。

最后的远征战区在亚太。英美军队为了攻入日本本土，或通过轰炸迫使其屈服，派遣大型远征军切断各地日军与本土的联系，从而达到解放盟国领土，获得海、空军基地，并阻断日本本土岛屿进口物资的目的。与日本作战本身就是一场单独的战争，更类似于早年美军在菲律宾的战斗模式（1899—1913年），同当时在北非、西欧、苏联那样的传统坦克厮杀和机械化碰撞大相径庭。换句话说，在太平洋和亚洲发生的是一场传统地面战争，但是考虑到这里的地理位置、日本人的战争方式，以及战斗人员在广阔太平洋上的作战模式，简直难以想象这跟依靠多兵种协同攻击第三帝国的战场一样，是同一场战争的组成部分。

珍珠港事件后，日军对英美发起全面攻势，除了在马来亚（1942年2月）和菲律宾（1942年4月）有些恶战外，一开始几乎没有遭遇顽强抵抗。当地军队往往逃之夭夭。在菲律宾、马来亚和缅甸之外，英美几乎没有地面驻军。1942年1月，日本远征军成功入侵了关岛、威克岛、荷属东印度群岛、新几内亚、所罗门群岛、吉隆坡和拉包尔，同时还在缅甸和中国发动

299

了大规模攻势。2 月，日军占领巴厘岛和帝汶岛，逼近澳大利亚，并轰炸达尔文（Darwin）。1942 年 4 月和 5 月，日本军队切断了滇缅公路，导致坚持抗日的中国人无法便捷地从英美军队那里获取战争补给。

日本的目标是打造一个新兴的太平洋帝国，轻而易举地占用美国、英国、荷兰和法国战前建设的基础设施后，确保自身粮食、石油和战略矿产供应。如此一来，英国与印度、苏伊士之间的联系被切断，美国人退守到珍珠港以东；日本则以本岛为圆心，向外建设了一系列基地，形成防御圈，既能提供资源，又可保护本土安全。在不到两年的时间里，其实主要是在太平洋战争的前六个月，日本占领了从中国东北到印度支那的亚洲大陆沿岸，以及从新几内亚北部到威克岛、阿留申群岛的太平洋地区。英国和美国花了将近四年的时间，才重新夺回日本在短短几个月内攫取的土地。[46]

不过日本的军事优势显然并没有持续多久。美国正在加紧建造新型航母和快速战列舰。在珊瑚海（1942 年 5 月）、中途岛（1942 年 6 月）和瓜达尔卡纳尔岛（1942 年 8—11 月）海战之后，大部分在建军舰于 1943 年投入战场，日军逐渐丧失了随心所欲发动登陆作战的能力。很快，日军就无法轻易地为不久前占领的地域输送补给。理想情况下，英美联军结束太平洋战争的最快办法是在 1942—1943 年直接进攻日本本土，摧毁这个拥有 7000 万人口的庞大帝国的神经中枢，令部署在中国和太平洋诸岛上的 200 万日本远征军自行灭亡。然而，这种类似于 1942 年或 1943 年登陆法国的空想战略是不可能实现的，其原因有三。第一，英美军队直到 1944 年初才确立了进攻日本本土所必需的海空优势。与莱茵河或沿着德国东部边界修建的奥德

河 – 尼斯河防线相比，广阔的太平洋是更为坚固的防御屏障。第二，在欧洲战火结束之前，盟军没有足够数量的地面部队入侵日本。第三，如要轰炸或封锁日本的工业生产，就必须拥有能将日本本土纳入航程范围内的空军基地；还要制造更多轰炸机，训练更多机组人员，大幅增加战斗机、水面舰艇、潜水艇的数量。

300 　　美国采取了相反战略，为重拾太平洋上的自由通行权，初期发动了一系列海、空大战。然后，美军只能缓慢而坚定地剥开日本帝国一层层的防御圈，直到新式多引擎轰炸机和海军航空兵能够袭击航线上的日本船只，为跳岛两栖登陆行动提供空中支援，并直接轰炸日本的工业中心。潜艇和水面战舰则自始至终都在攻击输送补给的商船，封锁日军新近占领的岛屿。

　　不过仍存在一些内在困难阻碍着盟国的战略规划。第一，早在珍珠港事件之前，英美领导层已经就"欧洲优先"政策达成大致共识，同意人员和物资分配向欧洲战区倾斜。他们认为确保英国生存下来比保卫中国更为紧迫，解放法国比重新占领菲律宾更加重要。从严格的战略意义上分析，菲律宾在战前既是资产，也是负担。盟国领导人没有预料到的是，得益于英美两国庞大的工业产出，以及美国正进行的大规模战争动员，即使在次要战场上，盟军实力也将迅速超过日本军队。杰出的美国海军总司令欧内斯特·金海军上将性格暴躁，强烈要求将更多资源投入太平洋战区。陆军航空兵司令亨利·阿诺德则坚持地中海才是空军的首要目标。随着盟国工业加速生产，足以满足两大战区的需要后，两人之间的尖锐分歧才在 1943 年逐渐平息。[47]

　　第二，欧洲战区的那种英美合作模式在太平洋地区较为松散。这主要是因为英国只是殖民地利益受损，而美国面临直接威胁。英国陆军和皇家海军的主要任务是保护印度、马来亚殖民地和印度洋通往苏伊士运河的航路安全。在 1943 年意大利舰队和德国空军被摧毁之前，运河是英国驻埃及军队的重要补给来源。英国及英联邦地区最终在缅甸部署的海陆空军高达百万之众，还有大量美军，尤其是美国空军介入该地区战斗。然而，尽管两军披上了一层合作的外衣，但盟军最高司令路易斯·蒙巴顿（Louis Mountbatten）勋爵和地面部队指挥官威廉·斯利姆将军直到战争的最后几个月才开始同美军联合作战，参与为打通前往日本本土道路而发动的登岛行动。[48]

第三，美国人自己就如何选择攻入日本的最优方案也存在很大分歧。争论发生在陆军与海军之间。盟军西南太平洋战区总司令道格拉斯·麦克阿瑟将军提出战线向西拉长，通过菲律宾后攻入日本。而欧内斯特·金和美国太平洋舰队总司令切斯特·尼米兹认为经瓜达尔卡纳尔岛向北，占领一系列群岛后直取冲绳才是上策。争执的根源在于，美国究竟是需要先夺回面积广阔的菲律宾群岛，履行麦克阿瑟重返马尼拉的承诺后，再向日本本岛进攻；还是绕开这 30 万名日本驻军。事后复盘，美军也许最好跳过菲律宾。尽管日军也遭受了严重伤亡，但由于美军对疾病预防过于松懈，马尼拉之战也异常激烈，官兵和菲律宾平民都蒙受了可怕损失。总之，将美军分为两支挺进部队，彼此争夺战争资源，显然缺乏战略智慧。[49]

结果是，至 1942 年末，从新几内亚到冲绳岛，数百支日本守军有了好几个月时间备战、加固地堡、储备物资。根据日本军队的武士守则，他们没有投降选项，于是美军地面部队将不得不逐一消灭隐蔽在掩体下的数十万日军。这是一项可怕的任务，日本政府认为大概需要持续数年时间，美国人将很快筋疲力尽，就有可能促使其提出终战请求。分散在太平洋和亚洲各地的日本士兵固然得不到补给，但该策略也导致美军反击兵力分散，进攻不连贯。美国海军陆战队以及 20 多个陆军师被迫卷入一场与其他战线截然不同的战争。即使在鲜血淋漓的东线，至少在极端情况下，数以百万计的德军和苏军还有可能选择投降。

为跨越太平洋，跳岛战术的诀窍在于决定入侵（或不入侵）某座岛屿的时间和地点。美军也确信越有价值的目标，其防御也就越坚固，为此付出的代价也将越惨烈。某些情况下，就像婆罗洲和菲律宾北部，敌人的基地本来应该置之不理，美军却强行发动攻击。特别是 1943 年后，日本很难利用那些被美军绕过的要塞——如拉包尔或特鲁克岛（Truk）的工事——为本土防御提供支持。跳岛作战始于瓜达尔卡纳尔岛（1942 年 8 月—1943 年 2 月），终于冲绳岛（1945 年 4—6 月）。三年多的时间里，美国人从根本上提高了其两栖作战技能，然而讽刺的是，日军也相应加强了他们的防御能力，尽管这种死守毫无意义。美军在攻占塔拉瓦岛的过程中（1943 年 11 月 20—23 日）损失惨重，共有 1700 名官兵阵亡，2000 人受伤。此后，美军调整策略，采取更近距离海空支援和更有效的登陆战术。然而，冲绳岛的最后一战却是整个太平洋战争中代价最高的夺岛战役。拥有 17 个月两栖作战经验的美军有 1.2 万人战死，3.8 万人受伤。如果简单地将杀死多少美国人看作在太平洋战争中孰优孰劣的指标，那么日军的进步速度似乎比美国在战争初期溃败后及时稳住阵脚的速度还要快。

攻克瓜达尔卡纳尔岛和所罗门群岛后，尼米兹将军指挥大军于 1943 年 11 月开始从吉尔伯特群岛的塔拉瓦岛、马金岛

（Makin）、阿贝马马（Apamama）出发，向前"蛙跳"。1944年1—2月，美国海军舰队、海军陆战队、陆军将矛头朝北，指向马绍尔群岛的夸贾林环礁（Kwajalein Atoll）、马朱罗（Majuro）、埃内韦塔克（Enewetak）。1944年6—8月，美军攻陷了关键的马里亚纳群岛。该地域特别适合作为 B - 29 基地，远程轰炸机起飞后可直接空袭日本本土。美军继续向北前进，于 1945 年 2—3 月占领了硫磺岛（属于小笠原群岛），最后终于抵达距日本海岸约 400 英里的冲绳岛（属于琉球群岛）。

　　与此同时，道格拉斯·麦克阿瑟在所罗门群岛战役之后发动了"车轮行动"（Operation Cartwheel），于 1943 年 6 月沿新几内亚北海岸向东前推，同年 12 月经邻近的俾斯麦群岛（Bismarck）和阿德默勒尔蒂群岛（Admiralty Archipelagoes）后，在 1944 年 9 月从佩莱利乌岛（Peleliu）迂回，终于在 1944 年 10 月收获最重要的战利品——菲律宾。这种稳步推进战略对确保美军补给线安全至关重要。美军因此得以在距离日本足够近的地方成功建立了空军和海军基地，从而可以通过空袭迫使日本投降，或者直接对本岛发起登陆作战。即便如此，仅仅菲律宾和冲绳岛两场战役，美国空军及地面部队就有超过 15 万人伤亡，可是占领这两座岛屿对最终结束战争的空袭行动却没有什么帮助。[50]

　　美国海军陆战队在跳岛作战中就有 10 多万人伤亡。陆军有大约 20 万人阵亡、受伤或失踪。此外，陆军航空兵在太平洋战区与海军联合作战，摧毁了日本帝国舰队，其伤亡人数为 2.4 万人。在与日军守岛部队的作战中，美军取得了 3∶1 到 10∶1 的杀伤率。麦克阿瑟、尼米兹领导的陆军及海军陆战队的指挥官们很快发现这些行动存在脱节现象：空前猛烈的海军舰炮对岛屿持续进行轰击，却不能确保削弱日本守军的抵抗力量，至少在短期内如此。正是因为海军陆战队和两栖登陆部队在实战中取得了不俗战绩，海军也出色完成了支援任务，尤其是日本到1943年中期已没有机会最终获取战争胜利了，因此美军每一次赢得辉煌成功后，人们总是期待下一场战役能够更快发动，更迅速完成，而且伤亡更少。

美军在人力和物力上的优势在很大程度上决定着太平洋战争的最后结局。他们的补给物资和人力资源无穷无尽，他们也绝不可能半途而废，停止两栖作战。从1942年末到1945年夏，日军到底有多少人死亡并不难估计。通过计算那些驻守在被美军攻击岛屿上的日军总数，就可以精确得出具体人数了。跳岛战术的最大矛盾在于它为空军提供了必要的基地，得以对日本实施原子弹攻击；而跳岛作战的高潮本应该是向日本本土发动两栖攻击，却又因此未能实现。

第二次世界大战中的远征战争与东线的苏德血战同步进行，前者有两个主要特点。第一，鉴于西方盟国在陆地上并没有与轴心国接壤，而且可以预料轴心国军队在本土作战必然更加顽强，因此盟国既没有马上要进攻德国和日本本土的意愿，一开始也没有两栖登陆能力。相反，英美两国首先选择在两大轴心国周边的地中海、太平洋和亚洲地区实施登陆作战来削弱对手，达到歼灭敌人有生力量、切断德日补给线的目的。尽管在意大利、菲律宾、冲绳岛陷入鏖战泥潭，遭受了严重损失，盟国远征军地面部队还是主要凭借海、空军优势，赢得了所有战役胜利。轴心国后来才意识到，他们的部队分布太广，太分散，无法进行全球战争，尤其是还得对付世界上最大的两支海军舰队和战略轰炸机群。

　　第二个特点对盟国十分有利，即三个轴心国并没有协调分担全球战略责任。当德军在苏联流尽了鲜血，日本在中国陷入困境时，英美则在 1940 年中期至 1944 年中期这段时间内，置大陆战争于身外。因此，在这四年里，英美比德日能更加专注于向诸多海外战区输送大量兵力和补给。此外，轴心国远征军地面部队几乎总是处于守势。盟军在北非、意大利（西西里岛）进行机动作战，其各方面战斗技能，特别是在大军如何行进、防护、补给等军事领域，都获得增强。西方盟军还充分利用空军近距离对地支援和海军补给，在法国与德军对战时获得了巨大优势。而且，一旦轴心国海、空军在境外被压制，无法提供支持，那么德意日三国地面部队通常就会陷入困境，其下场要么是在马里亚纳群岛和硫磺岛被歼灭，要么就像在突尼斯那样被迫集体投降。

　　总之，交战双方以完全相反的方式结束了各自的远征战。西方盟军赢得了战斗，积累了经验，磨炼了技能，因为他们总是在敌人的家门口作战，没有兴趣吞并或掠夺即将征服的土地。相比之下，为了攫取海外领土，轴心国在战争早期向国外派遣地面部队。由于认定他们将与实力较弱或缺乏经验的对手作战，而且梦想着攫取海外领土，远征军所携带的物资和来自后方的支援都很匮乏，结果不得不承受失败的痛楚。轴心国的大部分远征战士都魂断他乡。

　　除了大陆战争和远征战，第二次世界大战中还有第三种，也是最古老的地面战形式——围攻，本书将在下一章讨论。虽然大部分围攻都是传统模式，但也有一些战例具有转折意义，并改变了整个战争的进程。

305

第十四章　围攻

　　20 世纪 70 年代末，我曾在雅典佐格拉福区（Zographou）的米克拉斯·阿西亚斯街（Mikras Asias）住过一段时间。邻居们有时会谈到"黑色星期二"。他们指的是 1453 年 5 月 29 日，即君士坦丁堡沦陷的那一天，正值星期二。我从当地居民口里得知，就在君士坦丁十一世德拉加塞斯·帕里奥洛格斯（Constantine XI Dragases Palaiologos）因与伊斯兰教徒对抗而被"判处死刑"前几分钟，一位天使从天而降。君士坦丁得救后变成了一块石头，也许现在还像栩栩如生的大理石雕塑，一动不动。不过终有一天他将再次苏醒，变成有血有肉的活人，带领讲希腊语的东正教徒发动一场十字军，从土耳其人手中夺回爱琴海的中心、希腊文明的千年首都——君士坦丁堡。

　　社区里的许多老人是在 1922 年之后，也就是半个世纪前来到佐格拉福区的。他们在新时代的土耳其军队到来之前，逃离燃烧中的士麦那（Smyrna），从爱奥尼亚辗转逃亡希腊避难。他们常常追忆爱德华·吉本（Edward Gibbon）对君士坦丁堡陷落时的描述。民间传说中，绝望的幸存者躲在圣索菲亚大教堂的穹顶下等待大天使降临。他将在奥斯曼近卫军冲破大门前拯救他们。

　　自奥斯曼帝国占领君士坦丁堡以来，已经过去了 500 年，但我所在的这个雅典行政区以及绝大部分生活在 20 世纪 70 年代的希腊人依然将拜占庭帝国沦陷视为希腊文化——一种散布于从小亚细亚到埃及的地中海地区，由希腊语民族传承的古老观念——的崩溃，以及这个文明本身的覆灭。对民众发动围城战所产生的悲剧情怀是其他战争形式无法比拟的。君士坦丁堡陷落或维也纳遭遇围困绝不仅仅是战斗那么简单。它们成为文化之命运的象征——历史的引爆点，或者隐喻着文明冲突本身。第二次世界大战中，发生在太平洋、亚洲、苏联、北非和欧洲的围攻战亦是如此。[1]

　　从战略意义和地理多样性的角度来衡量，围攻战在第二次世界大战中的重要性显而易见。1944 年至 1945 年，希特勒终于将守城视为减缓盟军进攻速度的唯一途径。他在不同时期分别宣布华沙、布达佩斯、科尔贝格（Kohlberg）、柯尼斯堡（Königsberg）、屈斯特林（Küstrin）、但泽（Danzig）、布雷斯劳（Breslau）等地为"要塞城市"（Festungen）。这是逆向的斯大林格勒战役，意味着红军在前进过程中将血流成河，一次次陷入街区争夺战。到 1944 年底，毫无人性的希特勒根本不在乎由此造成的间接伤害是否会导致波兰人、捷克人、匈牙利人甚至德国人大量死亡。同样地，他也并不指望还能有补给运输船只在西线的大西洋港口要塞布雷斯特、加来、迪耶普、敦刻尔克、勒阿弗尔（Le Havre）和圣马洛（Saint - Malo）等地靠岸，也不认为这些堡垒真能坚守下去，只要能破坏盟军攻势就行。

　　平民死亡人数往往残酷地提醒世人，攻城战在战争中有多么重要。超过 100 万人在列宁格勒死于大饥荒、传染病、同类相食和日复一日的炮击，伤亡人数比历史上任何一次围攻都要多。在对柏林的最后一役中，20 多万苏联人和德国人丧生。被强奸的德国妇女可能也创下了历史纪录。[2]

　　斯大林格勒保卫战是第二次世界大战中代价最高昂的一场

战役。在长达数月的拉锯战中，至少有 150 万苏联人和德国人在争夺城市废墟时丧生，只有第一次世界大战时的"凡尔登绞肉机"能与之相提并论。事实上，东线是战争中最致命的前线战场，其成败最终只取决于德军能否拿下三座城市：列宁格勒、莫斯科和斯大林格勒。苏联人守住了这三座城市，进而导致"巴巴罗萨行动"全面破产。当柏林被成功占领，或者更确切地说是被包围、被轰炸、被炮击，成为一片残垣断壁时，欧洲战争本身也就结束了。欧美国家的民众对一些不太重要的围攻战如数家珍，如科雷希多岛和图卜鲁格那样不起眼的要塞。这主要是因为围攻总是意味着守军要么大规模投降，要么英勇地顽强抵抗。这可以挫败或鼓舞整个民族的斗志，远远超出了它们自身的战略重要性。

围攻者对他们无法占领，甚至不得不绕过的目标极度愤怒，从尸横遍野的列宁格勒，或被无情破坏的卡西诺山修道院（1944 年 1 月 17 日—5 月 18 日）就可见一斑。虽然第二次世界大战的攻城者没有采用 16 世纪的惯例，将战俘头颅射入塞瓦斯托波尔城墙内，但他们拥有火炮，例如德军巨型 31 英寸轨道炮（"古斯塔夫"大炮）可发射重达 14000 磅炮弹，比"攻城者"德米特里一世（Demetrius Ⅰ）或"征服者"穆罕默德二世（Mehmed Ⅱ）戕害的生命更甚。列宁格勒城内瘟疫肆虐，相食人肉，充斥着中世纪般的恐怖。

在希特勒的城市防卫战中，有三场战役特别残酷：布达佩斯（1944 年 12 月 29 日—1945 年 2 月 13 日）、布雷斯劳（1945 年 2 月 15 日—5 月 6 日）和柏林（1945 年 4 月 16 日—5 月 2 日）。不断后撤的德军徒劳地试图将这三座城市复制成列宁格勒或斯大林格勒，令苏联红军在断瓦残垣中消耗兵力，从而获得更好的投降条件。被围困的德军还认为此举可以迫使红军放慢推进速度，让其他德国平民和军队有机会到达英美军队的战区，留下保命希望。

德国人之所以激烈抵抗，是因为他们知道已经别无选择，与其向苏联军队投降，还不如战斗到死。在布达佩斯、布雷斯劳和柏林及其周边地区的战斗中，大约有100万苏联和轴心国军人战死、受伤或失踪。苏联作为胜利方，总伤亡人数（60万？）比被围困的战败者德国人（50万？）还要多。德军控制下的城市之所以没有像此前苏联城市那样坚守到最后，主要是因为苏军有超过5∶1的压倒性数量优势，而德军在1941—1942年达不到这样的规模。

谈及围攻战和第二次世界大战，人们会立即想到两个可怕的名字：列宁格勒和斯大林格勒。无论是1708年瑞典国王查理十二世（Charles Ⅻ）的进攻，还是1812年拿破仑的大溃败，入侵苏联都意味着尸横遍野，而杀伤力更大的现代化新式武器对所有参战者来说都将比以往更为致命。意识形态之争以一种类似宗教般的狂热来界定这场冲突，这与以往任何争斗都迥然不同。希特勒计划进行一场纳粹主导下的灭绝战争，目的是杀死或奴役其所认为的劣等的苏联斯拉夫人，并在向东推进的道路上清除数以百万计的犹太人。

反过来，苏联将这场斗争描述为共产主义为了生存而对抗法西斯主义的防御战。在国家生死存亡之际，没有人能置之度外。平民和战俘都是可攻击的对象。双方动员了大量军队，规模之大前所未有：纳粹毫不在意他们围攻中的城市是否会被夷为平地，平民的性命也无足轻重。苏联则为了拖延或阻挡德军攻势不惜人员伤亡，不会让列宁格勒或斯大林格勒放弃抵抗，或者有计划地疏散城市居民。

310　　希特勒曾发誓要把列宁格勒从地图上抹去，并暗示莫斯科和斯大林格勒也将遭遇同样下场（"莫斯科……必须从地球表面上消失"）。斯大林格勒确实幸存下来，但苏联人赢得的仅仅是瓦砾。柏林被占领，城市被摧毁殆尽。还留在城内的德国人明白战败已不可避免，他们当年计划如何对待列宁格勒，那么自己现在就会以同样方式被苏联人惩罚，必将受到相应的报复。

攻击者倘若精疲力竭，围攻要塞失败，往往就会陷入与城中敌人同样可怕的境地。北方集团军群一旦未能攻克列宁格勒，就再也不能完全恢复勇猛的势头。1941 年底，即将围困莫斯科的德军一度面临反包围的危险。德国第 6 集团军几乎就要征服斯大林格勒，却在短短几周内被这场围攻战反噬。[3]

除了得以歼灭那些注定要失败的守军外，占领一座要塞或城市更有标志性意义。在其漫长的军事历史中，英国遭受了两次心理上的空前失败：新加坡和图卜鲁格竟然莫名其妙地投降了。这都是指挥官无能的恶果。希特勒和丘吉尔都承认，己方包围城市，会向敌人传递一种与该城实际战略地位不成比例的挫败感；相反，若围困失败，对手则会迸发得到救赎的激情。然而，在第二次世界大战大大小小几十次围攻中，只有两次有可能改变战争走向。如果列宁格勒在 1941 年 8 月迅速陷落，或者第 6 集团军在抵达斯大林格勒后一年内就攻克该城，那么苏联前线的面貌到 1942 年底将会大不相同。

与之相对，即使图卜鲁格戏剧性地落入德军手中，也不会改变战争的最终进程。1945 年攻占柏林或布雷斯劳亦是如此。新加坡和科雷希多岛的惨败固然对英美两国心理造成了巨大伤害，但也没有改变太平洋战场的结局。许多大西洋港口一直到战争结束时还由德国控制，塞瓦斯托波尔则在 1942 年陷落，这些都未能影响西线或东线的命运。

在古代，迦太基（公元前 146 年）、犹太人王国（公元 70 年）、阿拉伯帝国阿巴斯王朝（1258 年）、拜占庭帝国（1453 年）、安达卢斯王国（1492 年）、阿兹特克帝国（1521 年）等国家都城或境内最大城市投降，往往意味着整个文明崩溃。① 即使到了 20 世纪，战争风向至少在短期内依然取决于列宁格勒、伦敦、马耳他、莫斯科或斯大林格勒的命运。在第二次世界大战的大多数战区，各国军队都以敌人首都（首府）为第一目标：纳粹认为巴黎沦陷注定了法国灭亡，盟军则为谁来攻打柏林而讨价还价。"巴巴罗萨行动"的任务就是占领列宁格勒、莫斯科和基辅。[4]

二战期间的一些重大围攻战，如柏林、布雷斯劳、布达佩斯、科雷希多岛、塞瓦斯托波尔、新加坡和图卜鲁格等都取得了成功。然而，在列宁格勒、斯大林格勒和马耳他，尽管进攻者从陆地和空中对城市不断地进行轰炸，但这些最具决定性和致命性的围攻战都以失败告终。一般来说，轴心国在 1942 年中期之前发动的围攻战（例如新加坡、科雷希多岛或图卜鲁格）是成功的。当时德国、意大利和日本在空中或海上都占有优势，或者至少与敌人的军事实力相当。此后，战局突变，轴心国的

---

① 经过三次布匿战争，罗马军队在公元前 146 年夷平迦太基。公元 70 年，罗马军攻陷耶路撒冷，将犹太人的圣地付之一炬。成吉思汗之孙旭烈兀于 1258 年摧毁阿拉伯帝国都城巴格达。奥斯曼帝国于 1453 年攻陷君士坦丁堡，拜占庭帝国灭亡。安达卢斯指信仰伊斯兰教的摩尔人所占领的伊比利亚半岛地区；1492 年，西班牙军队攻破格拉纳达，结束了穆斯林在半岛长达 800 年的统治。1521 年，西班牙人科尔特斯率领一支仅仅数百人的部队，消灭了位于现墨西哥境内的阿兹特克帝国。

围攻大都失败；盟军则能够坚守住大多数要塞据点，或者在围困中幸存下来。这得益于双方后勤能力和空中力量正在持续逆转。

从深藏海底的潜艇到两万英尺高空的轰炸机，在各种变化莫测的战争环境中，成功的作战行动取决于补给、后勤、经验积累、人力、技术、士气和指挥能力等方方面面的因素。面对盟军的压倒性优势，日本人和德国人最后困守的堡垒却是例外。1944年，轴心国军队仍然隐藏在新加坡、科雷希多岛和大西洋要塞港口内。如果此前他们被包围在这些要塞中，或许还有可能选择投降；现在盟军则判断，敌人将负隅顽抗。于是盟军决定只需要简单地把攻击推迟到战争后期（如科雷希多岛）或干脆绕过这些堡垒（新加坡），就能避免与敌人死磕。很多要塞也确实直到战争结束时才宣告投降。

钢筋混凝土在工事建造中得到广泛应用，有效提升了防御力；守卫者也可以利用高射炮、防空炮、战斗机来压制敌军空袭。围困中的军民有时可以通过空运或海运得到补给，或者地面部队和海军能在空军掩护下向要塞内输送物资。正如在漫长的围攻战历史中经常发生的那样，出色的防守往往也能促使进攻手段提升。[5]

第一次世界大战中爆发了多次围攻战，但空军没有一次起到过重要作用。仅仅20多年后，固定不动的要塞和城市在历史上第一次不仅受到远程炮火的袭击，还会遭遇猛烈持久的空中轰炸。柏林几乎被盟军轰炸机夷为废墟之后，苏军还向这座城市发射了100多万发炮弹。即使空军不能在没有持续空中优势的情况下摧毁一个城市，战机也至少可以为进攻方提供掩护，并阻止援军到达被围困的要塞。[6]

在二战广阔的洲际战场上，围攻战的次数其实并不算多。　312
一个原因就是军方更青睐于空中破坏，即无须动用地面部队，
承受巨大伤亡，只通过轰炸机实施非传统意义上的攻城。尽管
希特勒曾叫嚣要把苏联所有城市夷为平地，但他从未投资研制
重型轰炸机，当然就没有足够的空军资源来消灭列宁格勒和莫
斯科，而盟军却可以肆无忌惮地轰炸汉堡、德累斯顿、东京。
针对科隆、德累斯顿、汉堡、伦敦和大多数日本主要城市发动
的攻击破坏性极强，其目的在于毁灭或恐吓，而不是占领。然
而，即使一座城市被炸成废墟，也不代表失守，直到进攻方的
步兵赶上轰炸机的进度，实际占领这片瓦砾后城市才算易手。

由于某些城市在历史和地理上的重要地位不受时间影响，因
此二战期间的军队有时也会围攻那些在过去战争中一直是战略要
害的城市。马耳他的城墙在大约四个世纪后再度遭受重创，只是
这一次入侵者从奥斯曼帝国的近卫军变为德国和意大利空军。①
拿破仑曾经成功地占领莫斯科，克里米亚鞑靼人 1571 年的大火
吞没了这座城市。希特勒因此深受鼓舞，有时又会困惑于前人何
以实现。在德军到来之前，塞瓦斯托波尔从未遭到过空中轰炸，
但西欧联军在 1855 年包围过这座城市，猛烈炮击后胜利占领。[7]

德军对列宁格勒的围攻历时 872 天，是历史上耗时最长、
最致命的围攻战。该城拥有 250 万居民，也是史上遭受全面包
围的最大都市。战斗于 1941 年 9 月 8 日打响。尽管这座被封锁
的城市必须抗击纳粹的空袭炮轰，抵御饥饿寒冷，承受疾病肆
虐，在绝望中疏散市民，但德军依然未能攻克列宁格勒，不得

① 1565 年，奥斯曼帝国围攻马耳他岛首府瓦莱塔失利，从此欧洲人在大战略
层面阻止了奥斯曼人在地中海地区的攻势。

不咽下 20 世纪主要围攻战中第一颗失败的苦果（见地图 10）。[8]

围攻期间，有近 400 万苏联士兵在列宁格勒战区以及附近波罗的海前线阵亡、受伤、失踪或被俘。实际上，为了保卫这座位于芬兰湾的重要城市和港口，红军在这场战争中的伤亡人数高达二战期间伤亡人数总和的 14%。死在列宁格勒及周边地区的苏联人数是美国在二战中死亡总人数的 4 倍。[9]

313   列宁格勒在 1914 年之前被称为圣彼得堡，1914 年至 1924 年间又被命名为彼得格勒。这次围攻可能是自特诺奇蒂特兰（Tenochtitlán）攻防战以来，进攻者第一次尝试毁灭而不是夺取一座大型城市。1521 年，埃尔南·科尔特斯（Hernán Cortés）完全破坏了这座阿兹特克帝国都城。唯一不同的是，他不像希特勒那样，最初并不打算将居民全部杀害。一道纳粹指令写道："元首决定将圣彼得堡从地球上抹去。我军计划严密封锁这座城市，用各种口径的火炮和持续空中轰炸把它夷为平地。"[10]

即使罗马人铲平了迦太基，奥斯曼人洗劫了君士坦丁堡，他们也没有像希特勒那样打算杀死所有困在城市内的居民（"战胜苏联后，我希望这个人口众多的地方不复存在"）。最后，战事向相反的方向演进。列宁格勒反而把曾经耀武扬威的希特勒北方集团军群打回原形。恰逢此时，日本成功偷袭珍珠港，在太平洋战区占尽优势；噩梦般的斯大林格勒战役、库尔斯克战役、意大利战役吸引了全世界的关注，可是围攻者和列宁格勒的军民每天都有数千人在悄无声息中死去。[11]

314   1941 年 6 月 22 日，三个德国集团军群蓄势待发，准备攻击苏联。北方集团军群规模最小，下辖第 16、18 集团军和第 4 装甲集群，指挥官由据称是反纳粹的威廉·里特尔·冯·莱布元帅担任。然而该部也许拥有实现行动目标的最佳机会。约 65.5

上图：一架美国早期的 P‐51"野马"战斗机。该机型后来重新装备了英国劳斯莱斯增压梅林 61 型发动机和 6 门点 50 口径机关枪，成为战争期间最优异的远程战斗机。

下图：美制 B‐25"米切尔"轰炸机最著名的一次任务便是 1942 年 4 月 18 日针对东京的"杜立特空袭"，此时距珍珠港事件仅过去四个月。下图中，驻扎在地中海地区的美军第 12 航空队所属 B‐25 轰炸机编队正飞越敌军高射炮阵地，前往克罗地亚的希贝尼克，轰炸被德国占领的铁路站场。

1944 年战斗高峰期，大约有 17 个 B－17 轰炸机集群（每支部队拥有 72
架飞机）部署在英国。上图中，一架 B－17 轰炸机在飞行员和地勤人员的
欢呼声中从英国机场起飞。

上图：1944 年 7 月末，美军为了突破诺曼底地区的灌木地带，发起了"眼镜蛇行动"，计划利用重型和中型轰炸机空袭法国圣洛市附近的德军防线。轰炸取得了成功，但这座历史名城也被夷为平地。

下图：盟军原计划在 D 日当天，即 1944 年 6 月 6 日攻克诺曼底地区的卡昂。然而直到一个多月后，英国和加拿大军队才终于解放了该市大部分地区，可惜这座历史名城在盟军的狂轰滥炸以及德军的反击下化为一片废墟。

"列克星敦"号航空母舰（CV‑2，在珊瑚海海战中沉没）和"萨拉托加"号航空母舰（CV‑3）最初是作为战列巡洋舰建造的，1927 年入役后，被改装为当时世界上最大的航空母舰之一。这两艘几乎一模一样的航空母舰都安装了特征明显的四组 8 英寸口径双联舰炮，以备当恶劣天气导致战斗机无法升空巡逻时能够自卫。上图为战前的 1938 年，"萨拉托加"号在巡航中调试飞机。

第二次世界大战期间，美国先后新建并部署了超过 140 艘各种类型的航空母舰，包括舰队航母、轻型航母、护航航母，比冲突期间其他所有国家海军所部署航母的总和还要多。这张照片拍摄于 1943 年 9 月，为"圣哈辛托"号轻型航母。未来的美国总统乔治·H．W．布什就是该舰上的 TBF"复仇者"鱼雷轰炸机飞行员。

即使盟军无法完好无损地占领法国的大西洋港口，即使两座代号为"桑葚"的临时人工港中的一座被暴风摧毁，"霸王行动"的海上补给通道也并未中断。上图中，大型两栖登陆舰行驶到海滩上，卸载坦克和重型设备。

德国轻机枪性能优异，曾令美国人叹为观止。1942年，恐怖的MG‐34轻机枪被射速更快的MG‐42轻机枪取代。上图中，一名位于冲绳岛的美国士兵（一等兵拉尔夫·H.科尔伯格，来自密歇根州史蒂文斯维尔）手持一挺勃朗宁M1919A6轻机枪。不幸的是，A6虽然可靠，但每分钟只能发射400—600发子弹，约为MG‐42的一半。

俄罗斯女性与几乎其他所有大国的妇女不同。她们作为战斗人员，参加了整个东线战争。阿纳斯塔西娅·库尔琴科（Anastasiya Kurchenko）中尉被授予了红星勋章，以及保卫敖德萨、保卫塞瓦斯托波尔、保卫列宁格勒奖章。

1941 年 6 月 6 日，"巴巴罗萨行动"开始两周前，希特勒下达了臭名昭著的
"政治委员令"。德国军官根据此令，处决所有已经投降的苏军政委。

道格拉斯·麦克阿瑟将军（中）拥抱刚刚获释的盟军战俘——英国的亚瑟·珀西瓦尔将军（左）和美国的乔纳森·温赖特将军（Jonathan M. Wainwright，右）。两位瘦骨嶙峋的将军都出席了 1945 年 9 月 2 日在东京湾举行的日本投降仪式。

1943 年 2 月 2 日,德军在斯大林格勒投降。这座城市已是满目疮痍。成千上万的苏联公民返回斯大林格勒重建家园。在此期间,他们只能住在这样一个巨大的帐篷城市里。

1942 年，埃里希·冯·曼施坦因将军率领德军成功占领塞瓦斯托波尔。德国人撤退后（1944 年 5 月），苏联士兵回到城市中心，纪念在那场残酷围困中牺牲的战友。

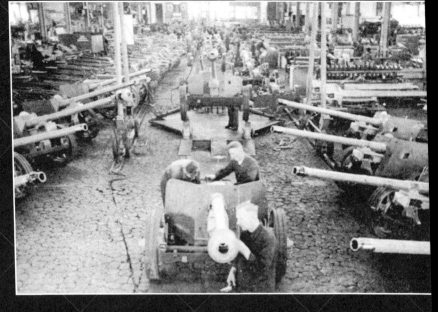

1941 年，家族军工企业克虏伯公司在欧洲占领区征用工厂，生产著名的 88 毫米火炮。上图中，一座战时法国工厂正在制造该火炮的高射炮型号。

尽管德国大型 K‑5 轨道炮的外观引人注目，但人们在部署过程中发现，它所消耗的时间、人力和费用与产生的效果相比并不理想。上图所示巨炮于 1944 年被整合进位于法国的大西洋防线中。

这座拖拉机厂安全搬迁到了乌拉尔山脉以东、德国空军无法到达的车里雅宾斯克（"坦克城"）。这里产出了数千辆苏联坦克和可移动火炮，如大型 SU‐152 "野兽杀手"自行火炮。SU‐152 配备了 152 毫米火炮，可用作步兵支援和坦克歼击车。

Tank soviétique arrêté par les grenades anti-tank allemandes.

苏联部署了大型自行榴弹炮，如 SU‐152 坦克歼击车，旨在摧毁德军重型虎式坦克和防御工事。但小型手持式"铁拳"反坦克火箭筒和"坦克杀手"火箭发射器就能消灭这样的怪兽。上图中，德军正在检查一辆在东线被击毁的废弃 SU‐152。

"温斯顿回来了",这是一句令人稍感安心的口号。战争刚爆发数小时,温斯顿·丘吉尔就以第一海军大臣的身份重返政府。1939 年 9 月 4 日,丘吉尔来到海军部门口。上一次他使用同一间办公室还得追溯到 1915 年。

1942 年 6 月 16 日，非洲军团指挥官埃尔温·隆美尔将军正与参谋讨论战况。五天后，德军将夺取英国占领下的图卜鲁格。

作为党卫队头目和犹太人大屠杀总策划者，海因里希·希姆莱（1935 年初拍摄）可能是第三帝国中最令人恐惧的纳粹党徒。然而在加入纳粹集团之前，他作为肥料推销员和家禽养殖者，事业并不成功。

1941 年 7 月 25 日，"巴巴罗萨行动"已开始一个月，希特勒和他自信
满满的指挥官们结束战略会议后，从"狼穴"总部中走出来。从左至右：
威廉·凯特尔元帅（国防军最高统帅部总长）、维尔纳·莫尔德斯上校（德
国最优秀的王牌飞行员，四个月后，作为乘客死于飞机失事）、卡尔·包
登夏茨将军（赫尔曼·戈林的联络官）、元首阿道夫·希特勒、尼古劳
斯·冯·贝洛少校（长期担任希特勒的军事副官）、帝国元帅赫尔曼·戈林（空
军总司令）。

贝尼托·墨索里尼给法西斯党少年党员佩戴勋章。不久之后,他就于 1943
年 7 月 24 日被法西斯大委员会解职。

1943 年 9 月 12 日，党卫队传奇人物、一级突击队大队长奥托·斯科尔泽尼指挥一支突击小队乘坐滑翔机，将贝尼托·墨索里尼从意大利北部监狱中营救出来。这张照片是两名德国空降士兵在突袭行动十天后拍摄的。

World War II pictorial collection, Envelope BH, Hoover Institution Library & Archives: The back of the photo reads "Droits Reserves Photoreportage Trampus Publication autorisee par la censure."

在埃及开罗举行的代号为"六分仪"的会议（即第一次开罗会议，1943 年 11 月 22
日至 26 日）中，美国总统富兰克林·罗斯福、英国首相温斯顿·丘吉尔同土耳其总
统伊斯麦特·伊诺努（İsmet İnönü）商谈。1943 年，轴心国经历了一连串惨败后，
伊诺努正改变土耳其早前的中立立场，向取得优势的同盟国靠拢。

在阿登战役的黑暗时刻，美军三大巨头——德怀特·艾森豪威尔将军（左）、奥马尔·布拉德利中将（中）和乔治·巴顿中将（右）——接受《星条旗报》记者朱尔斯·格拉德（Jules Grad，前景）的采访。

波茨坦会议（1945年7月17日—8月2日）正式召开前，苏联大元帅约瑟夫·斯大林（左）、美国总统哈里·杜鲁门（中）、英国首相温斯顿·丘吉尔（右）带着各自的顾问进行非正式磋商。富兰克林·罗斯福在当年4月突然逝世，此时杜鲁门继任总统仅三个月。会议期间，丘吉尔被英国议会投票罢免。他在此次会议上的席位将由新当选首相克莱门特·艾德礼接替。

山下奉文大将被控在占领新加坡和防守马尼拉期间犯下暴行，后被判处战争罪，于 1946 年 2 月 23 日受绞刑。

1945 年 4 月,美军解放达豪集中营时发现,累积的尸体数量之多已经超过了焚尸炉的容量。焚尸炉的门上还印着制造商的恐怖名字"托普夫"(Topf)。美国大兵们拍摄了数百张这样的照片寄回国,此后它们迅速在世界各地印发传播。

1941 年 4 月，德国入侵希腊，重点轰炸希腊港口城市，试图将撤退中的英国部队困在城市废墟。上图，三代希腊女性坐在残垣断壁中，一脸惊恐。

万名德国步兵和空军组成 29 个师，突袭了波罗的海诸国和苏联西北部边境。与此同时，德国最强大的欧洲盟友——芬兰派出约 25 万兵力向南朝列宁格勒挺进。芬兰曾在 1939 年与苏联人交战，战斗力不容小觑，但随着战争在 1941 年再次打响，芬兰军队从未从德国那里得到足够的军事装备。

F. I. 库兹涅佐夫（F. I. Kuznetsov）上将领导的"波罗的海特别军区"负责保卫列宁格勒，然而该军区装备有限，指挥混乱。库兹涅佐夫（很快将于 8 月被解除职务）刚开始可调遣的部队仅有约 37 万人，不到侵略者人数的一半。不过苏军具有在家门口作战的优势；列宁格勒本身也拥有庞大的人力资源和军工产业。守军可以凭借数量惊人的坦克、火炮和飞机战斗。即便如此，冯·莱布在到达列宁格勒前几天，还认为德国空军至少能在一定程度上削弱城市防御。这是个一厢情愿的想法：尽管德军享有空中优势，但从未真正摧毁过任何一个苏联城市的抵抗意志。例如，德国空军将对莫斯科进行 90 次大规模空袭，并投掷超过五万枚燃烧弹，却几乎没有取得任何战略成果。[12]

北方集团军群从东普鲁士哥尼斯堡附近的集结地出发，到列宁格勒郊区需前进 500 英里，比中路德军前往莫斯科或南线德军开往基辅，再到遥远的高加索地区的路程都要短。1918 年 3 月，德国人曾经抵近到彼得格勒（圣彼得堡）100 英里以内，因此他们对这条进军路线十分熟悉。与希特勒的另外两个集团军群（中央和南方）不同，在北方集团军群各军通过的地域内，人们都对德国怀有好感。波罗的海国家当时正由苏联占领，当地民众都把冯·莱布的大军看作解放者。立陶宛人、拉脱维亚人和爱沙尼亚人发起反抗苏联占领军的起义，期待德军到来，仿佛新来的外国威权主义者可能比苏联要好。

315   芬兰军队早已在实战中证明自己能与苏军一较高低，同时也是希特勒的盟友中最了解苏联战争方式的一个。芬兰亦遵守了与斯大林达成的不成文谅解协议，即双方在 1940 年后都不再进入对方的心脏地带。卡尔·古斯塔夫·埃米尔·曼纳海姆（Carl Gustaf Emil Mannerheim）将军将率领 16 个芬兰师从北部接近列宁格勒，并占领位于城市东北部的淡水湖，也就是欧洲第一大湖拉多加湖（Ladoga），从而既能防止城内军民向外逃窜，也能阻止补给物资运往城内。这是一个历史性的决策：芬兰人不会直接围攻列宁格勒，只是寻求收回在 1939 年边界战争中被苏联人夺走的周边领土。[13]

列宁格勒是一个重要港口。苏联波罗的海舰队被击溃后，城市获取物资的门户随之关闭。反之，北方集团军群将通过芬兰湾从海路获取部分补给，远比南方其他德国军队只能利用铁路或公路要方便得多。1941 年 8 月 27 日至 30 日，苏联海军从附近的爱沙尼亚首都塔林仓皇撤离，这是欧洲战区最大一次海战失败。在德军（以及一小部分芬军）空袭、岸防炮、水面舰艇和水雷的打击下，超过 1.2 万名苏军海员和撤离人员死亡。两军还击沉了 16 艘军舰和大约 60 艘运输船，彻底切断了列宁格勒的出海通道。芬兰湾的两个主要港口——赫尔辛基和塔林，在整个列宁格勒围攻战期间几乎一直由轴心国控制。[14]

1941 年秋，拉多加湖成为列宁格勒仅存的生命线。但正如埃尔南·科尔特斯将特诺奇蒂特兰湖变成攻取阿兹特克都城的利器，德国人相信他们也可以利用拉多加湖作为屏障，从而使封锁更加严密。然而，前提是在湖面结冰前就得占领城市。德军未能及时达成目标，结果拉多加湖变成了连接苏军战线和城市的一道陆桥。[15]

冯·莱布的最初计划是，北方集团军群急行军穿过爱沙尼亚，在行进中向途中的列宁格勒发起进攻。就像在一片惊恐中投降的华沙、哥本哈根、阿姆斯特丹、布鲁塞尔、巴黎、贝尔格莱德、雅典那样，第4装甲集群的突袭将令该城猝不及防。在希特勒看来，德国只要控制了波罗的海沿岸地区，就能确保从瑞典进口对德国工业至关重要的铁矿石。这座城市将被炮击和轰炸夷为平地。北方集团军群和驻扎在自己国土上的芬军只用安排少量部队监视列宁格勒，然后看着居民因饥饿而迅速死亡。希特勒对北方集团军群的最初指示很明确：必须占领列宁格勒，必须确保波罗的海沿岸安全，苏联海军力量必须被消灭，必须彻底摧毁喀琅施塔得（Kronstadt）①。以上所有目标必须在最后进攻莫斯科之前完成。[16]

"巴巴罗萨行动"开始后，北方集团军群以每天20多英里的速度穿越苏联占领的波罗的海诸国，在短短两周内就前行了280英里。冯·莱布终于在7月中旬放慢了脚步，然而德军的攻势从未完全停止。到8月初，德国人离列宁格勒只有60英里左右。尽管装备破旧，人员筋疲力尽，损失不断增加，苏军防御却出人意料地强悍。不过到9月初，德军部分装甲部队还是在离列宁格勒仅30英里的地方安营扎寨，几天后就能占领这座城市。曼纳海姆采取"积极防御"战略，命令芬兰军队在该城以北20英里的拉多加湖岸边挖掘堑壕，等待与北方集团军群会合。[17]

9月中旬，德军距离城市南部边界仅七英里。可是面对出乎意料的凶猛抵抗，希特勒困惑不已，现在开始重新考虑对

316

---

① 列宁格勒西部的一处军港要塞。

策，命令北方集团军群在列宁格勒周围修筑固定阵地，对城市进行围困。也许通过日复一日的空袭、炮击，加之饥饿，德军就能在不发起正面强攻的情况下摧毁列宁格勒，还能减少损失，为即将到来的莫斯科之战提供兵力。希特勒的军队至今仍保持不败。他不打算让官兵们卷入逐门逐户的巷战之中，因为此前一旦德军装甲部队出现，几乎所有目标城市就会当即投降。希特勒希望避免在列宁格勒陷入一年后在斯大林格勒所经历的泥潭。

纳粹后勤人员估计，北方集团军群仍可能在10月中旬前出发，赶往莫斯科，就好像随着秋季流逝，人困马乏的部队还可以发动另一场大规模进攻一样。但是同希特勒后来将中央集团军群部分力量转移到基辅前线一样，突然取消对列宁格勒的直接进攻就是昏着。轰炸和炮击平民、散布饥饿和疾病，与进入并占领一座城市完全是两码事。

随之而来的列宁格勒围攻战很快就变成了如前现代社会那般野蛮。1942年2月，几天内就有一万市民死于饥饿和传染病。食人事件零星发生，瘟疫蔓延，尸体无人掩埋。瓦列里·苏霍夫（Valery Sukhov）在1941年12月23日的日记中哀叹："爸爸几乎不能走路。妈妈跟跟跄跄。我们希望到1月情况会好些。晚上我坐下来画画。我把一切都抛到脑后。一周前我开始学习德语。我们用木工胶煮汤，把所有淀粉都吃光了……爸爸准备吃掉轰炸中遇难者的遗体。妈妈拒绝了。"

电力、供水和污水处理系统全部瘫痪。由于先前的撤离行动、参军和死亡，这座城市的人口减少到了战前的四分之一。希特勒庆幸自己没有让德国士兵在巷战中空耗生命。可是事实上，这支部队原本就不适合执行静态围城任务，他正在浪费他们的战斗力。而且随着寒冷的天气愈发恶化，时间也越来越紧迫。1941 年 11 月，第 4 装甲集群和刚刚加入战场的第 3 装甲集群奉命撤出，调往东南部，计划对莫斯科发起最后的总攻。这次转移意味着"巴巴罗萨行动"实质上已经失败。沮丧的德军最高统帅部重新制订计划，攻占列宁格勒的决战不得不推迟到1942 年，不过统帅部仍然对最终结果充满信心："明年初，我军将进入该城（如果芬兰人抢先一步，我们没有异议），把那些还活着的人赶到苏联内陆或者囚禁，然后将列宁格勒从地面上彻底毁灭，把涅瓦河以北地区交给芬兰。"[18]

希特勒总是高谈阔论，吹嘘优等种族、神奇武器、意志力量，但讽刺的是，他根本不知道苏联人民一样具备无与伦比的勇气。苏联人能够以一种或许只有日本人才能匹敌的方式承受苦难。希特勒也不清楚列宁格勒市民才华横溢。他们在市政建设、科学成就、高水准大学和文化包容性等方面不逊于其他任何欧洲城市。[19]

列宁格勒的情况很可怕，但是到了 1941 年 11 月，围城者也因严寒和缺乏住所而痛苦不堪。夏季，列宁格勒周边的沼泽湿地、湖泊河流似乎有助于德军设立环城封锁线。然而到了冬天，水面结冰，反而令围攻者的封锁漏洞百出，德国空军因恶劣天气而经常被迫停飞的时候更是如此。技术娴熟的苏联工程师们在拉多加湖上修筑起一条冰路（"生命之路"），在冬季的几个月里从苏联东部向城内运送了大量物资，并将 100 多万饥肠辘辘的居民带离危城。最后，对于关键的苏联抵抗据点，希特勒从来没有制定过任何全面战略，从来没有确定到底应该发动突袭、封锁，还是绕过。德军发动围攻又临时中断，把部队往四处调遣的同时还随意罢免指挥官职务，结果列宁格勒、莫斯科和斯大林格勒都没能攻克下来。[20]

318   100 多万苏联人在列宁格勒围攻战中殒命。斯大林将人民的灾难看作拯救伟大苏联的代价之一，但恰恰是他与希特勒签订了互不侵犯条约，才使苏联遭受了德国的致命攻击。如果斯大林像盟国对待雅典、布鲁塞尔和巴黎那样，宣布列宁格勒为不设防城市，那就是鼓励德军向莫斯科进军，列宁格勒的市民也不会与侵略者友好相处，很有可能被屠戮殆尽。只要列宁格勒围攻战还在继续，德军就有四分之一的兵力被束缚在那里，远离莫斯科前线，以及后来的克里米亚、斯大林格勒等关键地带，而后者才是决定战争成败之所在。列宁格勒传承自沙皇时代的圣彼得堡，而后又以共产主义先行者的名字命名。这座享誉世界的名城忍受苦难，终获新生，成为全球抵抗法西斯主义的伟大象征。[21]

就德国而言，它从未从波罗的海前线撤军。围攻开始后，德军尽管能得到零星增援，却在不知不觉地收缩阵线。红军则不断壮大。在希特勒的战略突击集团中，北方集团军群占领的苏联领土最少。它自己也终将被装备更精良、领导更得力，还能够承受更多伤亡的苏军包围。对苏联人来说，列宁格勒既是一次胜利，也是一场屠杀；对德国人而言，这是战争之路上的一个岔口，最终通向覆灭。[22]

斯大林格勒这个名字至今仍令人不寒而栗。然而当 1941 年 6 月 "巴巴罗萨行动" 开始时，德国军队中几乎没有人听说过这座城市。显然，它并不是像基辅、列宁格勒和莫斯科那样的主要战略目标。今天，斯大林格勒更名为伏尔加格勒（"伏尔加河之城"），是一个拥有约 100 万人口的省会城市，在俄罗斯以外地区基本上不为人知。

对斯大林格勒（以前称"察里津"）的攻击从来不是传统意义上的围攻。或者更确切地说，战斗很快变成了两场围攻战。第一次是 1942 年 8 月 19 日至 11 月 22 日，在弗里德里希·保卢斯将军的率领下，南方集团军群北翼一支大军包围了这座苏联城市。8 月初，他的军队以惊人的速度和极小的战损，抵达伏尔加河畔。作为一项更宏大计划的一部分，保卢斯的目标是夺取或摧毁（或兼而有之）沿河工业城市斯大林格勒。如此一来，作为 B 集团军群北翼的一部分，保卢斯下一步就可以沿伏尔加河向南前进，一路清除零星抵抗，保护南方集团军群所属的 A 集团军群侧翼。

根据希特勒在 1942 年 4 月元首指令中提出的"蓝色行动"纲要，A、B 两集团军群在切断伏尔加河后，将齐头并进，夺取苏联在高加索和里海的油田。据说苏联人十分困惑，为何德国在 1942 年没有将主要攻势集中在那里，夺取苏联的主要燃料来源，却将重兵布于列宁格勒和莫斯科城下，停滞不前。然而，德国人坚持同样错误的假设，即苏联大型城市可以被迅速攻占或被迫投降，执行围困任务的部队便能腾出手来继续前进，重新加入包围苏联军队的战斗之中。

"蓝色行动"失败不仅仅因为斯大林格勒顽强防守。首先是希特勒轻率地将兵力有限的南方集团军群一分为二，仿佛到了 1942 年，德军在到达里海之前，就一下子拥有了占领这座城市且切断伏尔加河的能力，还可以夺取并开采高加索地区的石油。在 1500 英里的苏联战线上、在北非，乃至在德国上空，战事仍然胶着。这时扩大战线并相对削弱前线力量无疑是战略上的疯狂之举。

其次，德军分兵后，又在斯大林格勒的废墟中战斗了数周，

319

可谓错上加错。当时保卢斯将军的第 6 集团军已经基本实现预定目标：伏尔加河上的大部分交通运输中断，斯大林格勒无法供人居住，也丧失了工业制造能力。保卢斯本可以掉转矛头向南，重新加入南方集团军群，或者在被包围之前建立防御阵地。希特勒命令不惜一切代价夺取斯大林格勒，似乎与他最初的战略目标相矛盾，即"最终摧毁苏军残余有生力量，并尽可能地夺取他们最宝贵的战争资源"。这就要求德国国防军"在南部地区集结所有可用的力量，目标是歼灭顿河前方的敌人，然后夺取高加索地区油田，并打通该地区的通道"。[23]

1942 年底，希特勒终于开始担心美国加入盟国一方，并且就像 1918 年初德军最高统帅部所尝试的那样，急切地想让美国为盟军提供后勤的能力失效。希特勒试图获得苏联的资源，把它踢出战争角逐，在美国工业帮助英国和苏联恢复元气之前沿着伏尔加河守住防线。约瑟夫·戈培尔在 1942 年 3 月 20 日的日记中写道，"蓝色行动"实施前夕，希特勒"决定无论如何也要在明年 10 月初结束这场战役，并提前进入冬季营地。他可能打算建立一条巨型防线，让东线就此休战……我们对苏联剩余领土的立场就像英国对印度一样"。戈培尔显然没有注意到，几个世纪以来，英国一直用一支适度的警察队伍统治着人口众多的印度。纳粹之所以疏漏，部分原因是这种明智的治国方略完全不符合他们的口味。[24]

斯大林格勒将很快成为所有德军在东线陷入困境的象征。诞生于寒冷气候中的德国国防军历史上第二次没有为应对苏联严冬做好准备。虽然德国将军们的计划能否实现依赖于南方最糟糕的道路的状况，但他们还是不断抱怨苏联道路十分差劲。当德国军队陷入停顿时，希特勒——这个地图上的统帅，直接介入指挥，下令发动不可能的进攻，也不允许撤退，与此同时，还突然将成千上万的官兵调遣到新方向作战，对士兵所面临的地狱般的境况毫无概念。他似乎认为，1941 年冬天的噩梦早已结束。德军吸取了教训，再也不会重蹈覆辙，尤其是在离莫斯科很远的南方城市。[25]

围攻斯大林格勒的军队很快在 11 月下旬变成了被包围者。苏军组织了斯大林格勒方面军和顿河方面军，从南北两翼向第 6 集团军发起巨大的钳形攻势。德军脆弱的侧翼由装备不佳的仆从国罗马尼亚第 3 和第 4 集团军负责防卫。"天王星行动"（Operation Uranus）是苏军的一次重大举措，目的是在靠近卡拉奇（Kalach）的德军后方布下天罗地网。与早些时候德国第 6 集团军在伏尔加河未能完全切断斯大林格勒与外界的联系不同，苏军很快形成了 360 度包围圈。由于天气恶劣，空中支援时断时续，第 6 集团军失去了补给，很快就在严寒和密集的炮火轰击下全军覆灭。同样重要的是，在顿河沿岸布阵的匈牙利、意大利和罗马尼亚军队也遭到苏军攻击，进而全线崩溃，损兵折将。消息传回国内，引发这些国家政局动荡。

第 6 集团军从 1942 年 11 月 23 日被包围，残喘至 1943 年 2 月 2 日最后投降。寒冷、饥饿、疾病（主要是斑疹伤寒）轮番打击德军，杀伤力同苏联人一样致命。如果说第 6 集团军是希特勒的精锐部队，那么兢兢业业的弗里德里希·保卢斯则是毫无创造力的一线指挥官。事实上，保卢斯根本不是一个战地将领。他是受人尊敬的参谋型军官，但此前从未指挥过任何一场重要战役。至 1942 年夏，那些更有天赋的人要么被杀、被俘，要么被解职、被迫退休，要么在远离战争热点的地方赋闲。保卢斯在与反复无常的希特勒打交道时，也许把最糟糕的两个特点结合在了一起。他私下里抱怨希特勒行径古怪，但没有像其他指挥官那样采取行动来抵消其负面影响或挽救他的军队。比如 A 集团军群司令官保罗·冯·克莱斯特（Paul von Kleist）将军无视希特勒的命令，于 1944 年 3 月强行解救被包围的德国第 8 集团军，从而被革职；埃尔温·耶内克（Erwin Jaenecke）将军因为拒绝牺牲被困在克里米亚的第 17 集团军，同样被解除指挥权，还被送上军事法庭接受审判。保卢斯身边的参谋们都不喜欢他，他麾下的军官也指责其没能利用短暂的窗口期从包围圈中逃之夭夭。[26]

瓦西里·崔可夫将军是斯大林格勒的苏军指挥官，也是一员好斗的战将，与他的部下们一同坚守这座城市。当保卢斯哀叹曾经的机动部队陷入了一场"鼠战"（Rattenkrieg）泥潭时，格奥尔吉·朱可夫将军挺身而出，向斯大林保证"天王星行动"将按照计划实施。他也是后来苏军大反攻的重要策划者。就想象力和胆识而言，在匆忙和绝望中构思出来的"天王星行动"比复杂且精心策划的"蓝色行动"更合乎军事逻辑。希特勒贪婪地提出多个计划，以其特有的方式要求庞大的德军既要占领斯大林格勒，切断伏尔加河的关键补给路线，也要抵达里海，夺取斯大林的大部分石油资源。但德军不可能同时做到这两点。如果强行尝试，反而一无所得。比起满足希特勒的妄想，在 9 月集中力量轰炸苏联的石油中心格罗兹尼（Grozny）和巴库（Baku）比继续打击斯大林格勒的废墟更有意义。[27]

就算没有得到关于苏联增兵的准确情报，保卢斯将军至少早在 9 月就警告过希特勒，可能会出现这种可怕的情景。此时斯大林格勒围攻战已陷入僵局，第 6 集团军的补给线也过于绵长。希特勒正无限接近赢得这场关键的围城战，以至于在六奋中完全忘记了第 6 集团军兵力很快就会少于防守方，而且随着冬天临近，前线官兵将丧失可靠的补给。大多数德国将军似乎缺乏历史大局观，未能认识到失败的围攻不仅仅是撤军那么简单，还往往意味着攻击者将遭到毁灭。

1942 年 12 月，曼施坦因将军指挥顿河集团军群，发起代号为"冬季风暴行动"（Operation Winter Storm）的反攻，旨在拯救被困的第 6 集团军。至月底，行动以失败告终。这场失利的原因在于希特勒继续干预军事指挥，恶劣的天气同样妨碍了空军输送补给。实战经验不足的保卢斯也没有配合友军行动，同时从包围圈中向外突围。即使是备受推崇的"救火员"曼施坦因，显然也没有完全认清在苏军实力不断增强的情况下，继续向斯大林格勒进军必将困难重重。保卢斯不敢枉顾希特勒的指令而独立行事，抑或他因自己造成了困境而过于消沉。像大多数陷入绝望的德国将军一样，他也责怪德国空军："作为军队的最高指挥官，当有人向我乞求说：'将军，能给我一块面包皮吗？'我能说什么！为什么空军说他们可以完成补给任务？是谁提出这种可能性的？如果有人告诉我这是不可能的，我不会责备空军。我就想办法突围了。"但是对于任何一个德军将领而言，很容易就能发现戈林的夸夸其谈简直荒唐透顶。他竟然敢保证，在恶劣天气和苏联密集防空火炮之下，只凭少量飞机就能为第 6 集团军提供所有补给。[28]

希特勒曾夸张地将斯大林格勒描述为一座要塞，但事实上，如一位老兵所言，"它根本就不是。对于包围圈中的部队而言，'斯大林格勒要塞'这个词听上去纯粹就是一种讽刺，也许还是血腥的挖苦"。曾经有 30 万之众的第 6 集团军仅剩下濒临饿死的 9 万—10 万人。1943 年 2 月 2 日，围困者宣告投降。此后

322

数周，苏军又在废墟中找到数千名落单的德国士兵。总之，苏联和德国的记录并不总是完整。所剩无几的第 6 集团军官兵被囚禁在苏联。他们饥寒交迫，疾病缠身，其中 90% 的人很快就毙命了。[29]

除了 6000 人外，其余战俘都在苏联集中营中丧生。直到 1955 年 9 月，西德总理康拉德·阿登纳（Konrad Adenauer）对苏联进行一次外交访问后，幸存者才被送回德国。除了那些投降的官兵之外，轴心国在斯大林格勒还损失了 15 万到 20 万人，其中包括数万名匈牙利人、意大利人和罗马尼亚人。当失败的"蓝色行动"于 1942 年 11 月基本终结时，南方 A 集团军群各师又增加了 30 万人伤亡。按照 1944 年以前的惯例，苏军损失更大，总共有超过 100 万人阵亡、受伤、失踪或被俘。

323　　　就损失而言，斯大林格勒战役后的德军投降人数少于在突尼斯向英美投降的数量（六个月内超过 23 万意军和德军缴械）。此外，德军在斯大林格勒投降这一事件本身与苏联在 1941 年遭受的恐怖包围其实不可相提并论。例如在基辅战役中，就有 66.5 万名苏军被俘；在维亚济马–布良斯克包围圈中，有 65 万人身陷囹圄。就在斯大林格勒战役之前，仅 7—8 月，苏军在南方集团军群的包围下又损失了 60 万名官兵、7000 辆坦克和 6000 门火炮。[30]

然而，斯大林格勒战役十分特殊，其影响比之前或之后东线所有大规模投降事件都要恶劣得多。事实上，这是德国军事历史上最黯淡的时刻。斯大林在组建庞大的新部队时可以处于守势，希特勒却是在没有后备军的情况下发动进攻。可以说，"蓝色行动"的战略目标如此雄心勃勃，以至于斯大林起初因德军在 1942 年既没有剑指莫斯科，也没有针对列宁格勒而万分惊讶。不过作为一名信仰马列主义的唯物论者，他其实也应该预料到敌人必将发动一场为掠夺资源，并终结苏联工业生产能力的攻势。

　　这是一场史无前例的大惨败。德国在斯大林格勒遭遇的灭顶之灾让人想起普鲁士军在 1806 年的耶拿－奥厄施泰特战役中被拿破仑击败，区别是现在的情况还要更糟糕。斯大林格勒战役之前，德军的攻势虽然被遏制，但还没有彻底失败。此役之后，德军再也没能发动过一次目标明确、可持续的进攻。正如一个战场生还者约阿希姆·维德尔（Joachim Wieder）所说："第 6 集团军在夏季向伏尔加河挺进，对胜利充满信心！如今它的残骸被暴风雪吹得七零八落。这群士兵曾经是骄傲的征服者，踏遍了整个欧洲。他们来自德国各地，却注定要在遥远的土地上毁灭，默默地忍受着痛苦。他们步履蹒跚，可怜巴巴地度过东线的残暴严冬。"[31]

　　1941 年秋末，德军针对列宁格勒和莫斯科的闪电战宣告破产。不过在斯大林格勒战役发起之前，他们的士气已经从失败的阴影中恢复过来。然而到了 1943 年 2 月以后，德国军队在东线唯一的希望不是胜利，而是生存。对普通德国人而言，斯大林格勒似乎并不真实，只是一个离柏林大约有 1600 英里之遥的苏联前哨站，国内鲜为人知。然而就是在那里，庞大的德军不仅仅受到重创，或被迫撤退，或承受了可怕伤亡，而且全军覆没。

　　被俘的保卢斯将军和其他高级军官成了苏联的宣传工具，通过苏联广播电台对德播放战争必将失败的警告。即使是苏联人，一开始也不知道第 6 集团军被摧毁后将产生多么巨大的影响。然而，通过斯大林格勒战役，红军最终赢得了战无不胜的声誉。苏联人常说："你无法阻止一支曾经取得斯大林格勒战役胜利的军队。"相比之下，对于参加过斯大林格勒战役的德国老兵来说，这次失败是"战争的转折点"。[32]

1942 年春，苏联人的攻势进入第二年。希特勒的侵略行径开始遭到清算。他的军队在 1941 年蒙受了惨重损失：伤亡人数超过 110 万，1941 年 6 月入侵苏联的军队已经有 35% 消亡。到1942 年中期，德军依然没有完全填补此前的损失，如今的规模比"巴巴罗萨行动"开始时少了 50 万人。"巴巴罗萨行动"的前六个月里，德军只在东线增兵 10 万；相比之下，苏军增加了300 多万人。德军偶尔能以 7∶1 或 8∶1 这种难以想象的比例杀死红军战士，但做不到 30∶1。[33]

德国人东拼西凑的机动车辆到 1943 年初大多已被摧毁或严重磨损，大部分马匹也已死亡。而此时盟国正开始加紧向苏联运送成千上万辆卡车，帮助红军实现摩托化。意大利在北非的军事行动曾经如一潭死水，如今却成了德国人的公开痛处。为了避免失去北非，德军把本来用于苏联战场的宝贵资源抽调给非洲军团，结果还是徒劳无功。随着斯大林格勒战役结束，苏联的军需品产量开始增加，正好此时德国空军又转移大批军机离开东线，保卫本土。然而，当第 6 集团军在斯大林格勒以北止步不前时，由马克西米利安·冯·魏克斯（Maximilian von Weichs）将军指挥、由大约 50 个师组成的孤军 B 集团军群抵达了伏尔加河。其兄弟部队——A 集团军群在威廉·利斯特（Wilhelm List）元帅的率领下，向格罗兹尼逼近。该部士兵于1942 年 8 月 21 日登上了高加索山脉最高峰厄尔布鲁士峰。1942年 10 月，德国空军开始对格罗兹尼周围的一些油田进行零星轰炸。如果能早一点开始实施这一策略，可能会对苏联石油生产造成更大破坏。随后爆发的斯大林格勒战役使德军的所有努力都付之东流。总而言之，闪电战在 1942 年的斯大林格勒就濒临死亡，到 1943 年就将被彻底埋葬。[34]

第 6 集团军投降后，戈林和宣传部部长约瑟夫·戈培尔便急不可待地在广播中试图将该战役与历史上光荣的最后一战相并列，为这场灾难披上浪漫的伪装，好像斯大林格勒战役，正如纳粹官方公报所说，是"德国历史上最珍贵的财产之一"。曼施坦因将军则拿公元前 480 年，斯巴达守军在温泉关的最终决战来类比，仿佛第 6 集团军是在本土为自由和共识政府而战，而不是在国外为民族社会主义卖命。他的这一发言既可悲又虚伪。但最终，引用修昔底德的经典阐述才最为恰当。事实上，斯大林格勒战役是德国的致命伤，就像雅典帝国在遥远的西西里所遭遇的惨败一样（公元前 415 年）。在《伯罗奔尼撒战争》一书中，修昔底德有过著名的总结："对胜利者最光荣的，正是对被征服者最不幸的。他们被彻底击败，承受巨大的苦难。正如常言所道，他们的舰队，他们的军队，所有的东西都被摧毁，几乎无人重返故乡。"[35]

利比亚东部防备森严的图卜鲁格港口在战争期间曾四次易手。1940 年之前和 1943 年之后，这个港口不为世人关注，也没有真正的战略意义。对于今天偶尔造访饱受战火蹂躏的利比亚访客来说，这里只是一潭死水。但在短短两年半的时间里，图卜鲁格却成为盟国和轴心国沿着利比亚和埃及边境激战的中心。

驻守图卜鲁格的意大利军队最初于 1940 年 1 月 22 日向英军投降。随后，英军和自治领军队将该港口作为重要的军事基地，英勇守卫了七个月，直到 1942 年 6 月 21 日，德意联军在

325

隆美尔的率领下攻破了这座城市。但就在隆美尔实现壮举五个月后，德军在第二次阿拉曼战役中失利，于 1942 年 11 月 12 日放弃图卜鲁格，而后仓促撤退，向西逃窜。[36]

图卜鲁格的价值在于，它几乎正好位于英国控制的东部亚历山大港与意大利占领的西部班加西港之间。在这个长达 650 英里的广阔海滨地带，沿途几乎全是不毛之地。双方交替占领图卜鲁格，都将其视为到达对方港口的重要一环。在利比亚和埃及漫长的沿海战线上，这里是唯一一个可供大型船只卸货、设施完善的港口。[37]

对于轴心国来说，图卜鲁格还位于一条近乎完美的南北垂直线尽头。这条垂线以德军控制的雅典为起点，穿越地中海，通过克里特岛后，再到北非。图卜鲁格在古代称为安提皮尔戈斯（Antipyrgos），字面意义就是"皮尔戈斯正对面"，那里是位于古希腊克里特岛南部的一处主要港口。从古至今，图卜鲁格就没有什么改变。对英国人来说，图卜鲁格也锚定了一条从亚历山大港到马耳他，同样笔直但大致呈东西走向的补给线。在荒凉的北非东部，敌对双方既无法从当地城镇，也不可能从沙漠中获取补给，因此战争的关键在于各方是否能通过这两条针锋相对的路线得到燃料、食物和弹药。

1942 年 6 月 21 日，德军占领图卜鲁格。这是轴心国最后的重大胜利之一。隆美尔梦想着利用这个港口及其缴获的物资，为他那支规模不大的军团提供补给，为东进重新注入能量。在 1942 年仲夏的一个短暂时刻，德国人曾再次瞥到了辉煌胜利的曙光。他们长久以来一直幻想夺取英国在埃及亚历山大的海军基地，将英国势力完全清除出开罗。上述目标似乎正引诱着德军前进。隆美尔认为他还可以突袭苏伊士运河，切断英国用这条运河输送中东石油的直达路线。隆美尔甚至还有更宏大的目标：他那微小的非洲军团继续向东，与从黑海和高加索南下的南方集团军群胜利会师。如果德国军队在盛产石油的中东地区合流，那么苏联和英国都将失去波斯湾或里海的石油。或者隆美尔是在成功占领了物资充裕的图卜鲁格后才临时起意的，然而他没有认真考虑到这个疯狂梦想很大程度上依赖于从盟军手里不断夺取军备物资，而盟军则相信他们能够得到的给养远远超过所失去的。[38]

1940 年，意军首次在图卜鲁格投降；1942 年 11 月，英国最后一次夺回该港。这两件事情如今已淡出人们的记忆。即使是英国和英联邦军队在图卜鲁格抵抗隆美尔的突袭，并获得胜利的英勇事迹也常常被人遗忘。相反，图卜鲁格最著名的一段历史是其第二次陷落。1942 年 6 月 21 日，隆美尔杀了个回马枪后，它便戏剧性地迅速投降了。英军的崩溃吸引了全世界目光，很大程度上是因为不可想象的意外突然间变成了无可避免的事实。

英军在图卜鲁格以西的加查拉（Gazala）修建了一条从地中海海岸向南延伸的防线。尽管困难重重，补给也成问题，但隆美尔在 1942 年 5 月下旬还是甘冒风险，对该防线发动进攻，意图吸引尼尔·里奇（Neil Ritchie）将军指挥的英国第 8 集团军出击。隆美尔调遣他的装甲部队从被称为"坩埚"（the Cauldron）的敌军雷区旁通过。在侧翼无忧的情况下，他耐心等待里奇反击，然后利用非洲军团经验丰富的反坦克炮群炸毁了大部分英军坦克。英军溃不成军，不得不从加查拉防线撤退。隆美尔接着抓住空军和炮兵在图卜鲁格防御工事上炸出一个口子的机会，于 6 月 21 日从还没回过神来的南非将军亨德里克·克劳普（Hendrik Klopper）手中夺取了这个港口。

327   隆美尔的意外胜利效果惊人。丘吉尔当时正在华盛顿与战时新盟友美国制定大战略，结果因图卜鲁格的失败而备感耻辱。这场灾难让人联想到英军曾经在新加坡投降（1942 年 2 月 15 日）所蒙受的羞辱，更与不甘放弃的苏联军民在列宁格勒顽强抵抗（并最终取得了胜利）形成了鲜明对比。苏联即使遭受成千上万人死亡也在所不惜。这一噩耗还导致丘吉尔回国后不得不面临议会提出的一项谴责动议。尽管动议轻易就被否决了，但民众通过这场辩论表达了愤怒之情，纷纷指斥规模庞大的英联邦军队又一次放弃而不愿战斗到底。[39]

       图卜鲁格陷落之前，盟军一直想当然地认为战争的胜负已经逆转。中途岛战役（1942 年 6 月 4—6 日）遏制住了日本舰队的前进势头。德国南方集团军群分兵，其中北方大军正逼近斯大林格勒，但遭到红军顽强抵抗。意军和德军对图卜鲁格的第一次进攻以失败告终，已撤退至欧盖莱。[40]

       隆美尔本来是没有实力拿下这座城市的。虽然战区内英国和轴心国各自的总兵力大致相同，都在 12 万左右，但他可以指挥的德意军队只有约 8 万名。英军的坦克和装甲车数量几乎是德军的两倍，飞机比德军多 200 多架，而德国空军则渐渐失去了空中优势。隆美尔的补给和援军已经所剩无几，图卜鲁格却堆满了食物、燃料和弹药。至 1942 年中期，打向海岸的海军支援炮火更多地来自英国战舰而非意大利。马耳他依旧岿然不动。英军从美国那里得到了装备有 75 毫米口径火炮的新式"格兰特"中型坦克，优于隆美尔拥有的所有早期型号坦克。美国人还做出更多承诺，双方已经商议派遣英美联军于深秋登陆阿尔及利亚和摩洛哥西部。尽管如此，英国人仍然对隆美尔心存敬畏，并经常称赞他是一位"出色的军事赌徒"。丘吉尔滔滔不绝地说:"我们面对的是一位非常勇敢和神机妙算的对手,而且可以说他是经历了战争浩劫的伟大将军。"非洲军团斗志旺盛,这正是图卜鲁格守军缺乏的。而且各自治领军队的指挥官往往不能领导自己的部队,这对守军战斗力的伤害也很大。[41]

在对下议院的演讲中,丘吉尔对图卜鲁格失守做出了悲观评估,并不讳言之后可能发生的事情:

> 隆美尔已经在沙漠中前进了近 400 英里,现在正接近肥沃的尼罗河三角洲。这些事件在土耳其、西班牙、法国和法属北非引发的恶果还无法衡量。自法国陷落以来,我们目前在中东和地中海的希望和前景前所未有地黯淡。如果有人企图利用各种机会,从这次灾难中牟取暴利,给这幅图景涂抹上更阴暗的色彩,他们当然可以这样做。悲伤的景象突如其来,令人痛苦。[42]

然而,从伤亡人数或战略影响来看,图卜鲁格陷落与列宁格勒或斯大林格勒的围城战完全不同。城内只有很少平民,而且几乎没有英国人或德国人。附带伤害有限。更重要的是,即使隆美尔占领了图卜鲁格,之后他还是在北非失败了。失去港口其实是对英国人的又一次心理打击,1941 年和 1942 年英勇且成功的抵抗只不过是悲剧的前奏。图卜鲁格的陷落还让人们担忧,五个月前发生在新加坡的灾难可能不是偶然,而是英国——或者实际上是西方民主国家——倾向于放弃而不是坚持战斗。1942 年 5 月 6 日,美军在科雷希多岛投降,不久图卜鲁格就被占领,盟国一片愁云惨淡。

四个多月后,在埃及以东 350 英里处爆发了第二次阿拉曼战役。人们对英美两国天生缺乏抵抗决心的担忧消失了。在刚刚上任的伯纳德·蒙哥马利将军的指挥下，装备精良的英国军队将补给不足的隆美尔永远阻止在那里。非洲军团虽然此刻占领了英军在图卜鲁格的重要海港，但是这次胜利只赢得了一个没有船只、满目疮痍的港口。缴获的物资仅仅能够帮助德军抵达阿拉曼，然后德国人只能自取灭亡。

与图卜鲁格不同，位于克里米亚半岛顶端的塞瓦斯托波尔苏联海军基地可能是二战爆发后世界上最令人惊叹的堡垒。该要塞早在 19 世纪的克里米亚战争中就声名远扬。尽管当年的英国、法国和奥斯曼联军在黑海拥有无可置疑的制海权，而且 20 世纪的大规模钢筋混凝土防御工事尚未出现，但三国还是耗费一年时间才攻克这座堡垒。[43]

苏联黑海舰队负责保卫塞瓦斯托波尔。按照蓝水海军标准，这支舰队规模不大，维护不善，但在相当于内海的黑海海域表现非常出色。虽然弱小的轴心国海军已经控制了黑海出入口通道，但德军几乎不可能进行两栖登陆。陡峭的悬崖兀立在海港上方，布满了隐蔽炮台。与新加坡和科雷希多岛不同，塞瓦斯托波尔的大口径火炮阵地可以轻松瞄准海上和内陆目标。常设军火库中新增了 400 多门机动火炮，以及更多迫击炮和高射炮。

从陆地一侧进攻的路线上布满地雷和碉堡，处于火炮射程内，周边是茂密的森林和崎岖地形。由伊万·彼得罗夫（Ivan Petrov）少将①指挥的苏联滨海集团军兵力超过 10 万，正埋伏在防御工事内等待德军进攻。由于要提前应对即将向伏尔加河

---

① 1941 年 9 月，彼得罗夫还仅仅是少将，后于 1943 年 2 月升任大将。彼得罗夫的仕途起起伏伏，最终离元帅军衔只有一步之遥。

流域和里海地区发动的双重攻势，埃里希·冯·曼施坦因率领的轴心国部队在数量上与防守森严的守军相比，只有2∶1的优势。曼施坦因压力巨大，必须迅速拿下这座城市，随后加入德军南下攻击。然而，曼施坦因的数量优势仅仅是因为有格奥尔基·马诺柳（Gheorghe Manoliu）少将指挥的罗马尼亚仆从军加盟。时间站在守军一边，而且从战略意义上分析，德国人甚至不清楚是否值得为夺取这座要塞付出代价。

南方集团军群在1941年入侵苏联初期，曾试图对塞瓦斯托波尔发动突然袭击，行动失败后又明智地考虑绕过该地。到了11月，塞瓦斯托波尔的陆地连接被全部切断。在接下来的八个月里，要塞除了偶尔从海上得到补给外，便一直与世隔绝。德国人担心城内几架苏军轰炸机可能会破坏攻击东部高加索油田的计划，除此之外，这座城市没有对德军进攻构成任何威胁。

尽管北方集团军群还滞留在北部遥远的列宁格勒，希特勒还是在1942年初下令立即占领塞瓦斯托波尔，因为他一心想确保并扩大石油供应，还要打垮苏联带有象征意义的城市。1941年夺取列宁格勒和莫斯科失败后，希特勒还坚信，德军现在能接近或包围任何敌军城市，并发动成功袭击。为了从海上孤立守备部队，曼施坦因配备了一些轻型战舰，此外就只有一批意大利杂牌舰只和小型潜艇，对德军几乎没什么帮助。如果他不能切断这座城市的海上生命线，就只能依靠空中力量，这至少能干扰苏联运输船队驶向塞瓦斯托波尔，也能防止黑海舰队用舰炮攻击围攻者。由于未能做到海陆协同作战，德军为此付出了惨重伤亡，以及时间的代价。

塞瓦斯托波尔和整个黑海对第二次世界大战的总体战略而言并不重要。长远看来，该基地也不能为德军在1942年的推进提供多少帮助。鉴于英国控制了东地中海，德军根本不能通过

330

黑海获取补给（希特勒曾将黑海视为"蛙池"而不予理会）。克里米亚半岛本就是一条死胡同，完全偏离了南方集团军群从东欧到高加索地区的主要补给线。塞瓦斯托波尔是一座相对较小的城市，工业不太重要。苏联守军制定了相当精明的战略，在一年多的时间里吸引并牵制近20万轴心国军队。就像在挪威毫无意义地驻军一样，德军偏离了方向。他们在克里米亚的战斗中大伤元气，却什么目标都未能达成，既没有在包围圈中歼灭大量苏军，也没有满足德国的石油需求。[44]

即便如此，苏军经过近一年抵抗后，曼施坦因还是率领德国第11集团军及罗马尼亚、意大利仆从军包围了塞瓦斯托波尔，在缺乏海军的有力协助下，在短短一个月内攻入这座坚不可摧的要塞。曼施坦因最初有两个优势。首先，他享有制空权。德国空军第8航空军状态良好，已从1941年的损失中恢复过来。"斯图卡"俯冲轰炸机和中型轰炸机昼夜不停地发起攻击，几天之内击沉或破坏了大多数苏联舰船，还摧毁了要塞内几乎所有电力和供水设施。德军通过铁路，从位于罗马尼亚的补给站获得了充足物资，而苏联人在围困的头两个星期里，就失去了从海路或陆路获取补给和增援部队的能力。困守者只能寄希望于德国空军自身缺乏燃料和弹药，或者希特勒为实施"蓝色行动"而将战机从塞瓦斯托波尔调离。

曼施坦因还有一件秘密武器：超级巨炮。其设计目的在于摧毁哪怕是最厚的苏军混凝土碉堡。轴心国军队的武器库中本来就有超过800门各类火炮，此外德军还拥有世界上最大的火炮：六门420毫米口径伽马臼炮、三门600毫米口径卡尔臼炮，以及一门超出人类想象的"古斯塔夫"800毫米口径巨炮。该炮能发射七吨重的炮弹，有效爆炸载荷超出后来的 V－2 导弹

三倍以上。德军还拥有 12 门发射速度更快、不那么笨拙的 280
毫米大型海岸榴弹炮和另外 12 门 14 英寸榴弹炮。[45]

不过，巨大的臼炮和轨道炮需要数千个工时来组装平台和
发射炮弹，德军的庞然大物仍然无法取代混乱的地面攻击。德
军为最终胜利付出了 2.5 万伤亡的代价，第 11 集团军迟到了一
个月才加入"蓝色行动"。塞瓦斯托波尔于 7 月 4 日陷落，没有
确切记录显示有多少苏联守军阵亡或被俘。驻守要塞的十几万
名苏联官兵中，只有少数人逃脱，其中大部分是军官。要塞和
城市承受了三万多吨炮弹袭击，化为一片废墟。这也是德军在
二战中最大规模的炮击行动。[46]

塞瓦斯托波尔不是主要补给港口或海军基地，德军也并未从夺
取这座城市中得到太大的好处。曼施坦因的军队却长期在"蓝色行
动"中缺席。到了秋季，德国人便将为此后悔不迭。在 1942 年的
德军进攻中，或 1943 年至 1944 年德军撤退期间，塞瓦斯托波尔都
没有起到重要作用。1944 年 5 月，在攻克塞瓦斯托波尔两年后，处
于苏军包围之中的德国和罗马尼亚军队匆忙从海路和空中撤离。[47]

这场第二次世界大战中最残酷、过程最惊心动魄的围攻战
没有给胜利者带来任何战略优势。[48]

德国直到 1940 年才将触手伸进大西洋。在第一次世界大战
和第二次世界大战中，德国的战时战略就是致力于攻占并守卫
法国和比利时西部沿海的重要港口，如拉罗谢尔、圣纳泽尔、
洛里昂、布雷斯特、圣马洛、瑟堡（Cherbourg）、勒阿弗尔和
安特卫普。1914 年，德国思想家库尔特·里茨勒撰写了臭名昭
著的《9 月计划》。该备忘录认为西欧国家会输掉第一次世界大
战，因此提出了一些强加于敌人的条件，其中就包括德国吞并

法国北部沿海领土。这后来也成为德意志（第二）帝国的战略基础。[49]

1940 年 6 月法国战败后，卡尔·邓尼茨海军上将开始将大部分 U 型潜艇重新部署在布雷斯特、洛里昂、圣纳泽尔、拉帕利斯（拉罗谢尔）、波尔多等地。德军潜艇因此得以摆脱北海和波罗的海瓶颈，方便地进出大西洋和地中海，接近盟国的海运航线。洛里昂的钢筋混凝土 U 型潜艇掩体设备齐全，体积庞大，几乎可以抵挡住盟军的任何攻击。[50]

1944 年末，盟军登陆西欧已迫在眉睫。希特勒决心不让英国和美国利用这些重要的深水港。早在 1942 年 3 月 23 日，希特勒就担心美国新近参战可能会导致盟军提前在法国登陆，于是下令将大西洋沿岸所有重要港口建设成为新大西洋壁垒防御体系的重要节点，并严令不得投降："要塞和战略要地须坚守到最后一人，绝不能因为缺乏弹药、口粮或饮水而被迫投降。"加来地区靠近英国，是盟军最有可能的两栖登陆地点，因此此处防守极为严密。这又迫使英国决策层很早就开始寻找其他替代地区，同时诱使德国人不断在此地投入更多的资金和人力以用于防御建设。[51]

德国大西洋壁垒战略的目的不是在海滩和悬崖上建造数千座防御工事，以击退来自海滩的入侵者。恰恰相反，如果盟军登陆部队能活着上岸，并向内陆推进，那么法国沿岸港口将会变成一个个捕杀陷阱。德国人继续着战前法国人的工作，在海港要塞上修建钢筋混凝土掩体、海岸火炮阵地、地下补给库，并在周边陆地和海上设置了巨大的雷场。由于占领这些港口代价高昂，盟军只能避免围攻，或者就算成功拿下，进攻者也将发现港区已被损坏殆尽，再也不能发挥作用。不管怎样，盟国远征军到时候都将缺乏补给，入侵行动也将随之夭折。[52]

总的看来，德军成功地阻止了盟军使用这些港口，但未能遏制敌人前进。盟军早已预料到德军将在法国和比利时港口进行激烈抵抗，因此将两座"桑葚"移动码头拖至诺曼底，登陆三天后就投入使用。在登陆后最初几周，盟军只能通过这两座人工港获得补给（美军专用的 A 号码头后来在 6 月 19 日的风暴中被摧毁）。后勤问题一直困扰着盟军，并导致英美两军前进速度明显放缓，直到 1944 年 11 月占领安特卫普后，情况才有所好转。[53]

盟军对大西洋诸港口采取两种策略：1944 年选择少数几个港口进行猛攻（每一次行动最终都成功达成目标），其余则直接绕过，因为他们很快发现得到一个沦为废墟的港口并不值得。位于科唐坦半岛的瑟堡（以及勒阿弗尔）是距离诺曼底登陆点最近的大型深水港。虽然美国在 7 月发挥神勇，每天在退潮时直接向奥马哈海滩卸下多达 1.5 万吨的补给物资，但盟军指挥官还是认为瑟堡码头对于登陆后的进军行动至关重要。

美军从犹他海滩周边地区向瑟堡推进，进展迅速。事实上，该港口在 6 月 29 日，即诺曼底登陆三周后就宣告投降。人们从这一胜利中看到希望，认为其他大西洋港口很快也会步其后尘。然而，德国海军瑟堡司令官瓦尔特·亨内克（Walter Hennecke）海军少将破坏了港口基础设施和码头，致使该港口在 8 月中旬之后才恢复使用功能，而且卸货量也从未达到先前设想的水平。亨内克因此功绩获得骑士铁十字勋章。[54]

1944 年 8 月 1 日，也就是诺曼底登陆后不到两个月，巴顿将军的第 3 集团军得到的最初任务是攻占布列塔尼南部和西部港口，尤其是位于布雷斯特的关键海港。不过盟军在"眼镜蛇行动"中意外地突破德军防线，并有机会在法莱斯包围整个德国集团军群，巴顿遂决定分兵行动。第3集团军主力挥师向东，第8军则继续向与德军方向相反的布雷斯特前进。

美军进展突飞猛进，认为可以在德军还没回过神来的情况下，一周内攻占布雷斯特，从而一举解决盟军日益严重的补给困境。可是第8军指挥官特洛伊·米德尔顿（Troy Middleton）将军很快就发现，德国人不出意料，已经加强了布雷斯特的防御工事，储备了大量弹药，正急急忙忙破坏港口设施。战斗很快就演变成逐门逐栋的厮杀，美军还对老城内的巨大城墙展开攻击。双方俨然回归为中世纪围城者和被围困者的角色。

直到9月19日，两万多名幸存德军才放下武器，而时间已经过去了六个多星期。盟军还是竹篮打水一场空，港口设施早已被炸成废墟。当港口修复后，布雷斯特已经无关紧要了，因为盟军即将占领北方更大、更具战略意义的安特卫普港，而且此处与不断向前推进的美军战线也越来越远。对德军而言，如果先炸毁港口，然后撤出驻军，这样就能参与诺曼底防御，实战效果可能更佳。

强攻布雷斯特和瑟堡并未取得预期战果，盟军只得承认正面进攻因德军的静态防御策略而蒙受了相当大的损失。于是盟军开始跳过诸多沿海港口，不再实施围攻。在1944年11月安特卫普港准备就绪，可以接受货船靠岸前，盟军只能凭借停靠在诺曼底海滩上、唯一一座原本为英军配备的"桑葚"码头得到补给。8月，盟军发动"龙骑兵行动"，在法国南部登陆，并占领马赛，一定程度上缓解了后勤压力，但依然饱受物资短缺之苦。讽刺的是，盟军还认为德军战略是错误的：成千上万的德军士兵正困在港口要塞中，此时其他地区的抵抗强度却开始

334

减弱，德军迫切需要这些生力军增援。[55]

　　布雷斯特鏖战之后，盟军在 9 月初切断了下一个重要港口拉罗谢尔与外界的联系，将其彻底封锁。死守该城的德国第265 师孤军奋战，直到 1945 年 5 月 8 日战争结束时才向盟国投降。圣纳泽尔和洛里昂采取了同拉罗谢尔一样的"大西洋口袋"战略：虽然双双于 1944 年 8 月中旬被盟军围困，不过盟军从未发起强攻。事实上在战争结束时，圣纳泽尔是最后一个被德军控制的法国城市。

　　1944 年 9 月，盟军才不紧不慢地包围了具有重要战略意义的圣马洛港和勒阿弗尔港。这两座城市都属于德国大西洋壁垒上最强大的据点。其防御体系得到大幅提升，可以抵御舰炮、陆军火炮和航空炸弹的轰击。尽管如此，盟军还是尝试使用猛烈的轰炸战术，将要塞化为齑粉，从而避免再次遭受瑟堡和布雷斯特的损失，并且还要在残骸中重建港口。第一个愿望实现了，第二个成为泡影。盟军于 1944 年 8 月初开始攻击圣马洛，立即发现该城防御无懈可击，于是对其使用燃烧弹。可怕的大火摧毁了这座城市。美军在 8 月 17 日进入港区，此时这座历史悠久的港口城市已是一片残垣断壁。

　　勒阿弗尔同样沦为废墟。盟军在 1944 年 9 月 10—12 日发动了最后一次进攻，三天后，残存的 1.2 万名德国守军成为俘虏。尽管英军损失轻微，但该港口被破坏得一塌糊涂，在战争最后十个月都无法为盟军提供补给服务。蒙哥马利将军认为法国最北部，面对英吉利海峡的布洛涅（Boulogne）、加来和敦刻尔克对英军前进至关重要，而且更容易围攻。但这些海港城市最终还是重复了之前令人沮丧的悖论：盟军要么置之不理，干脆绕过，直至战争结束（敦刻尔克，1944 年 9 月 15 日—1945

年 5 月 9 日），要么码头因猛烈战火摧残而丧失功能。即使盟军在 1944 年 9 月以较小损失攻占了几处港口，如布洛涅（9 月17—22 日）、加来（9 月 22 日—10 月 1 日），但因为设施已被摧毁，所以没有收获任何战果。

盟军对于到底应该强攻法国港口还是绕过而犹豫不决，这在很大程度上是安特卫普的不确定性所造成的。这座城市距离伦敦市中心的直线距离还不到 200 英里，与鹿特丹（直到 1945年 5 月 5 日才解放）一道，一直是欧洲通往大西洋的两个最重要的巨型港口之一。随着盟军在 1944 年 8 月适时占领了完好无损的安特卫普，以及布鲁塞尔，他们对法国港口的需求似乎有所降低。安特卫普是一座大型城市，靠近工业发达的鲁尔区（仅 120 多英里），因此盟军希望能够在 1944 年冬天来临之前就攻入德国本土。但蒙哥马利将军未能在 9 月初确保斯海尔德河口安全。因此就算安特卫普码头本身安全无虞，但若不能控制通往港区的长距离航道，货轮依然不能平安抵达目的地。于是盟军只好又发动一场代价高昂而又毫无必要的可悲战役（10 月2 日—11 月 8 日），只是为了控制河口，保障运输船能够畅通无阻地进入这座比利时港口。归功于加拿大军队的英勇战斗，盟军总算到 11 月 12 日后才终于从安特卫普开始接收大部分海运而来的补给物资。由于充分利用了安特卫普和地中海上宝贵的马赛港，盟军此时便不再迫切需要大举进攻南法港口，或迅速修复那些盟军已经占领的海港了。[56]

德军岸线守军人数一度达 40 多万，全部被困在要塞内动弹不得，最终都会投降。但诸如时间有多久、代价是什么、获益者是谁，这类关于包围他们是否明智的关键问题从未有答案。为了避免在蒙受巨大损失的情况下夺取港口，盟军围攻部队面临着选择难题：要么不计风险，立即突袭港口要塞；要么先将其炸成瓦砾；或者干脆完全封锁这些据点，然后漠然置之。

正确的回答取决于一些无形的因素，但也从未被恰当地提及。这就解释了为什么唯一幸存下来的人工"桑葚"移动码头一直运作到 1945 年初，整整八个月。如果这些港口对盟军来说用处有限，那么里面的德国守军也就对保卫德国本土没起到任何作用。伦德施泰特将军在记录中写道，他认为希特勒下达的死守命令注定了港口内成千上万名德军士兵的失败命运。这些关键部队本可以用来保卫帝国。"我们后来在这些水泥堡垒里损失了 12 万人。当我军从法国撤退时，我一直认定这是对宝贵兵力的可悲挥霍。至于大西洋壁垒，只有亲眼见到才能得知实情。它没有纵深，防御面也很小，纯粹是骗人的东西。"根据白俄贵族玛丽·瓦西尔奇科夫（Marie Vassiltchikov）的战时柏林日记，德国公众显然相信这些虚假的防御工事将是盟军不可逾越的障碍。她在 1944 年 6 月 6 日写道："期待已久的登陆终于开始了！盟军已在诺曼底登陆。我们已经听说了很多关于著名的大西洋壁垒的消息，据说它坚不可摧。就让我们拭目以待吧！"[57]

面对岛屿要塞，进攻者通常需要实施两栖作战，或者从大陆建造一座陆桥，就像亚历山大大帝在公元前 332 年攻占岛上城市推罗（Tyre）所使用的策略那样。然而，这些要塞的命运与其说取决于强大的防御工事和驻军规模，不如说依赖当时的双方战略态势和守军特质：处于围困中的轴心国和苏联军队很少放弃，英美军队常常投降。围攻期间，据点到底是攻不破的要塞还是坟墓，守军能否获得可靠的补给支援，取决于附近的海、空优势归属于哪一方。

小小的马耳他岛面积只有 100 平方英里，1940 年人口仅 25 万，压根不可能抵御轴心国的进攻。1565 年，奥斯曼苏丹苏莱曼大帝（Suleiman the Magnificent）原本计划以雷霆之势一举占领这座基督教徒的据点，却未能如愿。1940 年 6 月 10 日，就在意大利适时向盟国宣战后不久，墨索里尼就首次派遣空军轰炸马耳他。此后，被"领袖"墨索里尼称为"我们的马耳他"（Malta nostra）承受了超过 3000 次德意联军的空袭。不到一年时间，地中海成为轴心国的内湖，被炸得一片狼藉的马耳他就是湖中一座孤立的小岛。北地中海沿岸国家——西班牙、法国、意大利、南斯拉夫、希腊和土耳其——要么落入轴心国魔掌，要么名义上保持中立，实际上同德国纠缠不清。1942 年中期，隆美尔击败英军，迫使其撤出利比亚，返回埃及。非洲海岸地区大部分仍然被德国或意大利控制，或者由维希法国傀儡政府管辖。[58]

克里特岛和西西里岛是另外两座从欧洲入侵非洲（反之亦然）的传统跳板，如今也被轴心国占领。科西嘉岛和撒丁岛同样如此。1940 年 6 月法国崩溃后，其地中海舰队一并消亡，马耳他亦失去了安全的海上航线。就相对规模而言，意大利海军的数量已经超过了脆弱的英国地中海舰队，而且后者只要胆敢在直布罗陀和亚历山大港之间航行，就会因没有制空权而遭到空袭。英法两国甚至在法国沦陷之前就曾考虑彻底放弃马耳他。当时马耳他岛上的空军只有三架格罗斯特公司生产的老旧"角斗士"双翼战斗机，每一架还有自己的绰号，分别为"信仰"号、"希望"号、"仁慈"号。这点兵力对敌人毫无威胁可言，英国几乎已经放弃了所有坚守希望。1940 年至 1942 年在地中海战争中发生的一切重大事件——法国舰队消亡；维希法国控制摩洛哥、阿尔及利亚和突尼斯；意大利参战；轴心国入侵北非；敌军在西西里岛和克里特岛建立基地；德国 U 型潜艇出没于地中海——对马耳他的境况都是雪上加霜。[59]

为了攻破岛上强大的壁垒，入侵者总是需要拥有区域制海权，并得到足够补给，才能确保两栖登陆、封锁、占领得以有效进行。这样的任务在任何时代都无比困难，正如奥斯曼帝国军队在 1565 年攻打马耳他岛的防御工事，却被人数甚微的医院骑士团①击败。即使是现代海、空军也没有真正改变这种古老的战力计算方法。虽然德意军队几乎歼灭了驻守马耳他的空军，但英国利用航空母舰为该岛定期补充战机，导致德国空军从来没有彻底获取制空权。轴心国并未派遣部队登陆这座岛屿。尽管墨索里尼自命不凡，但他在戏剧性地宣战之后，却没有认真地制订过任何入侵计划。[60]

马耳他经历了两次空中围攻。第一次由意大利主导，目的在于配合墨索里尼在 1940 年保卫利比亚的行动。尽管一开始英国无力向该岛提供现代化战机，也不能在瓦莱塔安全停靠主力军舰，但意大利人在 1940 年 6 月至 12 月间发动的空袭却显得心不在焉，最后宣告彻底失败。他们的海、陆、空部队缺乏足够的燃料、补给、专业技能，因此无法对这座城市进行系统性轰炸，也不能使之屈服，更没有击败英国舰队和岛上的驻军。意大利海军既没有独立空战能力，亦不具备夜间作战水平，尽管不乏英勇战斗的事迹，但在塔兰托、卡拉布里亚（Calabria）、

---

① 医院骑士团于 1099 年在耶路撒冷成立，是一个拥有独立主权的政治实体，延续至今有近千年的历史。1530 年，骑士团把总部迁往马耳他；1565 年，成功抵御奥斯曼入侵；1798 年，拿破仑将骑士团赶出该岛。医院骑士团总部现位于意大利罗马。

马塔潘角的三次早期海上交锋中均败于英国舰队。只要进出地中海的直布罗陀和苏伊士还在英国控制之下，德国和日本就不可能派遣大型舰队参与意大利海军在地中海地区的作战行动。[61]

1941 年 2 月，隆美尔率领非洲军团登陆利比亚，挽救了陷于困境的意军。马耳他短暂的喘息期也到此结束。德军基地西西里岛距马耳他仅 90 英里；1942 年 6 月，德军又占领了距马耳他 220 英里的的黎波里。这意味着来自西方的援助被切断。德军控制下的克里特岛则阻止了自身难保的埃及英军从东面驰援。

不料马耳他因一件意外事件逃出生天。1941 年 5 月 20 日—6 月 1 日，德国空降兵成功占领克里特岛，但近 7000 人伤亡。面对惨重损失，希特勒再也不愿意在地中海地区发动伞降突袭行动了。然而，元首一方面冲动地入侵苏联，到 1941 年底，已经有数十万德军官兵阵亡，另一方面却不敢冒险派遣一支小型军队攻击马耳他，着实令人费解。这座岛屿守军更少，面积远小于克里特岛，因此获胜概率更大。而且德军补给物资须通过铁路从欧洲北部向南运至地中海，然后再经船运送到北非，由此马耳他的战略地位更为凸显。

德军在地中海地区不仅缺少航空母舰，而且没有任何大型水面舰艇，因此并不急于派遣 U 型潜艇靠近直布罗陀。盟军入侵西西里岛（1943 年 7 月）之后，甚至在登陆法国南部（"龙骑兵行动"，1944 年 8 月）之前，U 型潜艇的活动就开始时断时续，后来几乎完全终止。虽然有近 50 万吨盟国商船在地中海被 U 型潜艇击沉，其中还包括 24 艘皇家海军舰只；虽然盟国在地中海的东西向航线比轴心国从南欧至北非的南北交通线要长得多，也更加脆弱，但这条亚历山大港和直布罗陀之间的运输海路从未被完全切断。[62]

最后一个关键因素是新参战的美国。英美海军和两栖登陆部队将在 1942 年 11 月 2 日抵达北非，此时距德国和意大利向美国宣战仅过去 11 个月。日益强大的盟军终于解除了马耳他的孤守困境。地中海的 U 型潜艇被彻底铲除，意大利舰队偶尔试图突围，同样也被击败。1942 年春，美国"胡蜂"号航空母舰曾两次向马耳他增派"喷火"式战斗机。轴心国之所以在北非失利，原因之一是它们只控制了现代地中海地区五个咽喉要道中的两个（克里特岛和西西里岛）。其余三个——直布罗陀、马耳他和苏伊士——更具战略价值，掌握在盟国手中，它们对维持欧洲通往北非的物资补给线至关重要。如果希特勒拿下了直布罗陀，那么马耳他将注定灭亡。

以马耳他为基地的舰艇和飞机给轴心国运输舰队带来了严重损失。随着苏联和美国加入战争，地中海的后勤保障格局也发生了根本性变化。到 1942 年底，轴心国向北非输送的所有补给物资中超过四分之一被驻扎在马耳他的飞机和军舰摧毁。在马耳他及其周边海域的战斗中，轴心国损失了 500 多架飞机，2000 多艘商船被击沉，还有 17000 多名水兵和飞行员丧生。

英国也为固守马耳他付出了高昂代价，共损失了两艘航母、一艘战列舰、两艘巡洋舰、19 艘驱逐舰和近 40 艘潜艇。轴心国补给线为何瓦解一直存在争议。到底归功于马耳他守军，还是得益于 1942 年 11 月美军和庞大的盟军舰队投入地中海战区，抑或德国在东线不断消耗军力？但如果没有马耳他，盟军在地中海中部就没有可靠的空中威慑力量。轴心国将军们的观点是正确的，即马耳他令他们在北非的所有努力化为徒劳。空袭过后，马耳他到处都是残垣断壁，但这场战役再次证明，在 20 世纪围城战中，空军可以夷

339

平一座城市，但不能完成占领，也不能彻底将其抹除。[63]

新加坡是位于马来半岛顶端的一座英国岛屿要塞，经常被称为"太平洋的直布罗陀"。但无论从其战略重要性还是坚固程度来看，都言过其实。尽管该基地被誉为英国港口要塞的杰作，而且同样独立于周边的马来西亚陆地，但新加坡并非战略咽喉。从西侧进入地中海，每艘船都必须经过直布罗陀防御工事大约八英里范围内的区域。相比之下，船舶可以选择在澳大利亚和亚洲大陆，以及太平洋和印度洋之间的航线通行，而不必进入新加坡附近的海峡。日军占领新加坡后，盟军在整个战争期间干脆对这个要塞置之不理，显然发觉那里的日军基地对盟军摧毁日本海外帝国的行动毫无威胁。[64]

正如二战前的许多岛屿要塞一样，新加坡也反映了战列舰年代推崇巨炮的时代特征。储备了大量穿甲弹的五门 15 英寸口径舰炮被设计成面朝大海、正好瞄准来自空旷海洋的敌军主力战舰。巨大的炮台可以阻挡像"大和"号和"武藏"号这样从未在战场上出现过的战列舰靠近。但新加坡要塞无法抵挡来自大陆的地面攻击，或者从远方航空母舰和南亚基地起飞的海军航空兵的空袭。它的战斗机部队就像马耳他一样，数量太少，机型过时。正处于低谷期的英国显然已经下定决心，必须收缩战线，减少在太平洋地区，尤其是新加坡军事基地的投入，方能保护本土海域，并在地中海维持一支实力可观的舰队。[65]

尽管如此，新加坡还是不应该沦陷，或者至少不应像 1942年 2 月那样迅速投降。起初，英国航母部队就为其补充了一些由霍克公司制造、相对现代化的"飓风"式战斗机。要塞防御总指挥官亚瑟·珀西瓦尔（Arthur Percival）中将是一位曾在一战中荣膺勋章的资深军人，在两次大战期间有过杰出的服役经历。他统率的防御部队至少有 10 万之众，其中近三分之一是英国人和澳大利亚人。

相比之下，战后被盟国军事法庭以战争罪判处死刑的日军将领山下奉文仅率领 3.5 万名官兵从泰国出发，沿马来半岛南下，以每天 10 英里的速度艰难跋涉了 650 英里。当他们接近这座岛屿要塞的时候，已经被丛林和袭扰折磨得筋疲力尽。新加坡守军相对而言已处于战备状态，数量达兵临城下的山下奉文部四倍之多。历史上的围攻战几乎从未有人数处于劣势的进攻者成功攻入要塞城市的战例。从雅典人围攻锡拉库萨到德军攻击莫斯科，那些胆敢挑战不可能的军队通常都会遭受灭顶之灾。可是山下奉文做到了。

士气是他取得胜利的主要原因。在 1941 年 12 月至 1942 年 2 月的大部分时间里，山下奉文将英军击退回新加坡。这对于曾经自信满满的自治领军队来说可谓不可思议。他们开始对丛林感到恐惧，并且莫名其妙地认为，作为亚洲人，大部分来自城市的日军装备更好，所以能够顺利穿越雨林。随着日本空军现身，尤其是三菱制造的战斗机和双引擎轰炸机呼啸而来，英国人更加心神不宁。两年多前，英国"飓风"式战斗机曾与德国空军激战，为拯救英国发挥了极为突出的作用。此后，这批飞机运抵新加坡，加强此地空军力量。不过日本飞行员在通常情况下都能击败数量日益减少的"飓风"。要塞内原有一些陈旧的"剑鱼"轰炸机、"牛羚"轰炸机和布鲁斯特"水牛"战斗机。尽管飞行员们英勇战斗，但这些飞机在很短时间内都被证明是名副其实的"飞行棺材"。英国空军在此前的战斗中足以匹敌顽强的德国空军，但此刻他们震惊地发现，就算多出两

340

年实战经验，面对所谓不那么老练的日军飞行员，自己居然还没有做好准备。[66]

一年多前，英国海军曾利用海军航空兵对停泊在塔兰托的意大利战舰发动了一次精彩突袭；在 1941 年 5 月下旬，英军刚刚通过航母舰载机延缓了德舰"俾斯麦"号的逃跑速度，从而一举将其击沉。然而令人费解的是，就在太平洋战争爆发前夕，英国却在没有空中掩护的情况下，向新加坡派遣了由几乎是崭新的"威尔士亲王"号战列舰、老式但依然拥有强大战斗力的"反击"号战列巡洋舰，以及四艘驱逐舰组成的 Z 舰队。英国人相信，这支拥有 14 英寸和 15 英寸口径火炮的舰队足以令日本海军主力舰胆寒，重演经典的日德兰海战。

然而，珍珠港事件三天后，这两艘战列舰和战列巡洋舰就在新加坡以北 100 英里的地方被至少 82 架从印度支那基地起飞的鱼雷轰炸机和俯冲轰炸机炸得四分五裂。这场可怕的战斗令英军彻底绝望，丧失了坚守要塞的信心。新加坡的防御体系其实建立在幻想之上：英国人天生就比日本人优秀，英军的船舶飞机性能出色，驾驶员技术也高人一等。然而事实恰恰相反。第一代零式战斗机飞行员非常杰出，而且至 1942 年 2 月，日本已经拥有了世界上最庞大的航母舰队。英国人在 1912 年发明了航空母舰，如今却忘记了他们自己发现的准则：没有空中掩护的战列舰就是不堪一击的靶子。海军上将汤姆·菲利普斯（Tom Phillips）爵士是英军中为数不多尚未意识到主力舰在空军面前毫无还手之力的高级军官之一。他最后在日军轰炸机和鱼雷机的攻击中悲剧性地阵亡。新加坡很快就暴露出一个凄惨现实：这座大型海军基地竟然没有一艘主力舰。[67]

日本士兵突然从愚昧落后的亚洲土著摇身一变，成为太平洋超人。珀西瓦尔中将开始相信，他的军队无论在陆地、空中还是海上都无法阻止绝不会停下脚步的日本人继续前进，而且一旦失去撤退空间，继续战斗也将失去意义。事实上，当山下奉文的部队将新加坡岛与大陆的联系切断，并于2月8日开始渡海时，日军早已被丛林和疾病折磨得疲惫不堪。可是日军轻而易举地就通过狭窄海峡，顺利登陆这个城市国家，随后仅用了一周时间就打得英军全线崩溃。珀西瓦尔投降时，在这场岛屿保卫战中，以英国人为主力的守军只有区区5000人伤亡，还有十几万部队装备有700多门大炮和野战炮，并没有丧失战斗力。

温斯顿·丘吉尔万分沮丧，觉得这一切简直是丢人现眼。虽然他错误地批准Z舰队在"光辉"号（HMS Illustrious）航空母舰（在加勒比海地区受损）缺席的情况下前往新加坡，而且愚蠢地通过添油战术，逐次派遣增援部队保卫新加坡，不过丘吉尔后来写道，战争中很少有什么事情像失去了他最中意的战舰这样，令他压抑不已："我在战争中从来没有受到过比这更直接的打击……我在床上辗转反侧，心头充满了恐惧。"

丘吉尔在谈及这次投降时，说了一句名言："这是英国历史上最严重的灾难和最大规模的投降。"事实上，这还算不上是英国最惨重的军事灾难（有长长一串名单，如约克敦、新奥尔良、帕斯尚尔、加利波利、索姆河或敦刻尔克等战役），却是最屈辱的投降。显然，丘吉尔曾以为驻守新加坡的英军能够像处于围困中的苏联人那样英勇战斗。在列宁格勒，为了拯救他们的城市而牺牲的苏联军民比为新加坡阵亡的人多出20倍以上。[68]

新加坡是一个殖民大都市，随着难民涌入，人口至少已达

50 万，食物和淡水必须限量供应。珀西瓦尔将军显然认为继续抵抗不仅徒劳，而且会威胁成千上万平民的生命。就算今天抵挡住了山下奉文的部队，不久之后必然还有一支更大规模的日本远征军抵达，况且英国或美国救援舰队出现在地平线上的机会是零。

　　假如英国人提前知道日军对平民和战俘施加的可怕暴行，他们大概就不会如此轻易地投降了。日本秘密警察随后处决了五万多名华人，特别是在臭名昭著的肃清大屠杀（Sook Ching Massacres）① 期间，更是滥杀无数。战争初期，没有几个欧洲人或美国人能意识到，他们自己向日本投降，将导致成千上万的亚洲人被杀害。日军以这些受害者与所谓"大东亚共荣圈"的敌人合作为由，对其大开杀戒。[69]

　　珀西瓦尔面色苍白，体型瘦削，门牙突出，形象不佳。在他可耻地投降后，人们简单地将其想象成讽刺漫画中的样貌，即一具在危机前呆若木鸡的活化石。然而，作为英国殖民地官员，珀西瓦尔其实也有真实的一面。他对敌人的凶残一无所知，也不清楚敌人同样拥有现代化战争资源。他因自己的种族和国家不再得到理所应当的尊重而备感困惑。他似乎认为这个相对强大的东方国家在 1920 年左右就已经僵化不堪，根本不知道日本在此后 20 年，其空军和海军取得了怎样的成就。至于围攻本身，珀西瓦尔并没有认真加强岛上的岸线防御工事。他错误判断了敌人的主攻方向，固执地认为日军会在新加坡东北海岸登陆。他也没意识到，在 1941 年初那个至暗时期，坚守新加坡对

---

　　① 肃清大屠杀是日军在第二次世界大战中占领新加坡和马来西亚后，针对当地华人与反日志士的有计划屠杀和种族清洗。

于稳定太平洋上的英国部队军心具有多么重要的象征意义。[70]

公平地说，人们也很难想象英国控制下的新加坡能够比科雷希多岛坚持更长时间。如果说美国在菲律宾的这个据点更为孤立，那么它也是一座防御更强的要塞。这里领导有力，士气高昂，而且本土部队能更有效地与美军整合在一起。然而，仅仅三个月后，它也陷落了。

英国的"新加坡战略"制定者断言，鉴于实际可支配兵力有限，在过于突前的太平洋大型军港进行防御作战可谓先天不足。由于战前相互猜疑，又没有做到充分联合备战，美英两国就在新加坡驻扎美国军舰的初步协商未能达成一致。即便新加坡拥有一支更强大的盟军水面舰队，仅凭太平洋上一两艘英国和美国的航母就想在第二次世界大战的最初阶段击败世界上最强大的日本航母舰队，显然也不切实际。[71]

新加坡沦陷时，盟军只有四艘主力舰（三艘美国航母和一艘战列舰）在东太平洋作战。1942 年底，就只剩下一艘美军航母还能继续战斗。盟军残存的所有战斗机在数量和质量上都不如日军。战术上的失误和战略上的迟钝注定了新加坡的失败命运；不过，当珀西瓦尔被日军俘虏时，他的抱怨也不乏道理："我输了，因为我从来就没有赢的机会。"新加坡在 1942 年本还能苟延残喘一段时间，但鉴于日本帝国海军的强大实力，指望英军长期坚持下去无异于痴人说梦。[72]

具有讽刺意味的是，日本人在战争期间发现，占领新加坡除了宣传价值外，没有其他战略优势。要针对印度和缅甸发动军事行动，有更近的基地；要保卫日本，也有更合适的据点。除了作为轴心国的潜艇基地，新加坡最主要的战略价值就是仓库，存储来自马来亚宝贵的金属锡和橡胶（占当时世界供应量的 60%）。它就是日本的"挪威"，当战争陷入胶着时，反而牵制了大量占领军。1944—1945 年，英美联军将进攻重点集中在离日本本土更近的岛屿上，完全绕过了新加坡。这座要塞最后按照法国大西洋港口的方式，直到 1945 年 9 月才投降。日占期间，有数万名平民被残忍处决，除此之外，英国人发现它的现状与 1942 年 2 月离开时差不多。[73]

与新加坡相比，菲律宾更接近中国和日本。马尼拉离香港只有 700 英里，距东京仅 1900 英里。在日本海军规划的新太平洋帝国中，这些岛屿是补给航道中的关键节点。在日本人看来，于 1942 年初攻克一座巨大的美国基地，在战略上甚至心理上都比占领英国的新加坡重要得多。

科雷希多岛（米尔斯堡）是美军设防的四座小岛（其余三座要塞分别为德拉姆堡、休斯堡和弗兰克堡）中面积最大，也是最重要的一个，镇守宽阔的马尼拉湾入口，确保美国能够对整个菲律宾群岛实施有效控制和管理。在珍珠港偷袭前夕，驻守菲律宾的是美军传奇人物道格拉斯·麦克阿瑟将军。他麾下有大约 7 万名官兵，其中包括 2.5 万美军。主力部队驻扎在吕宋岛，布置于菲律宾首都马尼拉周围。与马来亚不同的是，菲律宾已得到允诺，正在向独立建国过渡，而且美国人的殖民历史也不长。其结果是当地军队和外国占领者之间的关系反而更为密切。

与新加坡的防御力量相比，麦克阿瑟的空军相当强大，拥有约 107 架新型 P-40 战斗机和 35 架 B-17 轰炸机，此外还有一些肯定是即将淘汰的飞机。但麦克阿瑟也认为，在未来的战争中，他的前沿部队可能会在珍珠港的美国舰队受到攻击之前就卷入冲突，因此可以从夏威夷获得补给。日本偷袭珍珠港的精明之处在于，它首先袭击了被认为是最安全的美国太平洋基地，以及美国海陆军暴露在外的前哨站、神经节点和补给中心。

战争首日，刘易斯·布里尔顿（Lewis Brereton）少将的空军部队还没来得及起飞，就在地面上被日军抓了个正着。18 架 B－17（占其兵力的 51%）和 63 架 P－40 战机（59%）被摧毁。日本人的围攻还没开始，美国空军就几乎全军覆没。1941年 12 月中旬，一番持续空战后，美军剩余轰炸机撤离到澳大利亚，此刻空军除了过时的 P－35 战斗机外，在菲律宾就一无所有了。驻菲律宾海军的情况也是如此。日军轰炸机迅速摧毁了岛上 29 艘潜艇所必需的军备物资和（有缺陷的）鱼雷。于是这些潜艇旋即被重新部署到澳大利亚。[74]

日军于 12 月 22 日在马尼拉北部登陆后，本间雅晴率领 4.3 万人很快便占领了马尼拉。他在战后因犯有战争罪而被行刑队枪决，而不是像新加坡征服者山下奉文那样被绞死。在战局崩溃的情况下，美军还指望在巴丹半岛顽强抵抗后逐次撤退，而拒绝全员退守马尼拉湾。用一开始就过于自信的麦克阿瑟将军的话来说，"本间雅晴有瓶子，但我掌握了瓶塞"。事实上，麦克阿瑟在瓶子里，本间雅晴才是拿着塞子的人。[75]

如果是抵抗短期围攻，科雷希多岛（"岩石"）几乎坚不可摧。其区区 1735 英亩的土地上树立起 56 门重型火炮。其中两门 12 英寸口径大炮可以发射 900 磅炮弹，准确命中从 17 英里外接近的敌舰。隐藏在地下掩体中的 12 英寸迫击炮威力更大，可更为有效地杀伤吕宋岛本岛上的敌人。其他较小的岛屿要塞同样处于钢筋混凝土巨型掩体的保护之下。在德拉姆堡，甚至还有口径更大的 14 英寸火炮。然而，这种僵化的武器在新时代的空军、机械化部队和机动火炮的打击下毫无还手之力。正如新加坡的情况一样，美军的大炮折射出在那个已经逝去的遥远时代里殖民者的心态和防御理念。在19世纪和20世纪之交，殖民地前哨基地所面临的威胁通常是西方其他舰队的无畏舰，而不是亚洲地面部队从陆地上发起的进攻。[76]

在美军从巴丹半岛撤离之前，堡垒里就有超过5000名士兵驻守。科雷希多岛是一座名副其实的要塞。迷宫般的地下隧道长达60英里，相互连接的通道和道路纵横交错，甚至还有一条20英里长的电车线路。横向通道里装满了食物、弹药和汽油。可是就像几周前英国在新加坡的防御工事一样，科雷希多要塞装备的火炮还是40多年前的型号，天生就无法应对炮轰和空袭，也无法抵御从菲律宾本土向其后方发动的入侵。

这里还有类似于新加坡的其他问题。虽然不乏大型火炮，但大部分炮弹都是用来撕碎战舰的穿甲弹，而不利于杀伤堑壕里的步兵。许多大炮发射的炮弹为典型的水平弹道，也不适合打击附近的地面目标。科雷希多岛从来没有为抵御空袭而充分改进工事，配置相应的武器。比如两门最大的火炮仍然暴露在混凝土垫板上，从空中看起来是再好不过的目标。科雷希多要塞就是陆地上的巨舰"俾斯麦"号、"提尔皮茨"号、"大和"号、"武藏"号，大而不当，没能发挥什么作用。

与马耳他的情况不同，菲律宾周边海域没有友军舰队，更不用说运输船队为堡垒提供补给，加强防守了。寥寥数次企图通过海路向科雷希多岛输送物资的尝试都无法突破日本海军封锁。珍珠港距离此处有5000多英里，尚未从12月7日的袭击中恢复过来。至1942年1月，日本事实上控制着夏威夷以西绝大部分太平洋地区的制海权和制空权。[77]

经过四个月的战斗，大约有两万名日军伤亡，这或许证明美军的顽强抵抗是值得的。然而，即使科雷希多岛能坚守更久，美国海陆空三军也不可能立即突破封锁，拯救这些岛屿。美国还需要三年时间准备，依靠压倒性的海空优势，才能完成这项任务。

在美国人的心目中，菲律宾的重要性无出其右，以至于后来保卫及解放菲律宾的过程都不符合严格的军事逻辑。它的地位之所以特殊，部分原因是美西战争后，美国人开始习惯扮演新殖民主义占领者的角色，而且花费巨大的代价才好不容易镇压了菲律宾叛乱；此后他们又承诺将引导菲律宾人走向独立，并为此沾沾自喜。战争伊始，曾在麦克阿瑟将军手下担任驻菲军事联络助理的德怀特·艾森豪威尔谈及美国对菲律宾的义务时说："尽管为了保卫我们所拥有的每一项资产，必须克服困难，承担风险，投入激烈的战斗，但是像我们这样伟大的国家，无论怎样措手不及，也不能冷血地背弃菲律宾守军，以及群岛上成千上万的美国人、军队和平民。我们必须为这些不幸的岛屿竭尽所能，尤其是提供空中支援和至关重要的补给物资。"[78]

当巴丹陷落后，科雷希多岛人口就从 9000 人膨胀到 14000 多人。守军不可能养活大量没有战斗力的平民。这座要塞的土质跑道太短，暴露在外，即使附近的菲律宾诸岛屿还没有被日军占领，也无法安全实施空运。经过四个月的围攻后，这个要塞于 1942 年 5 月 4—5 日被攻陷。超过 1.1 万名俘虏被分散到亚洲各地和日本本土的战俘集中营关押。大约有 1000 名守军阵亡，另有 1000 人受伤。

科雷希多和新加坡一样，准确反映了二战期间围攻战的真实情况。英军、美军和意大利军队常常放弃阵地并投降，不愿

346

接受死亡。反之，日本和苏联守军，通常还有德国人，更有可能抵抗到底。其实，没有哪一方如伯里克利时代的雅典、罗马帝国或奥斯曼帝国那样精通围城之术。相反，是暴力，而非艺术，决定了一座要塞是屹立不倒还是彻底沦陷。拥有最多炸弹、炮弹、火炮和士兵，以及毫不顾及平民伤亡的一方通常会获胜。[79]

和其他战争方式一样，围攻战也是一面反映二战战场兴衰起伏的镜子。1943 年以后，轴心国再也没有能力发动一场成功的重大围城行动。这与此前它们在科雷希多岛、新加坡、塞瓦斯托波尔和图卜鲁格的胜利形成了鲜明对比。为何新加坡和科雷希多陷落，而马耳他幸存下来？这并不能完全用战前疏于防御来解释，因为马耳他在 1939 年和 1940 年的大部分时间里，防守力量都十分薄弱。真正的原因是，马耳他距离英国本土更近，而英国不可能像驰援马耳他那样为太平洋战区提供增援，而且日本舰队在太平洋地区的相对威胁远比意大利海军在地中海更大。当交战一方处于优势地位时，它很可能赢得围攻战役；当战争进展不顺时，无论轴心国或盟国都有可能失利。

如能将城市完全包围起来，将大大增加围攻战的获胜机会。列宁格勒之所以能够幸存下来，很大程度上是因为开通了穿越拉多加湖的运输通道。由于苏军一直在伏尔加河东岸活动，因此德军很难全面包围斯大林格勒。德国人也从未触及莫斯科的东部地界。士气、战斗技能和意志力方面的差异也同样重要。例如，在所有条件相同的情况下，日军就有可能占领马耳他，而意大利人则无法攻克新加坡或科雷希多岛。[80]

民主国家很少谈论城市保卫战，或宣扬守军要战斗到"最后一人"。当丘吉尔暗示那些被困在新加坡或图卜鲁格的人应做出这样的牺牲时，没有人把他的话当回事；而希特勒和日本军国主义者发出的类似命令则会得到坚决执行。苏联也是如此，也许没有哪位苏军最高指挥官会像麦克阿瑟得到指令后携家带口撤离科雷希多岛那样，离开具有象征意义的列宁格勒或斯大林格勒。[81]

选择合适的目标是重中之重。至少在 1942 年 11 月之前，德国还可以通过精明的外交手段和让步，赢得西班牙的支持，同意两国联合攻击直布罗陀。如果日本绕过新加坡和菲律宾，集中兵力首先拿下珍珠港，那么将对美国太平洋舰队造成更大伤害，并为占领和开发那些资源丰富的岛屿赢得喘息空间。莫斯科，而不是斯大林格勒，才是更好的战利品。图卜鲁格的重要性远不如马耳他、直布罗陀、亚历山大港和苏伊士。

为什么人们总是津津乐道于马耳他或列宁格勒围攻战，而忽视梅斯（Metz）或亚琛？这可能取决于一些无形因素，诸如目标的象征性地位、与战场的特殊联系、围困对战争全局产生的战术战略影响，以及战斗何时打响，又是谁在厮杀。马耳他战役期间，战争天平正处于平衡状态，而到了 1944 年 10 月 21 日，亚琛的命运在美军接近这座城市时就已注定。全世界都记住了列宁格勒和莫斯科这两座标志性城市，梅斯则默默无闻。

有一个关于第二次世界大战流传甚广的论断：那些永久的、固定的、线性的防御系统很少能抵挡住攻击。实战证明这一论断基本正确。尽管某些伟大的防御工事曾经声名远扬，但最后还是全部被攻破，有时甚至易如反掌。进攻者利用空降、绕道、包抄，乃至简单地直接穿越，就让马其诺防线（1940 年）、大西洋壁垒（1944 年）、齐格菲防线（1945 年）失去效力。当德军攻占斯大林格勒或列宁格勒时，如果希特勒投入的物资和精力与建造大西洋壁垒和齐格菲防线一样多；如果法国将投资在马其诺防线上的花费用于装甲部队上，那么战争早期进程可能会发生巨变。[82]

第二次世界大战之后，战争进入导弹和摩托化时代，人们又一次期望围攻者不再试图攻破要塞和城市，就能达成战略目标。然而，无论是成功还是失败，围攻战仍旧一如既往：柏林（1948—1949 年）在封锁中生存下来，奠边府（1954 年）则失守；溪山（Khe Sanh，1968 年）、杜布罗夫尼克（Dubrovnik，1991—1992 年）、萨拉热窝（Sarajevo，1992—1996 年）的防守依然坚不可摧。

第二次世界大战期间的围攻战提醒我们，虽然进攻方和防守方的军事技术已与古代大相径庭，但各自的目标始终不变。城市聚集了政府机构、工商企业，承担着军事中心、交通枢纽的职能；各主要城市，尤其是在不临海的东线内陆，理所当然是二战时期军队的攻击目标。[83]

如果盟军在 1944 年 6 月占领了完好无损的法国大西洋主要港口，他们就可能在 12 月前越过莱茵河。如果盟军坚守住了新加坡和科雷希多岛，太平洋战争的进程就会有所不同。苏联城市列宁格勒和斯大林格勒幸存下来，英军守住了马耳他，从而改变了战争走向。

20 世纪以前，由于没有内燃机，而且沉重巨大，火炮基本上都固定不动。只有在海上，安装在战舰上的大口径火炮才能够高速运动。它们的作用通常是攻击其他战舰。即使第一次世界大战中出现战斗机后，高爆武器也仅限于航空炸弹和火箭，因为大多数战斗机和轰炸机的机身无法承受高爆炮弹和炮管的重量，以及超过 40 毫米口径火炮的巨大后坐力。

然而，一战时期的军队将汽油发动机安装在轮式或履带底 349
盘上，用来移动大型火炮。这些车辆不仅可以在干道上疾驰，
大部分情况下还能机动越野。在以往战争史上，火炮一直是静
止不动的武器，很难瞄准运动中的步兵；现代火炮的移动速度
却和步兵一样，甚至更快。正如本书第五部分将要指出的，由
于 1939 年的火炮发射速度更快，威力更大，机动性与致命性完
美结合，重炮成了战争中最具杀伤力的武器。对步兵同样不利
的是，火炮改进不仅仅局限于发展口径更大、机动性更佳的巨
炮；新一代轻型迫击炮的口径也越来越大，这意味着火炮和轻
武器之间的界限开始模糊。第二次世界大战的步兵可以成为一
个既能打出小子弹又能发射大炮弹的射手。

这是一场提倡机动性的运动战争，步兵得以从之前噩梦般
的堑壕战和持续炮击所导致的死亡中解放出来。然而火炮又成
为最大杀手。交战各方迫于现实压力，生产的火炮、迫击炮和
坦克数量超过了从战舰到飞机，战争中其他所有主要武器系统
的总和。这种现象也就不足为奇了。

第五部分

烈焰

最致命的炮火

炼金术士们在寻找黄金的过程中发现了其他许多更有价值的东西。

——阿瑟·叔本华[1]

第十五章　坦克与火炮

从战争进入文明时代伊始，先进一方的步兵，特别是在寡不敌众的情况下，就迫切希望能够找到有效抵御敌人远程武器攻击的方式，这样数量较少的勇士才不会被一群乌合之众所杀。步兵和骑兵认为，死在一个看不清面孔的敌人从远处发射的利箭或其他抛射武器之下，是不公平的战斗。

公元前 4 世纪，斯巴达国王阿希达穆斯三世（Archidamus Ⅲ）在第一次看到投石机后说："人们不再需要赫拉克勒斯式的英雄！"这是为古代豪杰吟诵的挽歌。他的观念与 1943 年 3 月巴顿将军在突尼斯发出的悲悯不谋而合。将军从堑壕中看到毫无遮蔽的德国掷弹兵正奋力前进，但是被美国炮兵的交叉火力所困。他哀叹道："上帝啊，杀害这样优秀的步兵简直就是犯罪。"[1]

工业时代之前，没有什么方法可以有效保护战士们免受投射类武器的无差别攻击。希腊城邦战争中从未大规模使用重型战车。巴尔干半岛南部地形过于崎岖。在干旱的地中海气候下，饲养矮种马往往太贵。一辆战车通常只能容纳两名战士。亚历山大大帝的继任者曾经将几十头大象投入战斗。它们有时就像行走的坦克，击打步兵，驱散骑兵，并成为弓箭手的移动平台。但是进口大象很贵，维护成本太高，也难以训练。它们皮糙肉厚，但并非刀枪不入；身体上的孔口和足部是敌人优先攻击的目标。万一大象陷入混乱，它们对己方军队造成的破坏不亚于对敌人的杀伤。[2]

罗马军团就对投射武器的大规模攻击心有余悸。他们曾在东方与帕提亚马弓手作战时吃过大亏。为了应对这样的挑战，罗马人早就掌握了一种被称为"乌龟阵"的战术，其实就是"人体坦克"。当弓箭手出现时，军团在瞬间组合成一个名副其实的龟壳。他们将矩形盾牌相互咬合锁紧，四面八方形成屏障，大多数弓箭都无法穿透。虽然"乌龟阵"偶尔可以移动，但主要还是一种临时的静态防御机制，无法与进攻性的装甲部队相提并论。[3]

14 世纪，火药开始频现战场，打破了攻守平衡。抛射类武器的威力和射程不再取决于肌肉力量。人们不断增大实心炮弹的体积，加快发射速度，导致就连投石机也无能为力的石质城墙同样能被击得粉碎。火绳枪和后来的滑膛枪通常可以将盔甲一举击穿。放在轮子上的机动防御车——一种用传统木料、兽皮，甚至金属制成的保护罩——虽然足以抵挡抛射武器，但由于太重，很难利用人力或畜力驱动。[4]

科幻小说家 H. G. 威尔斯（H. G. Wells）在 1903 年写了一篇关于蒸汽动力装甲车的短篇小说《陆地铁甲》。他笔下的巨型坦克缓慢地在战场上穿梭，保护隐蔽在装甲舱里的枪手安全地朝敌人射击。[5]

三次重大突破使坦克从幻想世界中脱离出来，卷入第一次世界大战的旋涡。第一，19 世纪末，机枪和榴霰弹为进攻方带来了新优势。如今，几个训练有素的炮手可以在很短时间内杀死数百名没有保护措施的士兵。新威胁迫使人们寻求步兵防御的新思路。

第二，相对而言体积小、重量轻、以汽油为动力的内燃机使自行装甲车辆不再是空中楼阁。汽油机和柴油机是蒸汽机的革命性改进，终于让陆地车辆拥有了同海上船舶一样的机动性。第三，也是不太受到重视的一个因素是履带的发明。它取代了车轮，能更好地将钢铁装甲车辆的巨大重量重新分配在整个底盘上。履带车辆不用担心轮胎扎破，车轴故障，能够通行于那些普通车辆无法进入的崎岖地带。突然之间，自行装甲部队能够在几乎任何地方跟随，甚至带领步兵前进。

1916 年 9 月，英国人首次在索姆河战役中投入以汽油为动力的原始坦克。奇怪的车辆以一种前所未见的方式闯入德军防线。尽管这些不可靠的原型机并不算成功产品，但坦克还是极大冲击了堑壕战原有的静态模式。一年多后的康布雷战役，近 400 辆英国马克 Ⅳ 型战斗坦克于 1917 年 11 月 20 日冲破德军防线，但几天后由于机械故障和敌军炮火破坏而停止前进。

在第一次世界大战的最后两年里，协约国制造了成千上万 355 辆坦克；仅英法两国就生产了近 8000 辆。战斗终于不再局限在堑壕内了。德国和奥地利则没有部署坦克。不过装甲车辆的机械性能仍然不太可靠，而且速度奇慢，无法改变堑壕战态势。大多数情况下，它们的攻击性武器在杀伤力方面比不上大炮，装甲厚度也不足以抵御炮弹。[6]

在两次世界大战之间，由于坦克战术理论领先于技术限制，因此军事专家围绕如何正确使用这种新型装甲车辆展开了激烈争论。传统的步兵支持者希望坦克以装甲战车的方式，作为支援性车辆随同步兵作战。它们可以被整合进地面攻击行动中，承担移动掩体和机枪平台的角色。反过来，随行士兵负责清除地雷，应对反坦克手的伏击，避免耗资不菲的装甲车被摧毁。

或者，坦克兵可能会变成浪漫的披甲骑士。这些终极骑兵被安全地包裹在防弹盔甲里，肆无忌惮地向敌军冲锋，区别只是现在的坐骑烧汽油，而不吃干草。"骑兵"游说团反对组建独立的机动装甲部队，就像风帆木制战舰的拥趸对蒸汽驱动的铁甲舰嗤之以鼻一样。尽管如此，到了 20 世纪 20 年代，一旦任何一个欧洲主要的陆权强国研制出新型坦克，其他大国就不得不跟进效仿，以保持军事平衡和战略威慑，并呼吁对装甲部队实施同战舰类似的军备限制。其结果是，到第二次世界大战前夕，每个大国要么已经拥有了装甲部队，要么正在加紧组建。[7]

就像 20 世纪 30 年代空军理论家分为战斗机派和战略轰炸派而争吵不休一样，鼓吹建立独立装甲部队的预言家们也在同时迅速分裂为不同阵营。一些颇有远见的军人，如富勒、让 - 巴蒂斯特·艾蒂安（Jean - Baptiste Estinne）、夏尔·戴高乐、海因茨·古德里安将军和利德尔·哈特上尉，设想用装甲车取代重骑兵，成为一支独立的突击部队。由于子弹会从坦克的钢铁兽皮上弹开，因此在下一场战争中，装甲师可快速移动，作战半径将远远超过行动缓慢的步兵。坦克会在敌人的防线上轰出缺口，然后快速穿越或绕到敌人的后方，恐慌就会接踵而来。如此庞大的包围圈将导致敌军士气崩溃，紧随其后的步兵便能一举歼灭惊慌失措的敌人。

装甲坦克不仅能保护内部的炮手，让他们安全地肆意射杀敌军步兵，它还会在战线后方制造心理恐慌，用恐惧和惊骇来瓦解敌军，从而赢得整个战争。所有步兵都害怕坦克，就像同时期的轰炸机对敌国平民的威慑一样。坦克可以穿过带刺的铁丝网，碾过散兵坑，炮轰防御工事，用机枪横扫整片战场。和轰炸机一样，坦克总是能通过战区，抵达目的地。[8]

到了 20 世纪 30 年代初，坦克理论家的观点听上去不再那么离奇，因为装甲车辆正稳健发展，比一战中笨重的战车更大、更快、更可靠。随着现代战斗机、先进潜艇和航空母舰出现，西方战争似乎发生了翻天覆地的变化。这是自 14 世纪火药传播以来前所未见的新局面。

第一次世界大战后，坦克被视为一种可以避免再次出现类似凡尔登或索姆河战役的武器。正如巴顿在 1939 年所言："战争时间越短，牺牲的人就越少，于是战士们的自信心和热情就越高。为了让战斗速战速决，坦克必须快速前进，但不能仓促。"在大战前的 20 世纪 30 年代，军事战略家们的构想是，未来战争是一场由快速运动的装甲群所构成的机动作战。战斗将是短暂、机动、决定性的，不再是静态、固定和无休止的厮杀。这种浓烟滚滚、脏兮兮、喷射炮弹和子弹的机器被浪漫化为一种阻止或至少能缩短未来战争的方法。[9]

到第二次世界大战结束时，坦克的效能不仅取决于机器质量或班组成员训练水平，还有赖于数量。正如规模大得多的骑兵部队——即使战马不够强壮，即使骑手技能欠缺——通常能击败兵力不足的对手，坦克也成为二战战场上的决定性力量，尤其是一方拥有更多装甲车辆的时候。倘若没有"装甲数量优势"，战斗就会简单地变成昂贵的消耗战；坦克之间相互决斗，往往无法确定胜负。因此坦克的价值不在于它们自身的装甲，或打击其他坦克的威力，而是对抗那些没有同类装备的军队时释放出来的攻击力。

许多武器可以让快速前进中的坦克动弹不得：其他坦克、战斗轰炸机、火炮、单兵反坦克火箭筒或雷场。但在表面看来，最简单的方法莫过于用另一辆坦克击毁对手。当自己的坦克做不到这一点时，里面的坦克组便会陷入恐慌。1941 年夏天，入

357

侵苏联的德国装甲部队开始感到害怕，因为他们惯用的武器无法阻止苏军新型 T‒34 和 KV‒1 坦克的猛攻。一份德国军方的正式报告记录了他们面临的困境："我们的武器无法击毁重型坦克……我军弹药告罄，正被苏军坦克击溃。"类似于在丛林中捕食的弱小掠食者，德国装甲兵也充满恐惧，因为更厉害的"狮子""老虎"就在周边游荡。[10]

　　在极少数情况下，性能更优的坦克会毫不迟疑，当即攻击，力图彻底歼灭对方的装甲车辆。1944 年 6 月 13 日，诺曼底登陆后一周，武装党卫队传奇上尉米夏埃尔·维特曼（Michael Wittmann）指挥一支小型虎式坦克编队，在维莱博卡日（Villers‒Bocage）向英军第 7 装甲师发起进攻。这可能是装甲战争史上最著名，也最具传奇色彩的一次坦克冲锋。虽然交战细节仍有争议，不过毫无疑问，维特曼的坦克组及随行坦克用马克 VI 型虎式坦克所装备的 88 毫米火炮摧毁了敌军 14 辆坦克、15 辆其他装甲车辆和数门反坦克炮。（除了 1944 年中期，美国和英国装甲车制造厂生产的谢尔曼"萤火虫"坦克外，很少有标准规格的坦克能够阻挡住由来自东线、经验丰富的车长指挥的虎式坦克。）然而，尽管维特曼勇猛无畏，尽管他的"巨虎"占尽优势，尽管德国装甲部队锐不可当，却依然起不了什么大作用。面对盟军增援部队和空中优势，他只能丢弃受损坦克，迅速撤离战场，无法实质性地改变战役局面。根本原因还是维特曼的坦克太少了。他所带的随行士兵也远远不够。不仅如此，提供空中支援的德国空军的飞机和补给卡车都不足，就连燃料和弹药也十分匮乏。[11]

　　1944 年 8 月 8 日，可能是一辆来自加拿大军的"萤火虫"坦克将维特曼炸死。他在阵亡之前，据称击毁了惊人的 138 辆坦克。然而，维特曼精彩绝伦的表现告诉人们一个更重要的教训：在坦克战中，看似平凡的东西与耀眼的战斗锐气同样重要。如果坦克能够得到充足的燃料和配件，便于维护，数量庞大，有空军提供支援，老练的步兵伴随，处于火炮或反坦克武器的掩护之下，那么坦克的装甲防护能力、进攻性能和各项参数指标其实处于次要地位。德国装甲部队是二战中经验最丰富的劲旅，装备了最令人胆寒的坦克，可是在1942年之后，还是无力改变任何一场重大战役的进程。坦克，就像古代战象或现代战列舰一样，既是令人生畏的武器，也蕴含着致命的浪漫，但它们的成就最终还是取决于一些常规要素，而不是依赖坚不可摧的装甲、无坚不摧的火炮，以及英勇的坦克手。

　　1939年第二次世界大战开始时，没有人确切知道什么是坦克。和平时期，军事专家对坦克进行野外测试，研究德国、意大利、苏联在西班牙内战中的实战经验，不仅试图总结正确的装甲战术，还提出各种各样该如何使用装甲车辆的理论，不同流派为此争论不休。这种困惑直到战争最后两年才真正得以解决。[12]

　　坦克的设计变化几乎无穷无尽。不幸的是，这是一场零和游戏，提高一项性能通常以削弱另一项为代价。装甲厚度和质量是保护坦克在地面火力、空中轰炸、地雷、火炮或其他坦克攻击中幸存下来的重要条件。但如果真是这样的话，那么皮厚、体大、昂贵、动力不足又不甚可靠的德国虎式才应该是这场战争中最有效的坦克。[13]

　　坦克自身的进攻能力也在改进。然而除了增加炮膛口径外，还有其他很多办法可以提高主炮性能。炮管长度、高标准钢结构质量、发射火药计量、炮弹种类［如战争后期使用的高爆反坦克弹（HEAT）、脱壳穿甲弹（APDS）以及其他变体弹]、火炮后坐力瞄准补偿系统、装弹速度和装弹量等因素同样重要。火炮设计师面临的问题是，战争来得如此突然，没有现成技术经验可供借鉴；也没有人能够完全厘清炮弹、装甲和内燃机之间的复杂关系。[14]

坦克的速度（时速为 20—35 英里）和机动性是取得战斗胜利、围捕敌军，或成功逃离其他坦克攻击的关键。苏联的T－34坦克也许就是兼顾各项性能的典型代表。设计师们一开始不确定坦克是否应该装备多支机关枪加一门火炮，还是像法国"Char"或美国"格兰特/李"坦克那样，装上两门炮。应用范围广泛的汽油发动机是否最适合用作坦克引擎也没有形成共识。美国机械师对这种发动机肯定了如指掌。它们在寒冷的天气中更容易发动，但须加注精炼燃油（尽管成本更高）。与之相反，如 T－34 和某些型号的美国"谢尔曼"坦克安装的是柴油发动机，单位功率下扭矩输出更强。通常情况下，柴油发动机也更可靠、运行时间更持久，并且不受点火器或汽油发动机化油器问题的困扰，而这是德国坦克的老大难问题。它们不易燃（尽管东线有 25% 的柴油动力 T－34 坦克被击中后起火），更省油。油耗和坦克续航里程（60—150 英里）也是关键。

不那么受人重视的机械可靠性也一样不可忽视，其性能可通过坦克维护所需时间与在战场上实际部署时长之比来表示。饱受诟病的美国"谢尔曼"坦克在这方面可能是所有装甲车辆中最容易维护和修理的，保持作战状态的比例极高。尽管豹式或虎式坦克能击败战场上到处可见的"谢尔曼"坦克，但它们数量少得多，还常常因维修需要和缺乏燃料而趴窝，对战局的重要性也就大大降低。单位成本影响了上述所有标准，因此部

署可以大批量生产的优秀坦克，如"谢尔曼"和 T - 34，比依
赖数量较少但制造精良的豹式更具优势。显然，单一的坦克类
型不能满足所有需求。然而在战争爆发时，关于是为应对不同
任务，生产不同型号的坦克（如轻型、中型和重型坦克），还
是专注于一种通用的多任务坦克，并开发标准化部件和维修体
系，成千上万地制造，各国军事专家仍存在争议。[15]

　　讽刺的是，德国正是基于"数量胜过质量"这一简单前
提，对那些战备不足的欧洲邻国发起了侵略战争。大量脆弱的
轻型马克Ⅰ、马克Ⅱ型坦克显然比几辆性能更优越的坦克（例
如法国重型 Char B1）更可取。但随着战争在丹麦、挪威、波
兰、法国以外的国家蔓延开来，第三帝国开始与苏军和英军交
锋，装甲战车的进化很快就按照其自身规律发展。

　　1939 年 9 月入侵波兰的德军马克Ⅰ-9 型小型坦克，重量不
到六吨，配备两挺轻机枪，装甲厚度小于一英寸。仅仅四年后，
巨型怪兽"虎王"坦克横空出世，重 70 吨，装备 88 毫米火炮，
装甲厚达七英寸，与早期坦克相比，简直就是个新物种。在这
两种型号之间，有着成千上万辆被击毁的坦克及阵亡的坦克组
成员。人们从这些致命案例中吸取教训，终于在战争结束时就
设计正确的坦克达成了粗略共识。战争爆发时，法国、英国、
德国、苏联或美国的坦克之间少有相同之处：有些安装了加农
炮，有些没有；有些武器是小炮，有些是大家伙；坦克上可能
有一个、多个或者没有炮塔；履带宽窄不一；动力引擎可能烧
汽油或柴油。神奇的是，到战争结束时，每个人心目中的理想
坦克看起来都差不多。美国人检讨了数量庞大的"谢尔曼"坦
克的缺点，确信自己清楚地知道，需要怎样的坦克加入 1945 年
的战争。正如第 2 装甲师指挥官欧内斯特·H. 哈蒙（Ernest H.

360

Harmon）少将在 1945 年指出的："第一，火力；第二，战场机动性；第三，在满足前两个要求后，装甲防护尽可能强，而且重量要保持在我军架桥装备可以承受的范围内。"[16]

至 1945 年，升级后的苏军 T－34、德军的豹式、美军的"潘兴"、英军的"彗星"等多种型号坦克基本满足了上述原型坦克的要求。这些坦克有着明显的共同特征：重量在 30—50 吨；装备一门 76—90 毫米口径、长管高速加农炮；相对较低的整车高度和浇铸炮塔；宽履带，以及 100 毫米或更厚的倾斜装甲。事实上，二战结束 70 年后，尽管装甲和武器都发生了革命性变化，但 21 世纪的俄罗斯 T－90 坦克或美国艾布拉姆斯 M1 坦克与当年的德国豹式并无太大区别。相比之下，1945 年古老的 P－51"野马"战斗机同 21 世纪的 F－22"猛禽"有着天壤之别。[17]

战争一开始，通用坦克设计很快就出现两个特点。第一，无论是盟国还是轴心国的设计师，都很难从莫斯科郊外到利比亚的各类型战场上发现并迅速整理出普遍经验，并据此形成最优共识。以美国为例，他们缺乏苏联前线的实战情报，压根就不知道，曾经在 1942 年秋的北非战场大展神威、备受赞誉的新式"谢尔曼"坦克（主要是因为大部分德军坦克在 1942 年中期之前尚未装备超过 50 毫米口径的火炮），其实已经过时了。第二，工业生产、工艺设计的传统习惯和民族偏好有时会扭曲实战需求：德国人追求工艺和尺寸，美国人重视可靠性和实用性，苏联人青睐大规模生产，英国人偏向特种车辆。结果各国花费了大约两年时间，从战场上，尤其是 1941 年底和 1942 年的东线，汲取了各种各样的经验教训。

不幸的是，设计师并不重视坦克内部令人难以忍受的战斗环境。最不舒服的莫过于苏联的 T－34 了。内部空间狭小，设计不佳，进而导致坦克手疲劳操作，无形地影响了坦克的整体效能。毕竟，坦克的功能是避免士兵遭到机枪和炮弹攻击，同时也能消灭未受保护的敌方步兵。如果空间过于拥挤（比如早期美军坦克的炮塔里面塞进太多士兵，引发了很多问题），内部空气有损健康（尤其是早期坦克设计），空间布局不佳，发动机不可靠（20 世纪 30 年代的坦克存在马力不足的问题），履带容易过早磨损，耗油量大，就不利于坦克组成员的表现，使得即便是优秀的坦克也未必能取得进攻胜利。事实证明，当坦克兵困在一个铆接或焊接的钢壳中，里面堆满了汽油、高爆炮弹、机枪子弹，外部火光四溅，弹片横飞，要同时满足安全和舒适的要求几乎是不可能的。

361

　　有时候以牺牲船舶、飞机和轻武器产量为代价，耗费战略物资和巨大的生产成本来建造坦克群不见得物有所值。如果火炮和装甲车辆能够轻易被廉价的手持反坦克武器、地雷、反坦克炮、战斗轰炸机，甚至是其他生产成本更低的坦克击毁，那么这种武器在战场上就没有多大优势。就像使用空军和海军那样，正确发挥坦克作用的关键在于确保坦克能自由作战，击垮或消灭脆弱的步兵及固定阵地。德军在 1939 年至 1940 年间的一系列边境战争中证明了这一点。当时，即使是设计拙劣的早期装甲车也没有遭受敌方坦克或炮兵的猛烈狙击，还能一举摧毁对手的防线。"装甲优势"决定了坦克的成本效益价值。就算是轻型坦克也可以在敌人没有装甲车辆的情况下赢得战斗。

　　所有参与了 1940 年 5—6 月入侵法国行动的德军装甲车辆，其理论上的性能指标都不如法国的 Char B1 重型坦克，然而法军士气低落，这种先进坦克没有带来任何优势。此外，法军拒绝组成独立的进攻性装甲集群，也没有调整好急需燃料的坦克部队与油料车队的协作关系。法国坦克和战斗机都优于德军，但法军装甲部队同空军一样，其组织能力、作战技能、士气等方面问题重重，反而不如德军。

德国在 1939 年 9 月发动的闪电战和 1940 年 5—6 月入侵法国的行动是机动作战，与 1943—1945 年东线的静态坦克对决正好相反。德军和苏军坦克彼此厮杀，却没有用来攻击对方的步兵。坦克的价值在于机动性和打击缺乏防护的步兵。正如隆美尔将军在北非战役中所说的那样："面对敌人的装甲部队，非摩托化步兵师只能在预设阵地内发挥作用。一旦这些阵地被突破或受到侧翼威胁，他们就必须撤退，否则只能任人宰割。极端情况下，除了在阵地上坚守到最后一刻，他们什么都做不了。"相比之下，当坦克发起攻击前就被对方坦克或步兵炸毁，或者发现自己陷入无法通行的崎岖地带时，在坦克上的人力成本和资金投入就算是白白损失了。[18]

在史诗般的库尔斯克坦克大会战（"城堡行动"，1943 年 7 月 5—16 日）中，苏德双方都部署了性能优异的坦克来防止敌人撕开己方步兵防线。苏军坦克数量占优，德军坦克质量略佳，坦克组训练水平更高，因此双方装甲部队形成均势，都没有取得突破。苏军伤亡人数为德军的 3 倍，坦克损失为 7—10 倍。然而他们还是令德军遭受战术和战略上的双重失败。这一事实可能意味着数量，而非质量或训练水平，才是决定战场胜负的关键。在库尔斯克，一名绝望的德国装甲兵身陷大批苏联步兵和坦克之中，觉得苏联坦克就像不计其数的"老鼠"一样，在战场上到处乱窜。[19]

埃哈德·劳斯（Erhard Raus）将军把陷入僵局的库尔斯克

362

坦克会战视为整个东线的转折点："我们胜利在望，结果却是苏联人获胜。我军11个装甲师经历三个月休整后重新整编，但还是无法与红军的后备部队抗衡，并消灭他们，因为希特勒在1943年7月就把德军所有的装甲部队都投入'城堡行动'中，命令他们攻击一个迄今为止都还不清楚兵力和纵深的防御体系，直到流尽最后一滴血。希特勒此举正如斯大林所愿，并将胜利拱手相让。"库尔斯克战役对德国而言，是一场类似赫拉克利亚战役（公元前280年）或阿斯库路姆之战（公元前279年）那样代价惨烈的大会战。当时，希腊国王皮洛士（Pyrrhus）入侵意大利，尽管取得战役胜利，但军队蒙受巨大损失，士气也一落千丈，从而无法取得战略上的最终胜利。套用皮洛士在阿斯库路姆之战取得胜利后所说的伤感之语①，莫德尔和曼施坦因将军可能也会哀叹："如果我们在这样的战斗中再一次战胜苏军，那么我们将彻底毁灭。"[20]

　　从德军不久以前的战绩看，并没有任何迹象表明，纳粹会在第二次世界大战结束前制造出最具杀伤力的坦克，至少从狭义定义上看，他们在坦克对坦克的战斗中并未表现出足够优势。德国 363 在第一次世界大战中只生产了少量笨重的A7V坦克。1939—1940年，德军坦克在闪电战中取得辉煌胜利，震惊了全世界，但这不是因为它们的坦克更出色，而是得益于艰苦训练、部队凝聚力、优秀的军官队伍和高昂士气。在东线，性能不佳的德国坦克对阵明显更具威力的苏联T–34时，取得了惊人的杀伤率；即使到1944—1945年，依然能够与经过大幅度改进的苏军坦克一较高下。[21]

_____

　　① 皮洛士的原话是："如果再来一次胜利，谁也不能跟我回国了。"

　　虽然德军坦克组训练有素，军官们富有远见，闪电战誉满全球，但绝大多数早期德国（和捷克）坦克在 1942 年以前其实并不强于，甚至弱于苏联、美国和英国坦克。德军 1 号坦克装甲战车（PzKpfw Ⅰ）制造了约 1500 辆，装甲单薄，没有主炮，最初是为训练坦克手而开发的。后继型 2 号坦克装甲战车（PzKpfw Ⅱ）制造了大约 1900 辆，一开始只装备了一门 20 毫米口径的轻型高射炮。即使是在战争伊始就已经过时的美国 M2 轻型坦克，也拥有一门口径更大的 37 毫米主炮。设计中的 3 号坦克装甲战车（PzKpfw Ⅲ）将成为新组建的装甲部队主战装备，最终生产了约 5700 辆。但 3 号战车即使更换了长炮管，射速更快，口径也从原来的 37 毫米增加到 50 毫米，性能依然不能与同时代的盟国坦克相抗衡。到 1941 年底，没有任何理由相信德国装甲部队将在欧洲大陆掀起一场恐怖风暴。[22]

　　很多人认为德国的技术优势和工业实力成就了闪电战，但这只是以讹传讹罢了。早期德军装甲师的成功其实是建立在敌人疏于备战、士气低落的基础上。1 号和 2 号坦克装甲战车、"斯图卡"俯冲轰炸机、骡马牵引的火炮和大车只能对付那些与德国接壤、尚未做好战斗准备的欧洲敌军，如波兰、丹麦、挪威、比利时、卢森堡、法国、南斯拉夫和希腊。一些德国将军其实已经意识到了装甲部队实则外强中干。早在 1940 年中期，参加过坦克大战的资深军官们就曾警告希特勒的参谋团：如果某国拥有可与德军装甲部队和空中支援相媲美的武装力量，那么国防军就不可能成功入侵。[23]

　　第二次世界大战中最令人费解的一个现象是，战争已经打响近 22 个月了，可 1941 年进攻苏联的德军坦克质量还是很差劲。这些坦克（超过 50% 是过时的马克Ⅰ型、Ⅱ型和捷克型号）的性能不仅逊于大多数苏军装甲车辆，比起数量不断增长的 T‑34 和 KV‑I 坦克更有着相当大的差距，而且它们在数量上也远远落后。鉴于"巴巴罗萨行动"是建立在快速装甲集群攻击的基础上，并且要以 1939 年至 1940 年的方式，在数周内取得足以震慑敌人的胜利，因此德国在入侵前竟然完全没有意识到这一失误，着实令人惊讶。尽管德国坦克在 1941—1942 年处于劣势地位，但这并不意味着史上最大规模的装甲入侵注定就要失败，不过苏联也的确因此避免了迅速崩溃。[24]

据称希特勒并非不了解德军困境。1941 年 8 月 4 日，他在集团军群司令部对古德里安将军说："如果事先知道你在书中列举的苏军坦克力量数据所言不虚，那么我永远都不会发动这场战争。"希特勒的坦白可谓一语惊人，说明仅仅是坦克问题，就足以改变整个二战进程。不久之前，希特勒派出近 400 万轴心国军队向前盟友大举进攻，希望能以坦克为先锋，速战速决取得胜利，但他对这个新对手的装甲部队数量、质量或生产能力却一无所知，而这些情报早在 1937 年就为他的将军们所掌握。虽然古德里安在事后推卸责任，不免有损其声誉，但不管怎样，那时他估计苏联坦克兵力为 1 万辆可能是正确的。他说："陆军总参谋长贝克和审查官都不认同这一说法。我费了好大劲才把这个数字写进书里，印出来；但我从情报中得知，苏联当时拥有 1.7 万辆坦克，我的预估其实非常保守了。"[25]

直到升级版的 4 号坦克装甲战车（PzKpfw Ⅳ）定型后，德国才首次生产出数量可观的优质坦克（约 9000 辆）。4 号战车作为主战坦克，拥有倾斜装甲和可靠的引擎，装甲和火炮也不断改进，最终成为德国在战争中最广泛生产的坦克型号。然而，当一些先进的 4 号装甲战车在"巴巴罗萨行动"的第一波攻击中驶入苏联时，其坦克组还是惊异地发现，尽管敌军组织不利，部署混乱，坦克战斗却势均力敌。而且德国坦克的火炮威力欠缺，很难击毁少量的新型 T-34 坦克。

一位经验丰富的反坦克炮手回忆起他第一次与 T-34 相遇时的离奇场景："六发反坦克炮弹击中了'他'，打在上面就像在敲鼓。但'他'如同一只坚不可摧的史前怪兽，长驱直入，穿过我们的防线。"一名德国坦克兵谈道，在 1941 年 12 月与 T-34 的交火中，50 毫米火炮打在苏联坦克身上："看上去一点用也没有。该死的玩具枪！"这幅德国装甲兵在面对陌生的苏制武器时充满恐惧的画面是贯穿整个战争史的常见现象。腓力五世①的马其顿骑兵第一次遭遇装备了西班牙短剑的罗马骑兵后，其感受就是如此。对手的致命剑术令这支自以为天下无敌的军队震惊不已："这些人习惯了与希腊人和伊利里亚人作战，见过的伤口无非是标枪、箭，偶尔是长矛所造成的。他们看到躯体被西班牙短剑切成碎片，四肢被撕裂，肩膀或头颅被砍断，脖子被完全斩断，战友惨遭致命伤，到处都是可怕的伤口，这时他们才在恐慌中意识到正在与怎样的武器、怎样的敌人作战。"[26]

早在入侵行动的前几周，来自苏联前线的官方报告就显示，在面对苏军先进坦克时，德国士兵也出现了类似的普遍恐慌情绪："我们的坦克一次又一次被正面炮火撕成碎片。Ⅲ型和Ⅳ型坦克的车长炮塔被完全炸毁……之前的进攻速度和激情逐渐消失，取而代之的是一种自卑感，因为坦克组知道敌军坦克在

365

---

① 腓力五世为公元前221—前179年在位的马其顿国王，在第二次马其顿战争中被罗马军团击败。罗马军团的主要制式武器是一种来源于西班牙的短剑。

很远的地方就能把他们消灭。"需要强调的是，马克Ⅲ型和马克Ⅳ型坦克是入侵苏联行动中最好的德国坦克型号；超过半数的坦克部队装备更糟。[27]

因此到1941年底，许多绝望的德国军官希望德国工业界尽快对T-34进行逆向工程或直接复制，并生产出数量相当的坦克。然而，德国引以为傲的工程技术却无法拷贝T-34。古德里安是德国装甲理论的先驱，后来成为德军装甲部队总监。他声称到1942年至1943年，德国缺乏足够的战略物资（尤其是铝土矿），无法仿制T-34铝制柴油发动机和高性能钢制装甲。这一说法很可能是正确的。在"巴巴罗萨行动"的最初几个月里，第三帝国的坦克不仅性能赶不上苏联的T-34，而且德国制造业也没有必要物资和手段大规模复制这种出色的坦克。对这场以装甲冲锋为前提的豪赌而言，这是一个致命的缺陷。[28]

双方紧接着陷入一场坦克军备竞赛，最终甚至达到了荒谬的程度。T-34出乎意料的战斗力也表明，苏军将来可能会有更多让人大吃一惊的秘密武器。德国入侵苏联的理由是：从劣等落后的种族手中夺取土地，那些有着更高智力、技术更先进的人理应拥有这些财产。然而苏联的装甲坦克让这套意识形态说辞的前提不攻自破。虽然希特勒最后还是通过制造虎式和通用型豹式坦克实现了更厚装甲和口径更大的火炮，但他始终没有意识到，对抗T-34（以及更重型KV-Ⅰ）的良方并不仅仅是上述两个指标。为了击败苏联的装甲坦克，德国仓促间将还处于原型机测试阶段的改进型重型坦克投入生产，这就是最著名的虎式坦克。1942年8月，首批虎式Ⅰ型投入战场。它们能够轻松应对T-34早期型号的挑战。初期的虎式坦克装备有700马力发动机、极其强大的88毫米主炮，以及厚达5英寸的

366

倾斜装甲，有很大概率能在一英里之外摧毁苏军坦克。而在那么远的距离上，敌方穿甲弹很难将其打穿。但是虎式坦克的重量、体积也创下纪录，达到近 60 吨重，20 英尺长，12 英尺宽，成本超过升级后的 4 号装甲战车两倍以上。这往往抵消了它相对 T－34 的优势。

与之相反，T－34 的成功来自苏联的大批量生产能力，同时还能保证不断升级和总体可靠性。一般而言，到 1942 年底，困难重重的德国工业不可能靠生产几件优秀武器就解决军事问题，而是必须大量制造坦克。[29]

"巨大至上"主义是一种认为武器越大就越好的病态心理，历史上一直是破坏军事科技正常发展的祸根。从"攻城者"德米特里一世为围攻赫利奥波利斯（Heliopolis）打造的怪异攻城车，到日本的"大和"号和"武藏"号超级战列舰，均导致人力和物资大量浪费。日本甚至计划建造重达九万吨、配备 20 英寸口径火炮的"超大和"级战列舰。这种疾病将以一种特殊的报复方式让病入膏肓的希特勒深受其害。虎式坦克太大，无法正常通过诸多桥梁道路，履带和变速箱也容易磨损。它们的运输费用很高，燃油消耗的速度更是惊人。虎式的生产成本高，耗时长，必须严格按照规格制造，需要对操作手和维护人员进行长时间训练。尽管虎式坦克令敌军坦克手闻风丧胆，但还是因为生产数量太少（1350 辆），未能在东线发挥多大作用。最重要的是，生产这些坦克所耗费的工时是生产美国或苏联中型坦克的十倍以上。[30]

尽管如此，德国人对"巨大至上"主义仍不思悔改，继续开发了虎式Ⅱ型，又称"虎王"的坦克。这是一头脱离现实的怪兽，比其前身还要重十吨、长四英尺，装甲加厚了两英寸。

即使"虎王"是第二次世界大战中最致命的坦克，但产量不到 500 辆，战场上难觅踪迹。德国人对火力和装甲方面的偏执体现在坦克设计理念中，进而研发了更多荒唐的产品。所谓"鼠式"坦克（PzKpfw Ⅷ）原型车的设计长度为 33 英尺，重 200 吨，装备 128 毫米加农炮，并有超过 10 英寸厚的防护装甲。它们与巨型克虏伯轨道炮和 V 型火箭的理念一脉相承。这些武器可能在技术上令人印象深刻，但从向敌人投送有效火力的性价比方面分析，则完全得不偿失。[31]

若要对抗 T-34，豹式坦克远比巨大的虎式更有效。它比 T-34 更重（45 吨），火力更猛（装备有一门威力强大的高速 75 毫米长管火炮），装甲更厚（平均超过四英寸）；传动装置经过重新设计，更为可靠；钢体结构的品质也更胜一筹。然而豹式坦克不像虎式那样笨重、动力不足或过于昂贵，当然其可靠性和易维护性还是不如美军的"谢尔曼"坦克。随着它在 1943 年横空出世，人们不禁产生了这样的疑问：既然德军依托精良的装甲部队而发动大规模入侵，那么为何纳粹高层没有在 1941 年中期之前赶制出类似豹式坦克的武器呢？

豹式坦克一开始也面临可靠性问题，以至于希特勒将其与极具创新意义，但又问题重重的亨克尔 He-177 轰炸机相提并论（"豹式就是在地上爬的亨克尔"）。不过到战争最后两年，东西两线的装甲指挥官一致认为它是最出色的全能型坦克。假如希特勒一直等到 1943 年才入侵苏联（而且没有遭遇盟军轰炸），那么他将拥有 17000 辆 4 号装甲战车、虎式及豹式坦克。那些优秀的德军军官和士兵就不会因他自己的战略失误而那么快地损失殆尽。[32]

德国的敌对联盟拥有近 25 万辆坦克的生产能力。美、英、苏三国工厂产量是德国最终总产量的五倍之多。苏联将其整个坦克工业向东转移；第三帝国却从来没有充分利用位于法国和捷克斯洛伐克占领区的坦克工厂产能，最大限度地提高产量。

德国仅仅靠 6000 辆豹式坦克就想在诸多战线上一劳永逸，解决问题，恐怕很难如愿，而是应该把五万辆豹式、4 号装甲战车部署在从安齐奥和诺曼底，直到克里米亚的广阔战场上，还要相应地大规模生产 88 毫米反坦克炮和战斗轰炸机。德国装甲部队的最终命运到 1944 年就注定了。此时德军已没有齐装满员的装甲师，每个师只有一或两个坦克营，坦克数量不到 90 辆；而一个典型的美军装甲师编制为三个营，拥有 200—300 辆坦克。[33]

战后，纳粹装备部部长阿尔贝特·施佩尔声称，为了能与盟军相匹敌，他曾设法简化坦克生产模式，并提高产能。姑且不论他后来编造各种神话、撰写内容相互矛盾的回忆录，但施佩尔的确试图减少重复建设，杜绝浪费，并专注于生产少数几种型号的武器装备。到战争结束时，虽然德国遭遇 1944—1945 年的大轰炸，他管理下的德国军工产业每消耗一吨粗钢所制造的武器数量却达到了 1941 年的四倍。然而至 1944 年，施佩尔受制于战略物资短缺、希特勒对工业政策横加干涉、劳动力短缺、盟军轰炸造成的破坏以及燃料中断等问题，他的一切努力都为时已晚。德国在这场战争开始时，投入了相对规模更庞大的普通坦克；到战争结束时，德军坦克质量遥遥领先，数量却在减少。在长达 44 个月的连续战斗中，德军装甲部队唯一不变的特质不是坦克质量，而是优秀的坦克手。他们无论与何人作战，都取得了惊人的杀伤率。这项成就虽然令人钦佩，但终究还是毫无意义。[34]

苏联坦克充满了一股神秘主义气息，令不得不与之对抗的德军深感敬畏。对于苏联人自己而言，他们也理所当然地将坦克等同于救国之道。甚至还有不少苏联伉俪向政府官员提出申请，愿意自己出钱买一辆坦克，这样夫妻两人就能共同操控它了。一个名叫亚历山德拉·科伊托斯（Alexandra Koitos）的爱国者就指挥着一辆重达45吨的IS-2斯大林坦克，她的丈夫则作为机械师一同参战。这对夫妻驾驶这辆坦克穿越波罗的海国家，一直打到柏林。[35]

苏联人号称他们的重型坦克比德国更优越，这可不仅仅是宣传。德国军官直到1943年都完全认可这一说法。希特勒之下，德军最高统帅部所有人都对T-34赞不绝口。第1装甲集团军司令官保罗·冯·克莱斯特将军与早期型号的T-34交锋后，言简意赅地总结道："显然，此刻我军步兵面对苏军坦克毫无招架之力，应该当即逃离。"[36]

西方国家——无论是同盟国还是轴心国——对斯大林的军事能力知之甚少，进而导致最初对T-34的性能评价也很不准确。当时有关苏联工业的大多数新闻都错误百出。比如普利策奖得主、《纽约时报》记者沃尔特·杜兰蒂（Walter Duranty）在报道苏联于20世纪30年代所取得的成就时，稿件内容就完全失实。除了关于饥荒、公审、大清洗的错误信息外，西方国家和日本大大低估了战前苏联军备生产水平。即使它们承认苏联工厂可以生产出大量军火，但还是无法想象其质量可以与西方相媲美。[37]

自以为天下无敌的罗马军团曾在东方被陌生的帕提亚弓骑兵打得溃不成军；克雷西战役（1346年）中，大批集结的长弓手杀得法国弩弓兵呆若木鸡；简易爆炸装置可以将防护薄弱的

369

军用悍马车撕成碎片，令驻扎在伊拉克的美军举步维艰。同样，尽管 T-34 的初期型号问题缠身，但还是让德国人震惊不已。古德里安将军的话可以很好解释为何德国人如此困惑："我们曾经相信，当一场新的战争开始时，我军坦克在技术上比所有已知的苏军坦克都要先进；我们认为这将或多或少抵消苏联人巨大的数量优势。"尽管德国装甲部队的马克 I 型、II 型和 III 型坦克有着明显劣势，但德军迄今为止依然战无不胜，反而助长了他们的傲慢。德军装甲师在作战中只损失了 1%—2% 的坦克手；在征服波兰的行动中，仅 2%—3% 的早期轻型坦克被摧毁（此外还有大量损坏和丧失作战能力的坦克）。此后尽管在西线战损较大，但德军还是很容易就找到了对付装甲更厚、火力更猛的法国重型坦克的办法。经过法国战役洗礼后，德军得到的结论是，高昂士气和良好训练能够让敌人的坦克优势荡然无存。然而事实上，在"巴巴罗萨行动"前，苏联人的坦克作战经验至少与德国人不相上下。苏联分别与日本（1938—1939年）和芬兰（1939—1940 年）在不同地形和气候条件下打了两场边境战争，充分意识到火力有限、装甲防护不足的轻型坦克存在较大局限性，而德军在波兰、西欧迅速取得了闪电战胜利，手到擒来，反而没有发觉装甲部队的问题。[38]

苏联新型 T-34 坦克于 1942 年底开始批量生产。该型坦克综合了十多年来对进口自德国、英国、美国的悬挂系统、引擎、武器装备技术的改造成果，采用成本适中、操作方便、维护便捷的设计，并仿照美国大规模制造方式来生产。德军坦克兵曾在 1939—1940 年与数量不足、质量不佳的欧洲坦克作战，然而仅仅进入苏联数周内，他们就已经同近千辆刚刚下线的 T-34 交火，当年获得的信心也都抛到了九霄云外。装甲团指挥官赫

370

尔曼·比克斯（Hermann Bix）在其 10 月份的日记中写道："接着，我们目睹了以前认为绝不可能发生的事情：我军坦克就在步兵连旁边掉头、撤退，然后迅速消失在高地后面。"[39]

T - 34 的各项性能都占有优势。铝制柴油发动机重量更轻，但依然能提供良好动力，与皮实的德国 4 号装甲战车汽油发动机相比，被击中时往往更不易燃。76.2 毫米口径高速火炮比 4 号装甲战车的 50 毫米加农炮更为卓越。事实上，1941—1942 年，该火炮可能优于世界上几乎所有 75 或 76 毫米坦克炮。苏军坦克拥有倾斜装甲，履带较宽，虽然这样导致内部空间狭窄，不利于保护人员安全，但比起在 1941 年 6 月进入苏联破旧道路系统的马克系列坦克，其机动性更佳，抗打击能力更强。[40]

最重要的是，苏联只重点生产少数几个型号，并最终将大部分坦克生产线转移到乌拉尔山脉以东。于是到 1942 年底，苏联坦克产量已经超过了德国，苏联将坦克源源不断地部署到前线，并且在虎式和豹式坦克出现之前，其坦克质量与德国坦克相当，乃至超越。苏军装甲部队尽管战术拙劣，经验不足，但在 1943 年初，还是将德国坦克抵挡在斯大林格勒城外，并在六个月后的库尔斯克战役中一举将敌人击溃。

KV - I 坦克（即科京 - 伏罗希洛夫坦克）重达 45 吨，配备有 90 毫米装甲、76 毫米主炮和 550 马力发动机。尽管笨重，产量有限，坦克手缺乏经验，但在 1942 年虎式坦克现身战场前，KV - I 的性能超过了所有德军重型坦克。1942 年 1 月，装甲旅指挥官海因里希·埃贝巴赫（Heinrich Eberbach）描述了当德军对阵几辆 KV - I 坦克时的典型反应："我军与苏军一个坦克旅爆发了一场遭遇战。敌军是清一色的 T - 34 和 KV - I 重型坦克。这些钢铁巨人对阵我军的 Ⅲ 型和 Ⅳ 型坦克有着压倒性优势……战士们已经习惯于胜利，我不得不发布两道向后撤退的命令，才避免全军覆没。"[41]

平均而言，德国人每损失一辆坦克就可以报销3—7辆T-34。然而，装甲部队要取得胜利，并不依赖于坦克对决坦克，或王牌坦克组，无论这些精英战士多么厉害，多么令人热血沸腾。假若果真如此，那么德军将在战争的第三个年头彻底击败苏军装甲力量。事实上，在1943年中期的每一场坦克大战中，早期型号的T-34的表现都逊于虎式和豹式坦克，也许还不如升级后的新式4号装甲战车（或后来的美国"谢尔曼"坦克，尤其是巧妙改进后的"萤火虫"坦克）。T-34的光学瞄准系统性能一般，射击精度也不佳。76毫米火炮威力猛，速度快，但口径不如虎式，质量又比不上豹式坦克的主炮。T-34双人炮塔的瞄射和发射过程相当缓慢，多数早期型号缺乏稳定的无线电通信系统。倾斜装甲设计固然先进，但也意味着减少了坦克的内部空间，降低可视度。相对其重量而言，早期T-34引擎马力强劲，但使用寿命短，且受制于质量不佳的空气过滤器。

虽然新型T-34与德国豹式坦克相比不分伯仲，重型斯大林IS-2坦克性能更胜一筹，但训练有素的德军豹式坦克组即使加入战争较晚，其平均技战术水平却更强。1945年3月，但泽附近发生了一场司空见惯的坦克战斗。两辆豹式坦克在三天内摧毁了苏军21辆重型和超重型坦克，自己却无一损失。到1942年底，面对敌人的轮式或手持式反坦克武器，T-34比德军坦克更为脆弱，尤其是德军装备的"铁拳"和"坦克杀手"是战争期间最有效的轻型反坦克无后坐力火箭筒和火箭发射器。[42]

　　苏联在第二次世界大战期间投入了惊人的 40 万坦克兵。大约有 30 万人被德国精锐的空军、炮兵和坦克部队杀死。然而在战争期间，苏军坦克部队兵力每年却不减反增，这与美国商船队的发展异曲同工：1942 年，因 U 型潜艇而蒙受的损失达到顶峰，可是即使在这令人沮丧的数月内，船队规模依然在扩大。

　　如若能理解下面两个看似矛盾的现象，那么关于美国 M4 "谢尔曼"坦克是否有效的争议就迎刃而解了。这其实也折射出整个美国应对全面战争的思路。首先，当"谢尔曼"于 1942 年和 1943 年初首次现身北非及西西里岛时，它们也许是西方盟国最好的坦克。到了 1944—1945 年，"谢尔曼"已经在意大利和西欧部署了数千辆之多，然而其性能却明显逊于大多数德军坦克型号。整个美军装甲部队的心理因此遭受沉重打击。"谢尔曼"坦克手帕特里克·亨尼西（Patrick Hennessy）下士的经历十分典型。他亲眼看到自己坦克发射的炮弹从一辆虎式坦克上弹开："我想，真是见鬼了！然后赶紧跑路。"另一个"谢尔曼"坦克兵指出："它确实是非常有效、任劳任怨的机器，但作为一辆坦克参加战斗，简直就是灾难。"[43]

　　其次，在坦克对坦克的战斗中，相对英军，美军装甲部队较少遭遇德国虎式和豹式这样的优秀坦克；而且至 1944 年底，美军在西欧部署的坦克数量大大超过了德国的中型和重型坦克，比例约为 10∶1。英美分析人士后来发现，"谢尔曼"的最大威胁不是德军坦克，而是反坦克炮和"铁拳"火箭筒。如果坦克的最大价值在于其支援步兵而不是战胜敌人坦克的能力，那么"谢尔曼"可谓无价之宝，然而这一事实无论是在战争期间，抑或战后，都从未得到充分认识。[44]

美国人本来就应该驾驶着精良的装甲车参战。他们虽然没有在第一次世界大战中制造坦克的经验，但毕竟发明了拖拉机和轿车装配生产线。没有哪个国家比美国更了解内燃机。1939年9月战争爆发后，仍处于中立状态的美国人有两年多时间来学习闪电战的优缺点，并从中获取经验。美国军事家注意到，法国坦克火力强劲，防护得当，但彼此之间没有协同战术，缺乏无线电设备，机动性和可靠性也不尽如人意。反之，德军1—3号装甲战车的火力和防护欠缺，但其他指标足以令人望而生畏。[45]

美国人实现了计划，至少他们是在坦克占据优势的情况下加入战斗。这是一项了不起的成就，因为整个国家在1940年只有440辆陈旧的坦克，而当年生产的新坦克只有330辆。在短短两年时间里，美国的坦克年产量就达到两万多辆，比其他任何国家生产的坦克和通用装甲车都要多。此外，1942年末在第二次阿拉曼战役中现身的新型M4"谢尔曼"坦克可以轻松对抗火力和装甲不足、性能不稳定的德军1—3号装甲战车，而英国的"丘吉尔""玛蒂尔达""瓦伦丁"等坦克则难担此大任。与早期服役的轻型M3"斯图亚特"、中型M3"格兰特/李"坦克相比，"谢尔曼"有了巨大的进步。[46]

为"谢尔曼"配置的75毫米短管炮是一门实用的两用途火炮。炮管寿命长，既可对敌人步兵发射高效的高爆弹，也能填装反装甲弹，优于德军升级型3号和4号装甲战车上的50毫米火炮。"谢尔曼"整车重量略超过30吨，比初期4号装甲战车更重，装甲防护能力大抵相当。它安装有一台马力更强劲、性能更稳定的引擎，与德军早期坦克一样，速度快，机动性好。更重要的是，"谢尔曼"机械性能可靠，比任何一种德国坦克都便于保养和维修。在无线电设备、人员舒适度和易维护性等多项指标上，它也优于苏联的 T－34。不幸的是，拥有如此优势的"谢尔曼"在战场上却得不到坦克手们的认可。1944 年，军方的普遍看法是，一旦"谢尔曼"被德军坦克炮击中，它就会像"朗森打火机"（Ronson）[①] 那样猛烈起火，尽管其原因不仅在于装甲薄弱或汽油引擎设计不佳，更多地在于早期糟糕的弹药储存系统。不过对比其他坦克，当"谢尔曼"坦克被反坦克火力击中时，坦克手的生存率其实并不算低。在欧洲战区被击毁的 6000 多辆"谢尔曼"中，每辆坦克由五名成员操作，平均仅一人死亡，一人受伤，其他三人（60%）毫发无损。美军后来采用特制装甲，并改进逃生舱口，进一步提高了坦克手的生存概率。[47]

不过德军的 4 号装甲战车很快也进行了升级，加装更厚装甲和一门性能大为提升的 75 毫米火炮，而在 1942 年和 1943 年通用性更好的"谢尔曼"则基本保持不变，似乎已经满足了装甲部队要求，可以高枕无忧了。经典的德式 75 毫米坦克炮（通常被称为 7.5 厘米 KwK42 L/70）拥有更长炮管，炮弹威力更大。在大多数情况下，它都可以远距离打穿厚甲，"谢尔曼"坦克的 75 毫米火炮却无能为力。

然而，美军通过其他一些战略战术原则，保证了盟军于 1944 年 6 月在诺曼底登陆后，"谢尔曼"坦克能够在与升级版的 4 号装甲战车、虎式和豹式坦克的交锋中生存下来。就算一辆"谢尔曼"与另一辆具有优势的德军坦克不期而遇，美国人也不悚，相信可以依靠重炮（炮兵一般通过调频无线电台直接

---

① 朗森是 1898 年成立于美国的一家专业打火机及配件制造公司。

与坦克组联系）、战斗轰炸机，以及在附近巡逻的"坦克歼击车"集群，得到强有力的支援。后者是一类装甲较轻，但移动迅速的火炮平台。它们的任务是随时待命，在前线迎头痛击突进的敌军坦克，发射更为致命的炮弹后，便脱离危险区域。事实上，直到 1944 年秋，随着新式 M36"杰克逊"坦克歼击车无意中问世（共生产 1400 辆），坦克歼击战术才有了些实战意义。"杰克逊"就此取代了轻巧的 M10"狼獾"和迅捷的 M18"地狱猫"，因为后两者装备的 76.2 毫米火炮无法提供足够火力。M36 拥有配备了反坦克弹的 90 毫米口径高速炮，可以在很远距离上击穿大多数德军坦克。然而德国人的方法更有效，他们很早就掌握了如何利用数量众多的 88 毫米高射炮作为反坦克武器的方法。德军后来也部署有"坦克歼击车"（Jagdpanzers），这种机械化武器比大量装备的 75 毫米 Ⅲ 号突击炮（Sturmgeschütze）更为致命。到了 1945 年，全副武装的德军坦克歼击车拥有更大口径的火炮、威力更猛的炮弹、更好的正面装甲，而且德军坦克手训练有素（至少在初期如此）。最重要的是，德军将坦克歼击车视为坦克决斗的补充武器而非替代品。这些措施使得德国的坦克歼击车超越了美军的大多数型号。[48]

1944 年末，美国士兵和平民都在发问：与 P‑51、M1 卡宾枪，或者太平洋上的航母地位相当的坦克到底在哪里？这种坦克应该可以大规模生产，品质还必须同敌人的装甲车一样，甚至更好。当时美军坦克手中间蔓延着一种焦虑情绪，他们害怕在与虎式和豹式坦克的交火中被活活烧死，尽管这样的战斗并不常见。这种并非基于实际情况的愤怒又传回国内。于是美国开发了升级版的巨型"谢尔曼"（M4A3E2 和 M4A3E8 型），但这也不过是权宜之计，投入实战后，还是只能偶尔与德国坦克打成平手。

在 1944 年夏的战斗中，一辆美国坦克若想与德军坦克一较高下，最好的机会是在出其不意的情况下锁定敌人，对敌军坦克侧面和后部近距离快速平射——这种情形很罕见，但并非不可能。巴顿将军讲过一个"谢尔曼"坦克获胜的战例："我军有辆坦克紧贴着高高的河岸，沿着公路开进。坦克手突然看见前方不远的右侧山谷内，大约 250 码处有两辆豹式。它立即发起进攻，令德国坦克失去战斗力；为了彻底消灭敌人，它继续向前冲锋，结果又发现了三辆。我军坦克在不到 40 码的距离上与之交战，并摧毁了所有敌人；我们的坦克也被击毁了。"[49]

巴顿关于美军如何找到击败豹式和虎式坦克的方法也许是正确的，但在这些罕见的坦克对决中，其代价通常远远高于巴顿的预测，特别是在 1944 年夏天的法国战场：

> 在第 1 集团军于 7、8 月取得突破性进展期间，第 2 装甲师的坦克兵们就已经学会如何利用 M4"谢尔曼"与德国的豹式和虎式坦克周旋。他们知道，大多数 M4 坦克装备的 75 毫米火炮（美军坦克配备的低速炮弹长约 13 英寸，而豹式坦克的 75 毫米火炮搭配了高速炮弹，长 28—30 英寸）不足以击穿豹式和虎式坦克的正面厚装甲，但是可以破坏其侧面和后部。于是坦克手采用大范围包围战术，由一个排的坦克吸引敌人注意力，另一个排则从后方进攻。他们的损失极为惨重：例如在 7 月 26 日至 8 月 12 日期间，第 2 装甲师的一个坦克营在德军坦克和突击炮的攻击下，战斗人员伤亡高达 51%，70% 的坦克被毁或撤离战场进行维修。[50]

"谢尔曼"创造了世界上第一款模块化坦克的概念，并凭借其扎实的设计基础，为各种试验产品和变种坦克提供了无穷无尽的改装可能，比如可以在树篱丛中犁出通道的"犀牛"坦克，能够在雷区自由移动、实施爆破的"滑稽"坦克等。多种型号的"谢尔曼"坦克最终将主炮升级为 76 毫米高速火炮，或更为知名的英国"17 磅"炮（76.2 毫米，即 3 英寸口径）。后者的炮弹出膛速度和有效载荷终于能够与安装在虎式 Ⅰ 型、Ⅱ 型坦克上的恐怖的 88 毫米炮相匹敌，同豹式坦克的 75 毫米高性能火炮也势均力敌。

美军装甲部队之所以在 1944 年 6 月登陆诺曼底时损失惨重，是因为既没有火力强大的坦克，也没有部署其他能与虎式或豹式坦克抗衡的重型坦克来弥补"谢尔曼"的不足，而且这种重型坦克的数量还必须很多。如果莱斯利·麦克奈尔将军和其他支持坦克歼击车、轻型坦克的人不反对的话，美国本可以在 1944 年中期至少生产出数百辆 M26"潘兴"重型坦克。于是"谢尔曼"坦克车组不得不为这一失误埋单，他们被告知要避免与德军进行坦克之间的对决。到了 1944 年底，这样的警告便根本不需要了，因为大多数人将"谢尔曼"看作"死亡牢笼"，即便配备了 76 毫米火炮也心惊胆战。美军坦克手其实很少能够遇见豹式或虎式坦克，但他们充满了一种几乎达到偏执程度的恐惧，以至于许多人将沙袋堆放在薄弱的装甲上，来加强防护。巴顿将军对这种行径火冒三丈："我注意到所有的坦克都覆盖了沙袋。太蠢了。第一，这让士兵相信坦克会受损；第二，坦克将为此超负荷运转；第三，它根本就不能提供额外保护。我命令他们将沙袋立即移走。"有人认为，除非大规模生产一种新式重型坦克，否则就应该想方设法淘汰"谢尔曼"的 75 或

76 毫米主炮，改装为炮管较长、出膛速度更快的火炮。还有人提出配备 90 毫米口径大炮，但美国很快就放弃了这一想法。和英国一样，所有美国坦克都必须通过海路运到前线，这与苏联或德国的情况截然不同，因此军需物资的重量，以及是否能够装卸到货轮上是非常严苛的指标。[51]

尽管存在这样那样的问题，美国装甲部队最终还是在北非、意大利（西西里岛）和西欧击败了敌人的坦克和步兵。美军之所以能够在欧洲占据上风，还是得益于可靠的"谢尔曼"坦克在战场上无所不在。它们的主要作战对象是轴心国步兵，而非敌军装甲部队。当遇到德国的优势坦克时，"谢尔曼"通常呼叫附近的空军和炮兵提供支援。太平洋战区不像欧洲，夺岛或两栖登陆作战不会大规模使用装甲突击战术，但该型坦克也一样大获成功。它比日军的所有坦克都要厉害。从塔拉瓦岛到冲绳岛的主要登陆作战中，"谢尔曼"起到了极为关键的作用。

尽管如此，与德国重型坦克遭遇（其实次数极为有限）的经历如此可怕和痛苦，以至于美国人发誓，除非他们的坦克能够轻易击败所有对手，否则再也不会把他们的坦克手塞进去。这个难题直到 20 世纪 80 年代初，随着艾布拉姆斯坦克出现才得以解决。该型坦克在此后 30 多年时间里明显优于其竞争对手。在第一次海湾战争期间，美军的艾布拉姆斯 M1A1 坦克协同歼灭了 160 多辆伊拉克军队的苏制坦克，而己方没有一辆被伊军坦克摧毁。这场发生在 1991 年 2 月 26 日和 27 日的一系列交战是 20 世纪最后一次坦克之间的大决战。美国人终于把"谢尔曼"的可靠性和虎式坦克的杀伤力结合在了一起。[52]

坦克是英国人发明的。战前，英国的军事理论家们就是最积极的装甲战术拥趸，并呼吁组建独立坦克部队。早在诺曼底登陆前，珀西·霍巴特少将便下令对"丘吉尔"坦克进行改装，以适应各种辅助任务，如在峡谷和溪流上架桥、清除带刺铁丝网、向敌军阵地喷火等。他还对美国的"谢尔曼"做了小幅改进，使之能够承担扫雷和两栖登陆任务。1944 年夏，就在"谢尔曼"不敌德军坦克的火力之际，英国人成功地将威力巨大的 17 磅火炮安装到了"谢尔曼"炮塔上，从而创造出致命的"萤火虫"坦克，让那些从诺曼底地区突破出来、原本火力不济的盟军坦克能够与德国的虎式和豹式坦克一决雌雄。[53]

令人惊讶的是，英国人拥有出色的技术天赋和使用经验，但参战时所装备的坦克却相当平庸，直到冲突结束才制造出性能一流的型号。部分原因在于，与美国人纠结于"坦克歼击车"这一先天不足的概念一样，英国人顽固地坚持各种战术谬误，尤其是设计和生产都十分复杂的双用途坦克系统。所谓"步兵坦克"是一种行进缓慢、装甲较厚的型号，布置在步兵编队中，可以有效地在敌军战线上撕开裂口。与之形成互补的是速度快但防护较弱的"巡航坦克"。这是可以独立行动的战斗单元，善于猛打猛冲，形成突破，对敌人施以包围。所有这些点子只不过是半拉子精明，存在很大缺陷，如同英国海军也曾构想为防御力更强的战列舰配备速度快，但易受攻击的大型战列巡洋舰，如"胡德"号、"反击"号。事实上，就算是英国的"巡航坦克"，速度也比德军坦克慢，"步兵坦克"甚至连装甲防护也不如对手。正是抱着这种双系统坦克战术不放，英军才未产生利用单一型号的多功能坦克，在空军、炮兵支援下，与步兵协同突破敌军防线的概念。[54]

英国将人才和工业资源分散到多种坦克型号的设计上——

"百夫长""挑战者""丘吉尔""彗星""克伦威尔""巡航"
"十字军""玛蒂尔达""瓦伦丁"，以及其他许多设计——因此
未能制造出一款吸纳了各种战争经验及教训的标准型坦克。但
这并不是说英国没有大批量生产高质量坦克的能力。战争结束
时，英国坦克总产量已接近三万辆，足以与德国装甲车数量相
抗衡。还有一些其他因素限制了英国在 1943 年之前制造一种能
与"谢尔曼"、T–34 或豹式坦克相当的基本型坦克。和美国一
样，英国不仅与德国，还要和从未生产出足够数量坦克的日本
作战。而且英国早期坦克一直优于在缅甸遭遇的日本轻型坦克，
因此升级坦克的压力较小。当然，就像岛国日本和美国那样，
英国军事理论并不研究如何跨越边境来实施地面作战，而是专
注于通过远征军的形式投入地面部队。为了克服运输方面的挑
战，军方更倾向于轻型装甲车辆设计。[55]

最后，在 1942 年中期过后，持续的东线战斗开始削弱德军
装甲部队实力。英美两国刚开始的战略规划是一种特殊意义上
的零和博弈：庞大的苏联坦克部队拥有数以万计的 T–34，这
迫使大多数一流的德军 4 号装甲战车、虎式、豹式坦克永远不
会有机会全面投入与英美交战的战场上。假设到 1944 年，英国
出现一种战斗坦克，其质量和数量与苏联坦克不分伯仲，那么
这就好比苏联部署了数千架"兰开斯特"四引擎轰炸机。从某
种程度而言，无与伦比的"兰开斯特"重型轰炸机就是英国人
的 T–34。至 1944 年末，英军通过空袭打击德国城市和工业，
正如苏军在地面上消灭德国步兵和装甲车一样。英国对德国工
厂实施战略轰炸，尤其是将卡塞尔市（Kassel）近乎摧毁，大
幅降低了德国虎式坦克的产量，削弱了其作战能力，轰炸机的
功劳可能与苏联的 T–34 不相上下。

378 　　英国最初的步兵坦克"玛蒂尔达"Ⅰ型和Ⅱ型尽管在装甲防护方面令人满意，但只装备了轻型机枪或小型炮塔，火力只能勉强对付步兵。德国88毫米火炮可以轻而易举地在一英里之外摧毁"玛蒂尔达"Ⅱ型坦克。到1942年10—11月的第二次阿拉曼战役时，大多数"玛蒂尔达"早已在前一年的战斗中被摧毁或丧失战斗力。[56]

　　速度更快的巡航坦克马克Ⅰ型和Ⅱ型（A9、A10）面对德国坦克时同样厄运连连，而且生产数量很有限。人们希望新一代"瓦伦丁"坦克能够弥补英国与德国坦克之间的差距。尽管该型坦克产量超过了8000辆——超过了豹式坦克的总产量，这是一项非常出色的成就——而且性能可靠，但重量只有"谢尔曼"的一半；其40毫米和57毫米口径火炮威力不足，装甲防护也不够。

　　英国人很快就研制出改进型号"克伦威尔"巡航坦克，并生产了4000辆。这是英军接收的第一款优秀的中型通用坦克。虽然"克伦威尔"比"谢尔曼"略轻，但其整车高度低，正面装甲也比"谢尔曼"早期型号厚重，而且行动迅速，机动灵活，内置的新式劳斯莱斯"流星"发动机性能可靠。不过即使"克伦威尔"安装了加厚装甲和75毫米口径火炮，也依然没能取代美式坦克的地位。

　　"丘吉尔"重型坦克于1942年底紧急部署至战场，前后共制造了7300辆。该型坦克重39吨，坚固的装甲厚达四英寸，卓越的悬挂系统与德军最新型号坦克相比也毫不逊色。然而不断升级中的"丘吉尔"很快就暴露动力不足的缺陷，可靠性和维护性也不如"谢尔曼"。它们没有倾斜装甲，即使是改进后的75毫米主炮也无法有效攻击豹式和虎式坦克。

　　1944年底，英国人终于造出了能与德军最好型号坦克并驾齐驱的"彗星"（A34）。它使用与"谢尔曼"76.2 毫米口径火炮相同的炮弹，但性能和出膛速度得到了极大改进。"彗星"凭借改进后的装甲和劳斯莱斯"流星"发动机，在某些方面优于全系列的"谢尔曼"坦克。可惜"彗星"姗姗来迟，战争结束时只生产了大约 1100 辆。当英国人终于决心采用标准通用坦克概念，并研发出极为出色的"百夫长"——一种明显强于豹式和 T - 34 的坦克时，战争就结束了。

事实上，英国从美国那里接收并部署了两万多辆"斯图亚特""格兰特/李""谢尔曼"坦克，数量几乎超过了战争期间所有英国自产坦克之和。这说明在战争的头五年里，英国没有足够的生产能力为自己的装甲师配备坦克。不过考虑到英国在第二次世界大战期间坚持全域作战，在海上、海底、空中，以及亚洲、欧洲和北非与敌军厮杀，而且大部分战区并不依赖于坦克，因此坦克产能不足也是可以理解的。[57]

第二次世界大战时期的坦克战有一个自相矛盾之处，即原本设计用来保护车手不受炮弹和子弹袭击的车辆，却常常成为密集火力的焦点，以至于与其说它是"金钟罩"，不如说是"焚尸炉"。75% 的苏联坦克手在战争中阵亡。T - 34，这种可能是战争中最好的全能型坦克，超过 80% 被摧毁或失去战斗力。

很容易理解为什么坦克是"死亡牢笼"。它们的能见度有限，既不足够快，也不特别灵活，相对容易暴露，是许多武器，如其他坦克、反坦克炮及肩扛式火箭弹、战斗轰炸机、地雷、大炮的锁定目标。坦克手很难爬进坦克，更难逃出。早期坦克采用铆接结构，一旦被来袭炮弹击中，内部铆钉在高压下就会脱落，变成致命的子弹。而最大的威胁是储存在离内燃机仅仅

379

数几英寸外的高爆弹、穿甲弹和大口径机枪弹药。

遏制坦克前进的方法有很多种：用火炮或另一辆坦克把它炸翻，从空中投掷炸弹或发射火箭弹，单兵利用反坦克武器或简陋的燃烧弹将其摧毁，埋设地雷和设置路障以阻止其通行，或者干脆让坦克加不上油。一般而言，至 1943 年中期，德军坦克在所有战线上都所向披靡。肩扛式步兵武器无法有效击毁它们，除非盟军步兵使用缴获的德军装备；甚至敌人的坦克也对德军装甲车无可奈何，除非是升级后的苏制 T－34 和 "斯大林"。如要压制德国装甲部队，只能依赖近距离空中支援、大炮，或截断德军的燃料供应和运输线，要么像 1944 年中期那样，经过英军改装后火力加强的 "谢尔曼" 坦克偶尔也能击败对手。

苏军损失大量 T－34 坦克的原因不在于油料短缺或机械故障，而是德国空军的战斗轰炸机、俯冲轰炸机、虎式和豹式坦克、"铁拳" 和 "坦克杀手" 火箭筒，以及 88 毫米牵引火炮。这些武器就算面对优秀的苏军装甲车辆也特别有效。相比之下，英国和美国主要依靠战术空军和火炮数量上的明显优势来应对德国坦克的威胁。经 "谢尔曼" 改装而来的 "萤火虫" 坦克有超过 2000 辆登陆法国，其生产数量比虎式 I 型和 II 型的总和还多。尽管西线坦克之间的面对面对决屈指可数，但 "萤火虫" 还是为盟军提供了能与敌人抗衡的手段。"萤火虫" 可以向重型坦克发射致命的炮弹，从投资效率角度分析，是比巨大的虎式坦克更为有效的武器。[58]

德军满怀闪电战的必胜信念，但很少有人意识到，该战法必须建立在空中优势和数量领先的基础上，如若没有可靠的补给线，即便得逞，也不过是昙花一现。要想形成突破，往往需要敌人犯错误，这样才能阻止他们及时撤退，或者至少能在狭窄的战线上集结大部队，从而攻击敌人暴露在外的脆弱侧翼。成功的坦克包围战意味着交战区域有限，倒霉的敌人在德军装甲部队发动总攻前便已丧失了撤退空间，逃出生天只能寄希望于这些德军冲出了补给范围外而停下脚步。[59]

罕见的装甲突袭能以每天 30 英里的速度向前推进，从而使整个敌军战线崩溃。例如在 1941 年夏季的首次坦克扫荡中，德军可能总共摧毁了大约 5000 辆苏联坦克，俘虏或消灭了 300 万苏军士兵，所占领土地的工业产能达到苏联全国的 40%—50%。1942 年夏，德国南方集团军群所属的 A、B 两集团军群装甲部队前进了 500 多英里，几乎到达里海，结果发现其前锋部队离补给线太远，这为苏军反击提供了有利条件。德军装甲部队推进时，总是以 3 号和 4 号装甲战车为前锋，但同时也尽量确保空军占据绝对优势，部署足够数量的机动火炮，拥有充足的燃料供应，配备更优秀的坦克手，以及投入更多数量的坦克。但请注意，历史上两次推进距离最远、最成功的装甲突袭战——分别发生在苏联南部和北非——却并没有带来战略胜利。

随着德军在斯大林格勒投降，以及在稍后的库尔斯克战役中几乎是静态作战，闪电战于 1943 年落下了帷幕。之所以出现如此局面，与其说是由于德军在两次战役中损失惨重，不如说是因为每个月都有数百辆崭新的 T－34 坦克现身战场，苏联步兵师和炮兵部队开始占据数量上的绝对优势，就连德国空军也失去了制空权。到 1942 年底，第三帝国每个月在东线都要死亡十万人。仅这一年，德军就损失了 5500 辆坦克、8000 门大炮和 25 万辆交通工具。[60]

1942 年，大约与德国闪电战在斯大林格勒陷入僵局的同一时间，隆美尔及其非洲军团在局部战区也将遭遇同样的厄运。
381 尽管两位高级指挥官的能力悬殊，失败的原因却极为雷同。和
保卢斯一样，隆美尔不得不假设德军的经验和专业知识仍然可
以胜过敌军的数量和物质优势，期望仅凭坦克就能够将战斗胜
利转化为战略成功。然而事与愿违，两支德军越是突进，距离
补给源就越遥远。即便这两位将军分别在阿拉曼和斯大林格勒
赢得了具有里程碑意义的战役，他们也从来没有仔细考虑好如
何获得足够的燃料、补充物资和食物。

在东线，装甲车常常倒退到它们在第一次世界大战后期所
扮演的角色，即伴随并保护步兵前进，或迟滞敌人攻击。由于
德军和苏军都不断地将更优秀的坦克部署到前线，同时也害怕
被机动钳形攻势困住，坦克战越来越沦为一种消耗战。尽管如
此，盟军在这场战争中最引人注目的几次装甲进攻还是发生在
最后一年。此时轴心国空军已经无力提供近距离地面支援，希
特勒又发布一系列命令，严禁陷入困境的部队撤退，这就再次
给予盟军可乘之机。1944 年 7 月下旬，美国第 1 集团军在"眼
镜蛇行动"中成功从诺曼底突围，正是得益于第 8 航空队对德
军战线实施了大规模轰炸。3000 架美军飞机通过连续两次轰
炸，将德军防御工事撕开一个口子。1500 架 B－17 和 B－24 战
略轰炸机首次为执行战术任务而大规模集结，此外还有超过
1000 架 B－25 和 B－26 中型轰炸机，以及各类型战斗轰炸
机助阵。[61]

德军在"法莱斯口袋"之战崩溃后，盟军取得了第二次突
破。在诺曼底地区的两个月战斗中，德军累计大约有 40 个师被
歼灭。紧接着在 1944 年 8 月的大部分时间里，巴顿率领第 3 集
团军向德国边界疯狂进军。巴顿出人意料的突破与德国装甲部

队早期进攻的特点不谋而合。赫尔曼·戈林后来在纽伦堡接受审讯时谈道，巴顿是盟军最得力的指挥官（"你们最杰出的将军"），认为美军在阿夫朗什（Avranches）实现突破，冲向德国边境是盟军在西线取得的最伟大的成就。曾在诺曼底作战的装甲师指挥官弗里茨·拜尔莱因（Fritz Bayerlein）用夸张的言语总结了巴顿装甲部队的推进：

> 即使是发生在 1940 年的法国闪电战或 1941 年的苏联歼灭战，其计划之宏大、执行之有效、海陆空部队协同、战区面积、战斗人员力量、缴获的战利品，乃至战俘数量等诸多方面都无法与 1944 年的法国歼灭战相提并论。然而，这场战役最重要的一点在于其战略影响，也就是说，为后来最终彻底消灭地球上最大的军事国家奠定了基础。

德军的进攻阶段便是所谓的"突出部"战役（1944 年 12 月 16 日—1945 年 1 月 25 日）。该战役取得成功的前提就是初期突袭，并利用少量虎式和豹式坦克的优势，在有限战线上对非主力部队展开攻击，还要趁着盟军战斗机在恶劣天气下不得不停飞的时机，通过缴获敌方燃料持续战斗。然而德军突破仅仅维持了十天（12 月 16—26 日）。战役开始数天后，以上德军计划的关键节点就被证明存在太多"假如"。这很容易理解。一旦天气转晴，盟军战机就能返回战场；装甲部队因燃油短缺而减缓了速度；盟军从突然袭击中恢复过来，开始有步骤地发挥他们在人力和装备方面的优势，于是德军进攻便很快失去了动力。战后，格尔德·冯·伦德施泰特将军一直为希特勒的愚蠢计划（"守望莱茵行动"）被大众称为"伦德施泰特攻势"而

382

愤愤不平。据称他曾嘲笑说："如果毛奇知道了希特勒的军事战术，特别是在所谓'伦德施泰特攻势'中的操作，棺材板都要掀翻。这明明应该称为'希特勒攻势'才对。"[62]

尽管如此，实战中很少出现步兵在没有同等性能坦克或空军、炮兵支援的情况下，被大规模坦克集群攻击的战例。这几乎仅存在于理论之中，有些类似于在 19 世纪，极少出现重装枪骑兵追击撤退步兵的战例。波兰战役中，德国军官观察到，"数量上占据优势的德军坦克对敌军坦克乘员士气造成了极大的打击，以至于他们经常跳出坦克，摇着白旗"。

这种无所顾忌的装甲闪电战犹如恐怖幽灵，不仅摧枯拉朽般消灭了波兰、荷兰、比利时和法国军队，而且令这些国家的整个战争努力都全盘崩溃。那些被俘士兵数量最多的战役几乎都是在装甲部队包围下或疯狂的坦克突进之后发生的，如比亚韦斯托克 - 明斯克战役（1941 年 6 月 22 日—7 月 3 日）、斯摩棱斯克包围战（1941 年 7 月 6 日—8 月 5 日）、乌曼战役（1941 年 7 月 15 日—8 月 8 日）、第一次基辅战役（1941 年 8 月 23 日—9 月 26 日）、维亚济马 - 布良斯克战役（1941 年 10 月 2—21 日）、"天王星行动"，还有轴心国部队在斯大林格勒附近遭遇的毁灭性打击（1942 年 11 月 19—23 日）、"法莱斯口袋"战役（1944 年 8 月 12—21 日），以及"突出部"战役（1944 年 12 月 16—20 日）的最初几天（两个美军师被歼灭）。[63]

每一次伟大的坦克突破都有耗尽燃料的那一刻。部分原因是二战时期的军队更重视坦克的防御和进攻性能，而不是它的燃料消耗、续航能力和后勤运输。法国战役期间，德国装甲部队经常发现自己的燃料不足，只得停滞下来，等待油料车跟上。在"巴巴罗萨行动"的头两个星期后，以及隆美尔穿越利比亚，向埃及境内突进时，情况亦是如此。1944 年 8 月，当巴顿的第 3 集团军横穿法国时，补给线远远落在部队后方，迫使"谢尔曼"坦克就地停止前进。仅巴顿的军队每天就要消耗 35 万加仑汽油；1944 年夏季，登陆法国的盟军每天需燃烧 80 万加仑油料。"突出部"战役的整个战略计划都以夺取盟军燃料供应为前提，但这个策略只成功了一半，不足以让饱受汽油短缺之苦的德军装甲部队继续前进。令人吃惊的是，同盟国和轴心国都认同坦克部队依赖稳定的燃料供应，然而双方的进攻却经常因汽油短缺而戛然而止。[64]

第二次世界大战的诸多战场中，只有少数几个战区——1940—1943 年的北非、1939—1940 年的东欧，以及 1944—1945 年的西欧——是在坦克的帮助下，根本性地改变了冲突进程。在北非，大片沙漠紧邻地中海，地势平坦，天气晴朗，人烟稀少；在双方都不能取得制空权的情况下，这里正是势均力敌的英军和轴心国部队进行装甲决战的理想之地。西欧具有良好的道路和完善的基础设施，边境与边境之间距离短，这样为坦克提供燃料和空中支援，以及为坦克组运输食物和饮水的难度也较小。相比之下，苏联幅员辽阔，道路简陋，普遍贫困，这又往往意味着即使装甲部队形成了巨大的包围圈，也未必能使敌军崩溃。而燃料、食物、备件供应充足还是短缺，不仅对坦克和军队至关重要，也决定着胜利或失败。对比摩托化步兵、炮兵，或战术、战略空军的作用，除了少数几场战役外，如 1940 年底英军在北非追击意大利军，隆美尔随后在 1942 年发动的进攻，以及美军于 1944 年 8 月初从诺曼底地区成功突破，很难说英美坦克部队是盟军取得成功的主要因素。[65]

一位美国坦克军官称赞"铁拳"反坦克火箭筒是"这场战争中破坏力最强的武器"。用一枚"铁拳"炸毁一辆 T－34，显然比投资建造并部署一辆 70 吨重的虎式Ⅱ型坦克来对付苏联坦克要好得多。到战争结束时，投入大量资源和劳动力来制造重型坦克其实得不偿失。美苏两国专注于一两种简单设计，以相对低廉的成本大量生产，并确保坦克性能可靠，易于维护，从而很好地平衡了坦克制造费用与增强步兵效能之间的成本效益。[66]

1944 年至 1945 年，当盟军在战术层面上取得了空中优势，终于可以随心所欲地攻击敌人的地面部队时，轴心国军队便开始血流成河。德国仅在 1944 年战死的军人人数就比 1939 年至 1943 年还要多，那段时间德国空军实力与盟国战术空军尚旗鼓相当。此外，与坦克质量同等重要的是运输卡车台数，固定和机动火炮数量，机枪、反坦克武器、迫击炮和地雷供应，以及与炮兵部队有效的无线电联系。

尽管第二次世界大战中的战斗天然具有机动性，装甲攻击看上去也很浪漫，但对轴心国和同盟国的士兵来说，最大的杀手仍然是火炮。火炮对双方军队杀伤率的确切数字取决于不同年份和战区，不过二战中至少有一半官兵阵亡源于大炮和迫击炮。为何机动性远远强于半固定式火炮的士兵会被这种武器大量杀死？战争期间，各方生产了 800 多万门野战炮和迫击炮，所以也许可以用二战中发射的炮弹数量来解释。随着闪电战在斯大林格勒破产，大部分东线战斗从 1943 年初开始变得更类似于一战时的西线静态战争。在这座混有轴心国和红军士兵的大焚尸炉里，战斗模式常常退化到用火炮、火箭弹、迫击炮制造弹幕，对固定步兵阵地狂轰滥炸。从某种意义上说，第二次世

界大战的走向取决于在战场上部署火炮数量最多的一方。三个
主要同盟国分别生产的大型火炮数量比德国、意大利和日本的
总和还要多。这场战争最重要的统计数字是，英国、苏联、美
国总计制造了 100 多万门大炮，是轴心国的十倍。[67]

仅美国就生产了超过十亿枚炮弹。此外，火炮种类和专业化
程度远远超过 20 年前，射速、精度、射程都大幅提高。尽管步
兵自身的战斗力也在提高，但无数更小更灵活的火炮使他们陷入
万劫不复的境地。新技术也让他们手中拥有了摧毁坦克和火炮平
台的能力。如果步兵受到敌军榴弹炮、迫击炮、火箭弹的攻击，
那么反过来，他们也有办法用肩扛式武器消灭对方的火炮、坦克
和其他装甲车辆。实际上只用一发廉价的炮弹就能让耗费了数百
个工时完成的装甲车、火炮，以及训练成本化为乌有。

德国生产的大型火炮类型太多，总量上也不足以在多条战
线对抗盟军。正如在第一次世界大战中一样，德国火炮仍然走
进了进化的死胡同，追求建造巨大的、不能移动的克虏伯轨道
炮。这种巨炮能够发射 5—7 吨重的炮弹，射程 24—30 英里。
正如我们在塞瓦斯托波尔围城战中所看到的那样，这些 800 毫
米口径（31 英寸）、1500 吨重的庞然大物（"古斯塔夫"和
"多拉"）完全就是在浪费资源。它们射速缓慢、难以机动、维
护和运输成本巨大，而且极易受到摩托化步兵、坦克和空军的
攻击。

尽管如此，德国人还是制造了整场战争中最实用也最致命
的火炮：大约两万门 88 毫米口径系列高射炮。当时盟军生产的
防空火炮射程已超过 88 毫米火炮的有效杀伤距离（2.5 万英
尺），反坦克炮的口径也更大，杀伤力更强。但在二战中，没
有任何一种火炮能像德国 88 毫米炮那样用途广泛。它可以在几

385

分钟内架设完毕，发射迅速（每分钟 15—20 发），具有极高的准确性，容易瞄准，理论上可以在攻击轰炸机和坦克之间进行切换。在"巴巴罗萨行动"的两年时间里，拥有高质量长炮管的 88 毫米火炮是德军干掉苏联 T－34 坦克的唯一可靠手段。如果将两艘毫无用处的战列舰"俾斯麦"号和"提尔皮茨"号的成本用来建造 88 毫米炮，希特勒就可以多生产大约 7500 门。这个数字远远超过从东线调来保护德国本土不受盟军轰炸机攻击的该型火炮数量的一半。[68]

战争快结束时，德国人开始在被公认已经过时的大量马克Ⅲ型坦克底盘上安装出膛速度快、长炮管、高射速、威力巨大的 75 毫米口径固定式突击炮，由此产生了无炮塔但装甲强劲的Ⅲ号突击炮。这是一种机动性强、外形低矮、易维护的反坦克炮，在东线的平均存活时间是德国新型坦克的七倍；其单价远比坦克便宜，累计生产了一万多台。[69]

386　　　比独特的 88 毫米炮更重要的是，德国人终于尝到了大规模制造廉价武器的甜头，比如他们生产了 600 万具"铁拳"火箭筒。近距离内，这种便宜的单发一次性反坦克武器对东西线的大多数盟军坦克都是致命威胁。如果再加上另外 30 万具"坦克杀手"火箭发射器——一种对美国"巴祖卡"火箭筒升级改造后的仿制品——德军单兵就有能力用物美价廉的装备击毁重达30—40 吨的坦克。尽管投入战斗的时间较晚（1943 年），这种武器却大概消灭了敌方在战争期间所有损失坦克数量的 10%。简单、可靠、廉价、致命的"铁拳"和"坦克杀手"是后世RPG 火箭筒的先驱。后者同样使装备低劣的步兵有机会与战场上先进的装甲部队一较高低。[70]

至 1943 年，德军装甲部队规模在每条战线上都处于劣势，但步兵配置的优秀手持式反坦克武器和反坦克地雷缓解了这种数量不平衡所带来的被动局面。埃哈德·劳斯将军曾讲述在1945年冬天的撤退中，绝望的德国士兵是如何用简陋的一次性"铁拳"火箭筒摧毁 T-34 坦克的："军士长用一发'铁拳'击毁了队伍中最后一辆坦克，于是第二辆坦克向我军隐蔽的街区开来。苏军坦克指挥官判断出我军反击火力点，边移动边射击。不过军士长利用灌木丛作为掩护，已经爬到了坦克面前，用他的第二具，也是最后一具'铁拳'，在很近的距离将这辆坦克干掉了。"苏联步兵有时同样可以利用他们自己的反坦克武器消灭早期型号的德国坦克。在斯大林格勒，一名苏军步兵团的少校讲述了他的一名部下，即孤胆射手伊戈尔·米罗欣（Igor Mirokhin）被坦克炮弹击中牺牲前，如何连续击毁四辆德军坦克的故事。[71]

　　苏联人把注意力集中在他们所能制造的最有效的步兵支援武器上，并大规模生产。他们生产的火炮和迫击炮比二战期间其他国家都多，可能达到了德国的 4—5 倍。"巴巴罗萨行动"伊始，苏联就装备了 3.3 万门火炮，是德国侵略军的 4 倍之多。到战争结束时，苏联炮兵优势更是达到了 7∶1，弥补了红军在战争最后两年因大量补充步兵加入而导致质量下降的不足。事实上，到 1945 年，苏军在很多进攻性战役中集结了 4 万多门大炮和迫击炮，如 1 月对西里西亚和东普鲁士的攻击，以及 4 月向柏林发起的最后一战。火炮是苏联在二战中生产的唯一一类数量大大超过其另外两个主要盟国——英国和美国的武器，大约是英美各自产量的两倍。[72]

　　战争中最具创新性的火炮平台是多管自行火箭炮"喀秋莎"（又称"斯大林管风琴"）。它们通常以 14—48 个发射管为

387

一组，安装在卡车或履带式车辆上。由于制造炮管和炮弹需要精密工艺，因此与火炮相比，"喀秋莎"的主要优势就是生产方便，成本低廉。更重要的是，火箭炮可以多管同时发射，虽然精度不如传统榴弹炮和大型火炮，但其火力投送密度更大，对专业技术和训练要求要少得多。装载在卡车上的"喀秋莎"火箭炮开火和脱离发射阵位的速度比机动性最好的火炮还要快很多。苏联在战争期间共生产了一万多辆"喀秋莎"火箭炮平台，其常见口径从 82 毫米到 300 毫米不等。

就像 T－34 的情况一样，德国人震惊地发现，他们原本以为技术落后的苏军竟然部署了一种颇为有效的全新武器，价格低廉、操作简单、易于使用。一般而言，如果一种武器有人仿制，那么便绝佳地证明了其有效性。正如德国、英国、美国最后也要试图模仿 T－34 坦克的许多特性一样，其他交战国同样急于生产它们自己的火箭炮。[73]

就像制造飞机和坦克一样，美国人很快就生产了大量标准化的火炮平台。其中最好的也许是轻型 105 毫米 M2A 和射程较远的 155 毫米 M1 榴弹炮。这两种火炮具有不俗的机动性和精确性，很容易挂上卡车牵引转移；而且少数 105 毫米炮还能自行机动。从各方面分析，105 毫米机动榴弹炮都是整个战争期间最为通用的全能型步兵支援炮。不过美国人对提升火炮杀伤力的真正贡献并不在于火炮本身，而是炮弹和一套先进的瞄准系统。美国曾经秉承孤立主义，认为若要海外作战，首先需要投送的是空军和海军力量。然而奇怪的是，美军却携世界上最先进的同步火炮系统参战。该系统最终被命名为"同时弹着"（TOT），即位于不同阵地的炮兵能够集中火力攻击同一目标，从不同距离发射而来的各种类型的炮弹几乎能同时击中目标，从而在猛烈炮击的最初几秒钟内，出其不意地消灭尚暴露在外的敌军步兵。紧贴前线设立的火力指挥中心负责协调步兵（和坦克）部队的无线电呼叫请求，分配必要的火炮资源，同时由前线观察员和轻型侦察机检查着弹点精度。因此美国在参战前就做好了准备，能够确保通常情况下其地面部队都能得到比敌军更为精准、更强有力的炮火掩护。这套系统的有效性并不输于规模大得多的苏联红军炮兵部队。

1944年底，美军在"突出部"战役中开始使用绝密的新型近炸引信，此前仅限安装在太平洋战区的航空炸弹、防空炮弹和火炮上。配备这种引信的炮弹经过正确设定，可以在敌军目标上方预定高度爆炸。敌人即使找到散兵坑或野战工事隐蔽，也很难躲避弹片杀伤。美军高炮部队早些时候在太平洋战区以这种创新雷达控制引信对抗"神风特攻队"时特别有效，因为无线电发射器只要在预设距离内感应到目标，便会引爆炸弹。当新型近炸引信在欧洲战区被用于攻击地面部队时，弹片便如雨点般往下倾泻，让德军蒙受了惨重损失。这是老式预设距离参数的近炸引信所达不到的效果。[74]

事实证明，炮兵是美军获得成功的关键。与德国、意大利、英国、日本士兵相比，他们加入欧洲和太平洋战场时的军事经验最少；而且他们在环境截然不同的多样化战区战斗，比其他所有国家的战士都远离祖国。美国也不像德国和日本那样，拥有足够多的战争经验来验证那些关于战术和武器装备的战前论断是否有效。美军只能派出青涩的部队，让他们与那些曾经在波兰、苏联、中国东北鏖战多年的敌军硬碰硬交锋。在初期没有装甲优势或空中支援的情况下，美军仅能依靠炮兵。在美军获得足够娴熟的战斗技能和可靠的空中掩护之前，也正是火炮帮助他们扳回了战场劣势。

日本在坦克或火炮方面少有创新。虽然战争中最好的迫击炮不是出自日本人之手，而且与盟军相比，日军生产的迫击炮数量很有限，但在太平洋岛屿争夺战和缅甸战役中，日军将注意力集中在非常适合近距离作战的迫击炮类型。日军89式掷弹筒也被称为"膝盖迫击炮"（虽然永远不会从膝部发射），是一种廉价的火炮替代品，可以发射各种通用的日本手榴弹。它重量轻（约10磅），易于组装，因此成为太平洋岛屿战斗的理想武器。即使是轻型火炮，面对密集的灌木林和瓢泼大雨，在没有稳定战线的情况下，也显得十分笨重，难以部署。模样古怪、威力更为可怕的320毫米98式臼炮则截然不同。它的重量约为675磅，炮膛很容易磨损，不过成本只有重型火炮的零头，可以在与敌人处于同样困难的地形和天气条件下，为日军提供不可多得的重炮支援。[75]

历史学家更为关注海空力量和装甲车辆领域内具有里程碑意义的创新，如B-29"超级堡垒"轰炸机、"埃塞克斯"级航母、T-34或虎式坦克，这也是人之常情。而诸如大炮和步枪等经历长时间考验的技术，所取得的突破就不太引人注目，也没有那么浪漫，更不会预示未来的军事发展方向。然而，大多数士兵正是被各种可怕的火炮或轻武器打死打伤。尽管轴心国装备了恐怖的88毫米多用途火炮、MG-42机关枪、划时代的StG-44突击步枪，但在这两类武器研制方面，盟国，尤其是苏联和美国，就算一开始没有优势，至少也与轴心国不相上下。轴心国和盟国的火炮产量存在巨大不平衡。这在很大程度上解释了为什么自视甚高的德军永远无法弥补其在空对地支援和车辆生产方面的劣势。

机器不会自动工作，它们必须由人来设计、生产并使用。为了满足自身创新和应用需求，人类的选择无穷无尽。为什么美国能制造出一流的航空母舰而德国没有，是因为富兰克林·罗斯福和阿道夫·希特勒及其各自幕僚制定了完全不同的政策。美国之所以能在中途岛战役中获胜，不仅仅因为拥有非凡的情报系统或运气，其原因还可以从舰队司令雷蒙德·斯普鲁恩斯和南云忠一身上找到端倪。英国首相温斯顿·丘吉尔没有下令采取类似轴心国突然袭击苏联和珍珠港那样愚蠢的行动，从而最终确保了盟国而不是德国或日本赢得这场战争。美国工人制造四引擎重型轰炸机的速度，远远快于德国或日本装配工生产中型双引擎轰炸机。与科学发现和技术进步一样重要的是领导人的特质和他们激发追随者的方式。

第六部分的四章将回归第一部分有关人类的主题，探讨推动并塑造了战争进程的领袖、精英和广大民众的思想理念。正是统帅、战将，以及工厂里的劳工决定了他们的同胞如何获得武器装备，如何走向战场。这些决定反过来又解释了第二次世界大战中为什么会有 6000 万人死亡，他们又将在哪里罹难。

第六部分
人类
领导者和追随者，活人与死人

城邦正是若干公民的组合，而不是没有人的城墙或舰船。

——修昔底德[1]

第十六章　统帅

　　因为阿道夫·希特勒坚持进攻苏联，因为约瑟夫·斯大林
天真地相信《莫洛托夫－里宾特洛甫条约》（即《苏德互不侵
犯条约》），因为他在 1941 年 6 月和 7 月德军进攻初期应对不
当，结果 1500 多万苏德士兵在东线阵亡。如果希特勒并未对东
进做出疯狂承诺，也许即使是最顽固的纳粹将领也无法说服他
们的同僚相信"巴巴罗萨行动"可以成功。如果斯大林没有那
般偏执，苏军总参谋部也许会相信 1941 年春纳粹在苏联边境部
署军队的可靠情报，并为防御进行必要的调整。

　　战争中，一个至高无上的大脑，不管是善还是恶，都关系
着数百万人的生死存亡。这是几十个将军加在一起都无法比拟
的力量。意大利和英国在 1940 年的人口数量大致相同。但假如
温斯顿·丘吉尔领导意大利，贝尼托·墨索里尼掌控英国，那
么这两个国家的战时命运可能会完全不同。内维尔·张伯伦和
爱德华·达拉第决定在德奥合并和捷克斯洛伐克问题上不与希
特勒对抗，反而进一步促成了 1939 年欧战爆发，并最终在接下
来的六年里导致 6000 万人死亡。

　　杜鲁门总统决心使用原子弹，使得美军不必付出高昂代价
入侵日本本土，而且由于突然结束了太平洋战争，在某种程度
上也限制了斯大林在战后觊觎亚洲的野心。无论是意大利皇室
还是总参谋部，都难以想象在 1940—1941 年，意大利居然派遣
近百万士兵到巴尔干和北非地区，还要为远征军提供补给。墨

索里尼却幻想仅凭这点薄弱的兵力就在北非建立一个新罗马帝国。十万意大利人、埃塞俄比亚人和利比亚人因他的决策而死。

20 世纪前，像亚历山大、恺撒、腓特烈或拿破仑这样的伟大统帅既是国家元首，也是战场上的最高指挥官。但 19 世纪以后，随着军事问题日趋复杂，即使在纳粹德国这样的独裁国家，那些戴着金穗饰带的军帽、胸前挂着勋章的最高军事领袖也不会亲自率领部队上战场。得益于技术进步，尤其是电话、电报和无线电的发明，希特勒没有必要模仿腓特烈大帝的领导风格，像他骑着战马那样，在德军入侵波兰时，从一辆马克Ⅱ型装甲车的车顶露出头来，巡视前线。原本就喜爱骑马的墨索里尼也不会打扮成一位现代恺撒，骑着马在阿尔巴尼亚的雪地上小跑。一个国家元首在二战中穿上军装，并不意味着他正在前线指挥，也不能证明他懂得什么战略战术，甚至胸前佩戴的那些华丽勋章也名不副实。[1]

有时，人们认为战争时期的领导人是其政治制度的受益者，就像威灵顿公爵通过对议会制政府负责而获得优势，而拿破仑则没有。然而底比斯的伊巴密浓达（Epaminondas）、萨拉丁（Saladin）或凯末尔·阿塔图尔克（Kemal Ataturk）① 往往超脱于创造他们的体制，凭借自己的特殊天赋取得胜利或遭遇失败。物质和战略资源往往决定着领导人的命运。如果希特勒拥有 1942 年底特律的工业设施，或者苏联的人力资源，他可能会表

---

① 伊巴密浓达（公元前 418—前 362 年），古希腊城邦底比斯军事家与政治家，创造了步兵新编制和战术，公元前 371 年在留克特拉战役中击败了斯巴达军队。萨拉丁（1137—1193 年），埃及阿尤布王朝首任苏丹，1187 年击败十字军，重新占领了圣城耶路撒冷。凯末尔·阿塔图尔克（1881—1938 年），土耳其革命家、改革家，号称土耳其国父，执政期间施行了一系列改革，为土耳其的现代化奠定了基础。

现更好。尽管汉尼拔才华过人，迦太基部队的资源却比罗马共和国的军队要少。因此在第二次布匿战争中，即使如弗拉米尼乌斯（Flaminius）、桑普罗尼乌斯（Sempronius）、瓦罗（Varro）① 等许多无能的罗马将军犯下大错，罗马军队依然无法被消灭。[2]

在民主国家，人们认为应该通过集体共识来制定战略，所以共同观念理应更为重要，而不是提出这些想法的个人本身。尽管丘吉尔在 1940 年拯救了英国，而且当时可能不会再有其他民主国家领导人能够做到这一点，他却在 1945 年 7 月，就在二战太平洋战区终战前，被议员们毫不客气地投票赶下了台。然而在那个时刻，有十几位政治家都可以轻而易举地带领英国取得对日战争的胜利。在极端情况下，像丘吉尔这样的人物显然是不可替代的；不过若局势缓和，情况恐怕就不是这样了。民主社会中很少有人愿意承认，当危机来临时，确实存在罕见的、无可替代的领袖。他具有特米斯托克利（Themistocles）② 或伯里克利那样的才干，与由专家和政客组成的毫无个性的委员会或政治联盟相比，显得卓尔不群。普通政治家只能跟随这位非凡领袖的步伐，延续他的政策。杜鲁门虽然才能平庸，但可以于 1945 年 4 月取代罗斯福的位置，而不打乱盟军的长期行动计

---

① 弗拉米尼乌斯，公元前 217 年在与汉尼拔军队作战时丧生。桑普罗尼乌斯，即布雷苏斯·桑普罗尼乌斯，桑普罗尼乌斯家族成员，公元前 217 年担任罗马共和国财务官，第二次布匿战争中阵亡于非洲海岸。盖乌斯·特雷恩蒂乌斯·瓦罗，活跃于公元前 218—公元前 200 年，公元前 216 年的坎尼会战中，即使罗马军队遭到惨败，作为指挥官之一的瓦罗仍逃回了罗马，后投身罗马政坛。

② 特米斯托克利（公元前 524—前 460 年），古希腊政治家、军事家，曾担任雅典执政官。阻止波斯入侵后，雅典人害怕他成为军事独裁者，投票将其放逐。

划。然而他缺乏雄辩口才和政治技巧（以及谋略），没有能力
395 让美国在 1940 年就做好战争准备。如果希特勒或墨索里尼在
1942 年死亡，德国和意大利很可能会出现一位寻求和谈的领导
人，并最终达成有条件投降。[3]

　　从古至今，民主政体至少在人民能更广泛地参与决策方面
具有优势，这一点即使对一位强势领导人也有积极意义。丘吉
尔或罗斯福都明智地知道，他们必须对公众如何看待成功或失
败更加敏感，必须与一群才华横溢的顾问打交道，必须同敢于
指出自己缺点的对手周旋。换言之，他们必须获得政治合法性，
而且始终面临着一个相当自由的政府和媒体，以及一大堆想要
得到他们职位的竞争者的监督。这意味着，一旦宣布了某项饱
受争议的政策，如欧洲战事优先于太平洋战事，或要求轴心国
无条件投降，人民就不能事后又抱怨说，他们选出的代表未经
民众同意就贸然行事。

　　领导者诚实坦率，乐于接受批评建议固然是优点，但有时
也会被泯泯众生的缺点抵消。公众反复无常，容易受到蛊惑，
像暴徒那样，被突然爆发的愤怒情绪影响。历史学家修昔底德
在研究雅典干预米蒂利尼（Mytilene）、米洛斯和锡拉库萨等城
邦战事时，首次精彩记录了这种民主的动荡。这位贵族历史学
家指出，在伯罗奔尼撒战争爆发前后数年内，伯里克利仅凭一
己之力，掌控着极端民主体制下雅典的战略决策。修昔底德写
道，正是因为他的个人影响力，他罕见地拥有大多数不稳定的
民主国家所欠缺的不同寻常的自主权："每当看到民众
（dêmos）傲慢自大，不合时宜地扬扬得意时，伯里克利只用寥
寥数语就能让他们冷静下来，意识到危险；反之，如果人们陷
入恐慌，伯里克利又可以立刻使他们恢复信心。简而言之，这

个第一公民将名义上的民主掌控在手中。"修昔底德或许是对的。像第二次世界大战这样事关生死存亡的冲突，如果民主国家由一个经过合法程序上台、强有力的领导人管理，那么它将成为最高效的战争机器。

珍珠港事件发生后仅仅几个小时内，一向抵制罗斯福动员发动战争的美国选民突然要求对日本立即采取行动，似乎完全忘了他们先前同样是狂热的孤立主义者。作为回应，罗斯福越来越多地以"第一公民"的身份开始统治美国，甚至比"新政"时期更甚。他被授予一系列不同于常规民主政体的行政特权，让人不禁想起美国内战期间，亚伯拉罕·林肯总统拥有的那些偶尔还超越了宪法的特殊权力。[4]

从 1939 年到 1940 年，诸如阿道夫·希特勒、贝尼托·墨索里尼等非民主国家的独裁者，以及在 1941 年 10 月至 1944 年 7 月期间执政的东条英机，都摆出一副老练战略家的架势，自诩为天才，压根不屑于下属提出的意见。他们信奉马基雅维利式的外交方针和先发制人的攻击策略，从不考虑公众意见或担心决定被合法否决。如果仅仅根据其结果来判断，德国人、意大利人和日本人最初都认为他们只付出了很小的代价，就为国家获得了更大的利益。独裁统治显然是未来的潮流。简而言之，针对弱国发动一场突然袭击式的边境战争，通常不需要进行经济总动员，也不必制订长期计划，就能在战时赢得公众认可，并为此奉献巨大牺牲。

相比之下，那些即将消亡的西欧民主国家、执行绥靖政策的大英帝国、秉持孤立主义的美国都被这些一意孤行的独裁者，特别是希特勒的崛起迷惑，并为此进退失据。在广受欢迎的政治强人的领导下，未来的轴心国看上去坚决果断，精于算计。然而到了 1943 年初，事实证明情况正好相反。几十位军事专家围绕着温斯顿·丘吉尔和富兰克林·罗斯福争论不休，他们的作用似乎显得至关重要。虽然美英两国的战时媒体相对不受约束，虽然领导人需要向国会发表公开演说，阐明战争目标，但这也有助于监督检讨军事行动。当冲突进入全面战争阶段，需要大规模动员时，幸存下来的民主国家政权此前已得到选民认可，因此似乎具有一些天然优势。而那些地位不稳固、日益孤立的轴心国领导人则躲进自己的地堡和要塞里，既害怕敌人，也不敢面对愤怒的人民。[5]

墨索里尼和希特勒虽然拥有绝对统治权，但直到 1942 年底或更晚些时候，才完全在意大利和德国建立起战时经济体制；丘吉尔和罗斯福受制于制衡体系，却很快就带领国家进入战争状态。独裁主义者担心公众不愿承担牺牲所带来的后果；民主主义者则对民主信仰中的个人自觉和自持充满信心，拿着一张空白支票要求民众接受。这也就不难理解，为什么斯大林格勒战役之后，希特勒很少向德国人民发表讲话了。二战期间的六位主要领导人中，只有轴心国的希特勒、墨索里尼和东条英机遭遇过暗杀，其中许多阴谋来自他们自己的军队。南方集团军群总司令、陆军元帅埃里希·冯·曼施坦因在被解除职务前夕，描述了元首已经变得多么孤立："希特勒……认为在办公桌后面的自己比站在前线的指挥官看得更清楚。他忽略了一个事实：过于详细的军事态势图上标注的很多内容显然已经过时了。而且从他所处的距离来看，希特勒根本不可能判断出现场应该采取哪些适当且必要的行动。"[6]

盟军成功入侵西西里岛后，不得人心的墨索里尼便被废黜。由于失去塞班岛，东条英机被迫于 1944 年 7 月辞去首相职务，许多军官都在考虑将其刺杀。除了枉顾专家意见之外，独裁统治自古以来的一个难题是，当前线传来坏消息时，民众总是默默且不露声色地收回对它的支持。甚至——或者说特别是——在专制政体下，人民从来没有觉得要为他们之前狂热效忠的铁腕人物负有责任。极端分子实行的危险国策从一开始就没有通过自由透明的选举来得到人民批准。

即使是约瑟夫·斯大林，在他被迫从轴心国的支持者转变为盟国三巨头之一的过程中，也发现下放的军事权力越大，指挥就越灵活，红军就越不会重演 1941 年至 1942 年，那种自上而下的毁灭性灾难。如果他在国人眼里越成功，那么他的失败也就越难归咎于那些只拥有部分决策权的下属。当古德里安、曼施坦因和隆美尔元帅的声誉在希特勒心目中下降时，朱可夫元帅的地位却随着斯大林一同上升。[7]

民主国家的反对派若发泄不满，往往会通过向媒体泄密，投下不信任票，在国会进行攻击，乃至利用 1944 年或 1945 年的竞选来试图推翻丘吉尔或罗斯福的统治。但要让德国摆脱危险的希特勒，或把意大利从墨索里尼手中解放出来，则需要动用枪械或炸弹——独裁者们对此也心知肚明。

最后，英美两国推动了盟国三巨头以专制的轴心国无法做到的方式运作。从 1939 年 8 月到 1941 年 6 月之间，希特勒的德国和斯大林统治下的苏联只能合作 22 个月，因为每一方都理所应当地怀疑对方会撕毁之前的协议。要使内部分歧严重的同盟不致破裂，至少需要其中有几个领导人是通过合法程序获得职位的。他们知道如何避免用暴力和推诿的方式来掌控权力。尽管斯大林反对丘吉尔和罗斯福，但他私下里也承认，这两位值得信赖；而他，以及墨索里尼和东条英机却永远无法相信希特勒。对这群未经选举的权力小偷来说，真的没有什么荣

398

誉可言。⁸

将军与决策者之间发生争执并不鲜见，盟军最高司令部也不例外。罗斯福和丘吉尔不时提出一些胡思乱想的计划，但他们能够听取反对意见。与盟国政治家和将军们争吵形成对比的是，德国民众，从大街上的普通路人到总参谋部的参谋，从来不知道希特勒下一步会进攻什么国家或出于什么原因攻击某个国家，只知道即使对元首最愚蠢的指示提出劝告，也充满危险。意大利和日本同样是一言堂。罗马和东京政府都没有向公众明确宣布战争目标。这不仅是因为这些国家是封闭社会，而且几乎所有军事指挥官自己都不太清楚墨索里尼和东条英机及其幕僚的意图，他们通常也不敢问。⁹

虽然达成了共识的战时政府有诸多优点，但并不是说独裁政权中不会出现诸如亚历山大大帝或拿破仑那样杰出的最高领导人。马其顿的腓力二世展现了卓越的军事领导才能，而这正是朝三暮四、说多做少的希腊民主城邦所欠缺的。苏联之所以能够克服困难，在1942年末实现将整个工业体系搬迁到乌拉尔山脉以东的壮举，或者宁愿忍受列宁格勒和斯大林格勒的损失，也不放弃坚守，绝不投降，很大程度上源于约瑟夫·斯大林的冷酷无情和钢铁般的意志。还有很多平庸的民选领导人，如内维尔·张伯伦首相或法国前总理、后来的维希政府领导人皮埃尔·赖伐尔（Pierre Laval），他们把自己的民主国家带入近乎毁灭的境地。就像1939—1940年的捷克斯洛伐克、丹麦、挪威、荷兰、比利时和法国那样，宪政体制不能保证胜利，更不能夸下海口说平庸的国会议员就能够胜过才华横溢的独裁者。

无论何种政治制度，领导人的天赋和个人经验都很重要。阿道夫·希特勒对步兵战斗了如指掌，贝尼托·墨索里尼和温斯顿·丘吉尔亦是如此。这三位最高统帅在第一次世界大战期间都曾在前线奋战。有一阵子，希特勒凭借其独特的体质，扛住了大多数年轻人无法承受的重任。他是心理大师，显然有着不可思议的本能，知道是什么驱使着像他这样有权势的人群，以及如何相应地操纵他们。希特勒虽然拥有超强记忆力和专注力，却对大战略缺乏全面了解，甚至天生就对此一无所知。同样负过伤的退伍老兵墨索里尼也不知道如何将意大利的战略目标与实际手段联系起来。相比之下，丘吉尔、罗斯福和斯大林都分别担任过政府高级行政职务，如海军大臣、助理海军部部长和国防委员会主席，对军事战略、融资预算有更深刻的理解，明白国防拨款背后的政治考量，也知道如何建立庞大的顾问团队。人们常说，只有老兵才能明智地决定战争策略，或者拥有这样做的道德权利。但是，这种观念就像认为只有农民才能制定粮食政策，或经验丰富的华尔街投资者才值得信赖，可以发布国家财政计划一样，并不正确。[10]

　　希特勒和墨索里尼能够滔滔不绝地发表激动人心的爱国主义演说。不过这些独裁者觉得没有必要提供细节，或解释政策中含混不清之处。他们的说辞效果如何，完全有赖于战场是否取得了主动。即使是最雄辩的宣传，也不能把斯大林格勒战役这样的灾难变成温泉关之战，即保卫祖国的最后英勇一战，也无法将纳粹士兵不费吹灰之力入侵丹麦的行动包装成拿破仑在奥斯特利茨战役率领法军逆袭，获得全胜的杰作。当德国国防军席卷西欧时，希特勒的咆哮令数百万人为之神魂颠倒。当苏军和英美联军逼近德国时，元首干脆放弃了公开演讲；而盟国领导人即便在新加坡沦陷、失去菲律宾后的至暗时刻，也从未如此。1944 年末，一个休假中的德国二等兵回到慕尼黑，看到自己的家被炸毁后，在日记中写道："谁该为这一切负责？英国人？美国人？还是纳粹？如果没有希特勒，就不会有战争。如果纳粹没有胡乱吹嘘，没有耀武扬威，没有那么多武力恫吓，我们就会与今天的敌人和平相处。"墨索里尼从未令人信服地对意大利民众解释，他为何向美国宣战或入侵巴尔干半岛。也许他自己也不知道。[11]

除了德国对英国发动闪电战的那几个星期和对莫斯科的初期空袭外，盟国领导人通常都不用担惊受怕，可以安心工作，会见他们的幕僚。相比之下，希特勒在 1941 年之后的大部分时间里都是在地下度过的。即使与前线相隔数百英里之遥，他还是躲进了东普鲁士的狼穴（Wolfsschanze）、巴伐利亚的贝格霍夫别墅（Berghof）、柏林的元首地堡（Führerbunker）里，与文官政府切断了大部分联系，实际上处于孤立状态。历史学家格哈德·温伯格（Gerhard Weinberg）指出："1943 年的希特勒也不再是 1940 年的元首了。他失去了运气眷顾，不再能轻松赢得战斗，现在只能顽固地与自己的命运抗争。"

400

轴心国领导人有充分的理由害怕民众。从 1943 年 5 月初开始，墨索里尼就面临空袭危险；日本领导人则从 1944 年秋天起遭遇盟国空军轰炸，1945 年 3 月后更加频繁。暗杀对轴心国的强人来说更是直接的危险；在战前的十年间，它一直是日本政治生活的主要组成部分。墨索里尼躲过了好几次暗杀；希特勒曾经公开露面了十年，也许就有十次针对他的潜在阴谋。对暗杀的恐惧，被航空炸弹炸死的可能性，敌军步步逼近——这些都是轴心国领导人在 1941 年后需要单独面对的威胁。[12]

1939 年中期，希特勒以相对较小的军事、政治或经济代价，在没有诉诸战争的情况下，就已经成功地实现了他的最初目标：将德国恢复到 1914 年的大国地位。到 1940 年 6 月，纳粹德国已经达成了德意志（第二）帝国若赢得第一次世界大战所能设想的大部分愿景，甚至更多。即使在所谓的《9 月计划》中，德皇威廉二世也只是试图击败并占领法国和比利时，将剩下的中立国家视为帝国跟班，但从未想过要吞并整个西欧。德意志帝国在 1918 年之前的梦想仅仅是将所有德裔人口占多数的地区纳入囊中。尽管阿道夫·希特勒大谈特谈要推翻不公正的《凡尔赛条约》，但他更进一步，要将德语地区的其他民族居民清除干净，还要吞并那些与 1919—1920 年建立的战后定居点没有任何关系的领土。[13]

然而，他的危险赌博大获成功，德国公众舆论为之如痴如醉。于是在赢得西欧一年之后，希特勒染指苏联，而他身后还有一个尚未被击败的英国和充满敌意的美国，美国的兵工厂正开始重整军备。希特勒曾经娴熟地采取外交冒险政策，玩弄战争于股掌之中，但如此鲁莽行为使之在 1939 年之前凭借狡诈和直觉所赢得的一切成果都损失殆尽。即使将军们真的不赞同入侵，并激烈地提出反驳，他们的反对意见也很可能被忽视。正如瓦尔利蒙特将军对最高统帅部的同事所指出的那样："军事圈的高层——不只是国防军的高级军官——显然也认同希特勒的观点，相信对苏战争可能会迅速结束。事实是，作战参谋在一些基本战略问题上无权表达任何不同意见，因为他们已经认定自己只是希特勒的军事顾问罢了。"[14]

令人不安的是，假如希特勒取消了"巴巴罗萨行动"，避免与美国开战，并对英国做出连丘吉尔都无法拒绝的重大让步，那么希特勒最终可能保住自己在 1939 年 9 月 1 日之前，甚至可能在 1941 年 6 月之前攫取的战利品。希特勒毕竟愚弄了一代欧

洲领导人，并用他的方式重建了德国国防军（"德国人民不希
望战争"），在萨尔州（Saarland）举行全民公投（"我一再向法
国保证，一旦萨尔问题得到解决，我们之间就不会再有领土分
歧"），武装进驻莱茵兰（"德国对法国没有进一步的要求，也
不会提出任何要求"），实现德奥合并（"一项和平工作"），摧
毁捷克斯洛伐克（"这是我在欧洲必须提出的最后一个领土要
求"），以及与苏联签订互不侵犯条约（"德国再也不会与苏联
发生冲突"），这一切都没有让德国付出鲜血和金钱的代价。如
果希特勒停下来，没有入侵波兰，盟国很可能会向这个讲德语
的庞大帝国让步。此时此刻，德国的领土面积和影响力将达到
自建国以来的巅峰。[15]

　　显然，纳粹党夺取政权、建立独裁政府，并不足以为其提
供必需的准备和智慧，以赢得一场全球战争，至少与政党之间
结成联盟以赢得选举的经验相比是这样。希特勒在 1939 年 9 月
发动第二次世界大战后，未尝制订摧毁英国、苏联和美国战争
能力的全盘方案，而击败它们对实现他的意识形态目标有着不
同程度的关键影响。问题不仅在于战争爆发时，德国军队和经
济都没有足够的资源来完成希特勒的全球战争梦，而且他永远
无法获得实现这些宏伟目标的物质手段。希特勒未能成功哄骗
或胁迫其他国家民众，包括盟友和数百万占领区的欧洲人，来
帮助他实现夙愿。希特勒总是不顾逻辑和现实，沉浸在妄想中
冒险投机，寄希望于还远在地平线之外的所谓奇迹武器；目空
一切地谈论"生存空间"，却从来不考虑任何有关农业政策和
工业生产的关键信息；他在不了解苏联或美国历史传统的情况
下处理种族和文化问题，还被反犹仇恨蒙蔽双眼，无视几个世
纪以来犹太人对欧洲文化和科学所做出的里程碑式的贡献。作

为一个战略家，希特勒的主要缺点是依靠狂热来推动自己的白日梦，只有在驳斥对其政策的合理反对意见时，才会诉诸逻辑。这让我们想起修昔底德的古老警告："人类习惯于将他们所渴望的寄托于漫不经心的希望，用至高无上的理性把他们不想要的东西推到一旁。"[16]

法国战役大获全胜之后，纳粹决策层判定战争很快就会结束。他们开始疏远控制下的西欧人，并对沦陷区国家实行彻底掠夺。如果纳粹试图利用外国资源增加军火产量，通常会采取抢夺工业设施、把工人运回德国这样的低效手段，而不是重新调整和利用现有的劳动力和工厂。第三帝国几乎没有接管并有效利用欧洲的军火企业，就连霸占捷克斯柯达工厂的方式也显得笨拙不堪。希特勒总是沉迷于消灭犹太人，这在军事上既不合理，又野蛮残忍。瑞典或西班牙等中立国家只是基于他表现出来的强大能力和危险程度，才与之建立合作关系。拿破仑曾说："我们通过胜利获得的那些盟友，一旦听到失败传言，就会转而反对我们。"他关于所谓朋友的悲观论断正体现了希特勒——也是所有独裁者——的困境。[17]

任何军事统帅都会犯错误，但并不是人人——尤其是在允许旁人监督并提出批评意见的情况下——都像希特勒那样犯下致命的错误。就连亚历山大大帝也赞成打道回府，不再深入印度。条顿堡森林战役后，奥古斯都最终同意不再试图吞并德意志，及莱茵河、多瑙河以北的周边地区。老谋深算的佛朗哥很精明，没有在 1940 年 7 月轴心国如日中天的时候贸然投入战争，或者说他很幸运，当西班牙确实打算参战时，希特勒的贪婪和大国沙文主义打消了他的激情。[18]

希特勒猜对了，第一次世界大战的失败者比沾沾自喜的胜利方更愿意在战后冒险。他鼓吹民族凝聚力的豪言壮语引起了德国人民的共鸣，一举扭转了 1918 年以来的绝望民心。希特勒吸引公众的核心论点是，当沙皇俄国被打败后，是犹太人、知识分子、共产党人背后捣鬼，让德国失去了胜利，而不是因为德军压缩西线，强取豪夺俄国的西部领土，还不必要地激怒了秉持孤立主义的美国。这些愤世嫉俗的见解对于获得权力、为大德意志谋求边境领土至关重要，但若想发动一场全球战争，同那些在人力、资源和领导力上都占据优势，也不太关心欧洲政治和竞争复杂性的敌国对抗，则毫无价值。[19]

403 　　希特勒的第一次，也是在某些方面最不受重视的战略误判是 1939 年入侵波兰。问题不在于随着苏军稍后进入战场，德军不再能轻易瓜分波兰，而是希特勒未能领悟到自己发动的波兰战争将导致说英语的西方民主国家很有可能对德宣战（英国皇家海军和皇家空军很快就投入了战斗），而他其实没有办法为这场战争提供足够的资金和军备，自然也就没有办法结束；德国与苏联也因此建立起了一条共同边界。不过德军后来采取穿越阿登地区这样的非常规战法，在两个月内就击溃了法国，所以当巴黎在 1940 年 6 月 14 日投降之后，希特勒存在缺陷的战略构想看上去并非胡闹。在"巴巴罗萨行动"前的宁静日子里，陆军总司令部首脑凯特尔将军盛赞希特勒为"有史以来最伟大的统帅"。然而，如果德军不能入侵英国或迫使其屈服，那么对苏联发动攻击就必须做到速战速决，否则就意味着最终还是会演变为对抗工业大国的两线战争，而这正是希特勒承诺要避免的。他曾发誓要从一战中吸取教训，并加以纠正，此时却似乎得了健忘症，反而重复了那些当年毁灭德意志帝国的错误。[20]

希特勒毫无道德观念，认为只有比他弱小的人才会用言辞上的道德来替代行动的力量。他吹嘘意志力和不可征服的精神，只看重物质实力，而不是思想和人类情操。正如知名的希特勒传记作者休·特雷弗－罗珀（Hugh Trevor－Roper）说过的那样："他是一个彻底的、冥顽不化的实利主义者，对那些想象中的无形希望或恐惧毫无同情，甚至难以容忍，而这类幻想无论多么荒谬，都会为人类行为投下微弱的高贵光芒。"[21]

希特勒还有那种自学成才者的通病：知识浅显，没有深度，不善自省，因缺乏敏锐的洞察力而被强势的性格冲昏了头脑。当他的军队在苏联寸步难行时，希特勒在午餐和晚餐上谈论的话题却是从蜜蜂品质到高速公路水泥的最佳厚度，其间还总是穿插着反犹主义、对斯拉夫民族的鄙视、关于艺术的疯狂看法，还有对他自己健康的痴迷关注。奇怪的是，在一些零散的论题上，比如纽约的摩天大楼在遭受空袭时会相当脆弱，未经烹饪的蔬菜更具营养价值等，希特勒有时竟有着不可思议的先见之明。他甚至还发明了最终演变为大众"甲壳虫"的流行汽车。[22]

事实上，希特勒除了对弱小的邻国发动闪电战外，对战争知之甚少。关于希特勒为何在北非和苏联军情问题上犹豫不决，最高统帅部的瓦尔利蒙特将军早在 1942 年中期就指出："事实证明，即使是最紧迫的问题，他也无法及时决断。"希特勒既没有在东线作战的经历，也没有到访过苏联，他完全误读了第一次世界大战的东线教训：即使征服并占领了苏联领土，也会消耗德国在其他地方的关键资源。1941 年 12 月 11 日，得知希特勒对美国宣战后，震惊不已的阿尔弗雷德·约德尔将军打电话给他的下属瓦尔利蒙特，惊愕地问道："你听说元首刚刚对美国宣战了吗？"瓦尔利蒙特同样一头雾水，回答说："是的，我们对此非常惊讶。"[23]

希特勒之所以如此决策，似乎主要是为了安抚海军上将雷德尔和邓尼茨。他们发誓当商船队离开美国东海岸后，就能将其击沉，从而令英国陷入饥饿。然而可供破交作战的潜艇数量太少，水面舰艇更是几乎为零。他本应该记得，25 年前，德皇威廉二世同样面对美国暗中向英法两国提供支援，而德国又对此无能为力的困局。威廉二世竟然异想天开，希望促使墨西哥军队越过边境，攻击美国，于是发生了所谓"齐默尔曼电报"（Zimmerman Telegram）事件的愚蠢之举。[24]

希特勒还算计，这些新敌人会像他对待其他轴心国那样自行其是，几个盟国之间彼此两面三刀。1942 年 1 月，就在珍珠港事件刚刚发生不久，德国入侵苏联半年多后，他对日本驻德大使大岛浩将军宣布："历史上从未有两个如此强大的军事力量——日本和德国——相距如此遥远，却并肩战斗。"而此时希特勒依旧没有邀请日本人从东面进攻苏联，因为他打算独吞预想中的全部战利品。[25]

德国在 1940 年与意大利结盟，1941 年背叛原来的伙伴苏联，并将原本中立的美国变成敌人，这些都是糟糕透顶的决策。纸上谈兵的军事家们为"巴巴罗萨行动"提出了各种备选方案，研究是否能因此延长冲突或让战争永久陷入僵局。一个最合理的、与现实相反的情形是，希特勒应该集中 400 万泛欧轴心国军队入侵英国，或者更可行的方案是直接向北非和中东派遣大规模远征军，剥夺英国的战略选择自由，拯救墨索里尼统治下的意大利，将地中海变成轴心国的内湖，与日本在印度洋达成战略协同，并且一开始就避免同苏联、美国开战。纳粹军事家和高级将领后来似乎都承认这是个失去的好机会。[26]

　　希特勒自诩为不世出的理性主义者，因此在操作层面上习惯性地认为只有他发现了一些尚未被充分利用的经济优势，或者一种背离了合理战略原则、大多数人又不知晓的特殊复仇方式，而这恰恰极不理性。于是从斯大林格勒围攻战到"突出部"战役，他不断地把小挫折变成了大灾难。德国在不列颠之战中已经胜利在望，然而当德国空军放弃集中攻击英国机场、雷达站和飞机制造厂，转而轰炸伦敦，以此作为英国对柏林发动无效攻击的所谓报复时，希特勒就失去了胜利的机会。1944年末的阿登反击战不可能取得战略胜利，反而让德国没有足够的后备军来防御莱茵河。导致这些灾难的共同原因是，希特勒不愿客观地看待迅速变化的局势，而是宁愿幻想出一个永远停滞在1940年的世界，受意识形态驱动的纳粹士兵在那个时空里总是势不可挡。[27]

　　希特勒似乎也意识到了自己的缺点，有时显得不那么自信。希特勒在死前不久向阿尔贝特·施佩尔坦承，他一直知道赫尔曼·戈林是瘾君子，腐败透顶，还是一个得了妄想症的纵情逸乐之徒。但是考虑到戈林对纳粹早期事业的重要贡献，希特勒畏缩了，即使戈林的丑态后来导致成千上万的空军机组乘员丧命，也不敢与之对质。1940年10月，正当德国国防军声名鼎盛之时，经过一番马拉松式的协商，希特勒还是不能劝诱或迫使顽固的弗朗西斯科·佛朗哥将军参战，甚至连允许德国军队通过西班牙领土的协议也没达成。[28]

　　从1939年9月到1944年7月，希特勒身体还很结实，没有什么大毛病。1944年中期之前，他的亲信也未发现其精神疲惫或患有严重疾病的迹象。然而数个月后，希特勒肯定重病缠身，患上了黄疸、冠心病，饱受一系列精神压力所导致的疾病

405

折磨，还表现出可能是帕金森病的症状。在一群庸医的簇拥下，他到处寻求灵丹妙药，就像为自己败局已定的战争寻找可以反败为胜的奇方异术一样。1944 年 7 月 20 日的未遂暗杀行动无疑加速了其病情恶化。戈林称，希特勒在 7 月过后，"左侧身体就开始颤抖，头脑不清，无法理解德国的真实局面"。[29]

希特勒没有早早在 20 世纪 30 年代就丧失行动能力，无疑是德国的悲剧。很长时间以来，他视各部部长于无物，总参谋部也名存实亡。最后，希特勒身边只有一群平庸之辈和阿谀奉承之徒——戈培尔、鲍曼、希姆莱、戈林、约德尔、凯特尔、里宾特洛甫。军方试图在不引起希特勒震怒的情况下，无视这群人未经深思熟虑就发布的命令。一般而言，那些顽固的纳粹将领，如瓦尔特·莫德尔、泽普·迪特里希、费迪南德·舍纳（Ferdinand Schörner）等，不会被希特勒解职或处决。而最有能力的军人，如隆美尔、曼施坦因、冯·伦德施泰特，最终都离职或退休，偶尔也会被随意重新起用，但从未有机会发挥出全部潜能。如果最高统帅部一直由曼施坦因或冯·伦德施泰特领导，同时配合冯·博克、冯·莱布或凯塞林的陆军总司令部，加之有一位从善如流的最高统帅，纳粹德国也许还能持续战斗到 1946 年或更晚。

战前，希特勒从未造访过那些他将要对其宣战的主要大国（美国、英国或苏联），对离他出生地几百英里以外的任何事物都没有直接的了解。他因阶级和文化上的自卑意识而感到痛苦，在自我奋斗中积压怒火，憎恶诸如贵族、学者、知识分子和工业巨头等大人物，所以他从未真正将这些人充分融入他的战略决策圈。反之，丘吉尔和罗斯福混迹于特权阶级，待人接物游刃有余，既钦佩又防备那些上流阶层，对欧洲有第一手的认知。两人都曾在德国旅行并访问过对方的国家。他们对民族性格的认识是基于经验和分析，而非从大众偏见中推断而来。他们在一些关键领域，诸如从地形地貌、气候气象的角度评估军事行动，总是通情达理。相比之下，希特勒和墨索里尼只会一辈子依靠地图。两人都没有见过美国的工厂或农场、英国的工业城市、苏联春天的道路或冬季的城市。[30]

迄今为止，墨索里尼是三个轴心国领导人中在位时间最长的一个。他行使总理职权近 23 年，起初以符合宪法的方式上台，三年后非法占据高位。早在伊比利亚半岛的独裁者、日本军国主义者和纳粹党元首之前，墨索里尼就已经夺取了政权。这一单纯事实显然为他在希特勒和一些西方精英眼中赢得了过高的威望。直到意大利行将崩溃之际，希特勒还对墨索里尼大加赞赏："我对领袖怀有最崇高的敬意，视其为一位无与伦比的政治家。在被蹂躏的意大利废墟上，他成功地建立起一个新国家，将全体人民凝聚在一起。"[31]

全球法西斯主义的目标与实现手段之间存在巨大的鸿沟，墨索里尼战时反复无常的领导风格就是最好的证明。他鼓吹所谓的意大利人种族和文化优越，夸夸其谈说整个地中海中部地区都是意大利的"生存空间"（spazio vitale），甚至连像日本提出的"大东亚共荣圈"这样的包容性托词都没有，简直就是一场灾难。尽管他试图笼络被占领区的人心，但意大利的种族主义让这些努力付诸东流。墨索里尼实力不济，却热衷于新殖民主义扩张，确信自己有军事力量、人力和经济资源，让意大利人重新定居在从亚得里亚海到非洲之角①数千平方英里的土地

407

---

① 非洲之角，即非洲东北部，包括吉布提、埃塞俄比亚、厄立特里亚和索马里等国家。

上，就算原住民反抗也能确保移民安全无虞。他将地中海意大利化的设想与希腊民族统一主义者的论调一样不切实际，后者要将以爱琴海为中心的现代希腊主义推广到从伊斯坦布尔到亚历山大的广阔地区。战争前夕，墨索里尼宣称："意大利实际上是困在地中海内的囚徒，意大利人口越多，经济越繁荣，监禁就越痛苦……这座监狱的围栏是科西嘉、突尼斯、马耳他、塞浦路斯；哨兵是直布罗陀和苏伊士；科西嘉是一支指向意大利心脏的手枪；马耳他和塞浦路斯对我们在东、西地中海的所有据点构成威胁；突尼斯则是西西里的心腹大患。"然而当意大利真的开战时，他并没有制订任何夺取马耳他和塞浦路斯的切实计划，更不用说攻占直布罗陀和苏伊士了。[32]

意大利的战争能力充其量就是攻击欧洲的巴尔干半岛，非洲的埃塞俄比亚、索马里和利比亚。这些地区要么实力弱小，要么尚处于前工业时代。即便如此，意大利也不能够确保一直取胜或永久控制那里的领土。墨索里尼的军队装备类似于第一次世界大战前的边防部队，这就是为什么意大利派往法国（1940年）、北非（1940—1943年）、东线（1941—1945年）的远征军鲜有胜绩。意大利舰队和空军在技术层面上实力不俗，但只是"波将金部队"①，没有足够的燃料储备为后盾，很少进行升级，遭受战损后难以补充，维护工作也是漏洞百出。这些事实他其实都一清二楚。墨索里尼发动的是掠夺占领区的寄生式战争。就在德国击败法国、英国摧毁了法国地中海舰队之后，他的目标立即变得更加浮夸起来。墨索里尼突然参战，认为英

---

① 波将金，俄国女沙皇叶卡捷琳娜二世的情夫，为了讨好女皇，他在巡查路途中修建了一批外表看上去豪华的假村落。文中"波将金部队"有弄虚作假、装点门面之意。

国的空军优势只不过是法国和西欧国家惨遭羞辱后，一条无足
轻重的注脚罢了。[33]

　　意大利起初既欢迎德军沿着北非大举进攻中东，期待分赃，
又担心德国留给它这个小伙伴的战利品会所剩无几。对意大利
来说不幸的是，英国连同其在直布罗陀、马耳他、塞浦路斯和
亚历山大的四大地中海基地都挺过来了。接着德国入侵苏联，
并对美国宣战，从地中海抽走了一部分第三帝国的潜在力量。 408
墨索里尼事先对"巴巴罗萨行动"和德国对美宣战一无所知。
这说明他生活在奥兹国①的世界。[34]

　　墨索里尼从来没有预见到，要取得胜利，需要大量坦克、
舰船、飞机；他也不知道必须对经济进行根本性的调整才能制
造出这些军备。他正确地意识到，如果转为战时经济，就只有
不断取得胜利才能让生活贫苦的人民顺从自己，因此没有对意
大利经济进行总动员。相反，在完全依赖阿道夫·希特勒的治
国方略和资源的同时，墨索里尼大言不惭地谈论"百万意大利
匕首"②，吹嘘法西斯主义是军事力量的放大器。

　　墨索里尼总是忽视亲信的忠告。他最重要的谋士、负责军
工生产的副部长卡洛·法瓦格罗萨（Carlo Favagrossa）曾警告
说，意大利至少要到1942年或以后，才能做好打一场现代化战
争的准备。战前，意大利的煤炭、石油、钢铁产量不及英国的
10%，而英国是三大同盟国中经济规模最小的国家。意大利庞
大陆军尚未摩托化，空中支援几乎为零，没有高质量坦克，后
勤保障也很薄弱。"Tankette"是一个英语缩略语，意为"小坦
克"，主要用来形容意大利的装甲部队。意大利在战前的欧洲

---

① 童话《绿野仙踪》中的神奇国度。
② 墨索里尼给意大利法西斯党徒配发的一种象征身份的匕首。

大国中，每千人拥有的车辆最少。意大利军队在很大程度上类似于 19 世纪的英国小型殖民地军队，却没有后者的作战技能、组织纪律，也没有舰队提供支援。[35]

发生在 1943—1945 年的意大利战役几乎完全是由德国国防军在意大利领土上进行的战斗，在一定程度上牵制住了盟军力量。正是由于墨索里尼在战略上的无能——最突出的错误是意大利拙劣地在 1940 年 10 月 28 日对希腊发动入侵——这个国家在第二次世界大战中简直就是德国的累赘，正如它在第一次世界大战中曾经是一个有价值的协约国一样。墨索里尼很快就只能寄希望于佛朗哥统治下的西班牙将会参战、苏联退出战争、法国舰队覆灭来实现他的野心，英国须处理太平洋事务则会给意大利一个在地中海横行霸道的机会。意大利曾提出了一项可行的战略，即 1940 年从东非和利比亚发兵，联合攻击英国控制下的埃及，同时意大利皇家海军袭击亚历山大港内的英国舰队。不过该方案很快就被束之高阁。意大利的悲剧在于，在主要交战国中，它可供投入战争的资源最少，而墨索里尼又是二战期间所有主要领导人中最差劲一个。[36]

在近 20 年的时间里，墨索里尼与意大利的前盟友——西方民主国家建立了某种临时妥协机制。从阿比西尼亚到西班牙内战的一系列危机中，他没有与其中任何一个国家发生直接战争。然而，当希特勒吹响战争号角时，他的所有经验都变得一文不值。一向有先见之明的奎里诺·阿尔梅利诺（Quirino Armellino）将军在墨索里尼攻打法国、把意大利拖入战争的那一刻，就看透了他一时冲动所铸下的大错："令人难以置信的可怕局面，最终我们将陷入灭顶之灾。这段历史结束后，后代将会看到我们打出的牌，并对我们做出严厉的批判。"[37]

像希特勒一样，墨索里尼饱含着中下层阶级的怨恨而成长起来，这一点与丘吉尔和罗斯福完全不同。他构想的民族法西斯主义在某种程度上具有凝聚性，可以作为一种任人唯贤的管理手段，让真正的人才脱颖而出。他被神学院所灌输的意识形态绝对论吸引。虽然家族为其提供了全面的基督教教育，他也像希特勒一样认真考虑过走上神职人员的道路，但他很快就背叛了家族的期许。

墨索里尼在高谈阔论中猛烈抨击资本家和社会精英分子，也同样暴露出他在社会和文化上的自卑感。与此同时，他还不时涉足各种社会主义运动，并与工业家和财阀有所交往。国内政治方面，他的天才之处在于重视宣传力量，完全可以与希特勒和斯大林相媲美。他扶植受意识形态驱使的新闻报刊，并利用第一次世界大战后和20世纪20年代末至30年代初的经济衰退所引发的大面积社会混乱，操纵民意。新式宣传不关心真假，而注重大规模传播，追求轰动效应。[38]

像希特勒一样，墨索里尼作为一名老兵，不仅认为赤裸裸的暴力是必要的，而且将其视为一种推动国内外政治变革的有力工具，尽管他所期望的暴力再次只适用于弱国，他也没有预料到强权可能会介入。不可思议的是，墨索里尼也像斯大林和希特勒一样，相信他既然能在革命政治的熔炉里迅速崛起，成为国家元首，这就意味着他有相称的能力在世界舞台上如法炮制。不过斯大林拥有巨大的人力资源储备和工业产出，还有两个不计前嫌的强大盟友，这才逃过一劫。即便如此，他在1942年中期也曾私下承认自己在军事洞察力方面的局限性。墨索里尼却没有这样的资源，得不到国外帮助，也做不到自我反省。结果他因自己的狂妄自大和对意大利外部世界的天真无知，导致国家在其执政的第三个十年中被摧毁。[39]

410   1941 年 10 月，在日本军队服役多年的东条英机上台执政。作为一名中间派，他多少有些不情愿地认识到，比起通过喋喋不休的谈判来换取在中国的利益，或者重启那场在 1939 年曾经失败的对苏战争，还是与美国开战更为可取。然而，东条英机只是官僚体系内的一员，从来没有单独掌控希特勒或墨索里尼所享有的那种绝对的政治和军事权力。而且他也缺乏个人魅力或征服欲望，无法形成以他个人为中心、不受约束的法西斯运动。

政府背后的推手是日本军队，而不是一种平行的、下派的或从属的力量，这一点同样重要。军方最终甚至成为一股与政府相抗衡的势力，有些类似于纳粹德国后期的情况。日军军官中不会出现意大利或德国那样的反抗者，试图推翻他们自己的军事领导人以结束战争。事实恰恰相反：即使是身经百战的法西斯分子，只要是认为战争注定要失败、考虑接受和平的人，也有可能遭遇狂热派的暗杀。

东条英机统治下的日本对胜利充满热忱，甚至超过了法西斯意大利和纳粹德国。日本天皇在战争中发挥的决定性作用也远远超过了英王乔治六世或意大利国王维托里奥·埃马努埃莱三世（Victor Emmanuel Ⅲ）。后两位君主虽然比裕仁天皇更引人注目，但他们没有像裕仁任命东条英机那样的方式，挑选本国的最高指挥官，而且没有签字认可重大军事行动。他们也不可能阻止温斯顿·丘吉尔或贝尼托·墨索里尼参战，而裕仁天皇却可以命令东条英机踩刹车。[40]

东条英机以前只是个二流参谋，作为官僚却相当可靠。除了中国战区外，他对战争知之甚少，即使在那里，其作战经验也很有限。与栗林忠道（指挥了顽强的硫磺岛防御战）、松冈洋右（战前外相）、山本五十六（联合舰队司令官）等高级海陆军将领和外交官不同，他在西方只有过短暂的游历经验。作为一名传统的陆军将领，东条英机并不熟悉海军航空兵和战略轰炸的新潜力。作为一名步兵，本能告诉他要把精力集中在中国，而他对如何取胜或结束战争却毫无头绪。他力图避免与更强大、装备更精良的苏联扩大冲突，与希特勒和墨索里尼结成松散的伙伴关系，并希望美国不再迫使日本放弃殖民征服，同时还能停止贸易禁运。然而后两个希望全部落空，同时日本帝国海军坚称若不进攻菲律宾、马来亚和夏威夷，就无法占领欧洲国家孤悬于太平洋的殖民地。于是东条英机也主张与美国开战，并批准了海军袭击珍珠港的计划，指望着被打残的、士气低落的美国将焦点集中在欧洲，而不是与遥远的亚洲敌人打一场全面战争。[41]

411

在二战期间所有最高领导人中，东条英机任期最短，只有不到三年。像墨索里尼一样，当日军在马里亚纳群岛和缅甸遭遇惨败后，他于 1944 年 7 月 18 日失去了权力，在战争结束前就离开了最高指挥官的岗位。与墨索里尼不同的是，他的离去并不意味着日本军队的军事热情会相应减弱。东条英机是法西斯军国主义的产物，而不是促使其诞生的催化剂。[42]

东条英机的罪状是发动战争无能，而不是支持发动战争。60 年后，他的孙女、游走在法西斯主义边缘的政治家东条由布子仍在重复这一论断。她曾说："如果说有什么错误的话，那就是我们（日本帝国）输了。"除了因战争罪被处死外，东条英机之所以现在还被人提及，是因为他批准了 20 世纪排名第二的鲁莽攻击——1941 年 12 月 7 日偷袭珍珠港，接着日军立即对英属新加坡和美国控制下的菲律宾发起进攻。其实他早前就反对这种激进的军事冒险，一开始对与英美开战持观望态度，对日本帝国海军的宏伟目标深感怀疑，并不认同纳粹对犹太人的仇恨，但这些事实大多被人遗忘了。

东条英机显然不知道或不在乎，历史上美国政府没有任何失败或放弃战争的经历，无论是 1812 年美英战争、美墨战争、南北战争、美西战争，还是第一次世界大战，都是如此，更不用说这场还不是美国人挑起的战争。珍珠港事件使日本陷入两线作战。这个事实本身就预示着失败，与六个月前纳粹入侵苏联的灾难性事件如出一辙。即使日本拥有海、空军优势，但在中国的持续冲突意味着日本帝国陆军永远无法调集资源，与试图重新夺回太平洋和缅甸的英美军队抗衡。日本人可能认为，在 1939 年被苏军痛扁一顿后，他们能利用互不侵犯条约（1939 年 9 月非正式文本，1941 年 4 月中旬正式签订）来保护自己，以便陆军腾出手来，集中力量于中国和太平洋战区，同时将海军转向应对西方国家。然而，与苏联达成协议只是排除了三线战争的梦魇，日本又一脚踏进两线冲突的旋涡。

412　　　促使日本愚蠢地与英美为敌的原因也许是它在海军，特别是在航母舰队领域投入了巨资，而在中国与各种敌人进行的陆上战斗则步履维艰，迄今为止并没有给日本带来什么收益。无论好坏，太平洋都是最适合日本海、空军的战场。日本在战前为此耗资不菲，但也只做到仅海军实力能与西方军队平起平坐。[43]

日本本来还指望通过偷袭珍珠港为自己争取时间，或震慑美国，促使其进行谈判，或驱赶美军远离日本的海上航线，从而使美国无法破坏这个新生的海上帝国。但日军只发动了两波微不足道的空袭，未对美国航母、太平洋舰队的燃料储备罐和港口设施造成重大损害。如果日本人能延长两天攻击时间,增加五六波航母轰炸任务,也许才能达成上述目标。就连发动珍珠港偷袭的时间节点也考虑不周,恰逢德军在莫斯科城外成强弩之末。如果美国人根据情报采取行动,派出老式战列舰在太平洋上抢先攻击日本航母舰队,则将导致战列舰连同船员、军官一起命丧大海,这种局面对日本人来说反而会好得多。另一个未曾料想的变数是,珍珠港事件将美国海军最有天赋的领导人欧内斯特·金和切斯特·尼米兹推上了最高指挥官的岗位。如果美军没有遭受如此创伤,该项任命可能就不会发生。东条英机似乎没有真正认识到珍珠港事件的战术局限性及其长期战略影响。[44]

南北战争期间的美利坚联盟国武德充沛,精通战术,但对抗实力强得多、财力雄厚的北方政府时,却从来没有将优势转化为一以贯之的战略。与之类似,日本陆军训练有素,领导有方,能够在初期赢得从马来西亚到菲律宾的一系列陆地战役胜利。但是该如何破坏更强大的英美两国经济,东条英机统治下的日本却一筹莫展。这一失误违背了所有成功进行先发制人或预防性战争的经典范式,即降低敌人实施有效报复的可能性。当东条英机及其同伙用法西斯主义的那一套鼓吹种族优越性时,他们并没有深刻意识到,种族沙文主义只会让盟国更容易把其国家公众在政治和种族上的敌意都集中在日本人身上。这种愤怒将以毁灭性的方式反击:日本人在太平洋岛屿战役中死伤殆尽,日本城市遭受燃烧弹轰炸,原子弹摧毁了广岛和长崎。如果这些对等报复是由种族主义所引起的,那么此刻境况凄惨的种族主义者就不能以其所承受的痛苦为由来寻求同情,因为他们就经常将这样的痛苦强加于他人。[45]

413 东条英机与希特勒和墨索里尼一样，患上了最终导致他们毁灭的严重妄想症。一支表面上看来强大无比的军队可以在军事落后的邻国肆意妄为。中国的沿海省份对日本而言，就是德国眼中的波兰、丹麦，以及意大利心中的阿比西尼亚。这让日本军官误以为日本帝国可以与更强大的工业化民主国家军队一决雌雄。罗斯福在终结了希特勒的统治后，曾对欧洲殖民主义在亚洲能否存续产生了怀疑。如果东条英机不去觊觎英美两国占领的太平洋领土，那么发动太平洋战争、重建西方殖民体系的责任就会落在丘吉尔和罗斯福身上，而当时他们都把注意力集中在了欧洲。在这个广阔的"大东亚共荣圈"内，倘若英美在亚洲的资产不受侵害，那么日本至少还有机会与对手长期讨价还价。东条英机在某种程度上不敢违拗天皇和其他军事顾问的意愿，执行相反的政策，显然也无暇考虑到，既然美国早在1937年就拥有作战半径近千英里的轰炸机，那么肯定也可以在1944年或1945年制造出有效载荷更大、航程更远的大型轰炸机。

  很难判定东条英机因挑起最后又输掉这场针对英美两国的战争所应承担的罪责。珍珠港事件之前，他从来没有像大本营中一些人（其中包括日本帝国军队各部门和外务省的首脑）那样，狂热地支持战争。不过东条英机当然也没有违背裕仁天皇的意志行事，于是在1948年11月12日，因战争罪被盟军绞死。东条英机这样一个官僚对地缘战略问题进行了深入思考，然而鉴于战争胜利与否取决于日本无法控制的因素，因此人们不甚清楚他发动这场对抗英美冲突的背后，其最初战略究竟是什么。1941年，美国的弱点在于陆军规模小，装备差；其优势是拥有一支强大且不断发展的海军，军事院校和军官培训机制能够确保海军实现专业化。美国还拥有专门从事远程轰炸任务的战略空军。日本恰恰选择的是一场挑战美军强项的战争。

1940 年 5 月 10 日，温斯顿·丘吉尔担任英国首相。他上任之初所面对的前景比二战时期其他所有最高领导人都要严峻。希特勒、墨索里尼、斯大林、东条英机在 1939—1941 年率领崛起中的国家走向胜利；富兰克林·罗斯福的祖国从来没有处于生死存亡的危险之中；而丘吉尔是在希特勒入侵法国和低地国家当天走马上任的，伦敦正笼罩在持续性区域轰炸的恐怖气氛中。与上述四位领导人不同的是，他的前任留下的战争不仅已经开始，而且正濒临失败。丘吉尔又将在战争结束前夕，太平洋地区依然战火纷飞的时候被自己的人民解除职务，于 1945 年 7 月 26 日离开内阁，这一点又跟斯大林、罗斯福和希特勒大不一样。

直至 1940 年 6 月 22 日，丘吉尔领导下的英国是唯一一个积极对抗纳粹德国、意大利及苏联（德意事实上的盟友）的主要大国，而且很快就成为燃烧弹的攻击目标。英国的处境比坎尼战役后遭受围困的罗马，或萨拉米斯战役前的雅典还要危急。英国的军队数量远不如敌军，大部分盟友都被打败，也不能指望还有其他国家愿意加入战争，支援英国。许多英国精英分子，包括前国王爱德华八世（逊位后被封为温莎公爵）、前首相及失败主义者大卫·劳合·乔治（1916—1922 年在任）等，都曾是希特勒的秘密崇拜者。劳合·乔治评价希特勒是"在世者中最伟大的德国人"。至少当希特勒风头正盛时，他们可能私下里幻想着接受希特勒含糊其词的停战协议，并从那个野心家那里得到一些好处。

在没有与美国正式结成战时同盟，欧洲伙伴全部战败的情况下，丘吉尔仍坚持战斗，拒绝与轴心国谈判。闪电战前夕，一战期间在位的英国首相的女儿梅根·劳合·乔治（Megan Lloyd George）对丘吉尔明褒暗讽，足以说明英国精英阶层对他的蔑视："在他眼里，最吸引人的总是战争。他研究过去的战争，思考未来的战争。他总是把自己想象成一个军事领袖，横扫千军，纵横欧洲，把敌人打倒或迫使他们逃之夭夭。军事术语总是挂在他的嘴边，脑子里永远充满了军事计划和项目。我相信他今天完全沉迷于战争中，不能自拔。"[46]

早在丘吉尔成为英国最高统帅之前，他就是英国所有重要领导人中，几乎唯一一个确信还有可能与纳粹德国继续坚持战斗的人，即使在战争最初几个月的惨淡时期也是如此。还有一群最坚定的英国政治家，如利奥·埃默里（Leo Amery）、达夫·库珀（Duff Cooper）、安东尼·艾登、哈罗德·麦克米伦（Harold Macmillan）等人反对向希特勒妥协。他们虽然有着先见之明，但往往得不到认同，因此很自然地被丘吉尔吸引，为他的政见所振奋。当上首相后，丘吉尔并没有惩罚张伯伦、艾德礼、哈利法克斯等绥靖派，而是在战争期间尽可能设法，或看似设法挖掘他们的才能。

作为首相，丘吉尔的工作重点是彻底击败轴心国，在战争的严峻考验中保护大英帝国。他十分清楚议会制政府的特性，而且明白自己的权力受到了限制，部分原因在于一战中法国战事对英国人的心理造成了持久影响，帝国地位亦不断受到侵蚀，英国陷入不得不与德国、意大利、日本进行三线作战的困境，而且没有其军事伙伴——美国所拥有的资源。丘吉尔也敏感地意识到自己在英国政界不受欢迎，他的贵族血统在那个社会福利时代也不为民众喜爱，况且他在一战中力主发动加利波利战役的阴影尚未消除。这场企图将土耳其踢出战局的大胆行动以惨败告终，导致近二十万英国、澳新军团（ANZAC）和协约国官兵伤亡。

珍珠港事件后，丘吉尔的政策重点在于同美国——尽管双方在人力和物力方面存在天壤之别——建立战时伙伴关系，这样才能打一场涉及多个敌人的全面战争。日军偷袭发生后不久，丘吉尔用近乎神神道道的措辞向美国国会展现他的愿景：

> 我们需要付出巨大的努力，才能重新团结起来。如果允许我换种说法，我要说，只有有眼无珠的灵魂才看不见某个伟大的目标和计划正在苍穹之下实施。我们有幸成为其忠实仆人。我们不能窥视明日的奥秘。尽管如此，我还是坦承自己的希望和信念是——这是确定无疑和不可侵犯的——在未来的日子里，英美两国人民为了他们自身安全和所有人的利益，将秉持正义和平，庄严地并肩同行。[47]

在丘吉尔的领导下，英国的军事生产达到了惊人水平，但他仍然缺乏斯大林和罗斯福所拥有的必要手段。富有远见的查士丁尼（Justinian）皇帝为了保卫他的帝国，组建拜占庭远征军，以小型分遣队的形式派遣至整个地中海世界，还动用了结盟、策略、诡计等各种手段。丘吉尔就像查士丁尼皇帝一样，也利用谋略来实现仅凭武力无法完成的目标。他胆大包天，曾一度命令英军开进北冰洋、东非、包括希腊（克里特岛）在内的巴尔干半岛、马来西亚、缅甸和北非大部分地区，同时在意大利和法国登陆作战。英军遍布全球，加之将帅作风过于谨慎，这就是为什么原本实力不济的英军会在克里特岛、敦刻尔克、

416

新加坡和图卜鲁格遭受羞辱性的失败。尽管丘吉尔的目标在大多数英国领导人看来过于缥缈，他却对此信心满满。就像雅典政治家特米斯托克利一样，丘吉尔高瞻远瞩，极具乐观精神①，对如何根据德国的战争资源来配置英国资产，以最终符合本国利益而进行实事求是的评估，特别是考虑到英国历史上对军事入侵有着很强的抵抗力，且自身海、空军也拥有较强实力。[48]

丘吉尔相信英国人，至少在遭遇入侵的情况下，不会效仿法国人和其他西欧国家民众，一定会进行激烈抵抗。他们是岛民，习惯了独来独往，而且将德国占领欧洲大陆的可怕后果看得一清二楚。丘吉尔知道，与阿登山区相比，海洋是一道阻挡闪电战的更好屏障。无论希特勒如何花言巧语，他现在已不抱幻想。谈判除了意味着大不列颠帝国彻底终结外，没有其他任何意义了。丘吉尔向英国公众明确表示，怯懦的防御无异于自杀。丘吉尔曾经从法国总理乔治·克里孟梭（1917—1920 年在任）的演讲中汲取灵感，也像他一样，当周围的人都失去理智时，仍然保持着清醒。[49]

丘吉尔确信，英国甚至可以推动欧洲战争朝两个方向发生根本变化。英国通过坚决抵抗，可能迫使恼羞成怒的希特勒掉转枪口攻击曾经的盟友苏联。同样，如果英国在闪电战中幸存下来，挫败了入侵，美国就会在某种程度上折服于英国的韧性，便很有可能加入欧洲或太平洋战争，或兼而有之，从而形成三巨头同盟。这个军事联盟的资源和人力迟早会摧毁轴心国。简而言之，丘吉尔的英国战略是利用轴心国在轰炸机和舰船方面的劣势，寻求生机，直到苏联或美国派遣大军与德国军队正面

---

① 原文为 pronoia，为妄想症（paranoia，认为周围人合谋反对自己）的反义词，含义是"认为所有人都在合谋帮助我"。

交锋。战争在诸多环节基本上都是按照他所设想的那样展开。[50]

丘吉尔是一个保守的帝国主义者，一番花言巧语后，竟然奇迹般地赢得了罗斯福（反帝国主义的进步分子）以及斯大林的支持。这一点很重要，却常常被低估。可是讽刺的是，无论他如何努力，随着美苏两国势力增强，轴心国威胁减弱，两个盟友必将逐渐排挤英国，殖民主义者丘吉尔对此也心知肚明。尽管丘吉尔才华横溢，但他从未完全认识到《大西洋宪章》、联合国以及在各个层面上与约瑟夫·斯大林结盟都将导致大英帝国在短期内土崩瓦解。战争释放了澎湃的民粹主义激情和跨国意识形态运动。战后，大英帝国不可能还以战前所谓的文明教化为由，企图保留部分殖民地。[51]

丘吉尔犯了许多战略和战术上的错误。作为海军航空力量的倡导者，他明明知道英国皇家海军的航空母舰曾成功地击沉了意大利战列舰，却在没有常规空中掩护的情况下，派遣主力战舰前往新加坡。尽管得到了警告，但"反击"号和"威尔士亲王"号还是在新加坡附近海域被击沉，这在某种程度上是因为丘吉尔的冲动和错误任命汤姆·菲利普斯为舰队司令。菲利普斯不相信海军航空兵的威力，所以当新航母"不屈"号（Indomitable）在加勒比海受损而无法加入舰队时，他仍然执意起航。

可以预见，丘吉尔犯下的两个最大的错误都与调动有限的资源有关：第一，没有迫使轰炸机司令部提前将更多的远程轰炸机投入反潜作战；第二，将正在北非战场连战连捷的部队转移到注定要失败的希腊战场（1941年3月），而此时英军正处于关键时刻，本可以将北非意大利军队聚歼，从而结束该战区的战斗。直到战争最后一年，轰炸机司令部才向丘吉尔承诺，

417

可以凭借空军取得胜利。然而在战争早期，他却未能说服空军使用挂载有副油箱的远程"喷火"式战斗机作为护航机型。他支持在爱琴海东部发动攻击。这项军事行动在战略上无关紧要，即使奏效了，也不能缩短战争时间。他批准实施鲁莽的"市场花园行动"。1944 年 6 月以后，蒙哥马利冒犯了他所接触到的几乎所有美国高级将领，以及丘吉尔自己手下的诸多海、空军高级军官，但首相对此不闻不问。他将意大利视为"欧洲软肋"，以为容易对付，但没有考虑到意大利的天气及地形条件不利、盟军经验不足，也不够了解意大利战区的美军最高司令官，即后来的盟军最高司令官马克·克拉克。丘吉尔放任斯大林在东欧大部分地区为所欲为，将其看作拯救希腊和土耳其的代价。[52]

这些失误的根源通常都是一个，就是在避免英国遭受损失的情况下，企图在过多战区给第三帝国和日本造成外围伤害，还要时常关注这些行动在战后对大英帝国的影响。考虑到苏联和美国的资源优势，这些错误对盟军造成的负面影响不会持续太久，丘吉尔或许很清楚这一点。丘吉尔虽然对日常军事行动十分挑剔，但在大多数情况下，并不会越过他的将军们横加干涉。他也很少推翻主要军事幕僚，如海军上将安德鲁·坎宁安爵士、空军参谋长查尔斯·波特尔（Charles Portal）、海军上将阿尔弗雷德·达德利·庞德（Alfred Dudley Pound）爵士等人的意见，还虚心接受高级顾问，诸如约翰·迪尔（John Dill）将军、黑斯廷斯·伊斯梅将军，以及南非将军兼政治家扬·史末资（Jan Smuts）的坦率建议。这些能力出众的谋士与希特勒身边那群唯命是从的参谋截然不同，而且都有第一次世界大战或英国殖民地战争的作战经验。英国经济及时进行了大刀阔斧的转型，生产的战争物资与第三帝国不相上下。这主要得益于丘

吉尔有能力协调私人企业家（如比弗布鲁克勋爵）和工会领袖
（如欧内斯特·贝文，Ernest Bevin）之间的关系。[53]

　　丘吉尔对战争中盟军的重大决策常常有先见之明。当"巴
巴罗萨行动"开始后，他当即就意识到有必要支持苏联，因为
从务实的角度分析，没有其他国家能对 400 万轴心国军队造成
重大伤害。在多位陆海军将领的建议下，他决定保存皇家空军
实力，避免卷入 1940 年 6 月的法国战斗，还下令重创了维希法
国舰队。这些颇有争议的决定是大多数领导人都会尽量避免的，
但确是取得胜利的必要之举。他说服美国人把战略中心放在他
们没有受到攻击的欧洲，而将英美两国均遭遇突袭的太平洋列
为次要战区。

　　丘吉尔明智地反对美国提出在 1942 年底或 1943 年跨越英
吉利海峡、开辟所谓"第二战场"的不成熟想法，当时盟军还
没有准备好进行这种大规模两栖作战。他与斯大林据理力争，
认为空军实施战略轰炸，陆军入侵北非、意大利及其西西里岛，
海军在大西洋、太平洋作战都是"第二战场"的一种形式，都
能减轻德军对苏联的压力。盟军为了入侵法国南部，将大量资
源从意大利战区调出。他对此并不赞同。结果 1944 年 8 月发动
的"铁砧行动"（后改名为"龙骑兵行动"）导致在意大利北部
实施的两栖登陆计划流产。在战争的最后几周，丘吉尔比美国
人更清楚地判断出，占有土地才能决定欧洲接下来半个世纪的
命运，而不是听凭斯大林的保证。[54]

　　在其他一些重要方面，丘吉尔也是盟国和轴心国中最精明
的战时领导人。他比富兰克林·罗斯福更为深刻地洞察到支持
苏联在东线与希特勒殊死斯杀的全部后果；最关键的是，与斯
大林的苏联建立任何形式的伙伴关系都将在战后付出高昂代价。　419

与罗斯福不同，丘吉尔通常要根据苏联红军日益强大的实力及其对战后世界的影响，理性地计算出成本与收益后，才会与斯大林达成妥协。早在 1944 年，他就担心苏联可能会对自由欧洲构成威胁。事实证明他是正确的。[55]

丘吉尔的演说是整个盟国反法西斯事业的象征。直到 1940 年 5 月 11 日，英国都没有一个响亮的声音将民众团结起来。在高明写手的帮助下，罗斯福后来也成为一位出色的演说家，但他长于国内政治，激昂的言辞中往往带有天真的成分。相比之下，丘吉尔以历史为参照，让全世界看清希特勒在人类文明史上绝无仅有的邪恶本质。他像伯里克利那样，理性地分析成败得失，鼓励盟国人民不要被敌人早期的辉煌战术胜利愚弄，因为这并非等于最终结果，也教育他们在遭遇可怕的挫折后，不要屈从于失败。[56]

最后，丘吉尔拥有二战领导人中最伟大的道德勇气，尤其是他以身作则，身体力行。他曾在英国殖民战争中服役，也是唯一一位在一战战壕中奋战过，并获得实战经验的盟军领导人。斯大林很少离开莫斯科。不得不如此时，他便坚持首脑峰会必须在靠近苏联的地方举行（德黑兰和雅尔塔）。到 1943 年后，罗斯福行动越发困难，于是通常是丘吉尔拜访美国总统，而不是反过来。他去莫斯科与斯大林会晤，对方却不会来伦敦。无论是患有肺炎，还是与冠心病做斗争，他都经常穿越还处于战区的空域和海疆，坚持到前线视察。1943 年 1 月，面对英军进攻，汉斯·冯·卢克上校指挥装甲部队从的黎波里撤离。他从望远镜中注意到战场上有一个奇怪的身影：

真是不可思议，丘吉尔戴着木髓帽，和他（蒙哥马利）

在一起。我手上没有 88 毫米炮和重炮，离他们又太远，现有武器无能为力。我立即通过无线电给（阿尔弗雷德·）高泽（Alfred Gause）将军发去信息："据信丘吉尔和蒙哥马利在前方，距离太远，无法采取行动。"……我后来听说那个人很可能就是丘吉尔。他在去卡萨布兰卡的路上，顺道视察蒙哥马利和他的部队。不管怎样，我们从来没有在这个战区见过希特勒，甚至也没有见过最高统帅部的高级指挥官。[57]

与第一次世界大战相比，英国在两条遥远的战线上与更强 420
大的敌军联盟作战，持续时间也要长得多（大约 70 个月∶51 个月）。然而，它蒙受的死亡却少得多（约 45 万∶近 100 万），取得了远比 1918 年更为长久的胜利。这是一项非凡的成就，因为英国陆军规模远远小于德国、苏联或美国。法国沦陷后，一场不光彩的失败似乎近在眼前；英国军队在新加坡和图卜鲁格可耻地投降；丘吉尔与斯大林就战后世界秩序谈判，造成整个东欧沦为苏联的势力范围。尽管丘吉尔可能会因此经常感到绝望，然而他是第一个找到了击败希特勒的方法，也是唯一一个从始至终都在战斗的盟军领导人。

与之相对，富兰克林·罗斯福怀着似乎只是另一场政治角逐的态度加入这场战争。他要赢得这场在 1941 年 12 月之前一直被视为事不关己的遥远冲突。早在日军偷袭珍珠港之前，他就不顾反对干涉海外事务的民意，着手在几乎军备为零、充满疑虑的美国进行军事动员，尤其是海军。这一政治成就使得这个重新武装起来的国度早在 1942 年底便具备发起持续攻势的实力，并利用现有的《租借法案》，确保英国和苏联能继续进行战争。或许罗斯福也明白，备战还能刺激经济，取得"新政"所无法达成的效果。尽管幕僚警告说，援助英法可能会耗尽美国的战争物资，而且将战前依然弱小的美国海、空军部署在过于突前的太平洋地区，并不足以威慑日本，反而使稀缺的资源容易受到日军攻击，但罗斯福还是大力推动重整军备，就像他曾经大张旗鼓地反对那样。

当日本在 1941 年 12 月 7 日攻击美国当时的太平洋舰队时，许多即将毁灭日本海军的主力战舰正在美国造船厂内等待下水，日本人对此万分焦虑。奇怪的是，面对美国海军舰队在 20 世纪 40 年代中期就将必然取得优势的局面，忧心忡忡的日本人决心在 1941 年先发制人，而不是因未来军力不济进行谈判。如果没有罗斯福，美国就不会在大萧条的困难时期适度增加军费开支。民主党内也不乏孤立主义者，向前可追溯至威廉·詹宁斯·布赖恩（William Jennings Bryan）[①]。他们认为在经济大萧条期间，花费在海外军备上的资金是以牺牲国内投资为代价的，而且庞大的军队只会鼓励不必要的冒险，这与大部分美国人的非殖民传统格格不入。

20 世纪 30 年代的大多数共和党人更是死不悔改的孤立主义派。第一次世界大战后，他们反对任何威尔逊主义的观点。德意志（第二）帝国战败后，大多数共和党人可能最初支持对其占领，不过他们也相信海外干预会导致国内产生所谓"大政府"，然后将不可避免地出现财政赤字。这又需要提高税

---

① 威廉·詹宁斯·布赖恩（1860—1925 年），美国政治家，民主党领导人，曾三次竞选总统，均告失败。1925 年 7 月，布赖恩控告一名生物老师讲授进化论，引发了著名的"猴子审判"。虽然官司最后获胜，但布赖恩因心力交瘁，不久便病亡。

率，正如不久前欧洲利用税收提供的资金发动了一场为结束一切战争的战争，但最终还是未能确保和平。一度支持干涉主义的西奥多·罗斯福（Theodore Roosevelt）后来也赞同孤立主义。他在早些时候曾这样描述共和党人与"后凡尔赛体系"世界打交道时的厌恶之情："我不赞成把我们的人留在大洋另一边去巡逻莱茵河，在苏联维持治安，或干涉中欧、巴尔干半岛局势。"[58]

富兰克林·罗斯福认为，要使国家摆脱孤立主义，面临的挑战就好比他早前在大萧条时期向持怀疑态度的政治阶层和绝望的公众推销"新政"。在 1943 年 12 月的一次新闻发布会上，罗斯福明贬实褒，解释他为何认为战时经济已经取代了"新政"："'新政'这个老医生对'腿'和'胳膊'的毛病无能为力……所以他找来搭档，一位名叫'赢得战争'的骨科医生来照顾这个家伙……结果病人重新站起来了。"

罗斯福善于从政，马基雅维利式的手段运用娴熟。他确信，史无前例的三届总统任期（最终为四届）对战争至关重要，尤其是他与英国和苏联领导人已经建立了融洽关系，必须加以维持。早在珍珠港事件之前，罗斯福就派遣许多特使，如"情报协调员"威廉·多诺万（William Donovan）、"新政"及总统顾问哈里·霍普金斯（Harry Hopkins）、副国务卿萨姆纳·威尔斯（Sumner Welles）[①] 等人，向英国保证，美国必然将同轴心国兵戎相见，并正在为此做准备。为了达成政治共识，罗斯福还争

---

① 威廉·多诺万（1883—1959 年），1942 年建立战略情报局并任局长；哈里·霍普金斯（1890—1946 年），"新政"的主要设计者之一，二战时期任总统私人顾问，实则白宫内的二号实权人物；萨姆纳·威尔斯（1892—1961 年），美国外交官，战时任副国务卿。

取到了支持国际主义的共和党人，如温德尔·威尔基（Wendell Willkie）[①] 的支持，派他访问英国，回来后向美国人民，特别是罗斯福的死硬反对者解释美国参战的必要性。他将资深共和党政治家和贤达人士，诸如弗兰克·诺克斯（Frank Knox）、亨利·史汀生（Henry Stimson）[②] 引入内阁，以免有人指责民主党挟持国家走向战争，或避免在冲突期间，自由派基于党派利益制定战略决策，而对苏式共产主义势力扩大视而不见。尽管如此，罗斯福毕竟只是政治家。他给军方施压，要求军队尽早登陆北非，如果不能在 1942 年中期选举之前完成，那么至少在战争第一年后，美国人也要加入欧洲战场。他还说服海军领导层，海军要保障欧洲优先战略的需要。[59]

　　虽然"新政"对自由市场进行了大量的政府干预，但罗斯福仍然没有坚持实施计划经济或指令性的战时经济。相反，他将军事备战和生产外包给与政府部门建立松散合作关系的私营企业。战时生产委员会（War Production Board，简称 WPB）成为战争时期另一个执行"新政"的机构，但罗斯福十分谨慎，任命经验丰富的工业巨头为领导人，如来自华盛顿钢铁公司的 T. S. 菲奇（T. S. Fitch）、金宝汤公司的威廉·墨菲（William Murphy）、西尔斯·罗巴克公司的唐纳德·纳尔逊（Donald Nelson）、欧文斯－伊利诺斯公司的福斯汀·索伦（Faustin Solon）、通用电气的查尔斯·威尔逊（Charles Wilson），以确保

---

① 温德尔·威尔基（1892—1944 年），共和党政治活动家，反对共和党内的孤立主义。

② 弗兰克·诺克斯（1874—1944 年），曾在 1936 年作为共和党副总统候选人参与大选，后惨败于罗斯福，1940—1944 年任海军部部长；亨利·史汀生（1867—1950 年），战前曾任菲律宾总督、国务卿，坚持美国应放弃孤立主义，支援反法西斯国家，1940—1945 年任战争部部长。

私营企业能放开手脚生产运营。罗斯福还委以美国历史上最有才华的实业家、规划师和资本家之一的威廉．S. 努森（William S. Knudsen）重任。这位通用汽车前总裁出任生产管理局局长，1942 年 1 月起担任战争部工业生产督查总监。[60]

罗斯福缺乏温斯顿·丘吉尔的历史视野，但在国内事务上具有高超的政治智慧。他有一种不可思议的直觉，知道美国人民可以容忍什么，善于通过诡计、欺骗和秘密行动来推进目标计划，而如果让民众对此完全知情，他们肯定会大吵大闹。丘吉尔在盟国最终战胜日本前被政敌击败，黯然下台，虚弱无力的罗斯福却赢得了空前绝后的第四届总统任期。[61]

罗斯福不像希特勒或墨索里尼那样独断专行，也不像丘吉尔那般热衷于操控战场。相反，他的领导风格是征求建议，设立各种委员会，与幕僚集思广益，梳理不同立场的观点，扮演魔鬼代言人的角色；有时他会误导自己的顾问，做出的最终决定甚至可能推翻参谋长联席会议的共识。

"新政"顾问哈里·霍普金斯长期患病，丧失行动能力，于是他搬进白宫，帮助罗斯福制定有关赢得战争的战略框架，并设法说服公众接受。参谋长联席会议成员乔治·马歇尔将军和威廉·莱希（William Leahy）海军上将为总统私下提供的建议可能与向官方层面提交的报告一样多。许多新政"智囊团"成员在战争期间继续发挥他们的咨询作用，如最高法院法官费利克斯·法兰克福特（Felix Frankfurter）、内政部部长哈罗德·伊克斯（Harold Ickes），或政府高层人员，如战争动员办公室的詹姆斯·伯恩斯（James Byrnes）、国务卿科德尔·赫尔（Cordell Hull）、财政部部长亨利·摩根索（Henry Morgenthau）。这些人并非伟大的战略思想家，但他们忠心耿耿，与总统关系

423

密切，并且都是优秀的规划人员。

美国在战争中最具争议的决定很大程度上都是罗斯福自己的想法，如 1940 年制订的所谓"狗计划"（Plan Dog）战略目标，即首先聚焦欧洲；1942 年理性地选择不向菲律宾驰援；对日本实施无限制燃烧弹攻击和在欧洲进行代价高昂的战略轰炸，这两项行动虽然残酷但有必要；坚持在法国西部发动两栖登陆行动，开辟第二战场；坚决主张轴心国必须无条件投降。同时，罗斯福也有一系列令人遗憾的战略举措和政策，如拘留日本侨民、日裔美国公民这样不必要的违宪行为；天真地想要与斯大林统治下的苏联结成不仅是盟友，乃至全面伙伴关系，或者不惜代价地夺回菲律宾。这些决策无论好坏，表面上他都取得了战争部和国务院的普遍认可，或者至少得到各政府部门和委员会大多数关键顾问的支持。[62]

罗斯福不同于轴心国领导人，不干涉军方人事，这一点甚至与盟友丘吉尔和斯大林也不一样。他把大部分关键的作战决策留给高级顾问们操心，如阿诺德将军、马歇尔将军、金将军和莱希将军。这些人以莱希为首，组成了美国第一届参谋长联席会议，名义上公平地代表了空军、陆军、海军。任命、调遣或解职等军队高层人事变动，大多数都由他们自行决定。当然也有引人关注的例外，如罗斯福决定挽救政治上有关联的麦克阿瑟将军，保留其西南太平洋战区总司令一职，使之脱离国内政治羁绊，置于可控范围内；他也曾非常不公正地把詹姆斯·O. 瑞查生（James O. Richardson）海军上将解职。然而作为日本海军专家，瑞查生其实早就未雨绸缪，警告说将毫无防备的太平洋舰队转移至珍珠港将十分危险。

如此授权模式比轴心国和其他盟国所采用的方法更为成功，

通常都能遴选出优秀的战地指挥官。就算偶有失误，例如留下
爱卖弄的劳埃德·弗雷登道尔（Lloyd Fredendall）中将或无能
的约翰·卢卡斯少将，也不会有人质疑罗斯福的领导能力。更
有趣的是，罗斯福中意那些敢于冒险、脾气和言语却很难称得
上温和宽容的指挥官。他很照顾才华横溢但脾气暴躁的海军作
战部部长欧内斯特·金，即便其退休后还关照有加。乔治·巴
顿发生那件臭名昭著的掌掴事件后，他也间接支持这位战将继
续留任。罗斯福还乐闻诸如比尔·哈尔西这样的指挥官发动极
具侵略性，甚至称得上鲁莽的进攻。[63]

　　假如最高统帅亲力亲为，就像美国内战期间的林肯总统那
样，自行任命或解除某位将军的职务，人们就可能对早期在日
间出动轰炸机，采取无护航方式的战略轰炸是否在成本和收益
方面划算萌生更大的质疑。罗斯福本可以对意大利战役、阿纳
姆行动或入侵冲绳的初步计划仔细询问，然而他的优势在于一
开始的直觉，提前认识到发生在 1939 年 9 月至 1941 年 5 月之
间的欧洲边界战争预示着民主国家与邪恶的欧洲法西斯之间即
将爆发前所未有的生存斗争。即使在 20 世纪 30 年代中期，他
也正确地判断出，与希特勒达成妥协是不可能的。这在事后看
来一目了然，但当时除了现实主义者温斯顿·丘吉尔之外，大
多数与罗斯福同龄的欧美人却对此糊里糊涂。在美国制订的战
后计划中，他的让步有时远远超出了为鼓励和支持苏联抵抗德
军而应付出的代价。罗斯福天真地认为"乔大叔"（斯大林）
是一个讲道理的人，他的苏式共产主义只不过是一种粗糙的社
会主义，他未来可以成为屈从于英美民主国家的合作伙伴。[64]

　　如果罗斯福对斯大林的古拉格劳改营和扩张野心有所防范，
就像他有时警戒丘吉尔试图维持英属殖民领地那样，美国也许

就能更好地应对于 1944 年就开始的冷战了。很难衡量罗斯福的草率在多大程度上危及了同盟或导致了产生冷战的基础，但毫无疑问，他不仅天真，而且自负，认为自己有能力操纵斯大林。他曾在 1942 年初给丘吉尔写过一封傻乎乎的信："我知道当我直言不讳地告诉你，我认为我个人能比你的外交部或我的国务院更好地与斯大林打交道时，你是不会介意的。斯大林根透了你们这些高高在上的人。他更喜欢我，希望他保持这样。"[65]

作为战时领导人，罗斯福有着明确的底线。美国决策层在他的领导下勾勒出两个针对日本的责任范围：太平洋岛屿及通往东京之路将是美国的重点，而缅甸和印度洋是英国殖民者的区域。如果说这两个盟国希望以各自的方式击败日本，那么在欧洲，它们的战略规划则几乎一致。罗斯福向惴惴不安的英国人保证，他们将不再单独面对希特勒，孤军奋战，但是在太平洋战区，美国人则寻求自己的途径前往东京，不会就帝国利益与英国人争辩，只是偶尔向他们提供充足的军队和空军力量，帮助其在缅甸作战。[66]

尽管罗斯福缺乏像来自下层社会的希特勒、墨索里尼和斯大林那样的街头战斗能力和经验，但他也体验过肉体上的痛苦。在这场灾难性的战争中，他在政治上冷漠苛刻，但仍恪守道德底线。即便有极少数决策失误，罗斯福依然带领美国取得了战时战略、经济建设、军事行动等诸方面的巨大成功。作为美国工业和 1200 万军队的实力放大器，富兰克林·罗斯福功绩不菲，值得称道。

如果评判一个战时领导人是否合格仅仅基于其是否维护了短期国家利益，而不考虑其他因素，那么斯大林领导苏联在 400 万轴心国军队的突然袭击下幸存下来，显然他比其他所有人都要优秀。由于斯大林在 1937 年至 1939 年发动了"大清洗",导致一部分最优秀的红军指挥官被行刑队处决,其余大部分则遭到流放,所以尽管他在 1937 年至 1941 年的四年时间里将红军规模扩大了两倍,高级军官缺口依然超过六万。1941年 6 月,40 万新招募的红军军官首次与德军交锋,大部分人的部队经验都不到两年。

斯大林还积极谋求签订《莫洛托夫－里宾特洛甫条约》,显然没有意识到希特勒会在方便的时候将其撕毁。他认为资本主义国家将在无止境的西欧战争中耗尽力量,从而有利于苏联。这表明他完全错误判断了英国皇家海军和空军的实力,对《我的奋斗》的核心思想也存在深深的误解。希特勒在书中就总结说:"德意志的胜利与苏联意识形态互不相容。"斯大林试图吞并芬兰南部部分地区,但最后以一场军事灾难而告终。他无视情报机构关于德军即将发动"巴巴罗萨行动"的警告,再一次没能领悟希特勒毁灭性的意识形态最终还是指向东方。在德军入侵的头两周,他似乎丧失了工作能力,直到 1941 年 7 月 3 日才出现在公众面前。他发布"不许撤退"命令,结果导致苏军在最初的三个月里,超过 200 万官兵在巨大的包围圈中被俘,还不为此负责。当红军在 1941 年 12 月的莫斯科保卫战和 1943年 2 月的斯大林格勒战役中取得了辉煌的防御胜利后,斯大林仓促下令进行反攻,结果往往招致了灾难性损失。[67]

斯大林在战争结束前与自己的盟友闹翻了。他要求西方盟国建立第二战场,却无视这样一个真相:苏联曾是希特勒事实上的盟友。况且英国远征军在 1940 年就开辟了第二战场,试图帮助法国,几个月后,德国开始轰炸孤立无援的英国。与英国不同的是,斯大林只是在其法西斯伙伴出卖他的时候才加入反法西斯阵营。斯大林设想的同盟战争只是针对进攻苏联的侵略者，他把对抗意大利和日本的任务都甩给了英美。

1918 年 3 月，新生的苏联与大获全胜的德意志（第二）帝国签订了《布列斯特－立托夫斯克和约》，失去了近四分之一的领土，但是不到九个月后就大部收回，唯一的原因是西方协约国取得胜利，并在巴黎和会中坚持德国须将所有侵占的领土物归原主。斯大林对这一事实置若罔闻。早在 1944 年 6 月 6 日开辟第二战场之前，盟军就在北非、意大利及其西西里岛作战，对第三帝国实施战略轰炸；英美两国与日本厮杀，在大洋上与轴心国展开海战，还通过《租借法案》向苏联提供援助，但他对此都熟视无睹。

盟军对欧洲和太平洋战区的战略轰炸行动几乎没有得到斯大林的任何直接帮助。他不允许盟军轰炸机在乌克兰的转向点继续加油，还拘押了在苏联领土上被击落的 B－29 机组人员。表面上，斯大林采取这种左右逢源的策略是担心如果违反与日本的协议，将导致来自美国西海岸、跨越太平洋的租借物资失去安全的运输航线，实际上则是他希望在战后取得优势，例如对扣留的 B－29 进行逆向仿制。他还封锁信息，使苏联人民无法充分了解英美向苏联提供的援助，以及两国为赢得战争所做的贡献。比起在 1944 年至 1945 年谋划击败德军的战略，他更重视在战后东欧建立共产主义的愿景。[68]

尽管如此，很难想象还有其他战时领袖，可能丘吉尔除外，在敌人占领了本国 20%—30% 领土，损失了绝大部分工业产出及超过四分之一人口的情况下，仅用一年多一点时间就将这个实力大幅缩水的国家重新组织起来，提高坦克、飞机等关键武器的产量，直至超越了纳粹德国。他将苏联工业大规模向东转移、迁离莫斯科的做法，至今仍显得不可思议。严酷的工作条件同样令人惊叹，但苏联工人的产出大大超过了其他欧洲国家。以乌拉尔地区为中心的工业化早在20世纪30年代末便已开始，战时产量更是持续增长。

第三帝国的国势在1943年初达到巅峰，然后衰落，不可能出现类似于苏联承受了1941—1942年的军事灾难后，又重新复苏的局面。德军总参谋部的一些军官甚至确信，即使苏联失去位于欧洲的所有领土，即使苏联丧失各大主要城市，斯大林依然会不屈不挠，苏联仍然有能力进行战争。[69]

更神奇的是，苏联的指令性经济模式不仅生产了大量武器弹药，还制造出高质量的坦克、大炮、火箭以及战斗轰炸机。资本主义鼓励个人发挥自身天赋，以指令性经济做不到的方式创造出无与伦比的技术。不过在第二次世界大战期间，斯大林领导的苏联研发了各类新式武器和工业生产工艺。战争后期，其军队装备往往是各国中最好的。[70]

1945年9月战争结束时，丘吉尔被投票罢免，蒙羞下台；罗斯福、希特勒、墨索里尼已死；东条英机名誉扫地，失去了至高权力，注定要上绞刑架。与这些人形成鲜明对比的是，斯大林还将掌控苏联长达八年之久。

苏联在占领德国之前，将在东欧开辟一个缓冲区。斯大林正确地认识到，盟国更需要苏军对德军进行毁灭性打击，而不会关心他曾伺机与日本停战，或不愿意遵守在红军占领的土地上举行自由选举的承诺。如果说斯大林的战略是以需求为导向，那么事实证明这很精明。他成功得到了盟国的物资援助，西线开辟了多片第二战场，还让英美独自对抗日本。

丘吉尔、罗斯福和斯大林都是老谋深算的战略思想家。他们知道为什么要开战，在哪里开战，以及如何结束战争。相比之下，希特勒、墨索里尼、东条英机在发动战争时，却没有考虑敌人所拥有的资源这一现实问题。他们也没有思索如何削弱同盟国物资生产能力和人力增量，更不用说该怎样结束战区争端，为自己赢得优势地位。意识形态蒙蔽了轴心国指挥官的双眼。他们也没有耐心研究细节问题，从而确保创建高效军队在全球范围内作战。他们忽视了一个基本问题：必须有充足的手段来实现战略目标。鉴于轴心国的陆海空三军在物质上处于劣势，盟国领导人只需要凭借才干，而非灵感就能取胜。正如下一章所讨论的那样，大多数盟军领导人以及军事将领都与德国、意大利、日本的对手一样出色，甚至更优秀。这意味着一场很大程度上可由生产能力和人力资源决出胜负的战争，能够通过技巧和洞察力更快地一分高低。

第十七章　战将

古希腊和古罗马的文学家，如修昔底德、塔西佗（Tacitus）、普鲁塔克（Plutarch），都曾写下发人深省的人物传记，记录了各种愚蠢或睿智的将军，如尼西亚斯（Nicias）、日耳曼尼库斯（Germanicus）、庞培（Pompey）。古代军事家的作战指南里对军队组织、部署、后勤、战术、战略等方面逐一给出建议，尤其是色诺芬（Xenophon）、欧纳桑德（Onasander）、埃涅阿斯·塔卡提克斯、韦格蒂乌斯（Vegetius）、莫里斯的著作价值很高，后世的马基雅维利、瓦尔图里乌斯（Valturius）及文艺复兴时期的其他人文主义者又对此进行了补充。

在这个被广泛认同的军事思想宝库中，有一个共同特征：战场上的指挥官应该年富力强，小于50岁，最好不超过45岁。J. F. C. 富勒曾经列出他认为从古代到第一次世界大战期间最伟大的一百位将军，以论证最优秀的将军都在40岁以下。富勒的观点是成立的，但他没有注意到，反驳者可能同样会列出一张等量齐观的名单。这些被富勒忽视的军事明星经验丰富，思想成熟，在其五六十岁时也取得过骄人胜绩，如古希腊的"独眼"安提柯一世（Antigonus Ⅰ）、斯巴达国王阿格西劳斯二世（Agesilaus Ⅱ）、查士丁尼皇帝得力的"灭火将军"贝利撒留和纳尔西斯（Narses）、德国组合兴登堡和鲁登道夫、擅长殖民地战争的英国将军弗雷德里克·罗伯茨（Frederick Roberts）、雅典战略家伯里克利。总之，将军同其他职业类似，如果拥有年轻活力的优势，就会缺乏成熟丰富的经验。就第二次世界大战而言，巴顿在 60 岁时离开战场，尼米兹在 1945 年为 59 岁，麦克阿瑟 65 岁。这表明在大多数情况下，35 岁仍显稚嫩，而大多数 70 岁以上的将军又体力不济。

即便身居高位，任何一位声名显赫的将军也应该深入一线，让士兵在战斗中看见他的身影。根据两千五百多年来的军事实践，将军在战争中与军队并肩作战是非常重要的，而那种所谓的"城堡将军"官僚作风横行，无视正确的历史经验，致使在第一次世界大战期间及之后，人们普遍诟病这样的军事统帅。当珍珠港事件爆发时，乔治·马歇尔已年逾六旬。他曾在一本神秘的"小黑皮书"里记录了几十名年富力强的上校和年轻中校的名字。他认为在即将到来的战争中，这些人都有可能成为未来之星，与和平时期的高级长官相比，他们更值得培养。[1]

健康、体力和意志都很重要。也许活力甚至比经验和冷静更有益。这就是马歇尔在战前就偏爱年轻人，而不是年老军官的原因。不过第二次世界大战正处于卫生和医学革命的黎明时期，50 或 55 岁的状态也许与 1814 年的同龄人大不一样，尤其是将军们不必骑马或步行走在队伍的最前列，也不太可能饮食不干净的食物，从而生病。

过去的战斗经验必不可少，正规的军事教育也不可或缺。军官不仅要掌握战术技能，还要通过研究过去伟大战役的历史及回忆录来学习战略和作战艺术。一些个人特征，诸如衣着外表、古怪的言行举止，甚至癖好，反而更为人所称道，不会遭到讥讽嘲弄。伟大的将军需要证明他和他的士兵站在同一条战线上，但又显得卓尔不群。

亚历山大的标志是羊角头盔；庞培习惯披一件蓝色而不是

普通的红色斗篷；巴顿腰间别着一对象牙柄左轮手枪；麦克阿瑟总是戴飞行员太阳镜，嘴里叼一根夸张的玉米芯烟斗；在朝鲜战争期间，李奇微将一颗手雷和急救包贴在胸前，因此得到"老铁蛋"（old iron tits）的绰号。在1864年的那个阴冷夏天，格兰特和谢尔曼看上去比他们的士兵更寒酸，反而吸引了人们的注意；乔治·B. 麦克莱伦（George B. McClellan）将军则在战争早期偶尔炫耀服饰，也取得了同样效果，提振了士气。

这些只是理想案例，显然还有例外，如72岁高龄的格布哈德·冯·布吕歇尔（Gebhard von Blücher）将军为反法同盟挽救了滑铁卢的败局。艾森豪威尔将军看上去是完美的官僚，穿着毫无个性的制服，说话一板一眼。穿上军服的奥马尔·布拉德利或考特尼·霍奇斯显得平淡无奇，这是他们的内在气质使然，而不是有意为之。两位毕竟不是演说家或伟大的领袖。为德国取得二战早期胜利的功臣，如冯·博克、冯·莱布、冯·伦德施泰特、曼施坦因，看上去均与普通军官无异。[2]

将军的重要性有时不如最高统帅、人力资源、后勤保障或武器装备这些要素。人们至少还是认可，在现代工业化战争中，仅凭将军无法克服不可能的事情。隆美尔在1942年的北非战场横冲猛撞，1944年的诺曼底战局则压垮了这位疲惫不堪、疾病缠身的老将。曼施坦因可以在1940年大放异彩，而在1943年黯淡无光。作为陆军指挥官，布拉德利于1944年接受的任务要求比1941年的朱可夫要简单。法国战役溃败在一定程度上要归咎于莫里斯·甘末林、阿方斯·约瑟夫·乔治、马克西姆·魏刚这些眼界狭窄、老态龙钟的将军。不过当时整个法国士气低落，社会矛盾严重，战前倦于备战，他们只是这幅失败拼图中的一小片而已。后来法国还是涌现出一批著名的二战将领，他们胜利地夺回了家

431

园，如亨利·吉罗、雅克-菲利普·勒克莱尔、拉特尔·德·塔西尼等，但前提是他们必须与英美合作，并得到充足的装备。

换言之，不存在一个可以跨越时空来评判将军优劣的模板，也没有任何证据表明局部战场天才就一定能够在全面战争中保持胜绩。在年龄与经验、教育与实践、知识与天赋、胆识与谨慎之间，我们只能老调重弹，选取中间值；同时还得到一条告诫：在其他因素大致相同的情况下，天才总是能打败傻瓜；拥有更多金钱、武器、人力和物资的将军通常是赢家。

在评价伟大的将领时，唯一不变的标准也许是即使胜算渺茫，他们也能凭借非凡的个人能力偶尔取得战斗胜利。在第二次世界大战中，这样的救星凤毛麟角，仅有诸如休·道丁、乔治·巴顿、埃尔温·隆美尔、威廉·斯利姆、雷蒙德·斯普鲁恩斯、埃里希·冯·曼施坦因、格奥尔吉·朱可夫等最出色的将军。更常见的情况是，尽管霍奇斯将军才能平庸，但美国第1集团军还是能取得成功；反之，不可能有哪个意大利将军可以杀入亚历山大港。曼施坦因即使处于最佳状态，也没有机会去拯救被困在斯大林格勒的陆军元帅弗里德里希·保卢斯和他的军队。如果没有柯蒂斯·李梅，B-29计划可能还要苦苦挣扎数月后才能发挥作用；但若没有B-29，即便是李梅也不可能做到在1945年7月之前对日本发起轰炸。

埃里希·冯·曼施坦因被誉为希特勒最杰出的将领。然而作为典型的技术型军人，他在二战中的军事生涯表明，德国将领既才华横溢，又有很大的局限性。他们能够在早期取得战术胜利，却常常陷入战略盲区。在海因茨·古德里安的帮助下，曼施坦因制订的计划大获成功。德军于1940年通过阿登山区入侵法国，将一场最终可能是德军的胜利变成了法国迅速灭亡的灾难。他指挥装甲部队向列宁格勒疯狂推进，势必要在几个月内打赢战争。然而曼施坦因最辉煌的成功是所谓的第三次哈尔科夫战役（1943 年 2 月 19 日—3 月 15 日）。德军在斯大林格勒战役惨败后，曼施坦因克服重重困难，于 1943 年初将草率追击的苏军部队予以分割，包围了 50 多个苏联师，顺势夺回哈尔科夫（Kharkov），并在苏军数量即将远远超过德军前，赢得了六个月的喘息时间。二战时期只有极少数将军才能取得这样的成就。当德军面临全面崩溃的威胁时，曼施坦因的防线坚不可摧。他意识到比起闪电战，谨慎防御能够对红军造成更大伤害。

432

　　然而，这位希特勒最优秀的将军除了在斯大林格勒战役后状态有所恢复外，自 1940 年的边境战争结束后，就再没有起到多大作用。德军曾试图在斯大林格勒战役中保住平局，并赢得高加索。曼施坦因参与了这两场战役，但都以失败告终。他通过一场精彩绝伦的军事行动攻占了塞瓦斯托波尔，可是代价高昂，战略上微不足道。他似乎从来没有意识到夺取塞瓦斯托波尔耗费了大量时间和成本，反而对"蓝色行动"产生了负面影响。无论是在计划调度还是行动指挥上，曼施坦因在解救被困在斯大林格勒的德军时表现并不得力。曼施坦因经常提出有益的警告，不过他正是库尔斯克战役的幕后主使之一。居于弱势的德军毫无必要地向数量占优的苏军实施正面攻击，正如罗伯特·E. 李将军下令在葛底斯堡（Gettysburg）发动皮克特冲锋，或无以为继的法军在滑铁卢最后挣扎。他具有极高的军事素养，后来还否认自己支持纳粹，不过他并没有反对德国国防军纳粹化，最终还是心甘情愿地成为纳粹的代理人。曼施坦因对此以书面形式道歉，然而他只知道遵从纳粹指示，对如何赢得被占领区人民支持毫无头绪，也不知道该怎样应对希特勒的疯狂行径。整个德国军队都为了追求战术上的卓越而采取了卓越的战术，缺乏道德责任感和战略洞察力。他正是这种矛盾的象征。[3]

因此，在评价谁是德国最优秀的将军时，除了到底应选择后方的战略家，还是前线的战地元帅之外，也会出现其他分歧。德国在 1939 年至 1945 年进行了两场不同类型的战争。1939 年到 1942 年的第一场战争主要针对的是一些较弱的邻国，如比利时、丹麦、希腊、卢森堡、荷兰、挪威、南斯拉夫等，以及在另一层面上孱弱的法国，并取得了惊人的成功。这些战败的邻近国家要么被打了个措手不及，要么在军备上完全不对等，通常两者兼而有之。似乎只要靠一群德军参谋人员（弗朗茨·哈尔德、瓦尔特·冯·布劳希奇），专业的陆军集团军领导人［格尔德·冯·伦德施泰特、费多尔·冯·博克、威廉·里特尔·冯·莱布、君特·冯·克卢格（Günther Von Kluge）］，以及斯大林格勒战役之前的闪电战践行者（海因茨·古德里安、埃尔温·隆美尔、埃里希·冯·曼施坦因）就能决定这些国家的命运。[4]

然而，德军很快就与美、英、苏三国军队同时开战，失去了技术领先地位和物质优势，而且往往远在国境之外作战，很少再有出其不意的表现。面对与 1939—1942 年辉煌时期截然不同的困难，德国军官团的精英骨干在 1943 年至 1945 年期间几乎无一生还。到战争结束时，大约有 136 名曾担任师、军和集团军指挥官的德军将领（少将及以上军衔）在战斗中丧生、自杀或失踪。这一数字还不包括自然死亡、因病丧失工作能力，或因希特勒命令而被迫退休的人。[5]

希特勒和他的民族社会主义党徒拥有无限权力，使得评估德军将领能力异常困难。至1940年，德国将军们基本上已经失去了独立思考能力。希特勒把大多数不服从其古怪命令的人解除了职务。所有德国军官为之奋斗的事业最终将进一步奴役这个曾经自由的国家，在"最终解决方案"的实施上助纣为虐，然而他们却声称（通常并不真实）完全不知道大屠杀的实情。事实上，一位将军的政治立场不能不影响我们对其军事能力的判断。最终持反纳粹观点（虽然通常是在私下、临终前，或者囚禁中）的将军有富有同情心的路德维希·贝克、偶尔坚持操守的约翰内斯·布拉斯科维茨（Johannes Blaskowitz）和戈特哈德·海因里希，还有抱着机会主义思想的君特·冯·克卢格、威廉·里特尔·冯·托马，埃尔温·冯·维茨莱本（Erwin von Witzleben）。反之，也有谄媚逢迎民族社会主义的人，如泽普·迪特里希、瓦尔特·莫德尔、费迪南德·舍纳。除了战略或战术才华之外，一位德国国防军将领还面临着两个特别挑战：第一，他可能不得不冒着生命或事业上的危险，不顾陆军总司令部的命令，转而按照他认为的制胜战略行事；第二，他的成功意味着帮助纳粹党无人能比的杀人计划向前推进，而这与战争艺术并无关联。[6]

　　考虑到这些限制因素，重新组建后的德军总参谋部和普鲁士军事贵族中产生了也许是战争中最多一批在战术和指挥上堪称表率的陆军将领。在德军高级战地指挥官中，很难找到像弗里德里希·保卢斯那样可悲的平庸之才，或者像英国将军亚瑟·珀西瓦尔、伯纳德·弗赖伯格（Bernard Freyberg），美国人劳埃德·弗雷登道尔中将或约翰·P.卢卡斯少将那样的无能之辈，以及类似马克·克拉克、奥马尔·布拉德利这样战绩不甚出众的战区指挥官。尽管德军中涌现出一大批才华横溢的将领，如赫尔曼·巴尔克（Hermann Balck）、海因茨·古德里安、戈特哈德·海因里希、阿尔贝特·凯塞林、瓦尔特·莫德尔、埃尔温·隆美尔、费多尔·冯·博克、君特·冯·克卢格、威廉·冯·莱布、埃里希·冯·曼施坦因、格尔德·冯·伦德施泰特等，数量之多是其他任何军队所无法比拟的，但他们的军事成就往往因其所服务的不义事业和上级干扰而大打折扣。批评者还可以继续争论，总参谋部是否比希特勒更缺乏想象力；参谋们到底是战略上的低能儿，抑或单纯的普鲁士式军官，只会唯命是从，通过日记和战后虚构的故事来彰显自己的独立性。[7]

除了闪电战、大规模机动包围战，以及在进攻和防御时采用联合作战手段外，德军将领欠缺长期战略上的洞察力。1940年7月法国沦陷后，总参谋部没有制定任何大战略以巩固胜利，也未彻底击败敌国从而一举结束战争。尽管德军是空降作战领域的先驱，但在大规模空投方面却不如英美军队娴熟，两栖攻击也是如此。德军将领没有英美指挥官所掌握的准确战地情报。他们的后勤部队也不如西方盟军在诺曼底登陆期间和之后所展示出的补给能力。英美两国在大西洋战役中不断改进战术，比卡尔·邓尼茨及其部下的调整更加成功有效。愚蠢的计划，僵化的军事条例，如坦克怪兽、巨型火炮、依赖畜力的步兵师等，都还只是冰山一角，远远不是希特勒失败的全部原因。

此外，到1943年底，第三帝国的军事人才已经在不知不觉中全部集中到了陆地部队。1942年底，作为一支独立的打击力量，德国空军已经被边缘化，很快就要将其一半以上的兵力投入保卫本土及对抗英美空军轰炸的任务中。与此同时，潜艇和水面舰队变得越来越无关紧要。德国空军司令、帝国元帅赫尔曼·戈林的领导能力远逊于亨利·阿诺德、休·道丁、柯蒂斯·李梅、查尔斯·波特尔、卡尔·斯帕茨、亚瑟·特德（Arthur Tedder）、"轰炸机"亚瑟·哈里斯。邓尼茨和埃里希·雷德尔无论是作为计划制订者还是舰队指挥官，与英美海军将领，如安德鲁·坎宁安、小威廉·哈尔西、欧内斯特·金、威廉·莱希、切斯特·尼米兹、伯特伦·拉姆齐（Bertram Ramsay）、雷蒙德·斯普鲁恩斯等相比，水平都不在同一级别。[8]

德国人的军事天才常常表现在精彩绝伦的防御战和激情澎湃的进攻上。然而德军的防御不能带来长期战略优势，进攻则缺乏为赢得战争而必需的持续后勤保障能力和战略洞察力。希特勒的"救火队员"、顽固的纳粹分子瓦尔特·莫德尔在1941年后设计了一种巧妙的方法来吸引、分割前进中的苏联军队。然而，他的任务是拖延时间，而非赢得战争。他出色地在东西战线上，在莫斯科城下，在勒热夫（Rzhev）、阿纳姆，特别是在许特根森林等地取得了一系列战役胜利。莫德尔对希特勒唯命是从，最后于1945年4月21日吞枪自尽，当时他被包围在鲁尔，意识到纳粹统治已经临近终结。

人们经常将隆美尔誉为伟大的战术家，但由于他曾两次在没有得到支援的情况下向埃及攻击，因此也被指责在大战略和后勤方面过于天真。然而，即便隆美尔从来没有在东线绞肉机里厮杀的经历，只是在次要战区作战，他也是德国前线部队中最令人印象深刻的元帅。隆美尔将闪电战理解为一种通过机动性和出其不意来摧毁敌人士气的心理工具，并非靠人员和物质本身的蛮力。他没有足够兵力和装备将蒙哥马利赶出阿拉曼。但除了打穿英军防线，夺取亚历山大港，到达苏伊士这样孤注一掷的冒险策略之外，他的另一个选择只能是接受缓慢的窒息

435

死亡，因为德意军队的补给量在减少，而美英船队正源源不断地送来物资。隆美尔为此烦恼不堪，经常生病。1943 年 2 月，他在给妻子的信中绝望地写道："要是我们能在这里取得重大胜利就好了。我绞尽脑汁，夜以继日想办法。不幸的是，赢得胜利的条件根本不存在。一切都要靠补给，古往今来一直如此。"

1944 年，德军就如何抵御盟军入侵法国展开大辩论：是立即在海滩附近投入兵力予以反击，还是在后方建立一支强大的装甲战略预备队。隆美尔，这位经验丰富的装甲机动战术大师的意见后来被证明是正确的。他指出，盟军压倒性的空中力量淘汰了经受时间考验、曾经可靠的装甲预备队战术。宁可在岸上的固定阵地战斗中孤注一掷，输掉全部装甲师，也不能让他们待在离前线数英里的地方，给盟军留下一个滩头阵地，任其在后勤对抗中取得胜利。总而言之，在一个领导人毫无理性、意识形态凶残、总参谋部都是阿谀奉承之辈的帝国里，没有一丝胜算的隆美尔试图找到取胜之道，而且在这一过程中，他还保留了自己的专业精神。早年支持纳粹的隆美尔在反对希特勒的密谋中丧命。他的同僚——在波美拉尼亚和波兰拥有地产的两位闪电战悍将曼施坦因和古德里安却置之身外。[9]

436　　尽管需要应对希特勒的疯狂战略幻想和反复无常的最高指令，德国官兵还是给三大盟军造成了毁灭性打击，致使英美军队的伤亡率高于德军遭受的损失。在东线，每一个德军丧生就有超过三个苏联人阵亡。无论是战争伊始还是后期，无论是防御还是进攻，无论人数占优还是寡不敌众，德军杀死敌人的数量始终比自身损失多。德国之所以能弥补希特勒在战略上的频频失误，克服缺少技术和空中优势的困难，取得这样的战绩，主要归功于德军训练有素、士气高昂，还拥有称职的军官队伍。[10]

至于其他两个轴心国，意大利总参谋部和战地将领最缺乏经验，也最无能。总参谋长鲁道福·格拉齐亚尼元帅的职业生涯就是一个典型。20世纪20年代和30年代，格拉齐亚尼像大多数将军一样，坚定不移地效忠墨索里尼，为意大利发动残酷的征服战争，吞并东非和北非殖民地，就此开始在意大利军中崭露头角。第二次世界大战爆发后，面对现代化军队，即使是在1940年末，对阵人手不足、装备不良的英国西部沙漠部队，格拉齐亚尼和意大利军队的缺陷也暴露无遗。缺乏机械化武器、后勤保障薄弱，意味着这支军队没有现代战争的作战能力。然而指挥官们又都仰赖墨索里尼的政治庇护，因此他们除了必须与英国（和后来参战的美国）开战外，还得发动准备不足的进攻。这样的攻势不仅会导致失败，还意味着全军覆灭。当格拉齐亚尼再也不能动用他那落后的军队屠杀只有简陋武器、没有组织的埃塞俄比亚人和利比亚人时，他就拖延时间，希望在1940年9月与英国人打成平手，并指望墨索里尼顾及自己对法西斯忠心耿耿，能够网开一面，或者最终由德国人施以援手。

少数精干的意大利将军，如乔瓦尼·梅塞（Giovanni Messe）和鼓吹法西斯主义的伊塔诺·巴尔博，要么未得到重用，要么早早离世。况且就算他们中的任何一个人成长为意大利的隆美尔或巴顿，他们的天赋也会因意军缺乏燃料、弹药和后勤保障而消弭于无形。意军将领们不是同希腊人打仗，更不是在非洲、西西里与英美联军，以及在苏联南部同后来装备精良的红军作战。他们所对抗的现代军队，其实只是一支派驻到非洲，孤立无援、补给不足、规模不大的英国远征军罢了。

　　相比之下，日军指挥官经验更丰富，能力更强，还有规模更大、战斗力更强的部队为后盾，但他们在战略上同样盲目，因此仍然摆脱不了被盟军彻底毁灭的宿命。日本军人的偶像——山本五十六大将最能诠释日本帝国军事领导人游走在神话和现实之间的特性：他们崇尚军事狂热，追求完美无缺的行动，但没有适当考虑为实现战略目的所需的物质手段。山本五十六在战前为建设日本海军可谓功不可没，尤其是为至关重要的航母舰队培养了500多名优秀的海军飞行员。他明智地反对投入巨资建造不合时宜的图腾般的超级战列舰。然而很难找到证据表明，山本五十六和他的将官们在珍珠港事件之前或战争爆发时展现出敏锐的战略眼光。山本五十六支持《苏日中立条约》（1941年4月13日签署），因为该条约确保日本永远不可能与德国密切合作，对苏联实行东西夹击，于是日本的注意力便能转到太平洋，准备与美国展开海战。然而其后果是灾难性的。

　　今天，山本五十六经常被看作一个哈姆雷特式的悲剧人物——严格自律、坚忍克己，并且坦然承认即便辉煌的战术胜利也不会带来最终的战略优势，反而会导致日本遭受天启般的灾祸。然而，他要为袭击珍珠港的鲁莽决定负主要责任。这是可与"巴巴罗萨行动"并列，战争中最愚蠢的两个行动之一。尽管这次突袭胆大妄为，日本舰队在仲冬季节悄无声息地抵达珍珠港，但整个计划构想本身就有缺陷，况且无能的指挥官南云忠一也执行不力。日本舰队忽视了美国航空母舰不在港口内的可能性；没有意识到老式战列舰在短时间内就能由现代化的先进战舰替代；而且在这样的浅水区，停靠在码头上的军舰很难被击沉或永久摧毁；还无法确保那些训练有素的船员淹死海中；对事后美国重建舰队不可或缺的燃料供应和船坞设施也不在攻击目标之列。现在无人知晓山本五十六为何将击沉几艘旧战列舰视为其战略蓝图的一部分，以为就此能消除美国的战争能力。

在所有日本海军将领中，会说英语的山本五十六应该最了解美国人，至少对他们的恐惧超过对日本新盟友德国和意大利的敬仰。然而，他从在美居住的既往经验中往往得出错误的结论。他明知唤醒沉睡中的美国巨人将导致严重后果，提出警告时却犹豫不决。与此同时，他对自己的预感视而不见，狂热地为袭击进行游说。外交官松冈洋右，乃至栗林忠道将军和东条英机，那些对美国有最直接的了解和经验的日本领导人，有时反而最有可能接受美国人轻浮无能、不敢承受伤亡的错误想法——也许他们年轻时在美国受到过种族歧视，从而影响了根据客观现实做出正确军事评估的能力。[11]

尽管日本军队中有人建议为避免与美国爆发全面战争，应绕过美军基地，夺取欧洲国家孤悬在太平洋地区的殖民地，但山本五十六及其海军将领们除了提出偷袭珍珠港外，还坚持要求进攻菲律宾。山本五十六在中途岛战役中愚蠢地将日军分散；回想起来，他摧毁美国舰队的复杂计划简直是异想天开。由于他的无谓失误，在中途岛附近的交战核心区，美军部署的航母力量与日军不相上下。双方在早前的珊瑚海海战中平分秋色，山本五十六的舰队此后却按兵不动，并没有利用这一近乎胜利的机会。当更加残破的"约克敦"号航母加紧抢修时，如果山本五十六坚持下令立即修理"翔鹤"号航空母舰，紧急补充"瑞鹤"号损失的舰载机和飞行员，那么就算草率地将部分航母力量转移到阿留申群岛，日军也能派遣六艘，而不是四艘航母前往中途岛。尽管山本五十六展现出与许多日本将军不同的特质，但他可能是第二次世界大战中最被高估的指挥官。他的悲剧在于，他既反对这场战争，又不得不坚持到底；即使他所乘坐的飞机成功地躲过了美军暗袭，其领导能力对战争的最终结果也绝不会产生任何影响。在全球战争中，无论作战计划多么复杂，突袭多么成功，防御多么顽强，军民多么狂热，也无法取代卓越的大战略和源源不断的军备生产。[12]

大多数日本海军将领都表现出某种根深蒂固的矛盾心态。他们声称要采取与军事思想相适应的大胆攻击行动，但在战斗中又往往表现得犹豫不决，因为他们知道日本缺乏工业基础，无法弥补航母和其他主力舰的重大损失。换句话说，他们太依恋军舰，害怕失去它们。1942 年 8 月 8 日晚到 9 日，美国海军在萨沃岛战役中蒙受了历史上最严重的一次失败。然而日军指挥官三川军一中将却突然收缩，没有乘胜追击，彻底歼灭遭受重创的美国舰队。同样，如果栗田健男中将在莱特湾战役中战胜了恐惧，在萨马岛附近成功攻击美军后没有打退堂鼓，他便很可能摧毁更多敌舰，甚至干扰或阻止美军登陆莱特岛。[13]

新加坡的征服者山下奉文将军往往能在缺乏物质优势的情况下击败盟军。1942 年初，他率领精疲力竭的三万大军沿着马来半岛挺进，迫使珀西瓦尔中将连同 12 万驻守新加坡的英军投降。山下奉文后来指挥了菲律宾保卫战，顽强抵御麦克阿瑟将军的进攻，终因弹尽粮绝而注定失败。但美军及其菲律宾盟友付出了鲜血和财产的惨重代价，约 8 万美军及无数菲律宾人伤亡。美国就此提出一个根本性问题：为什么不绕过群岛，寻找更直接的途径前往日本，比如通过中国台湾岛。本间雅晴同样因战争罪在战争结束后被处决。他在没有得到上级全力支持的情况下，于 1942 年攻占了菲律宾大部分地区。牛岛满是岛屿防御的战术大师。他指挥的冲绳岛防御战震惊了美国朝野。一场原本预期应相对快速，且胜利毫无悬念的夺岛战役变成了美军在太平洋战争中最惨烈的地面战斗。

日本将军基本上在崎岖地带、热带雨林和岛屿上组织防御，使人数更多、装备更好的英美军队遭受了惨重损失。负责保卫硫磺岛的栗林忠道战功卓著，战法多变，就是他们中间的最佳代表。太平洋战区的岛屿缺乏广阔的开放区域，不适于出动机动火炮、坦克和新型战斗轰炸机向前推进，但有利于日本采用坚守战术，因为日本军国主义传统就不允许集体投降或协商停战。[14]

总而言之，日军指挥官原本以为西方盟国将与德国鏖战不休，两线战争意味着投入太平洋战区的资源就会较少。他们没有意识到，海军陆战队、航空母舰和舰载飞机在欧洲并没有迫切需求。像美国这样拥有日本两倍人力和五倍工业能力的交战国，可以轻松打一场足以使日本破产的两线战争。日本海军指挥官虽然是航母作战的先驱，却没有制订大规模训练海军飞行员的计划，更不用说能匹敌美国航空母舰和战斗机产量的生产规划了。

440

日本的工业化进程举世瞩目，不过军方常常用中世纪的概念来定义什么是"勇武"，尤其强调面对面的战斗力。而他们的敌人则通过人与机器相结合，对杀伤力有更全面的认知。大量合格的"地狱猫"战斗机飞行员远比少数几个优秀的零式战斗机飞行员更为致命。海军陆战队第 1 师或陆军第 7 师依托无限补给和海空优势，比那些多年在中国作战、经验最丰富的日本步兵更具杀伤力。日本领导层错误假设在 1941 年 12 月 7 日之后，措手不及的美国人最终会寻求谈判。他们理应为这样荒谬的想法负责。将军们则得出错误的结论，判断盟国舍不得耗费鲜血和巨资来迫使日本无条件投降。在第二次世界大战中，日军指挥官没有犯错的余地，然而他们不但没有想方设法弥补物质上的差距，反而使之更加恶化。

在交战各方中，没有哪个国家损失的将军比苏联还多。超过 150 名红军将领在战斗中丧生，大部分是在 1941—1942 年的大包围中阵亡。在德军快速推进的前六个月里，特别是基辅陷落和莫斯科保卫战之后，苏联最高统帅部还处决了 50 名各级别将官。一些人在战争前夕被斯大林下令射杀，他们是最后一批被清洗的苏联军官。还有一小部分人选择与德国人合作，加入俄罗斯解放军（ROA）、各类志愿组织、辅警部队，成为德军附庸，其中就包括著名的安德烈·弗拉索夫（Andrey Vlasov）。几乎所有背叛苏联的将军不是战死就是战后被处决。

苏军阵亡名单中不仅有默默无闻的指挥官，还有战前军中最优秀的将领，如在战争初期阵亡的 V. B. 鲍里索夫（V. B. Borisov）、N. A. 德达耶夫（N. A. Dedaev）、P. M. 菲拉托夫（P. M. Filatov）、米哈伊尔·基尔波诺斯（Mikhail Kirponos）。不过经过前期大清洗、处决和 1941 年夏的黑暗日子，苏联红军涌现出一批即使放在整个战争中评价也最高的指挥官，特别是著名的三人组：伊万·科涅夫（Ivan Konev）、康斯坦丁·罗科索夫斯基（Konstantin Rokossovsky），以及偶像级别的格奥尔吉·朱可夫。第二次世界大战期间，苏联军事领导层试图通过炮兵掩护，在广阔战线对德军进行大规模正面攻击。然而该理论饱受质疑，因为其有效的前提是德国必须在苏联进攻之前耗尽它的预备军和补给；与此同时，美英军队还需要从空中、西线和地中海战区给德国放血，力度要远远超过日本和意大利军队对英美的破坏。苏军之所以能承受如此巨大的伤亡，在德军的猛烈进攻下不至于全军覆没，正是因为红军在无形中成长为一支机动性强、先进的机械化部队。苏联军队在20世纪30年代就主动引进机械化战术，并开始大量生产坦克。它接受了几十万辆美国卡车和吉普车，还十分重视为地面部队提供战术空中支援。[15]

德国将军们经常报告说，红军总是大规模集结火炮和火箭炮，猛烈轰击德军阵地，数十万精兵伴随着强悍的T-34坦克不顾伤亡向前进攻，伺机突破防线上的裂缝和缺口。上述对苏军战法的概括固然没错，但不完整。苏联人还将"伪装"（maskirovka）战术运用得炉火纯青。这种已经很完善的欺骗和误导艺术使德军无法掌握苏军的规模和意图。这是就连经验丰富的德国老兵面对红军进攻时也常常惊诧不已的原因。战争中很多最伟大的包围战和最激动人心的战役都是苏军将领的杰作，特别是当红军处于守势，在失败或崩溃的边缘挣扎时。朱可夫和亚历山大·华西列夫斯基（Aleksandr Vasilevsky）在从远东调来的18个师的增援下，组建了一支规模达52个师、决定性的预备队，从而出其不意发起反击，将德军狙击在莫斯科城外。"天王星行动"（1942年11月19—23日）将德国第6集团军，罗马尼亚第3、4集团军，以及德国第4装甲集团军大部彻底包围在斯大林格勒地区，并予以全歼。该行动也是出自朱可夫和华西列夫斯基之手。彼得罗夫将军组织苏军在塞瓦斯托波尔建设了各种防御工事，在六个多月的时间里持续阻止曼施坦因前进，打乱了1942年"蓝色行动"中向高加索地区发动进攻的时间表。伊万·科涅夫、康斯坦丁·罗科索夫斯基、才华横溢的尼古拉·瓦图京（Nikolai Vatutin）、格奥尔吉·朱可夫在库尔斯克战役前的备战远胜于德军将领。他们精心布置雷区，挖掘反坦克壕沟，建设防御工事。从战斗一开始，德军装甲部队就不可能切断苏军的突出部阵地。

442   战争头两年，英军将领在没有得到足够物资和人力的情况下，被派遣至挪威、法国、希腊和北非作战。英国在这些外围战区主要是利用空军打击德国人，同时海军致力于保护商船队安全抵达本土，并进入地中海，为北非战区输送补给。经历了第一次世界大战的噩梦和敦刻尔克大撤退后，没人会急于将大规模军队送回法国战斗。在隆美尔将军于 1942 年 2 月抵达北非之前，英国将领只要正常发挥，就能击败墨索里尼的军队。

英军的战地领导能力是一流的：擅长战略思维，拥有可靠的核心团队，如陆军将领伯纳德·蒙哥马利、威廉·斯利姆；海军的安德鲁·坎宁安、伯特伦·拉姆齐、詹姆斯·萨默维尔（James Somerville）；来自空军的休·道丁、查尔斯·波特尔、亚瑟·特德。尽管他们偶尔对美国人的态度比较倨傲，但还是为英国及后来的盟国打造了赢得战争的战略：首先，在北非和西西里击败意大利法西斯；同时保证大西洋航线开放，并对德国进行轰炸，直到苏联或美国加入战争；新盟友将提供物资和人力来对抗欧洲大陆上的德国军队。

对英国将军诟病最多的是他们过于谨慎。问题集中在陆军，而非海、空军，因为这两个军种相对敌人拥有更多资源。英国陆军在加入战争时，装备和兵力都落后于轴心国，更关键的是在敦刻尔克丢弃了大量物资，也丧失了部队凝聚力。即便以后英军在物质层面超过敌人，指挥官依然摆脱不了这种冲击的影响。有许多例子表明，如果英军将领能够大胆一搏，他们本可以阻止德军前进，并缩短战争时间：尼尔·里奇应对隆美尔于1942年5—6月发动的进攻时毫无章法，导致图卜鲁格陷落；稳健的布赖恩·霍罗克斯在"市场花园行动"中进展缓慢，缺乏紧迫感；蒙哥马利将军在阿拉曼战役胜利后，不愿乘胜追击，1944年又不敢冒风险在诺曼底地区突破德军封锁，没有及时关闭"法莱斯口袋"，未能确保通往安特卫普的道路安全。优秀的军事将领本可以遏制人数处于劣势的日军风头，坚守新加坡至少数月时间。克里特岛上的英国防御部队足以抵挡德国空降兵的攻击，但伯纳德·弗赖伯格优柔寡断，即使得到了数千名希腊志愿者的协助，依然丢失了阵地。[16]

不过自1942年秋天之后，英国人便很少再犯错误。他们坚持在大西洋为商船队护航；将法国舰队摧毁在阿尔及利亚的凯比尔港；在战斗机加入护航任务前，首先提出在夜间而非白天对德国进行战略轰炸；在1942—1943年就决定推迟开辟第二战场；入侵北非和西西里岛。这些决策都是正确的。如果说英国军事领导层制定并遵循的战略是减少军队损失，轰炸德国本土，避免过早与德军主力在陆地厮杀，尽早将墨索里尼踢出战局，在美国或苏联参战之前坚持抵抗，确保苏伊士和直布罗陀不落入敌手，保卫缅甸，维持印度安全，那么他们的确取得了辉煌成功。[17]

英国军事领导层的另一项成就是，虽然在人员和战争物资方面居于下风，但有关战略和军事行动问题，却与美国和苏联盟友享有几乎平等的发言权。而且英国同时进行着两场战争，其伤亡人数还不到第一次世界大战的一半。这种影响力在某种程度上得益于英国拥有从号称"超级机密"的破译系统到声呐、雷达这样无与伦比的技术。此外，在与德军战斗中，英国人比美国人多出了超过两年的经验，并在 1941 年 6 月之前凭一己之力独自抵抗第三帝国，从而在道德上居于有利地位。如果说英国将军们在苏联和美国同行看来有时过于保守，那么他们提出的不要做什么的建议通常是正确的，从而为反法西斯大业提供了必不可少的警醒。像蒙哥马利这样的英国将军之所以在鸡毛蒜皮的事情上显得傲慢自大，也许是因为他们（正确地）认为，尽管英国军队与美苏相比规模较小，但这并不能准确反映英国对盟军的总体贡献。[18]

德国军官大多出身于 19 世纪普鲁士容克贵族阶层，而二战期间美国将军主要是来自郊区、小镇和农场的中产阶级家庭，集中于美国中西部、南部，以及沿海农村地区，比如佐治亚州佩里县的考特尼·霍奇斯、堪萨斯州阿比林的德怀特·艾森豪威尔、密苏里州克拉克的奥马尔·布拉德利，俄亥俄州洛雷恩的欧内斯特·金、宾夕法尼亚州博耶敦的卡尔·斯帕茨、宾夕法尼亚州尤宁敦的乔治·马歇尔、得克萨斯州查特菲尔德的卢西恩·特拉斯科特（Lucian Truscott）、得克萨斯州菲尔德克雷克的艾拉·埃克（Ira Eaker）、得克萨斯州弗雷德里克斯堡的切斯特·尼米兹。

444　　不过美军指挥官之间的区别还是很大的。一方面，布拉德利、艾森豪威尔、霍奇斯、马歇尔、尼米兹将军和斯普鲁恩斯等人是完美的组织者和调解人。他们无论从气质上还是行为上都非常专业，通过冷静精密的决策体现出美国人的理性力量。他们很少犯错误，以稳扎稳打的方式最大限度地利用美军迅速积累起来的物质优势。然而在另一个极端，也有少数几个特立独行的"坏脾气"将军，如欧内斯特·金、哈尔西、李梅、巴顿等。有些人的个人生活一团乱麻，有些人个性夸张，直言直语，还经常出言不逊。（比如欧内斯特·金就说过一句名言："当他们遇到麻烦时，就会去找那些狗娘养的。"）这些非传统类型的指挥官试图向士兵们传染其豪爽的个性，仿佛如此就能把美国应征兵变成类似亚历山大麾下的职业军人，或恺撒的第10军团、拿破仑老近卫军那样的精兵，并借此在士气上压倒武装党卫队或在中国战斗了十年之久的日本老兵。他们相信，只要凭借意志力，美国大兵和水手就可以击败轴心国部队，而无须等待获得制海权、制空权，或在物资上取得绝对优势。

美军最高指挥官亨利·阿诺德、欧内斯特·金、威廉·莱希、乔治·马歇尔在判别军事需求、筹集和分配所需资源到各个战区方面有着不可思议的天赋。莱希也许是四人中最易被忽视却很重要的一位。作为罗斯福的耳目，他成功平衡了来自陆海空各竞争方的利益诉求。他是英国人最信任的美国高级将领，虽然可能仅仅是因为他得到了罗斯福的信任并与其保持亲密关系。同样值得赞扬的还有金和阿诺德将军。他们没有把巴顿、麦克阿瑟、哈尔西、李梅这些能抢占头条新闻的指挥官当作威胁而对其牵制，而是视为需要得到支持和提拔的人才。[19]

美国有一张长长的战略和军事行动失误清单，技战术方面的错误决策也很多。比如初期没有为商船队提供护航；幻想于1942—1943年在法国开辟新战场；坚持在欧洲上空进行无战斗机护航的日间精确轰炸；相信"巡航坦克"可以替代重型坦克的需求；假定通过先期海军炮击和空中轰炸就能从根本上摧毁海岛上的日军混凝土碉堡；在萨莱诺和安齐奥踌躇不前；没有协调好麦克阿瑟和尼米兹分别提出的太平洋战略；将重点放在占领罗马而不是围歼意大利境内的德军；在法国南部登陆，反而分散了兵力；缩短了对诺曼底海军舰炮的攻击时间；对奥马

445

哈海滩后面的灌木树篱一无所知；同意实施"市场花园行动"；布拉德利未能利用太平洋战区的实战经验以改善诺曼底两栖登陆作战；对巴顿在 1944 年 8 月突然快速穿越法国，向东挺进的行动没有表示明确的态度，反应迟缓；法国东部战区的后勤体系在 1944 年 9 月崩溃；采用零敲碎打的方式补充步兵；进入许特根森林与德军正面鏖战；"突出部"战役前遭遇德军突然袭击，事后又不敢切断德国突前部队与后方基地的联系；冲绳岛战役中未能预见日军的新战术；未能迅速将能力不足的指挥官，如约翰·卢卡斯、劳埃德·弗雷登道尔、莱斯利·麦克奈尔等调离或降职。[20]

美军将领被灌输了两套战术传统。第一套是由名将尤利西斯·S. 格兰特以及后来的约翰·J. 潘兴提出的，强调主动搜寻敌人，然后通过压倒性火力面对面硬扛，并摧毁之。然而，即使到了 1944 年，美国士兵也不总是拥有绝对优势火力，如先进的机枪、坦克、反坦克武器等。无论在奥马哈海滩后面的树篱丛林，还是在许特根森林，或是攻击梅斯这样的城市要塞，他们的战斗经验都不足以击溃固守阵地的德军。强行尝试这套战术可能会适得其反，导致重大损失。

此外，还有一套与之互补的战术传统，即强调机动性和包围战，通过摧毁敌人的基础设施和士气来消除他们发动战争的能力。威廉·T. 谢尔曼将军在 1864—1865 年曾率领大军横扫佐治亚和卡罗来纳。这次大进军可以说与格兰特在 1864 年夏秋两季的正面进攻一样，也打击了南方军队的士气。至 1865 年 4 月，谢尔曼庞大的机动军团已经完全破坏了邦联的补给供应和通信联络，而联邦军队的损失微乎其微。这支不可战胜的部队穿越卡罗来纳，向东杀去，并协助友军迫使罗伯特·E. 李将军投降。巴顿将军在其职业生涯的大部分时间里，更多地体现了第二套传统战法。英国军事分析家利德尔·哈特盛赞为"间接路线"。如果美军都能像巴顿的第3集团军那样，充分利用其无与伦比的摩托化机动能力和战术空中力量来掩护主力侧翼，然后采取类似谢尔曼的方式，绕过敌人重兵防守地域，实施包围，那么理论上战争很可能在1945年之前就能结束。[21]

　　大部分关键的战略决策最终还是由美国参谋长联席会议做出的，特别是到1943年，美国巨大的生产能力终于开始发挥作用，同时瞄准柏林和东京的所有宏伟计划都有可能实现。最高统帅部坚持认为，美军最终还是要在欧洲登陆，首先击败德国。航空母舰和跳岛战术将是一把利刃，能够切断日本本土与其庞大帝国之间的联系，使其面对美军入侵时毫无招架之力。英国和苏联应得到大规模援助。尽管道格拉斯·麦克阿瑟妄自尊大，但他的政治地位无人能撼动，有时他还具有创造天赋，知道应该在哪里部署军队，因此得到了参谋长联席会议的支持。不过他的判断能力并不稳定，联席会议不敢让他做出太多战略决定。没有哪位将军比麦克阿瑟行事更出人意料。他还有一种独特才能，就是能准确找到并痛斥别人的战略和行动失误，而这是他自己指挥时也会犯下的错误。他哀叹海军从塔拉瓦到冲绳一路作战，浪费了太多资源，却不承认他自己顽固坚持在佩莱利乌岛和菲律宾战斗，付出了过于高昂的代价。驻守菲律宾的麦克阿瑟事前得到过警报，但还是在1941年12月8日凌晨被打了个措手不及。不过他没有被解职，甚至未受到训斥，而海军上将赫斯本德·E. 基梅尔（Husband E. Kimmel）、陆军中将沃尔特·C. 肖特（Walter C. Short），以及珍珠港的陆军航空兵指挥官弗雷德里克·马丁（Frederick Martin）少将却都因为在12月

7 日疏于防守而提前下岗。这些人事变更看起来着实不正常。不过考虑到珍珠港事件后，欧内斯特·金和尼米兹等将军开始掌权，这些人下台对美国而言终究还算幸运。

美国军队的另一个优势是，它在欧洲部署了比其他国家陆军数量更多的优秀师级、军级和集团军指挥官。他们大多是一星、二星和三星将领，却比指挥他们的四星将军，如布拉德利、克拉克和霍奇斯更有才能。特里·德·拉·梅萨·艾伦（Terry de la Mesa Allen）、J. 劳顿·科林斯（J. Lawton Collins）、曼顿·S. 埃迪（Manton S. Eddy）、伦纳德·T. 杰罗（Leonard T. Gerow）、韦德·海斯利普（Wade Haislip）、特洛伊·米德尔顿（Troy Middleton）、马修·李奇微、卢西恩·特拉斯科特、沃尔顿·沃克（Walton Walker）等都是最优秀的军长和师长。这些陆军步兵及装甲部队指挥官之所以有卓越表现，部分归功于许多人在第一次世界大战时就有战斗经验，还得益于优良的军事院校体系和持续不断的战术战略教育，特别是堪萨斯州莱文沃思的指挥与参谋学院在 20 世纪 30 年代的贡献；而且美军在大萧条时期的淘汰机制十分残酷，人们不得不积极进取，竞争稀缺资源和难得的晋升机会。[22]

第二次世界大战的最大悖论是，自诩军事能力更强的轴心国，其最高领导人、军事战略家和指挥官的能力却相当平庸。德意日三国将领非但没有缩小他们与国力更盛、物资更丰富的敌国之间的不足，反而扩大了差距。

下一章将关注各国内部的普通老百姓，他们如何在战争中扮演着与正在前线作战的男女官兵一样重要的角色。盟国最初拥有比轴心国多得多的自然财富，尤其是石油、铁矿石、粮食和战略金属。但这些自然的恩赐并不能自动转化为战争中的物质优势，尤其是对英国和苏联来说，前者遭受狂轰滥炸，后者面临大举入侵。

然而盟国决策层和工业家在开发本国自然资源方面，比意大利、日本和德国更加睿智，因为他们将工人和农民变成了效率更高的生产者。由此而来的大量物资补给确保盟军实现了难以言喻的物质优势，很好地弥补了盟国武器质量方面的缺陷，以及将军、战略决策者偶尔出现的行动瑕疵。

1942年初，除了地中海在英国阻挠下尚无法自由通行外，轴心国所占领的地理区域从英吉利海峡一直延伸到了蒙古边境。第三帝国大肆扩张，再加上"大东亚共荣圈"和日本控制下的邻近地区，轴心国占领的领土面积相当于盟国本土。还有墨索里尼统治的非洲和巴尔干地区，1942年中期的全球态势图看上去就像一片由轴心国掌控的"陆地"海洋。不过美国人、英国人、苏联人为了生存和赢得战争而忘我工作，而轴心国占领区内的民众就算在监督下组织起来生产，也从来不会主动为虎作伥。

人们公认德国在战前就是工业强国，苏联则是一个奉行集体主义的失败国家。然而随着战事发展，苏联在英国和美国的帮助下，生产的武器远比德国多得多。苏联人民为此付出的牺牲甚至比所谓的民族社会主义狂热信徒还要大。总而言之，轴心国统治下的工人数以百万计，可生产能力远不如处于被轰炸和侵略之中的英国、苏联劳工。美国军事经济则是另一特例：远离战火，由一群前无古人后无来者的产业天才组织实施。

第十八章　劳工

　　盟国凭借更丰富的自然资源、更强大的生产能力和更雄厚的资金才打赢了第二次世界大战。然而，这些优势并非天生注定。同盟国对轴心国日益明显的物质优势体现在三个方面。第一，盟国工人通常不是外来劳工或受胁迫劳作，而是出于国民意志，自愿工作。第二，同盟国拥有更强大的海军和空军，因此能够在全球范围内调用资源，并且把从亚洲、非洲和美洲那些未受战争波及地区收集而来的物资运送到前线。第三，到了1943年初，几乎所有美国、英国、苏联的工厂、运输系统和油田都远在德军装甲部队和轰炸机的打击范围之外。而且，盟国空军开始攻击轴心国生产体系，地面部队不久也加入进来。

　　1939年9月，全世界人口大约为20亿，其中约有10亿人是从事杀人活动的战士、游击队队员和军备生产者。胜利取决于轴心国或同盟国能否持续向战场上投送最多数量的士兵、武器和给养。将军、士兵和武器的相对质量在一定程度上反而成为次要因素。

　　当世界大战在1941年底全面爆发时，全球大部分人口要么保持中立，要么支持盟国。英国及其殖民地、自治领，加上美国和苏联，共拥有超过4亿人，是三大轴心国人力资源的两倍多，这还不包括英国控制下的印度以及中国的庞大人口。分属于两大阵营的民众为战争创造的价值也很不平衡，差距之大令人咋舌。尽管德国占领了西欧、东欧部分地区以及苏联的欧洲部分领土，但到了 1943 年，三大盟国国内生产总值是德意日三国总和的两倍多。事实上，最终美国的国内生产总值约为 2.6 万亿美元（以 2016 年美元价值计算），几乎与英国、德国、意大利、日本和苏联的总和（3 万亿美元）相当。[1]

　　经济组织形式、工业生产方式、资源储备，三者密切相关，是这场战争的关键所在。纵观历史，人口少、经济规模小的国家也并非不能击败体量大得多的对手。公元前 480 年，小国希腊阻止了薛西斯的巨型舰队。亚历山大大帝率领不到 4 万人的部队摧毁了波斯帝国大流士三世的庞大军队。埃尔南·科尔特斯的远征军终结了统治着约有 400 万人口的阿兹特克帝国，而西班牙军队和土著盟友的作战力量只是这个数字的零头。19 世纪和 20 世纪之交，日本人口约 4600 万，大致为沙皇俄国近 1.4 亿人口的三分之一。但在 1904 年至 1905 年的日俄战争中，前者却取得了胜利。拿破仑既没有反法同盟的资源，也没有那么多人口，可奥地利、英国、普鲁士和俄国十几年来就是一直无法击败他。

　　然而，这些不对称战争只是历史的例外。拥有更多人口、更多资源的战败国通常是要么没有充分动员人力物力，要么工业和科技欠发达，或者认为在政治上接受停战条款比打一场你死我活的战争更划算。第二次世界大战证明，在其他所有因素（领导力、士气、武器装备质量等）大致相同的情况下，拥有最多人口和最多物资的一方获胜。

　　盟军承认，虽然经验丰富得多的敌人不可能在整个战争期间一直持续改进和升级业已精良的武器，但自己的士兵也很难通过训练就快速达到轴心国士兵的作战水平。面对眼前困境，显而易见的解决办法是进行军事总动员，比轴心国生产更多物资，动员更多人力。例如，盟军不一定非要制造出优于德国马克 V 型豹式坦克（6000 辆），或所向披靡的马克 Ⅵ 型虎式坦克（超过 1300 辆）的武器。他们只要确保好用的 T‑34（所有类型超过 8 万辆）和稍弱一些的 M4"谢尔曼"坦克（超过 5 万辆）的数量足够多，便能吞噬德军装甲部队。

到战争结束时，轴心国的武器质量或取得的突破性技术往往与同盟国不相上下，乃至更胜一筹，如 StG‑44 突击步枪、MG‑42 轻机枪等轻武器，喷气式战斗机，德国 Fw‑190、日本中岛 Ki‑84"疾风"高性能活塞式战斗机，弹道导弹和巡航导弹，弗里茨 X 无线制导反舰炸弹，潜艇换气装置，"大和"级451 战列舰，日本 93 式鱼雷等。然而这些武器要么产量太少，要么操作手不够，最终未能影响战争进程，或者单纯因为性能不稳定或不具备经济可行性而没有加入实战。潜艇换气装置、过氧化氢涡轮发动机、XXI 级 U 型潜艇早在 20 世纪 30 年代末便是公认可行的技术，但德国无法将天才技术与大规模快速生产相结合，因此直到 1943—1944 年才将它们转化为新式武器，或者根本就没有用于实战中。轴心国的技术突破有时还被盟军轰炸打断，例如英美对佩内明德（Peenemünde）V‑2 弹道导弹试验场和生产基地发动了一系列空袭，其规模之大，德国或日本空军望尘莫及。[2]

轴心国士兵在战争开始时往往训练有素，装备精良，但是到 1944 年就在数量上被盟军压制，人数之比不仅是 1∶2 或 1∶3，更是 1∶4 或 1∶5，飞机、车辆、火炮、舰船方面差距甚至更大。军事分析人员经常引用相当具体的定量数据，就此得出结论：一支军队若要克服数量和物质上的不利条件，素质必须相应更高，才能更高效地执行任务。也许这条法则可以解释为什么德军在东线战场上每损失一名军人能杀死三名红军士兵，却在不到四年时间里就被消灭得一干二净。[3]

第二次世界大战是一场不同军事联盟之间的战争。轴心国和同盟国各自具有截然不同的工业经济体系。对于轴心国来说不幸的是，德国、意大利和日本的战争工业几乎没有互补性。三国既没有分享关键的科学知识和工业技术，也不能彼此提供物资援助，盟国的战争机器却能更为有效地整合在一起。轴心国还倾向于用武器本身的质量和数量来衡量军事效能，但不重视同等重要的支持性基础设施。在诸如运输机、商船、机车、食品供应、药品、石油和金属生产等关键领域，盟国产量不仅超过轴心国，而且具有碾压性的优势。事实证明，卡车和带有毛毡衬里的靴子对战争的影响与机关枪、手榴弹一样重要。

战争初期，英法两国以及其他西欧民主国家在国内生产总值、领土面积、人口及自然资源等方面与未来的三大轴心国大体相当。尽管英国封锁了轴心国港口，使之无法相互协调资源，而且德国大部分军备生产能力才刚刚达到第一次世界大战的水平，但轴心国直到1942年中期还占有优势。法国在战争中被淘汰。U型潜艇阻碍英国进口商品，同时切断了帝国内部的贸易。德国占领了欧亚大陆从伏尔加河到大西洋的大部分地区。北非大部分地区由轴心国或倾向轴心国的中立国控制。日本在东太平洋①将欧洲殖民政权和美国势力一扫而空。苏联和美国都没有完全动员起来。葡萄牙、西班牙、瑞典、瑞士、土耳其等中立国与轴心国的关系更为密切。瑞典和瑞士同第三帝国保持贸易往来，找到了很多大发横财的方法。[4]

452

---

① 原文如此，疑为西太平洋。

然而到了 1943 年末，战争风向突变，或者说，对战争命脉——石油的控制发生了根本性改变。苏联和美国加入英国的对德战争后，新联盟立即拥有了世界上大部分石油供应和海上航线的绝对控制权。其结果体现在飞行员可以得到更好的训练，海军机动性大大提高，能够执行航程更远的任务，还组建了更多的摩托化师。英美海军联合作战，确保三个主要盟国能够从世界各地获得自然资源，互通有无，形成良性循环。澳大利亚和加拿大相当于英国在海外的自然和人力资源"储备库"，德国则无此优势。德国从非洲或美洲攫取的自然财富要远远少于英国和美国。[5]

战前，全球石油主要来自四大产区：国内产量遥遥领先的美国（占世界产量的 55%—60%）、苏联（8%—10%）、拉丁美洲（12%—15%）、大英帝国或其他欧洲大国控制的地区（12%—15%）。战争开始后，意大利对这些石油资源只能望洋兴叹。德国自身的油田十分贫瘠，即使加上石油资源丰富的罗马尼亚也无法满足需求。煤制油转化工厂仅满足德国消费量的 20% 多一点，不过至 1944 年，这一比例将飙升至 50% 以上。至 1942 年底，德军已经逼近高加索地区的油田，南方集团军群占领了年产石油 1900 万桶的迈科普（Maikop），距离年产量 3200 万桶的格罗兹尼近在咫尺，甚至巴库也遥遥在望。仅巴库 1.7 亿桶的年产量就几乎是德国战前石油消费量的三倍之多。

453　　　然而苏军撤离前将迈科普油田付之一炬，德国人收获甚微。轴心国并非全球性石油生产国，国内产量也很低，所以它们欠缺工程经验、熟练工人和方式方法，无法将数百口被破坏的油井迅速恢复至满产状态。与其寄希望在战时开采高加索石油，然后再通过苏联铁路运回遥远的欧洲炼油厂，还不如投资升级罗马尼亚和东欧油田。日本虽然在中国台湾、东北和朝鲜半岛也能获得一些石油，但产量不到其需求的 10%。日本战前石油消费量的 80% 以上进口自美国。1941 年 7 月，美国对日本实施石油禁运。即使算上现有储存石油，再加上少量国内生产和替代进口来源，日本开战时的石油储备也只够消耗一年半左右。

至 1941 年，婆罗洲、爪哇和苏门答腊的油田产量约为 6500 万桶，约占世界年产量的 4%。理论上讲，荷属东印度群岛就可以满足日本计划的所有战时消费量。然而荷兰人炸毁了该地区数百口油井，日本用亚洲石油替代美国石油的宏伟计划只实现了一部分。在最好的情况下，日本也只从那些没有被荷兰人破坏，或在此后轰炸中幸存的油田及炼油厂中获得其年消费量35% 的油品。真正的挑战与其说是修复曾属于荷兰皇家壳牌石油公司的生产设备，不如说是设法通过美国空中和潜艇封锁，将石油运往本土。1944 年，荷属东印度群岛的原油和精炼产品只有一半送达日本。到 1945 年，大多数日本油轮在鱼雷攻击或轰炸中被击毁，石油进口完全停止。[6]

第三帝国一共开采了超过 25 亿吨煤炭，以维持其庞大的电力、钢铁生产和煤炭液化需求。但相比之下，仅英美两国，煤炭年开采量就达到 10 亿吨。在粮食、饲料和肉类生产方面，双方差距更加明显。纳粹曾设想将德国殖民地内的农民转移到乌克兰种田。这个疯狂计划的生产力恐怕还不如效率低下的乌克兰集体农场。意大利和日本农业都是传统的小农耕作，缺乏苏联和美国那样的机械化手段和广阔的种植面积。1942 年以后，粮食和燃料短缺变得尤为严重。作为唯一一个油田完全不受敌人任何形式攻击的主要交战国，美国生产的各类燃料几乎是其他所有盟国和轴心国之和的三倍。美国在战争期间生产了 3.65

亿桶航空燃油，是其他所有主要交战国总和的七倍。盟国消耗的航空燃料中，有90%来自美国，从而能够训练更多飞行员，制造更多飞机，飞行更多架次。

第三帝国在1939年将其25%的资源用于战争，到1944年战争支出则超过国内生产总值的75%。即便如此，两大阵营的军事生产还是出现了相当惊人的失衡。虽然德国战时经济有所改善，但依然无法与盟军不断扩大的优势相匹敌。仅苏联一国生产的坦克和火炮平台就超过了三个轴心国的总和。尽管希特勒的第三帝国已经控制了我们现在所知的欧盟大部分地区，人口数量和经济实力一度超越英国，但整个大英帝国依然制造出17.7万架各类型飞机和22.6万门火炮，比德国的13.3万架飞机和7.3万门火炮都要多。造船方面，英国及其自治领的产量远远超过德国水面舰艇和潜艇的总和。甚至在1939年，战前英国的人均国内生产总值就比德国的高，实际国内生产总值也与第三帝国不相上下。事实上，许多学者认为，虽然战前德国和英国制造业产能大致相当，但德国农业部门效率极低，这意味着英国整体经济效率要高得多（见表1）。

英国还可以从遥远的澳大利亚、加拿大、美国任意进口粮食，德国则只能在其邻近的被占领土上获取农产品。因此，即使美国没有直接出兵帮助英国，进行军事干预，即使苏联在1941年6月前一直为第三帝国提供物资，英国面对"闪电战"和德国计划中的两栖入侵，也依然能够坚持战斗，不屈不挠。[7]

英国的粮食生产也实现了空前增长。由于来自北美及其殖民地的航线被德国U型潜艇掐断，传统的欧洲食品进口通道被关闭，因此英国一直是盟国中最易受到粮食短缺影响的国家。但事

实上，在进口肉类和乳制品吨位激增的情况下，英国国内小麦和
土豆产量大幅增加。美国是战争中最大的粮食供应国，平民的卡 455
路里摄取量一直保持在战前水平，同时增加了蛋白质摄入。这是
集中力量发展农业、大力推进农业机械化和现代化的结果。[8]

　　事实上，盟国和轴心国在军事生产的各个领域，从坦克飞
机，到火炮步枪，都存在相当惊人的不均衡性。1939 年至 1944 456
年，美国经济总量史无前例地增长了 55%，军费开支在国内生
产总值中的比重从 1.4% 上升到了 45%。即便如此，1944 年的
民用开支，按实际价值计算，几乎和 1939 年一样多。战争期
间，其他所有经济体都把编制预算看作大炮和黄油之间的竞争，
而美国经济增长量如此之大，以至于为该国历史上最大规模的
军事投资和民用消费领域都留有足够的预算空间。

　　美国经济之所以超级高效，主要得益于妇女和失业者创纪
录地加入劳动大军，同时工作时间延长，改进了大规模生产技
术，建造现代化的大型工厂，提高工人劳动生产率，开采国内
的廉价化石燃料，筹集到不计其数的资金并投资到实业。相比
之下，德国向工厂输送的奴隶劳工的生产效率要低得多。这些
工厂在 1942 年后遭到轰炸，无法安全利用铁路、公路运输，石
油和矿产供应也时断时续。毫无经济头脑的武装党卫队全国副
总指挥（Obergruppenführers）、地区总队长（Gruppenführers）[①]
在被占领区大肆劫掠，组织大屠杀。军队和官僚机构中，纳粹
党徒盛行贿赂，这就是为什么所谓的专业军官即使看到错误，
也默不作声。战后，帝国总理府幕僚长汉斯·拉默斯（Hans
Lammers）向盟军审讯人员提交了一份包括巨额现金和没收而

---

　　① 分别相当于上将和中将。

来的地产清单——这是他付给纳粹头目及国防军军官的"奖励"，如古德里安得到了波兰的瓦尔特高庄园，冯·克莱斯特位于西里西亚的地产，冯·莱布的巴伐利亚庄园，海德里希在布雷绍少女峰地区的不动产，冯·伦德施泰特在西里西亚的房产和25万帝国马克。根据战后流行的说法，保守派贵族军官完全被希特勒放逐；而实际情况是，他们收受了奢华的生日礼物、馈赠品、补偿金，以及事实上的封口费，这是他们与纳粹政权之间的关系润滑剂。盟军方面，最接近授予军事指挥官奖金的事件是菲律宾政府在1942年2月给道格拉斯·麦克阿瑟及其部分参谋的大额银行转账，以感谢他们坚持保卫这个注定要陷落的群岛。[9]

至1940年，除了来自邻近的斯堪的纳维亚、苏联、东欧和伊比利亚半岛的一些重要资源外，德国经济所必需的大部分进口货物都无法再通过海路抵达本土。如果不能获得苏联和东欧的燃料、矿石，第三帝国的战争就无以为继。自1940年初以来，苏联以优惠的信贷条款和运输条件，向德国交付了150万吨粮食、200万吨石油产品、14万吨锰和2.6万吨铬，然而希特勒却在1941年6月突袭苏联。[10]

457　　有很多理论解释轴心国为何会做出那些灾难性的战略决策，但每一个都不尽如人意。日本和德国经常自夸熟悉美国，实则知之甚少。德日观察到，美国军队在一战时期需要依赖欧洲的坦克、飞机、大炮才能作战，因此认定美国在1917—1918年没有能力生产出充足的战争物质。然而美国在短短一年半时间里，就招募、装备并向欧洲派遣了一支200万人的远征军，并为陷入经济困境的英法两国提供资金和必不可缺的粮食、燃料。第一次世界大战结束时，美国的炮弹、子弹和火药产量超过了所有协约国的总和。在最初一年的混乱之后，美国在18个月的开销就超过了英法在四年多时间用于战争生产和军事动员总和的一半，从而结束了战争。[11]

比较而言，美国在表面上并没有像德国或日本那样安然度过大萧条。1940年，超过700万美国人失业，美国工业产能的四分之一仍处于闲置状态。德国人估计，美国要到20世纪40年代中后期才能恢复工业生产，到那时战争早就胜利结束了。没有一个轴心国预测到，1941年之后，会有超过2000万美国人加入劳动大军，劳动力规模将扩大50%以上。显然，无论是日本人还是德国人都没有意识到，庞大的美国经济在大萧条之前就创造了全球40%以上的制造业产出。其闲置工厂和劳动力就算不能急剧扩张，也可以很容易重启。[12]

德国人也许有理由相信美国不会参战，或者就算是参战了，也是不情不愿，不会进行经济和军事总动员。即使在欧洲战争爆发八个月后，美国人似乎仍然认为他们有机会避免战争，希特勒和他的敌人可以达成停战协议。安东尼·艾登以巧妙笔法，不露声色地讲述了1940年3月他在伦敦与美国外交官萨姆纳·威尔斯和美驻英大使约瑟夫·肯尼迪（Joseph Kennedy）之间的一段奇怪对话。艾登写道，威尔斯显然想知道，如果有一个国际组织能够监督双方裁军，即使面对德国长达数月的敌对行动，捷克斯洛伐克和波兰都灭亡后，战争是否还能消弭。"他（威尔斯）解释说，希特勒曾就裁军问题与他进行长谈，并声称自己多次提出建议，但均遭到拒绝，特别是'美英法共同军备库'。威尔斯问我，还记得这个方案吗？我回答说不知道，而且据我所信，从来没有人提出过这样的建议。这不符合希特勒反对国际合作的总体原则。"[13]

英国长期的绥靖政策显然也迷惑了第三帝国。很少有德国

458

人会预想到，到 20 世纪 30 年代后期，人口少得多的英国在军用车辆和火炮产量上已经与轴心国持平。事实上在战争中的每一年，英国制造的飞机总重量都超过了德国。在飞机生产总架数方面，英国除了 1944 年之外的每一年也力压德国空军。希特勒有一个坏习惯，总认为他的敌人之所以没有在 1939 年进行总动员，乃非不为也，实不能也。[14]

英国舰队在 1939 年就是世界上规模最大的海军。更令人惊讶的是，它在战争期间新建了包括战列舰和航空母舰在内的大量水面舰艇和商船，比三个主要轴心国全部海军产量还要多。希特勒从未意识到，英国海军的重要性在于它能确保帝国得到大量用于生产的原料，尤其是来自澳大利亚和加拿大的自然资源，以及中东的石油。这些原料来源地也基本上位于德军空袭和火箭的打击范围外。

日本在 1945 年 3 月之前一直没有受到美军轰炸的严重破坏。它在战争期间建造了 16 艘不同类型及大小的航空母舰，包括舰队航母、护航航母和轻型航母。如果不与美国对比，这的确是一项惊人成就。然而美国在同一时期部署了超过 150 艘轻型、护航及舰队航母。更令人印象深刻的是盟国海运货轮的制造方式也不断改进。实业家亨利·凯泽（Henry Kaiser）的造船厂采用了新的零部件预制和流水线生产方法，使万吨商船"自由轮"的建造时间从 230 天左右缩短到 24 天。美国制造了 2700 多艘"自由轮"和 500 多艘体积更大、设计更优、速度更快的"胜利轮"，使得德国 U 型潜艇击沉美国货船的速度远远赶不上其生产速度。

1942 年，制造一架自 1937 年开始投入生产的 B－17 轰炸机需花费 54800 个工时，但仅仅两年后，就只需要 18600 个工时了。同样令人吃惊的是，对于庞大而复杂的 B－29 轰炸机来说，工时也在急剧减少。第一千架从生产线下线的轰炸机所需工时是第四百架的一半。1941 年至 1944 年，尽管美国工人收入增加了 50%，劳动力成本却下降了三分之二，着实不可思议。没有哪个轴心国的生产效率能与美国相提并论。[15]

到 1944 年，第三帝国总计至少动员了 1000 万现役军人，几乎与美国相当，所占人口比例远高于美国或苏联。而且德国人口比美国少了大约 5500 万，因而很快便面临劳动力短缺的问题。由于大批身强力壮的德国工人进入军队，因此就在入侵苏联后不久，第三帝国不得不从西欧占领区征召工人，并在东线强征奴隶劳工以弥补人力缺口。戴姆勒－奔驰和宝马等公司大幅增加编制，用征募来的外国人取代了应征入伍的德国熟练工人，最终外国劳工占到了总用工量的一半左右。讽刺的是，此前正是第三帝国大声疾呼，要把所谓的非雅利安劣等民族从德国领土上清除出去。然而，所有这些措施都无法使德国企及盟国的生产能力。[16]

战争一开始，苏联就在乌拉尔以东地区建设了庞大的坦克工厂，美国则在密歇根州建立起面积达 350 万平方英尺的威楼峦（Willow Run）B－24 工厂。轴心国并没有类似这样的安全厂房。1939 年 1 月，美国用于飞机生产的工业厂房面积约为 950 万平方英尺；到 1944 年底，这一数字猛增至 1.65 亿平方英尺，增加了 16 倍。此外，在战争初期的前 18 个月里，即便哈尔科夫和斯大林格勒的大型坦克制造厂均被摧毁或拆除，乌拉尔山以东的苏联工厂依然生产出数量比德国多得多的坦克、飞机、步枪，而且质量不相上下，甚至更好。第 183 号斯大林乌拉尔坦克工厂搬迁到下塔吉尔（Nizhny Tagil），并在那里进行扩建，成为世界上最大的坦克制造厂。[17]

轴心国之所以没有在 1939 年至 1941 年间将其工业转为战争状态，原因之一是它们的征服太过容易，并习惯于以战养战。轴心国最初面对的欧洲敌军不仅组织混乱，不能有效投入作战，而且储备了大量战前生产的武器弹药。德国人将失败者的军备物资清理出来，整合进了自己的军队。吞并捷克斯洛伐克，打败波兰、荷兰、比利时、法国，并在敦刻尔克击败英军后，第三帝国缴获了数以万计的军用车辆和火炮。仅在敦刻尔克，英国人就抛弃了 2472 个火炮平台（占抵达法国后所携的 90%）和 63879 辆机动车辆（占登陆时的 95%）。次年，当德军于 6 月 22 日入侵苏联时，只有部分武器装备是德国产品，其余部分则从欧洲没收而来的战利品中随意组合配置。短期内利用现成的各类装备（其中很多即将过时）似乎比统一生产更划算，但从长远来看，这种以战养战的模式是后勤维护部门的噩梦，会阻碍技术进步，并导致自满情绪。[18]

到 1943 年，除了 V－1、V－2 导弹和偶尔发动常规轰炸外，德国对苏联和英国工业中心的空袭基本上已经停止。德国空军的轰炸对英国生产几乎没有影响。到 1944 年第一季度，英国军需品产量比战争开始时增加了 552%。相比之下，意大利在 1944 年底已经出局；德国工厂每天都遭到轰炸；日本大部分城市中心很快就要在 1945 年 7 月被夷为平地。[19]

到战争结束时，美国满足了英国大约 20% 的战略物资需求，包括大规模航运燃料和食品，提供"自由轮"、DC－3 运输机、C－47 运输机和舰载飞机。1943 年后，苏联以 2000 辆美国机车、1.1 万节车皮、50 万辆轮式和履带式车辆作为后盾，便能为足以击溃德军的 700 万名前线士兵提供充足补给。美国人和英国人则相互借鉴对方的独门绝技，比如优秀的劳斯莱斯梅林引擎由英国设计并工程化，美国生产后安装到 P–51 内，从而让该战斗机项目起死回生；英国人对"谢尔曼"坦克进行改装，将主炮升级为高速 17 磅炮（76.2 毫米口径），创造了"萤火虫"坦克。战争结束时，美国将其战时生产的 15%—20% 的军事物质用于援助英国和苏联，此外还包括数目惊人的粮食产品。[20]

主要大国对战时经济认识的关键差别也许在于，美国在建设制造军事装备的设施方面有着不可思议的洞察力。当希特勒谈论"奇迹武器"，墨索里尼吹嘘他的快速战列舰，日本帝国海军扬言它的两艘超级战列舰是世界上最强大的军舰时，美国则把重点放在燃料、军用卡车、重型设备、机床、吉普车、登陆艇、运输机、"自由轮"、无线电、军用口粮、军服、工具等不那么吸引眼球的物资上。令人震惊的是，不仅美国卡车产量是第三帝国的七倍，英国的卡车也比德国多 10 万辆以上（48 万：34.5 万），甚至加拿大的军用车辆（815729）也有德国的两倍之多。[21]

没有哪个德国人、日本人或意大利人能跟美国的私营实业家，如亨利·凯泽（凯泽铝业和凯泽钢铁）、威廉·努森（通用汽车）、查尔斯·索伦森（Charles Sorensor，福特汽车公司）等人相提并论。一大批成功的工业领袖创建巨型工厂，专注于少数特定型号的舰船和轰炸机，并按照流水线原则大批量生产，不断要求工厂进一步提高生产率。在这些巨头领导下，美国私营企业在短短 4 年内生产了近 9 万辆各种类型的坦克、超过 25 万门火炮、240 万辆卡车、240 万挺机枪、400 多亿发子弹，还有 807 艘巡洋舰、驱逐舰和护航驱逐舰，203 艘潜艇，151 艘各类航母，8 艘战列舰，超过 5000 万吨商船，30 万架飞机。[22]

461

珍珠港事件后，由于纳粹德国、意大利和日本袭击中立的
美国，向这个世界上最大的经济体宣战，狂怒之中的美国民众
一致要求对它们进行惩罚。与轴心国交战的这个国家熟练工人
数量最多，燃料和金属资源最丰富，资本储备最雄厚，企业家
群体最具创新精神。第三帝国原本以为苏联工业生产会因丢失
其欧洲部分领土而彻底崩溃；与此同时，英国就算还能苟延残
喘，工业规模在 20 世纪 40 年代也会落后于德国，就像在 30 年
代一样。然而事与愿违，两个国家的各类军火产量很快就超过
了德国和日本。

总而言之，二战的胜利是一个生产战胜杀戮的正能量故事：
制造商打败了杀人狂。

第十九章 亡灵

"第二次世界大战"作为一个专有名词，也是史无前例的
大规模死亡的同义词。这场战争历时六年零一天（1939 年 9 月
1 日—1945 年 9 月 2 日），造成 5000 万到 8500 万人死亡，也许
6000 万到 6500 万是最有可能的数字。或者换一种说法，在
1939 年活着的 20 亿人中，到 1945 年，估计有 3% 死于暴力。

从 1700 年至 1988 年长达近三个世纪的冲突中，大概有一亿人
死于 471 场战争。其中超过一半死在第二次世界大战的六年里。由
于战时记录不完善，尚无法得知确切的死亡人数，数目可能还会更
多，特别是苏联和中国的罹难者就占战争死亡人数的一半以上。[1]

鉴于战争与饥荒和疾病、大量难民流离失所或被驱逐出境
之间存在紧密关联，在计算战争伤亡的方法上出现了诸多分歧。
如果一个人在 1946 年死于 1944 年的战争创伤，或者在达豪集
中营感染肺结核，后于 1947 年死亡，他通常不被计算为第二次
世界大战的直接死亡者。在过去 70 年的学术研究中，唯一不变
的情况是，归因于二战的死亡人数似乎一直在向上修正。第一
次世界大战的恐怖情形前所未有，但与这场战争相比，也不过
是小巫见大巫。至 1939 年，第一次世界大战是历史上死亡人数
最多的一场战争（1500 万—2000 万），然而第二次世界大战造
成的死亡人数至少是这个数字的三倍。

一方面，二战是文明史上最为悲惨的人道灾难。另一方面，
当战争结束时，大获全胜的盟国军队从来没有这么规模庞大、

装备精良、补给充裕，仿佛死亡和破坏越多，军队就越壮大，士兵的生活也就越优越。仅三大赢家就派出了总计近 3000 万战斗人员。尽管 1939 年至 1945 年之间发生的屠杀更加凶残，但 70 年后的历史学家很少像讨论第一次世界大战那样，认为第二次世界大战不论是政治上抑或战略上都没有取得进步。显然，为了随后 70 年的普遍和平以及噩梦般的意识形态之争终结，牺牲 6000 万人并非不可接受。

在 1918 年流感疫情中丧生的人数达到惊人的 2000 万，可能仅仅少于从 1941 年 6 月至 1945 年春季死在苏联境内的战争死难者。中国在 1876—1879 年的大旱灾中约 1000 万人死亡，而日本从 1931 年到 1945 年对中国发动武装入侵造成的死亡人数远多于此。即使是可怕的黑死病——人类历史上最严重的自然灾害——在 1346 年到 1353 年间夺走了欧洲三分之二人口（4000 万至 5000 万）的生命，相比第二次世界大战也显得相形见绌。[2]

除了前几章涉及的战争死亡原因外，还要其他一些因素有助于解释，1939 年德国对邻国波兰的短暂入侵如何引发了一场长达六年之久的死亡风暴。

第一，到 20 世纪中叶世界人口估计为 20 亿。之所以第二次世界大战中死亡人数比以往任何时候都多，仅仅是因为有更多人去打仗，军队规模更加庞大了。主要交战国家，如英国、中国、法国、德国、日本、苏联、美国，历史上从来没有像彼时这样人口众多，城市化程度如此之高。也没有哪一个时代有过像苏联红军（500 多个现役步兵师）或美国海军（近 7000 艘军舰）这样庞大的军队。据估计，在六年战争期间，轴心国和盟国的总动员兵力在顶峰时高达 7000 万之众。[3]

　　第二，和历史上许多大规模冲突一样，这场战争也是始于欧洲，并蔓延开来。发起者主要是世界上工业最发达、技术最先进的西方或西方化国家，科学发展水平傲视全球。南美边境 465 战争或非洲大陆的冲突，甚至一场席卷整个东南亚的战争都不会使用到齐克隆 B①、凝固汽油弹、B-29 轰炸机、核武器、装有近炸引信的炮弹、雷区、数以百万计的先进坦克和火炮，以及遍布战场的半自动武器。

　　三十年战争（1618—1648 年）发生在欧洲心脏地带，持续时间是第二次世界大战的五倍之久。考虑到欧洲大陆的人口规模和科学进步程度，这场战争比欧洲以外的任何一场战争都要血腥。然而这只是发生在工业革命前的一场野蛮冲突。火绳枪最多只能以每两分钟一发的速度开火，射程不会超过 100 码。这样的轻武器与二战时期每分钟能发射 500—600 发子弹的轻机枪或半自动突击步枪 StG-44 相比，犹如云泥之别，更不用说每分钟能发射 1200 发子弹、更恐怖的 MG-42 了。一名德军士兵的火力相当于几百个火枪兵，可以轻而易举地在火枪兵射程三到四倍的距离内杀死敌人。简而言之，发射廉价子弹的速射步枪与可以大规模生产的火炮和炮弹，这两项进步改变了 20 世纪陆地战争的格局。胜利者和战败者之间的损失比例在军事史上首次趋于平衡。事实上，在许多战斗中，胜利方的伤亡数远远多于失败方。第二次世界大战期间，各国生产的武器数量令人倒吸一口凉气：44 万架军用飞机，500 万辆军用车辆，800 多亿发子弹、迫击炮、火炮炮弹，以及 5000 万件轻武器和大

----

　　① 　德国化学家弗里茨·哈伯发明的一种氰化物毒剂，在二战期间主要用于屠杀集中营内的犹太人。讽刺的是，哈伯本人就是犹太人。好在哈伯于 1934 年去世，没有被自己的发明杀死。

炮。与过去的冲突相比，由于子弹稀有昂贵而必须节约使用的观念并不适用于第二次世界大战的大多数战役。[4]

第三，遍及全球的交通和通信设施——电话、无线电、先进的内燃机、快速廉价的航空和跨海旅行——将战争燃烧到欧洲以外的地区。世界被压缩了。亚洲、非洲和大洋地区原本与欧洲此前自相残杀的历次冲突并无多少瓜葛，但战火还是蔓延到那里。拿破仑把战争带到了埃及，中东和非洲在第一次世界大战期间就是战场。可是现在，从北极圈到撒哈拉沙漠，从伏尔加河到迈阿密附近水域，从阿留申群岛到印度洋，从来没有如此多的士兵在如此广袤的土地上如此激烈地战斗。像塔拉瓦这样充满异国情调的海岛，或库尔斯克这样偏僻的城市，以一种前所未有的方式成为千百万欧洲人和亚洲人每天都要关注的地方。

如果安装了无线电制导和雷达设备，船只就可以在能见度为零的情况下航行，飞机就能够在浓密的云层中进行轰炸。像利用 B-29 这样的轰炸机飞越 1600 英里海域，投放 10 吨燃烧弹的想法在 1939 年简直就是无稽之谈。但随着战争半径以前所未有的速度扩大，到了 1945 年 9 月，日本经历了数月致命轰炸后，这一设想变成了现实。

得益于大型远洋运输船和军舰、加工食品和改进后的食物储存包装方法，以及空运，交战国能够投送大量士兵到敌方战区，即便在全球任何一个位置，通常情况下也能得到补给。对第一次世界大战时期的美军而言，如果要求他们在太平洋地区发动大规模两栖作战，或者连续登陆北非、意大利及其西西里岛、诺曼底和法国南部地区，必然是力不胜任。意大利在 1914 年没有能力向东非和北非派遣出 50 万军队，并为他们提供补给。1918 年，德军也无法空降伞兵，攻占克里特岛。

第四，在那个世俗的现代主义新时代，第二次世界大战是一场意识形态战争。从十字军到三十年战争，再到拿破仑战争，数百年来，在西方的宗教信仰、革命热忱、民族沙文主义的推动下，冲突已经超越了关于人格尊严、继承权、领土归属、争夺资源或政治权力的传统争端。然而二战时期的极权主义意识形态往往声称继承了达尔文、尼采等人的思想，让种族优越论、技术决定论等理论大放异彩，强调要增强国家权力，鼓励群众运动，宣扬民族命运。这在西方2500年的历史中前所未有。现代主义用相对主义的术语重新诠释道德。20世纪30年代盛行于世的国家主义观点认为，强大集体的利益比弱者的所谓私利更为重要，因此很容易引申出死亡和杀戮是实现乌托邦理想的必要手段。东线之所以如此恐怖，原因之一就是纳粹军事领导层相信极权主义，秉承此种道德观念。德军对来自战场的报道进行审查，不容异议，处决自己人毫不手软。25000名德国人被军事法庭处死。德军将投降等同于死亡，为了保卫国家体制，即使蒙受巨大的损失也在所不惜。

到第二次世界大战爆发时，人们普遍认为（特别是在纳粹德国），科技发展也是道德进步的代名词，然而事实上，技术却成为制造大规模死亡的帮凶。科学似乎为野蛮行径提供了借口，或至少提供了一个幌子。从古希腊诗人赫西奥德（Hesiod）、古典悲剧作家索福克勒斯（Sophocles）到罗马帝国文学家彼特罗纽斯（Petronius）①、历史学家塔西佗，他们都

467

---

① 赫西奥德（公元前8世纪末—前7世纪初），代表作有《工作与时日》《神谱》。索福克勒斯（约公元前496—前406年），雅典三大悲剧作家之一，代表作有《安提戈涅》《俄狄浦斯王》。彼特罗纽斯（公元?—公元65年），代表作有《萨蒂里卡》。

曾在经典著作中警告说，物质进步会导致道德沦丧。现在看来，该观点的正确性从未如此显而易见。很多人相信，伦理会与技术同步发展，或者说冷兵器减少意味着野蛮和残忍程度也随之降低，可惜这完全是一厢情愿。无论一个古代帝国多么好战，无论是汪达尔人、蒙古人、阿兹特克人、祖鲁人还是奥斯曼人，都没有像第三帝国那样，在战争中系统地蓄意杀害那么多的平民。

纳粹利用德国在工程和化学生产领域取得的突破，在奥斯维辛、特雷布林卡（Treblinka）等地设立死亡集中营，杀害人数之多达到无以复加的程度。"最终解决方案"的瓶颈不仅在于向东的铁路运力不足，或没有足够的毒气室，而且在于无法处理每天数以万计的尸体。托普夫父子公司（Topf & Sons）非常正确地认识到这一点，于是设计制造了引以为傲的先进焚化炉，解决了奥斯维辛集中营数十万具被毒气杀死的囚犯尸体问题。该公司还想把自己的品牌醒目地刻在"末日之门"上。

正是在定制焚尸炉的帮助下，德国的死亡集中营才能在1944 年 5 月和 6 月以每天 8000—10000 人的速度杀人。奥斯维辛集中营 2 号和 3 号火葬场就像钟表一样精确运转：

> 火葬场的地下室有两层，包括一个处理尸体的大厅。犹太人组成的"特别工作队"（Sonderkommando）把尸体从毒气室里拖出来后送到此处，然后拔掉金牙，剪掉女人头发，拆除假肢，收集如结婚戒指、眼镜等所有贵重物品。接着将尸体通过电梯升到一楼，送进数个焚化炉后烧成灰烬。骨渣经过特殊的碾磨机碾碎成骨灰后，被倾倒在当地森林里，或抛入附近的河流中，或用作肥料，撒进周边农

田。至于"特别工作队"成员,德国人会将他们定期灭口,再选一批新成员取代。[5]

前工业时代的希腊人和罗马人也会处决囚犯,摧毁城镇,但规模小得多,也不会像德军那样,拔高到国家意识形态的高度。成千上万的平民可以被利刃快速斩杀:1994年中期,100多万卢旺达平民在短短100天内丧命,许多人是被几万名手持大砍刀的凶手杀害。但是如果没有现代独裁国家的工业和技术能力,即便是这样的惨剧,也无法企及纳粹德国曾经达到的杀人数字。[6]

德军承认,在1941年6月至1945年4月期间被俘虏的大多数苏联战俘无法在囚禁中幸存,最后只有40%活了下来。同样,苏联也不在乎大约100万德国战俘死在自己手中。法西斯主义、纳粹主义——以及民主国家对它们的坚决反击——以前所未有的野蛮方式,打造出一个个毫无宽恕之情的战区。在德累斯顿和东京这样的城市里,成千上万的平民与那些直接参与战争生产的工人一起被烈焰吞噬,盟军对此无动于衷。他们违背了自己所宣扬的道德准则,坐视平民死亡,只是为了击败残忍的轴心国,在这场事关生死存亡的战争中取得胜利。

第二次世界大战最反常的地方有两点:死亡人数是一个天文数字(超过6000万),以及战胜国的损失是战败国的5—7倍。这对矛盾完全归因于苏联和中国大约有4000万人死亡,远远超过英美两国损失总和的30倍。在漫长的战争历史中,两国人民前所未有地遭到那些终将失败的意识形态狂人的屠杀。如果把东线的苏德战争(2700万人死亡)单独拿出来比较,那么它是战争史上死亡人数第二多的冲突,仅次于二战其他战区之和。[7]

第五，第二次世界大战的武器杀人效率空前提高。在技术发起挑战和防御应对之间由来已久的激烈博弈中，攻守循环在20世纪30年代和40年代已经转变为进攻明显优于防守。第二次世界大战与强调防御的古希腊时代完全不同。古代的重装步兵身穿青铜铠甲，可以抵御大多数箭矢和长矛。虽然密集阵形迎头相撞令人恐惧，不过重装步兵方阵的总死亡率可维持在10%左右。二战与公元12世纪的战斗也不一样。当时的板甲足以保护重骑兵免受大多数手持武器和投射物的伤害。甚至中世纪的城堡也能抵御投石车的袭击，保护城镇。[8]

469　　第二次世界大战也没有后来21世纪战争的防御措施。虽然目前还没有有效的防弹衣可以抵挡自动武器发射的子弹或迫击炮、火炮弹片，但在阿富汗和伊拉克战场，陶瓷和凯夫拉防弹衣可以为穿戴者提供有效防护，或降低重伤死亡率。[9]

二战期间的高射炮没有复杂的计算机瞄准系统，一般而言很难阻止战斗轰炸机群实施轰炸。当时也没有肩扛式导弹来抵御战术空袭。力图打造全境防空网的德军指挥官承认，即使根据公开战报，中等射程的88毫米高射炮平均也要发射超过3000发炮弹才能击落一架盟军轰炸机，如果把所有口径高射炮加起来，弹药使用量还会更多。进攻方往往能够化解防守方的应对之策。为了解决B-29轰炸机的成本效益难题，柯蒂斯·李梅将军并没有在这架庞然大物上安装更多机关炮和防护装甲，并让它们飞得更高，而是降低重量和飞行高度，确保加大载弹量。他宁可损失飞行员也要摧毁目标，从而在减少总轰炸任务的情况下赢得战争。[10]

第六，第二次世界大战比工业革命以来的任何一次重要战争都要漫长。从入侵波兰到日本正式投降，这段时间比美国内战、普法战争或四年之久的一战都要长。六年里，不断升级的暴力导致了史无前例的伤亡。这里有一个关键事实需要牢记：第二次世界大战始于1939年9月至1945年的一系列宣战。这不同于20世纪30年代，轴心国至少一开始是在没有宣战的情况下对中国、埃塞俄比亚和西班牙发兵干涉。正式宣战会要求参战方尽快取得直接和绝对的胜利，而警察行动和干预战争则不一定；这又反过来迫使各参战国在战争初期就实施大规模动员，并重组工业生产体系。

第七，如前所述，尽管医疗设施有所改善，粮食储存和保存技术也取得了进步，第二次世界大战却是平民死亡人数远远超过军人的第一次重大战争。19世纪士兵和平民之间的旧鸿沟在第一次世界大战期间变得模糊起来，但依然若隐若现，然而到了第二次世界大战，则完全消失。或者更确切地说，以平民为目标被认为是一种合法战略，既能削弱敌人的军事能力，也可以打着战争的幌子消灭意识形态和种族上的敌人。当希特勒鼓吹"民族"（Volk）时，敌人显然从字面意义上解读其含义，认为他们的军队和平民没有差别。[11]

第八，此前被德国和日本迅速吞并的领土，随后又在1944—1945年同样被迅速地吐出。在极端意识形态和正义的复仇下，大量平民被迫迁徙。这绝非平和出走。大部分长途迁移都是在恶劣气候下进行的。此时战争还未结束，移民饥寒交迫，露宿野外。例如，东普鲁士从地图上被完全抹去后，就再也没有出现过。在战争早期，当被征服地区的人民不得不疏散迁徙时，法西斯主义便为所发生的暴行百般辩解。时间到了1944年至1945年，德国此前的野蛮行径赋予了对手复仇权。日本人也被迫从他们所占领的地区，或已经生活了几个世纪的地方搬离。[12]

除了轰炸和集中营外，第二次世界大战的 6000 万亡者大部分都死于交战区。也许总共有 2000 多万人饿毙，或因饥饿而身体衰弱，最后死于本可以治愈的疾病。食品和饮水的储存条件得以改善，医疗看护水平也有所提高——疫苗、药品、卫生设施、住院收治等措施本应该能帮助更多战士和平民免于饥饿、疾病或风餐露宿。然而依然有大量平民死于饥饿和传染病，主要受害者是德国占领下的苏联平民和日本占领下的中国平民。此外，被包围的苏联和中国军队投降后，约有 1000 万人被投进战俘营，其中半数以上没能活着出来。[13]

成千上万的西欧和中欧人死于饥饿，特别是在 1945 年的上半年，德军从比利时、法国、意大利、荷兰撤退前，将库存的食物洗劫一空，或破坏无法携带的物品。随着农场变成了战场，荷兰平民只能靠郁金香球根充饥。而在东欧、印度、太平洋诸群岛、东南亚地区，还有更多的人在饥荒中默默死亡，无人知晓。[14]

导致食品短缺的缘由多种多样，既有普遍因素，也有特殊原因。从事农业的大量人口转移到工厂劳作或参军打仗，致使田地无人种植。日本和德国大肆掠夺被占领区的粮食，然后运送到前线。在希腊沦陷区，平民必须为向高加索进军的德国南方集团军群提供食品，致使数千人饿死。产自印度支那的大米成为日本军队的口粮。战争期间，由于交通和基础设施破坏殆尽，农产品永远无法输送到人口中心，只能留在产地腐烂变质。随着灌溉系统损坏，石化产品产量不足还转移至其他领域，农业收成大幅下降。第二次世界大战爆发时，交战双方近一半人口已经迁到城市，需要通过铁路或卡车每天输送食品才能维持生存。

即使在和平时期，中国也一直处于饥饿的边缘。在日本占领下，有500万到600万中国人饿死或死于疾病，这一数字堪比欧洲的犹太人大屠杀。日军对中国的入侵持续了大约14年（1931—1945年），占领时间之长为第二次世界大战之最。在巅峰期，日军以间接方式控制了约两亿中国人，占中国人口的三分之一以上。日本占领下的中国是当时除印度外世界上人口最多的地区。若要估算二战期间各次饥荒导致的死亡人数，可以通过轴心国占领时间长短、占领区面积和占领军规模来判断。在日本或德国的统治下生活，就意味着饥饿。[15]

现在已不可能弄清苏联平民死于饥饿、疾病、流离失所，以及三者兼而有之的大致比例。最可能的数值是500万至1000万人。绝大部分受害者是为了逃离1941—1942年的德军攻势，在围困前撤离列宁格勒和基辅、明斯克、斯摩棱斯克、乌曼大包围圈而死在途中。到1944年，德军大约占领了100万平方英里土地，蓄意制定的纳粹政策也导致很多占领区平民命丧黄泉。尽管苏联到1941年已经实现了粮食自给自足，但庞大的集体农场在燃料、物资和运输中断的情况下，比之前由富农和小农组成的分散经营模式更加脆弱。

德国军队进入乌克兰后，苏联的粮食集体生产体系便彻底崩溃。德国人采用纳粹技术官僚赫伯特·巴克（Herbert Backe）的所谓"饥饿计划"（Hungerplan），肆意掠夺苏联所有的粮食资源。第三帝国认为只要饿死数百万苏联人，当地的粮食储备就能用来养活德军，剩余部分还能送回本土，同时减少了斯拉夫人口数量，为德国人最终前来定居铺平道路。尽管"饥饿计

划"从来没有被完全贯彻，但在1941年夏天的大撤退中，斯大
林下令实施焦土政策，斯大林格勒战役后苏军发动反攻，以及
德军抢夺被占领区民众的口粮，因此还是有数以百万计的苏联
472 人饿死。疯狂的希特勒幻想着能将苏联日耳曼化，当地原住民
最多只配沦为奴隶（helotage）而苟延残喘：

> 德国殖民者应该在美观宽敞的农场里生活。军队搬入
宏伟的建筑，总督们则住进宫殿。在行政机构的庇护之下，
维持一定生活水准所必需的设施设备将逐渐建立起来。在
城市方圆30—40千米的范围内，我们将拥有一条由最好的
公路连接起来的美丽乡村带。在此之外，还有另一个世界，
苏联人在那里自生自灭。我们统治他们仅仅是出于需要而
已。一旦发生暴动，只要往他们的城市里扔几颗炸弹，麻
烦就一了百了。我们每年要让一队吉尔吉斯人穿过第三帝
国的首都，让这些缺乏想象力的人陶醉于我们的宏大纪
念碑。

在"巴巴罗萨行动"前夕，第三帝国就已经在官方的"东
方经济政策指导方针"中明确阐明苏联占领区的未来。苏联大
粮仓乌克兰原先为苏联提供了40%的粮食需求量，今后将被抽
走以供给德军，从而缓解第三帝国内部的食品短缺："这片土
地上数以千万计的人将成为累赘。他们要么去死，要么迁移到
西伯利亚。试图通过从黑土地带获得的粮食盈余来拯救那里的
人口，使他们免于因饥饿而死亡，就只能以牺牲欧洲的粮食供
应为代价。这将妨碍德国坚持到战争结束，不利于德国乃至欧
洲抵抗封锁。"[16]

除了饿死或病死的 1000 万至 1500 万中国人和苏联人外，在缅甸、荷属东印度群岛、法属印度支那、印度、菲律宾，还有 800 万至 1000 万几乎被遗忘的平民丧生。仅爪哇岛就有 300 万人饿毙。与其他地区一样，死亡原因并不仅仅是战争。例如，盟军基本上跳过了荷属东印度群岛，而且在战争的大部分时间里，很少在印度本土边界或法属印度支那作战。因此日本占领才是罪恶之源。沦陷区人民被迫交出粮食供给日军，结果自己饿死。导致死亡的另一个原因是当地贫困。日本军队为了榨取自然资源，劫掠不可或缺的劳动力，开进太平洋和东南亚等人类生活环境脆弱的地区；暴虐的统治致使死亡人数激增。

除东线及亚太地区以外，轴心国内部可能还有 200 万至 300 万平民挨饿或罹患致命疾病。由于定量配给、运输中断，以及粮食征用导致德国和日本国内食品紧缺，加之盟军轰炸破坏，两国暴发了大范围饥荒。在德国控制下的波罗的海诸国、荷兰、波兰、巴尔干半岛和东欧国家，亦有超过 100 万人饿死。这些国家要么是在 1940—1941 年之后被侵略者占领，要么早前加入第三帝国一方，后来在 1944—1945 年成为前进中的盟军和仓皇撤退的德军相互厮杀的战场。如果一个国家在战前就做不到粮食自给自足，如果它被判定为抵抗组织的大本营，那么面对德国的严苛征用，自持力就会特别脆弱。荷兰因此有 1.6 万至 2 万人死亡，而希腊的死亡人数在 10 万至 40 万之间。[17]

在第二次世界大战期间，除了辅助部队外，各国共征召了超过 4000 个师。这是一次规模空前的军事动员。7000 万身强力壮的男子——很多人来自农场和农业相关行业——离开了和平时期的工作岗位。巨额全球资本也从粮食生产、化工产品、化肥、农业机械和基础设施转移到军火工业领域。战争期间，

473

自然灾害并没有消失。贫困让疾病的危害雪上加霜。超过 2.5 亿苏联人和中国人成为无家可归的难民，或处于敌人统治之下。在欧洲，大约有 3 亿人曾遭遇类似厄运，被迫离开家园。

虽然记录不准确，但目前最可信的统计表明，战争期间约有 2000 万至 2500 万人死于战斗。而东线就是一台绞肉机，吞噬了 1500 万苏德士兵的生命，其中包括 400 万至 450 万双方战俘。简单分析，德军大多数是在 1943 年后向西撤退的漫长过程中丧生的，而大多数苏军则在"巴巴罗萨行动"的头两年里阵亡。1941 年 6 月以后，除了库尔斯克、列宁格勒、斯大林格勒和华沙这些血流成河的屠宰场外，每个月都有大量德国人和苏联人被杀。事实上，从 1943 年底到 1944 年夏季，也就是"巴巴罗萨行动"开始两年多之后，双方都在前线投入了更具杀伤力的火炮和战争中最强大的装甲车，结果导致伤亡急剧上升。[18]

日本在中国境内损失了 100 多万士兵。在 14 年断断续续的战争中，中国军人有 300 万到 400 万阵亡。与东线一样，中日双方的战死者大多是陆军。另有 100 万日本人在与盟军的战斗中死亡，大部分是在太平洋和缅甸战区。其中日本帝国海军遭受到美军潜艇和舰载飞机的沉重打击，有 40 多万官兵丧命。盟国和轴心国在西欧、意大利、地中海地区的空中和地面行动至少又增加了 100 万到 200 万具尸体。此外，还有很多被人淡忘的、在第二次世界大战前爆发或与之相关的战争，如 1935 年意大利入侵阿比西尼亚，1939 年苏日战争，1939 年苏芬战争，1940 年日本入侵印度支那等，都无法得到确切的战斗死亡人数。关于二战军人的伤亡统计，有两条一般规律。第一，如果一个国家的海、空军规模越小，作战效率越低，便会导致地面部队行动迟缓，缺乏支援，那么伤亡也就越大。第二，民主国家在军事行动中的死亡人数远远少于独裁政府，部分原因可能是它们往往更关心自身损失，而非对敌人造成杀伤。

还有 1500 万平民死于其他一些野蛮行径。绝大部分死亡与集中营内的屠杀或临时决定的大规模处决有关。吉卜赛人、共产党人、同性恋者和残疾人都是大屠杀的受害者，但纳粹的关注点主要集中在消灭欧洲犹太人这样一个荒唐的目标上。同样，现在也很难统计 1939 年至 1945 年间死于灭绝营、劳役营或拘留营的人数，以及被特别行动队处决或被散兵游勇无端杀害的人。不过有合理猜测表明，大约有 600 万犹太人被第三帝国的刽子手戕害。他们要么死在集中营里，要么在野外被射杀，或者在对犹太人聚居区的扫荡过程中被屠戮。

死者中可能有 500 万波兰和苏联的犹太公民，另有 100 万来自西欧、东欧和南欧地区的犹太人。100 万到 200 万斯拉夫人也成了受害者，包括那些在集中营里饿死或过劳死的人，以及在野外被枪杀的人（"流动杀戮行动"）。此外还有数十万东欧人、吉卜赛人、共济会成员、同性恋者、残疾人和共产主义者被肉体消灭。在德军进入苏联之前，希特勒曾告诫部下，应该动用一切必要手段来实现其杀戮计划："所有必要措施——射杀、重新安置，诸如此类。"[19]

不论是此前还是之后，不论是系统组织还是松散或自发行为，不论是亚美尼亚种族屠杀、柬埔寨的"杀人场"，还是卢旺达部落仇杀，历史上没有任何一场蓄意制造的屠杀能够与纳粹大屠杀相提并论。尽管人们努力在已有的历史框架中定位纳粹大屠杀，但它的残忍无出其右，与以往截然不同。[20]

　　大屠杀的起因和发酵过程颇为复杂，本书只能简要探讨。几个世纪以来，源于根深蒂固的反犹主义和宗教仇恨，欧洲人一直对犹太人施加迫害；而犹太人生活富裕，事业成功，进一步引起欧洲人的嫉妒与掠夺其财产和资本的贪婪欲望。尽管全世界对这样的既往史见怪不怪，但面对如此规模的杀戮，还是大吃一惊。

　　1930 年的波兰和苏联可能比德国更加反犹。然而，无论是这两个国家还是其他政权，都没有像德国那样，在国家支持下系统地宣传反犹主义。至 1939 年，数以百万计的德国人被煽动起来仇恨犹太人，或者觉得他们自己是各种犹太阴谋的受害者。反犹主义很快成为第三帝国统治下的"政治正确"。战后，英国人秘密录下了执行纳粹大屠杀的两名中层官员的对话。奥斯维辛集中营警卫欧根·霍拉克（Eugen Horak）和"强迫劳动计划"工作人员恩斯特·冯·戈特施泰因（Ernst von Gottstein）在闲聊中谈及他们同事的残暴行为。冯·戈特施泰因耸了耸肩说："这件事唯一的好处是几百万犹太人不复存在了。"霍拉克对此表示同意，但对大屠杀策划者的命运感到惋惜："不过那些对此负有责任的人现在已经身陷囹圄。"1939 年以后，几乎没有德国士兵因拒绝直接参与杀害犹太人而受到严厉惩罚的案例，所以那些以"仅仅服从命令"为托词的道歉很难成立。[21]

　　还有一个因素使得纳粹对犹太人的特殊仇恨变得更为强烈：希特勒上台后，德国大众将对布尔什维主义的厌恶与反犹主义融合在一起。按照纳粹宣传官员，如阿尔弗雷德·罗森贝格的恶毒说法，正是卡尔·马克思和列夫·托洛茨基这样的犹太人发明了共产主义，将其强加于苏联，并试图在德国如法炮制。苏联精英分子中只有一小部分是犹太人，但德国宣传机构长期以来一直坚称，是犹太布尔什维主义创建并控制着苏联，还急切地期望吞并东欧和德国。[22]

德国入侵苏联后，又有数百万犹太人落入纳粹魔掌。更重要的是，随着战争越来越凶残，德国宣传部门将第三帝国第一次在陆地遭受军事挫折，以及不断激增的伤亡人数转化成一种国家正处于危难之中的新观念。德国公众相信那些信仰共产主义的犹太人及其追随者正在屠杀德国战俘。犹太人现在不仅被诬蔑为阴谋家和贪婪者，而且成为杀害德国青年的凶手。[23]

当然，希特勒本人才是灭绝营的始作俑者。在寻求"最终解决方案"的过程中，他的冷酷无人能及，渗透了整个第三帝国，而且该方案的优先级常常压倒军事问题。不仅仅是海因里希·希姆莱、赫尔曼·戈林、赖因哈德·海德里希、马丁·鲍曼、阿道夫·艾希曼（Adolf Eichmann）等人，大多数纳粹精英成员都和希特勒一样对犹太人恨之入骨。纳粹迎合中下阶层，为肩负一战战败耻辱和大萧条时期经济衰退的德国寻找替罪羊。但是在纳粹高层人物中，只有希特勒才有能力在公开演说中，引人入胜地表达出他们对犹太人的憎恶。他将德国在第一次世界大战后遭受的所谓迫害统统归结于犹太人背信弃义。在20世纪20年代和30年代，没有哪个政治家能如此精明地利用并操纵欧洲德语区人民由来已久的怨恨和羞耻感。[24]

在希特勒眼中，资本主义、共产主义、社会主义的一个共同点就是民族主义服从于超越国家的国际犹太操控者。更为有害的是，希特勒的"民族"概念将"德国性"定义为除了共同的公民身份、习俗、传统、居住地和语言之外，还包括"国家命运"。然而，他所说的德意志"民族"并不是语言上的，甚至与领土无关，而是种族。这个雅利安日耳曼部落自罗马时代以来一直保持着血统纯洁，从未被征服和同化，不受莱茵河和多瑙河以外的民族污染，是种族和民族的融合体。佛朗哥和墨索里尼的"种族"（raza 或 razza）理念也从此而来。战争后期，希特勒在晚餐桌上的谈话内容大部分都是毫不掩饰地发誓要消灭犹太人："发现犹太病毒是世界上最伟大的革命之一。我们今天所进行的战斗与 19 世纪巴斯德和科赫面临的斗争是同一种类型。要知道有多少疾病起源于犹太病毒啊！……只有灭绝犹太人，我们才能恢复健康。"[25]

477 　　希特勒最初对有计划的屠杀持一定程度的谨慎态度。他担心德国人民虽然支持他的种族主义思想，但即使以事关生死存亡的战争为幌子，他们也可能与以工业化方式杀害数百万人的行为划清界限。因此他的宣传机构到 1943 年淡化了要加速实施"最终解决方案"的消息。他们也许担心，这些暴行，再加上前线的灾难性损失和轰炸破坏，可能会削弱公众对民族社会主义事业的支持，尤其是德国人会因此害怕敌人有正当理由来施加恐怖的膺惩。杀死犹太人这件事本身是否明智，纳粹似乎无所谓，不过如果不把犹太人消灭掉，幸存者就会报复。纳粹甚至还害怕盟军轰炸机会因其对犹太人犯下的罪行而将德国烧成灰烬。与此同时，在实际执行大规模杀戮过程中，纳粹统治集团也欢迎数十万，乃至数百万类似约瑟夫·门格勒（Josef Mengele）这样的医生以及设计火葬场的实业家加入。如此大规模参与可以让德国人普遍置身于这种难以启齿的罪行之中，以至于他们别无选择，只能继续杀戮，直到痛苦的终点。[26]

　　大多数德国人和许多沦陷区的欧洲人似乎对 1943 年犹太人已经消失在人们的视线和脑海中而无动于衷，也不关心他们到底是如何失踪的那些血淋淋的细节。犹太人留下了他们价值不菲的财产，神奇般地逃到别的地方去了。他们怎么去的，去了哪里，这并不是邻居们在意的问题。作为希特勒的指定继承人，邓尼茨海军上将结束了战争。他的一番话代表了官方故意视而不见的态度："我们自问，这样的恐怖事件怎么会在我们不知情的情况下发生在德国境内？"纳粹高层不仅仅想方设法令犹太人成为替罪羊，还有更骇人听闻的计划，要让所有德国和欧洲公众对他们的最终命运漠不关心。[27]

毫无疑问，德国人十分高效。从进入火车皮开始，到变成火葬场的灰烬，这条死亡传送带几乎不可能因自发性暴乱或有组织抵抗而停止运行，虽然这两种情况偶尔也会发生。诡计和幻觉是死亡集中营运作的必要组成部分。囚犯被告知要收拾行装搬迁，为抵达新目的地后做好准备；他们须遵守规章制度以确保安全，还要淋浴，清洁身体。德国人制定了无懈可击的程序，确保他们自行走向死亡，而不是逃离。

这是一套精心策划、干净利落、科学系统的种族灭绝行动。478 正如波兰沦陷区的纳粹总督汉斯·弗兰克（Hans Frank）在 1939 年 12 月的日记中写道："我们没办法射杀 250 万犹太人，也没有能力毒死这些人。然而，我们必须采取措施，以某种方式消灭他们。一定做得到。"工业部门认为，委托法本化工集团为死亡集中营提供杀虫剂和熏蒸剂（齐克隆 B），或要求托普夫父子公司设计建造新式大型焚尸炉是非常正常的行为，与生产马克 V 型坦克或 88 毫米高射炮炮弹并无区别。同样重要的是，第三帝国很容易就能招募到成千上万的律师、教授、牧师、官僚和医生，利用他们的专长来为大屠杀服务。历史上的大屠杀总是因个人体力有限和尸体处理问题而备受限制。希特勒通过科学和国家组织力量，克服了这两个长期障碍。[28]

1942 年 1 月 20 日，在臭名昭著的万湖会议（Wannsee

Conference）上，纳粹鉴于德国可能会遭受失败，提出了"最终解决方案"，并原则上确定消灭犹太人所需的组织架构和资金。于是在战争最后两年，每日死于大屠杀的人数开始急剧上升。大屠杀的最终受害者中，可能有75%直到1942年3月还活着。纳粹的最初计划是将数百万犹太人驱逐出境（如赶到马达加斯加）；或送至东线苏联沦陷区；或关押进犹太人聚居区任其饿毙；或命令特别行动队四处机动，进行大规模处决；甚至把他们当作人质，以换取现金和物资。然而所有这些计划到1941年末都被否决了，因为不足以消灭数百万欧洲犹太人。[29]

除了希特勒、工业技术、纳粹政权所扮演的角色外，战争迷雾也掩盖了纳粹的暴行。若没有战斗喧嚣，大屠杀的蛛丝马迹很难不被察觉。通过战时审查，删除有关大屠杀细节的信息并不困难。犹太灭绝行动一直持续到1944—1945年。此时就连纳粹高层，至少私下里，也认为无法取得战争胜利。在生死一线的情况下，纳粹认为消灭犹太人仍然是战争中少数还有可能实现的目标，因此即使前线全面告急，继续消灭他们也是正当的。[30]

当然，即使希特勒在战前就开始屠杀数百万而不是数千犹太人，盟国也未必会在20世纪30年代中期就出手制止。德国于1935年颁布了《纽伦堡种族法》，剥夺了德裔犹太人的公民权，并禁止他们与非犹太血统的德国人通婚，还根据种族而不是宗教来定义犹太人身份。即便如此，西方也没有完全排斥希特勒。盟国并没有抵制1936年柏林奥运会；事实上，美国奥委会主席埃弗里·布伦戴奇（Avery Brundage）就把拒绝参加奥运会称为"犹太 - 共产主义阴谋"。[31]

在1938年双方进入敌对状态之前，德国的邻国都强烈反对

中立国更近。他们也往往更富裕，有充裕的资金可以逃亡。战前，西方国家政府更加民主；大众对第三帝国迫害犹太人有较为清晰的认识，因此犹太人得到预警，首先逃离德国，接着离开整个西欧大陆。

相比之下，东方犹太人的数量要多得多，大多比较贫穷，通常集中在犹太人聚居区，行为举止十分传统，因此可以轻而易举地被辨认出来，而且他们在历史上就经常遭遇当地的大屠杀。纳粹要求在第三帝国及其西欧占领区的犹太人在任何时候都要佩戴黄色星型布章以作为身份标识。然而讽刺的是，根据纳粹的意识形态理论，那些被认定为劣等种族的人本应该很容易就能识别。就连支持该政策的人也注意到了矛盾之处。法国反犹小说家及法西斯主义者吕西安·勒巴泰（Lucien Rebatet）赞同这一丑陋的做法，但他指出所谓的种族敌人其实与欧洲人并无区别："这个种群与拥有神圣血统的人从根本上是对立的，而且永远也不可能融入其中，然而这种差别却不能一眼分辨。黄星标识纠正了这种奇怪的状况。"[35]

纳粹当局在入侵苏联后的头两个月里，杀死的犹太人就超过此前纳粹八年统治期间和在西欧整整一年战时占领期的数量。1939 年至 1941 年，纳粹分子第一次踏上了东欧和苏联西部的土地。他们注意到东西方犹太人的地位和外表截然不同，似乎这种差异能帮助他们更容易完成灭绝任务。戈培尔从新近占领的波兰回来后，写信给希特勒，证实了他们的共同观点，即鉴于东欧犹太人的情况，将其斩尽杀绝完全有可能。然后他在日记里写道："犹太人是人类中的废物。这是一个医学临床问题，而不是社会问题。"[36]

就这点而言，1941 年 6 月 22 日对苏联的入侵是自公元 70

年耶路撒冷和第二圣殿被摧毁以来，犹太历史上最为关键的转折点。① 如果希特勒没有侵略苏联，没有继续向东，吞并整个波兰东部、波罗的海国家和苏联西部，纳粹的大屠杀计划就不可能完全实现。将犹太人"送往东方"的行动是在虚假信息的掩护下进行的。如果波兰境内的死亡集中营分散在法国沦陷区内，噩梦般的大屠杀将更加难以掩饰。[37]

第二次世界大战中所有参战大国都修建了战俘营。但是第三帝国、日本（在婆罗洲、缅甸、中国大陆和台湾、荷属东印度群岛、朝鲜半岛、日本、马来西亚、菲律宾建造了250多个大型集中营，在日本占领的几乎其他所有地区也建立了较小的收容拘留营）的与众不同之处在于，除了俘房的士兵之外，这些国家还拘留、虐待并杀害了一大批持不同政见者和少数民族。日本还在整个帝国境内设立了数百个专门关押平民的集中营。[38]

482 　　根据俘房的类型和地位，死亡率也各不相同。日本监禁的平民比德国少，但对俘获的敌人比德军要残忍得多（东线除外），大约有三分之一被关押在日本集中营里的人丧生。战争中生存率最低的是被德国囚禁的苏联战俘（约60%，即超过300万人死亡），以及被苏军俘房的德国人（近100万）。德国人手中的英美战俘则很少死亡，只有3%—5%。处于西方盟军控制下的德国和日本俘房的境遇也还不错，死亡率为1%—2%。很难理清轴心国对待俘房的逻辑：没有哪个交战国比德

---

① 公元70年，罗马将军提图斯率军攻破耶路撒冷，纵火焚毁了犹太人的第二圣殿，仅留下西边一道围墙（哭墙）。大部分犹太人被驱逐出巴勒斯坦，从此散落世界各地。

国管理英美战俘更为优待；反之，德国在处置东线的苏军俘虏或犹太人时，却比其他国家都要凶残。日军战俘营极其残暴，近三分之一的盟军被俘士兵在里面死亡，亚洲囚犯的死亡率甚至更高。[39]

战争中5%以上的平民死亡可能由空袭直接造成。除了中立国家城市（都柏林、伊斯坦布尔、里斯本、马德里、斯德哥尔摩、苏黎世等），大多数欧洲国家的首都和主要城市都曾遭到轰炸。同盟国和轴心国的轰炸机空袭了阿姆斯特丹、安特卫普、雅典、柏林、布鲁塞尔、伦敦、巴黎、布拉格、罗马、鹿特丹、华沙，还袭击了东方城市，如重庆、达尔文、马尼拉、莫斯科、列宁格勒、上海、新加坡、斯大林格勒、东京。几乎不可能确切知道在第二次世界大战中丧生的约4000万平民中，有多少人直接死于轰炸。即使在贝尔格莱德、柏林、科隆、考文垂、德累斯顿、汉堡、广岛、伦敦、长崎、东京，这些打击最致命、损失最惨烈的城市，具体死亡人数至今仍有争议。尽管如此，粗略估计表明，在轴心国和盟军共同实施轰炸的六年时间里，至少有200万平民因空袭而死亡。[40]

执行进攻性轰炸任务的部队需要特别重视规模和效率。1945年8月14日，第二次世界大战主要敌对攻击行动的最后一天，共有828架B-29轰炸机在186架战斗机的护航下，携带超过8000吨炸弹起飞，载荷远远多于1942年2月英国在科隆上空发动的"千机大轰炸"，因为当时轰炸科隆的飞机大部分是早期的双引擎中型军机，载弹量总共只有1046吨。即便是四引擎重型轰炸机，运载能力也突飞猛进：1945年3月10日，339架B-29轰炸机首次对东京发动了毁灭性空袭。这是到那时为止，B-29执行单一任务规模最大的一次，其投掷的炸弹量相当于出动 1000 多架 B - 17 轰炸机。[41]

轰炸机编队装载的炸弹种类（爆炸弹或燃烧弹）也很重要。燃烧弹主要用于区域轰炸，而不是精确攻击，比高爆弹夺去了更多生命。轰炸机编队是否充分得到战斗机护航相当关键，但这并不总是决定性因素。防空系统（防空气球、高射炮、雷达等）的质量也关系到地面上有多少人死亡。轰炸目标区域内，民用和工业建筑的材质（如木材、石头、水泥）、人口密度（如独栋住宅、公寓楼、城区或郊区）、消防措施、防空洞建设、预警系统（观察员、广播、雷达），以及疏散计划同样影响伤亡率高低。至 1944 年底和 1945 年，以上所有指标都有利于轰炸机所属的进攻方，而在 1939 年和 1943 年之间，情况则恰恰相反。[42]

1939 年至 1941 年，大多数成功的轰炸行动都出自轴心国之手。然而，尽管盟国缺乏有效的防御措施，尽管轴心国一贯无视平民伤亡，轰炸产生的致命效果依然远不及盟军随后发动的空袭。轴心国空军的轰炸机和护航战斗机在数量和质量上都不尽如人意，空中优势持续时间也不及盟军，1942 年后便逐渐丧失殆尽。不过德军空军在波兰、巴尔干半岛、英国发动的闪电战，以及在"巴巴罗萨行动"最初的 18 个月中利用战略和战术轰炸，依然导致 30 万人死亡。没有人知道 14 年内有多少中国平民死于日军轰炸，也许超过 10 万，但死亡人数有限不是得益于中国防御甚佳或日本手下留情，而仅仅是因为日军能力欠缺，没有足够的资源。轴心国对东非、北非城市以及对马耳他等目标也进行了轰炸，又增加了数千亡魂。

1943 年之后，轴心国除了用 V - 1 和 V - 2 导弹袭击伦敦、安特卫普，以及 1944 年 1 月至 6 月间的"摩羯星座行动"

483

（Operation Steinbock）外，轰炸部队基本上对盟国的居民中心无可奈何。轴心国空军燃料短缺，匮乏远程重型轰炸机，护航战斗机数量有限，机组人员训练不佳，战略混乱，制空权不保，这些因素共同导致他们再也没有能力执行任何大规模的空袭行动。就在轴心国空中进攻力量衰弱的同时，遏制盟国空袭欧洲沦陷区和德国本土的能力也不断减弱。盟军得到了远程新式战斗机和配套的副油箱加持，成功夺取了制空权。战争期间，没有哪个国家像美国那样，通过战略轰炸杀死了如此多的人口，自身遭受的损失却又如此之少。在接下来的 70 年里，所有的战略决策者都不会对此熟视无睹。希特勒向美国宣战后，很快意识到自己不知道该如何征服美国，并向日本大使承认，这个问题只能留给"下一代人"解决。[43]

在第二次世界大战期间及之后，有数百万平民在强制驱逐中丧生，其过程反映了战争态势的起伏。这样的大规模人口迁徙有两个阶段：1939 年至 1942 年间，在轴心国军队抵达沦陷区前，出现第一波盟国和中立国平民逃亡；第二次则是德国、意大利和日本占领军败退后，这三个国家的平民不得不跟着流离失所。1944—1945 年，数百万日本平民逃离朝鲜半岛、中国东北和日本占领的大部分太平洋地区。无人知晓有多少日本人在试图回到本土前丧命，但学界一般认为，比起 1931 年至 1945 年被日本占领军赶出家园而罹难的数百万中国人，他们的死亡人数只是一小部分罢了。[44]

1945 年至 1946 年，大批德语人口被强制迁移出原先的东方家园，尤其是在波兰、东普鲁士和东欧地区。由此导致的德意志人死亡规模甚至比盟军轰炸机造成的还要大。许多逃亡者曾经定居的地方，其历史可以追溯到中世纪。总共有 1200 万到 1400 万德意志人被迫离开第三帝国东部地区、东欧占领区，以及苏联西部。一些人在红军抵达前就逃之夭夭；剩下的则在东欧诸国从德国统治中解放出来后，被当地政府于五年内逐步驱逐出境。

从东方逃离的德意志人中，大约有 50 万至 200 万人死于饥寒交迫、疾病、地面战斗和空军轰炸所造成的大量附带伤害。这个数字相当于 13 世纪末蒙古人在波斯的屠杀和破坏。德国难民的大规模死亡事件即使在今天仍然很少被公开，也不像臭名昭著的亚美尼亚或卢旺达种族屠杀那样尽人皆知，后者的死亡人数其实还更少一些。一个东普鲁士难民的话恰如其当地反映了世人对这一人间惨剧缺乏同情之心："这是针对我们的大屠杀，但没人在乎。"反德情绪在战后达到高潮。原东线战场的国家都认为，大多数德国平民罪有应得。毕竟德意志人所承受的死亡数量远远少于他们的军队对其他民族造成的伤害。1939 年至 1942 年，东欧人和苏联人赶在德军到达之前逃离故土，或者稍后被德国占领区政府强制驱离。到了 1944 年，德国难民的惨状与之如出一辙。

"汉尼拔行动"（Operation Hannibal）是一项大规模的海运行动，旨在救援被红军困在东普鲁士的约 90 万德国公民和 35 万德军。其规模比敦刻尔克的撤退行动还要大三倍以上。不过这项不为大部分世人所知道的海上撤离仅救出不到 10% 的德国东部难民，而德国此刻已经失去了战前四分之一的领土和 15% 的常住人口。[45]

地面战斗也附带夺去了数百万身处战区的平民性命。其中最严重的事件有：南京大屠杀致使 20 万人罹难①；布达佩斯围

①　实际死亡人数约为 30 万。

攻战中有 4 万人死亡；12.5 万名德国平民在苏军进攻柏林期间丧生；美军重新夺取马尼拉的战役导致约 10 万菲律宾人殒命；还有几十万苏联人在基辅、列宁格勒和斯大林格勒等地被各种武器打死。从 1939 年 9 月的第一次华沙围城战（2.5 万人死亡）到 1945 年 4—7 月的冲绳岛战役（近 10 万平民被困），每天都有成千上万的平民在战场及周边地区因附带伤害或蓄意攻击而离世。在第二次世界大战期间，平均每天有 1.8 万至 2.3 万名平民遇难，几乎是葛底斯堡战役死亡人数的 4 倍。其中很大一部分人仅仅是因为"碍事"而丧生。[46]

对苏联而言，二战不啻一场巨大的灾难。苏联在战争中损失最大，有 2200 万到 2700 万军民殒命，其中只有不到一半与作战行动相关。苏联死亡人数之多似乎令人费解，但也事出有因。它是除中国外，在本土持续战斗时间最长的国家，大致从 1941 年 6 月 22 日到 1945 年 3 月。英国和日本遭到轰炸，但没有敌人发动地面入侵。意大利和德国同样经历了空袭，不过意大利境内的战斗持续不到两年，德国则不到八个月。美国本土从来没有出现过敌国轰炸机，更没有轴心国地面部队登陆。

苏联人面对的是轴心国中最致命的德国军队。他们在这条战线上消耗了德军 75%—80% 的资源。虽然有近 100 万东欧盟友和泛欧志愿军参与了"巴巴罗萨行动"，但这场战争依然是苏德两国之间的对决。东线战场集中的火炮、装甲车、飞机、步兵数量之多堪称史上之最，其规模之大也足以令其他战区相形见绌。武装冲突还助长了人为制造饥荒和大规模屠杀的恶行。[47]

苏德战争中出现了数轮大规模死亡周期。第一轮发生在 1941 年 6 月至 1942 年 9 月的纳粹初期攻势期间。在短短一年多的时间里，风头正盛的德军杀害了超过 400 万苏联士兵和不计其数的平民。在战争的头 14 个月内，有两个因素导致苏联人大量死亡。德军发动的是突然袭击，还掌握了制空权。他们装备了更出色的火炮，装甲部队在战争最初的几个月中也占尽优势。德军士兵大多是闪击波兰和攻陷法国的老兵，战斗经验丰富，物资供应充足，组织更完善。希特勒还命令军队杀害了数十万具有特定身份的被俘敌人，特别是游击队队员、政治委员和犹太人。

作为战时最高领导人，斯大林在战争初期拒绝战略撤退。一开始的死守计划反而帮助纳粹军队在基辅、维亚济马 - 布良斯克形成巨大的包围圈，导致两地分别有近 67 万人、66.6 万人被困。那些在 1941 年至 1942 年间因战略命令而被俘的苏联官兵大多不会从德国战俘营中活着出来。从 1941 年 6 月到 1943 年 7 月，超过 500 万红军士兵在德国包围圈中被歼灭。[48]

第二轮，随着军队向前推进，德国人在占领区内破坏了大量不能带来直接军事利益的基础设施。战前，这片 100 万平方英里的土地上产出了苏联全国一半的粮食、近三分之二的煤炭和黑色金属，以及 60% 的铝。纳粹提出的"生存空间"概念意味着杀害苏联平民不仅在短期内有助于消除抵抗，而且从长远来看，也利于德国殖民，鸠占鹊巢。这一思想直到 1943 年才有所转变。当时第三帝国已出现劳动力短缺问题，让占领区人民工作到死而非直接杀死他们显然更为经济。[49]

487　　　第三轮，红军在 1941 年和 1942 年向后撤退了近 1000 英里，沿路摧毁并连根破坏了他们自己的基础设施和工业。那些无法逃离或迁移的苏联人为此承受了巨大痛苦和死亡。没有哪个德国的敌人——包括 1939 年的波兰和 1940 年的法国——采取过这样主动坚壁清野的策略。只有斯大林的政府才能动用强大的国家权力摧毁自己的生存基础。沙皇亚历山大一世为了遏制拿破仑的大军收集给养，不惜将国土付之一炬，斯大林的破坏策略也一样有效。焦土政策，加之游击队在苏联沦陷区内发动袭击，部分导致德国在战争中掠夺而来的粮食反而少于在友好时期从苏联进口的数量。[50]

到底有多少中国人罹难，至今尚无准确数字。粗略估计，有1000万到2000万中国人丧生。在长达十多年的中日战争和日本占领期间，最有可能的数字在1500万至1600万之间。诸多因素导致了中国蒙受如此巨大的损失。

1931年，中国是世界上人口最多的国家，大约有6.6亿[①]，因此即便遭受足以让其他所有国家土崩瓦解的人口损失也不至于自身崩溃。在这样一个人口众多的国家，日本人实施野蛮行径的巨大范围往往被低估了。即便在和平时期，中国也因为人口过剩、自然灾害和停滞的农业生产而缺乏粮食储备。

在太平洋战争"正式"爆发约十年前，中国东北就已经变成了战场。中国军队是主要盟国中实力最弱的一支。中日两国之间的种族敌意和历史仇恨也加剧了冲突。实际上，中国同时进行着三场战争：一场是针对日本侵略军的对外战争，一场是蒋介石领导的国民党与毛泽东领导的共产党之间的内战，以及国共两党有时会联合起来，共同打击日本扶持的汪精卫卖国政权。

就算日本人的凶残方式不如纳粹那样系统，但他们也同样认为战争应该无差别地囊括士兵和平民。日军肆无忌惮地杀害

---

① 数据存疑，大致为4.5亿人口。

数百万中国平民，因为这就是日本殖民中国、攫取这个国家财富的总体目标之一。日军在中国采取"烧光、杀光、抢光"的策略。这所谓的"三光政策"很可能就是由天皇本人批准的。中国战区与苏联有着惊人的相似之处：这片辽阔的土地拖住了数量上居于劣势的入侵者。入侵者与当地自然环境、对方军队和平民进行战斗，既毫无怜悯之心，也不可能得到受害者的宽恕。而种族和意识形态的对抗使得战争更加残酷。[51]

尽管存有详细记录，但我们仍然不知道有多少德国士兵和平民丧生。之所以会有数据空白，主要是由于 1945 年发生在东线的屠杀，以及 1200 多万德意志人同时被驱离出东欧地区。目前尚不清楚有多少报告为失踪的德国平民实际上已经死亡，或幸存下来，但从官方记录中消失。在战后的政治争论中，德国历史学家总是坚持认为死亡人数更多，而美英苏三国人士则主张这个数字应该较小。冷战时期德国分裂，这又进一步将德国战时死亡人数的分析政治化。德国人对大屠杀的集体负罪感也扮演了一个微妙的角色。一些德国历史学家试图将大轰炸导致的伤亡、死在苏联的战俘，以及东部德意志平民背井离乡等史实打造成各种盟国版本的大屠杀。这些杀人事件也许不那么处心积虑，但依然导致数百万平民死亡。[52]

综上所述，包括第三帝国境内所有讲德语的人口，整个大德意志地区损失了 600 万到 700 万军民，仅次于苏联和中国，位列第三。其中平民死亡人数（约 200 万）远远少于军人（约 500 万）。考虑到东欧和中欧核心地区卷入战争长达五年半之久，这种情况很不寻常。直到 1945 年 3 月，德国和奥地利西部地区才被盟军占领。与苏联、中国或意大利不同，除了战略轰炸外，发生在德国本土的战争只持续了几周，而不是数年。[53]

造成200多万德意志地区平民死亡的原因不一。十多年来，纳粹政权本身就杀害了20万德国人。他们是持不同政见者、残疾人、共产主义者、同性恋者和其他不受欢迎的人，此外还包括开小差的军事人员及政治犯。至少有20万德、奥籍犹太人死于灭绝营。1945年，盟军从东西两线向德国挺进，占领期间又有5万到10万名非战斗人员死亡。英美发动的大轰炸，特别是1944年中期之后，导致40万至60万人丧生，其中绝大多数是平民。不过最大伤亡还是来自1945年，除了那些在西逃中丧命的人之外，德国人还不得不面对红军到来后的可怕报复。 489

德国巨大的军队损失和平民伤亡主要发生在战争的最后12个月里。1941年6月之前，德军在斯堪的纳维亚半岛、比利时、法国、巴尔干半岛、北非、不列颠闪电战、潜艇战等战役中，可能一共不到20万人阵亡。尽管这一数字并不小，但与随后在苏联爆发的战争相比，实属小巫见大巫。从1940年6月到1941年4月入侵南斯拉夫期间，德军除了海空作战之外，相对处于蛰伏状态。事实上，德国武装部队在1945年1月，仅一个月之内所遭受的伤亡人数（451742）就与1939年、1940年和1941年的伤亡总和（459000）差不多。[54]

1939年9月1日，德国入侵波兰，正式拉开了第二次世界大战的序幕。尽管从未签署正式投降书，但波兰在一个多月的时间里就向第三帝国和苏联屈服。因此表面上看来，波兰不应比法国或其他很快就被德军占领的西欧国家承受更多伤亡。这个国家于10月6日被两个征服者瓜分，波兰战役中共有6.6万波兰人丧生。然而波兰在整个二战期间，将有560万至580万人死亡，是各参战方中死亡人数比例最高的国家（超过 16%）。

波兰夹在欧洲最强大且没有宪政传统的两个国家——德国和苏联——之间，波兰人民所处的地理位置就是他们的永恒诅咒。波兰人口不到德国一半，是苏联的四分之一。鉴于非常不利的地缘政治，波兰通常与遥远的英国和法国结盟，然而这两个 20 世纪的现实主义者在地理上却位于德国的另一边。拥有一个充满同情之心，但遥不可及的强大盟友是最危险的事情。在第二次世界大战中，波兰与德国和苏联交战，又同时被两国占领而遭受重大人员伤亡。[55]

490   波兰是纳粹暴行的实验室。这里曾经有 450 多个灭绝营、集中营、劳役营和战俘营。它既是第一个被希特勒攻击的国家，也是首个犹太和斯拉夫公民被设为大清洗目标的国度。以臭名昭著的波希米亚和摩拉维亚保护国代理总督、大屠杀的总设计师赖因哈德·海德里希的话说，征服波兰就是计划用来"一劳永逸地彻底清理"。绝大部分遇难波兰人死于犹太人大屠杀。战前，波兰的犹太裔族群数量是世界上最多的，占全国人口的 10%，大约有350 万人。只有 10 万左右波兰犹太人在德国的种族灭绝中幸存下来。六座最恶名昭彰的灭绝集中营——奥斯维辛、贝乌热茨（Belzec）、切姆诺（Chelmno）、马伊达内克（Majdanek）、索比堡（Sobibór）、特雷布林卡——都在波兰境内。[56]

1939 年波兰东部地区被苏联占领后，波兰知识分子、军官和所谓反革命分子的死亡人数（包括卡廷惨案）远远超过五万人。1941 年 6 月德国入侵苏联后，数十万波兰人从苏联战俘营中获释，或被召集起来成立了反纳粹部队，在与德军的战斗中牺牲。除此之外，为躲避纳粹占领，1939 年逃往西方的波兰难民达几十万之众。很多人加入了盟军部队，牺牲在从卡西诺山、法莱斯战役，到"市场花园行动"空降等历次最激烈的战役中。[57]

与西欧抵抗组织相比，波兰抵抗军通常以更为强硬的方式反抗纳粹占领，因此激起德国同样可怕的报复。对于历史学家来说，要弄清非犹太裔波兰人在哪里，又是如何死亡的，几乎是不可能完成的任务。战争中许多最令人发指的人道灾难大多发生在波兰：华沙起义和其他反叛行动中死亡 25 万（？），波兰拘留营和劳役营中死亡 80 万（？），战争期间被轰炸机设为直接攻击目标或承受附带伤害的平民死难者 25 万（？），1939 年和 1945 年被运往苏联囚禁而死亡了 30 万（？），波兰劳工在第三帝国境内因饥饿和过劳而死亡 20 万—30 万（？），波兰军队在 1939 年波兰境内，以及 1944 年至 1945 年期间与美苏结盟期间，在战斗中阵亡 10 万—15 万（？）。

仅波兰一国的公民死亡人数就超过了所有西欧国家（包括英国）和美国之和。从战争爆发的第一天直到战争结束，波兰人一直在欧洲战区奋战，却蒙受不幸的命运——被纳粹德国和苏联击败而彻底亡国。波兰与其他东欧国家在二战期间同病相怜：1939 年因战败而被奴役，1945 年胜利后，还是失去了自由。波兰的命运就是整个第二次世界大战悲剧的缩影。[58]

491

日本在战前有 7000 多万人口，有 260 万至 310 万人死于武装冲突（占总人口的 3%—3.5%），这一可怕的数字还包括 60 万到 80 万平民。尽管日本在 1941 年 12 月才正式加入第二次世界大战，比德国推迟了两年，但它自 1931 年起就在中国境内断断续续作战，处于战争状态的时间要长得多。1939 年，日本在中蒙边境与苏联进行了一场短暂而激烈的战争，在第二次世界大战爆发三周后便宣告结束。是役共有 4 万至 4.5 万日军死亡。日本人口并不比整个大德意志地区（大约 8000 万）少多少，但无论是从百分比还是绝对值来看，日本遭受的损失都少于第三帝国。这一事实往往为世人所忽视，因为人们熟知燃烧弹和原子弹对日本本土造成了恐怖伤害，也知晓太平洋战区内的日本士兵普遍拒不投降。随着日军在中国、缅甸和太平洋战区崩溃，其本土也遭遇狂轰滥炸，日本在战争最后一年的死亡人数超过了自 1941 年以后所有年份的总和。日本人的伤亡状况之所以特殊，取决于一些非常规原因。[59]

第一，日本在中国的战争旷日持久，第一阶段为 1931—1937 年，第二阶段为 1937—1945 年。最终 50 万到 100 万日本士兵在战斗中丧命；被认定为失踪或死于饥饿、疾病的人数也大致相当。日军在中国的损失有三分之一到二分之一是由战斗之外的因素，如缺食少药造成的。

第二，尽管有盟军狂轰滥炸，但与中国、德国、意大利、苏联不同，日本从未遭遇敌人登陆入侵。假如战争拖到 1945 年底或 1946 年初，日本人的死亡数量很可能就与德国差不多了。虽然日本的工业产出和人口规模无法与美英相提并论，但宣战行为并未导致类似西线那样的大兵团地面战斗。当然，大规模的常规作战也确有发生，如美军重新占领菲律宾（超过 30 万日本人死亡），英军在缅甸的攻势（15 万日军战死），以及冲绳岛战役（约 11 万人丧命），日本的损失开始飙升。英国最终在缅甸部署了 100 万军事人员；美军为攻占冲绳岛而准备的军舰、飞机、兵力数量最初与诺曼底登陆日相当。

莱特湾海战、马里亚纳海战、硫磺岛战役都残酷无比，因此到 1944—1945 年，日本帝国海军和航空兵几乎被彻底摧毁。不过太平洋战区的地理特点决定了这里主要发生的是一系列海战和两栖登陆战。地面战斗虽然激烈，但持续时间短，一般在数月内即可结束，涉及的兵力也比东线少得多。此外,有些战场位于人烟稀少的岛屿,远离日本本土城市。相比之下,日本帝国海军在太平洋战区近四年的战斗中损失了40多万官兵,远远超过其他主要交战国海军死亡人数的两倍多,几乎占日军全部死亡人数的四分之一。

第三,美军对日本本土持续轰炸,以及针对广岛和长崎的两次原子弹袭击极大增加了日本伤亡,大约有60万平民在轰炸中丧生。战争后期,美国军火库中新添了三种专门攻击城市的利器:凝固汽油弹、B-29重型轰炸机和原子武器。对日本而言不幸的是,该国城市建筑与欧洲不一样,大多由易燃材料建造,因此上述武器是最有效的打击手段。此时日本平民的伤亡数字甚至已经超过了第三帝国。日本投降后,不仅避免了美军对其本土发动地面攻击,城市也逃离了烈火荼毒。[60]

在战争中失踪的约80万日军中,很多是困在太平洋和中国的陆军部队。他们要么饿毙,要么被游击队杀死。不过在所有主要交战国中,日军战俘的死亡人数最少。大约有7.5万名日军死于西方国家的囚禁,而死在苏联人手中的日本俘虏是这个数字的七倍。这证明了日本士兵很少向战胜国投降,就算他们放下武器,也是拖延到战争的最后数周,而且大部分人落入英美手中,而非中国和苏联。在与中国近15年的战争中,还有另外30万日本人失踪或下落不明。

就杀戮与被杀而言,日本戕害的人数与其自身死亡数之间的比例可能是最高的。这很大程度上源于日军对中国平民施加的地狱般的屠杀。就像过去的大多数战争一样,一旦发生地面入侵,中国便遭受了二战期间最为惨烈的损失。日本,以及英美都避免了这样的厄运。这也是这三个国家相对杀人最多而自损较少的原因。

意大利有近 50 万人死亡，其中 10 万是平民。50 万是一个惊人的数字，因为意大利直到 1940 年 6 月 10 日才参战，早早就于 1943 年 9 月 8 日正式退出，实际战斗时间还不到三年。然而鉴于意大利在这场战争中所扮演的特殊角色，这些不幸的伤亡数字也并不意外。墨索里尼甚至在石油粮食、交通运输、武器弹药、装甲坦克、空中力量等方面都没有做任何准备的情况下，就草率地投入战争。更糟糕的是，墨索里尼野心勃勃地选择在巴尔干半岛、东非、北非同时发难，而这些地区缺医少药，补给困难，意大利根本无法维持多条战线。[61]

刚刚成立的英美同盟注意到了意大利的先天弱点。1943 年中期在突尼斯取得胜利后，英美联军攻入西西里岛和亚平宁半岛，以此为起点，准备重新征服欧洲大陆。意大利人提前退出战争，却并没有减少多少伤亡。德国对意大利所谓的背叛行为怒不可遏，在接下来的两年里将其再次变成战场。1943 年，意大利改弦更张，投靠盟国，然而从英美那里获得的好处不足以弥补招致德国敌意所带来的恶果。德军控制的意大利领土面积远远大于英美军队。成千上万的意大利士兵和平民沦为强制劳工，被送往第三帝国北部的集中营，单是士兵就有 65 万之多。意大利人同时成为盟国和轴心国的打击目标，这种情况在战争期间可谓屈指可数。[62]

如果不是两个不可预见的因素，死亡人数可能会更多。第一，意大利军队最初只是与一群装备较差、准备不足的敌人作战，如阿尔巴尼亚、埃塞俄比亚、希腊；1942 年之前与之作战的英军则在数量上居于劣势。除了英国之外，意大利的早期对手没有一个具备工业实力，可以持续生产飞机、火炮或装甲车辆对抗意军。[63]

第二，意大利军队早在 1941 年秋就被英军击败，后被美军降服。他们通常都会集体投降，而受降者——按照二战的残酷标准——对待战俘相当人道。除非在 1943—1945 年向前盟友德国或苏联投降，否则意大利士兵的战俘身份就不是死亡的同义词。而在东线战场，无论是德军还是苏军，一旦被俘就意味着死期将至。意大利人并没有像德国人和日本人那样深受墨索里尼的法西斯主义蛊惑，也没有那种自我毁灭般的癫狂。因此意大利军队总是率先投降，从而避免了类似在斯大林格勒或冲绳那样，失败后遭受灭顶之灾。战败后，意大利军队并没有招来胜利者的报复，而这种合理的以牙还牙在苏联、中国或太平洋战区早就习以为常。这些地区的战斗格外残酷，直到一方全军覆没才算告终。虽然意大利在这场战争中损失惨重，还通常采用突然袭击的方式来发动一场局部战争，然而具有讽刺意味的是，尽管是战败国，也是轴心国中实力最弱、最易受到攻击的一员，意大利的死亡人数反而比德国或日本少得多。[64]

战争夺去了 40 多万美国人的生命，约为其战前人口的 0.3%，在主要交战国中所占比例最低。其中大约有 11 万人死于非战斗原因，比如事故或疾病；另有 1.2 万人是在海外或在交战海区服务的平民。美国也是所有主要交战国中非战斗人员死亡人数最少的国家。

地理隔阂尽管对运输和通信造成了种种困难，却也是美国的天赐馈赠。与德国、意大利和苏联不同，美国本土在战争期间从未遭受入侵。事实上，同英国、德国、意大利、日本、苏联相比，美国有 48 个州甚至未曾遭受系统性的轰炸。遇难平民中有四分之三是商船水手（大约 9000 人）。他们在 1942 年至 1943 年间参与了海上运输任务。当时正值德国 U 型潜艇和盟军反潜部队在大西洋战斗最激烈的时刻。有别于敌人和盟友，第二次世界大战期间最安全的地方之一就是美国的军工厂。[65]

495   令人费解的是，美国在两条相隔甚远的战线上奋战了超过45 个月，军队规模扩张到 1200 万之巨，其中 700 万人长年驻扎海外，损失的平民和士兵人数却远少于其他国家，比如法国主力部队在 1940 年 5—6 月仅抗争六个星期后便崩溃，1944—1945 年法军也只是承担辅助部队的任务，法国却总共有 60 万人丧生。法国之所以在 1940 年，以及 1944—1945 年出现大规模人员伤亡，原因有德军和盟军都对法国进行了轰炸，法国的抵抗战士和投敌者也先后遭到报复，纳粹围捕犹太人，以及食物短缺。这些问题对美国来说却不存在。

大海为美国提供了安全屏障，也使军队抵达英国和日本这样的岛屿帝国变得困难重重。没有哪个国家比美国更迅速、更充分地动员起来进行工业生产。庞大的美国经济华丽转身，为美军提供的机动车辆、舰船、飞机以及食品和药品比其他任何一支军队都要多。机器在第二次世界大战中既能杀人，也能救命。尽管军事决策者抱怨说，只有一小部分美国部队有过战斗经验，但得益于投入后勤保障和军械支援方面的巨大资源，只需要为数不多的官兵暴露于战场环境就能取得胜利，而且他们在战斗中遭受的损失也要少得多。

此外，美国还拥有最大规模的空军和海军。陆军航空兵约有 240 万人，现役飞机超过八万架。虽然航空部队的损失相当可观（88119 人死于各种原因），但这还不到总兵力的 5%，只有陆军损失比例的一半左右。航空兵却以如此代价摧毁了四万多架敌机和不计其数的敌方战斗部队，杀死了 100 多万德国、日本、意大利平民，其中许多人是轴心国从事工业生产、运输和后勤保障的工人。尽管军事历史学家经常批评美国步兵在二战中规模太小，过于依赖炮兵和空中支援，领导能力太差，但强大的空中力量帮助陆军在损失有限的前提下，一再取得胜利。[66]

美国海军也同样庞大。至 1944 年初，美国海军规模已经超过了二战期间所有主要大国的舰队总和。除了后来的"神风特攻"和偶尔的潜艇袭击外，轴心国主力舰基本上不会对美国近 7000 艘军舰造成重大威胁。美国海军一方面以前所未有的效率输送步兵登陆，一方面又为他们提供了强有力的支援。伤员，特别是在太平洋战区，也能以其他国家无法企及的方式撤离战场。到战争结束时，海军已拥有 330 万官兵，但只有 6.6 万人在战斗中阵亡或失踪，仅为规模小得多的日本帝国海军死亡人数的 15%。

1943 年以后，美国军队无论是在空中，还是在陆地或海洋，很少出现兵力不足或补给匮乏的现象。即使在最激烈的陆地战斗中，如"突出部"、瓜达尔卡纳尔、许特根森林、硫磺岛、冲绳、菲律宾，美军最终在人数上也会占据上风；就武器质量而言，至少不分高下，数量上更是遥遥领先。

在战略战术方面，美国没有出现墨索里尼那种试图同时在北非、苏联、巴尔干半岛作战的愚行；也避免重复希特勒在 1942 年底对侵苏德军下达的"死战到底"命令。不同于斯大林格勒的德国第 6 集团军、1941 年夏的基辅苏军，或突尼斯的德意联军，美军从未被大规模包围。科雷希多岛战役后，美军就再也没有出现如英军在图卜鲁格那样，整建制集体投降的案例。就算批评人士指责美国将领过于保守，他们也至少承认，美军即便在最极端的情况下，也仅仅是失去师一级的部队，而二战期间其他军队则有整个军或集团军被歼灭的情况。

496

在第二次世界大战的最后两年里，美军水兵、飞行员和陆军部队比轴心国军队的训练更充分，身体素质也更为优良（超过500万美国男性因相对轻微的身体缺陷而被拒入役），而轴心国受困于巨大的兵力损失，只能全面征召青少年、年长者入伍，将那些只经过短期训练的菜鸟部队投入战场。由于人力和燃料短缺，德国飞行员只训练100多个飞行小时就得参加实战，而美英飞行员则可积累近350个小时。因燃料短缺问题更为严重，日本飞行员的培训时间甚至更少。想要让一个年轻战士在第二次世界大战中活下来，最好的方法是首先为其提供长期军事训练，然后配备一流的武器装备，并提供充足的食物、燃料和医疗保障。美军在这三个方面的优势都远远强于对手，战斗伤亡人数也就少得多。[67]

英国约有40万人在第二次世界大战中丧生，其中包括六万多名平民死于闪电战期间，以及后来以英国城市为目标的 V-1、V-2 导弹攻击行动。英国打了六年多仗，是二战主要交战国中参战时间最长的国家。与美国情况类似，英国在空军和海军建设方面也投入了巨额资金。皇家空军有约七万人阵亡，皇家海军超过六万人，两者都较美国为少。

对参战大国而言，以下三种情况意味着较高的战斗伤亡，而英国都能够避免卷入其中：1944年以前在欧洲地面战场上单独与德军拼杀；进行诸如库尔斯克战役或"突出部"战役这样的静态歼灭战；在严酷冬季气候条件下战斗，如东线或1944年末至1945年初德国边境附近的恶劣天气。

英国在缅甸战区部署了约100万军队，将近八万名英国士兵在长达近四年的缅甸战役中阵亡。事实上，英国本土没有遭遇入侵，英国也不必轰炸或入侵日本，就能确保击败这个敌人。1944年，英国加入由美军主导的盟军，加入登陆法国的行动，这同样减少了自身伤亡。敦刻尔克大撤退后，英国在二战的主战场——欧洲大陆发动的战役时间都不长，在北欧不到一年，在意大利持续了大约两年。在西方战争史上，欧洲地面战区通常是最为致命的战场。

同样重要的是，英国在二战期间的军事统帅和文职领导都比第一次世界大战更为灵活务实，当然也特别希望避免重蹈堑壕战的覆辙。哈罗德·亚历山大（Harold Alexander）、阿兰·布鲁克、伯纳德·蒙哥马利等英军将领都是优秀的军事指挥官。蒙哥马利无论是在阿拉曼还是在横渡莱茵河的行动中，总是采取稳扎稳打的策略（至少在短期内），就是为了减少伤亡。经历了敦刻尔克、新加坡和图卜鲁格战役惨败后，英国海军有条不紊地在海面上清理轴心国战舰和支援舰，轰炸机司令部则有效削弱了德国的燃料供应和运输能力，将军们小心翼翼地确保英国陆军不会落入包围圈中，或被敌人围困于城市。

英国也大力发展科技，以期在减少伤亡的同时，还能给予敌人沉重打击。比如珀西·霍巴特将军对装甲车进行改装，发明了"滑稽"坦克；雷达和声呐系统不断得到发展进化；在航空母舰上使用装甲飞行甲板。从挪威到缅甸的六年战斗期间，英军阵亡人数与第一次世界大战中两场噩梦般的战役——帕斯尚尔战役和索姆河战役差不多，并取得最终胜利。英国成功地保卫了本土，在海外发起攻击，击败远比过去更为可怕的敌人，付出的伤亡代价却比其他五个主要交战国少。这应该再一次归功于英国政治、外交和军事部门的领导人。[68]

一些最初既非同盟国，也未加入轴心国的国家所蒙受的死亡损失比那六七个主要交战国还多。例如，南斯拉夫的死亡人

498

数就远远超过 100 万，占战前总人口的 7%—10%。1941 年 4 月 6 日，轴心国首次入侵南斯拉夫。德国、意大利和匈牙利军队合兵一处，集体惩罚这个试图脱离轴心国联盟的国家。德国领导下的入侵行动一开始导致南斯拉夫中央政府瓦解，随后国家分裂成无数由塞尔维亚人、克罗地亚人、波斯尼亚人、科索沃人、马其顿人、黑山人、阿尔巴尼亚人，以及穆斯林、东正教和罗马天主教教徒、法西斯分子、民族主义者、保皇党、切特尼克游击队（Chetniks）、乌斯塔沙（Ustashas）[①]、共产党游击队组成的派系。长久以来的种族仇恨、宗教矛盾、政治冲突进一步加剧了由此造成的混乱。德国认为塞尔维亚人是斯拉夫劣等人种，毫不在意平民伤亡，肆无忌惮地轰炸贝尔格莱德，对游击队的报复手段也异常残忍。疾病、恶劣天气和流行病令情况更是雪上加霜。

荷属东印度群岛和现代印度尼西亚（300 万至 400 万人死亡），以及菲律宾（50 万至 100 万人死亡）比大多数欧洲交战国的损失更大。这些战区都拥有庞大人口，经历的却是迥然不同的战争。荷属东印度群岛自遭到日本入侵后，一直未被盟军解放。尽管日本统治很残酷，但直到 1944—1945 年，当地传统农业遭到破坏，日本又开始强征粮食后，这才出现大规模饥荒，进而导致大量人群死亡。

可能有 100 万菲律宾人死于饥荒、战斗和大屠杀，或沦为囚犯和强制劳工。太平洋战区的死亡进程大同小异，以菲律宾

---

① 切特尼克游击队，又称"南斯拉夫祖国军"，效忠王室，二战初期反对轴心国统治，但也具有强烈的民族沙文主义色彩，战争后期投降于德国；乌斯塔沙为克罗地亚的极右翼独立运动组织，为轴心国成员。两个组织后均被铁托指挥的共产党人民军击败。

为例：1942 年春，美军和菲律宾军队对日军进行抵抗，然后日本人开始实施野蛮占领（1942 年 5 月—1945 年 3 月），最终美军在 1945 年春通过残酷的战斗重新夺回菲律宾。与荷属东印度群岛不同，许多印尼人最初将日本人视为解放者，而大多数菲律宾人从战争一开始就以某种方式抵制日军。群岛上有一半以上的领土从未被侵略者征服。直到 1945 年 9 月战争结束，游击队都还在继续攻击撤退中的日本占领者。很少有西方人意识到，在重夺菲律宾的过程中，盟国一方遇难的平民和战斗人员远多于"突出部"战役中的死亡人数，而仅仅印度支那大饥荒造成的死亡人数就可能比荷兰多出 50 多倍。

第二次世界大战中大约 80% 的死亡是由三个主要轴心国直接或间接造成的，它们则承受了 20% 左右的人员损失，而且绝大部分发生在各自终结战争前的六个月内。对比过去的任何一场战争，战败者极少以如此不平衡的方式对胜利者施加如此大规模的屠戮。这主要是因为轴心国凶残对待苏联、中国、波兰和南斯拉夫人民。 499

总之，到 1942 年，第二次世界大战的发展进程便已一目了然。德日士兵大肆屠杀数以百万计的中国和苏联平民，或将其置于饥饿的境地；与此同时，他们在盟军的打击下正节节败退。本书在最后一章中讨论的问题是，为了消除充斥于世界的残暴意识形态和广泛分布的灭绝营，6000 万条生命因而逝去是否正当合理。

第七部分
终结

胜利者，失败者，二者皆是，二者皆非

沉醉于胜利，必招致失败。

——让–保罗·萨特（Jean–Paul Sartre）[1]

第二十章　盟国为何获胜，又赢得了什么？

　　盟国之所以能赢得第二次世界大战，是因为它们在战争的几乎所有方面都表现得很出色。在空中，它们制造了战争中唯一成功的重型轰炸机，并大量部署。英美两国生产的战斗机性能与德国和日本最优秀的战斗机不相上下，但数量上要多得多。在诸如飞行员训练、航空燃料生产、导航设备、运输机等关键领域，轴心国远远落后于对手，以至于即使它们偶尔拥有了更胜一筹——或者说出其不意——的武器，如巡航导弹、火箭、喷气式飞机、"神风"自杀式飞机等，也不能给它们带来持久的优势。

　　同样的悖论也体现在海上。轴心国海军为建造巨型战列舰耗费了大量的稀缺资源，却没能像盟国那样，找到机会以利用如此强大的火力平台为两栖登陆提供支持，而这正是二战中建造昂贵战舰的首要，或许也是唯一的理由。航空母舰是海战的未来，然而三个轴心国中，日本是唯一一个组建航母舰队的国家。不过日本没有认真对待海军飞行员训练，白白浪费了在战前所积累的航母打击力量优势。这一方面源于日本燃料长期匮乏，导致学员飞行时间和战舰航程双双受限；另一方面，日本思想僵化，把海军实力等同于战舰总吨位。战争爆发前，日本和德国相信，制海权是建立在现役舰艇总吨位之上的，而没有正确认识到，重要的不仅仅是舰船大小和数量，还包括战舰类型和操控者的素质。综合考虑以上所有方面，英美两国一俟开战，便拥有当时世界上两支规模最大，也最能适应各种战争模式的舰队，并利用高效率的海军造船厂和军事学院，在战斗中进一步扩大了各自优势。

504 德国地面部队在战争中展示出最强大的战斗力，但数量远远逊于美苏英三国。他们在人数有限、物资装备不足的情况下被派往遥远的异域作战，以实现不可能完成的战略目标。相比之下，盟军地面部队则是一支交响乐团：庞大的红军与西方盟国的高机动性远征军协同作战。前者在"战地音乐会"上负责击溃歼灭，后者专注于切断并孤立敌人。

德国拥有重型火炮和军事素质过硬的普鲁士将军，有能力设置专业化的封锁线，因此按照传统的围攻战模式，本应该能够攻克关键的盟国城市和要塞。然而事实恰恰相反，列宁格勒、莫斯科、斯大林格勒和马耳他屹立不倒，注定了轴心国的灭亡。德军的确占领了塞瓦斯托波尔和图卜鲁格，但这样的据点对战争进程的最终影响微乎其微，而那些对战争至关重要的城市，他们又无法攻陷。

德国引发了一场装甲战革命，然而苏联建造的坦克最多最好，美英军队则部署了最有效的战斗轰炸机，为地面部队提供支援。盟军在装甲和火炮方面的物质优势如此之大，以至于德国坦克兵和装甲指挥官的素质优势最终化为乌有。

轴心国曾推测，即便同盟国的产业实力无可争辩，但盟军作战技能低下，领导人经验不足，发挥不出这样的优势。令人费解的是，轴心国最终输掉战争的原因正是它们自身工业产能有限，领导人和指挥官目光短浅，挥霍了官兵们的斗志和能力。

第二次世界大战的结局无可置疑。与第一次世界大战不同，有关第二次世界大战是谁引发的，谁胜谁败这样的问题历来没有任何争议。历史上的重大战争中，很少有像德国、日本和意大利这样强大的交战国被如此迅速、彻底地击败；人类也前所未有地一致将这场全球浩劫归罪于它们。三个国家都遭到来自空中和地面的蹂躏，盟军占领了它们的国土。平民在猛烈的炮火之下挣扎求生，为先前支持法西斯政府的行为付出了鲜血和财产的惨烈代价。轴心国的政治制度被摧毁。盟国占领当局决定着这几个国家的未来走向。[1]

许多在战争中苟活下来、没有自杀的德日主要领导人和将军都因战争罪受到审判。一些人被判处监禁、枪决或绞刑。先前的《凡尔赛条约》与无条件投降的条款相比，简直就如小儿科般无害。德国再一次失败了。它现在面临着迦太基在第三次，而非第二次布匿战争后的命运。① 尽管上一次战争的胜利者很快就对《凡尔赛条约》是否合理产生疑虑，但这一次所有人都认为，强加于轴心国的更为苛刻的条款完全公平。[2]

由于交战各方倾其所有，为战争付出了可怕代价，因此第二次世界大战的进程格外迅速；对于战败国来说，其结果是彻底毁灭而不仅仅是举手投降。在此后半个多世纪里，前轴心国的军队一直处于毫无战斗力的状态。纳粹德国在不到五年半的时间就毁灭了；意大利在三年多一点的时间里崩溃；日本在珍珠港事件后仅仅维持了不到四年。轴心国的灭亡速度大概可以

---

① 第二次布匿战争（公元前218—前201年），迦太基战败后，同罗马签订合约，放弃本土外的所有领地，解除武装，支付巨额战争赔款，但国家依然保持独立。第三次布匿战争（前149—前146年），罗马军队攻破迦太基城，夷平这座都城，国家彻底灭亡。

同北非的汪达尔王国，或墨西哥中部的阿兹特克帝国相提并论。后两者的文明都灰飞烟灭，其政治制度和意识形态基本消失，取而代之的是打败它们的胜利者。"普鲁士的"（Prussian）这个词已经作为一个通用而非具备特定意义的形容词隐没在历史中，正如名词"汪达尔"（vandal）和形容词"拜占庭的"（Byzantine）也不再拥有排他性的内涵，因为孕育它们的文明已经覆灭。正如弗里德里希·冯·梅伦廷在战后向他的兄弟——第三帝国的一位大将致敬时所写的那样："老普鲁士人消失了，冯·梅伦廷家族就是其中的一个典型。现在很少有人再提起普鲁士。"柏林和东京到1945年末实际上已经丧失了城市机能。[3]

1939年的世界到了1945年已面目全非。第二次世界大战刺激人们疯狂地进行科技研发，引发了一场彻底的武器革命，产生了直接和持久的影响。1945年之后，尽管再也没有出现席卷全球的战争，而更多体现为局部冲突，但战斗反而变得更具杀伤力。德国在1939年发动战争时，部队装备的武器是栓动步枪，活塞式螺旋桨飞机携带传统高爆炸弹，步兵师依靠畜力行动，像之后参战的许多交战国一样。六年后的1945年9月，最后一个轴心国——日本帝国与第三帝国一起，在一个充斥着各种运输工具、突击步枪、喷气式飞机、凝固汽油弹、巡航导弹和弹道导弹、核武器，以及自杀式轰炸机、灭绝集中营的崭新世界中战败。而且由于苏联与美国——战时两个最大的军事技术和武器制造国——旋即陷入长达近半个世纪的冷战，此前几乎是手无寸铁的民众通过两国发动的代理人战争，获取了大量过去难以想象的高级武器。第二次世界大战不仅见证了雷达、声呐、精密导航设备的诞生，还出现了数以百万计廉价且同样致命的武器，如火力猛烈的司登冲锋枪、突击步枪、简易地雷、

506

"铁拳"火箭筒（RPG火箭弹的前身）。这些武器，连带着这样一个观念流散到世界各地：现在每个人在战争中都是公平的。胜利者认为，他们至少摧毁了将专制主义与新技术结合起来、杀死了数千万人的极权意识形态。随着德国、意大利、日本战败，盟国当然实现了这一目标，同时也使苏联得以将其庞大的战时军火工业产品散播到世界各地的民族解放运动中。

由于三大盟国取得了如此迅速而彻底的胜利，人们很容易忘记，英美苏三国在战前对第三帝国分别采取的绥靖、不干涉以及积极合作的政策也给它们带来了可怕恶果。当然，在资源方面，美国、苏联和大英帝国的人力和工业产出迅速增长，远远将三个轴心国甩在后面。不过它们的集体优势同样得益于轴心国的愚蠢：对苏联和美国发动突然袭击；随后德国、意大利对美宣战；日本侵略并占领中国大陆。这是二战，也许是战争史上五个最致命的战略错误。是轴心国，而非盟国从根本上重新定义了1939—1941年交战双方的资源相对拥有量，进而导致轴心国在战略上彻底失去获胜的机会。[4]

那么，轴心国是否能够赢得它们无意中陷入的全球战争呢？1941年后，苏联和美国加入英国一方。一旦两国开始进行生产和人力总动员，轴心国就基本不可能化解盟国在物资和人口方面的天然优势。轴心国必须在盟国将其全部潜力发挥出来之前赢得战争。直到1942年5月，这个希望似乎还有实现的可能。随着新加坡和菲律宾沦陷，英美联军在缅甸战败，中国战局趋于稳定，以及盟军太平洋舰队的大批主力战舰被摧毁，日本似乎有机会成功占领中途岛，消灭剩余的美国航母舰队，与此同时将所罗门群岛军事化，切断澳大利亚与外界的联系，从而在太平洋战争中与美国分庭抗礼。

尽管苏军在 1941 年底断断续续发动了一些反击，纳粹德国仍一度距它那野心勃勃的目标近在咫尺。到 1942 年 7 月，希特勒控制了当今欧盟所覆盖的大部分地区。苏联人口最多、最富饶的近 100 万平方英里土地被德国纳入囊中。希特勒的军队仍聚集在列宁格勒和莫斯科城下。南方集团军群正疾驰向前，势不可挡地向高加索油田进发。前方的敌人寥寥无几，不过后面的补给也越来越少。隆美尔在北非奋勇挺进，攻陷图卜鲁格。非洲军团即将在埃及现身，最终也许会抵达苏伊士。就其所统治的人口数量和控制的领土面积而言，第三帝国如今已经超越了罗马帝国。德国统治的范围从北极直到撒哈拉沙漠，从大西洋延伸到柏林以东两千英里外的伏尔加河畔。1942 年中期，欧洲主要中立国——葡萄牙、西班牙、瑞典、瑞士、土耳其和法国殖民地当局——要么继续反英，要么支持轴心国，要么暗中帮助德国实现其战争目标。许多战前盟国主要城市——阿姆斯特丹、雅典、贝尔格莱德、布鲁塞尔、哥本哈根、基辅、奥斯陆、巴黎、华沙——都牢牢掌握在轴心国手中。少数没有陷落的城市，如列宁格勒、伦敦或莫斯科，要么被团团围困，要么遭遇狂轰滥炸，要么命悬一线。相比之下，欧洲其他一些重要的文化或工业大都市，如柏林、布加勒斯特、布达佩斯、法兰克福、汉堡、伊斯坦布尔、里斯本、马德里、米兰、慕尼黑、那不勒斯、布拉格、罗马、斯德哥尔摩、维也纳、苏黎世等，或者就是轴心国的一部分，或者在亲德的基础上保持中立，大都毫发未损。

尽管意大利败招迭出，但直到 1942 年中期，地中海中部仍然是轴心国内湖。图卜鲁格即将于 6 月 21 日沦陷。1941—1942年，德意军队是否会入侵马耳他岛已毫无悬念，问题只是什么时候发生。地中海南北海岸都掌握在轴心国或对其友好的势力手中；用柏拉图的话说就是，轴心国的青蛙围着法西斯的池塘呱呱叫。① 自拿破仑时代起就为人所熟知的那个欧洲已不复存在，甚至奥斯曼帝国也从未掌控过地中海的所有海岸。

　　然后，轴心国这只怪兽突然间消失了。仅仅几个月后，到了 1942 年秋末，轴心国接连在阿拉曼、中途岛、斯大林格勒和瓜达尔卡纳尔战败，战场形势发生了不可逆转的变化。几乎在一夜之间，轴心国就发现自己处处受阻。即便在兵力和武器方面尚未落入下风，它们还是发觉自己卷入了一场全新的战争之中。此前所向披靡的先发制人策略和胆大妄为不再有效，而让位于稳定的后勤供应和人口资源。德国和日本惯于突然袭击的时代已经一去不复返了。在陆海空三栖战场上，轴心国显然缺乏赢得第二次世界大战所必需的部队机动性和多样性，而这恰恰是它们自己在全球范围内促成的军事变革。1942 年底，当一支精疲力竭的德军接近高加索地区时，德国才仅仅控制苏联广袤国土的六分之一到五分之一。经过九个月的战斗，日本依然没有占领中途岛，更不用说珍珠港了，而损失的主力战舰数量已经同沉没于珍珠港的美舰相差无几。一旦失去第三帝国的持续援助，意大利便在北非毫无作为；到了 1942 年 11 月初，德意两国也无法阻止英美联军在法属北非登陆。

　　战争发生如此迅速而戏剧性的转折是必然的吗？尽管轴心国不可能在 1942 年底之前彻底取得战争胜利，但它们仍有办法抵消盟国在工业产出和人力资源方面不断扩大的优势，从而为通过谈判达成停战协议保留一丝希望。的确，这样的自救在某

508

---

　　① 柏拉图的原话是："我们环绕着大海而居，如同青蛙环绕着水塘。"

一个瞬间似乎可以达成。1942 年初，部分苏联工厂因"巴巴罗萨行动"陷于瘫痪。超过 500 万红军战士被俘或阵亡。U 型潜艇切断了英国来自海洋的大量补给。丢失缅甸大部分地区后，向中国提供物资支援变得越发困难。新盟友美国尚无战争经验，也没有充分动员起来。由于受限于德国 U 型潜艇和日本海军的威胁，加之轴心国掌握空中优势，美国为了向遥远的太平洋和大西洋前线输送不断增加的人员和物资，面临着巨大的障碍。1942 年底，美国在太平洋上还能作战的航空母舰只有一艘受损的"企业"号。在军备部部长阿尔贝特·施佩尔的领导下，德国开始增加并优先考虑军火生产。英美轰炸机蒙受的损失越来越大，但并未对德国本土的工业制造能力造成系统性破坏。

然而，到了 1943 年 5 月，轴心国切断盟军补给线的目标又一次化为泡影。大西洋之战的胜负天平再度倾斜，这一回是永久性地倒向英国。英国并没有过多受制于闪电战、U 型潜艇或稍后的 V 型导弹，生产能力继续增强。即使前线从 1941—1942 年德军抵达的最远位置朝西推进了 100 多英里，但苏联还是将工业基地向东转移，成功地使之免受德军的进一步攻击。美国舰队在珊瑚海和中途岛进行了一系列战斗，又在瓜达尔卡纳尔岛附近激战，与日本海军至少打了个平手，从而维持了太平洋战区海上补给通道的畅通。至 1943 年，盟国的生产能力及其海、陆军规模都得以空前增强和扩张。

509　　尽管如此，轴心国能否整合它们的胜利果实，充分挖掘潜力，让逐步占据优势的盟国因反击代价太高而无法实现迫使敌人无条件投降这样一个雄心勃勃的战略目标呢？从理论上分析，鉴于轴心国在 1942 年中期所控制的资源和人口数量，希特勒完全可以仿照 1941 年的苏联模式，将轴心国占领的从大西洋到莫斯科的欧洲领土进行重组，进而得到更多工业产出，并征召一支如苏军那样庞大的军队。日本占领的范围包括从中国北部到缅甸、从阿留申群岛到瓜达尔卡纳尔岛的广阔亚太区域。这里能提供的自然资源和士兵数量几乎与北美和英国自治领相当。

几个显而易见的原因可以解释为什么轴心国没能充分调动它们占领和控制下的资产。这在很大程度上源于战前德意日三国自身的文化传统。如前所述，法西斯列强专注于工艺技巧，没有迅速意识到大规模工业生产的基本原则，尤其是忽视了坦克、飞机、卡车、枪械的设计要少而精，贴近实用，能够以低廉成本大量制造的重要性。早期告捷后，轴心国还产生了自满情绪，患上了不利于经济全面动员的"胜利病"。德意日的工业生产不仅受到盟军轰炸行动的干扰，而且工业领域被私人瓜分，地方政府腐败不堪，官僚之间内讧猜忌，这些同样损害了制造业。这正是惯于暗箱操作的独裁政府的特征。问题的关键不在于超过四万架 B-17、B-24、B-29、"兰开斯特"轰炸机是否容易受到德国、日本的高射炮及战斗机的攻击，并被大量击落，而是轴心国能否遏制盟国生产出这些将自己的家园变成一片火海的四引擎庞然大物，或者它们也可以派遣类似规模的轰炸机编队到盟国本土上空，对敌人的工厂施加同样的破坏。显然，它们两者都做不到。

1943 年到 1945 年之间，胜利的要素是空军、海军、坦克部队和炮兵，依赖于领导力和工业生产。至 1943 年底，盟国在所有这些领域都确立了优势。盟军掌握了制空权、制海权，利用商船和运输舰，能够在全球范围内调动军队和物资。美国和英国投入巨额军事预算用于海、空军建设，使得它们拥有了轴心国军队无法想象的全球投送力。美国向瓜达尔卡纳尔岛输送

510 补给比日本从荷属东印度群岛进口石油要容易得多；英国商船队成功抵达遥远的苏联，比意大利货轮安全穿越地中海、前往利比亚的概率还要高。希特勒只有凭借幻想中的洲际轰炸机"美利坚"号和"乌拉尔"号，才能攻击到美国和苏联东部地区。日本人则求助于气球炸弹，企图放飞成千上万只日式"海盗"飞抵美国西海岸。[5]

极权制度下的轴心国在国外施行残酷的政策，招致当地民众奋起反抗。但破坏轴心国大业的不仅仅是其野蛮行径。轴心国推崇种族主义和民族主义意识形态，难以得到其他欧洲人和亚洲人的认同。合作只建立在权力和成功的基础上，而不是自诩的理念。当轴心国崛起时，它们得到的是不情不愿的朋友；当它们败退后，更容易出现不共戴天的仇敌。希特勒的种族仇恨超越了犹太人的范畴：

> 我们一踏入殖民地，就为当地人建立托儿所和医院。这简直让我怒不可遏。白人妇女为黑人服务，就是在侮辱她们自己。这些不恰当的关爱不但没有让当地人拥戴我们，反而徒增憎恨……苏联人在变老之前就会一命呜呼。他们几乎活不过五六十岁。给他们接种疫苗真是荒谬……不要给苏联人提供疫苗，也没有多余的肥皂来清除他们身上的污垢。至于烈酒和烟草，他们想要多少就给他们多少。[6]

显然，意识形态影响了军事判断。大屠杀和所谓的东方"重建"消耗了数以千万计的工时。这些行动对军事作战没有直接益处，仅仅是清洗了生活在第三帝国统治范围内的那些天才大脑；很多逃脱了"最终解决"魔爪的人为英美两国贡献出他们的聪明才智。奴隶营和灭绝营减少了欧洲的自由劳动力，让中立者心寒，扩大了仇恨，占用了苏联前线亟需的人力资源和机械设备。德国人为了践行关于斯拉夫人是劣等民族的疯狂想法，在乌克兰大肆屠杀原本亲德的当地平民，却在客观上缓和了大众对苏联的不满情绪。[7]

第三帝国大量使用来自欧洲沦陷区及苏联的奴隶和强制劳工，劳动生产率却从未赶上英美两国。从南京到马尼拉，日本人可能杀害了1500万中国人、菲律宾人、印度支那人、印尼人和朝鲜人。这些骇人听闻的暴行同样侵蚀着用于前线战斗的资源，加剧了占领区人民的反抗，反而为英美军队赢得了当地人的支持。日本人和他们特有的残忍招致亚洲各国人民的仇恨，十亿亚洲人转而支持并非由亚洲人组成的盟国军队。"巴丹死亡行军"和其他日军早期的暴行在某种程度上影响了美国人的心态，这又自然而然地导致美军于1945年3月对东京发动凝固汽油弹袭击。

与地处欧洲大陆的德国和意大利相比，岛国不列颠反而赢得了欧洲大陆人的支持。虽然盟国在宣传中也从民族角度泛泛抨击"德国佬"和"日本猴子"，但从来没有出现类似纳粹"Rassenkampf"的概念，也就是所谓压倒一切的"种族战争"。1941年8月，英美两国发表了《大西洋宪章》，向全世界保证，不为自己谋求领土；轴心国战败后，所有人都将自由地享有民族自决权。[8]

盟军在德累斯顿、汉堡、东京或广岛投下燃烧弹，杀死大量平民，但他们至少可以这样辩解：这是为了破坏敌人的军工生产，缩短战争时间。这套说辞有时颇有说服力，有时则令人将信将疑。英国重型轰炸机在1945年2月13日至14日将德累斯顿这座历史悠久的古城炸成一片火海，然而该城是制造业基

511

地、通信中心和交通枢纽，因此轰炸行动也具有一定的军事价值。[9]

轴心国之所以在1941年之后的世界大战中失利，除了战略错误、偏执狭隘、准备不足、残忍暴虐外，还在于盟国的应对措施。1942年之后，同盟国几乎每件事都做对了，就像此前它们几乎每件事都做错了一样。盟国以有力的论点说服民众相信，它们杀死的那些非战斗人员很有可能成为敌国继续进行战争的帮凶，轴心国则更多的是出于与作战无关的原因大开杀戒。那些家园成为轴心国和盟国之间战场的数亿人民不会忘记这个事实。

盟国以奇迹般的速度取得胜利的另一个原因是同盟内部密切合作，并在事实上达成战略分工。墨索里尼、希特勒、东条英机却很少以三巨头聚会的方式进行磋商。尽管表面看来，轴心国结盟更早，意识形态更为接近，举行峰会并不比盟国更困难，然而这些法西斯独裁国家有着各自的小算盘，自私自利，相互猜忌。它们有时会彼此协商，分享自身崛起的经验，牢牢512 掌控自己的人民，但并不信任合作伙伴。这不仅导致轴心国犯下一系列战略失误，也对这个联盟内部的其他成员造成直接伤害。

德国和日本在不同时间段都与苏联交战，也曾与之签订协定。不过它们没有相互协调，其结果往往对苏联有利。这种投机行为与盟军在1944年底，从东西两线和海空战场同时对德国实施钳形攻势形成了鲜明对比，而且各盟国也坚信，三巨头中绝不会有人同轴心国单独签订和平条约。自古以来，两线作战的困难不在于两个战场本身，而是参战国能否协调一致，同步攻击，这样才能对共同敌人造成最大程度的打击。[10]

　　盟国领导人很快纠正了早前的错误想法；轴心国领袖则变本加厉，在重大失策的道路上越走越远。丘吉尔曾经一门心思计划以意大利为突破口，入侵欧洲，但这个想法被推翻了。在轴心国握有制空权的情况下，他下令若没有空中掩护，战列巡洋舰和战列舰禁止出海，他还放弃了重要的爱琴海战区。甚至斯大林在1941年发布了绝不撤退的指令，导致红军成建制被消灭后，他对这个自杀式命令也不再坚持。斯大林的转变主要是因为他并没有像1942年的希特勒那样，长时间生活在幻想世界里。在斯大林制定战略决策的过程中，朱可夫具有举足轻重的地位；而诸如曼施坦因、伦德施泰特这样地位相当的德军将领却逐渐失去了他们早前对希特勒的影响力。

　　曾担任助理海军部部长的富兰克林·罗斯福和前第一海军大臣温斯顿·丘吉尔在与军事顾问讨论时，倾向于持开放态度；希特勒和墨索里尼这两个退役下士却很难向他们的总参谋长妥协。在第三帝国的欧洲前线部队捉襟见肘之际，希特勒却在诸如挪威这样的次要地点驻扎近40万大军。很难想象盟军会以这样匪夷所思的方式部署军队。难怪普鲁士贵族、陆军元帅伦德施泰特曾经嘲笑希特勒的军事思想只适合打一场"下士战争"。当然，盟国还避免陷入类似苏联和中国这样的战争大泥潭。德军和日军深陷其中，精疲力竭，得到的好处弥补不了占领大片领土所付出的代价。[11]

　　最后，在道德原则与物质利益之间的军事冲突史中，盟军士兵的作战技能很快便达到了与经验更丰富的轴心国战士并驾齐驱的水平，而德日工业生产却进一步落后于迅猛发展的美英苏三国制造业。盟国学会了像轴心国一样战斗，轴心国却从来没有学会像盟国那样生产。1943年，美国海军陆战队第1师的凶猛程度已

513

经不逊于任何一支日军老牌劲旅；与此同时，一度领先的日本军机无论从数量还是质量上，都远远落后于美国的战斗机和轰炸机。库尔斯克战役中，苏联士兵与德国步兵师和装甲师相比，可能没有那么训练有素、装备精良、指挥得力，但他们同样英勇顽强，极具杀伤力。红军装备的第二代坦克、战斗机和火箭弹的性能与德军不相上下，但数量更多。1943 年以后，至少在人数占优的情况下，已经很难找到盟军像 1940 年的法军那样，因缺乏战斗精神或勇气而在重大战役中失利的战例。

精于算计的盟国很早就预见到了为赢得第二次世界大战需要哪些手段。但这些胜利者没有预料到的是，在轴心国战败后，他们的理想主义和犬儒主义将导致战后世界与他们设想的格局完全不同。由于亚欧大片地区化为废墟，人们不仅对造成这场灾难的意识形态深恶痛绝，也对那些没能阻止毁灭发生的政治制度提出质疑，因此盟国之间的战时合作在战争结束前就事实上终结了。到 1945 年，诸如柏林、科隆、汉堡、列宁格勒、塞瓦斯托波尔、斯大林格勒、东京、横滨、华沙这样的城市，除了留下了名称，实际上所剩无几。在一片残骸中，像英帝国主义这样的 18 世纪意识形态也随着共产主义在全球蔓延而销声匿迹。

美国万万没有想到，它会在战后承担起一份不值得羡慕的责任：保护人人痛恨的德国、意大利、日本，使之免受前盟友苏联的伤害。它也没有预见到长久以来的盟友中国将在四五年后成为共产主义国家并与自己交战。美国为了改造法西斯分子而焦头烂额；苏联则声称，红军在 1945 年后将带领世界人民继续民族解放战争。美国曾希望提供慈父般的庇护，在联合国的亲善监督下建立一个和平世界。到了 1946 年，世界上大多数国家倾向于谴责为结束战争而在广岛、长崎投放原子弹，而不是导致二战席卷全球的苏德、苏日互不侵犯条约。

没有人预见到联合国会演变成一个时常反对美国的组织，不过它自身能量微薄，削弱了其反美倾向造成的后果。尽管富兰克林·罗斯福领导有方，但在生命的最后几个月里，身体虚弱的罗斯福并没有完全意识到，他在 1944—1945 年做出的各项重大战略决策，如从中国撤军，放弃占领布拉格，不去占领本可进入的德国领土，邀请苏联参加对日作战，没有采取措施应对未来出现在朝鲜半岛的苏联势力等，不仅很快就对战后格局产生影响，而且其后果与罗斯福主张建立战后永久和平秩序的理想主义观点背道而驰。[12]

早在战争初期，英国人就意识到，日渐衰落的大英帝国注定要寿终正寝，其全球地位将被苏联和美国取代。但英国未曾预计到其战后经济迅速衰落到还不如战败的德国和日本（虽然两国人口更多），也没有料到那些前殖民地会如此快地从独立国家蜕变成亲苏的敌对方，对自己反戈一击。苏联曾希望消除与德国之间的脆弱边界，但做梦也没想到通过建立"华沙条约组织"，就将东欧社会主义国家连成一片，轻松实现了这一目标。

鉴于以上种种悖论，各交战方的战前目标是否实现了呢？那些战败国当然没有。德国发动战争是为了扩大领土，将边界延伸至伏尔加河沿岸，创立一个纯粹的种族国家，消灭犹太人，摧毁布尔什维主义，重拾民族自信，并使德国成为 20 世纪欧洲文化和文明的仲裁者。正是源于这种狂妄自大，它的领土面积缩小到自 19 世纪诞生以来的最小值。1943 年至 1945 年，德国境内的非德意志人（主要是外来工人和奴隶劳工）反而比历史上任何时候都多。希特勒杀害了全世界大约一半的犹太人，却催生出以色列。在 20 世纪余下的时间里，大屠杀玷污并扭曲了德意志文明，帮助苏联因解放东线的死亡集中营而获得了自布尔什维克革命以来最大一笔道德资本。德国很快便成为战后欧洲经济体中最强大的一员，但由于战败的耻辱和大屠杀，到 21 世纪仍旧是欧洲主要大国中军事最弱小的无核国家。德国人时常因遥远的纳粹历史而饱受自我怀疑和自责的困扰。

德国战败后，首先被划分成四个部分，然后在 1949 年重组为两个相互竞争且对立的资本主义和共产主义国家，在接下来的半个世纪冷战中，划定了一条将整个欧洲分割为东、西方阵营的分隔线。1940 年的第三帝国领土中，有四分之一至三分之一在战后被割让给了邻国（见地图 11）。[13]

1945 年，有至少 1100 万德意志人被苏联红军和东欧共产主义卫星国从德语区驱逐。没有一个人因战后流离失所而获得国际难民的身份。他们都被赶到西德或东德。好几个世纪以来，这些德意志人祖祖辈辈居住在东普鲁士、西里西亚、波兰、波美拉尼亚和捷克斯洛伐克，但无人将其视作受害者，或对其财产损失予以补偿。没有人为他们在德国建立类似于中东那样的永久难民营，也没人认为应该如此。[14]

尽管如此，德国并没有遭受类似波兰的命运。波兰这个战败的牺牲品在战争初期的 1940 年便已经亡国，人民在饥饿中挣扎，成为德国人的待宰羔羊。根据英国、苏联、美国签订的《波茨坦协定》（1945 年 7 月 17 日—8 月 2 日），与此前德国占领其他国家相比，西方盟军对德国的占领方式是相对温和的，尤其是考虑到德国在战争中杀害的别国军民数比起自身损失要

多上 5—6 倍。1944 年，美国财政部部长小亨利·摩根索
（Henry Morgenthau Jr.）提出一项对德国相当严苛的备忘录，即
摩根索计划（Morgenthau Plan），该方案试探性地呼吁对战后德
国实施去工业化，但最终被搁置。西方资本和军队涌入德国境
内的美英法三国占领区，既帮助当地人重建城市，也保护新成
立的西德不被苏联吞并。

德国之所以战后能够融入新秩序，是因为盟国彻底清算了
纳粹意识形态。西德在盟国占领军的严密监视下，将成为一个
西方式的民主国家。1949 年，它以德意志联邦共和国的身份，
被纳入西欧国家范畴；1955 年又成为北约成员国。由于永久丧
失了大片德语区领土，分裂状态维持了近半个世纪，因此人们
认为德国不会第四次成为新一轮欧洲战争的策源地。

西德政府向许多曾经被纳粹占领的国家支付了巨额赔款，
而这一次并未故意让本国货币通胀。还有更多战略举措促进这
一目标实现，如德意志人发展出新的民族精神，不再将经济活
力与军事实力挂钩；战后还有一个反常现象是，经济实力较弱
的法国和英国都在储备核武器，更强大的德国却在战略层面上
解除武装。其结果是，即使德国只有早期国土面积的三分之二、
8000 万德语人口（与二战时期大致相同），现在也不再需要更
多的“生存空间”了。一个多世纪以来，战后欧洲终于第一次
出现几乎所有德意志族群都生活在德国或奥地利境内的局面，
而且那些境外的德裔少数民族也不再谋求与民族主体国家合并。

纽伦堡审判一开始很顺利，将二十多名纳粹战犯绳之以法。 517
但从 20 世纪 40 年代末至 50 年代初，许多被定罪的人得到减刑
或赦免，还有些人压根就未曾服刑。法国以与纳粹勾结为罪名，
判处本国公民死刑的人数比西方盟国针对纳粹高官的极刑案例

还要多。法国对与纳粹合作者的指控如此频繁，以至于《时代》杂志报道，该国对"通敌"之人的新定义是："任何通敌行为比自己更多的人"。大多数德军高级将领都否认知晓"最终解决方案"，而且他们明明是下令屠杀的罪魁祸首，却声称只是服从希特勒的命令。盟国对如何处置这些人也没有明确的办法。到了 20 世纪 40 年代末和 50 年代初，许多原德国国防军将领被视为重建西德防御体系的关键人物；美英战略家一定程度上也需要利用他们的价值来分析评估二战战果。[15]

欧洲在新千年实现了政治一体化。经济强大的德国主导着自身未来还模糊不清的弱小欧盟（特别是有几个地中海经济体负债累累）。柏林制定的欧盟移民政策经常遭受非议。资金不足的北约正日益边缘化。德国已经实现统一，其军事前景尚无法估量。它似乎对美国的领导地位越来越持怀疑态度，并寻找各种合理的或似是而非的理由，与美国渐行渐远。2015 年，在所有主要欧洲国家中，德国的反美情绪最强烈（支持率不到 51%）。德国偶尔也有历史修正主义者宣扬，在失败无可避免的情况下，德国人民依然遭受了英美轰炸机和苏联红军不必要的破坏和报复，以利用人们对战争失败挥之不去的痛苦对历史翻案。[16]

日本发动战争是为了确立并扩大其在亚太地区的新霸权，企图用自己的帝国取代欧洲殖民列强。但对亚洲大部分地区和美国发动了一场残酷战争后，日本在长达半个多世纪里成为被邻国憎恨的对象，并解除武装，成为非战国家，完全依赖美国提供安全保护。

从 1938 年 7 月到 1945 年 8 月，日军同苏联红军的战斗时间只有几个月。日本的地面部队并未像德军那样遭受致命的打击。日本对中国长期占领，具有一边倒的军事优势，绝大多数死者都是中国人。战后日本的经济增长比德国更为惊人；它从来没有分裂，也未曾在战后数月内就面临共产主义国家的威胁。1939 年，日本人口约 7300 万，比第三帝国统治的大德意志地区的 8000 万人口少，人口增长量却远远超过战后德国。至 2015 年，日本人口比德国多近 5000 万，年国民生产总值超过 1 万亿美元。[17]

518

虽然日本在二战中国战区的伤亡人数还不到德军在东线的一半，但它在中国的所作所为如同德国对苏联发动的侵略战争一样，是在种族仇恨推动下进行的一场一无所获的战争。同样，考虑到岛国的地理特点，那些日本人自诩为本国的领土在战后损失的面积也远少于德国。波兰或捷克斯洛伐克解放后，不会愿意把已经据为己有的德国边境地区还给对方，但美国则可以将冲绳岛交还给日本。

在战争最后一年，英美联军绕过了许多有日军驻守的太平洋地区。在马来亚、朝鲜半岛、中国大陆和台湾，数十万日本士兵投降了，军事设施在战争结束时则基本上完好无损。不过日本人依然伤亡惨重，战时死亡人数仅次于苏联、中国、波兰、德国。日本几乎所有主要城市都日复一日地遭遇狂轰滥炸，B - 29 投掷的燃烧弹将城市中心化为一片火海。尽管汉堡、德累斯顿刚刚毁于烈火，但出于对日本人的仇恨和日军的疯狂抵抗，盟军对日本城市投掷凝固汽油弹并没有立即引起世人的道德谴责，反而被认为是正义的复仇。在所有轴心国中，日本是唯一遭受核武器攻击的国家；也是盟军唯一未对其核心本土发动进攻，并展开地面战斗的轴心国。这一对矛盾或许可以解释，为什么在有广岛、长崎核爆的情形下，日本平民的死亡人数比饱受战争摧残的波兰和南斯拉夫还要少，以及日本为什么没有像德国那样，毫不含糊地斩断它与法西斯战争历史的联系。西方世界熟知德国在东线的灭绝罪行，但对日本在中国的野蛮行径尚不甚了解。

日本将南千岛群岛、萨哈林岛和邻近的较小岛屿割让给苏联，第一次世界大战期间从德国手中获得的一些太平洋岛屿也一并失去。所有这些领地，以及中国东北和台湾、朝鲜半岛、冲绳（美国已于1971年将冲绳归还日本）等地区，却并非属于日本的传统国土。美军和英军都曾在日本驻军，不过日本从未正式分裂。这一点再一次与德国有所区别。它此前的主要敌人——中国、印度尼西亚、朝鲜、马来亚实力有限，与胜利者英美两国进行战后格局谈判中，影响力远不如那些德国曾经征服或占领的欧洲邻国。这一事实也可以解释为什么日本为其战时罪行反省时，总是显得勉为其难。

日军中最有才华，也最臭名昭著的战地指挥官，如本间雅晴、松井石根、山下奉文等，被送上盟国成立的各级法庭，最终被判处绞刑或枪决，此外还有其他900名日本军官和政府官员也得到审判。在战后重建过程中，日本与德国还是有一些相似之处的。盟国占领军迫使日本进行土地和选举改革，新宪法促进了商业发展，并禁止日本组建大规模军队和发动进攻性军事行动。日本还将国家建设重心从武装部队转移到经济领域，在太平洋地区的经济影响力很快就堪比德国在欧洲的地位。正如希特勒的"人民汽车"如今演变成时髦可爱的大众"甲壳虫"一样，三菱公司也逐渐与致命的零式战斗机撇开关系，开始制造廉价可靠的紧凑型汽车。2015年，日本新建的第二艘直升机航母被命名为"加贺"号，与南云忠一在珍珠港行动中指挥的一艘航空母舰（六个月后，该舰在中途岛战役中沉没）同名，但似乎无人为此担忧。[18]

随着中国和朝鲜成为共产主义国家，日本认为自己同德国位于苏联身边类似，处于一个相当危险的地理位置。只有在美国的核保护伞下，国家安全才有保障。共产党在中国内战胜利和朝鲜战争结束后，西方认为经济上强大、政治上友好的日本是阻止共产主义扩散的关键，就像西德被视为防御苏联的军事和经济缓冲区一样。这种基于现实的考量是日本未能正视其帝国主义历史的另一个原因——事实上，直到21世纪，日本的态度仍然给其亚洲邻国带来诸多困扰。

墨索里尼梦想着建立一个环绕地中海的新罗马帝国。然而这场战争却让意大利之外再无意大利的势力。事实上，墨索里尼统治下的意大利是轴心国中第一个倒台的国家，战争只坚持了三年时间。在北非和巴尔干半岛蒙受巨大损失和羞辱之后，法西斯大委员会和国王维托里奥·埃马努埃莱三世于1943年7月废黜了"领袖"。此时盟军正如潮水般登陆西西里岛。新政府试图迎合盟国占领军，仿佛意大利在一夜之间就能从轴心国一员变成同盟国。事实上，在此后两年内，成千上万的亲法西斯分子和反法西斯游击队在意大利乡村四处厮杀，预示着意大利战后政府在接下来的半个世纪里，将一直处于政治矛盾和派系斗争之中。[19]

在整个第二次世界大战期间，意大利仅于1940年8月，在索马里兰赢得了一场针对英军的小规模战役，而且几个月后就将战果丢失殆尽。墨索里尼领导的法西斯政权以无能著称，而且很快便垮台。在随后的战争中，意大利又主要是同德军作战。鉴于这种特殊情况，该国的战后环境与其他轴心国完全不同，

520

也相对不那么严苛。[20]

意大利人在正式停战前推翻了墨索里尼的统治，因此可以提前宣称——无论是否合理——他们也是墨索里尼的受害者。其他轴心国公民可不会杀死他们自己的独裁者。1943 年底，英美联军在攻击德军建立的连续防线并遭遇挫折时，得到过意大利人的支持。在人们的印象中，意大利是墨索里尼的牺牲品，而非德国那样，是一个天生的恶魔。德国在意大利、希腊、德国境内对意大利平民施加的报复和无端野蛮行径也有助于巩固这一形象。意大利人指出，纳粹军队在 1943—1945 年屠杀他们的士兵，并借此证明意大利当时已经完全脱离了墨索里尼强迫他们加入的轴心国集团。[21]

尽管墨索里尼奉行种族主义，东拼西凑了"人种"和"生存空间"等概念，但意大利从未真正形成导致犹太人大屠杀或日本对中国人施加的大规模暴行那样野蛮的种族主义意识形态。墨索里尼大谈特谈 20 世纪现代思潮，其实他的思想反动保守，并效仿德国和日本的做法，在宣扬一个新生的、种族优越的文明的同时，还要竭力重现古罗马的辉煌。

虽然意大利在非洲发动了一场残酷的非人道战争，造成100 多万装备简陋的埃塞俄比亚、索马里、利比亚军人以及平民死亡，但秉持欧洲中心主义的盟国不太可能将意大利人在埃塞俄比亚和索马里的暴行与德国人屠杀欧洲平民的罪状相提并论。在美国，相当数量的意大利少数族裔比早已同化的 19 世纪德国移民更具政治影响力。而且作为欧洲人，他们并不像美国西海岸地区的日裔族群那样遭受严重的种族偏见。梵蒂冈在战时仍是天主教中心。对许多盟国民众而言，他们更容易转变态度，很快就将意大利等同于教皇，而非墨索里尼。犹太人在意大利及其占领区的境遇通常比在第三帝国的统治范围内要好。

此外，盟国中只有英美联军涉足意大利战区。苏军甚至压 521
根就没踏入亚平宁半岛。因此英美可以无所顾忌地按照它们认
为最好的方式裁决意大利的命运。奇怪的是，苏联仅仅是敷衍
地说，尽管意大利向东线派遣了规模惊人的庞大部队，其中有
八万多名官兵永远无法回家，但意军从未真正与苏军交战过。

最后，意大利本土不断遭到轰炸，战争持续时间也比德国
长得多：地面战争长达两年，而德国只有不到四个月。美国耗
费了三年多才抵达德国边境，但只用了大约一半时间就在意大
利登陆。美、英、德军以及当地游击队对意大利造成了严重破
坏。法西斯顽固分子和迫切渴望进行清算的共产党之间也爆发
了一场准内战。因此人们觉得意大利已经承受了巨大苦难，无
须再对其进行分治，尤其是它还可以作为缓冲区，防御从海上
和奥地利方向进攻的苏联红军。随着意大利在亚得里亚海、非
洲、爱琴海和巴尔干半岛等地区建立的庞大海外帝国彻底沦丧，
舆论显然认为惩罚力度足够了，没有必要再分割意大利的领土。

总而言之，虽然战后格局出现了种种悖论，但盟国毕竟还
是部分实现了此前共同制定的战略目标。轴心国从 1939 年至
1944 年征服的所有领土都从德意日三国统治下解放出来，尽管
有很大一部分土地都被并入苏联及其新成立的卫星国。对欧洲
犹太人的彻底清洗被制止了，但此时希特勒的杀戮计划已经完
成了一半。纳粹主义、法西斯主义和日本军国主义不仅作为意
识形态被摧毁，而且那些最有权势的反动分子也遭到谴责和逮
捕。直到今天，三个主义没有一个还能死灰复燃。尽管有人得
以缓刑、减刑和赦免，许多对发动战争负有主要责任和犯下反

人类罪的首恶分子还是受到了审判和惩罚。这在西方约 2500 年的军事历史中未尝有先例。

很多战犯，如希特勒、戈培尔、希姆莱等人宁可畏罪自杀，也不敢面对战后清算与绞刑。轴心国三巨头希特勒、东条英机、墨索里尼皆因战败惨死。盟国领袖们则在衰老中安详去世。民主制度成功取代了轴心国的独裁体制。德国人、日本人和意大利人成为全球模范公民。半个多世纪以来，中欧和南中国海不再是战争的火药桶。世人得以逃脱又一场世界大战。

不过更长远的乌托邦目标只实现了一半。冷战期间，双方都能确保相互毁灭，因此是核武器、北约，以及恐惧阻止了第三次世界大战爆发，而不是在战争中诞生的联合国发表的道德谴责。战争刚刚结束时，美国的梦想是由一群志同道合的自由市场民主国家来治理世界；英国则希望不断进化的帝国转变为开明的英国军事和经济领导人组织起来的、紧密团结的英联邦。事实证明，美国的梦想并不比英国的持久。

在二战的六个主要交战国中，苏联蒙受的损失最为惨重，但达成的战争目标最为成功：击败轴心国，将波罗的海国家重新并入苏联，波兰东部划归苏联，并在边界建立了巨大缓冲区，由忠于莫斯科的共产主义政权掌权。整个东欧、中国和亚洲大陆的大部地区走上了社会主义的发展之路，实现了斯大林在战时设定的愿景。芬兰和奥地利被中立。

之所以出现如此局面，还是源于 1941 年 6 月后，英美对苏联提供支持和帮助。与这样的盟友合作，从军事角度分析是合情合理的。与其袖手旁观，坐视数以千万计的苏联和东欧平民被杀害，或者增兵数百万英美步兵部队去歼灭希特勒的 200 个师，协助斯大林也许是更为可取的策略。[22]

（页边：522）

与此同时，苏联则大肆宣扬它将维护"民主"，是将殖民地人民从法西斯枷锁中拯救出来的真正解放者。出于对大英帝国的不信任，罗斯福政府天真地认为斯大林可能也是一个反帝国主义的同道中人。这也许是美国在这场战争最离谱的假定，因为苏联将毫无疑问采用各种手段持续扩张。[23]

具有讽刺意味的是，1945 年 2 月雅尔塔会议后不久，苏联终于接受英美恳求，同意在击败希特勒后 90 天内，加入太平洋战争，对日作战。然而西方盟国此时不幸地发现，太平洋战区已经不需要苏军介入了。事实上，苏联抓住机会参战，只会对战后西方盟国在中国、朝鲜半岛、印度支那和日本的利益产生负面影响。诺曼底登陆和大轰炸之后，斯大林越来越坚信英美等国事实上也是善战之辈，而且能以远小于苏联的代价，夺取和苏联一样多的轴心国领土。如果雅尔塔会议推迟几个月召开，那么美国于 1945 年 3 月对日本发动燃烧弹攻击的全面效果将得到验证，也能确定原子弹将在 1945 年 7 月成功试爆；届时哈里·杜鲁门将继任总统，盟国见证斯大林命令苏军进入东欧后，大概就不会游说苏联人加入对日战争。如此一来，苏联在战后困扰西方半个世纪的亚洲地区影响力就可能会减弱。[24]

在盟国国内，为个人自由而战的宣传口号在战时只是说说而已，然而一旦战争结束，就必须予以兑现，哪怕只是表面上的敷衍。随后，美国爆发了非裔美国人和其他少数族裔的平权运动，为妇女争取更多平等权利的社会运动亦如火如荼。这不仅源于战时美国社会和商业结构发生了巨变，经济不断增长，而且是取得战争胜利的美式民主国家为证明自身价值所提出的要求。

美国因这场战争开始积极介入海外事务。作为北约和太平洋地区规模较小的类似组织的带头人，美国例行公事般在世界各地展开干预行动，支持反共政权，有时甚至是独裁政府，仿佛 20 世纪 50 年代的干涉就可以避免重复 20 世纪 20 年代和 30 年代孤立主义的错误。如果说制止轴心国就能拯救世界，那么遏制斯大林式的共产主义同样被视作重建世界的关键。战前美国盛行的孤立主义是一战胜利的牺牲品。对经济萧条卷土重来的长期担忧也是如此。1945 年之后，世界大部分地区都化为废墟。所有老牌工业强国——法国、德国、日本、苏联——均遭到轰炸、洗劫或占领。21 世纪的新兴经济体——中国、韩国——都还不存在。美国唯一的主要竞争对手——英国，也转向国内，将本土大部分产业国有化，并放弃了海外资产。美国在商业和安全领域一家独大，战后 20 年来为全世界提供粮食、材料、工业品，以及资本、新产品，从而实现了前所未有的经济增长。从 1945 年到 1970 年，美国大部分年份都能实现国际收支顺差，而此后几乎再未重现。

人们时常把第二次世界大战的辉煌胜利与冷战的复杂性相提并论。生活在战后富裕安逸时代的人们往往遗忘了先辈经历过的艰辛大萧条和浴血奋战，上一代人的功绩也被低估。这种观念上的差异在战后几十年里被贴上了"代沟"的标签。对于更富裕的一代人来说，美军既然是正义之师，那么似乎表明其能够，也应该在第二次世界大战中毫无瑕疵地战斗。

最后，美国人都一致认同，在第二次世界大战中，最伟大的一代领导人——富兰克林·罗斯福、乔治·马歇尔、德怀特·艾森豪威尔、亨利·史汀生、奥马尔·布拉德利、乔治·巴顿、切斯特·尼米兹、道格拉斯·麦克阿瑟等——从轴心国手中拯救了他们的国家，也许还包括文明。在这群领导人的带领下，曾经将世界置于一片烈焰中的德国、日本和意大利创建了民主政治体制。

英国对盟军的最大贡献不仅有物质上的，也有道义上的。如果英国没有从1940年6月25日至1941年6月22日与德国和意大利单打独斗并坚持下来，那么这场战争就会失败，或者当时就戛然而止。在所有六大交战国中，它从1939年9月最开始，一直战斗到1945年9月战争结束。德国对英国本土发动的多次闪电战和导弹袭击造成了五万多名英国人死亡，这是早期堑壕战所做不到的。在与德意日三国的交锋中，美国承担了提供资金和物资的责任。然而，在密码破译、雷达设备、反潜战术、战略轰炸和大战略制定等关键领域，英国在战争中获取的早期经验拯救了成千上万美国人的生命。当第三帝国统治欧洲，与苏联保持盟友关系，且尚未对美国宣战时，丘吉尔拒绝同希特勒和谈，坚持战斗到底。大不列颠的反抗最终促使希特勒犯下战争中最大的错误——东进。

英国工业在战时的军需品产量超过德国、日本，战后出于种种原因，逐渐落后于重建后的两国经济。这并非必然，而是由于糟糕的经济政策。旧时的轴心国战后一无所有，反而在重启经济时找到了发展优势。英国却被胜利困扰。[25]

在1944年和1945年的盟国峰会上，美国外交官，尤其是雅尔塔会议上的罗斯福，不时会挑拨丘吉尔与斯大林相斗，以制衡英国。美国将军痛恨英国的政治和军事领袖以高人一等的态度对待他们，就好像这些英国人是穿着长袍的雅典哲学家，而他们扮演的是古罗马军队的百夫长。[26]

美国国务院认为，狡黠的英国人对斯大林的东欧计划感到担忧，只不过是 19 世纪"大博弈"（Great Game）① 的烂俗闹剧。例如，罗斯福就不同意丘吉尔的意见，决心隐瞒 1940 年春苏联在卡廷森林杀害波兰军官的真相，因为他担心波兰裔美国人可能会认定战时与苏联结盟是错误决策。罗斯福还认为英帝国主义和苏式共产主义在某些方面半斤八两，甚至认为前者就是蓄意剥削，而后者则是一种错误的理想主义。英国驻美国大使大卫·奥姆斯比－戈尔爵士（Sir David Ormsby-Gore）对战后的英国思潮也许做了最好的总结（奇怪的是，当时正值 1962 年古巴导弹危机）："最终，英国很可能还是会得到历史学家的尊崇，但原因是她放弃，而非建立了帝国。"[27]

虽然美国在战后对朋友和前敌人的军事、经济援助都很慷慨，但给予欧洲及亚洲战败国的关注与已经筋疲力尽的英国盟友一样多。直到丘吉尔于 1946 年在密苏里州富尔顿（Fulton）发表具有里程碑意义的"铁幕演说"后，美国人才开始意识到未来必将发生意识形态之间的斗争。也许直到 20 世纪 40 年代末，继承了英国的全球责任后，美国才充分认识到，作为前世界帝国，英国必须在维持秩序规则和促进公平正义之间做出取舍。[28]

526　　一些美国人的思想就此发生转变。在他们的狂热驱使下，美国很快超越实力有限的英国人，更为积极地推动冷战遏制战略。第一次世界大战令奥匈帝国、德意志（第二）帝国、奥斯曼帝国和俄罗斯帝国土崩瓦解。第二次世界大战终结了大英帝国，但也催生了新继承者苏联和美国。尽管英国主观上是为了维护帝国威严，但它毕竟还是在第二次世界大战中为消灭希特

---

① 特指英国与沙皇俄国争夺中亚控制权的战略冲突。

勒、墨索里尼，以及日本军国主义者奋战，而不是试图在自己的帝国框架中包容法西斯主义。

综合海陆空三军力量和工业实力而言，这个同盟国三巨头中最弱小的国家也比任何一个轴心国都要强大。如果说英国在战后失去了它的全球地位，那么这既是源于社会变化，也归因于它在二战中付出了太多鲜血和财富。

苏联既是这场战争的最大输家，也是最大赢家。在所有轴心国和同盟国中，它所承受的死亡人数最多，接近 2700 万人。尽管苏联势力在战后达到顶峰，兼并了波罗的海国家和芬兰南部，在东欧新建立了面积广袤的卫星国，但苏联大部分土地和城市，从占领的波兰领土到伏尔加河都沦为废墟。

数百万苏联人在战后缺乏基本住房和安全食品。苏联工业结构仍然扭曲，维持战时紧急状况。伟大的卫国战争为斯大林主义赢得了下一代人的认同。尽管苏联对德国军队造成了毁灭性打击，但出于冷战因素和对斯大林的态度，西方反共国家往往未能充分肯定苏联的战争贡献。

斯大林曾经是希特勒最大的筹码，也是他最可怕的敌人；斯大林在战争期间拯救了西方，在和平时期又成了它们无法忽视的对手。没有哪个国家被德国杀死的军民或杀死的德国军民比苏联还多。没有哪个国家的军队战斗力如此低下但又取得了如此辉煌的胜利；没有哪个国家牺牲了成千上万的生命来换取成千上万的德国人尸体。

这个国家曾经生产了"喀秋莎"火箭炮和击败德军虎式、527
豹式坦克的 T－34 坦克，在战后却不能为本国消费者制造出在工艺或质量上接近梅赛德斯－奔驰或宝马汽车的产品，更不用说数百万台通用公司生产的高质量冰箱和炉灶了。盟军之所以能赢得这场战争，部分原因是苏联制造业为数百万庞大军队提供不计其数的简单耐用且性能先进的坦克、火炮和火箭弹。战争结束后，从朝鲜半岛到布达佩斯，冷战波及之处都充斥着这样的军火。它们曾经有利于西方，现在却成了祸害。

人们更纠结了。苏联以其巨大的牺牲挽救了盟军。反之，盟军击败德国也拯救了共产主义。苏联城市列宁格勒、莫斯科、斯大林格勒与阿姆斯特丹、雅典、布鲁塞尔、哥本哈根、巴黎不同，它们从未被德军占领过，但在求生过程中蒙受的死亡和破坏却比西方任何一座沦陷城市都要惨烈。所有这些矛盾在逻辑上都源于一个最深刻的讽刺：只有在最强大的集权主义力量的帮助下，反法西斯战争才能取得胜利。

盟国因为有了《大西洋宪章》、纽伦堡和东京审判的基本原则，以及联合国的承诺，从而萌生出崇高的道德期许。然而，事实证明，有两方面原因使得在第二次世界大战中保持最高道德标准无异于空中楼阁，而过去80年来对这场战争的道德评价也变得复杂起来。

首先，要求无条件投降的目标在战争史上非常罕见，鉴于德意日三国的狂热程度、资源规模，以及总共超过两亿人口，这就需要动用当代民众无法想象的暴力。区域轰炸、燃烧弹、核武器造成大量平民死亡。事实上，德国和日本的非战斗人员死亡人数远远超过英国或美国平民。交战国的平民伤亡数量应该与其军队的野蛮行为有关，这种逻辑只有在战争期间才会引起共鸣。

528　　后来，民主国家中一些富裕清闲、勤于自省的公民问，为什么他们的父辈杀死的德日平民多于两国杀害的英美非战斗人员？西方新近出现了一种"相称性惩罚"的后现代观念：防守方不应该用比侵略者在他们身上施行的更加残酷的手段予以反击。传统观点认为只有在军事上击败入侵者，占领对方的国家，羞辱敌人，迫使敌国做出政治改变，才能使之永久性地服输放弃。但这似乎是罗马式的老一套，与西方不断发展的伦理道德相悖。关于对敌人施加"非相称性惩罚"，经典辩词对此毫无歉意，总是老调重弹说"他们发动战争，我们结束战争"，或"我们杀死更多敌人，是为了拯救更多自己人"，或"他们再也不敢尝试了"。这些说辞对那些罹难者——正航行在冰冷的大西洋上，被鱼雷击中的"自由轮"海员；或在施韦因富特上空，从熊熊燃烧的 B-17 飞机内跳出的伞兵；或困在如烤箱般的布痕瓦尔德（Buchenwald）的市民；或在冲绳岛甜面包山上战斗的士兵——而言十分空洞。不过更奇怪的是，在讨论盟军轰炸问题时，很少有人注意到失败的轴心国造成了二战中 80% 的死亡，其中绝大多数是手无寸铁的平民。

其次，盟国在战后被他们自己宣称的理想主义绑架。英国作为一个帝国主义强权参战，试图解放被纳粹占领的国家，并给予其自由选举的权利。不过这种慷慨并没有施舍给从印度到非洲的大不列颠殖民地。那里的人民正群情激昂，向往独立。美国介入战争是为了消灭法西斯种族主义，清除施加于那些不被认为是轴心国优等种族成员的暴行。然而，20 世纪 40 年代，种族隔离的思想在当时美国大部分民众中依然盛行，尤其是在"老南方"地区。美国军队本身就是一支半种族隔离的部队，与他们的白人战友相比，黑人得不到同等对待。

英美两国没有很好地表达出一种更为微妙的观点，即他们正在发展的民主社会在战后将自然而然地引发更广泛的海外民族自决运动，并在国内实现政治平等。这种细微之处在任何时候都很难说清道明，在一场事关生死存亡的战争中也许更不可能。但是，在1945年之后，战胜国对这些问题在几十年间都保持缄默，使得它们很容易成为民族解放主义者抨击的对象，而且助长了一些人不断修正第二次世界大战的道德基础。

对第二次世界大战的正确道德评价并不像我们有时被引导去相信的那样模棱两可。侵略成性的法西斯强权在和平时期不宣而战，这是它们自己的意识形态必然导致的结果；几乎所有盟国都曾在某个时候遭到轴心国突然袭击，这是唯一能把它们团结在一起的共同纽带。一般来说，轴心国在战争期间比盟国更有可能犯下种族灭绝罪，并有组织地实施野蛮暴行。在其他条件相同的情况下，到1943年，既非轴心国，亦非同盟国的第三方国家宁愿由盟军解放，也不愿继续被轴心国占领。受到攻击的盟国装扮成怀揣理想主义信念的解放者，采取了可怕的报复方式作为回应。它们的目标是摧毁，而非击败法西斯，并不太关心这个同床异梦的联盟将对战后世界产生怎样的影响。对于胜利者来说，战争过程和结束方式并不完美，不过考虑到若让轴心国获胜，世界将陷入一片恐怖之中，那么这已经足够好了。

第二次世界大战是一次前所未有的工业化战争，其残暴和致命程度可谓空前绝后。然而，它也是一场传统意义上的西方冲突。当盟国在20世纪30年代末到40年代初失去了威慑力后，战争就会爆发。于是轴心国发动了一场轻率的侵略战争，笃信能占到便宜，并相信在强大的敌人团结起来、重整军备、发布动员令之前就能击败它们，或使其在恐惧中屈服。只有当侵略者全面失败、国土被占领、遭到羞辱时，冲突才能结束。

事实上，正是源于盟国出色的领导能力、明智的工业政策、技术创新和正直的人们受到侵害后迸发的斗志，法西斯才会被打败。

死亡之雾消散后，和平就会回归，这是西方历史的常态。战略威慑、力量平衡、军事结盟多多少少在战后维持了全球安宁。可悲的是，这正是超国家实体无法做到的。乔治·巴顿将军为了美军能够保持精良装备，在欧战最后几天公开宣称："另一场战争无可避免。只要人类还存在，就会有战争。我们唯一能做的，就是在战争之间创造一个更长的和平阶段。"[29]

第二次世界大战——一场本可以阻止的冲突——导致了6000万人丧生，证实了美国、苏联、英国的实力远远强于德国、日本和意大利法西斯。然而如果此前英国没有采取绥靖政策，如果美国放弃孤立主义，如果苏联未与轴心国合作，那么也就没有必要通过这样一个血腥实验来验证这一不言自明的事实。

注　释

前　言

1. 威廉·F. 汉森和维克托·汉森的生平回顾：Hanson，*Ripples of Battle*，1 – 10。

2. 关于第二次世界大战的不同划分和设想，参见 Hew Strachan，"Total War：The Conduct of War，1939 – 1945，" in Chickering，Förster，and Greiner，eds.，*A World at Total War*，33 – 35。

3. Reynolds（*From World War to Cold War*，14 – 18）讨论了"世界大战"一词不适用于 1939—1945 年的冲突，以及参战国家没有使用这个术语的事实。

第一部分

1. Lec，*Unkempt Thoughts*，21.

第一章

1. Doenitz，*Memoirs*，307.

2. Raeder，*Grand Admiral*，322 – 323；Overy，*Interrogations*，340 – 341. 参见 Manstein，*Lost Victories*，163 – 165 中论述入侵英国的必要性。闪电战：Hew Strachan，"Total War：The Conduct of War，1939 – 1945，" in Chickering，Förster，and Greiner，eds.，*A World at Total War*，45 – 46。雷德尔反对"巴巴罗萨行动"的意见：Raeder，*Grand Admiral*，336 – 337。"海狮计划"：McKinstry，*Operation Sea Lion*。参见 Prior，*When Britain Saved the West*，156 – 159。希特勒的战略妄想：Weinberg，*World at Arms*，28 – 47，86 – 87。

3. 迈内克的引文（1940 年 7 月 4 日写给 Siegfried A. Kaehler 的信件），参见 Winkler，*Age of Catastrophe*，694。

4. Ellis，*Brute Force*，29.

5. 德国迅速征服希腊：Mazower，*Inside Hitler's Greece*，1 – 8；Beevor，*Crete 1941*，3 – 58。直布罗陀在第二次世界大战中的战略和军事地位：Jackson，*Rock of the Gibraltarians*，270 – 293；Harvey，*Gibraltar*，137 – 156。

6. Butow，*Tojo and the Coming of the War*，166 – 168；Cf. 342 – 343. Cf. Toll，*Pacific Crucible*，275 – 277. 东条英机的思考，Browne，*Tojo：The Last Banzai*，210 – 211。

7. 意大利欢庆战争结束——解放日（*Festa della Liberazione*），1945 年 4 月 25 日——仍然是一个有政治争议的问题：Belco，*War，Massacre，and Recovery*，129 – 132。

8. Cf Willard C. Frank，Jr，"The Spanish Civil War and the Coming of the Second World War," in Finney，ed.，*Origins of the Second World War*，381 – 402；Weinberg，*World at Arms*，133 – 134；177 – 178. 佛朗哥与希特勒的关系：Preston，"Spain：Betting on a Nazi Victory," in Bosworth and Maiolo，eds.，*The Cambridge History of the Second World War*，Vol. II：*Politics and Ideology*，327 – 329。

9. "世界"战争的概念：Weinberg，*World at Arms*，3 – 7。Bell，*First Total War*，302 – 309. 伤亡情况：Gates，*Napoleonic Wars*，271 – 272；Churchill，*A History of the English - Speaking Peoples*，Vol. III：*The Age of Revolution*，123 – 134。

10. 一场"三十年战争"，Winkler，*Age of Catastrophe*，i，904 – 906。

11. Savile，*Complete Works*，229.

12. 古兰经：Churchill，*The Gathering Storm*，55。

13. Hechler，*Goering and His Gang*，125.

14. 德国重整军备：Churchill，*The Gathering Storm*，51。Guderian，*Panzer Leader*，190，其中指出，甚至到了 1941 年，德国坦克在很大程度上也不如苏联坦克。

15. 相关资料：Mark Harrison，"The Economics of World War II：An Overview," in Harrison，ed.，*The Economics of World War II*，2 – 5。

第二章

1. Moorhouse，*The Devils' Alliance*，xx.

2. Gorodetsky，ed.，*Maisky Diaries*，239（1939 年 11 月 15 日）。Cameron and

Stevens, eds. , *Hitler's Table Talk*, 301（1942 年 2 月 6 日）。克里希南·梅农的引文：*The New York Times*，1960 年 10 月 18 日。

3. Churchill, *Gathering Storm*, 484；Cf. Burdick and Jacobsen, eds. , *Halder War Diary*, 31（1939 年 8 月 22 日）。参见概述：Winkler, *Age of Catastrophe*, 676。丘吉尔论绥靖政策：James, ed. , *Winston S. Churchill：His Complete Speeches*, *1897 - 1963*, Vol. 7, *1943 - 1949*, 7251。

4. 希特勒的反苏政策有利于西方保守主义：Winkler, *Age of Catastrophe*, 913。

5. 中立：Keegan, *Battle for History*, 31。威尔逊的理想主义在巴黎和会后催生了中立主义，参见 Winkler, *Age of Catastrophe*, 907 - 909。

6. 战争是相对力量的反映：Blainey, *Causes of War*, 108 - 124, 特别是 112 - 114。Cf. also, Hanson, *Father of Us All*, 3 - 49.

7. Tooze, *Wages of Destruction*, 663 - 664. 关于"直率的智者"：Thucydides 3. 83. 3。

8. Shirer, *Berlin Diary*, 245（1939 年 11 月 7 日）。Speer, *Inside the Third Reich*, 290，关于戈林妄想般的咆哮，参见 Murray, *Luftwaffe*, 60 - 61。

9. 西欧和英国的绥靖政策，参见 Anthony Adamthwaite："France and the Coming of War," in Finney, ed. , *Origins of the Second World War*, 82 - 88。关于德国和美国对大萧条的看法与事实，参见 Tooze, *Wages of Destruction*, 65。

10. 艾登的引述：Gorodetsky, ed. , *Maisky Dairies*, 298（原引文使用斜体）。

11. Luck, *Panzer Commander*, 187.

12. Bullock, *Hitler：A Study in Tyranny*, 316 - 317.

13. R. Gerwarth, "The Axis：Germany, Japan and Italy on the Road to War," in Bosworth and Maiolo, eds. , *The Cambridge History of the Second World War*, Vol. II：*Politics and Ideology*, 29 - 30.

14. 关于战争的起因，参见 Kagan, *Origins of War*, 566 - 573；Blainey, *Causes of War*, 205 - 223。参考 Thucydides 1. 76. 2（并参见 6.15；1.23. 6）著名的论点"恐惧、荣誉和利益"。

15. See Norman J. W. Goda, "The Diplomacy of the Axis, 1940 - 1945," in Bosworth and Maiolo, eds. , *The Cambridge History of the Second World War*, Vol. II：*Politics and Ideology*, 287.

16. Weinberg, *World at Arms*, 70, 86 – 89. 希特勒对美国的幻想：Burdick and Jacobsen, eds. , *Halder War Diary*, 345（1941 年 3 月 30 日）。

17. Winkler, *Age of Catastrophe*, 723. 自大的美国：Hechler, *Goering and His Gang*, 75。有关美国未释放的产能，参阅 Bernd Greiner, "The Spirit of St. Louis：Mobilizing American Politics and Society, 1937 – 1945," in Chickering, Förster, and Greiner, eds. , *A World at Total War*, 特别是 246 – 247。

18. Fermor, *A Time of Gifts*, 115 – 116.

19. 比较 Churchill, *The Gathering Storm*, 85；Duhamel, *The French Position*, 107。Cf. Sowell, *Intellectuals and Society*, 310 – 333.

20. 威尔逊的引述：Sidney Aster, " ' Guilty Men '：The Case of Neville Chamberlain," in Finney, ed. , *Origins of the Second World War*, 70 – 71。关于帕彭，参阅 Kershaw, *Hitler, 1936 – 45：Nemesis*, 83。盟军重整军备的障碍：Taylor, *Origins of the Second World War*, 19 – 22, 116 – 117。

21. Churchill, *Gathering Storm*, 319. 欧洲知识分子的悲观情绪：Overy, *Twilight Years*, 9 – 49。参见 Weinberg, *World at Arms*, 95 – 97, 关于纳粹大后方。

22. Freedman, *Strategy：A History*, 126 – 128.

23. Raeder, *Grand Admiral*, 281. Cf. Richard Overy, "Hitler's War Plans and the German Economy," in Boyce and Robertson, eds. , *Paths to War*, 114. See also Steiner, *Triumph of the Dark*, 607.

24. 法国的坦克优势：Mosier, *Blitzkrieg Myth*, 54 – 58。

25. Maurois, *Tragedy in France*, 126 – 127.

26. 德国人的不满：Stephen A. Schuker, "The End of Versailles," in Martel, ed. , *The Origins of the Second World War Reconsidered*, 38 – 56。See Overy and Wheatcroft, *Road to War*, 139 – 141. 福煦的引述：MacMillan, *Paris 1919*, 459。

27. Eden, *Eden Memoirs：The Reckoning*, 11. 20 世纪 30 年代的绥靖政策：Weinberg, *World at Arms*, 22 – 39；Thornton, *Wages of Appeasement*, 78 – 88。Overy, *Origins of the Second World War*, 2 – 3. 关于《凡尔赛条约》：Blainey, *Causes of War*, 15 – 16, 262 – 263；Steiner, *Triumph of the Dark*, 345。关于绥靖政策的反应，以及盟国决心以不同于第一次世界大战的方式结束第二次世界大战，参阅 Weinberg, *Visions of Victory*, 149 –

150，178 - 180。参见 O'Connor, *Diplomacy for Victory*, passim。

28. Cf. Fuller, *Second World War*, 18 - 27.

29. A. J. Liebling, "Paris Postscript," *The New Yorker Book of War Pieces*, 49（1940 年 8 月 3 日和 10 日）。埃斯库罗斯的引述（fragment no. 394 in Sommerstein, ed., *Aeschylus Fragments*, 328 - 329），参见 Stobaeus, *Anthology* 3. 27. 2。

30. 参阅 1939 年 8 月 22 日国际军事法庭文件，*Nazi Conspiracy and Aggression*, Vol. 3, 582。哈利法克斯：A. Roberts, *Holy Fox*, 406 - 408。艾登的逸事：Eden, *Eden Memoirs*: *The Reckoning*, 37。希特勒的保证：Baynes, ed., *Speeches of Adolf Hitler*, Vol. II, 1181。

31. Weinberg, *World at Arms*, 6 - 20; Cf. 536 - 586. Cf. Taylor, *Origins of the Second World War*, 19 - 22; Kagan, *Origins of War*, 285 - 297.

32. 希特勒的引述：Fuller, *Second World War*, 40 - 41。

33. Warlimont, *Inside Hitler's Headquarters*, 210 - 211. 关于日本的战略困境：Butow, *Tojo and the Coming of the War*, 128 - 129。雷德尔的评论：Murray and Millett, *A War to Be Won*, 236。意大利和"巴巴罗萨行动"：Ciano, *Diary*, 590（1943 年 12 月 23 日）。德国不知道意大利入侵巴尔干半岛的计划：Mellenthin, *German Generals*, 137。

34. 伊斯梅的引述，参见 David Reynolds, "Introduction," in Reynolds, ed., *The Origins of the Cold War in Europe*, 13。第一次布匿战争：Zonaras, *Epitome Historian*, 8. 17, 1. 62. 1 - 9, 3. 27. 2 - 6; Zonaras 8. 17; Lazenby, *First Punic War*, 156 - 159, 171; Lazenby, *Hannibal's War*, 19; Goldsworthy, *Punic Wars*, 128 - 129, 149 - 150。

35. See Barnett, *Collapse of British Power*, 315 - 319.

36. Kagan, *Origins of War*, 252 - 256.

37. 重新评估《凡尔赛条约》：MacMillan, *Paris 1919*, 493 - 494; Weinberg, *World at Arms*, 6 - 16; Thornton, *Wages of Appeasement*, 70 - 72; Kagan, *Origins of War*, 285 - 297。Cf. Taylor, *Origins of the Second World War*, 19 - 22, 48 - 50. Cf. Blainey, *Causes of War*, 17.

38. 法国的失败主义：Winkler, *Age of Catastrophe*, 690; Jackson, *Fall of France*, 112 - 116。法国沦陷：Manstein, *Lost Victories*, 149。1918 年与 1945 年之对比：Gerhard L. Weinberg, "German Strategy, 1939 - 1945,"

in Ferris and Mawdsley, eds., *The Cambridge History of The Second World War*, Vol. I: *Fighting the War*, 130 – 131。Cf. Williamson Murray: "British Grand Strategy, 1933 – 1942," in Murray, Sinnreich, and Lacey, eds., *The Shaping of Grand Strategy*, 157 – 158.

39. Doyle, *World War II in Numbers*, 206 – 209.

40. 轴心国的种族歧视：Steiner, *Triumph of the Dark*, 570 – 571。希特勒与 "齐格菲防线"：Kershaw, *Hitler, 1936 – 45: Nemesis*, 103。墨索里尼，以及需要 "踢屁股"：Ciano, *Diary*, 341（1940 年 4 月 11 日）。

41. 希特勒制订的所谓安乐死计划：Kershaw, *Hitler, 1936 – 45: Nemesis*, 260 – 261。大规模死亡的原因：R. J. Rummel, "War Isn't This Century's Biggest Killer," *The Wall Street Journal*, July 7, 1986。

42. 英国和美国投资建设空军：Overy, *Bombing War*, 609 – 633。

43. 寇松勋爵的引述：Raeder, *Grand Admiral*, 209 – 210。

44. 运输车辆的生产量：Hyde, *Arsenal of Democracy: The American Automobile Industry in World War II*, 152 – 160。德国依赖马匹：DiNardo, *Mechanized Juggernaut or Military Anachronism: Horses and the German Army of World War II*, 24 – 25, 45 – 46。戈培尔的引述：Hitler, *Hitler and His Generals*, 737。

45. 关于雷德尔：Murray, *Change in the European Balance of Power*, 45。

46. 德国人在战争后期的绝望，参见 Overy, *Bombing War*, 122 – 124。

第三章

1. Kershaw, *Hitler, 1936 – 45: Nemesis*, 614 – 615.

2. 入侵波兰：Weinberg, *World at Arms*, 55 – 58。

3. Speer, *Spandau*, 45. Richard Overy, "Hitler's War Plans and the German Economy," in Boyce and Roberston, eds., *Paths to War*, 111. Cf. Overy, *1939*, 6 – 13. 法国沦陷：Reynolds, *From World War to Cold War*, 26 – 28, 及同一作者的 "Fulcrum of the Twentieth Century," *International Affairs* 66.2（1990）, 325 – 350。

4. 日本的战略困境：Morton, *Strategy and Command*, 58 – 59。Cf. John Lukacs, "No Pearl Harbor? FDR Delays the War" in Cowley, ed., *What Ifs? of American History*, 179 – 188；同一卷中，Antony Beevor, "If Eisenhower

Had Gone to Berlin," 189 - 204。Conrad Black, "The Japanese Do Not Attack Pearl Harbor," in Roberts, ed. , *What Might Have Been*, 153 - 165；同一卷中, Simon Sebag Montefiore, "Stalin Flees Moscow in 1941," 134 - 152。Andrew Roberts, "Prime Minister Halifax: Great Britain Makes Peace with Germany, 1940," in Cowley, ed. , *What If?* 2, 279 - 290；同一卷中, Caleb Carr, "VE Day—November 11, 1944: The Unleashing of Patton and Montgomery," 333 - 343；and Richard B. Frank, "No Bomb: No End: The Operation Olympic Disaster, Japan 1945," 366 - 381。

5. Taylor, *Origins of the Second World War*, 120 - 121.

6. "无条件责任": Fuller, *Second World War*, 364。同盟国和轴心国的不同目标: Rothwell, *War Aims in the Second World War*, passim；德国: Weinberg, *World at Arms*, 43 - 47；意大利: Knox, *Common Destiny*, 61 - 72, *Mussolini Unleashed*, 102；日本: Hane and Perez, *Modern Japan*, chapters 12 ("The Ascendancy of Militarism") and 13 ("The Road to War"), 257 - 328。对第一次世界大战的反应: Eric Goldstein, Georges - Henri Soutou, Lawrence E. Gelfand, and the comment of Antony Lentin in Part Two ("The Peacemakers and Their Home Fronts") of Boemeke, Feldman, and Glaser, eds. , *Treaty of Versailles*。关于《凡尔赛条约》的问题: MacMillan, *Paris 1919*, 478 - 483。关于对德国发动歼灭战，而不是拉锯战的观点，参阅 Hans Delbrück 著作中的经典二分法: Gordon A Craig, "Delbrück: The Military Historian," Chapter 12 of Paret, Craig, and Gilbert, eds. , *Makers of Modern Strategy*, 326 - 354；*Niederwerfungsstrategie*（歼灭战略）versus *Ermattungsstrategie*（消耗战略），参阅同上, 341 - 344。

7. "独一无二" 的战争: Thucydides 1. 23. 1；Cf. 1. 1. 1. Hanson, *War Like No Other*, 10 - 12。

8. Megargee, *War of Annihilation*, 144 - 148.

9. Cf. Calvocoressi, Wint, and Pritchard, *Total War*, 233 - 263, and bibliography, 1250 - 1251.

10. 关于让苏联和第三帝国互相毁灭的保守派观点: West, *American Betrayal*, 111 - 115, - 271。二战后英国及美国在欧洲的地位提高: P. Buchanan, *Churchill, Hitler, and "The Unnecessary War": How Britain*

Lost Its Empire and the West Lost the World（New York：Crown，2009），特别是413－424。与希特勒进行外交谈判：Teddy J. Uldricks，"Debating the Role of Russia in the Origins of the Second World War，"in Martel，ed.，*The Origins of the Second World War Reconsidered*，146－149。

11. 雷德尔的警告：Raeder，*Grand Admiral*，336。苏联的地理、天气、后勤和人力资源：Megargee，*War of Annihilation*，29－31。德国军官支持"巴巴罗萨行动"，参阅Kershaw，*Hitler，1936－45：Nemesis*，83。

12. 芬兰：Calvocoressi，Wint，and Pritchard，*Total War*，115－118。"巴巴罗萨行动"之前苏联的实力：Bruce W. Menning and Jonathan House，"Soviet strategy，"in Ferris and Mawdsley，eds.，*The Cambridge History of The Second World War*，Vol. I：*Fighting the War*，222－223。

13. 布雷默的引述：Salisbury，*900 Days*，61；希特勒的"沙盒"幻想：Speer，*Inside the Third Reich*，173。同样参见Kershaw，*Hitler，1936－45：Nemesis*，305。

14. Calvocoressi，Wint，and Pritchard，*Total War*，99－100.

15. 斯大林评论希特勒：Roberts，*Stalin's Wars*，182。希特勒的引述：Berthon and Potts，*Warlords*，166－167。

16. Jackson，*Fall of France*，237.《莫洛托夫－里宾特洛甫条约》（即《苏德互不侵犯条约》）：Weinberg，*World at Arms*，34－36；参见Moorhouse，*Devils' Alliance*，185－186。Cf. Kershaw，*Hitler，1936－45：Nemesis*，33－36. 斯大林阅读过《我的奋斗》：Suvorov，*Chief Culprit*，19－22，105－110，146－152。苏联的主张：Gorodetsky，ed.，*Maisky Dairies*，229。

17. 轴心国和盟国之间的紧张关系：Earl F. Ziemke，"Military Effectiveness in the Second World War，"in Millett and Murray，eds.，*Military Effectiveness*，Vol. 3，280－282。

18. 苏日协议：Calvocoressi，Wint，and Pritchard，*Total War*，917。Cf. Warlimont，*Inside Hitler's Headquarters*，145；Cf. Cameron and Stevens，eds.，*Hitler's Table Talk*，35.

19.《苏日中立条约》：Hane and Perez，*Modern Japan*，311－312。Cf. Roberts，*Stalin's Wars*，30－42. 凯特尔的"漫长的战争"：Overy，*Interrogations*，344。日本与德国的算计：Murray，"The Axis，"in Mansoor and Murray, eds. , *Grand Strategy and Military Alliances*, 334 – 336。

20. Churchill, *Gathering Storm*, 449.

21. 苏联的恐惧、欺诈和战略野心：J. Erickson, "Threat Identification and Strategic Appraisal by the Soviet Union, 1930 – 1941," in Finney, ed. , *Origins of the Second World War*, 334 – 351。《苏日中立条约》：Weinberg, *World at Arms*, 81, 249 – 250; Paine, *Wars for Asia*, 177 – 180。关于苏联不愿与日本人开战：Eden, *Eden Memoirs*：*The Reckoning*, 303。

22. 英国政府的评估和策略：Reynolds, *From World War to Cold War*, 75 – 98。帝国的资源：David French, "British military strategy," in Ferris and Mawdsley, eds. , *The Cambridge History of The Second World War*, Vol. Ⅰ：*Fighting the War*, 50; Ashley Jackson, "The British Empire, 1939 – 1945," in Bosworth and Maiolo, eds. , *The Cambridge History of the Second World War*, Vol. Ⅱ：*Politics and Ideology*, 564 – 566。

23. 概述：Edgerton, *Britain's War Machine*。See Sidney Aster, " 'Guilty Men'：The Case of Neville Chamberlain," in Finney, ed. , *Origins of the Second World War*, 62 – 78.

24. Churchill, *Gathering Storm*, 223 – 224. See Orwell and Angus, eds. , *The Collected Essays, Journalism, and Letters of George Orwell*, Vol. 4, 317.

25. 美国战前的国防开支：O'Brien, *How the War Was Won*, 98 – 100。

26. 日本对美国本土的攻击十分微弱：Horn, *The Second Attack on Pearl Harbor：Operation K and Other Japanese Attempts to Bomb America in World War II*; Webber, *Silent Siege：Japanese Attacks Against North America in World War II*; Mikesh, *Japan's World War II Balloon Bomb Attacks on North America*, 16 – 36; Weinberg, *World at Arms*, 650 – 651。

27. 美国国防开支：Millett, "The United States Armed Forces in the Second World War," in Millett and Murray, eds. , *Military Effectiveness*, Vol. 3, 48 – 50。

28. 美国的第一代战机：Earl F. Ziemke, "Military Effectiveness in the Second World War," in Millett and Murray, eds. , *Military Effectiveness*, Vol. 3, 285 – 287。B – 17 和 B – 24：O'Brien, *How the War Was Won*, 274 – 275。

29. Hechler, *Goering and His Gang*, 78。希特勒评价罗斯福：Baynes, *Speeches of Adolf Hitler*, Vol. II, 1605ff。里宾特洛甫的说法：Overy, *Interrogations*, 321 – 322。

30. Wilmot, *Struggle for Europe*, 130 – 131. Cf. Jackson, *Fall of France*, 142. 美国的战略目标：Thomas G. Mahnken, "US Grand Strategy, 1939 – 1945," in Ferris and Mawdsley, eds., *The Cambridge History of the Second World War*, Vol. I: *Fighting the War*, 特别是207 – 212。

第二部分

1. Wells, *The War in the Air*, 164.

第四章

1. 以卡塞尔和马格德堡为例，讨论关于对德战略轰炸所造成伤亡的性质：Arnold, *Allied Air War and Urban Memory*；柏林：Read and Fisher, *Fall of Berlin*, 122 – 129；德累斯顿：De Bruhl, *Firestorm*, 210 – 213。

2. 关于平民死亡及其军事影响：Miller, *Masters of the Air*, 484 – 485。空军效能评估和成本效益：Overy, *Bombing War*, 398 – 408；Earl F. Ziemke, "Military Effectiveness in the Second World War," in Millett and Murray, eds., *Military Effectiveness*, Vol. 3, 282。

3. See O'Brien, *How the War Was Won*, 17 – 66.

4. 空军在第一次世界大战中的重要性：John H. Morrow, Jr., "The War in the Air," Chapter 20 in Strachan, ed., *Oxford Illustrated History of the First World War*, 265 – 277。

5. Mosier, *Blitzkrieg Myth*, 23 – 24. Cf. Douhet, *The Command of the Air* (*Il dominio dell'aria*), 23. 第一次世界大战中的空军：Buckley, *Air Power*, 42 – 69, 74 – 77；Mitchell, *Winged Defense*, 3。关于飞机发明前的载人飞行：Holmes, *Falling Upwards*, 122 – 155。

6. 20世纪30年代末战斗机和轰炸机的性能：Buckley, *Air Power*, 108 – 110；Overy, *Bombing War*, 26。

7. 1932年11月10日，斯坦利·鲍德温的演讲：Middlemas and Barnes, *Baldwin: A Biography*, 735 – 736；Kennett, *Strategic Bombing*, 68 – 69。Cf. Buckley, *Air Power*, 14；Overy, *Bombing War*, 27. 关于鲍德温和张伯

伦：Dobson, *Why Do the People Hate Me So?*，特别是 285 – 297。

8. 战前的提倡者：Kennett, *Strategic Bombing*, 39 – 57。关于确定美国战略
轰炸是否有效的复杂性，参见 1944 年 1 月 18 日的辩论，题为"德国的
战争潜力，1943 年 12 月：一项评估"，in Gentile, *How Effective Is
Strategic Bombing?*, 26 – 31。Walther Wever：Murray, *Luftwaffe*, 9 – 10.

9. Wells, *Courage and Air Warfare*, 36 – 45.

10. De Seversky, *Victory Through Air Power*, 130 – 131；Cf. 24 – 27；Libbey,
Alexander P. de Seversky, chapters 12（"Prophet of Air Power," 178 –
192）and 13（"Victory Through Air Power," 193 – 211）. Overy, *Bombing
War*, 609 – 633.

11. 除《孙子兵法》，其他参见 Whitehead, *Aineias the Tactician*；Milner,
Vegetius；Dennis, *Maurice's Strategikon*；Howard and Paret, *Clausewitz, On
War*；Mendell and Craighill, *The Art of War*。

12. 空中事故：Wells, *Courage and Air Warfare*, 31 – 33。关于大部分海战
都邻近海岸：Keegan, *Price of Admiralty*, 6。关于萨拉米斯战役，参见
Hale, *Lords of the Sea*, 55 – 74；Strauss, *Battle of Salamis*, passim；关于
勒班陀海战：Capponi, *Victory of the West*, 219 – 286；关于纳瓦里诺海
战：Woodhouse, *Battle of Navarino*, passim。

13. 飞机在两次大战之间的改善：Van Creveld, *Age of Airpower*, 66 – 67；参
见 Wells, *Courage and Air Warfare*, 29。

14. Johnson, *V1 – V2*, 21 – 25.

15. Wells, *Courage and Air Warfare*, 27 – 59（Chapter 2："The Nature of Air
Combat During the Combined Bomber Offensive"）.

16. 对"喷火"式战斗机不熟悉：Galland, *First and Last*, 37, 11；Galland
晋升为将军，97；谴责戈林否认盟军生产数量和能力的现实，159，
234 – 235；戈林建立的空战机制的失败，217 – 218, 221 – 222；戈林最
终接受了 Galland 关于 Me – 262 的观点：354。

17. Hechler, *Goering and His Gang*, 203. Cf. Doubler, *Closing with the Enemy*,
75 – 76.

18. Quoted in Wells, *Courage and Air Warfare*, 30.

19. 从远方发起战争：Plato, *Laws*, 778d – 779b。

20. See Murray, *Luftwaffe*, 227 – 231. 特别是关于德国战斗机的坠毁和损失

情况：Williamson Murray，"Attrition and the Luftwaffe，"*Air University Review* 34.3（1983 年 3—4 月），66 – 77。

21. Arthur，*Last of the Few*，97. Jarrell，*Complete Poems*，144. 伤亡率：Miller，*Masters of the Air*，205。

22. B – 29 机尾炮手的回忆：Doty，*Backwards into Battle*，121 – 122。Cf. Wells，*Courage and Air Warfare*，6 – 22.

23. Buckley，*Air Power*，147 – 153；Doubler，*Closing with the Enemy*，79 – 81.

第五章

1. 关于战斗机和轰炸机生产的比较，参阅 Ellis，*World War II*，tables 92 – 94（278 – 280）；tables 17 – 46（231 – 244）；Angelucci, Matricardi, and Pinto，*Complete Book of World War II Combat Aircraft*，414；Angelucci，*The Rand McNally Encyclopedia of Military Aircraft*，*1914 – 1980*，Plate 114（251）。

2. Alvin D. Coox，"The Effectiveness of the Japanese Military Establishment in the Second World War，" in Millett and Murray, eds.，*Military Effectiveness*，Vol. 3，4 – 5. 言过其实的德国空军力量：Murray，*Luftwaffe*，60 – 61。

3. Murray，*Luftwaffe*，28 – 38. 德国中型轰炸机：Murray，*Change in the European Balance of Power*，44。

4. Yenne，*Hap Arnold*，301 – 303（Appendix 4：Charles Lindbergh Letter to Hap Arnold，1938）. Cf. Lindbergh，*Autobiography of Values*，180 – 182. See Olson，*Those Angry Days*，14 – 18，25 – 27；also Smith，*Berlin Alert*.

5. 重建德国空军：Buckley，*Air Power*，118 – 121；参阅 126 – 128，关于在波兰的空战。

6. Murray，*Luftwaffe*，38 – 39.

7. 轴心国对轰炸机的幻想：Horn，*The Second Attack on Pearl Harbor：Operation K and Other Japanese Attempts to Bomb America in World War II*；Cf. Frenzel，"Operation Pastorius：Hitler's Unfulfilled Dream of a New York in Flames，"*Der Spiegel*，September 16，2010。戈林对亨克尔 He – 177 失望：Hechler，*Goering and His Gang*，495。

8. 失败的 He – 177 项目：O'Brien，*How the War Was Won*，28 – 29。希特

勒的梦想：Cameron and Stevens, eds. , *Hitler's Table Talk*, 307（February 9, 1942）。Cf. Overy, *Interrogations*, 304 - 305. 德国空军飞机状况：Murray, *War, Strategy, and Military Effectiveness*, 241。德国飞机生产中断：Cairncross, *Planning in Wartime*, 127 - 128。戈林：Overy, *Interrogations*, 300 - 301。

9. Murray, *Luftwaffe*, 39 - 43.

10. 关于德国的意图和鹿特丹轰炸的争议：http://www. rafbombercommand. com/personals_ 1_ earlydays. html # stories_ earlydays. html（访问日期：2014 年 2 月 24 日）。See Overy, *Bombing War*, 64 - 65；van den Doel, "Not a Bridge Too Far: The battle for the Moerdijk bridges, Dordrecht and Rotterdam," chapter 10 in Amersfoort and Kamphuis, eds. , *May 1940: The Battle for the Netherlands*, 382 - 392.

11. Jackson, *Fall of France*, 77 - 78. 英国空军损失：Calvocoressi, Wint, and Pritchard, *Total War*, 133 - 134。Cf. Murray, *Luftwaffe*, 42 - 43.

12. Sunderman, ed. , *World War II in the Air: Europe*, 8 - 16. Prior, *When Britain Saved the West*, 140 - 141. Cf. F. R. Kirkland, "The French Air Force in 1940—Was It Defeated by the Luftwaffe or by Politics?" *Air University Review* 36. 6（September - October 1985）, （http://www. airpower. maxwell. af. mil/airchronicles/aureview/1985/sep - oct/kirkland. html）. Cf. Mosier, *Blitzkrieg Myth*, 136 - 138；193 - 195.

13. 不列颠之战中的生产数据：Overy, *Bombing War*, 66 - 82。德国空军在"巴巴罗萨行动"的前夜：Luther, *Barbarossa Unleashed*, 50 - 51。Cf. Murray, *Luftwaffe*；特别是 53 - 54。入侵苏联将会给英国带来不列颠之战所没有的压力，相关的战略思考：Overy, *Bombing War*, 73 - 74, 110 - 112。See Hechler, *Goering and His Gang*, 381.

14. 关于英国处于劣势的错误判断：O'Brien, *How the War Was Won*, 98 - 100, 122 - 124。

15. 道丁上将，参阅 Ray, *Battle of Britain*, passim；Overy, *Bombing War*, 103 - 104；Prior, *When Britain Saved the West*, 246 - 249。

16. 戈林：Overy, *Bombing War*, 75；参见 Guderian, *Panzer Leader*, 444。

17. Buckley, *Air Power*, 119 - 120. 德国闪电战失败：Murray, *Luftwaffe*, 601。

18. Roberts, *Storm of War*, 87 – 118.

19. 德国轰炸苏联：Overy, *Bombing War*, 197 – 234。

20. 苏联 TB – 3 轰炸机：Hardesty and Grinberg, *Red Phoenix Rising*, 46。

21. Overy, *Bombing War*, 234.

22. 空军在东线的损失：Van Creveld, *Age of Airpower*, 110 – 111。Cf. Murray, *Luftwaffe*, 84 – 91.

23. 关于苏联飞机生产：Buckley, *Air Power*, 144 – 147。

24. 德国空军部队调到西线：Murray, *Luftwaffe*, 214 – 215。Cf. O'Brien, *How the War Was Won*, 278 – 282.

25. Kennett, *Strategic Bombing*, 93 – 94, 117 – 120. Overy, *Bombing War*, 50 – 51. 轰炸机司令部在 1940 年夏季的失败进攻：Overy, *Bombing War*, 251 – 254; Cf. 86 – 88。

26. 有关科隆，参阅 Kennett, *Strategic Bombing*, 133 – 135；关于埃森，同上，142 – 143。希特勒的嘲讽：Speer, *Spandau*, 200。

27. 鲁尔战役：Tooze, *Wages of Destruction*, 596 – 601。Cf. Tami Davis Biddle, "Anglo – American Strategic Bombing, 1940 – 1945," in Ferris and Mawdsley, eds., *The Cambridge History of the Second World War*, Vol. I: *Fighting the War*, 500 – 504. Cf. Harris, *Bomber Offensive*, 52. Cf. Evans, *Third Reich at War*, 438 – 439.

28. 1943 年的英美空袭行动：Kennett, *Strategic Bombing*, 146 – 149。美国的声明：Miller, *Masters of the Air*, 336 – 337。美国投弹瞄准技术的历史：McFarland, *America's Pursuit of Precision Bombing, 1910 – 1945*。

29. Chuikov, *Fall of Berlin*, 20.

30. 空袭的损失：Dugan and Stewart, *Ploesti*, 222 – 246。哈里斯的盲目乐观：Murray, *Luftwaffe*, 201 – 202。

31. Bendiner, *Fall of Fortresses*, 174.

32. 有关轰炸机军事行动的神话和误解：Miller, *Masters of the Air*, 211 – 213, 481 – 482。两家工厂受到严重破坏：O'Brien, *How the War Was Won*, 278 – 282。

33. "喷火"式战斗机和护航任务：D. Stubbs, "A Blind Spot? The Royal Air Force (RAF) and Long – Range Fighters, 1936 – 44," *Journal of Military History* 78（2014 年 4 月），673 – 702。

34. O'Brien, *How the War Was Won*, 76 – 77. 德国失去空战均势：Murray, *Luftwaffe*, 286 – 295。参阅 262 – 263，关于德国空军灾难性的损失。

35. Ellis, *Brute Force*, 220 – 221. Cf. Allan R. Millett, "The United States Armed Forces in the Second World War," in Millett and Murray, eds., *Military Effectiveness*, Vol. 3, 61 – 62。轰炸的道德问题：Tami Davis Biddle, "Anglo – American Strategic Bombing, 1940 – 1945," in Ferris and Mawdsley, eds., *The Cambridge History of the Second World War*, Vol. I: *Fighting the War*, 525 – 526。

36. Blumenson, *Patton Papers*, *1940 – 1945*, 681 (1945 年 4 月 7 日日记)。

37. Murray quotes in *Luftwaffe*, 242, and *War*, *Strategy*, *and Military Effectiveness*, 254. 美国的轰炸战略：Allan R. Millett, "The United States Armed Forces in the Second World War," in Millett and Murray, eds., *Military Effectiveness*, Vol. 3, 46 – 47。德国空军的消耗：Overy, *Bombing War*, 365 – 369；参见 377 – 409。关于损失，参阅 Buckley, *Air Power*, 158 – 162。

38. O'Brien, *How the War Was Won*, 226 – 228.

39. Craven and Cate, eds., *Army Air Forces*, Vol. II, 568 – 569.

40. Ehlers, *Mediterranean Air War*, 322 – 355; Cf. 397 – 406.

41. 德国航空母舰"齐柏林伯爵"号从未完工，意大利的"天鹰"号航空母舰同样如此。关于塔兰托和新兴的海军航空兵的重要性，参阅英国皇家海军上将 Andrew Cunningham 的引述：https://www.gov.uk/government/news/navy – commemorates –70th – anniversary – of – battle – of – taranto。

42. 航空母舰实力对比：US Strategy Bombing Survey 中的表格，http://www.ibiblio.org/hyperwar/AAF/USSBS/Japans Struggle/index.html # A3；参见 Ellis, *World War II*, 245 – 249 (Tables 47 – 50), 293 – 302 (Table 100) 中的数据。

43. 战列舰对阵航空母舰：Van Creveld, *Age of Airpower*, 77 – 78。建造"大和"号战列舰的费用：Lengerer and Ahlberg, *Yamato Class*, 69 – 73。

44. Okumiya and Horikoshi, *Zero!*, 187. Cf. Alvin D. Coox, "The Effectiveness of the Japanese Military Establishment in the Second World War," in Millett and Murray, eds., *Military Effectiveness*, Vol. 3, 19.

45. 日本在一流舰船和飞机上的巨额投资：O'Brien, *How the War Was Won*, 66。

46. Cf. O'Brien, *How the War Was Won*, 423.

47. "*Dieu n'est pas pour les plus gros bataillons, mais pour ceux qui tirent le mieux*": Voltaire, *Complete Works*, 547 and cp. 647.

第六章

1. 关于日本防空和航空工业的性质：O'Brien, *How the War Was Won*, 403 – 405。

2. B – 29 项目：Pace, *Boeing B – 29 Superfortress*, 19 – 74; Birdsall, *Saga of the Superfortress*; Kozak, *LeMay*, 170 – 172。

3. Kozak, *LeMay*, 174; Cf. Dorr, *Mission to Tokyo*, 27 – 29. Cf. Jeffrey Fear, "War of the Factories," in Geyer and Tooze, eds., *The Cambridge History of the Second World War*, Vol. Ⅲ: *Total War: Economy, Society and Culture*, 108.

4. B – 29 的损失：Anderton, *B – 29 Superfortress at War*。机械故障：LeMay and Kantor, *Mission with LeMay*, 321。B – 29 机组人员的生存率：http://ww2aircraft. net/forum/aviation/29 – losses – 4429. html; http://www. econseminars. com/6th_ Bombardment_ Group_ Tinian/Risks. pdf。

5. 希特勒的恐惧：Hitler, *Hitler and His Generals*, 610 – 614。斯大林复制 B – 29：Gordon and Rigmant, *Tupolev Tu – 4: Soviet Superfortress*, 24 – 68。Cf. Hardesty and Grinberg, *Red Phoenix Rising*, 348 – 354.

6. 日本的生产数据：Alvin D. Coox, "The Effectiveness of the Japanese Military Establishment in the Second World War," in Millett and Murray, eds., *Military Effectiveness*, Vol. 3, 18 – 21。See Kozak, *LeMay*, 230.

7. 李梅改变了 B – 29 的任务：LeMay and Kantor, *Mission with LeMay*, 345 – 351。

8. 李梅自己的飞行任务：LeMay and Kantor, *Mission with LeMay*, 329 – 331；阿诺德将军的命令经劳里斯·诺斯塔德（Lauris Norstad）准将传达给李梅：同上，347。日本城市化后，易遭受火攻：Murray and Millett, *A War to Be Won*, 504 – 508。

9. 关于燃烧弹的道德争议：Edgerton, *Warriors of the Rising Sun*, 316 – 317。

10. Quoted in Van der Vat, *Pacific Campaign*, 373. Cf. U. S. Strategic Bombing Survey (Number 96), 95.

11. 李梅火攻：Wheeler, *Bombers Over Japan*, 169 – 171。B – 29 执行布雷任务：United States Strategic Bombing Survey, *The Campaigns of the Pacific War*, 382 – 387。

12. 东京易于燃烧：Toll, *Pacific Crucible*, 178。Kennett, *Strategic Bombing*, 164.

13. 传单及削弱日本民众士气：Kozak, *LeMay*, 218 – 225。Cf. O'Brien, *How the War Was Won*, 472 – 474. "战犯"：Rhodes, *Dark Sun*, 20 – 21。

14. 日本对 B – 29 空袭的评估：Okumiya and Horikoshi, *Zero!* : 308 – 309, 334 – 335。

15. 李梅对这些空袭的评价：LeMay and Kantor, *Mission with LeMay*, 388。Cf. "Air – Power Philosophers in the Modern Era," in Boyne, *Influence of Air Power*, 354 – 357。

16. 德国人对 V 型导弹的效果感到幻灭：Calvocoressi, Wint, and Pritchard, *Total War*, 673 – 674。

17. 关于 V 型导弹的生产、发射数量，以及导航特性的数据差别很大：Overy, *Bombing War*, 121 – 125；Neufeld, *The Rocket and the Reich*, 273 – 274。V – 1 的官方名称是 FZG [Flakzielgerät（"高射炮瞄准装置"）] – 76（Fieseler Fi 103），V – 2 则被草率地称为 "设备总成 – 4"。

18. Gunston, *Rockets & Missiles*, 46 – 47. See Rosenau, *Special Operations Forces*, 29 – 34.

19. 盟军试图摧毁 V 型导弹的努力，以及 V – 1 和 V – 2 的区别：Sunderman, ed. , *World War II in the Air: Europe*, 306 – 317。

20. 关于英国人对 V 型导弹的恐惧：Campbell, *Target London*；Gunston, *Rockets & Missiles*, 48 – 49。引用内容，参阅 S. N. Behrman, "The Suspended Drawing Room," *The New Yorker Book of War Pieces*, 421。

21. V 型导弹：Miller, *Masters of the Air*, 297 – 304, 481。V – 2 导弹：Neufeld, *The Rocket and the Reich*, 267 – 280；Baker, *Rocket*, 37 – 64。Buckley, *Air Power*, 142 – 143, 关于美国战略轰炸调查团对德国 V 型导弹项目的成本分析。最高统帅部的士气：Warlimont, *Inside Hitler's Headquarters*, 403。第三帝国各种武器生产所消耗的工时，特别是 V – 2 与 Fw – 190 的对比：O'Brien, *How the War Was Won*, 29。

22. Reischauer, *Japan*, 50 – 51.

23. "神风特攻队"的官方名称为"特别攻击队"。

24. "神风特攻队"的出击架次、损失、击中目标数：Zaloga, *Kamikaze*, 12－13。

25. "神风特攻队"中，79％的飞机为零式战斗机：Okumiya and Horikoshi, *Zero!*, 276－277。

26. Roberts, *Storm of War*, 565.

27. Buckley, *Air Power*, 138－169，关于德国空战。"野马"战斗机：Kennedy, *Engineers of Victory*, 118－125；O'Brien, *How the War Was Won*, 320－322。Overy, *Interrogations*, 349.

28. Van Creveld, *Age of Airpower*, 113－121.

29. Buckley, *Air Power*, 138－145, 181－186，关于欧洲和日本战区的空战。Cf. also, ibid. 19 and 189－191.

30. 错误地投资研究喷气式战斗机和导弹：Wilmot, *Struggle for Europe*, 660－661。

31. Overy, *Bombing War*, 213－216.

32. C－47：Herman, *Freedom's Forge*, 20, 227, 203－205。戈林不切实际的想法：Speer, *Inside the Third Reich*, 224－225。

33. "海鹰"：Tillman, *Clash of the Carriers*, 111－112。

34. 美国战斗机获得成功：Allan R. Millett, "The United States Armed Forces in the Second World War," in Millett and Murray, eds., *Military Effectiveness*, Vol. 3, 80－83。失去航母飞行员的后果：Okumiya and Horikoshi, *Zero!*, 115－116。

35. 参阅资深海军飞行员奥宫正武和零式战斗机设计师堀越二郎的评论：*Zero!*, 186。空军基地的医疗卫生环境，盟国与轴心国的对比：186－187。Overy, *Bombing War*, 96－97.

36. Mellenthin, *Panzer Battles*, 275；O'Brien, *How the War Was Won*, 88；Buckley, *Air Power*, 149－153.

37. 参见美国战略轰炸调查团的总结报告（欧洲战争）。盟军轰炸的效果：Overy, *Bombing War*, 398－409；450－467。Cf. Murray, *Luftwaffe*, 276－277 and 282－284.

38. 轰炸和防空的成本效益：Murray, *War, Strategy, and Military Effectiveness*, 231－264。Cf. Overy, *Bombing War*, 186－196. 关于盟军

欧洲战役战略轰炸调查的结论：http：//www. anesi. com. /ussbs02. htm
（p. 17）。

第三部分

1. Mahan, *The Influence of Sea Power Upon History*, *1660 – 1783*, 3.

第七章

1. "威廉·古斯特洛夫"号：Prince, *Death in the Baltic*, 35 – 36; Cf.
Hastings, *Armageddon*, 285 – 288。

2. 古代海战：Strauss, *Battle of Salamis*; G. K. Tipps, "The Battle of
Ecnomus," *Historia*: *Zeitschrift für Alte Geschichte* 34（1985）, 432 – 465。
勒班陀海战：Hanson, *Carnage and Culture*, 233 – 275。不同军种的人员
死亡统计：Ellis, *World War II*, 254（Table 52）。伤亡数字参阅
Chandler, *Campaigns of Napoleon*, 936; Glantz and House, *Armageddon in
Stalingrad*, 714 – 718。

3. 关于"胡德"号：Norman, *HMS Hood*, 129 – 141。比较二战期间其他
舰只的损失："大和"号（http：//www. combinedfleet. com/Taiho. htm）；
"印第安纳波利斯"号（CA – 35）（http：//www. ussindianapolis. org/
crew. htm）。

4. Evans and Peattie, *Kaigun*, 243 – 245.

5. Drury and Clavin, *Halsey's Typhoon*, 297 – 307. 哈尔西的偶然失误：
Murfett, *Naval Warfare 1919 – 1945*, 490。参见海军人事局报告，华盛顿
特区，1947 年 4 月 18 日（http：//www. history. navy. mil/library/online/
aviation_ fatal. htm）。

6. 虎式 I 型坦克造价约为 25 万帝国马克，"俾斯麦"号约为 2 亿帝国马
克。希特勒对海军支出十分生气：Cameron and Stevens, eds., *Hitler's
Table Talk*, 27（1941 年 8 月 10 日至 11 日夜）。

7. 海权的局限性：Kennedy, "The Influence and Limitations of Sea Power,"
International History Review 10（1988）, 2 – 17; 及同作者的 *Rise and Fall of
British Naval Mastery*, 7 – 8, 18, 169, and（关于二战）312。概述参见
Corbett, *Some Principles of Maritime Strategy*, and Widen, *Theorist of Maritime
Strategy*, 123 – 124。早期希腊海权的兴起：Casson, *The Ancient Mariners*,

33 – 43, 75 – 79。斯巴达和雅典：Hanson, *War Like No Other*, 271 – 287。

8. 威尼斯自然条件不佳，但通过经略海洋变得富有：Lane, *Venice: A Maritime Republic*, passim; Crowley, *City of Fortune*, 276 – 289。

9. 海权的政治效用（特别是"说服理论"）：Luttwak, *Political Uses of Sea Power*, 71 – 72; Walker, "Sea Power and the Law of the Sea: The Need for a Contextual Approach," *Ocean Development & International Law* 7（1979），299 – 326。

10. 关于美国战列舰政策：O'Connell, *Sacred Vessels*, 304 – 306。源田实的蔑视：Prange, *At Dawn We Slept*, 24 – 25。参阅 Vice Admiral Inoue 的评论（quoted in Asada, *From Mahan to Pearl Harbor*, 184 – 185）。Cf. Howarth, *Fighting Ships of the Rising Sun*, 211 – 219. 巨舰沉没：Ireland, *Jane's Naval History of World War II*, 232 – 251。希特勒对战列舰再次评论：Cameron and Stevens, eds., *Hitler's Table Talk*, 708（June 19, 1943, at table）。日本建造超级战列舰的观念：Evans and Peattie, *Kaigun*, 382 – 383。石油：Alessio Patalano, "Feigning Grand Strategy: Japan, 1937 – 1945," in Ferris and Mawdsley, eds., *The Cambridge History of The Second World War*, Vol. I: *Fighting the War*, 179。

11. 威尼斯兵工厂：Lane, *Venice: A Maritime Republic*, 361 – 364。雅典海军优势：Thucydides 2. 62. 2; also Morrison, Coates, and Rankov, *The Athenian Trireme*, 62, 94 – 95, 114 – 118; Hale, *Lords of the Sea*, xxiv – xxv, 126 – 128。

12. 轴心国和同盟国建造战列舰：O'Connell, *Sacred Vessels*, 290 – 307; Rose, *Power at Sea*, Vol. 2, 26 – 30; Murfett, *Naval Warfare 1919 – 1945*, 27 – 34。

13. 希特勒的海军军备竞赛：Cameron and Stevens, eds., *Hitler's Table Talk*, 27（1941 年 8 月 10 日至 11 日）。Cf. Hinsley, *Hitler's Strategy*, 1 – 13, 61 – 62, 86 – 89.

14. 海军的考量和希特勒决定对美国宣战：Doenitz, *Memoirs*, 195 – 224。Cf. Shirer, *Rise and Fall*, 757（quoting Shulman, *Defeat in the West*, 50）.

15. 与英国相比，德国舰队 1939 年的规模比 1914 年的还要小：Showell, *German Navy Handbook*, 10 – 15。《英德海军协定》（1935 年 6 月 18

日）: Holger H. Herwig, "The Failure of German Sea Power," *International History Review* 10. 1（1988）, 68 – 105。

16. Richard D. Fisher, Jr. , "Reflections on China's Military Trajectory and the US Pivot," in Chow, ed. , *US Strategic Pivot*, 207 – 225; Cf. Laird, Timperlake, and Weitz, *Rebuilding American Military Power in the Pacific*.

17. 德国海军在战争初期的战略: Keegan, *Price of Admiralty*, 220 – 221。

18. 拿破仑没有足够的海军实力: Roberts, *Napoleon*, 57。对其战略更有利的估计: Chandler, *Campaigns of Napoleon*, 324。德国海军在战前比较悲观: Murray, *Change in the European Balance of Power*, 45 – 47。

19. Weinberg, *World at Arms*, 70. 德国海军战略、"Z 计划"、希特勒的造舰计划: Blair, *Hitler's U – Boat War*, Vol. 1: *The Hunters 1939 – 1942*, 29 – 49; Miller, *War at Sea*, 29 – 34。

20. 对马岛战役详情: Pleshakov, *The Tsar's Last Armada*, 267 – 286。

21. 比较 1941 年底各国太平洋舰队实力: Evans and Peattie, *Kaigun*, 353 – 390, 特别是 Fig. 10 – 1（355）和 Table 10 – 3（365）。Cf. Evans, ed. , *Japanese Navy*, 5 – 6. 美国人缺乏战备: Morton, *Strategy and Command*, 137 – 139。盛赞偷袭珍珠港的天才行动: Calvocoressi, Wint, and Pritchard, *Total War*, 958 – 959。

22. Okumiya and Horikoshi, *Zero!*, 118 – 119. 日本的早期胜利: Alessio Patalano, "Feigning Grand Strategy: Japan, 1937 – 1945," in Ferris and Mawdsley, eds. , *The Cambridge History of the Second World War*, Vol. I: *Fighting the War*, 181。Paine, *The Wars for Asia*, 188.

23. Cf. Loxton and Coulthard – Clark, *The Shame of Savo*, 254 – 270.

24. 战前舰队: Zimm, *Attack on Pearl Harbor*, 394 – 400（其中列出了空袭当天珍珠港及周边的舰艇）; 同样参见 33 – 35。

25. 日本人未能充分利用战术胜利: Evans and Peattie, *Kaigun*, 494 – 495。"翔鹤"号上的舰载机转移到"瑞鹤"号上: Calvocoressi, Wint, and Pritchard, *Total War*, 1056。

26. 日本缺乏训练有素的航母飞行员: Potter, *Yamamoto*, 163 – 164; Polmar, *Aircraft Carriers*, 506 – 507。战争结束时, 美日海军实力对比: Evans and Peattie, *Kaigun*, Table 10 – 4（366）and Fig. 10 – 2（367）。

27. 日本军队抵达珍珠港所面临的问题: Evans, ed. , *Japanese Navy*, 8 – 10。

28. 日本在战前设定的战略假设存在诸多缺陷：Evans and Peattie, *Kaigun*, 447－486。"长矛"鱼雷：Dull, *Imperial Japanese Navy*, 60－61；Evans and Peattie, *Kaigun*, 266－272。

29. 1935—1936 年，意大利海军与英国海军相比处于劣势：Mallett, *Italian Navy and Fascist Expansionism*, 54－56。英法就阿比西尼亚问题向墨索里尼达成让步：Knox, *Mussolini Unleashed*, 33；Greene and Massignani, *Naval War in the Mediterranean*, 10－19。墨索里尼的"等待观望"主义：John Gooch, "Mussolini's Strategy, 1939－1943," in Ferris and Mawdsley, eds., *The Cambridge History of the Second World War*, Vol. I: *Fighting the War*, 135－137。

30. 意大利和英国的海军差异：Boyne, *Clash of Titans*, 45－51。

31. 英国与意大利战舰对比：Bragadin, *Italian Navy*, 8。（另参阅交战双方的船舶损失统计，359－364。）

32. 意大利皇家海军的防御战略：Salerno, *Vital Crossroads*, 61－62, 66－67, 86－90, 132－134, 190－191, 209－210。And Cf. Hattendorf, ed., *Naval Strategy and Policy in the Mediterranean*, 108－146.

33. 美国的担忧，参阅 Ciano, *Diary*, 515 (April 29, 30－May 1, 2, 1942)。

34. 意大利舰队失去战斗能力：Sadkovich, *Italian Navy in World War II*, 328－329。

35. 英国的损失统计，参阅 http：//www. naval－history. net/WW2aBritish Losses10tables. htm，以及在第一次世界大战中的损失统计：https：//ia800502. us. archive. org/23/items/statisticsofmili00grea/statisticsofmili00 grea. pdf。参见美国海军人员损失：https：//www. history. navy. mil/ research/library/online－reading－room/title－list－alphabetically/u/us－ navy－personnel－in－world－war－ii－service－and－casualty－ statistics. html。如果护航航母也被列入统计，那么美国航母总损失数更多。参阅 http：//www. navsource. org/Naval/losses. htm#ca were greater。

36. 战争开始时的英国海军大战略：Gibbs, *Grand Strategy*, 420－436。

37. 美国太平洋舰队和"德国优先"政策：James Kurth, "The U. S. Navy in World War II," *Foreign Policy Research Institute Foot Notes* Vol. 14, No. 24 (2009 年 9 月), and available at：http：//www. fpri. org/articles/ 2009/09/us－navy－world－war－ii. Cf. Dennis Showalter, "Global Yet

Not Total: The U. S. War Effort and Its Consequences," in Chickering, Förster, and Greiner, eds. , *A World at Total War*, 110 – 111.

38. 美国海军战略概要和"橙色作战计划"：Miller, *War Plan Orange*, 347 – 370。

39. 美国大西洋舰队对抗 U 型潜艇威胁：Morison, *History of United States Naval Operations*, Vol. 1: *The Battle of the Atlantic*, *September 1939 – 1943*, 400 – 409。

40. 美国人在建造航母方面颇有远见：O' Connell, *Sacred Vessels*, 308 – 309。Cf. Williamson Murray, "US Naval Strategy and Japan," in Murray and Sinnreich, eds. , *Successful Strategies*, 296 – 297. 关于卡尔·文森的贡献，参阅 Cook, *Carl Vinson: Patriarch of the Armed Forces*, 78 – 153; Jones, *WWII*, 102。美国海军建设：Thomas, *Sea of Thunder*, 108 – 110, 151 – 152。斯大林对同盟国先进生产力的观点：Shtemenko, *The Last Six Months*, 423 – 425。

41. 战争期间建造潜艇并不断改进：Fontenoy, *Submarines*, 23 – 38。

42. 战列舰和重型巡洋舰支援两栖登陆：Barbara Brooks Tomblin, "Naval Gunfire Support in Operation Neptune: A Reexamination," Chapter Six in Piehler and Pash, eds. , *The United States and the Second World War*, 150 – 215。参见 D 日炮击：Kennedy, *Engineers of Victory*, 253, 256, 264。

43. 苏联海军建设和战略：Rohwer and Monakov, *Stalin's Ocean – Going Fleet*, 117 – 121。Cf. Mark Harrison, "The Volume of Soviet Munitions Output, 1937 – 1945: A Reevaluation," *Journal of Economic History* 50. 3 (1990), 569 – 589.

44. 苏联舰队概要，以及德国的波罗的海和黑海地区的海军战略观点：Ruge, *Soviets as Naval Opponents*。Cf. Boyne, *Clash of Titans*, 349 – 351. 通过符拉迪沃斯托克接收租借物资：Weeks, *Russia's Life – Saver: Lend – Lease Aid to the U. S. S. R.* , 2 – 3。

45. 苏联在战前及战时的海军大战略：Rohwer and Monakov, *Stalin's Ocean – Going Fleet*, 20 – 24, 41 – 42, 43 – 45, 77 – 85, 117 – 119。

46. 战列舰火炮：Campbell, *Naval Weapons of World War Two*。

47. 战列舰传奇：O' Connell, *Sacred Vessels*, 277 – 316。

48. 意大利的两艘航空母舰"天鹰"号和"雀鹰"号从未完工：Bragadin,
    Italian Navy, 98 – 99 and 346。2006 年 7 月 12 日，塞浦路斯科研船
    "圣巴巴拉"号在距波兰北部海岸 55 千米处发现了"齐柏林伯爵"号
    残骸。关于"齐柏林伯爵"号：Showell, *German Navy Handbook
    1939 – 1945*, 176。

49. 各型号战列舰和航空母舰的规格和尺寸表单：Spilling, ed., *Weapons
    of War：Battleships and Aircraft Carriers*, passim。航空母舰与战列舰的相
    对成本："The Staggering Burden of Armament," *A League of Nations* 4. 2
    （1921 年 4 月），245, 251 – 253。邓尼茨与雷德尔的争论：Speer,
    Spandau, 120。

50. Poirier, "Results of German and American Submarine Campaigns"
    （Appendix I）. 双方船员的损失和商船水手死亡人数：White, *Bitter
    Ocean*, 2 – 6；同样参见 289 – 298。

51. 美国潜艇攻击日本目标：Paine, *Wars for Asia*, 195 – 196。参见同上，
    218 – 219，有关航运损失的其他统计资料。

52. 驱逐舰的经典定义（根据排水量和武器装备）：Friedman, *U. S.
    Destroyers*, 22 – 24。《华盛顿海军条约》和随后在伦敦达成的协议：
    John H. Maurer, "Arms Control and the Washington Conference," in
    Goldstein and Maurer, eds., *The Washington Conference, 1921 – 22：Naval
    Rivalry, East Asian Stability and the Road to Pearl Harbor*, 267 – 292。Cf.
    Williamson Murray, "US Naval Strategy and Japan," in Murray and
    Sinnreich, eds., *Successful Strategies*, 289 – 291.

53. 法国"空想"级驱逐舰：Whitley, *Destroyers of World War II*, 42 – 44。
    驱逐舰在战时的终极形态大概就是美国的"基林"级（Gearing）。该
    型驱逐舰将近 400 英尺长，排水量超过 2600 吨，装备有 6 门 5 英寸口
    径火炮，还配备了各类高射炮、鱼雷管和深水炸弹抛射器。战争中体
    积最大、火力最致命的驱逐舰是日本的"秋月"级，超规格的排水量
    为 2700 吨，在 4 个动力炮塔上安装了 8 门 3.9 英寸高射炮，拥有 4 具
    24 英寸鱼雷发射管。关于美国"基林"级驱逐舰，参阅 Friedman,
    U. S. Destroyers, 129 – 130, 473 – 474；Whitley, *Destroyers of World War
    II*, 292 – 295。关于日本"秋月"级驱逐舰，参阅 Evans and Peattie,
    Kaigun, 386；Whitley, *Destroyers of World War II*, 204 – 205。

54. 驱逐舰的损失：Tucker, ed. , *World War II at Sea*, 233 – 234。

第八章

1. 第一次世界大战期间的德国潜艇：Halpern, *A Naval History of World War I*, 287 – 380。邓尼茨和雷德尔之间的斗争，以及对德国海军战略的负面影响：Bird, *Erich Raeder*, 199 – 201, 221 – 222。

2. 关于战争开始时，德国和英国舰队的相对规模、特性和优势：Kennedy, *Rise and Fall of British Naval Mastery*, 299 – 303。关于英国战前的优势如何在战争中迅速获得了成效，参阅 Murray, *Change in the European Balance of Power*, 46（只有 26 艘 U 型潜艇在 9 月做好了跨越大西洋、进行长时间巡航的准备）。

3. 1939 年至 1945 年，轴心国和同盟国分别生产的军舰和商船数量：Ellis, *World War II*, 280（Table 95）。英国和美国每一类别军舰制造数量都比德国、意大利、日本多（36 艘舰队航母:16 艘所有级别的航母；战列舰，13:7 艘；巡洋舰，80:17 艘；驱逐舰，589:115 艘）——只有一个例外。德国部署的 U 型潜艇数量几乎是英美苏三国加起来的两倍（超过 1100 艘:568 艘）。

4. 参见 Blair, *Hitler's U – boat War*, Vol. I：*The Hunters*, 148 – 152。

5. 轴心国海军之间缺乏协调：Calvocoressi, Wint, and Pritchard, *Total War*, 964。Cf. Gerhard L. Weinberg, "World War II," Chapter 16 in Chickering, Showalter, and Van de Ven, eds. , *The Cambridge History of War*, Vol. IV：*War and the Modern World*, 379（citing his entry "Axis Strategy and Co – operation," in Dear and Foot, eds. , *The Oxford Companion to World War II*, 97 – 99）. 参见 Issraeljan and Kutakov, *Diplomacy of Aggression*, 184 – 186, 关于苏联的观点。关于第二次世界大战的结盟情况，参阅 Greenhalgh, *Victory through Coalition*。

6. 1939 年英国对抗 U 型潜艇舰队的能力：Murfett, *Naval Warfare 1919 – 1945*, 52。参见 Williamson, *Kriegsmarine U – boats 1939 – 45*, 6 – 35, 德国潜艇类型的调查。

7. 关于驱逐舰的交易：Black, *Roosevelt*, 605 – 606, 620 – 623。

8. 1939 年的 U 型潜艇数量：Blair, *Hitler's U – boat War*, Vol. I：*The Hunters*, 43 – 47（包括 43, Plate 4：The Prewar German U – boat Buildup

June 1935 – September 1939）, and 101 – 104。

9. U 型潜艇沉没于北大西洋：Blair, *Hitler's U – boat War*, Vol. I：*The Hunters*, 709 – 725（Appendix 2：U – boat Patrols to the North Pacific August 1939 – August 1942）。

10. 位于法国的新式 U 型潜艇基地的数量和特点，以及对激烈的大西洋之战的影响，参阅 Showell, *Hitler's U – Boat Bases*, 85 – 126 和 Bradham, *Hitler's U – Boat Fortresses*, 19 – 28。德国"秃鹰"军机击沉的英国舰船总吨位：Pimlott, *Luftwaffe：The Illustrated History of the German Air Force*, 52。

11. 在"快乐时光"的最后几个月里，U 型潜艇的损失与击沉敌舰吨数的对比：Boyne, *Clash of Titans*, 93 – 94。

12. "俾斯麦"号：Boyne, *Clash of Titans*, 52 – 61；Bercuson and Herwig, *Destruction of the Bismarck*；and Rhys – Jones, *Loss of the Bismarck*；Shirer, *Sinking of the Bismarck*。

13. 恩尼格玛密码：Sebag – Montefiore, *Enigma：The Battle for the Code*, 132 – 146。

14. 金将军和运输舰队护航：Murfett, *Naval Warfare 1919 – 1945*, 51。Cf. Borneman, *The Admirals*, 26 – 40.

15. "鼓点行动"：Gannon, *Operation Drumbeat*；Blair, *Hitler's U – Boat War*, Vol. 1：*The Hunters 1939 – 1942*, 440 – 442；460 – 466。关于 1942 年的伤亡人数，参阅 O'Brien, *How the War Was Won*, 231 – 232。

16. 部署远程四引擎轰炸机攻击 U 型潜艇：Boyne, *Clash of Titans*, 102 – 110；Kennedy, *Engineers of Victory*, 5 – 73。

17. O'Brien, *How the War Was Won*, 246 – 248.

18. 海军通信系统和 U – 559 潜艇内的发现：Kahn, *Seizing the Enigma*, 218 – 227。霍顿上将的新战术：Chalmers, *Max Horton and the Western Approaches*, 158ff。

19. ONS – 5 护航战：Seth, *Fiercest Battle*；Gannon, *Black May*, 115 – 240。美国商船建造（访问日期为 2016 年 3 月 18 日）：http：//web. archive. org/web/ 20061023011524/http：//www. coltoncompany. com/shipbldg/ussbldrs/wwii/ merchantsbldg. htm。

20. U 型潜艇的损失：Niestlé, *German U – Boat Losses*, 201 – 202（Appendix

2：Tabular Monthly Overview on the Causes of U – boat Losses）。相对损失的成本与收益分析参见 Poirier，"Results of German and American Submarine Campaigns"（Appendix I）。邓尼茨承认失败，参阅 Doenitz，*Memoirs*，341。

21. 英国在爱琴海作战失败：Bell，*Churchill and Sea Power*，59 – 75，201 – 212。Cf. Howard，*Mediterranean Strategy in the Second World War*，10 – 12.

22. 战争初期，各方在地中海的海军力量对比：Sadkovich，*Italian Navy in World War II*，1 – 44。

23. 塔兰托战役：Greene and Massignani，*Naval War in the Mediterranean*，101 – 114。

24. 希腊之外的战斗：Greene and Massignani，*Naval War in the Mediterranean*，141 – 173。

25. 轴心国赢得地中海的战略：Sadkovich，*Italian Navy in World War II*，345 – 349。Cf. Cameron and Stevens, eds. , *Hitler's Table Talk*，479（May 13, 1942）. 佛朗哥和直布罗陀：Calvocoressi，Wint，and Pritchard，*Total War*，165 – 166。

26. U型潜艇在地中海的损失：Paterson，*U – Boats in the Mediterranean 1941 – 1944*，19。

27. 墨索里尼的帝国梦：Bosworth，*Mussolini*，337 – 338。

第九章

1. 第一次爪哇海战役中，盟国海军遭遇惨败：Morison，*History of United States Naval Operations*，Vol. 3：*The Rising Sun in the Pacific, 1931 – April 1942*，292 – 380。双方海军在 1941 年 12 月 7 日的相对实力：Morison，*History of United States Naval Operations*，Vol. 3：*The Rising Sun in the Pacific, 1931 – April 1942*，58。

2. 有关太平洋上的海军行动，英美存在竞争和分歧：Bell，*Churchill and Sea Power*，236 – 253。

3. 欧洲和北非的海军陆战队：Edwards，*A Different War*。

4. 庞大的美国战列舰舰队：Friedman，*U. S. Battleships*，345 – 387。

5. 护航航母：Y'Blood，*Little Giants*。Cf. Elliot，*Allied Escort Ships*，451 – 479. See in general, Franklin，*Buckley – Class*；Cross，*Shepherds of the Sea*。

6. 日本在第一波次和第二波次空袭中的损失（"29 架飞机及其机组人员，5 艘微型潜艇沉没"）和美军的损失（"2403 人死亡，1178 人受伤"）：Zimm, *Attack on Pearl Harbor*, 151 – 172。

7. 南云忠一列举了他没有下令发动进一步攻击的各种理由：Prange, *At Dawn We Slept*, 544 – 548。日本人的战略思考：Morison, *History of United States Naval Operations*, Vol. 3: *The Rising Sun in the Pacific, 1931 – April 1942*, 48 – 79。日本人十分满意摧毁了美国战列舰：O' Connell, *Sacred Vessels*, 315。

8. 珍珠港事件和珊瑚海战役期间，英国和美国海军的损失：Boyne, *Clash of Titans*, 143 – 169。

9. 为加入中途岛作战，"约克敦"号航母是如何进行准备的，而受损情况相对并不严重的"翔鹤"号和"瑞鹤"号却错失战机：Hanson, *Carnage and Culture*, 373 – 375；Frank and Harrington, *Rendezvous at Midway*, 135 – 137, 143 – 146。

10. 参考有关珊瑚海和中途岛战役的大段描述：Morison, *History of United States Naval Operations*, Vol. 4: *Coral Sea, Midway and Submarine Actions, May 1942 – August 1942*, 21 – 64, 69 – 159。

11. 山本五十六在中途岛战役中失策：Dull, *Imperial Japanese Navy*, 166 – 167。

12. 日本人在中途岛战败后的认知：Lord, *Incredible Victory*, 284 – 286；Fuchida and Okumiya, *Midway: The Battle That Doomed Japan*, 260 – 268。

13. 美国航母部队在 1942 年底和 1943 年初的状态：Polmar, *Aircraft Carriers*, 298 – 309, 355。关于美军在 1942—1943 年不敢大胆使用舰队航母的批评：Morton, *Strategy and Command*, 354 – 356。

14. 参见 Hornfischer, *Neptune's Inferno*, 409 – 430 的总结。萨沃岛：Loxton and Coulthard – Clark, *The Shame of Savo*, 254 – 270。

15. 莱特湾：Thomas, *Sea of Thunder*, 151 – 322；参见 Morison, *History of United States Naval Operations*, Vol. 12: *Leyte, June 1944 – January 1945*。

16. 美国潜艇造成的伤亡：Beach, *Submarine!*, 21。美国潜艇的成本效益比：Poirier, "Results of the American Pacific Submarine Campaign." Morison, *History of United States Naval Operations*, Vol. 12: *Leyte, June 1944 – January 1945*, 398 – 414。

第四部分

1. *On Infantry*, 167.

第十章

1. 步兵至上的经典观点：Hanson, *Carnage and Culture*, 158 – 162；参见 Keegan, *History of Warfare*, 282 – 298。

2. 现代战争中，对地面部队的观念正在改变：Lt. Col. L. Freeman, "Can the Marines Survive?," *Foreign Policy*, March 26, 2013。西方公众信任地面部队："奥巴马要求对 ISIS 采取军事行动的请求得到了大多数人支持……许多美国人表示需要出动地面部队。"（访问日期为 2015 年 3 月 23 日）http：//maristpoll. marist. edu/wp – content/misc/usapolls/us150211/Complete% 20NBC% 20News% 20Marist% 20Poll _ National _ February% 202015. pdf. 概述参见 Emile Simpson, *War From the Ground Up*：*Twenty – First Century Combat as Politics*。论永恒的步兵优势：Field – Marshal Viscount Wavell, "In Praise of Infantry," *The Times*（London, England）, 1945 年 4 月 19 日星期四, p. 5。

3. 中途岛战役的伤亡：Lundstrom, *Black Shoe Carrier Admiral*, 296 – 297；Hone, ed. , *Battle of Midway*, 192。库尔斯克战役：Glantz and House, *Battle of Kursk*, 336 – 346（Appendix C：Comparative Strengths and Losses in the Battle of Kursk）。Cf. Goralski, *World War II Almanac*, 424 – 428.

4. 第二次世界大战中的新式武器：Hogg, *Encyclopedia of Infantry Weapons*, 6。美国陆军师和火力：Mansoor, *GI Offensive in Europe*, 38 – 39；257 – 262, Cf. 149。巴顿赞扬 M1：Duff, *M1 Garand*, 107. Cf. Patton, *War As I Knew It*, 262；Kindsvatter, *American Soldiers*, 225. 关于斯普林菲尔德：Coffman, *The Regulars*, 405。关于 470 亿发子弹：https：//www. nraila. org/articles/20030520/the – great – arsenal – of – democracy。

5. 便携式半自动步枪和机枪：Hogg, *Encyclopedia of Infantry Weapons*。Cf. McNab, *German Automatic Rifles 1941 – 45*, 26 – 29, 53 – 62.

6. 装甲与步兵武器的比较：Weigley, *History of the United States Army*, 469 – 470。参阅 Walker, *Bracketing the Enemy*, 8 – 28。

7. 关于第二次世界大战时期的步兵负重：Orr, "History of the Soldier's

Load," *Australian Army Journal*, Vol. VII, No. 2（2010）, 67 – 88。

8. M – 1 钢盔（及清晰的照片）: Oosterman, *M – 1 Helmet*; 同时参见 Reynosa, *M –1 Helmet*。

9. 美军师数量: Weigley, *History of United States Army*, 439。

10. 入侵法国与"巴巴罗萨行动"相比较: Evans, *Third Reich at War*, 122 – 127（法国）and 160 – 166（苏联）。Cf. Kershaw（cited by Evans, *op. cit.*, 160 n. 123）, *Hitler, 1936 – 45: Nemesis*, 305. See also Ziemke and Bauer, *Moscow to Stalingrad*, 7 – 8.

11. Warlimont, *Inside Hitler's Headquarters*, 496.

12. 爱国主义与祖国: Viroli, *For Love of Country*, 44 – 51。Viroli 引用了 Lipsius 的 *De Constantia*（1584）中关于为国捐躯的讨论。在古典希腊 的语境中的含义, 参阅 Hanson, *Other Greeks*, 280 – 287。

13. 米洛斯岛围攻, 公元前 416 年: Thucydides 5. 84 – 116。

14. 战前对空降部队的预期: Stanley, *Evolution of Airborne Operations*, 8 – 33; 德军使用伞降: 34 – 60。

15. 德军的初期胜利和对空降部队的信心: Fuller, *Second World War*, 113 – 114。

16. 克里特岛战役中, 英军及德军作战序列: Appendix B of Beevor, *Crete 1941*, 354 –359。空投和随之而来的混战: 同上, 104 – 120。

17. 盟军在西西里岛的空降经验: D'Este, *Bitter Victory*, 307 – 309, 378 – 379。美国伞兵的声誉, 参阅 Gavin, *On to Berlin*, 32。

18. "市场花园行动"是一场灾难: Ryan, *A Bridge Too Far*; Middlebrook, *Arnhem 1944*, 436 – 444。

19. "大学行动"及其争论, Wright, *The Last Drop*, 287 – 329。

第十一章

1. 步兵能力评估: Van Creveld, *Fighting Power*, 4 – 6。

2. Earl F. Ziemke, "Military Effectiveness in the Second World War," in Millett and Murray, eds., *Military Effectiveness*, Vol. 3, 286. 美军作战师: Doubler, *Closing with the Enemy*, 235 – 236。美国驻欧军队, 参阅 Weigley, *Eisenhower's Lieutenants*, 12 –16, 727。

3. Doubler, *Closing with the Enemy*, 235 –236, 243 –251.

4. 美国陆军规模：Weigley, *History of United States Army*, 568 – 569。战前美国陆军：同上，419 – 421；另参见 438 – 439。意大利军队和美军规模相近：MacGregor Knox, "The Italian Armed Forces, 1940 – 3," in Millett and Murray, eds., *Military Effectiveness*, Vol. 3, 141 – 142。

5. 6 月 6 日的行动：Goralski, *World War II Almanac*, 553 – 559。

6. "战斗疲劳"：Wilbur J. Scott, "PTSD in DSM – Ⅲ: A Case in the Politics of Diagnosis and Disease," *Social Problems* 37. 3（1990），296 – 297。隆美尔的观点：Liddell Hart, ed., *Rommel Papers*, 407。

7. Matheny, *Carrying the War to the Enemy*, 264.

8. Hastings, *Armageddon*, 68 – 9. 德军在苏联的死亡率：Dupuy, *A Genius for War*, 290 – 299; Cf. 79 – 80。

9. Luttwak, *Grand Strategy of the Roman Empire*, 40 – 46. 参见罗马士兵的纪律：Stephan G. Chrissanthos, "Keeping Military Discipline," in Campbell and Tritle, eds., *Oxford Handbook of Warfare in the Classical World*, 320 – 327。

10. 巴顿精彩纷呈的战前演讲：D'Este, *Patton: A Genius for War*, 602 – 605, 622 – 624; Hanson, *Soul of Battle*, 351 – 366, 461 n. 105。Cf. Yellin, *Battle Exhortation*, 63 – 65.

11. 美国人超强的组织能力：Cline, *Washington Command Post*（互联网资源：http://www. history. army. mil/html/books/001/1 – 2/CMH ＿ Pub＿1 – 2. pdf）。

12. 美军和盟军的联合行动：O'Brien, *How the War Was Won*, 374 – 429。Cf. Ehlers, *Mediterranean Air War*, 397 – 406. 关于富兰克林·罗斯福和第二战场：Black, *Roosevelt*, 741 – 746。德国在后勤和情报领域的弱点：Condell and Zabecki, eds., *German Art of War*, 8 – 9。

13. 陆军参与的太平洋战区行动：C. Kingseed, "The Pacific War: The U. S. Army's Forgotten Theater of World War II," *Army Magazine*, 63. 4（2013 年 4 月），52 – 53。

14. Hew Strachan, "Total War: The Conduct of the War, 1939 – 1945," in Chickering, Förster, and Greiner, eds., *A World at Total War*, 50 – 52.

15. 美国军事力量遍布全球：Leighton, *Global Logistics and Strategy*, *1940 – 1943*。Cf. Shrader, *U. S. Military Logistics*, *1607 – 1991*. 英国：Morton,

Strategy and Command, 80 - 81。金上将对资源分配方式产生抱怨：383 - 385。"欧洲优先"战略：Eisenhower, *Crusade in Europe*, 27。

16. 美国军队的武器质量：Allan R. Millett, "The United States Armed Forces in the Second World War," in Millett and Murray, eds. , *Military Effectiveness*, Vol. 3, 60 - 62。德国军队缺少卡车：Cooper, *German Army*, 211 - 213。

17. 美国炮兵：Weigley, *History of United States Army*, 472 - 475。美军更倾向于切断敌军攻击阵形中的突出部：Liddell Hart, *German Generals Talk*, 258。M1 步枪和天才的约翰·加兰德（John Garland）：Ezell, *Great Rifle Controversy*, 33 - 40。

18. 德国步兵的作战效率：Dupuy, *A Genius for War*, 232 - 236; Van Creveld, *Fighting Power*, 5 - 9; Cf. 13 - 14。进入奥地利时的灾祸，参阅 Murray, *Change in the European Balance of Power*, 141 - 154, 特别是 143 - 149; H - class, 329。美军对德国飞机的杀伤率：Allan R. Millett, "The United States Armed Forces in the Second World War," in Millett and Murray, eds. , *Military Effectiveness*, Vol. 3, 80。美国军事教育：Schifferle, *America's School for War*, 特别是 36 - 61。参阅 Van Creveld, *Fighting Power*, 59 - 60 中的评论。

19. Warlimont, *Inside Hitler's Headquarters*, 73.

20. 第二次世界大战期间的暴行：Christopher J. M. Safferling, "War Crimes in Europe," in Zeiler and DuBois, eds. , *A Companion to World War II*, 929 - 944。日本对待盟军战俘的方式：Tanaka, *Hidden Horrors*, 70 - 78。东线和苏德军队的行为举止：Kenneth Slepyan, "Battle Fronts and Home Fronts: The War in the East from Stalingrad to Berlin," in Zeiler and DuBois, eds. , *A Companion to World War II*, 314, 321; Mark Edele and Michael Geyer, "States of Exception: The Nazi - Soviet War as a System of Violence, 1939 - 1945," in Fitzpatrick and Geyer, eds. , *Beyond Totalitarianism: Stalinism and Nazism Compared*, 345 - 395; Snyder, *Bloodlands*, 119 - 154。

21. 二战中的美国陆军：Van Creveld, *Fighting Power*, 94 - 95, 100 - 101, 124 - 125, 154 - 155。美国士兵的精神问题：Kindsvatter, *American Soldiers*, 158 - 172。美军射杀战俘：D'Este, *Patton*, 509 - 510, 700。

欧洲盟军的好胃口：Van Creveld, *Supplying War*, 206 - 226。

22. 大萧条和美国大兵：Kindsvatter, *American Soldiers*, 12 - 13。参阅 Manchester, *Goodbye*, *Darkness*, 119 - 158, 关于大萧条时期海军陆战队 的精神状态。Cf. Patton, *War As I Knew It*, 281.

23. 苏联军队增长、后备役和损失情况：Dunn, *Hitler's Nemesis*, 22 - 29, 38 - 39；Cf. 48 - 50。Cf. Glantz and House, *When Titans Clashed*, 291 - 307.

24. Eisenhower, *Crusade in Europe*, 467 - 468.

25. 弗里茨·许布纳（Fritz Huebner）下士的回忆：Luther, *Barbarossa Unleashed*, 265。

26. Luther, *Barbarossa Unleashed*, 608.

27. 英美《租借法案》的重要性：Glantz and House, *When Titans Clashed*, 285。

28. 有关苏联坦克, 参阅 Harrison, *Soviet Planning in Peace and War*, *1938 - 1945* 中的图表, 特别是 250。德国空军在 "巴巴罗萨行动" 的前夜：Luther, *Barbarossa Unleashed*, 145 - 146。红军轻武器：Chant, *Small Arms of World War II*, 82 - 95。苏联的坦克、卡车、大炮和飞机数量：Dunn, *Hitler's Nemesis*, xvi - xix, 132 - 133, 148 - 150, 168 - 170, 177 - 178；Harrison, *Soviet Planning in Peace and War*, *1938 - 1945*, 249 - 250。

29. Luther, *Barbarossa Unleashed*, 628.

30. 斯大林清洗苏军将领, 参阅 Deutscher, *Stalin*, 372 - 385, 425 - 426；Glantz and House, *When Titans Clashed*, 9 - 11。苏联战时经济：Mark Harrison, "The USSR and Total War: Why Didn't the Soviet Economy Collapse in 1942?" in Chickering, Förster, and Greiner, eds., *A World at Total War*, 特别是 155 - 157。Cf. Jeffrey Fear, "War of the Factories," in Geyer and Tooze, eds., *The Cambridge History of the Second World War*, Vol. Ⅲ：*Total War*：*Economy*, *Society and Culture*, 109 - 110. See Dunn, *Hitler's Nemesis*, 43 - 50, 150 - 153。苏联生产取得的成就：Dunn, *Stalin's Keys to Victory*, 1 - 61。

31. 英国军队的战略困境：Roberts, *Storm of War*, 602 - 603。陆军部队占 主要战斗人员总兵力的百分比：Earl F. Ziemke, "Military Effectiveness in the Second World War," in Millett and Murray, eds., *Military*

Effectiveness，Vol. 3，286。

32. 阿拉曼战役之前英国的损失：Gwyer，*Grand Strategy*，Vol. Ⅲ，Part Ⅰ，339 - 340。新加坡陷落、马耳他面临的威胁、缅甸的损失、大西洋战争，以及北非败局：Baron Moran，*Churchill Taken from the Diaries of Lord Moran：The Struggle for Survival，1940 - 1965*，78 - 79。

33. 英国陆军的战斗损失：Mellor，*Casualties and Medical Statistics*，834 - 839。结合皇家海军和皇家空军的统计，总伤亡人数为：264443 人死亡，41327 人失踪，277077 人受伤，172592 人被俘。

34. 英国军官倾向保守，英军武器较为平庸：Williamson Murray，"British Military Effectiveness in the Second World War," in Millett and Murray，eds.，*Military Effectiveness*，Vol. 3，113 - 116。

35. 阿兰·布鲁克担心蒙哥马利做得太过分了：*War Diaries*，638。

36. 英国力图劝阻美国不要采用某些战略：Reynolds，*From World War to Cold War*，121 -133 （"丘吉尔和盟国的欧洲大战略，1944—1945：影响力的侵蚀"）。

37. 德国强调普鲁士精神是军队战斗力的倍增器：Condell and Zabecki，eds.，*German Art of War*，18。

38. 德军体制上的短板：Condell and Zabecki eds.，*German Art of War*，9；1914 年 11 月威廉二世的引述：Lloyd，*Hundred Days*，72。

39. Cf. Matheny，*Carrying the War to the Enemy*，201. 德国军队的优势：Van Creveld，*Fighting Power*，6。

40. 波兰战役期间的德国装甲部队：Cooper，*German Army*，171 - 176。入侵波兰：Murray，*Change in the European Balance of Power*，323，325 - 326。德国马克Ⅰ型至Ⅲ型坦克的劣势：Mosier，*Blitzkrieg Myth*，45 - 50。第 2 装甲集团军：Steiger，*Armour Tactics*，49。德国掠夺而来的车辆和马匹：Jürgen E. Förster，"The Dynamics of *Volkgemeinschaft*：The Effectiveness of the German Military Establishment in the Second World War," in Millett and Murray，eds.，*Military Effectiveness*，Vol. 3，202 - 203；Phillips Payson O'Brien，"Logistics by Land and Air," in Ferris and Mawdsley，eds.，*The Cambridge History of the Second World War*，Vol. Ⅰ：*Fighting the War*，623。

41. 在"巴巴罗萨行动"中，德国人依赖马匹作战：DiNardo，*Mechanized*

Juggernaut, 33 - 54。马与机动车辆的对比：Weinberg, "Some Myths of World War II," 717 - 718。See too Condell and Zabecki, eds. , *German Art of War*, 3 - 7; Zabecki, *German 1918 Offensives*, 62 - 63, 关于任务型命令和传统指挥模式的起源。关于闪电战的夸大：Cooper, *German Army*, 23 - 24, 1189。

42. Overy, *Interrogations*, 249.

43. 哈尔德对希特勒的观察：Warlimont, *Inside Hitler's Headquarters*, 95。关于敦刻尔克的愚蠢决定：Karl - Heinz Frieser, "The War in the West, 1939 - 1940: An Unplanned Blitzkrieg," in Ferris and Mawdsley, eds. , *The Cambridge History of the Second World War*, Vol. I: *Fighting the War*, 309 - 312。德军师的武器装备：Haskew, *The Wehrmacht, 1935 - 1945*, 61 - 70。德国军队的局限性：Dunn, *Hitler's Nemesis*, 23 - 24。希特勒的领导能力起伏不定：von Mellenthin, *German Generals*, 29, 59。最高统帅部和陆军总司令部的关系：Warlimont, *Inside Hitler's Headquarters*, 56 - 60。

44. 陆军无力满足希特勒的要求：Jürgen E. Förster, "The Dynamics of *Volkgemeinschaft*: The Effectiveness of the German Military Establishment in the Second World War," in Millett and Murray, eds. , *Military Effectiveness*, Vol. 3, 186 - 187。

45. 德国军事领导人的局限性，及其贪污腐败：Weinberg, "Some Myths of World War II," 705 - 706。

46. 德国军队扩张及质量下降：Cooper, *German Army*, 275。

47. 关于 MG - 42：Myrvang, *MG - 34 - MG - 42: German Universal Machine Guns*; 关于 StG - 44, 参阅 Senich, *German Assault Rifle*, 79 - 102。

48. Weinberg, "Some Myths of World War II," 705 - 706。"政治委员令"：Jacobsen, "The *Kommissarbefehl* and Mass Executions of Soviet Russian Prisoners of War," in Krausnick, Buchheim, Broszat, and Jacobsen, eds. , *Anatomy of the SS State*, 522。

49. 日本帝国陆军的组织架构：Drea, *Japan's Imperial Army*, 190 - 221。日本政府内的军国主义分子：Hane and Perez, *Modern Japan*, 271 - 283。

50. Alvin D. Coox, "The Effectiveness of the Japanese Military Establishment in the Second World War," in Millett and Murray, eds. , *Military*

Effectiveness, Vol. 3, 8 – 9。诺门坎：Edgerton, *Warriors of the Rising Sun*, 239 – 242；Glantz and House, *When Titans Clashed*, 13 – 15。Cf. Calvocoressi, Wint, and Pritchard, *Total War*, 878 – 879.

51. 日苏之间的敌对行动：Issraeljan and Kutakov, *Diplomacy of Aggression*, 147 – 186。

52. 混乱的日军战略：Drea, *Japan's Imperial Army*, 146 – 162, 222 – 231, 256 – 257。

53. 日军战地将领：山下奉文将军（Kiamichi Tachikawa, "General Yamashita and His Style of Leadership"）和牟田口廉也中将（Kenichi Arakawa, "Japanese War Leadership in the Burma Theatre"），参见 Bond and Tachikawa, eds. , *British and Japanese Military Leadership in the Far Eastern War, 1941 – 1945*, 75 – 87, 105 – 122。关于本间雅晴将军，参阅 Toland, *Rising Sun*, 317 – 320。

54. 狂热的日本步兵：Alvin D. Coox, "The Effectiveness of the Japanese Military Establishment in the Second World War," in Millett and Murray, eds. , *Military Effectiveness*, Vol. 3, 34 – 35, 38 – 39。关于死亡比例，参见 http://www.japanww2.com/wt14.htm。佐藤小次郎的引述：Butow, *Tojo and the Coming of the War*, 19。

55. 日本军队的武器弹药：Forty, *Japanese Army Handbook, 1939 – 1945*, 113 – 158。

56. 意军规模：Knox, *Hitler's Italian Allies*, 54 – 55。

57. 意大利经济：Vera Zamagni, "Italy: How to Lose the War and Win the Peace," in Harrison, ed. , *The Economics of World War II*, 177 – 223。意大利的对外政策：Peter Jackson, "Europe: the Failure of Diplomacy, 1933 – 1940," in Bosworth and Maiolo, eds. , *The Cambridge History of the Second World War*, Vol. II: *Politics and Ideology*, 227 – 232。

58. 意大利的军事目标：Knox, *Hitler's Italian Allies*, 170 – 174。德国对意大利：Cloutier, *Regio Esercito*, 38 – 39。

59. 意大利武器装备不足：Macgregor Knox, "The Italian Armed Forces, 1940 – 1943," in Millett and Murray, eds. , *Military Effectiveness*, Vol. 3, 140, 154, 159 – 160。

60. 意军在巴尔干半岛遭遇惨败：Knox, *Mussolini Unleashed*, 231 – 285，并

参见 Koliopoulos and Veremis, *Greece：The Modern Sequel*, 291 - 292。

61. 意军在苏联的损失：Jowett, *Italian Army*, 9 - 11；Cloutier, *Regio Esercito*, 97 - 166。See John Gooch, "Mussolini's Strategy, 1939 - 1943" in Ferris and Mawdsley, eds. , *The Cambridge History of the Second World War*, Vol. I：*Fighting the War*, 150 - 153.

62. 意大利与盟军作战时并不坚决：MacGregor Knox, "The Italian Armed Forces, 1940 - 3," in Millett and Murray, eds. , *Military Effectiveness*, Vol. 3, 170 - 172。See John Gooch, "Mussolini's Strategy, 1939 - 1943," in Ferris and Mawdsley, eds. , *The Cambridge History of the Second World War*, Vol. I：*Fighting the War*, 157.

第十二章

1. 法国战败及其后果：Calvocoressi, Wint, and Pritchard, *Total War*, 144 - 145。法国重整军备：Goutard, *Battle of France*, 19 - 44。法国武器的优势：Mosier, *Blitzkrieg Myth*, 130 - 148。希特勒有时对长期战争持悲观预期：Liddell Hart, *German Generals Talk*, 114 - 115。

2. 对苏联的反常崇拜：Moorhouse, *Devils' Alliance*, 30 - 31。戈林的评论，参阅 Goebbels, *Goebbels Diaries*, *1942 - 1943*, 263。

3. Alanbrooke, *War Diaries*, 20.

4. 英法联军之间缺乏协调：John C. Cairns, "Great Britain and the Fall of France：A Study in Allied Disunity," *Journal of Modern History* 27.4 (1955), 365 - 409。军队和坦克的数量对比：Cooper, *German Army*, 209 - 215。冯·托马将军的观点：Liddell Hart, *German Generals Talk*, 13, 95 - 96。关于引述，参阅 Bloch, *Strange Defeat*, 37。Jackson, *Fall of France*, 112 - 116, 222 - 227.

5. 坦克、炮兵和步兵的相对实力：Cooper, *German Army*, 214 - 215；Maurois, *Tragedy in France*, 106。关于福煦：Recouly, *Foch：Le Vainqueur de la Guerre*, 121 （ "Mon centre cède, ma droite recule, situation excéllente, j' attaque"）。法国军队和人力资源：Jackson, *Fall of France*, 12 - 20。

6. 德国进攻计划：Cooper, *German Army*, 205 - 206。

7. 法国崩溃的原因：Cooper, *German Army*, 240 - 242；Jackson, *France：*

The Dark Years, 118 – 126。Cf. Bloch, *Strange Defeat*, 48. 德军由来已久的攻击性: Condell and Zabecki, eds. , *German Art of War*, 18。阿兰·布鲁克的负面看法: Jackson and Bramall, *The Chiefs*, 185。

8. 德国重型卡车的生产状况不佳: Cooper, *German Army*, 212 – 214。法国沦陷后, 希特勒赢得了巨大威望: Cooper, *German Army*, 244 – 245, Kershaw, *Hitler*, *1936 – 45*: *Nemesis*, 300。对于石油供应的焦虑: Murray and Millett, *A War to Be Won*, 327 – 328。

9. 法国沦陷后, 最高统帅部对入侵苏联的行动十分担忧: Cooper, *German Army*, 257。关于法国的讽刺: Martin S. Alexander, "French Grand Strategy and Defence Preparations," in Ferris and Mawdsley, eds. , *The Cambridge History of the Second World War*, Vol. I: *Fighting the War*, 106。

10. 苏联军队战前十分平庸: John E. Jessup, "The Soviet Armed Forces in the Great Patriotic War, 1941 – 5," in Millett and Murray, eds. , *Military Effectiveness*, Vol. 3, 256 –276, 特别是 273。希特勒的侵略部队成分复杂: Wendy Lower, "Axis Collaboration, Operation Barbarossa, and the Holocaust in Ukraine," in Kay, Rutherford, and Stahel, eds. , *Nazi Policy on the Eastern Front*, *1941*, 186 – 219, 特别是 188 – 189。希特勒的影响力越来越大: Cooper, *German Army*, 181。

11. 德军即将袭击的明确警告: Read and Fisher, *Deadly Embrace*, 632 – 639。

12. 希特勒入侵苏联的理由: Luther, *Barbarossa Unleashed*, 53 – 54; Wilmot, *Struggle for Europe*, 71; 另参见 56 – 57。戈林的观点: Hechler, *Goering and His Gang*, 499。1941 年 5 月, 第三帝国陷入严重的经济困难: Tooze, *Wages of Destruction*, 430 – 434。

13. 德国的战略目标, 以及哈尔德的那篇著名日记: Burdick and Jacobsen, eds. , *Halder War Diary*, 446 (1941 年 7 月 3 日)。错误地认为苏联屏弱: Reynolds, *From World War to Cold War*, 34 – 38。更多关于胜利的过早预言可参阅 Murray and Millett, *A War to Be Won*, 83 – 84。

14. 沙皇亚历山大一世的话引自 Ziemke and Bauer, *Moscow to Stalingrad*, 515, 取材于法国大使 Armand de Caulaincourt 将军的回忆录。关于法国的傲慢, 参阅 Chandler, *Campaigns of Napoleon*, 746 – 747。

15. 瓦格纳将军的各种预测: Megargee, *War of Annihilation*, 101 – 102, 107 – 108。"愚蠢的词": 参阅 Ziemke and Bauer, *Moscow to Stalingrad*,

43 中的讨论。

16. 希特勒不愿接受红军规模正在扩大的现实：Liddell Hart, *German Generals Talk*, 195。马克斯将军对"巴巴罗萨行动"的最初设想：Cooper, *German Army*, 260 - 261。希特勒迫于现实，明显开始调低期望，引自 Ziemke and Bauer, *Moscow to Stalingrad*, 43。

17. 以前在波兰的军事行动范围相对较小：Cooper, *German Army*, 173。1939—1941 年，德国和苏联的军费开支比较：Ziemke and Bauer, *Moscow to Stalingrad*, 15。Cf. Luther, *Barbarossa Unleashed*, 61.

18. 苏联准备不足：Dunn, *Hitler's Nemesis*, 5 - 6。相对人口统计基数和征兵规模：Dunn, *Hitler's Nemesis*, 48 - 55。戈培尔多次悲叹德军在苏联遭遇的失败，并指出两军数量上的差距：*Goebbels Diaries, 1942 - 1943*, 185（April 25, 1942）。

19. 德军在 1941 年末的不祥之兆：Liddell Hart, *German Generals Talk*, 185。Cf. Cooper, *Germany Army*, 263 - 264.

20. 德军强调两翼进攻，忽视了中路：Cooper, *German Army*, 290 - 291。希特勒抨击古德里安：von Mellenthin, *German Generals*, 94。

21. Read and Fisher, *Deadly Embrace*, 640. 希特勒入侵苏联的借口：Olaf Groehler, "Goals and Reason: Hitler and the German Military," in Wieczynski, ed., *Operation Barbarossa*, 48 - 61, esp. 59 - 61。关于苏联在"巴巴罗萨行动"之前先发制人的观点：Bruce W. Menning and Jonathan House, "Soviet Strategy," in Ferris and Mawdsley, eds., *The Cambridge History of the Second World War*, Vol. I: *Fighting the War*, 226。

22. 第一次世界大战德国对苏联的占领：Herwig, *First World War*, 384 - 386；Freund, *Unholy Alliance*, 1 - 33。

23. "巴巴罗萨行动"中的各种"假如"：Showalter and Deutsch, eds., *If the Allies Had Fallen*, 52 - 65。大量解除将军们的职务：Keegan, *Second World War*, 206 - 207。德国陆军手册关于寒冷天气的内容：Condell and Zabecki, eds., *German Art of War*, 78 - 79。"蓝色行动"最终失败：Weinberg, *World at Arms*, 269 - 270。

24. O'Brien, *How the War Was Won*, 24 - 26；参见 292 - 295, 301, 为抵御轰炸，将混凝土和建筑材料转移至民防工程。盟军在西线的轰炸导致东线德军各类物资消耗殆尽：Evans, *Third Reich at War*, 460 – 462。

25. 位于乌拉尔和外高加索的工厂：Glantz and House, *When Titans Clashed*, 101 – 102。德国空军在地中海的损失：同上，149 – 150。1943 年 1 月至 11 月德军损失惨重：Murray, *Luftwaffe*, 144（Table XXX）。1942— 1943 年德国空军在地中海的位置分布分析：Air Ministry, *Rise and Fall of the German Air Force*, 219 – 220, 249 – 251。

26. 引述谢尔曼的话：Hanson, *Soul of Battle*, 208 – 209。Cf. Glantz and House, *When Titans Clashed*, 286.

第十三章

1. "火炬行动"的政治因素：Reynolds, *From World War to Cold War*, 55 – 58。Cf. Howard, *Mediterranean Strategy in the Second World War*, 69 – 71。非洲的气候适合装甲部队作战：Liddell Hart, *German Generals Talk*, 98。

2. 北非战斗的情况：Atkinson, *Army at Dawn*, 1 – 20。

3. 1940—1942 年，地中海地区的海军平衡：Salerno, *Vital Crossroads*, 213 – 220。

4. Alanbrooke, *War Diaries*, 174.

5. 韦维尔指挥下的英军兵力差距：Butler, *Grand Strategy*, Vol. 3［Part II］, 297 – 312。

6. 意军指挥权变更：Knox, *Mussolini Unleashed*, 135 – 137。

7. 齐亚诺伯爵的日记内容：*Diary*, 367, 375。意大利空军的能力：Murray and Millett, *A War to Be Won*, 34。

8. 意军的损失：Knox, *Mussolini Unleashed*, 251 – 256；Cloutier, *Regio Esercito*, 46。安东尼·艾登的这句话是对丘吉尔的名言"在人类的冲突中，从来没有这么多人欠这么少人这么多"的戏仿（1940 年 8 月 21 日）：Churchill, *Grand Alliance*, 12 – 13；Liddell Hart, *History of the Second World War*, 117。

9. "罗盘行动"后剩余的意大利军队：Knox, *Mussolini Unleashed*, 280 – 282。

10. 对"光泽行动"的批评：Lawlor, *Churchill and the Politics of War*, 165 – 259；Murfett, *Naval Warfare*, 103。

11. 隆美尔的引述：Fuller, *Second World War*, 174。隆美尔的原命令：

Heckmann，*Rommel's War in Africa*，21－36。

12. 所谓的隆美尔"第一次进攻"：Heckmann，*Rommel's War in Africa*，37－47。

13. Liddell Hart, ed. *Rommel Papers*, 134.

14. Liddell Hart, ed., *Rommel Papers*, 191. 隆美尔突然发动战略进攻：von Mellenthin, *German Generals*, 64。

15. 哈尔德和保卢斯对隆美尔的诋毁，以及希特勒的白日梦：Cooper，*German Army*，357－359。Cf. Liddell Hart, *German Generals Talk*, 54.

16. "战斧行动"（1941 年 6 月 15—17 日），随后韦维尔被替换：Butler, *Grand Strategy*，Vol. Ⅲ（Part II），525－532。"十字军行动"（1941 年 11 月 18 日至 12 月 30 日）：Gwyer, *Grand Strategy*，Vol. Ⅲ（Part I），219－244。

17. "谢尔曼"坦克的缺点：Hastings，*Armageddon*，86－87。

18. 阿拉曼战役后的非洲军团：Cooper，*German Army*，384－385。

19. 隆美尔的后勤支援计划：Cooper，*German Army*，364－365。

20. 参阅对隆美尔的客观评价：von Mellenthin, *German Generals*, 69－70。

21. 关于大西庇阿：Scullard，*Scipio Africanus*，*Soldier and Politician*；John Briscoe，"The Second Punic War," in Astin，Walbank，Frederiksen，and Ogilvie，eds.，*CAH* 82 59－65，73－74；关于马略：Sallust，*Bellum Iugurthinum*，84－114，and Syme，*Sallust*，150；关于贝利撒留：Hanson，*Savior Generals*，66－72。

22. 美国人痴迷于从西部进入欧洲：Harrison，*Cross－Channel Attack*，13－35。

23. "火炬行动"：Breuer，*Operation Torch*，12－30。

24. Goebbels，*Goebbels Diaries*，1942－1943，376（1943 年 5 月 12 日）。Cf. *Time*，May 10，1943.

25. Von Luck，*Panzer Commander*，121.

26. Plutarch，*Elder Cato*，27. 1.

27. 入侵西西里的理由：Atkinson，*Day of Battle*，5－9。

28. 西西里岛上的军事行动：Zaloga，*Sicily 1943：The Debut of Allied Joint Operations*，89－91。Cf. D'Este，*Bitter Victory*，552.

29. 扇耳光事件和乔治·巴顿的命运：D'Este，*Bitter Victory*，483－491，

564 - 566。

30. 卢卡斯将军，以及安齐奥登陆行动差点就陷入灾难：Blumenson，*Anzio*：*The Gamble That Failed*，197 - 208，特别是关于卢卡斯，57 - 61。参见 Laurie，*Anzio*，12，25 - 26 中的概述。1946 年国会就拉皮多河惨败举行听证会，以及对卡西诺山修道院遭受破坏的一些看法：Atkinson，*Day of Battle*，349 - 350，586 - 587；463 - 473。

31. 意大利前线的孤儿：Lamb，*War in Italy*，*1943 - 1945*，7 - 11。

32. 入侵西西里是明智还是愚蠢：Fuller，*Second World War*，325。But Cf. Peter R. Mansoor，"US Grand Strategy in the Second World War，" in Murray and Sinnreich，eds.，*Successful Strategies*，341 - 345；Atkinson，*Day of Battle*，582 - 583. 意大利的伤亡：Atkinson，*Day of Battle*，581。关于意大利、丘吉尔和罗斯福，参阅 Hamilton，*The Mantle of Command*，386 - 388；330 - 332。

33. 盟军对法国基础设施的破坏和对平民的伤害：Beevor，*D - Day*，519 - 520。

34. 诺曼底登陆的军事创新：Falconer，*D - Day*：'*Neptune*'，'*Overlord*' *and the Battle of Normandy*。

35. "海王星行动"：Symonds，*Neptune*，353 - 362。

36. 诺曼底登陆后的盟军战术空军力量：A. Jacobs，"The Battle for France，1944，" in Cooling，ed.，*Case Studies in the Development of Close Air Support*，特别是 249 - 251。关于计算诺曼底登陆日死亡人数的方法：http://fivethirtyeight.com/features/the - challenge - of - counting - d - days - dead/。

37. Wilmot，*Struggle for Europe*，347.

38. 树篱：Doubler，*Closing with the Enemy*，36 - 38；Lewis，ed.，*D - Day As They Saw It*，165 - 169。

39. "眼镜蛇行动"：D'Este，*Decision in Normandy*，351 ff。

40. 斯大林出于政治原因命令苏军在华沙城外停止前进：Khlevniuk，*Stalin*，244。

41. 扩大进攻面对比压缩战线：D'Este，*Patton*，648 - 650。Cf. Eisenhower，*Crusade in Europe*，291 - 320.

42. 盟军各部战区的划分：Weinberg，*World at Arms*，792 - 798。约德尔将军与盟军短兵相接：Hechler，*Goering and His Gang*，779。

43. Warlimont, *Inside Hitler's Headquarters*, 316.

44. 盟军在阿登和许特根森林陷入苦战：Beevor, *Ardennes 1944*, 56 – 79, 350 – 370。放弃攻击柏林：Eisenhower, *Crusade in Europe*, 399 – 403。

45. 许特根森林战役：Astor, *The Bloody Forest*, 356 – 366。

46. 珍珠港事件后日本大肆扩张：Toll, *Pacific Crucible*, 232 – 301。

47. 英美两国在两线战争中取得成功的历史转折点：Williamson Murray, "U. S. Strategy and Leadership in World War II：The Problem of a Two – Front Strategy," in Murray and Ishizu, eds. , *Conflicting Currents：Japan and the United States in the Pacific*, 83。

48. 早期关于"欧洲优先"的争论：Morton, *Strategy and Command*, 334 – 336。

49. 麦克阿瑟和尼米兹对于进攻路线的争论：Murray and Millett, *A War to Be Won*, 362 – 364, 493 – 496；O'Brien, *How the War Was Won*, 412 – 429。关于菲律宾，参阅 Williamson Murray, "US Naval Strategy and Japan," in Murray and Sinnreich, eds. , *Successful Strategies*, 288。两路大军同时进攻日本，效果适得其反：O' Brien, *How the War Was Won*, 398 – 402。

50. 菲律宾和冲绳岛战役的代价过于高昂：Astor, *Crisis in the Pacific*, 600 – 624。参阅 Feifer, *Tennozan*, 376 – 409 中的评估。

第十四章

1. 1922 年小亚细亚惨败：Smith, *Ionian Vision：Greece in Asia Minor, 1919 – 1922*, 284 – 336。君士坦丁堡陷落：Ostrogorsky, *History of the Byzantine State*, 552 – 572；Treadgold, *A History of the Byzantine State and Society*, 797 – 803；Philippides and Hanak, *The Siege and the Fall of Constantinople in 1453：Historiography, Topography, and Military Studies*, passim。吉本对围城及其直接后果的著名描述：*The Decline and Fall of the Roman Empire*, Vol. 6 (chapter 68), 489 – 514；君士坦丁堡的最后数小时, 500 – 504。维也纳之战 (1529 年 9 月 27 日—10 月 15 日)：Shaw, *History of the Ottoman Empire*, 93。维也纳之战 (1683 年 7 月—9 月)：Stoye, *Siege of Vienna* and Barker, *Double Eagle and Crescent*。参阅 Davies, *God's Playground*, 481 – 487，波兰国王扬三世·索别斯基在保卫维也纳中扮演的角色；Shaw,

History of the Ottoman Empire，213 - 215，以及奥斯曼帝国攻占哈布斯堡首都失败的后果，218 - 219。

2. 强奸德国妇女：Naimark，*Russians in Germany*，69 - 140；柏林陷落：Ryan，*Last Battle*，488 - 493。

3. 抹去一切有关苏联的事物：Cameron and Stevens, eds., *Hitler's Table Talk*，4 - 5（1941 年 7 月 5 日至 6 日晚），400 - 401（1942 年 4 月 5 日）。

4. 迦太基：Polybius 38.19 - 22；耶路撒冷：Josephus，6.1 - 10；巴格达：Allsen，*Mongol Imperialism*，1 - 7，83 - 88；Morgan，*Mongols*，132 - 133；Saunders，*History of the Mongol Conquests*，109 - 111；格拉纳达：Constable，*Medieval Iberia*，496 - 507；Fletcher，*Moorish Spain*；Hillgarth，*Spanish Kingdoms*，366 - 393；O'Callaghan，*Reconquest and Crusade*，213 - 214；特诺奇蒂特兰：Hanson，*Carnage and Culture*，170 - 232。希腊和罗马的围城术：Kern，*Ancient Siege Warfare*，135 - 162；Barry Strauss，"The Experience of Siege Warfare," in Chapter 7 of Sabin, van Wees, and Whitby, eds., *Cambridge History of Greek and Roman Warfare*，Vol. I，243 - 247。

5. Watson，*Sieges*，6.

6. 关于第一次世界大战的围城战：普热梅希尔：Keegan，*First World War*，171 - 172；斯特朗，*First World War*，30 - 31。Kut - al - Amara：Strachan，*First World War*，120 - 124；Watson，*Sieges*，83 - 105；Hammond，*Battle in Iraq*，71 - 109. Cf. Braddon，*The Siege*，and Crowley，*Kut 1916*. 关于凡尔登，参阅 Keegan，*First World War*，278 - 286；Strachan，*First World War*，180 - 185。

7. Watson，*Sieges*，57 - 81.

8. 围攻战的道德问题：Walzer，*Just and Unjust Wars*，165 - 170。

9. 在列宁格勒的损失：Glantz，*Battle for Leningrad*，467 - 469，Appendices F（"Soviet Military Casualties"），543 - 546，and G（"Estimated Civilian Losses in the Siege of Leningrad"），547。

10. 1a 1601/41 号指令，"关于列宁格勒的将来状态," 参阅 Glantz，*Battle for Leningrad*，85 - 86。

11. 被遗忘的列宁格勒磨难，参见 Reid，*Leningrad*，313 - 315。

12. Glantz，*Battle for Leningrad*，27 - 31，and Appendix E（"红军和德国国防

军的粗略比较"），537 - 542。See Roberts, *Storm of War*, 152 - 154. "巴巴罗萨行动"计划：Olaf Groehler, "Goals and Reason: Hitler and the German Military," in Wieczynski, *Operation Barbarossa*, 48 - 61。轰炸莫斯科：Hardesty and Grinberg, *Red Phoenix Rising*, 64 - 65。

13. 芬兰对北方集团军群的支持：Lunde, *Finland's War of Choice*, 183 - 212。

14. 苏联海军的灾难：Jones, *Leningrad: State of Siege*, 110 - 112。通过海路向北方集团军群输送补给：Askey, *Operation Barbarossa*, 319 - 330。

15. 特诺奇蒂特兰的毁灭：Hanson, *Carnage and Culture*, 185 - 193。拉多加湖：Glantz, *Battle for Leningrad*, 101, 139 - 145。

16. 参阅希特勒的要求，改述自 Salisbury, *900 Days*, 94。

17. 芬兰有限的战略目标：Carrell, *Hitler Moves East*, 267。

18. 列宁格勒的恐怖环境：chapter 4（"The Struggle to Survive: The Dying City"）in Bidlack and Lomagin, *The Leningrad Blockade*, 262 - 328。引语摘自 Document 48, 267 - 268。1942 年 1 月 28 日的唯一记录是"爸爸死了"。德军计划：Murray and Millett, *A War to Be Won*, 130 - 136。Reid, *Leningrad*, 133。Cf. Buttar, *Battleground Prussia*, 18.

19. Calvocoressi, Wint, and Pritchard, *Total War*, 484 - 486.

20. 为什么列宁格勒能幸存下来：Carrell, *Hitler Moves East*, 267 - 269。

21. 斯大林和列宁格勒：Kirschenbaum, *Legacy of the Siege*, 237 - 258。

22. 从列宁格勒撤退后的北方集团军群：Ziemke, *Stalingrad to Berlin*, 248 - 266。

23. 指令中的部分内容引自 Wieder, von Einsiedel, and Bogler, *Stalingrad: Memories and Reassessments*, 13。

24. Cf. Goebbels, *Goebbels Diaries, 1942 - 1943*, 136（1942 年 3 月 20 日）。一战期间德国对美国的看法：Strachan, *First World War*, 220 - 223, 285，二战期间，参阅 Roberts, *Storm of War*, 195 - 200。

25. 希特勒对 1941—1942 年冬天德军准备不足的观点：Cameron and Stevens, eds., *Hitler's Table Talk*, 339 - 340（1942 年 2 月 26—27 日）。

26. Ellis, *Stalingrad Cauldron*, 58 - 60。无能的保卢斯不受欢迎：Wieder, von Einsiedel, and Bogler, *Stalingrad: Memories and Reassessments*, 192 - 195。指责希特勒：Manstein, *Lost Victories*, 360。

27. 关于陆军元帅保卢斯的评价：Wieder, von Einsiedel, and Bogler,

Stalingrad: *Memories and Reassessments*, 87；参见206 – 213。苏联人对斯大林格勒战役的看法：Rotundo, *Battle for Stalingrad*，特别是41 – 110。

28. Hayward, *Stopped at Stalingrad*, 234, 251 – 310 (quote on 303).

29. "斯大林格勒要塞"：Wieder, von Einsiedel, and Bogler, *Stalingrad*: *Memories and Reassessments*, 42, 79。

30. 1941 年前后，苏联和德国的损失：Antill, *Stalingrad 1942*, 39, 87 – 88；Roberts, *Victory at Stalingrad*, 49。参见 Beevor, *Stalingrad*, 430 – 431, 关于最后一批囚犯在 1955 年被释放；Glantz and House, *Armageddon in Stalingrad*, 714 – 718。

31. 耶拿 – 奥厄施泰特战役：Chandler, *Campaigns of Napoleon*, 479 – 502。德国历史上最惨痛的失败：Beevor, *Stalingrad*, 398；最后的不幸：Wieder's quote in Wieder, von Einsiedel, and Bogler, *Stalingrad*: *Memories and Reassessments*, 95。

32. 苏联人在斯大林格勒战役后欢欣雀跃：Beevor, *Stalingrad*, 404。普通德国人的观点：再次参阅 Wieder, von Einsiedel, and Bogler, *Stalingrad*: *Memories and Reassessments*, 164。Cf. Galland, *The First and the Last*, 149.

33. Ellis, *Brute Force*, 77.

34. 闪电战的墓志铭：Glantz and House, *When Titans Clashed*, 125 中的评价。关于苏联工业产出增长，参阅 Mark Harrison, "The Soviet Union: The Defeated Victor," in Harrison, ed., *The Economics of World War II*, 272 – 274, 概述参阅同一作者的 *Accounting for War*: *Soviet Production, Employment, and the Defence Burden, 1940 – 1945*。愚蠢地分开南方集团军群：Roberts, *Victory at Stalingrad*, 73 – 74；86 – 88（希特勒围攻斯大林格勒的想法）；参见 Ziemke and Bauer, *Moscow to Stalingrad*, 358 – 361。斯大林格勒的侧翼情况：Wieder, von Einsiedel, and Bogler, *Stalingrad*: *Memories and Reassessments*, 35 – 36. Cf. Roberts, *Victory at Stalingrad*, 78 – 80。南方集团军群的庞大规模及瓦解；Antill, *Stalingrad 1942*, 23 – 24。

35. 关于戈培尔，参阅 Beevor, *Stalingrad*, 398 – 399。雅典的灾难：Thucydides 7.87.6。德国对温泉关之战的评价：Wieder, von Einsiedel, and Bogler, *Stalingrad*: *Memories and Reassessments*, 177 – 178。

36. 关于图卜鲁格：Seymour, *Great Sieges*, 257 – 277。关于英军在 1942 年

6 月 前，成 功 抵 抗 隆 美 尔 进 攻 的 日 记：Bowen, *Back from Tobruk*, 93 – 134。

37. 图卜鲁格的意大利驻军，参阅 Seymour, *Great Sieges*, 258 – 259。我在 2006 年访问过这里，和穆阿迈尔·卡扎菲统治下的大部分城市一样，这里已经去掉了大部分殖民历史的痕迹。

38. 图卜鲁格陷落后，隆美尔的梦想：Liddell Hart, ed., *Rommel Papers*, 513 – 515；参见 191 – 192。德国人的观点，参阅 Fraser, *Knight's Cross*, 304 – 306。

39. Jackson, *Battle for North Africa*, 237 – 238。Cf. Churchill, *Hinge of Fate*, 401 – 402.

40. 图卜鲁格战役中的士气：Fennell, *Combat and Morale in the North African Campaign*, 214 – 215, 281 – 283。

41. Jackson, *Battle for North Africa*, 150 – 151. See Churchill on Rommel, *Grand Alliance*, 200.

42. Churchill, *Hinge of Fate*, 401 – 402. 英国损失的详细情况：Mitcham, *Rommel's Greatest Victory*, 183 – 184。

43. 德军惊叹塞瓦斯托波尔防守严密：Carrell, *Hitler Moves East*, 464 – 466。

44. "蛙池"：Cameron and Stevens, eds., *Hitler's Table Talk*, 301。Cf. 克里米亚，参阅 Weinberg, *World at Arms*, 408 – 413。

45. 建造怪兽般的大炮是有逻辑错误的：Manstein, *Lost Victories*, 263。Cf. Ziemke and Bauer, *Moscow to Stalingrad*, 309 – 310；Weinberg, *World at Arms*, 537. Kaufmann and Kaufmann, *Fortress Third Reich*, 189 – 192.

46. Ziemke and Bauer, *Moscow to Stalingrad*, 321. 根据曼施坦因的计算（*Verlorene Siege*, 282），他说"超过 9 万人"死亡。

47. 德军轰炸塞瓦斯托波尔的记录，参阅 Melvin, *Manstein*, 263 – 264。

48. 轴心国围攻塞瓦斯托波尔的战略存在问题，参见 Melvin, *Manstein*, 271 – 273。

49. 针对里茨勒《9 月计划》英译本的分析，Fischer, *Germany's Aims in the First World War*, 98 – 113。

50. Kaufmann and Kaufmann, *Fortress Third Reich*, 182 – 189，讨论了宏大的潜艇掩体计划。

51. 希特勒的指令：Kaufmann and Kaufmann, *Fortress Third Reich*, 196。

52. Kaufmann, Kaufmann, and Idzikowski, *Fortress France*, 99 – 108.

53. 关于德国守港战略及其长期战略目标，参见 Kaufmann and Jurga, *Fortress Europe*, 388 – 389。

54. Kaufmann and Kaufmann, *Fortress Third Reich*, 319. 瑟堡：Harrison, *Cross - Channel Attack*, 386 – 449；参见 441 – 442。

55. 德国战略与 "大西洋壁垒"：Zaloga, *Atlantic Wall*, 5 – 33。

56. 安特卫普及加拿大人在斯海尔德河的牺牲情况：Zuehlke, *Terrible Victory*, 442 – 460。

57. 冯·伦德施泰特：Delaforce, *Smashing the Atlantic Wall*, 112 – 113。 Vassiltchikov, *Berlin Diaries*, 178 – 179.

58. Şahin, *Empire and Power in the Reign of Süleyman*, 149, and n. 66 (citing Setton, *Papacy and the Levant*, Vol. 4, 853 – 8580). 为奥斯曼帝国的失败辩解：İsmail Hami Danişmend, *İzahlı Osmanlı Tarihi Kronolojisi*, Vol. 2 M. 1513 – 1573, H. 919 – 981 [Istanbul：Türkiye Yayınevi, 1948], 330 – 340。

59. 法国陷落对马耳他造成了灾难性的战略后果：Perowne, *Siege Within the Walls*, 34 – 35。

60. 墨索里尼的拙劣指挥：Perowne, *Siege Within the Walls*, 58 – 59。

61. 表面上强大的意大利水面舰队存在弱点：Marc' Antonio Bragadin, *Italian Navy in World War II*, 324 – 325。参阅 Sadkovich, *Italian Navy in World War II*, 331 – 350；Roberts, *Storm of War*, 149, 284。盟国的地中海战略：Howard, *Mediterranean Strategy*, 1 – 39。

62. U 型潜艇在马耳他附近活动的记录：Paterson, *U - Boats in the Mediterranean 1941 - 1944*, 158 – 174。

63. 对德国和英国军事领导人的评价：Shankland and Hunter, *Malta Convoy*, 34 – 36。Cf. Perowne, *Siege Within the Walls*, 54 – 55.

64. 1942 年 2 月，驻新加坡英军向日军投降：Allen, *Singapore 1941 - 1942*, 175 – 184；Warren, *Singapore 1942*, 253 – 270。失去新加坡后的耻辱和被夸大的战略后果：Morton, *Strategy and Command*, 174 – 175。丘吉尔描述发生在新加坡和图卜鲁格的灾祸：*Hinge of Fate*, 81。

65. 新加坡的舰炮：Hack and Blackburn, *Did Singapore Have to Fall?*, 102 – 131。Calvocoressi, Wint, and Pritchard, *Total War*, 839.

66. Allen, *Singapore 1941 – 1942*, 51 – 53; Hack and Blackburn, *Did Singapore Have to Fall?*, 65 – 66.

67. 关于 Z 舰队, 参阅 Allen, *Singapore 1941 – 1942*, 136 – 145; Hough, *The Hunting of Force Z*; Middlebrook & Mahoney, *The Sinking of the Prince of Wales and the Repulse*, 283 – 314。Cf. Dull, *Imperial Japanese Navy*, 38 – 41.

68. 英军损失: Allen, *Singapore 1941 – 1942*, 270 – 271。关于投降人数的争论（10 万到 13 万?）: A. Yoji, "General Yamashita Tomoyuki," in Farrell and Hunter, eds., *Sixty Years On*, 199 – 201。丘吉尔和新加坡: R. Callahan, "Churchill and Singapore," in Farrell and Hunter, eds., *Sixty Years On*, 156 – 169。丘吉尔的反应经常被提及, 参阅 Warren, *Singapore 1942*, 77。

69. 大屠杀: Allen, *Singapore 1941 – 1942*, 35 – 36。山下奉文和大屠杀: A. Yoji, "General Yamashita Tomoyuki," in Farrell and Hunter, eds., *Sixty Years On*, 199 – 201。

70. Allen, *Singapore 1941 – 1942*, 186 – 187. 英国声誉尽失: Warren, *Singapore 1942*, 137 – 146。关于对希特勒的评价, 参见 Cameron and Stevens, eds., *Hitler's Table Talk*, 274 – 275（1942 年 2 月 2 日中午）。关于珀西瓦尔, 参见 C. Kinvig, "General Percival and the Fall of Singapore," in Farrell and Hunter, eds., *Sixty Years On*, 241 – 261。韦维尔元帅谈论新加坡投降: Brian P. Farrell, "The Dice Were Rather Heavily Loaded: Wavell and the Fall of Singapore," in Farrell, ed., *Leadership and Responsibility*, 182 – 234。

71. 相对的空军实力: John R. Ferris, "Student and Master: Airpower and the Fall of Singapore," in Farrell and Hunter, eds., *Sixty Years On*, 104。

72. 所谓 "新加坡战略" 的缺陷: Malcolm H. Murfett, "Reflections on an Enduring Theme: The 'Singapore Strategy' at Sixty," in Farrell and Hunter, eds., *Sixty Years On*, 16 – 22。马来西亚本土守军: Allen, *Singapore 1941 – 1942*, 247 – 263。珀西瓦尔的引文, 参阅 C. Kinvig, "General Percival and the Fall of Singapore," in Farrell and Hunter, eds., *Sixty Years On*, 261。

73. Warren, *Singapore 1942*, 290. 丘吉尔的新加坡政策: Hack and

Blackburn, *Did Singapore Have to Fall?*, 186 – 187。

74. 菲律宾的海空防御：Belote, *Corregidor*, 36 – 40。

75. 麦克阿瑟和"橙色计划"：Belote, *Corregidor*, 36 – 53；同样参阅
Belote, *Corregidor*, 37 – 40。

76. 科雷希多岛的防御：Flanagan, *Corregidor*, 32 – 34。科雷希多要塞大炮的
优势和弱点：Belote, *Corregidor*, 12 – 13, 15 – 19。

77. 科雷希多岛的战前防御：Flanagan, *Corregidor*, 26 – 33；Devlin, *Back to
Corregidor*, 5 – 8；封锁：Morris, *Corregidor*, 23。Cf. "Washington's
Modification of the Military Strategy," in Masuda, *MacArthur in Asia*, 40 –
41.

78. Eisenhower, *Crusade in Europe*, 21.

79. Morris, *Corregidor*, 426 – 467.

80. 日本的崛起：Belote, *Corregidor*, 32 – 35。

81. Morris, *Corregidor*, 426 – 467.

82. Malise Ruthven, "Hitler's Monumental Miscalculation," *New York Review of
Books* (NYR Blog), 2014 年 6 月 5 日 (http：//www. nybooks. com/blogs/
nyrblog/2014/jun/05/hitlers – mighty – miscalculation/? insrc = hpss)。马其
诺防线、大西洋壁垒和齐格菲防线：Kaufmann and Kaufmann, *Maginot
Imitations*, 31 – 50；Kaufmann and Kaufmann, *Fortress Third Reich*, 182 – 255；
and in general, Kaufmann and Kaufmann, *Fortress France*。

83. 古典时期的雅典城墙：David L. Berkey, "Why Fortifications Endure：A
Case Study of the Walls of Athens During the Classical Period," in Hanson,
ed. , *Makers of Ancient Strategy*, 58 – 92。

第五部分

1. Schopenhauer, *Collected Works*, 8.

第十五章

1. 阿希达穆斯王的引述：Plutarch, *Moralia* 219a。巴顿的观察：Atkinson,
Army at Dawn, 442。

2. 古典时期的战象：Scullard, *Elephant in the Greek and Roman World*；
Kistler, *War Elephants*, 54 – 57；Philip Sabin, "Battle：A. Land Battle, I.

Exotic Weapons," in Chapter 13 of Sabin, van Wees, and Whitby, eds.,
Cambridge History of Greek and Roman Warfare, Vol. I, 419 – 421。

3. 乌龟阵：Cassius Dio（49. 30）。Cf. Plutarch, *Antony* 45；Flor. 2. 20. 6 –
7. Cf. Reinhold, *From Republic to Principate*, 62；Catherine M. Gilliver,
"Battle：II. Land Battle, 2. Combat Mechanics," in Chapter 4 of Sabin, van
Wees, and Whitby, eds., *Cambridge History of Greek and Roman Warfare*,
Vol. II, 130 – 131, 134. 蝎子弩和其他移动式的罗马弩弓和投射器：
Gilliver, op. cit. 128（II. Land Battle, 2. Deployment）, 151（V. Siege
Warfare）；Marsden, *Greek and Roman Artillery*, 188 – 190。

4. 重骑兵：Parker, *The Military Revolution*, 69 – 70；Bernard S. Bachrach
（"The Myth of the Mounted Knight"）in Parker, ed., *The Cambridge History
of Warfare*, 82 – 83；Brauer and Van Tuyll, *Castles, Battles, & Bombs: How
Economics Explains Military History*, 49, 63。

5. 关于幻想中的坦克，参阅 H. G. Wells, *Complete Short Stories*, 603 –
620，特别是 610。

6. 坦克的发展及其在第一次世界大战中的应用：Wright, *Tank*, 23 – 80。
康布雷战役：Macksey, *Tank Versus Tank*, 30；Cf. 38 – 39；Zabecki, *The
German 1918 Offensives*, 59 – 60。

7. Steiner, *Lights That Failed*, 372 – 383.

8. 英、法、德三国战前的装甲理论家：Macksey, *Tank Versus Tank*, 24,
60；Boot, *War Made New*, 216 – 224。Cf. Williamson Murray, "Armored
Warfare：The British, French, and German Experiences," in Murray and
Millett, eds., *Military Innovation in the Interwar Period*, 6 – 49. Cf. Wright,
Tank, 70 – 71, 220 – 228.

9. Blumenson, *Patton Papers, 1940 – 1945*, 8.

10. Steiger, *Armour Tactics*, 80.

11. 米夏埃尔·维特曼：Agte, *Michael Wittmann*, Vol. I, 265 – 284；II：
17 – 90。Hart, *Sherman Firefly vs. Tiger*, 52 – 69.

12. 战前坦克的经验教训：Habeck, *Storm of Steel*, 247 – 287。

13. Steiger, *Armour Tactics*, 72 – 73.

14. 坦克炮的性能：Macksey, *Tank Versus Tank*, 106 – 114。

15. 苏联的柴油发动机：Carius, *Tigers in the Mud*, 23。豹式坦克与 T – 34

的工艺对比：Forczyk，"T – 34 vs. Panther," in Zaloga, ed.，*Battleground*, 80 – 85。Forty, *World War Two Tanks*, 168 – 170.

16. Mayo, *Ordnance Department*：*On Beachhead and Battlefront*, 328.

17. 英国、德国、美国、苏联、法国、意大利、日本的各种规格坦克，参阅 Forty, *World War Two Tanks*，特别是 64 – 107（德国）和 156 – 173（苏联）。

18. Pimlott, ed.，*Rommel*, 147 – 148.

19. "像老鼠一样"：Strawson, *Hitler as Military Commander*, 177。

20. 将坦克看作坦克歼击车的理论：Roberts, *Storm of War*, 525（citing Guderian, *Achtung！Panzer！*）。库尔斯克战役：Glantz and House, *Battle of Kursk*, with figures of "Comparative Strengths and Losses" in Appendix C（336 – 346）。Raus, *Panzer Operations*, 347。皮洛士：Plutarch, *Pyrrhus* 21. 9。

21. 德国在第一次世界大战中不愿建造坦克：Gudmundsson, *On Armor*, 66 – 67。德军坦克手的优势：Keegan, *Second World War*, 399。

22. 德国坦克规格：Forty, *World War Two Tanks*, 64 – 107。

23. 德国装甲部队在 1939—1940 年胜利期间所暴露出来的缺点：von Mellenthin, *Panzer Battles*, 155 n. 3；Guderian, *Panzer Leader*, 138。德国空军未能提供足够的地面支援：Luther, *Barbarossa Unleashed*, 80 – 82。

24. 闪电战在苏联战场终结：Steiger, *Armour Tactics*, 53。

25. 希特勒的评论：Guderian, *Panzer Leader*, 190；Steiger, *Armour Tactics*, 78。

26. 库诺斯克法莱战役（公元前 197 年，色萨利）爆发前，李维（31. 34. 3）描述了遭遇到奇怪的骑兵。德国坦克部队在 1941 年 6 月入侵苏联时并不强大：Stahel, *Operation Barbarossa*, 110 – 114。

27. 苏联"巨兽"：Steiger, *Armour Tactics*, 79；and 82。"玩具枪"：Schäufler, *Panzer Warfare*, 54。德国坦克产量：Guderian, *Panzer Leader*, See 143。Roberts, *Storm of War*, 425.

28. 不可能对 T – 34 进行逆向工程：Guderian, *Panzer Leader*, 276 – 277；Keegan, *Second World War*, 399 – 402。Steiger, *Armour Tactics*, 83 – 85. 古德里安于 1943 年 3 月 1 日被任命为装甲部队总监，Guderian, *Panzer*

Leader，284 – 300。

29. Cf. von Mellenthin，*Panzer Battles*，301. 军事生产标准化：Cameron and Stevens，eds.，*Hitler's Table Talk*，415 – 416（April 9，1942，midday）。

30. 虎式坦克：Carius，*Tigers in the Mud*，26。Weinberg，*World at Arms*，539. 设想中的"超大和"级战列舰：Lengerer and Ahlberg，*Yamato Class*，553 – 555。

31. 为了尽量与 T – 34 抗衡，德军拥有三种选择：Showalter，*Armor and Blood*，46 – 47。施佩尔对 V – 2 导弹的评估：*Inside the Third Reich*，366。

32. Mosier，*Blitzkrieg Myth*，181.

33. 希特勒对初期不甚可靠的豹式坦克十分厌恶：Heiber and Glantz，*Hitler and His Generals*，415。

34. 对工业生产模式的不同看法：Milward，*War，Economy and Society，1939 – 1945*，186 – 188。"鼠式"坦克：Guderian，*Panzer Leader*，278；Forty，*World War Two Tanks*，107；Senger und Etterlin，*German Tanks of World War II*，75 – 77。德国军备生产的优先次序存在错误：Murray and Millett，*A War to Be Won*，333 – 335。施佩尔的能力：Evans，*Third Reich at War*，328 – 329。

35. Wright，*Tank*，298.

36. Steiger，*Armour Tactics*，83 – 86.

37. 德国人在入侵苏联前狂妄自大：Roberts，*Storm of War*，137 – 145。低估了红军力量：Stahel，*Operation Barbarossa*，143 – 145；Raus，*Panzer Operations*，1 – 2。

38. Burdick and Jacobsen，eds.，*Halder War Diary*，345. 苏德两国在战前联合研制坦克：Habeck，*Storm of Steel*，71 – 124。英国的贡献：Gat，*British Armour Theory*，43 – 67。克雷西战役：Ormrod，*Edward III*，271 – 321；Curry，*Hundred Years' War*，14 – 15；DeVries，*Infantry Warfare*，155 – 175；Russell Mitchell，"The Longbow – Crossbow Shootout at Crécy（1346）：Has the 'Rate of Fire Commonplace' Been Overrated?" in Villalon and Kagay，eds.，*The Hundred Years War：A Wider Focus*，233 – 257。Cf. Steiger，*Armour Tactics*，4 – 6. Guderian，*Panzer Leader*，143. 战前，苏军在哈桑湖（1938 年）和哈拉欣河（1939 年）对阵日

军，以及同芬兰军队作战时积累了坦克战经验：Habeck, *Storm of Steel*, 247, 277 – 279, 285 – 287, 289 – 291。

39. Schäufler, *Panzer Warfare*, 38. Steiger, *Armour Tactics*, 84 – 85. 更多关于德军坦克部队的第一手资料：Schäufler, *Panzer Warfare*, 68。

40. T – 34 的技术参数，参阅 Forty, *World War Two Tanks*, 168 – 170。

41. KV – I 坦克：Macksey, *Tank Versus Tank*, 85 – 87。

42. T – 34 战损：Krivosheev, *Soviet Casualties and Combat Losses*, 253 – 254。Schäufler, *Panzer Warfare*, 69. 库尔斯克战役数据，参阅 Showalter, *Armor and Blood*, 269 – 270. Cf. Raus, *Panzer Operations*, 212. 德国坦克和装甲车在斯大林格勒战役前后的情况：O'Brien, *How the War Was Won*, 308 – 310。更多有关德军见证 T – 43 优势的战例，参阅 Steiger, *Armour Tactics*, 82, 265 – 266；Raus, *Panzer Operations*, 32 – 33；Luther, *Barbarossa Unleashed*, 153。

43. Hastings, *Armageddon*, 86.

44. 最终对"谢尔曼"坦克的客观评估：Zaloga, *Armored Thunderbolt*, 327 – 330。摧毁"谢尔曼"坦克的方式：Zaloga, *Armored Thunderbolt*, 236 – 238。

45. 美国汽车工业进行战时生产动员：Baime, *Arsenal of Democracy*, 65 – 85, and Arthur Herman's review in the *Wall Street Journal* (http://online. wsj. com/articles/book – review – the – arsenal – of – democracy – by – a – j – baime – 1402693102)。

46. 1942—1943 年初，"谢尔曼"在北非战场的优势：Zaloga, *Armored Thunderbolt*, 49 – 54。美国和苏联的坦克总产量：Forty, *World War Two Tanks*, 108 – 173。

47. "谢尔曼"易燃：Zaloga, *Armored Thunderbolt*, 55 – 56；Forty, *World War Two Tanks*, 142。"谢尔曼"坦克组成员的存活能力：Zaloga, *Armored Thunderbolt*, 238。

48. 坦克歼击车：Weigley, *Eisenhower's Lieutenants*, 10 – 11。

49. Patton, *War As I Knew It*, 138. Nicholas D. Molnar, "General George S. Patton and the War – Winning Sherman Tank Myth," in Piehler and Pash, eds. , *The United States and the Second World War*, 129 – 149.

50. McAleer, *Dueling*, 12 – 23；Mayo, *Ordnance Department*, 322.

51. "死亡牢笼"：Mayo, *Ordnance Department*, 334；Patton, *War As I Knew It*, 243。Showalter, *Hitler's Panzers*, 334 – 335。"谢尔曼"坦克的各种升级方案，参阅 Mayo, *Ordnance Department*, 329。

52. 坦克大战和艾布拉姆斯坦克：Murray and Scales, *Iraq War*, 88 – 128。

53. 英军对"谢尔曼"改装，霍巴特将军的"滑稽"坦克：Forty, *World War Two Tanks*, 142 – 149。

54. Macksey, *Tank Force*, 79.

55. 英国坦克生产及型号：Forty, *World War Two Tanks*, 9；8 – 56。坦克产量经常与其他装甲车辆的产量混为一谈，这使得不同口径的统计数据有时存在差异。

56. "玛蒂尔达"坦克：Forty, *World War Two Tanks*, 39 – 43。

57. Coombs, *British Tank Production*, 122 – 123.

58. Zaloga, "Tiger vs. Sherman Firefly" in Zaloga, ed., *Battleground*, 148 – 153. 苏军坦克损失百分比：Gudmundsson, *On Armor*, 130。

59. 法国战区的闪电战：Antoine de Saint – Exupéry, *Pilote de Guerre*, 94 – 95, quoted in Williamson Murray, "May 1940: Contingency and Fragility of the German RMA," in Knox and Murray, eds., *Dynamics of Military Revolution*, 155；Steiger, *Armour Tactics*, 67, quoting Bauer, *Der Panzerkrieg*, 9。

60. 德军在 1942 年的损失：Overmans, *Deutsche Militärische Verluste*, 276 – 284；德国空军的损失：Murray, *Luftwaffe*, 112 – 142；坦克损失：Showalter, *Armor and Blood*, 38。

61. "眼镜蛇行动"：Yenne, *Operation Cobra*, 36 – 71；特别是 38 – 39；Zaloga, *Operation Cobra 1944*, 18 – 31；参见 25 – 26。

62. 德国闪电战由于燃料、补给和备件短缺而受限：Steiger, *Armour Tactics*, 126 – 128。冯·伦德施泰特：Goldensohn, *Nuremberg Interviews*, 167。

63. 因德国装甲部队而产生的恐惧感：Steiger, *Armour Tactics*, 25。

64. 盟军燃料消耗：D'Este, *Patton*, 649 – 650。

65. 虎式和"谢尔曼"坦克的燃料消耗比较：Green, Anderson, and Schulz, *German Tanks*, 73 – 74；Zaloga, *Armored Thunderbolt*, 331 – 338, 参见 331。苏联的道路：Luther, *Barbarossa Unleashed*, 322 – 323。Cf. von Mellenthin, *Panzer Battles*, 155. 希特勒谈论道路系统：Cameron and

Stevens, eds. , *Hitler's Table Talk*（1942 年 6 月 27 日的晚宴上），537 – 538。

66. Steiger, *Armour Tactics*, 13. Mayo, *Ordnance Department*, 333.

67. 关于第二次世界大战期间的火炮生产统计表：http：// ww2 - weapons. com/german – arms – production/；http：//ww2 - weapons. com/ russian – arms – production/；http：//www. nationalww2museum. org/ learn/education/for – students/ww2 – history/ww2 – by – the – numbers/ wartime – production. html；http：//ww2 - weapons. com/u – s – arms – production/。

68. 二战期间美国炮弹生产情况："History of the Ammunition Industrial Base,"（www. jmc. army. mil/Docs/History/Ammunition% 20Industrial% 20Base% 20v2% 20% 202010% update. pdf），Joint Munitions Command, JMC History Office, ASMSJM – HI DSN：793 – 0392, page 15；Hogg, *German Artillery*, 162 – 170。德军坦克不适应苏联环境：Steiger, *Armour Tactics*, 53。一艘"俾斯麦"号或"提尔皮茨"号可能要花费 2.5 亿帝国马克，而一门 88 毫米炮大约为 33600 帝国马克。

69. Gudmundsson, *On Armor*, 122 – 124. Senger und Etterlin, *German Tanks of World War II*, 39 – 40.

70. Gavin, *On to Berlin*, 205：美军更喜欢使用缴获的"铁拳"火箭筒，而非他们自己的"巴祖卡"。

71. Raus, *Panzer Operations*, 337. Hellbeck, *Stalingrad*, 159.

72. Murray and Millett, *A War to Be Won*, 472, 482；Olive, *Steel Thunder on the Eastern Front*, 137 – 155. Dunn, *Stalin's Keys to Victory*, 23 – 42；Luther, *Barbarossa Unleashed*, 148.

73. 关于第二次世界大战中的火箭弹与火炮的比较，以及"喀秋莎"及其仿制品，参阅 Baker, *Rocket*, 81 – 83；Weinberg, *World at Arms*, 538。Gunston, *Rockets & Missiles*, 24, 包括了对 212 型和 212A 型导弹的讨论，称后者"可能是二战前世界上最可怕的战术导弹"。

74. Baldwin, *Deadly Fuze*, 85 – 89, 302 – 304. Buderi, *The Invention That Changed the World*, 221 – 228. 关于技术问题，参见概述：Johns Hopkins University Applied Physics Laboratory, *The World War II Proximity Fuze*。

75. 对日本迫击炮的恐惧：Sledge, *With the Old Breed*, 72 – 74。"弹震症"
的概念：Tracey Loughran, "Shell Shock, Trauma, and the First World
War: The Making of a Diagnosis and Its Histories," *Journal of the History of
Medicine and Allied Science* 67 (2012), 94 – 119; Kramer, *Dynamic of
Destruction*, 258 – 259; Watson, *Enduring the Great War*, 25 – 37,
238 – 240。

第六部分

1. Thucydides, *The Peloponnesian War*, 7.77.7.

第十六章

1. 最高领导人的不同风格：Keegan, *Mask of Command*, 311 – 352。
Weinberg, "Reflections on Running a War: Hitler, Churchill, Stalin,
Roosevelt, Tojo," in Weinberg, *Germany, Hitler, and World War II*, 287 –
306.

2. 伟大的将军和政治家的品质：Cohen, *Supreme Command*, 1 – 14,
208 – 224。

3. 当胜算不大时，各国领导人的能力：Hanson, *Savior Generals*, 3 – 5。

4. 修昔底德论伯里克利：2.65.9。Cf. Plutarch, *Pericles*, 15. Kagan,
Pericles of Athens and the Birth of Democracy, 62 – 64, and 230 – 231. 处于
战争状态下的民主国家：Hanson, "Ferocious Warmakers: How
Democracies Win Wars," *Claremont Review of Books*, 2.2 (2002)
(http://www.claremontinstitute.org/crb/article/ferocious – warmakers –
how – democracies – win – wars/)。参阅 Thucydides (8.1.4), 对民主战
争和西西里的评估（公元前415—前413年）。

5. 美国在第二次世界大战期间享有民主制度的优势：O'Neill, *A Democracy
at War*, 429 – 434。Cf. Reiter and Stam, *Democracies at War*, 193. 墨索里
尼"长久以来就对下属不信任"：Knox, *Mussolini Unleashed*, 7。

6. 曼施坦因论希特勒：*Lost Victories*, 284 ff。

7. 斯大林不再像战争早期那样到处指手画脚：Roberts, *Storm of War*,
601 – 602。相反的观点，参见 Deutscher, *Stalin*, 466 – 467; Roberts,
Stalin's Wars, 159 – 162。朱可夫的才华：Hastings, *Armageddon*, 232。

8. 轴心国相互间不信任：齐亚诺在 1941 年 7 月 20 日（*Diary, 1937 – 1943*，446）谈及了"奸诈的"德国人。

9. 参见大英帝国总参谋长阿兰·布鲁克将军对罗斯福的猛烈批评：Alanbrooke, *War Diaries*，272 – 273；590。反对希特勒的密谋：Stone, *Shattered Genius*，265 – 310；Weinberg，"July 20，1944：The German Resistance to Hitler," in Weinberg, *Germany, Hitler, and World War II*，245 – 253。参阅 Megargee, *Inside Hitler's High Command*，230 – 236，关于希特勒及其将军合谋的不同意见。反对纳粹统治：Hansen, *Disobeying Hitler*，324 – 332。

10. 丘吉尔独特的战前经历：Gilbert, *Churchill：A Life*, Preface, xix。

11. 雷德尔战后对希特勒的质疑：Raeder, *Grand Admiral*，241 – 242。丘吉尔和罗斯福关于同盟的华丽辞藻：Reynolds, *From World War to Cold War*，49 – 71。德国人对希特勒不满：Hastings, *Armageddon*，327。

12. 参见温伯格在 Heiber and Glantz, *Hitler and His Generals* 中的导言，xxxiii。有 40（?）多个刺杀希特勒的计划，其中 20 个尤为严重：Moorhouse, *Killing Hitler：The Plots, the Assassins, and the Dictator Who Cheated Death*，2 – 3。

13. 德国在第一次世界大战中的战争目标：Rothwell, *War Aims*，9 – 12。

14. Warlimont, *Inside Hitler's Headquarters*，145. Keegan, *First World War*，341 – 343；Strachan, *First World War*，261 – 262.

15. 希特勒的虚伪保证：Baynes, *Speeches of Adolf Hitler*, Volume II, 1181，1211，1304，1425，1517。Cf. Williamson Murray, *Change in the European Balance of Power*，359 – 360.

16. Heiber and Glantz, *Hitler and His Generals*，xxxii. 希特勒对其战略能力的自我评价：Strawson, *Hitler as Military Commander*，50 – 54。Cf. Schramm, *Hitler*，184 – 191。修昔底德的格言：4.4.108。

17. 纳粹控制的欧洲工业生产效率低下：Murray, *Luftwaffe*，99 – 100。希特勒频繁陷入恐慌和犹豫不决之中：Karl – Heinz Frieser, "The War in the West, 1939 – 1940：An Unplanned Blitzkrieg," in Ferris and Mawdsley, eds., *The Cambridge History of the Second World War*, Vol. I：*Fighting the War*，306。希特勒的大战略存在缺陷：Williamson Murray, "Thoughts on Grand Strategy," in Murray, Sinnreich, and Lacey, eds., *The Shaping of*

Grand Strategy, 8 – 9 and n. 26。拿破仑的名言：DeLiancourt, *Political Aphorisms, Moral and Philosophical Thoughts of the Emperor Napoleon*, 10。

18. 亚历山大决定停止进军印度：Arrian, *Anabasis* 5. 26 – 29. 1；Diodorus 17. 93. 3 – 94. 5；Quintus Curtius 9. 2. 9 – 11；Plutarch, *Alexander* 62。罗马人在条顿堡森林战败：Dio 56. 19. 1 – 22. 2；Valleius Paterculus 2. 119. 1 – 5，Tacitus, *Annals* 1. 61 – 62。奥古斯都对瓦卢斯战败的反应：Suetonius, *Divus Augustus* 23。Cf. Goldsworthy, *Augustus*, 447 – 457.

19. 希特勒的优缺点及与战争行为之间的关系：Bullock, *Hitler: A Study in Tyranny*, 372 – 410；Schramm, *Hitler*, passim；Strawson, *Hitler as Military Commander*, 222 – 246。

20. 希特勒的必胜信念：Kershaw, *Hitler, 1936 – 45: Nemesis*, 300 – 301.

21. 希特勒和民众：Hugh Trevor – Roper in Cameron and Stevens, eds., *Hitler's Table Talk*, 特别是 xxxix。

22. Bullock, *Hitler: A Study in Tyranny*, 35 – 36. 希特勒的谈话漫无边际，参阅 Hugh Trevor – Roper in Cameron and Stevens, eds., *Hitler's Table Talk* 中的调查，特别是 xxxvi – ix。

23. Warlimont, *Inside Hitler's Headquarters*, 208 – 209.

24. 第一次世界大战中德国向墨西哥提出的建议：Boghardt, *Zimmermann Telegram*, 33 – 47。

25. Warlimont, *Inside Hitler's Headquarters*, 209. 决定对美宣战：Roberts, *Storm of War*, 193 – 197。参阅 Strawson, *Hitler as Military Commander*, 148。

26. 假设德国用地中海战略取代"巴巴罗萨行动"：David M. Glantz, "What If the Germans Had Delayed Barbarossa Until After Dealing with Great Britain (in 1942 or 1943)?," in Showalter and Deutsch, eds., *If the Allies Had Fallen*, 52 – 53。Fuller, *Second World War*, 84 – 87. Howard, *Mediterranean Strategy in the Second World War*, 12 – 13.

27. 1942 年之后，希特勒错误战略所导致的失败：Lewin, *Hitler's Mistakes*。吕贝克轰炸和贝德克尔轰炸：Evans, *Third Reich at War*, 438 – 440。希特勒的战略缺陷：Murray and Millett, *A War to Be Won*, 84 – 85。对"蓝色行动"的警告：Schramm, *Hitler*, 203。

28. 希特勒改变了决定：Strawson, *Hitler as Military Commander*, 92 – 93，

108 – 122。希特勒的宫殿：Speer, *Inside the Third Reich*, 156；参见
483，关于希特勒对戈林的默许。希特勒从国库中获得的收益：Speer,
Spandau, 104 – 105. Stratigakos, *Hitler at Home*, 24 – 46。关于戈林，
参阅 Murray, *Luftwaffe*, 13 – 14。

29. 希特勒的健康问题被夸大：Neumann and Eberle, *Was Hitler Ill?*, 186 –
190。参见 Kershaw, *Hitler, 1936 – 45: Nemesis*, 638 – 639，以及希特勒
在 9 月前的衰颓（726 – 727）。参阅戈林的评估：Hechler, *Goering and
His Gang*, 587。希特勒自怨自艾：Bullock, *Hitler: A Study in
Tyranny*, 756。

30. 希特勒思想狭隘，支持民粹主义，不信任知识分子：Evans, *Third
Reich in Power*, 298 – 299, 498。

31. 希特勒尊敬墨索里尼：Cameron and Stevens, eds., *Hitler's Table Talk*,
437（April 23, 1942, at dinner）。

32. 意大利的殖民地梦：Knox, *Mussolini Unleashed*, 39 – 40。

33. 意大利缺乏资本和关键的自然资源：Vera Zamagni, "Italy: How to Lose
the War and Win the Peace," in Harrison, ed., *The Economics of World
War II*, 177 – 223, 特别是 178 – 189. Rothwell 研究了意大利在战争中
的目标和手段, *War Aims in the Second World War*, 52 – 58。

34. 墨索里尼试图说服希特勒采取南方战略：Ansel, *Hitler and the Middle
Sea*, 特别是 33 – 39。

35. Mark Harrison, "The Economics of World War II: An Overview," in
Harrison, ed., *The Economics of World War II*, 1 – 42; Tables 1.6 and
1.7, 15 – 17. 意大利汽车短缺：Knox, *Common Destiny*, 150 – 151。

36. Knox, *Hitler's Italian Allies*, 89 – 91; 100 – 101. 纳粹德国因意大利法西
斯政权垮台而怒不可遏，以及 1943 年之后发生的事情，参阅 Roberts,
Storm of War, 384。Victoria C. Belco 以阿雷佐省的现象为例，说明全国
局势：*War, Massacre, and Recovery in Central Italy, 1943 – 1948*, 检视了
德国对意大利的报复，意大利人民因意大利从轴心国转变为同盟国而
面临的挑战，以及随后争夺意大利的战争。

37. 阿尔梅利诺将军：Steinberg, *All or Nothing*, 16。

38. 墨索里尼的性格和情绪起伏不定：Hibbert, *Mussolini*, 特别是 101 –
113；墨索里尼的新闻事业：Ridley, *Mussolini*, 47 – 55。"有活力却不

勤奋”：Calvocoressi, Wint, and Pritchard, *Total War*, 133 – 134, 169。

39. 意大利军队实力有限，不能实现墨索里尼的目标：MacGregor Knox, "The Italian Armed Forces, 1940 – 3" in Millett and Murray, eds. , *Military Effectiveness*, Vol. 3, 170 – 172。

40. 东条英机的地位及其权力基础：Weinberg, *Visions of Victory*, 59 – 62。Cf. Shillony, *Politics and Culture in Wartime Japan*, 29 – 43.

41. 替代日本将重心放在中国的方案：Hane and Perez, *Modern Japan*, 312 – 327；Feis, *Road to Pearl Harbor*；Butow, *Tojo and the Coming of the War*；Lu, *From the Marco Polo Bridge to Pearl Harbor*, 188 – 190。

42. 东条英机被贬黜：Toland, *Rising Sun*, 523 – 530；其继承者的性格：Craig, *Fall of Japan*, 27 – 29。Cf. Toll, *Conquering Tide*, 533 – 534.

43. 珍珠港事件前的美日外交谈判：Schroeder, *Axis Alliance*, 73 – 107, 168 – 199。日本造船业：Alvin D. Coox, "The Effectiveness of the Japanese Military Establishment in the Second World War," in Millett and Murray, eds. , *Military Effectiveness*, Vol. 3, 6 – 7。东条由布子崇拜其祖父：*The Japan Times*, July 4, 2007（http：//www. japantimes. co. jp/news/2007/07/04/national/candidate – tojo – seeks – resolution – against – a – bombings/#. VwsMwiQbCYV）。

44. 日本在战前为备战太平洋战争的投入：Keegan, *History of Warfare*, 375。日本人在珍珠港事件前可能会做什么：Zimm, *Attack on Pearl Harbor*, 特别是 "Appendix D：The Perfect Attack," 401 – 412。Cf. Williamson Murray, "US Naval Strategy and Japan," in Murray and Sinnreich, eds. , *Successful Strategies*, 283.

45. 日本军国主义偏离了日本的传统历史：Calvocoressi, Wint, and Pritchard, *Total War*, 768 – 794。日本的种族宣传：Dower, *War Without Mercy*, 203 – 233。

46. 法国沦陷后，希特勒和英国贵族进行调解的谣言：Black, *Roosevelt*, 576。劳合·乔治在第二次世界大战期间的悲惨岁月，参阅 Lukacs, *Five Days in London*, 128；Cross, ed. , *Life With Lloyd George*, 281。据说德国入侵法国后不久，劳合·乔治对苏联驻英国大使伊万·麦斯基说："盟军不可能赢得战争。我们现在能想到的最多是如何把德国拖到秋天，然后看情况再说。"（Gorodetsky, ed. , *Maisky Diaries*, 278）

梅根·劳合·乔治的引述：304。英国保守党的默许，参阅 Reynolds, *From World War to Cold War*, 42 – 44；and 80 – 83，关于丘吉尔偶尔表露的悲观情绪。

47. 1941 年 12 月 26 日，丘吉尔在美国国会的演讲：Churchill, *The Grand Alliance*, 671 – 672。

48. 特米斯托克利的乐观精神，参阅 Hanson, "The Strategic Thought of Themistocles," in Murray and Sinnreich, eds., *Successful Strategies*, 17。Cf. Alanbrooke, *War Diaries*, 209，关于丘吉尔和美国参战。

49. 1940 年 6 月 18 日，丘吉尔在下议院发表"最光辉的时刻"演讲：http://www. winstonchurchill. org/resources/speeches/233 – 1940 – the – finest – hour/122 – their – finest – hour。

50. Roberts, *Masters and Commanders*, 215 – 216. 丘吉尔的战略：Reynolds, *From World War to Cold War*, 80 – 88。

51. 英国国际影响力在战后减弱："British Grand Strategy, 1933 – 1942," in Murray, Sinnreich, and Lacey, eds., *The Shaping of Grand Strategy*, 147 – 181, esp. 167 – 181。Cf. Talbot Imlay, "Western Allied Ideology, 1939 – 1945," in Bosworth and Maiolo, eds., *The Cambridge History of the Second World War*, Vol. II：*Politics and Ideology*, 47 – 48.

52. Roberts, *Masters and Commanders*, 468 – 471. 蒙哥马利与艾森豪威尔不和：Weidner, *Eisenhower and Montgomery*, 370 – 376。丘吉尔和盟友在雅尔塔：David Reynolds, "The Diplomacy of the Grand Alliance," in Bosworth and Maiolo, eds., *The Cambridge History of the Second World War*, Vol. II：*Politics and Ideology*, 特别是 319 – 322。

53. 经济动员和丘吉尔的投入：Stephen Broadberry and Peter Howlett, "The United Kingdom：' Victory at All Costs '," in Harrison, ed., *The Economics of World War II*, 43 – 80；Gilbert, *Churchill：A Life*, 645 – 648。英国的军事家：O'Brien, *How the War Was Won*, 157 – 168。

54. 丘吉尔的战略智慧：Hastings, *Finest Years*, 178 – 179, 478 – 479。德国的观点：Hechler, *Goering and His Gang*, 493。

55. 丘吉尔对斯大林的苏联心存芥蒂：Alanbrooke, *War Diaries*, 483 – 484（关于德黑兰会议，1943 年 11 月 28 日）。

56. 丘吉尔风格的华丽辞藻：Cannadine, *In Churchill's Shadow*, 85 – 113。

57. Von Luck，*Panzer Commander*，109。丘吉尔的健康问题：Hastings，*Finest Years*，352 - 355，362 - 363。丘吉尔在战争中承担的个人风险：Jablonsky，*Churchill and Hitler*，40 - 41。

58. Roberts，*History of the English - Speaking Peoples*，147. 20 世纪 30 年代的孤立主义：美国国务院网站（https：//history. state. gov/milestones/1937 - 1945/american - isolationism）；Herring，*From Colony to Superpower*，484 - 537。

59. 罗斯福加入战争，得到了两党共同支持：Fullilove，*Rendezvous with Destiny*，332 - 356。

60. Friedberg，*In the Shadow of the Garrison State*，9 - 33，私营部门在美国战时经济中占主导地位。Herman，*Freedom's Forge*，335 - 336.

61. 1944 年 1 月 11 日，罗斯福通过炉边谈话，发表国情咨文，表达了他对战时国内政敌的强硬态度（可访问 http：//docs. fdrlibrary. marist. edu/011144. HTML）。

62. 罗斯福的决策方法：James Lacey，"Toward a Strategy：Creating an American Strategy for Global War，1940 - 1943，" in Murray，Sinnreich，and Lacey，eds. ，*The Shaping of Grand Strategy*，182 - 209，esp. 207 - 209。罗斯福敏锐的战略意识：Peter R. Mansoor，"US Grand Strategy in the Second World War，" in Murray and Sinnreich，eds. ，*Successful Strategies*，333 - 338。

63. 罗斯福和他的将军：Black，*Roosevelt*，1124 - 1126。参见 Persico，*Roosevelt's Centurions*，特别是 528 - 539。

64. 罗斯福过分批评英国帮助苏联：Berthon and Potts，*Warlords*，139，quoting from Blum，*Roosevelt and Morgenthau*（1942 年 3 月 11 日）。

65. 罗斯福时而冷落丘吉尔，时而讨好斯大林：Kimball，*Churchill & Roosevelt*，Vol. 1，421 - 422。See Black，*Franklin Delano Roosevelt*，481 - 482，864 - 865.

66. 罗斯福向英国保证美国将采取互补战略：Roberts，*Masters and Commanders*，124 - 125。Cf. Stoler，*Allies and Adversaries*，84 - 102。"欧洲优先"是一种简略描述：O'Brien，*How the War Was Won*，206 - 207。

67. 斯大林在德军入侵头两周保持沉默，导致灾难性后果：Ulam，*Stalin*，

538 – 543。参见 Pleshakov, *Stalin's Folly*，特别是 98 – 112，斯大林在战争爆发时领导失职。引述希特勒的话：Murray and Millett, *A War to Be Won*，114。

68. Antonov – Ovseyenko, *The Time of Stalin*, 123 – 124 and passim.

69. 苏联在 1941 年 6 月后的产能损失：Mark Harrison, "The Soviet Union：The Defeated Victor," in Harrison, ed., *The Economics of World War II*，282 – 284。苏联在 1939 年增加战争物资产量：Murray and Millett, *A War to Be Won*，112 – 113；苏联在乌拉尔地区的战争工业：同上，117 – 118。

70. 1941 年 6 月德国入侵后，苏联工业生产能力取得了非凡成就：Dunn, *Stalin's Keys to Victory*，23 – 41。

第十七章

1. Cray, *General of the Army*, 90。"小黑皮书"：Cole King See d, "Marshall's Men," *Army Magazine*（December 2009），52 – 55。Fuller, *Generalship*，41 – 44.

2. 布吕歇尔的忠诚和奉献：Chandler, *Campaigns of Napoleon*, 1068 – 1069。

3. 曼施坦因的天才与缺点：Melvin, *Manstein*, 504 – 510。

4. Murray and Millett, *A War to Be Won*, 74 – 75.

5. Maclean, *German General Officer Casualties*, 5.

6. 德国将军的道德困境：Melvin, *Manstein*, 506；Hansen, *Disobeying Hitler*, 55 – 58（关于隆美尔和克卢格）。

7. 成功和平庸的美国将军：Ricks, *The Generals*, 17 – 134。

8. 德国军官的培训：Dennis E. Showalter, " 'No Officer Rather Than a Bad Officer': Officer Selection and Education in the Prussian/German Army, 1715 – 1945," in Kennedy and Neilson, *Military Education*, 53 – 56。德国将领关于"巴巴罗萨行动"的特殊请求：Williamson Murray, "British Military Effectiveness in the Second World War," in Millett and Murray, eds., *Military Effectiveness*, Vol. 3, 96 – 97。

9. 莫德尔和隆美尔：Barnett, ed., *Hitler's Generals*, 293 – 317（Martin Blumenson 评价隆美尔），and 319 – 334（Carlo D'Este 评价隆美尔）。对隆美尔的赞扬：Calvocoressi, Wint, and Pritchard, *Total War*, 375。1943

年 2 月 26 日的信：Liddell Hart, ed. , *Rommel Papers*, 410 – 411。预想取得对苏战争胜利后，希特勒制订的计划：Weinberg, *World at Arms*, 266 – 268。

10. Dupuy, *A Genius for War*, 253 – 254.

11. 山本五十六和松冈洋右的美国经历：Potter, *Yamamoto*, 14 – 26；Lu, *Agony of Choice*, 6 – 16。

12. 山本五十六对战争抱有怀疑，也充满热情：Potter, *Yamamoto*, 312 – 313；Thomas, *Sea of Thunder*, 15 – 19。Cf. Weinberg, "Some Myths of World War II," 715 – 716. 山本五十六与其他将军的对比：Murray and Millett, *A War to Be Won*, 172。

13. 萨沃岛战役（1942 年 8 月 9 日）：D'Albas, *Death of a Navy*, 161 – 170, esp. 169 – 170, note 5（added by Rear Admiral Robert A. Theobald）；Loxton and Coulthard – Clark, *The Shame of Savo*, 237 – 240；Warner and Warner, *Disaster in the Pacific*, 244 – 259；Toshikazu Ohmae, "The Battle of Savo Island," in O'Connor, ed. *The Japanese Navy in World War II*, 74 – 85；Dull, *Imperial Japanese Navy*, 187 – 194。日本海军将领的防御：Dull, 193 – 194；322 – 323；D'Albas, *Death of a Navy*, 312 – 335, esp. 329 – 331, note 4（added by Rear Admiral Robert A. Theobald）；Tomiki Koyangi, "The Battle of Leyte Gulf," in O'Connor, ed. , *The Japanese Navy in World War II*, 106 – 118, esp. 112。

14. 1944 年至 1945 年间日本将军的技能：冲绳岛（牛岛满），Sloan, *The Ultimate Battle*, 14 – 18；硫磺岛（栗林忠道），Newcomb and Schmidt, *Iwo Jima*, 8 – 20；马尼拉（山下奉文），Connaughton, Pimlott, and Anderson, *Battle for Manila*, 66 – 70；新加坡（山下奉文），Hack and Blackburn, *Did Singapore Have to Fall?*, 87 – 91。

15. Murray and Millett, *A War to Be Won*, 20, 25. 俘虏和死亡的苏联将军：Maslov, *Captured Soviet Generals*；Maslov and Glantz, *Fallen Soviet Generals*, 245 – 269。

16. 敦刻尔克：Eisenhower, *Crusade in Europe*, 143 – 145。

17. 英国和美国将军的比较：Weigley, *Eisenhower's Lieutenants*, 33 – 38；Overy, *Why the Allies Won*, 268 – 274。

18. 英国人的大脑指导着美国人的肌肉：Reynolds, *From World War to Cold*

War, 129 – 133。

19. Jackson and Bramall, *The Chiefs*, 224 – 228. 金将军的名言和美国指挥官的粗鲁个性：Williamson Murray, "U. S. Strategy and Leadership in World War II: The Problem of a Two – Front Strategy," in Murray and Ishizu, eds. , *Conflicting Currents*, 89。

20. 布拉德利不重视太平洋战区：Williamson Murray, "U. S. Strategy and Leadership in World War II: The Problem of a Two – Front Strategy," in Murray and Ishizu, eds. , *Conflicting Currents*, 94。

21. 对美军在 1944 年至 1945 年欧洲战区的军事信条的批评：Weigley, *Eisenhower's Lieutenants*, 728 – 729。美军指挥的传统方式：Ricks, *The Generals*, 17 – 19。

22. Berlin, *U. S. Army World War II Corps Commanders*, 特别是 9 – 13; Mansoor, *The GI Offensive in Europe*, 特别是 249 – 268。

第十八章

1. Mark Harrison, "The Economics of World War II: An Overview," in Harrison, ed. , *The Economics of World War II*, 7 – 10, Tables 1. 2 – 3.

2. Holger H. Herwig, "Germany and the Battle of the Atlantic," in Chickering, Förster, and Greiner, eds. , *A World at Total War*, 78 – 79. 攻击 V – 2 导弹设施：Miller, *Masters of the Air*, 201 – 202, 418。

3. 基于飞机质量和数量的相对空中优势：Van Creveld, *Age of Airpower*, 128 – 129。

4. 德国未能在 1943 年之前大规模生产军需品：Albert Speer, *Inside the Third Reich*, 212 – 213; 参见 Weinberg, *World at Arms*, 76 – 78。

5. 盟国及轴心国资产和生产性质的变化：Mark Harrison, "The Economics of World War II: An Overview," in Harrison, ed. , *The Economics of World War II*, 6 – 27。

6. Edgerton, *Britain's War Machine*, 181 – 194. 第三帝国的石油困境，参阅 Becker, "The Role of Synthetic Fuel in World War II Germany," *Air University Review*（1981 年 7—8 月），（http: //www. airpower. maxwell. af. mil/ airchronicles/aureview/1981/jul – aug/becker. htm）. Cf. Murray and Millett, *A War to Be Won*, 52. 关于荷属东印度群岛和日本，参阅 O'Brien, *How the*

War Was Won, 72 – 74。

7. Edgerton, *Britain's War Machine*, 12 – 13, 31 – 46. 特别参阅 Tooze, *Wages of Destruction*, 140 – 141。

8. Edgerton, *Britain's War Machine*, 172 – 178; Stephen Broadberry and Peter Howlett, "The United Kingdom: 'Victory at All Costs,'" in Harrison, ed., *The Economics of World War II*, 61 – 63. 关于英国的配给情况，参阅 Calvocoressi, Wint, and Pritchard, *Total War*, 438 – 439。航空汽油: Carew, *Becoming the Arsenal*, 279 – 280。

9. Hugh Rockoff, "The United States: From Plowshares to Swords," in Harrison, ed., *The Economics of World War II*, 81 – 121; 23 – 24. 消费受到大范围压制的不实报告: Lacey, *Keep from All Thoughtful Men*, 49。贿赂: Overy, *Interrogations*, 274 – 275。Cf. Evans, *Third Reich at War*, 493 – 495. 关于麦克阿瑟，参阅 Masuda, *MacArthur in Asia*, 83 – 85 中的指控。

10. 希特勒依赖于从苏联进口货物，参见 Roberts, *Stalin's Wars*, 42 – 43。

11. 美国经济卷入第一次世界大战: Stephen Broadberry and Mark Harrison, "The Economics of World War I," in Broadberry and Harrison, eds., *Economics of World War I*, 5 – 13. Cf. in the same edited volume, Hugh Rockoff, "Until It's Over, Over There: The US Economy in World War I," 310 – 343.

12. 美国生产力增长惊人: Koistinen, *Arsenal of World War II*, 448 – 450。

13. Eden, *Eden Memoirs: The Reckoning*, 93.

14. 英国飞机统计: Millett and Murray, *A War to Be Won*, 535 (Table 2: Major Weapons Produced by Allies and Axis Powers, 1940 – 1945)。

15. 建造"自由轮"，参见 Herman, *Freedom's Forge*, 176 – 191。Lane, *Ships for Victory* 对该项目所有方面都有详细描述，包括设计、材料和工人。美国航空工业生产的显著进步，参阅 Cairncross, *Planning in Wartime*, 178。美国有能力生产更多军需品，参阅 Koistinen, *Arsenal of World War II*, 500 – 501。美国生产力提高的一个例子是近炸引信成本大幅降低，参见 Baldwin, *Deadly Fuze*, 217 – 220。

16. 1943 年至 1945 年间德国劳动力构成的变化，参阅 Evans, *Third Reich at War*, 350 – 352。

17. Cairncross, *Planning in Wartime*, 176 - 177；德国和苏联的比较，参阅 Ziemke and Bauer, *Moscow to Stalingrad*, 514 - 515。

18. 德军使用捷克的军事装备（尤其是坦克），以及缴获的法国装甲车辆，参阅 Green, Anderson, and Schulz, *German Tanks of World War II*, 28 - 30；Mosier, *Blitzkrieg Myth*, 46 - 47。

19. Stephen Broadberry and Peter Howlett, "The United Kingdom：'Victory at All Costs,'" in Harrison, ed., *The Economics of World War II*, 58.

20. Mark Harrison, "The Economics of World War II：An Overview," in Harrison, ed., *The Economics of World War II*, 22 - 23；Edgerton, *Britain's War Machine*, 12 - 13, 79 - 81；279 - 280. 援助苏联的租借物资：Weeks, *Russia's Life - Saver*, 115 - 127。

21. 希特勒在科技方面的愚蠢：Cornwell, *Hitler's Scientists*, 21 - 37；Lewin, *Hitler's Mistakes*, 81 - 100。参见盟国计划制订者之间的差距：Kennedy, *Engineers of Victory*, 5 - 74；参阅 Kennedy 的评论：Michael Beschloss in *The New York Times Book Review*（2013 年 2 月 10 日），15。希特勒的大话：Hechler, *Goering and His Gang*, 57。

22. Herman, *Freedom's Forge*, 335 - 336. 杰出的英国决策层：Edgerton, *Britain's War Machine*, 86 - 112。Cf. Patterson, *Arming the Nation for War*, 46.

第十九章

1. 死亡总数：Clodfelter, *Warfare and Armed Conflicts*, Vol. I, xxxiii - iv；更保守的数字是 4000 万，参见 Vol. II, 954。

2. 黑死病：Rosen, *The Third Horseman*, 254 - 259。Parker, *Global Crisis*, 研究了 17 世纪气候变化带来的破坏。

3. 第二次世界大战前，人口达到最大规模以及军队总动员人数：Clodfelter, *Warfare and Armed Conflicts*, Vol. II, 956。

4. 火绳枪射击速度和距离：Parker, *The Military Revolution*, 17 - 19。胜利方和战败方的死亡率：Clodfelter, *Warfare and Armed Conflicts*, Vol. I, xxxi - xxxii。

5. Friedländer, *Years of Extermination*, 503.

6. Khan, *Shallow Graves of Rwanda*, 7, 9；Odom, *Journey into Darkness*：

Genocide in Rwanda, 75 – 77.

7. 死亡率统计（包括东线和不包括东线）：Clodfelter, *Warfare and Armed Conflicts*, Vol. II, 838。

8. 古希腊的重装步兵战斗：Hanson, *Western Way of War*, passim；重装步兵的装甲提供了保护：同上，81 – 83；战场上 10% 的伤亡率：同上，209。城堡的优势：Brauer and van Tuyll, *Castles, Battles, & Bombs*, 59 – 66。

9. 关于防弹衣与减少死亡率之间的假设关系：Michael Vlahos, "Could Body Armor Have Saved Millions in World War I?," *The Atlantic* (2013 年 4 月 30 日)，在线内容：http：//www. theatlantic. com/international/archive/2013/04. /could – body – armor – have – saved – millions – in – world – war – i/275417/。

10. 击落一架盟军飞机所需高射炮弹的大致平均数量：Westermann, *Flak: German Anti – Aircraft Defenses, 1914 -1945*, 292 – 295。

11. Clodfelter, *Warfare and Armed Conflicts*, Vol. II, 952.

12. 红军进入柏林后进行报复：Ryan, *Last Battle*, 459 – 465。

13. 历史上士兵死于疾病和战斗的比例，参见 Clodfelter, *Warfare and Armed Conflicts*, Vol. I, xxxii – xxxiii。

14. 1944 年至 1945 年严冬时期的荷兰：Van der Zee, *The Hunger Winter*, 304 – 310。

15. 中国的饥荒和数以百万计战争死难者：Mitter, *Forgotten Ally*, 178ff。

16. Cameron and Stevens, eds., *Hitler's Table Talk*, 23 – 24. 苏联如何应对粮食短缺：Moskoff, *Bread of Affliction*, 42 – 69。德国的"饥饿计划"：Tooze, *Wages of Destruction*, 477 – 485, 513 – 551；Alex J. Kay, "'The Purpose of the Russian Campaign Is the Decimation of the Slavic Population by Thirty Million': The Radicalization of German Food Policy in Early 1941," Chapter 4 of Kay, Rutherford, and Stahel, eds., *Nazi Policy on the Eastern Front, 1941*, 101 – 129; and 110 for the "Economic Policy"。Snyder, *Bloodlands*, 411; Gesine Gerhard, "Food and Genocide: Nazi Agrarian Politics in the Occupied Territories of the Soviet Union," *Contemporary European History* 18. 1 (2009), 45 – 65, esp. 54ff. 德国士兵对待苏联人的逸事：Gerlach, *Kalkulierte Morde*, 53, quoted also in Collingham, *Taste of War*, 39。

17. 简要回顾日本的暴行和被占领区人民的饥饿状态，参阅 Russell A. Hart, "Asia and the Pacific: Japanese Occupation, 1931 – 1945," in Ciment, ed., *World Terrorism*, Vol. 1, 49 – 51。在纳粹入侵、撤退期间，欧洲沦陷区因饥饿和疾病而死亡的人口：Hitchcock, *Bitter Road to Freedom*, 121 – 122, 227 – 238; Hastings, *Armageddon*, 407 – 417。关于希腊，参阅 Hionidou, *Famine and Death in Occupied Greece, 1941 – 1944*, 158。

18. 德军和苏军每月的损失率：http://www.feldgrau.com/stats.html; Krivosheev, *Soviet Casualties and Combat Losses*, 85 – 97。关于苏联夸大德军损失和苏军伤亡虚假信息的讨论，参阅 Mosier, *Deathride*, 338 – 340; 421。

19. 德国特别行动队：Browning, *Ordinary Men*, 159 – 189。Hilberg, *Destruction of the European Jews*, 97 – 153; Winkler, *Age of Catastrophe*, 715. 非德国人在大屠杀中所扮演的角色：Jochen Böhler, "Race, Genocide, and Holocaust," Chapter 39 of Zeiler and DuBois, eds., *A Companion to World War II*, 669 – 673。

20. 关于亚美尼亚种族灭绝的情况：Kévorkian, *The Armenian Genocide: A Complete History*; 柬埔寨的"杀人场"：Kiernan, *The Pol Pot Regime*; Etcheson, *After the Killing Fields*; 卢旺达部落仇杀：Khan, *Shallow Graves of Rwanda*; Melvern, *Conspiracy to Murder*。

21. 西欧及大西洋彼岸国家的人权观念与德国人的公民观念之间的差异：Winkler, *Age of Catastrophe*, 887 – 888。参见 Browning, *Ordinary Men*, 170："过去45年间，经过战后数百次审判，没有一名辩护律师或被告能够证明，如果拒绝服从命令，杀死手无寸铁的平民，必然会遭到严厉惩罚。"掠夺犹太人财富的欲望：Hilberg, *Perpetrators, Victims, Bystanders*, 212 – 224; Overy, *Interrogations*, 196 – 198。

22. 将布尔什维主义和反犹主义结合起来：Kershaw, *Hitler, 1936 – 45: Nemesis*, 389。

23. "巴巴罗萨行动"对"最终解决方案"的影响，参阅 Evans, *Third Reich at War*, 247 – 248。

24. Friedländer, *Years of Extermination*, 23 – 24. 万湖会议确定了"最终解决方案"：C. Gerlach, "The Wannsee Conference, the Fate of Grerman Jews,

and Hitler's Decision in Principle to Exterminate All European Jews," in Bartov, ed. , *The Holocaust*: *Origins*, *Implementation*, *Aftermath*, 106 – 161。

25. 希特勒对佛朗哥的影响，参阅 Casanova, *The Spanish Republic and Civil War*; Payne, *Franco and Hitler*; and Whealey, *Hitler and Spain*。希特勒的反犹思想: Hitler, *Mein Kampf*, 640; Domarus, *Hitler*, *Speeches and Proclamations 1932 – 1945*, Vol. 3, 1449。"犹太病毒": Cameron and Stevens, eds. , *Hitler's Table Talk*, 332 (1942 年 2 月 22 日)。希特勒在 1921 年 3 月的文章引于 Wünschmann, *Before Auschwitz*, 76。

26. 纳粹的骗局: Gilbert, *Auschwitz and the Allies*, 341。德国公众的看法: Kershaw, *Hitler*, *the Germans*, *and the Final Solution*, 186, 参见 120, 142。门格勒的论文，参阅 Lifton, *Nazi Doctors*, 339; Helena Kubica, "The Crimes of Josef Mengele," in Gutman and Berenbaum, eds. , *Anatomy of the Auschwitz Death Camp*, 318; 马丁·克莱特纳的火葬场专利申请: Jean – Claude Pressac with Robert – Jan van Pelt, "The Machinery of Mass Murder at Auschwitz," in the same edited volume, 240。克房伯: Buruma, *Year Zero*, 183。

27. Doenitz, *Memoirs*, 467. 德国公众的看法: Kershaw, *Hitler*, *the Germans*, *and the Final Solution*, 186, 参见 142 – 148; 希特勒的独特作用，参阅 110 – 116, 特别是 111。

28. 法本化工集团: Jeffreys, *Hell's Cartel*。暴徒和罪犯参与进来: Hilberg, *Perpetrators*, *Victims*, *Bystanders*, 51 – 74。参见 Hilberg, *Destruction of the European Jews*, 27 – 37, 在第三帝国境内，从法律和行政管理角度定义犹太人是必要的。关于死亡流水线，参见 244 – 246。

29. "犹太问题": Kershaw, *Hitler*, *the Germans*, *and the Final Solution*, 62 – 64, and 73 – 74。死亡人数: Browning, *Ordinary Men*, xv。纳粹在战前的虐待和杀戮: Wünschmann, *Before Auschwitz*, 58 – 99。屠杀方式从大规模射杀转变为毒气: Jürgen Matthäus, "Nazi Genocides," in Bosworth and Maiolo, eds. , *The Cambridge History of the Second World War*, Vol. II: *Politics and Ideology*, 177 – 178。

30. 纳粹将犹太人大屠杀视为其足以影响后世的成就之一: Friedländer, *Years of Extermination*, 226 – 230, 658 – 660。战争期间，德国人对此漠不关心: Kershaw, *Hitler*, *the Germans*, *and the Final Solution*, 220 –

223。希特勒关于"最终解决方案"的决定，参见同上，262 - 265。Cf. Richard Bessel, "Murder Amidst Collapse: Explaining the Violence of the Last Months of the Third Reich," in Weise and Betts, eds. , *Years of Persecution*, *Years of Extermination*, 255 - 268。

31. 1936 年奥运会和埃弗里·布伦戴奇的反犹思想：Guttmann, *The Games Must Go On*, 62 - 95。Cf. Mandell, *The Nazi Olympics*, 233 - 249。

32. 引述自 Hilberg, *Destruction of the European Jews*, 159。为何犹太人不早点离开第三帝国：Friedländer, *Years of Extermination*, 9 - 11。

33. 门格勒在奥斯维辛的恐怖实验室：Kubica, "The Crimes of Josef Mengele," in Gutman and Berenbaum, eds. , *Anatomy of the Auschwitz Death Camp*, 324。美国人的冷漠：Winik, *1944*, 466 - 476。关于大屠杀如何变成现实：Browning, *Ordinary Men*, 186。轰炸和大屠杀：Wyman, "Why Auschwitz Wasn't Bombed," in Gutman and Berenbaum, eds. , *Anatomy of the Auschwitz Death Camp*, 特别是 579 - 583；Overy, *Bombing War*, 583 - 596；Gilbert, *Auschwitz and the Allies*, 307 - 341。See Fleming, *Auschwitz, the Allies and Censorship*, 275.

34. 盟国限制来自第三帝国的移民：Friedländer, *Years of Extermination*, 88 - 95。

35. 勒巴泰对黄色星型布章的看法和进一步分析：Jacoby, *Bloodlust*, 101 - 102。

36. 五周内的死亡人数：Gilbert, *Holocaust*, 175。参见 Goebbels, *Goebbels Diaries*, *1939 - 1941*, 183（1940 年 11 月 2 日）。东欧和西欧犹太人的生活差异以及纳粹对犹太人的刻板认知：Friedländer, *Years of Extermination*, 16 - 18, 84 - 86。战前，犹太人对苏联的恐惧甚于德国：Hilberg, *Destruction of the European Jews*, 123, and De Bruhl, *Firestorm*, 140 - 144。

37. 纳粹在东欧和西欧采取不同的方式围捕犹太人，以及神秘的东方：Gilbert, *Auschwitz and the Allies*, 81 - 87。

38. Waterford, *Prisoners of the Japanese*, 171 - 185. 纳粹的恐怖行为：Bullock, *Hitler: A Study in Tyranny*, 806 - 807。

39. 1942 年中期，日本控制的人口数：Waterford, *Prisoners of the Japanese*, 31 - 32。

40. 英国在第一次世界大战期间因轰炸而遭受伤亡的人数：Overy, *Bombing War*, 20 - 23（1239 人死亡）。Cf. Arnold, *Allied Air War and Urban Memory*, 72 - 73. 交战双方在二战中死于轰炸的人，参阅 Overy, *Bombers and the Bombed*, 306 - 307。Keegan, *Second World War*, 432 - 433；Evans, *Third Reich at War*, 42 - 43. 关于日本：Frank, *Downfall*, 334；美国战略轰炸调查团道德部门的报告显示，有 90 万人丧生，130 万人受伤。

41. Kozak, *LeMay*, 220；Coffey, *Iron Eagle*, 146 - 165. 李梅决定对日本发动燃烧弹袭击：Maj. Gene Gurney, "The Giant Pays Its Way," in Sunderman, ed., *World War II in the Air: The Pacific*, 247 - 265。美国官方对东京燃烧弹和两次核弹攻击造成的伤亡估计：美国战略轰炸调查团《总结报告（太平洋战争）》，16。修正后的估计，参见 Mark Selden, "A Forgotten Holocaust: US Bombing Strategy, the Destruction of Japanese Cities and the American Way of War from World War II to Iraq," *The Asia Pacific Journal: Japan Focus*（http://www. japanfocus. org/ - Mark - Selden/2414/article. html），2007 年 5 月 2 日发布；参见 Clodfelter, *Warfare and Armed Conflicts*, Vol. II, 952 - 953。

42. 在设计和使用轰炸机时的权衡取舍：Mosier, *Blitzkrieg Myth*: 196 - 200。

43. Ian Krshaw, "Nazi Foreign Policy: Hitler's 'Programme' or 'Expansion Without Object'?," in Finney, ed., *Origins of the Second World War*, 140 - 142.

44. 驱逐日本人：Watt, *When Empire Comes Home*, 19 - 55，统计数据参阅 39（Table 1: Estimates of Japanese Nationals Abroad at the End of World War II）。日本人在中国东北的磨难：Maruyama, *Escape from Manchuria*。日本士兵返回故乡的经历：Mariko Asano Tamanoi, "Soldier's Home: War, Migration, and Delayed Return in Postwar Japan," Chapter 2 of Biao, Yeoh, and Toyota, eds., *Return: Nationalizing Transnational Mobility in Asia*, 39 - 62。

45. 德国人从东部被驱逐：Ahonen, *After the Expulsion*, 15 - 24；Hitchcock, *Bitter Road to Freedom*, 164 - 169. 东部地区的德国人大批迁徙：de Zayas, *Terrible Revenge*, 82, and 152，据他推测，有 1400 多万讲德语的

难民，其中 200 万人死亡。无人关心的"汉尼拔行动"：Hastings，*Armageddon*，285，294，497。

46. 困于战区的平民，参阅 Hastings，*Armageddon*，478，477 - 495。Chuikov，*Fall of Berlin*，40 - 42. 如果有 4000 万平民死亡，每天的死亡人数约为 18000 人；如果是 5000 万，约为 23000 人。

47. 1921—1922 年的饥荒：Kotkin，*Stalin*，447 - 449。1931—1933 年的饥荒：Khlevniuk，*Stalin*，117 - 122。1936 年饥荒再次发生：Khlevniuk，*Stalin*，124。关于 1937—1938 年所谓的"大恐怖"：Khlevniuk，*Stalin*，150 - 182。大致情况参见 Rutherford，*Combat and Genocide on the Eastern Front*。各条战线的老兵都承认东线战场异常残暴：Bartov，*Eastern Front*，106 - 141。

48. 东线的德国战俘：Overmans，*Deutsche militärische Verluste im Zweiten Weltkrieg*，286 - 289。包围圈：Megargee，*War of Annihilation*，82 - 83，100 - 101。

49. 红军和德军实施的焦土政策：Rutherford，*Combat and Genocide on the Eastern Front*，357 - 373。在纳粹控制下苏联设施设备的生产能力：Keegan，*Second World War*，222。

50. 沙皇亚历山大在 1812 年拿破仑战争中所采用的焦土战术：Chandler，*Campaigns of Napoleon*，757 - 758，855 - 856。沙皇亚历山大在 1812 年 5 月对纳尔博纳的讲话：同上，765。Cf. Roberts，*Napoleon*，584 - 585.

51. 第二次中日战争、日本对中国的占领，以及正在进行中的中国内战：Paine，*Wars for Asia*，122 - 169，9500 万中国人沦为难民（133），"三光政策"被日本人称为"三禁运动"，目的是"告诫中国人不要放火、不要犯罪、不要杀人"（155）。

52. 关于德国损失的争议：Müller and Ueberschär，*Hitler's War in the East，1941 - 1945*，345 - 376。德国在东欧的损失：Murray and Millett，*A War to Be Won*，555。1945 年到 1946 年，德国人的大规模迁移没有博得世人同情：Weinberg，*World at Arms*，895。

53. 红军进攻东普鲁士：Hastings，*Armageddon*，261 - 297。

54. 德军的月损失量：Overmans，*Deutsche militärische Verluste im Zweiten Weltkrieg*，237 - 240。

55. 地缘位置在波兰历史上起到的作用：Davies，*God's Playground*，

23 – 60。

56. 波兰境内的犹太人大屠杀和纳粹对波兰的看法：Hilberg, *Destruction of the European Jews*, 64 – 96；海德里希：65。

57. Keegan, *Six Armies in Normandy*, 262 – 282. 波兰地下运动：Ney – Krwawicz, *Polish Resistance Home Army*。

58. 波兰死者的分类：Dear 和 Foot（*Oxford Companion to World War II*, 290 ［Demography, Table 1］）引述与战争相关的死亡总人数为 12.3 万名军人和 400 万名平民。

59. 日本人口：Dear and Foot, eds. , *Oxford Companion to World War II*, 605。损失：Paine, *Wars for Asia*, 214。

60. 日本的损失：Toland, *Rising Sun*, 726。Paine, *Wars for Asia*, 216. 日本海军的损失，以及与盟友和敌人的比较：Ellis, *World War II*, 254（Table 52）。

61. 意大利在二战中的损失：Dear and Foot, eds. , *Oxford Companion to World War II*, 290（Demography, Table 1）。Cf. Walker, *Iron Hulls, Iron Hearts：Mussolini's Elite Armoured Divisions in North Africa*, 26.

62. 德国对待意大利人的措施：Evans, *Third Reich at War*, 471。

63. 德国对意大利人施加严厉报复：Lamb, *War in Italy, 1943 – 1945*, 129 – 135；Agarossi, *A Nation Collapses*, 115。Cf. Belco, *War, Massacre, and Recovery in Central Italy*, 57 – 79. Evans, *Third Reich at War*, 471.

64. 在第三帝国境内被强迫劳作的意大利人：Dear and Foot, eds. , *Oxford Companion to World War II*, 384（Forced labour, Table 2）。

65. Browning, *United States Merchant Marine Casualties of World War II*, 1940 年至 1946 年美国商船伤亡人数。

66. 陆军航空兵的损失和打击成果：Correll, "The US Army Air Forces at War: a Statistical Portrait of USAAF in World War II," *Air Force Magazine*, 78.6（1995 年 6 月），33 – 36。指挥与参谋学院（堪萨斯州莱文沃思），"Battle Casualties by Type of Casualty and Disposition, and Duty Branch: 7 December 1941 – 31 December 1946," *Army Battle Casualties and Non – battle Deaths in World War II：Final Report*, 73 – 77（http://cgsc. cdmhost. com/utils/getfile/collection/p4013coll8/id/128/filename/117）。

67. Allan R. Millett, "The United States Armed Forces in the Second World

War," in Millett and Murray, eds. , *Military Effectiveness*, Vol. 3,
52 – 53.

68. 霍巴特的"滑稽"坦克：Delaforce, *Churchill's Secret Weapons*, 49 – 82。
英国的战争死亡人数和性质：Mellor, *Casualties and Medical Statistics*,
834 – 839。英国装甲飞行甲板的优缺点：S. Slade and R. Worth,
"Were Armored Flight Decks on British Carriers Worthwhile?," http：//
www. navweaps. com/index_ tech/tech – 030. htm（2002 年 6 月 14 日）。

第七部分

1. Sartre, *The Devil & the Good Lord*, 4. "*Une victoire racontée en détail, on ne
sait plus ce qui la distingue d'une défaite.*" *Le Diable et le Bon Dieu*（Act I,
Scene I）（Paris：Éditions Gaillimard, 1951）.

第二十章

1. Lord, *Proconsuls*, 91 – 108, 109 – 132.

2. Walzer, *Just and Unjust Wars*, 111 – 117；289 – 296, 319 – 322.

3. 普鲁士人：von Mellenthin, *German Generals*, 145。

4. Ellis, *Brute Force*, 538；349.

5. O'Brien, *How the War Was Won*, 479 – 488. 佐藤小次郎将军的幻想
（"我的想法是，如果把这样一群无惧死亡的人扔到旧金山，那将会非
常有趣"）：Butow, *Tojo and the Coming of the War*, 19。

6. Cameron and Stevens, eds. , *Hitler's Table Talk*, 319.

7. Pasher, *Holocaust versus Wehrmacht*, 275 – 290. 前往难民营的交通工具：
R. Hilberg, "German Railroads/Jewish Souls," *Society* 14. 1（1976）, 60 –
74。发生大屠杀之后，苏联的反应：D. Acemoglu, T. Hassan, and J.
Robinson, "Social Structure and Development: A Legacy of the Holocaust in
Russia," *The Quarterly Journal of Economics*, 126. 2（2011）, 895 – 946。
犹太移民获批美国科学专利的件数增加，参阅 Petra Mosher, Alessandra
Voena, and Fabian Waldinger, "German – Jewish Emigrés and U. S.
Invention"（2013 年 12 月 21 日）, available at SSRN: https：//ssrn. com/
abstract = 1910247 或 http：//dx. doi. org/10. 2139/ssrn. 1910247。

8. 《大西洋宪章》（1941 年 8 月 14 日）：http：//www. nato. int/cps/en/

natolive/official_ texts_ 16912. htm。

9. De Bruhl, *Firestorm*, 180 – 181, 212 – 213, 280 – 282.

10. 德国并不了解珍珠港事件：Weinberg, "Pearl Harbor: The German Perspective," in Weinberg, *Germany*, *Hitler*, *and World War II*, 194 – 204。Cf. Roberts, *Masters and Commanders*, 71 – 73.

11. von Mellenthin, *German Generals*, 235.

12. 美国战后对联合国信心满满：Dennis Showalter, "Global Yet Not Total: The U. S. War Effort and Its Consequences," in Chickering, Förster, and Greiner, eds. , *A World at Total War*, 132 – 133。罗斯福对美国战后目标感到困惑：James Lacey, "Toward a Strategy: Creating an American Strategy for Global War, 1940 – 1943," in Murray, Sinnreich, and Lacey, eds. , *The Shaping of Grand Strategy*, 208 – 209。

13. Naimark, *Russians in Germany*, 1 – 9. 割让西普鲁士、波兹南和上西里西亚给波兰；割让赫鲁钦地区给捷克斯洛伐克；割让梅默尔给立陶宛；割让北石勒苏益格给丹麦；割让马尔默迪 - 奥伊彭给比利时；割让阿尔萨斯 - 洛林给法国；东普鲁士的命运：Egremont, *Forgotten Land*, 316 – 322。

14. Doyle, *World War II in Numbers*, 206 – 208. 全部损失：德国 445 万军人，105 万平民；奥地利 26 万军人，12 万平民；德意志裔 60 万军人，5 万平民。按人口比例计算，德国人口减少了 7.9%，奥地利减少了 5.7%，德意志裔减少了 9.7%。

15. 《时代》（1945 年 1 月 29 日）。战争罪审判和德国军官的辩护：Hébert, *Hitler's Generals on Trial*, 特别是 8 - 36, 57 - 98, 99 - 128。Cf. edited volume of Mettraux, ed. , *Perspectives on the Nuremberg Trial*, beginning with R. Jackson, "The Challenge of International Lawlessness," 5 – 12.

16. 皮尤民调：http://www. pewglobal. org/2015/06/23/1 - americas - global - image/ International Poll。德国篡改历史的一个例子，参阅 Friedrich, *The Fire*: *The Bombing of Germany*, *1940 – 1945*。

17. Paine, *Wars for Asia*, 171 – 221. 2015—2016 年世界各国国内生产总值，参见 http://www. imf. org/external/index. htm, 国际货币基金组织的数据。

18. 新"加贺"号：Sam LaGrone，"Japan Launches Latest Helicopter Carrier," *USNI News*（2015 年 8 月 27 日），访问网址 https：// news. usni. org/2015/08/27/japan - launches - second - helicopter - carrier；1945 年战败后，日本人从海外撤退到本土：Watt，*When Empire Comes Home*，2 - 7，190 - 210。

19. 战争的预期目标和实际结果：Rothwell，*War Aims in the Second World War*，221 - 226。

20. 希腊人对抗意大利军队所取得的胜利：Carr，*Defence and Fall of Greece*，100 - 138。Mazower，*Inside Hitler's Greece*，219 - 234.

21. Lamb，*War in Italy*，1943 - 1945：*A Brutal Story*，56 - 79. 德国人每天杀害 165 名意大利人：http：//www. spiegel. de/international/europe/war - crimes - report - explores - world - war - ii - nazi - brutality - in - italy - a - 874024. html。

22. 希特勒谈论矛盾重重的盟国三巨头：Cameron and Stevens，eds. ，*Hitler's Table Talk*，538 - 539（1942 年 6 月 27 日）。

23. Winkler，*Age of Catastrophe*，913 - 915；Orwell："Revenge is sour," *Tribune*（1945 年 11 月 9 日）；参见 Bloom，ed. ，*George Orwell，Updated Edition*，115。美国对英帝国主义的批评：Hamilton，*The Mantle of Command*，244 - 245。

24. 斯大林、雅尔塔会议和盟军计划：David Reynolds，"The Diplomacy of the Grand Alliance," in Bosworth and Maiolo，eds. ，*The Cambridge History of the Second World War*，Vol. II：*Politics and Ideology*，319 - 322。

25. 丘吉尔政府和保守党下台：Butler，*Britain and Empire*；28 - 62。英国势力从海外撤离：Childs，*Britain Since 1945*，28 - 53。促进社会公平和增加政府开支：C. Pierson，"Social Policy," in Marquand and Seldon，eds. ，*The Ideas That Shaped Post - War Britain*，139 - 164。

26. 在选择跨海登陆法国的时机问题上，乔治·马歇尔展现出灵活性，参阅 James Lacey，"Toward a Strategy：Creating an American Strategy for Global War，1940 - 1943," in Murray，Sinnreich，and Lacey，eds. ，*The Shaping of Grand Strategy*，201 - 204。

27. 马歇尔计划的援助内容：Sanford，"The Marshall Plan：Origins and Implementation," 11 - 14；Mee，*Marshall Plan*，246 - 263；Gerard

Bossuat, "The Marshall Plan: History and Legacy," Chapter 1 in Sorel and Padoan, eds., *The Marshall Plan: Lessons Learned for the 21st Century*, 13 – 23; Imanuel Wexler, "The Marshall Plan in Economic Perspective: Goals and Accomplishments," Chapter 7 in Schain, ed., *The Marshall Plan: Fifty Years After*, 147 – 152; Hogan, *Marshall Plan*, 54 – 87。丘吉尔和罗斯福之间的关系：Reynolds, *From World War to Cold War*, 99 – 120。奥姆斯比 – 戈尔的评论：*The New York Times*, October 28, 1962。针对英国的《租借法案》：Adam Tooze and Jamie Martin, "The Economics of the War with Nazi Germany," in Geyer and Tooze, eds., *The Cambridge History of the Second World War*, Vol. III: *Total War: Economy, Society and Culture*, 42。卡廷森林：Gorodetsky, ed., *Maisky Diaries*, 507 – 511。盟国表里不一，为苏联掩盖发生在卡廷森林的谋杀行径：Sanford, *Katyn and the Soviet Massacre of 1940*, 1 – 2, 144, 158 – 165。罗斯福对英国的计划持怀疑态度：Hamilton, *The Mantle of Command*, 236 – 237, 242 – 245。公开审判：Jo Fox, "The Propaganda War," in Bosworth and Maiolo, eds., *The Cambridge History of the Second World War*, Vol. II: *Politics and Ideology*, 108 – 109。法国审查纳粹：Weber, *Hollow Years*, 126。

28. 丘吉尔影响美国政府，鼓励其对苏联持强硬态度：Harbutt, *The Iron Curtain*, 117 – 150。

29. Blumenson, *Patton Papers, 1940 – 1945*, 544（1944 年 9 月 7 日）。

引用文献

Acemoglu, D., T. Hassan, and J. Robinson. "Social Structure and Development: A Legacy of the Holocaust in Russia," *The Quarterly Journal of Economics*, 126.2 (2011), 895–946.

Agarossi, Elena. *A Nation Collapses: The Italian Surrender of September 1943* [Harvey Fergusson II, tr.] (Cambridge: Cambridge University Press, 2000).

Agte, Patrick. *Michael Wittmann and the Waffen SS Tiger Commanders of the Leibstandarte in WWII*, Vol. 1 (Harrisburg, PA: Stackpole Books, 2006).

Ahonen, Pertti. *After the Expulsion: West Germany and Eastern Europe, 1945–1990* (Oxford; New York: Oxford University Press, 2003).

Air Ministry (Great Britain). *The Rise and Fall of the German Air Force: 1933–1945* (New York: St. Martin's Press, 1983).

Alanbrooke, Field Marshal Lord. *War Diaries, 1939–1945: Field Marshal Lord Alanbrooke* [Alex Danchev and Daniel Todman, eds.] (London: Weidenfeld & Nicolson, 2001).

Allen, Louis. *Singapore 1941–1942* (London: Davis-Poynter, 1977).

Allsen, Thomas T. *Mongol Imperialism: The Policies of the Grand Qan Möngke in China, Russia, and the Islamic Lands, 1251–1259* (Berkeley: University of California Press, 1987).

Amersfoort, Herman, and Piet Kamphuis, eds. *May 1940: The Battle for the Netherlands* (Leiden: Brill, 2010).

Anderton, David A. *B-29 Superfortress at War* (New York: Scribner, 1978).

Angelucci, Enzo. *The Rand McNally Encyclopedia of Military Aircraft, 1914–1980* (Chicago: Rand McNally, 1981).

Angelucci, Enzo, Paolo Matricardi, and Pierluigi Pinto. *Complete Book of World War II Combat Aircraft* (rev. ed.) (Vercelli, Italy: White Star Publishers, 2007).

Ansel, Walter. *Hitler and the Middle Sea* (Durham, NC: Duke University Press, 1972).

Antill, Peter. *Stalingrad 1942* (Oxford: Osprey Publishing, 2007).

Antonov-Ovseyenko, Anton. *The Time of Stalin: Portrait of a Tyranny* (New York: Harper & Row, 1981).

Army Battle Casualties and Non-battle Deaths in World War II, Final Report, 7 December 1941–31 December 1946 (Prepared by Statistical and Accounting Branch, Office of the Adjutant General, Under Direction of Program Review and Analysis Division Office of the Comptroller of the Army, OCS).

Arnold, Jörg. *The Allied Air War and Urban Memory: The Legacy of Strategic Bombing in Germany* (Cambridge: Cambridge University Press, 2011).

Arthur, Max. *Last of the Few: The Battle of Britain in the Words of the Pilots Who Won It* (New York: Skyhorse Publishing, 2011).

Asada, Sadao. *From Mahan to Pearl Harbor: The Imperial Japanese Navy and the United States* (Annapolis, MD: Naval Institute Press, 2006).

Askey, Nigel. *Operation Barbarossa: The Complete Organisational and Statistical Analysis, and Military Simulation*, Vol. IIB: *The German Forces, Mobilisation and War Economy: June to December 1941* (Raleigh, NC: Lulu Press, 2014).

Astin, A. E., F. W. Walbank, M. W. Frederiksen, and R. M. Ogilvie, eds. *The Cambridge Ancient History*, Vol. VIII: *Rome and the Mediterranean to 133 B.C.* (2nd ed.). (Cambridge: Cambridge University Press, 1989) [= *CAH* 8^2].

Astor, Gerald. *Crisis in the Pacific* (New York: Donald I. Fine Books, 1996).

———. *The Bloody Forest: Battle for the Huertgen, September 1944–January 1945* (Novato, CA: Presidio Press, 2000).

Atkinson, Rick. *An Army at Dawn: The War in North Africa, 1942–1943* (New York: Henry Holt & Co., 2002).

———. *The Day of Battle: The War in Sicily and Italy, 1943–1944* (New York: Henry Holt & Co., 2007).

Baime, A. J. *The Arsenal of Democracy: FDR, Detroit, and Their Epic Quest to Arm an America at War* (Boston and New York: Houghton Mifflin Harcourt, 2014).

Baker, David. *The Rocket: The History and Development of Rocket & Missile Technology* (New York: Crown, 1978).

Baldwin, Ralph Belknap. *Deadly Fuze: The Secret Weapons of World War II* (San Rafael, CA: Presidio Press, 1980).

Barker, Thomas M. *Double Eagle and Crescent: Vienna's Second Turkish Siege and Its Historical Setting* (Albany: State University of New York Press, 1967).

Barnett, Correlli. *The Collapse of British Power* (New York: Morrow, 1972).

———, ed. *Hitler's Generals* (London: Weidenfeld & Nicolson, 1989).

Bartov, Omer. *The Eastern Front, 1941–1945, German Troops and the Barbarisation of Warfare* (2nd ed.) (Houndsmills, Basingstoke, Hampshire: Palgrave, 2001).

———. *The Holocaust: Origins, Implementation, Aftermath* (London; New York: Routledge, 2000).

Baynes, Norman H., ed. and tr. *The Speeches of Adolf Hitler, April 1922–August 1939* (2 vols.) (New York: Oxford University Press, 1942).

Beach, Edward L. *Submarine! The Classic Account of Undersea Combat in World War II* (New York: Pocket Books, 2004).

Beevor, Antony. *Ardennes 1944: Hitler's Last Gamble* (London: Viking, 2015).

————. *Crete 1941: The Battle and the Resistance* (New York: Penguin Books, 2014).

————. *D-Day: The Battle for Normandy* (New York: Viking, 2009).

————. *Stalingrad* (New York: Viking, 1998).

Belco, Victoria C. *War, Massacre, and Recovery in Central Italy, 1943–1948* (Toronto: University of Toronto Press, 2010).

Bell, Christopher M. *Churchill and Sea Power* (Oxford: Oxford University Press, 2013).

Bell, David A. *The First Total War: Napoleon's Europe and the Birth of Warfare as We Know It* (Boston: Houghton Mifflin Co., 2007).

Belote, James H., and William M. Belote. *Corregidor: The Saga of a Fortress* (New York: Harper & Row, 1967).

Bendiner, Elmer. *The Fall of Fortresses: A Personal Account of the Most Daring, and Deadly, American Air Battles of World War II* (New York: G. P. Putnam, 1980).

Benton, Gregor, and Lin Chun, eds., *Was Mao Really a Monster?: The Academic Response to Chang and Halliday's* Mao: The Unknown Story (London: Routledge, 2009).

Bercuson, David J., and Holger H. Herwig. *The Destruction of the Bismarck* (Woodstock, NY: Overlook Press, 2001).

Berlin, Robert H. *U.S. Army World War II Corps Commanders: A Composite Biography* (Fort Leavenworth, KS: US Army Command and General Staff College, Combat Studies Institute, 1989).

Berthon, Simon, and Joanna Potts. *Warlords: An Extraordinary Re-creation of World War II Through the Eyes and Minds of Hitler, Churchill, Roosevelt, and Stalin* (Cambridge, MA: Da Capo Press, 2006).

Biao, Xiang, Brenda S. A. Yeoh, and Mika Toyota, eds. *Return: Nationalizing Transnational Mobility in Asia* (Durham, NC: Duke University Press, 2013).

Bidlack, Richard, and Nikita Lomagin. *The Leningrad Blockade, 1941–1944: A New Documentary Archive from the Soviet Archives* (New Haven: Yale University Press, 2012).

Bird, Keith W. *Erich Raeder, Admiral of the Third Reich* (Annapolis, MD: Naval Institute Press, 2006).

Birdsall, Steve. *Saga of the Superfortress: The Dramatic Story of the B-29 and the Twentieth Air Force* (Garden City, NY: Doubleday, 1980).

Black, Conrad. *Franklin Delano Roosevelt: Champion of Freedom* (New York: PublicAffairs, 2003).

Blainey, Geoffrey. *The Causes of War* (3rd ed.) (London: Macmillan Press, 1988).

Blair, Clay. *Hitler's U-Boat War.* Vol. 1: *The Hunters, 1939–1942* (New York: Random House, 1996).

Bloch, Marc. *Strange Defeat: A Statement of Evidence Written in 1940* [Gerard Hopkins, tr.] (New York: Norton, 1968).

Bloom, Harold, ed. *George Orwell, Updated Edition* (New York: Chelsea House, 2007).

Blum, John Morton. *Roosevelt and Morgenthau: A Revision and Condensation of From the Morgenthau Diaries* (Boston: Houghton Mifflin Company, 1970).

Blumenson, Martin. *Anzio: The Gamble That Failed* (New York: Cooper Square Press, 2001).

————. *The Patton Papers: 1940–1945* (Boston: Houghton Mifflin, 1974).

Boemeke, Manfred F., Gerald D. Feldman, and Elisabeth Glaser. *The Treaty of Versailles: A Reassessment After 75 Years* (Cambridge: Cambridge University Press, 1998).

Boghardt, Thomas. *The Zimmermann Telegram: Intelligence, Diplomacy, and America's Entry into World War I* (Annapolis, MD: Naval Institute Press, 2012).

Bond, Brian, and Kyoichi Tachikawa, eds. *British and Japanese Military Leadership in the Far Eastern War, 1941–1945* (London; New York: Frank Cass, 2004).

Boot, Max. *War Made New: Technology, Warfare, and the Course of History, 1500 to Today* (New York: Gotham Books, 2006).

Borneman, Walter R. *The Admirals: Nimitz, Halsey, Leahy, and King—The Five-Star Admirals Who Won the War at Sea* (New York: Little, Brown and Co., 2012).

Bosworth, R.J.B. *Mussolini* (New York: Oxford University Press, 2002).

Bosworth, Richard, and Joseph Maiolo, eds. *The Cambridge History of the Second World War*, Vol. II: *Politics and Ideology* (Cambridge: Cambridge University Press, 2015).

Bowen, Crosswell. *Back from Tobruk* (Sterling, VA: Potomac Books, 2012).

Boyce, Robert W. D., and Esmonde M. Robertson, eds. *Paths to War: New Essays on the Origins of the Second World War* (New York: St. Martin's Press, 1989).

Boyne, Walter J. *Clash of Titans: World War II at Sea* (New York: Simon & Schuster, 1995).

————. *The Influence of Air Power upon History* (Gretna, LA: Pelican Publishing Company, 2003).

Braddon, Russell. *The Siege* (New York: The Viking Press, 1969).

Bradham, Randolph. *Hitler's U-Boat Fortresses* (Westport, CT: Praeger, 2003).

Bragadin, Marc' Antonio. *The Italian Navy in World War II* [Gale Hoffman, tr.] (Annapolis, MD: Naval Institute Press, 1957).

Brauer, Jurgen, and Hubert Van Tuyll. *Castles, Battles, & Bombs: How Economics Explains Military History* (Chicago: The University of Chicago Press, 2008).

Breuer, William B. *Operation Torch: The Allied Gamble to Invade North Africa* (New York: St. Martin's Press, 1986).

Broadberry, Stephen, and Mark Harrison, eds. *The Economics of World War I* (Cambridge: Cambridge University Press, 2005).

Browne, Courtney. *Tojo: The Last Banzai* (New York: Holt, Rinehart and Winston, 1967).

Browning, Christopher R. *Ordinary Men: Reserve Police Battalion 101 and the Final Solution in Poland* (New York: Harper Perennial, 1998).

Browning, Robert M. *United States Merchant Marine Casualties of World War II* (rev. ed.) (Jefferson, NC: McFarland & Co., 2011).

Buckley, John. *Air Power in the Age of Total War* (Bloomington: Indiana University Press, 1999; London: UCL Press, 1999).

Buderi, Robert. *The Invention That Changed the World: How a Small Group of Radar Pioneers Won the Second World War and Launched a Technological Revolution* (New York: Simon & Schuster, 1996).

Bullock, Alan. *Hitler: A Study in Tyranny* (rev. ed.) (New York: Harper & Row, 1962).

Burdick, Charles, and Hans-Adolf Jacobsen, eds. *The Halder War Diary 1939–1942* (Novato, CA: Presidio, 1988).

Buruma, Ian. *Year Zero: A History of 1945* (New York: Penguin Press, 2013).

Butler, J.R.M. *Grand Strategy*, Vol. 3: *June 1941–August 1942* [Part II] (London: H. M. Stationary Office, 1964).

Butler, L. J. *Britain and Empire: Adjusting to a Post-Imperial World* (London: I. B. Tauris, 2002).

Butow, Robert J. C. *Tojo and the Coming of the War* (Princeton: Princeton University Press, 1961).

Buttar, Prit. *Battleground Prussia: The Assault on Germany's Eastern Front, 1944–45* (Oxford: Osprey Publishing, 2010).

Cairncross, Alec. *Planning in Wartime: Aircraft Production in Britain, Germany, and the USA* (New York: St. Martin's Press, 1991).

Cairns, John C. "Great Britain and the Fall of France: A Study in Allied Disunity," *Journal of Modern History*, Vol. 27, No. 4 (December 1955), 365–409.

Calvocoressi, Peter, Guy Wint, and John Pritchard. *Total War: The Causes and Courses of the Second World War* (rev. 2nd ed.) (New York: Viking, 1989).

Cameron, Norman, and R. H. Stevens, eds. *Hitler's Table Talk, 1941–1944: His Private Conversations* (3rd ed.) (New York: Enigma Books, 2000).

Campbell, Brian, and Lawrence A. Tritle, eds. *The Oxford Handbook of Warfare in the Classical World* (Oxford: Oxford University Press, 2013).

Campbell, Christy. *Target London: Under Attack from the V-Weapons During WWII* (London: Little, Brown, 2012).

Campbell, John. *Naval Weapons of World War Two* (London: Conway Maritime Press, 1985).

Cannadine, David. *In Churchill's Shadow: Confronting the Past in Modern Britain* (Oxford, New York: Oxford University Press, 2004).

Capponi, Niccolò. *Victory of the West: The Story of the Battle of Lepanto* (New York: Macmillan, 2006).

Carell, Paul. *Hitler Moves East, 1941–1943* [translated from the German *Unternehmen Barbarossa* by Ewald Osers, 1963] (Boston: Little, Brown and Company, 1964).

Carew, Michael G. *Becoming the Arsenal: The American Industrial Mobilization for World War II, 1938–1942* (Lanham, MD: University Press of America, 2010).

Carius, Otto. *Tigers in the Mud: The Combat Career of German Panzer Commander Otto Carius* (Harrisburg, PA: Stackpole Books, 2003).

Carr, John C. *The Defence and Fall of Greece 1940–1941* (Barnsley, UK: Pen & Sword Military, 2013).

Casanova, Julián. *The Spanish Republic and Civil War* (Cambridge: Cambridge University Press, 2010).

Casson, Lionel. *The Ancient Mariners: Seafarers and Sea Fighters of the Mediterranean in Ancient Times* (2nd ed.) (Princeton: Princeton University Press, 1991).

Chalmers, William Scott. *Max Horton and the Western Approaches: A Biography of Admiral Sir Max Kennedy Horton* (London: Hodder and Stoughton, 1954).

Chandler, David G. *The Campaigns of Napoleon: The Mind and Method of History's Greatest Soldier* (New York: Macmillan, 1966).

Chant, Chris. *Small Arms of World War II* (Minneapolis: Zenith Press, 2001).

Chickering, Roger, Stig Förster, and Bernd Greiner, eds. *A World at Total War: Global Conflict and the Politics of Destruction, 1937–1945* (Washington, DC: German Historical Institute; Cambridge: Cambridge University Press, 2005).

Chickering, Roger, Dennis Showalter, and Hans Van de Ven, eds., *The Cambridge History of War*, Vol. IV: *War and the Modern World* (Cambridge: Cambridge University Press, 2012).

Childs, David. *Britain Since 1945: A Political History* (London and New York: Routledge, 2001).

Chow, Peter C. Y., ed. *The US Strategic Pivot to Asia and Cross-Strait Relations: Economic and Security Dynamics* (New York: Palgrave Macmillan, 2014).

Chuikov, Vasilii I. *The Fall of Berlin* [Ruth Kirsch, tr.] (New York: Holt, Rinehart and Winston, 1967).

Churchill, Winston S. *A History of the English-Speaking Peoples*, Vol. III: *The Age of Revolution* (London: Cassell and Co., 1957).

Ibid. *The Second World War*, Vol. 1: *The Gathering Storm;* Vol. 3: *The Grand Alliance;* Vol. 4: *The Hinge of Fate* (Cambridge, MA: The Riverside Press [Houghton Mifflin Company], 1948, 1950, 1950).

Ciano, Galeazzo, Conte. *Diary, 1937–1943* (various contributors) (New York: Enigma Books, 2002).

Ciment, James, ed. *World Terrorism: An Encyclopedia of Political Violence from Ancient Times to the Post-9/11 Era*, 3 Vols. (2nd ed.) (Armonk, NY: M.E. Sharpe, 2011).

Cline, Ray S. *Washington Command Post: The Operations Division* (Washington, DC: Center of Military History, US Army, 2003).

Clodfelter, Michael. *Warfare and Armed Conflicts: A Statistical Encyclopedia of Casualty and Other Figures, 1494–2007* (2 vols.) (Jefferson, NC: McFarland & Co., 2008).

Cloutier, Patrick. *Regio Esercito: The Italian Royal Army in Mussolini's Wars, 1935–1943* (Lulu.com, 2013).

Coffey, Thomas M. *Iron Eagle: The Turbulent Life of General Curtis LeMay* (New York: Crown Publishers, 1986).

Coffman, Edward M. *The Regulars: The American Army, 1898–1941* (London: Belknap Press, 2007).

Cohen, Eliot A. *Supreme Command: Soldiers, Statesmen, and Leadership in Wartime* (New York: Free Press, 2002).

Collingham, E. M. *The Taste of War: World War Two and the Battle for Food* (London: Allen Lane, 2011).

Condell, Bruce, and David T. Zabecki, eds. *On the German Art of War: German Army Manual for Unit Command in World War II* (Harrisburg, PA: Stackpole Books, 2008).

Connaughton, R. M., John Pimlott, and Duncan Anderson. *The Battle for Manila* (Novato, CA: Presidio, 1995).

Constable, Olivia Remie, ed. *Medieval Iberia: Readings from Christian, Muslim, and Jewish Sources* (2nd ed.) (Philadelphia: University of Pennsylvania Press, 2012).

Cook, James F. *Carl Vinson: Patriarch of the Armed Forces* (Macon, GA: Mercer University Press, 2004).

Cooling, Benjamin Franklin III, ed. *Case Studies in the Development of Close Air Support* (Washington, DC: Office of Air Force History, US Air Force, 1990).

Coombs, Benjamin. *British Tank Production and the War Economy, 1934–1945* (London: Bloomsbury, 2013).

Cooper, Matthew. *The German Army, 1933–1945: Its Political and Military Failure* (New York: Stein and Day, 1978).

Corbett, Julian S. *Some Principles of Maritime Strategy* (introduction and notes by Eric J. Grove) (Annapolis, MD: Naval Institute Press, 1988).

Cornwell, John. *Hitler's Scientists: Science, War and the Devil's Pact* (London: Viking, 2003).

Correll, John T. "The US Army Air Forces at War: A Statistical Portrait of USAAF in World War 2," *Air Force Magazine*, 78.6 (June 1995), 33–36.

Cowley, Robert, ed. *What If? 2: Eminent Historians Imagine What Might Have Been* (New York: G. P. Putnam, 2001).

————, ed. *What Ifs? of American History: Eminent Historians Imagine What Might Have Been* (New York: G. P. Putnam, 2003).

Craig, William. *The Fall of Japan* (New York: Dial Press, 1967).

Craven, Wesley Frank, and James Lea Cate, eds. *The Army Air Forces in World War II*, Vol. II: *Europe, Torch to Pointblank, August 1942 to December 1943*, Vol. VI: *Men and Planes* (Washington, DC: Office of Air Force History, 1949, 1976).

Cray, Ed. *General of the Army: George C. Marshall, Soldier and Statesman* (New York: W.W. Norton, 1990).

Cross, Colin, ed. *Life with Lloyd George: The Diary of A. J. Sylvester, 1931–45* (London: Macmillan, 1975).

Cross, Robert F. *Shepherds of the Sea: Destroyer Escorts in World War II* (Annapolis, MD: Naval Institute Press, 2010).

Crowley, Patrick. *Kut 1916: Courage and Failure in Iraq* (Stroud, UK: Spellmount, 2009).

Crowley, Roger. *City of Fortune: How Venice Won and Lost a Naval Empire* (London: Faber & Faber, 2011).

Curry, Anne. *The Hundred Years' War: 1337–1453* (Oxford: Osprey Publishing, 2002).

D'Albas, Andrieu. *Death of a Navy: Japanese Naval Action in World War II* [Anthony Rippon, tr.] (New York: Devin-Adair Company, 1957).

Danişmend, İsmail Hami. *İzahlı Osmanlı Tarihi Kronolojisi*, Vol. 2 (Istanbul: Dogu Kutuphanesi, 2011).

Davies, Norman. *God's Playground: A History of Poland*, Vol. I: *The Origins to 1795* (New York: Columbia University Press, 1982).

Dear, I.C.B., and M.R.D. Foot, eds. *The Oxford Companion to World War II* (Oxford: Oxford University Press, 1995).

De Bruhl, Marshall. *Firestorm: Allied Airpower and the Destruction of Dresden* (New York: Random House, 2006).

DeLiancourt, G. *Political Aphorisms, Moral and Philosophical Thought of the Emperor Napoleon* [James A. Manning, ed.] (London: T.C. Newby, 1848).

Delaforce, Patrick. *Churchill's Secret Weapons: The Story of Hobart's Funnies* (London: Robert Hale, 1998).

————. *Smashing the Atlantic Wall: The Destruction of Hitler's Coastal Fortresses* (London: Cassell, 2001).

Dennis, George T., tr. *Maurice's Strategikon: Handbook of Byzantine Military Strategy* (Philadelphia: University of Pennsylvania Press, 1984).

De Seversky, Alexander P. *Victory Through Air Power* (New York: Simon and Schuster, 1942).

D'Este, Carlo. *Bitter Victory* (Milan: Mondadori, 1990).

————. *Decision in Normandy* (New York: Dutton, 1983).

————. *Patton: A Genius for War* (New York: HarperCollins, 1995).

Deutscher, Issac. *Stalin: A Political Biography* (New York: Oxford University Press, 1967).

Devlin, Gerald M. *Back to Corregidor: America Retakes the Rock* (New York: St. Martin's Press, 1992).

DeVries, Kelly. *Infantry Warfare in the Early Fourteenth Century: Discipline, Tactics, and Technology* (Woodbridge, Suffolk: The Boydell Press, 1996).

De Zayas, Alfred M. *A Terrible Revenge: The "Ethnic Cleansing" of East European Germans, 1944–1950* (New York: St. Martin's Press, 1994).

DiNardo, R. L. *Mechanized Juggernaut or Military Anachronism: Horses and the German Army of World War II* (New York: Greenwood Press, 1991).

Dobson, Jeremy. *Why Do the People Hate Me So?: The Strange Interlude Between the Two Great Wars in the Britain of Stanley Baldwin* (Leicester, UK: Matador, 2009).

Doenitz, Karl. *Memoirs: Ten Years and Twenty Days* [R. H. Stevens, tr.] (Westport, CT: Greenwood Press, 1959).

Domarus, Max. *Hitler: Speeches and Proclamations, 1932–1945* (London: I. B. Tauris, 1990).

Dorr, Robert F. *Mission to Tokyo: The American Airmen Who Took the War to the Heart of Japan* (Minneapolis: Zenith Press/MBI Publishing, 2012).

Doty, Andy. *Backwards into Battle: A Tail Gunner's Journey in World War II* (Palo Alto, CA: Tall Tree Press, 1995).

Doubler, Michael D. *Closing with the Enemy: How GIs Fought the War in Europe, 1944–1945* (Lawrence: University Press of Kansas, 1994).

Douhet, Guilio. *The Command of the Air* [Dino Ferrari, tr.] (Tuscaloosa: University of Alabama Press, 2009) [New York: Coward-McCann, 1924; Washington, DC: Office of Air Force History, 1983]).

Dower, John W. *War Without Mercy: Race and Power in the Pacific War* (New York: Pantheon Books, 1986).

Doyle, Peter. *World War II in Numbers: An Infographic Guide to the Conflict, Its Conduct, and Its Casualties* (Buffalo, NY: Firefly Books, 2013).

Drea, Edward J. *Japan's Imperial Army: Its Rise and Fall, 1853–1945* (Lawrence: University Press of Kansas, 2009).

Drury, Bob, and Tom Clavin. *Halsey's Typhoon: The True Story of a Fighting Admiral, an Epic Storm, and an Untold Rescue* (New York: Atlantic Monthly Press, 2007).

Duff, Scott. *The M1 Garand, World War II: History of Development and Production, 1900 Through 2 September 1945* (Greensburg, 1993).

Dugan, James, and Carroll Stewart. *Ploesti: The Great Ground-Air Battle of 1 August 1943* (rev. ed.) (Washington, DC: Brassey's, 2002).

Duhamel, Georges. *The French Position* (London: Dent, 1940).

Dull, Paul S. *A Battle History of the Imperial Japanese Navy (1941–1945)* (Annapolis, MD: Naval Institute Press, 1978).

Dunn, Walter S. *Hitler's Nemesis: The Red Army, 1930–1945* (Westport, CT: Praeger, 1994).

———. *Stalin's Keys to Victory: The Rebirth of the Red Army* (Westport, CT: Praeger Security International, 2006).

Dupuy, T. N. *A Genius for War: The German Army, 1807–1945* (Englewood Cliffs, NJ: Prentice-Hall, 1977).

Eden, Sir Anthony. *The Eden Memoirs: The Reckoning* (London: Cassell, 1965).

Edgerton, David. *Britain's War Machine: Weapons, Resources and Experts in the Second World War* (London/New York: Penguin, 2012).

Edgerton, Robert B. *Warriors of the Rising Sun: A History of the Japanese Military* (New York: Norton, 1997).

Edwards, Harry W. *A Different War: Marines in Europe and North Africa* (Washington, DC: History and Museums Division, Headquarters, US Marine Corps, 1994).

Egremont, Max. *Forgotten Land: Journeys Among the Ghosts of East Prussia* (London: Picador, 2011).

Ehlers, Robert. *The Mediterranean Air War: Airpower and Allied Victory in World War II* (Lawrence: University Press of Kansas, 2015).

Eisenhower, Dwight D. *Crusade in Europe* (Baltimore: Johns Hopkins University Press, 1997).

Elliot, Peter. *Allied Escort Ships of World War II: A Complete Survey* (Annapolis, MD: Naval Institute Press, 1977).

Ellis, Frank. *The Stalingrad Cauldron: Inside the Encirclement and Destruction of the 6th Army* (Lawrence: University Press of Kansas, 2013).

Ellis, John. *Brute Force: Allied Strategy and Tactics in the Second World War* (New York: Viking, 1990).

―――. *World War II: A Statistical Survey: The Essential Facts and Figures for All the Combatants* (New York: Facts on File, 1993).

English, John A., and Bruce I. Gudmundsson. *On Infantry* (Westport, CT: Praeger, 1994).

Etcheson, Craig. *After the Killing Fields: Lessons from the Cambodian Genocide* (Westport, CT: Praeger, 2005).

Evans, David C., ed. *The Japanese Navy in World War II: In the Words of Former Japanese Naval Officers* (Annapolis, MD: Naval Institute Press, 1986).

Evans, David C., and Mark R. Peattie. *Kaigun: Strategy, Tactics, and Technology in the Imperial Japanese Navy* (Annapolis, MD: Naval Institute Press, 1997).

Evans, Richard J. *The Third Reich at War, 1939–1945* (London: Allen Lane, 2008).

―――. *The Third Reich in Power, 1933–1939* (New York: Penguin Press, 2005).

Ezell, Edward Clinton. *The Great Rifle Controversy: Search for the Ultimate Infantry Weapon from World War II Through Vietnam and Beyond* (Harrisburg, PA: Stackpole Books, 1984).

Falconer, Jonathan. *D-Day: 'Neptune', 'Overlord' and the Battle of Normandy: Operations Manual: Insights into How Science, Technology and Engineering*

Made the Normandy Invasion Possible (Sparkford, Yeovil, Somerset, UK: Haynes Publishing, 2013).

Farrell, Brian P., ed. *Leadership and Responsibility in the Second World War: Essays in Honour of Robert Vogel* (Montreal & Kingston: McGill-Queen's University Press, 2004).

Farrell, Brian, and Sandy Hunter. *Sixty Years On: The Fall of Singapore Revisited* (Singapore: Eastern Universities Press, 2002).

Feifer, George. *Tennozan: The Battle of Okinawa and the Atomic Bomb* (New York: Ticknor & Fields, 1992).

Feis, Herbert. *The Road to Pearl Harbor: The Coming of War Between the United States and Japan* (Princeton: Princeton University Press, 1950).

Fennell, Jonathan. *Combat and Morale in the North African Campaign: The Eighth Army and the Path to El Alamein* (Cambridge: Cambridge University Press, 2011).

Fermor, Patrick Leigh. *A Time of Gifts* (New York: Harper & Row, 1977).

Ferris, John, and Evan Mawdsley, eds. *The Cambridge History of the Second World War*, Vol. I: *Fighting the War* (Cambridge: Cambridge University Press, 2015).

Finney, Patrick, ed. *The Origins of the Second World War* (London: Arnold, 1997).

Fischer, Fritz. *Germany's Aims in the First World War* (Chatto & Windus, 1967).

Fitzpatrick, Sheila, and Michael Geyer, eds. *Beyond Totalitarianism: Stalinism and Nazism Compared* (Cambridge: Cambridge University Press, 2009).

Flanagan, Jr., E. M. (Lt. Gen.). *Corregidor: The Rock Force Assault, 1945* (Novato, CA: Presidio Press, 1988).

Fleming, Michael. *Auschwitz, the Allies and Censorship of the Holocaust* (Cambridge: Cambridge University Press, 2014).

Fletcher, Richard A. *Moorish Spain* (Berkeley: University of California Press, 1992).

Fontenoy, Paul E. *Submarines: An Illustrated History of Their Impact* (Santa Barbara, CA: ABC-CLIO, 2007).

Forty, George. *Japanese Army Handbook 1939–1945* (Gloucestershire, UK: Sutton Publishing, 1999).

———. *World War Two Tanks* (Oxford: Osprey Publishing, 1995).

Frank, Pat, and Joseph D. Harrington. *Rendezvous at Midway: U.S.S. Yorktown and the Japanese Carrier Fleet* (New York: John Day, 1967).

Frank, Richard B. *Downfall: The End of the Imperial Japanese Empire* (New York: Random House, 1999).

Franklin, Bruce Hampton. *The Buckley-Class Destroyer Escorts* (Annapolis, MD: Naval Institute Press, 1999).

Fraser, David. *Knight's Cross: A Life of Field Marshal Erwin Rommel* (New York: HarperCollins, 1993).

Freedman, Lawrence. *Strategy: A History* (Oxford and New York: Oxford University Press, 2013).

Freeman, Lloyd, Lt. Col. "Can the Marines Survive?" *Foreign Policy*, March 26, 2013.

Freund, Gerald. *Unholy Alliance: Russian-German Relations from the Treaty of Brest-Litovsk to the Treaty of Berlin* (New York: Harcourt Brace, 1957).

Friedberg, Aaron L. *In the Shadow of the Garrison State: America's Anti-Statism and Its Cold War Grand Strategy* (Princeton: Princeton University Press, 2000).

Friedländer, Saul. *The Years of Extermination: Nazi Germany and the Jews, 1939–1945* (New York: HarperCollins, 2007).

Friedman, Norman. *U.S. Battleships: An Illustrated Design History* (Annapolis, MD: Naval Institute Press, 1985).

———. *U.S. Destroyers: An Illustrated Design History* (rev. ed.) (Annapolis, MD: Naval Institute Press, 2004).

Friedrich, Jörg. *The Fire: The Bombing of Germany, 1940–1945* [Allison Brown, tr.] (New York: Columbia University Press, 2006).

Fuchida, Mitsuo, and Masatake Okumiya. *Midway: The Battle That Doomed Japan, the Japanese Navy's Story* (Annapolis, MD: Naval Institute Press, 2001).

Fuller, J.F.C. *Generalship, Its Diseases and Their Cure: A Study of the Personal Factor in Command* (Harrisburg, PA: Military Service Publishing Co., 1936).

———. *The Second World War, 1939–45: A Strategical and Tactical History* (London: Eyre and Spottiswoode, 1948).

Fullilove, Michael. *Rendezvous with Destiny: How Franklin D. Roosevelt and Five Extraordinary Men Took America into the War and into the World* (New York: Penguin Press, 2013).

Galland, Adolf. *The First and the Last: The Rise and Fall of the German Fighter Forces, 1938–1945* [Mervyn Savill, tr.] (New York: Henry Holt and Company, Inc., 1954).

Gannon, Michael. *Black May* (New York: HarperCollins, 1998).

———. *Operation Drumbeat: The Dramatic True Story of Germany's First U-Boat Attacks Along the American Coast in World War II* (New York: Harper & Row, 1990).

Gat, Azar. *British Armour Theory and the Rise of the Panzer Arm: Revising the Revisionists* (Houndmills, Basingstoke, Hampshire: Macmillan, 2000).

Gates, David. *The Napoleonic Wars, 1803–1815* (London and New York: Arnold, 1997).

Gatrell, Peter, and Nick Baron, eds. *Warlands: Population Resettlement and State Reconstruction in the Soviet-East European Borderlands, 1945–50* (Houndmills, Basingstoke, Hampshire; New York: Palgrave Macmillan, 2009).

Gavin, James M. *On to Berlin: Battles of an Airborne Commander 1943–1946* (New York: Viking Press, 1978).

Gentile, Gian P. *How Effective Is Strategic Bombing?: Lessons Learned from World War II to Kosovo* (New York: New York University Press, 2001).

Gerhard, Gesine. "Food and Genocide: Nazi Agrarian Politics in the Occupied Territories of the Soviet Union," *Journal of Contemporary European History*, Vol. 18, Issue 01 (February 2009).

Gerlach, Christian. *Kalkulierte Morde: Die Deutsche Wirtschafts und Vernichtungspolitik in Weissrussland 1941 bis 1944* (Hamburg: Hamburger Edition, 1999).

Geyer, Michael, and Adam Tooze, eds. *The Cambridge History of the Second World War*, Vol. III: *Total War: Economy, Society and Culture* (Cambridge: Cambridge University Press, 2015).

Gibbon, Edward. *The Decline and Fall of the Roman Empire*, Vol. 6 (London: D. Campbell, 1993–1994).

Gibbs, N. H. *Grand Strategy*, Vol. 1: *Rearmament Policy* (London: H. M. Stationary Office, 1976).

Gilbert, Martin. *Auschwitz and the Allies* (London: M. Joseph Rainbird, 1981).

———. *Churchill: A Life* (London: Heinemann, 1991).

———. *The Holocaust* (New York: Holt, Rinehart and Winston, 1985).

Glantz, David M. *The Battle for Leningrad: 1941–1944* (Lawrence: University Press of Kansas, 2002).

Glantz, David M., and Jonathan M. House. *Armageddon in Stalingrad: September–November 1942* (Lawrence: University Press of Kansas, 2009).

Glantz, David M. with Jonathan M. House. *Battle of Kursk* (Lawrence: University Press of Kansas, 1999).

———. *When Titans Clashed: How the Red Army Stopped Hitler* (Lawrence: University Press of Kansas, 1995).

Goebbels, Joseph. *The Goebbels Diaries, 1939–1941* [Fred Taylor, ed. and tr.; foreword by John Keegan] (New York: Penguin Books, 1984).

———. *The Goebbels Diaries, 1942–1943* [Louis P. Lochner, ed. and tr.] (Garden City, NY: Doubleday, 1948).

Goldensohn, Leon. *The Nuremberg Interviews* (New York: Alfred A. Knopf, 2004).

Goldstein, Erik, and John H. Maurer, eds. *The Washington Conference, 1921–22: Naval Rivalry, East Asian Stability and the Road to Pearl Harbor* (Ilford, Essex, UK; Portland, OR: Frank Cass, 1994).

Goldsworthy, Adrian. *Augustus: First Emperor of Rome* (New Haven: Yale University Press, 2014).

———. *The Punic Wars* (London: Cassell, 2001).

Goralski, Robert. *World War II Almanac 1931–1945: A Political and Military Record* (New York: Putnam Adult, 1981).

Gordon, Yefim, and Vladimir Rigmant. *Tupolev Tu-4: Soviet Superfortress* (Hinckley, UK: Midland Publishing, 2002).

Gorodetsky, Gabriel, ed. *The Maisky Diaries: Red Ambassador to the Court of St. James's, 1932–1943* (New Haven: Yale University Press, 2015).

Goutard, A., Col. *The Battle of France, 1940* [A. R. P. Burgess, tr.] (London: Frederick Muller Ltd., 1958).

Green, Michael, Thomas Anderson, and Frank Schulz. *German Tanks of World War II in Color* (MBI, 2000).

Greene, Jack, and Alessandro Massignani. *The Naval War in the Mediterranean 1940–1943* (London: Chatham Publishing, 1998).

Greenhalgh, Elizabeth. *Victory Through Coalition: Britain and France During the First World War* (Cambridge: Cambridge University Press, 2005).

Guderian, Heinz. *Achtung—Panzer!* (London: Orion, 2012).

———. *Panzer Leader* (London: M. Joseph, 1952).

Gudmundsson, Bruce I. *On Armor* (Westport, CT: Praeger, 2004).

Gunston, Bill. *The Illustrated Encyclopedia of the World's Rockets & Missiles: A Comprehensive Technical Directory and History of the Military Guided Missile Systems of the 20th Century* (New York: Crescent Books, 1979).

Gutman, Israel, and Michael Berenbaum, eds. *Anatomy of the Auschwitz Death Camp* (Bloomington: Indiana University Press, 1994).

Guttmann, Allen. *The Games Must Go On: Avery Brundage and the Olympic Movement* (New York: Columbia University Press, 1984).

Gwyer, J.M.A. *Grand Strategy*, Vol. III: *June 1941–August 1942* [Part I] (London: Her Majesty's Stationary Office, 1964).

Habeck, Mary R. *Storm of Steel: The Development of Armor Doctrine in Germany and the Soviet Union, 1919–1939* (Ithaca: Cornell University Press, 2003).

Hack, Karl, and Kevin Blackburn. *Did Singapore Have to Fall?: Churchill and the Impregnable Fortress* (London: RoutledgeCurzon, 2004).

Hale, John R. *Lords of the Sea: The Epic Story of the Athenian Navy and the Birth of Democracy* (New York: Viking, 2009).

Halpern, Paul G. *A Naval History of World War I* (Annapolis, MD: Naval Institute Press, 1994).

Hamilton, Nigel. *The Mantle of Command: FDR at War, 1941–1942* (Boston: Houghton Mifflin Harcourt, 2014).

Hammond, J. M. *Battle in Iraq: Letters and Diaries of the First World War* (London: The Radcliffe Press, 2009).

Hane, Mikiso, and Louis G. Perez. *Modern Japan: A Historical Survey* (4th ed.) (Boulder, CO: Westview Press, 2009).

Hansen, Randall. *Disobeying Hitler: German Resistance in the Last Year of WWII* (London: Faber & Faber, 2014).

Hanson, Victor Davis. *Carnage and Culture: Landmark Battles in the Rise of Western Power* (New York: Anchor Books, 2001).

———. *The Father of Us All: War and History, Ancient and Modern* (New York: Bloomsbury Press, 2010).

————. "Ferocious Warmakers: How Democracies Win Wars," *Claremont Review of Books*, Vol. II, No. 2 (Winter 2002).

————, ed. *Makers of Ancient Strategy: From the Persian Wars to the Fall of Rome* (Princeton, Princeton University Press, 2010).

————. *The Other Greeks: The Family Farm and the Agrarian Roots of Western Civilization* (New York: Free Press, 1995).

————. *Ripples of Battle: How the Wars of the Past Still Determine How We Fight, How We Live, and How We Think* (New York: Doubleday, 2003).

————. *The Savior Generals: How Five Great Commanders Saved Wars That Were Lost—From Ancient Greece to Iraq* (New York: Bloomsbury Press, 2013).

————. *The Soul of Battle: From Ancient Times to the Present Day, How Three Great Liberators Vanquished Tyranny* (New York: Free Press, 1999).

————. *A War Like No Other: How the Athenians and Spartans Fought the Peloponnesian War* (New York: Random House, 2005).

————. *The Western Way of War: Infantry Battle in Classical Greece* (2nd ed.) (Berkeley: University of California Press, 2009).

Harbutt, Fraser. *The Iron Curtain: Churchill, America, and the Origins of the Cold War* (Oxford, Oxford University Press, 1986).

Hardesty, Von, and Ilya Grinberg. *Red Phoenix Rising: The Soviet Air Force in World War II* (Lawrence: University Press of Kansas, 2012).

Harris, Arthur, Sir. *Bomber Offensive* (London: Greenhill Books; Mechanicsburg, PA: Stackpole Books, 1998).

Harrison, Gordon A. *Cross-Channel Attack: U.S. Army in World War II: The European Theater of Operations* (Washington, DC: Center of Military History, US Army, 2002).

Harrison, Mark, *Accounting for War: Soviet Production, Employment, and the Defence Burden, 1940–1945* (Cambridge Russian, Soviet and Post-Soviet Studies [Book 99], Cambridge: Cambridge University Press, 1996).

————. *Soviet Planning in Peace and War, 1938–1945* (Cambridge: Cambridge University Press, 1985).

————. "The Volume of Soviet Munitions Output, 1937–1945: A Reevaluation," *Journal of Economic History* 50.3 (1990), 569–589.

————, ed. *The Economics of World War II: Six Great Powers in International Comparison* (Cambridge: Cambridge University Press, 1998).

Hart, Stephen. *Sherman Firefly vs. Tiger: Normandy 1944* (Oxford: Osprey Publishing, 2007).

Harvey, Maurice. *Gibraltar* (Staplehurst, UK: Spellmount, 1996).

Haskew, Michael E. *The Wehrmacht 1935–1945: The Essential Facts and Figures for Hitler's Germany* (London: Amber Books, 2011).

Hastings, Max. *Armageddon: The Battle for Germany, 1944–1945* (New York: Alfred A. Knopf, 2004).

————. *Finest Years: Churchill as Warlord, 1940–45* (London: Harper Press, 2009).

Hattendorf, John B., ed. *Naval Strategy and Policy in the Mediterranean* (London; Portland, OR: Frank Cass, 2000).

Hayward, Joel S.A. *Stopped at Stalingrad: The Luftwaffe and Hitler's Defeat in the East, 1942–1943* (Lawrence: University Press of Kansas, 1998).

Hébert, Valerie. *Hitler's Generals on Trial: The Last War Crimes Tribunal at Nuremberg* (Lawrence: University Press of Kansas, 2010).

Hechler, Ken. *Goering and His Gang: My Interrogation of Nazi Germany's Top Officials* (Missoula, MT: Pictorial Histories Publishing Company, 2011).

Heckmann, Wolf. *Rommel's War in Africa* [Stephen Seago, tr.] (Garden City, NY: Doubleday, 1981).

Heiber, Helmut, and David Glantz. *Hitler and His Generals: Military Conferences 1942–1945* (Enigma Books, 2002).

Hellbeck, Jochen S. *Stalingrad: The City That Defeated the Third Reich* (New York: PublicAffairs, 2015).

Herman, Arthur. *Freedom's Forge: How American Business Produced Victory in World War II* (New York: Random House, 2012).

Herring, George C. *From Colony to Superpower: U.S. Foreign Relations Since 1776* (New York: Oxford University Press, 2008).

Herwig, Holger H. "The Failure of German Sea Power, 1914–1945: Mahan, Tirpitz, and Raeder Reconsidered," *International History Review* 10.1 (1988), 68–105.

———. *The First World War: Germany and Austria, 1914–1918* (London and New York: Arnold, distributed exclusively in the US by St. Martin's Press, 1997).

Hibbert, Christopher. *Benito Mussolini: The Rise and Fall of Il Duce* (rev. ed.) (Harmondsworth, Middlesex, England: Penguin Books, 1965, c1962).

Hilberg, Raul. *The Destruction of the European Jews* (Chicago: Quadrangle Books, 1967).

———. "German Railroads/Jewish Souls," *Society*, Vol. 14, Issue 1 (1976), 60–74.

———. *Perpetrators, Victims, Bystanders: The Jewish Catastrophe, 1933–1945* (New York: Aaron Asher Books, 1992).

Hillgarth, J. N. *The Spanish Kingdoms, 1250–1516, Vol. II: 1410–1516, Castilian Hegemony* (Oxford: Clarendon Press, 1978).

Hinsley, F. H. *Hitler's Strategy* (Cambridge: Cambridge University Press, 1951).

Hionidou, Violetta. *Famine and Death in Occupied Greece, 1941–1944* (Cambridge: Cambridge University Press, 2006).

Hitchcock, William I. *The Bitter Road to Freedom: A New History of the Liberation of Europe* (New York: Free Press, 2008).

Hitler, Adolf. *Hitler and His Generals: Military Conferences 1942–1945: The First Complete Stenographic Record of the Military Situation Conferences from Stalingrad to Berlin* (London: Greenhill, 2002).

———. *Mein Kampf* [Ralph Manheim, tr.] (New York: Houghton Mifflin, 1943).

Hogan, Michael J. *The Marshall Plan: America, Britain, and the Reconstruction of Western Europe, 1947–1952* (New York: Cambridge University Press, 1987).

Hogg, Ian V. *The Encyclopedia of Infantry Weapons of World War II* (New York: Thomas Y. Crowell Company, 1977).

———. *German Artillery of World War Two* (Barnsley: Frontline, 2013) (paperback ed., 2013).

Holmes, Richard. *Falling Upwards: How We Took to the Air* (London: William Collins, 2013).

Hone, Thomas C., ed. *The Battle of Midway: The Naval Institute's Guide to the U.S. Navy's Greatest Victory* (Annapolis, MD: Naval Institute Press, 2013).

Horn, Steve. *The Second Attack on Pearl Harbor: Operation K and Other Japanese Attempts to Bomb America in World War II* (Annapolis, MD: Naval Institute Press, 2005).

Hornfischer, James D. *Neptune's Inferno: The U.S. Navy at Guadalcanal* (New York: Bantam Books, 2011).

Hough, Richard. *The Hunting of Force Z: The Brief Controversial Life of the Modern Battleship and Its Tragic Close with the Destruction of the 'Prince of Wales' and 'Repulse'* (London: White Lion, 1974).

Howard, Michael. *The Mediterranean Strategy in the Second World War* (London: Weidenfeld and Nicolson, 1968).

Howard, Michael, and Peter Paret, trs. *Carl von Clausewitz, On War* (Princeton: Princeton University Press, 1984).

Howarth, Stephen. *The Fighting Ships of the Rising Sun: The Drama of the Imperial Japanese Navy, 1895–1945* (New York: Atheneum, 1983).

Hyde, Charles K. *Arsenal of Democracy: The American Automobile Industry in World War II* (Detroit: Wayne State University Press, 2013).

International Military Tribunal. *Nazi Conspiracy and Aggression*, Vol. 3 (Washington, DC: US Government Printing Office, 1947).

Ireland, Bernard. *Jane's Naval History of World War II* (London: HarperCollins Publishers, Inc., 1998).

Issraeljan, V., and L. Kutakov. *Diplomacy of Aggression: Berlin-Rome-Tokyo Axis, Its Rise and Fall* (Moscow: Progress Publishers, 1970).

Jablonsky, David. *Churchill and Hitler: Essays on the Political-Military Direction of Total War* (Portland, OR: Frank Cass, 1994).

Jackson, Julian. *The Fall of France: The Nazi Invasion of 1940* (Oxford: Oxford University Press, 2003).

———. *France: The Dark Years, 1940–1945* (Oxford and New York: Oxford University Press, 2001).

Jackson, W.G.F. *The Battle for North Africa 1940–43* (New York: Mason/Charter, 1975).

Jackson, William G. F. *The Rock of the Gibraltarians: A History of Gibraltar* (Rutherford: Farleigh Dickinson University Press, 1987; London and Toronto: Associated University Presses, 1987).

Jackson, William, and Field Marshal Lord Bramall. *The Chiefs: The Story of the United Kingdom Chiefs of Staff* (London: Brassey's, 1992).

Jacoby, Russell. *Bloodlust: On the Roots of Violence from Cain and Abel to the Present* (New York: Free Press, 2011).

James, Robert Rhodes, ed. *Winston S. Churchill: His Complete Speeches, 1897– 1963* (Vol. 7: 1942–1949) (New York: Chelsea House, 1974).

Jarrell, Randall. *The Complete Poems* (New York: Farrar, Straus & Giroux, 1969).

Jeffreys, Diarmuid. *Hell's Cartel: IG Farben and the Making of Hitler's War Machine* (New York: Metropolitan Books, 2008).

The Johns Hopkins University Applied Physics Laboratory. *The World War II Proximity Fuze: A Compilation of Naval Ordnance Reports* (Silver Spring, MD: The Laboratory, 1950).

Johnson, David. *V1-V2: Hitler's Vengeance on London* (New York: Stein and Day, 1981).

Jones, James. *WWII: A Chronicle of Soldiering* (Chicago: University of Chicago Press, 2014).

Jones, Michael. *Leningrad: State of Siege* (London: John Murray, 2008).

Jowett, Philip. *The Italian Army 1940–45,* Vol. 3: *Italy 1943–45* (Oxford: Osprey Publishing, 2001).

Kagan, Donald. *On the Origins of War and the Preservation of Peace* (New York: Doubleday, 1995).

———. *Pericles of Athens and the Birth of Democracy* (New York: Free Press, 1991).

Kahn, David. *Seizing the Enigma: The Race to Break the German U-Boat Codes, 1939–1945* (rev. ed.) (Annapolis, MD: Naval Institute Press, 2012).

Kaufmann, J. E., and Robert M. Jurga. *Fortress Europe: European Fortifications of World War II* (Conshohocken, PA: Combined Books, 1999).

Kaufmann, J. E., and H. W. Kaufmann. *Fortress Third Reich: German Fortifications & Defense Systems in World War II* (New York: De Capo Press, 2003).

———. *Maginot Imitations: Major Fortifications of Germany and Neighboring Countries* (Westport, CT: Praeger, 1997).

Kaufmann, J. E., H. W. Kaufmann, and Tomasz Idzikowski. *Fortress France: The Maginot Line and French Defenses in World War II* (Mechanicsburg, PA: Stackpole Books, 2007).

Kay, Alex J., Jeff Rutherford, and David Stahel, eds. *Nazi Policy on the Eastern Front, 1941: Total War, Genocide and Radicalization* (Rochester, NY: University of Rochester Press, 2012).

Keegan, John. *The Battle for History: Re-Fighting World War Two* (New York: Vintage, 1996).

———. *The First World War* (New York: Alfred A. Knopf, 1999).

———. *A History of Warfare* (London: Hutchinson, 1993).

———. *The Mask of Command* (London: Jonathan Cape, 1987).

————. *The Price of Admiralty: The Evolution of Naval Warfare* (New York: Viking, 1988).

————. *The Second World War* (London: Hutchinson, 1989).

————. *Six Armies in Normandy: From D-Day to the Liberation of Paris, June 6th–August 25th, 1944* (London: Jonathan Cape, 1982).

Kennedy, Greg, and Keith Neilson. *Military Education: Past, Present, and Future* (Westport, CT: Praeger, 2002).

Kennedy, Paul. *Engineers of Victory: The Problem Solvers Who Turned the Tide in the Second World War* (New York: Random House, 2013).

————. "The Influence and Limitations of Sea Power," *International History Review* 10 (1988), 2–17.

————. *The Rise and Fall of British Naval Mastery* (New York: Charles Scribner, 1976).

Kennett, Lee. *A History of Strategic Bombing* (New York: Charles Scribner, 1982).

Kern, Paul Bentley. *Ancient Siege Warfare* (Bloomington: Indiana University Press, 1999).

Kershaw, Ian. *Hitler, 1936–45: Nemesis* (New York: W. W. Norton, 2000).

————. *Hitler, the Germans, and the Final Solution* (Jerusalem: International Institute for Holocaust Research, Yad Vashem; New Haven: Yale University, 2008).

Kévorkian, Raymond H. *The Armenian Genocide: A Complete History* (London and New York: I. B. Tauris, 2011).

Khan, Shaharyar M. *The Shallow Graves of Rwanda* (London: I. B. Tauris, 2000).

Khlevniuk, O. V. *Stalin: A New Biography of a Dictator* (New Haven: Yale University Press, 2015).

Kiernan, Ben. *The Pol Pot Regime: Race, Power, and Genocide in Cambodia Under the Khmer Rouge, 1975–79* (New Haven: Yale University Press, 1996).

Kimball, Warren F. *Churchill & Roosevelt: The Complete Correspondence* (3 vols.) (Princeton: Princeton University Press, 1984).

Kindsvatter, Peter S. *American Soldiers: Ground Combat in the World Wars, Korea and Vietnam* (Lawrence: University Press of Kansas, 2003).

Kingseed, Cole C., Col. "Marshall's Men," *Army Magazine* (December 2009), 51–59.

————. "The Pacific War: The US Army's Forgotten Theater of World War II," *Army Magazine*, Vol. 63, No. 4 (April 2013), 50–56.

Kirkland, F.R. "The French Air Force in 1940—Was It Defeated by the Luftwaffe or by Politics?" *Air University Review* 36.6 (September–October 1985), (http://www.airpower.maxwell.af.mil/airchronicles/aureview/1985/sep-oct/kirkland.html).

Kirschenbaum, Lisa A. *The Legacy of the Siege of Leningrad, 1941–1995: Myth, Memories, and Monuments* (New York: Cambridge University Press, 2006).

Kistler, John M. *War Elephants* (Westport, CT: Praeger, 2006).

Knox, MacGregor. *Common Destiny: Dictatorship, Foreign Policy, and War in Fascist Italy and Nazi Germany* (Cambridge: Cambridge University Press, 2000).

———. *Hitler's Italian Allies: Royal Armed Forces, Fascist Regime, and the War of 1940–43* (Cambridge and New York: Cambridge University Press, 2000).

———. *Mussolini Unleashed, 1939–1941: Politics and Strategy in Fascist Italy's Last War* (Cambridge: Cambridge University Press, 1982).

Knox, MacGregor, and Williamson Murray, eds. *The Dynamics of Military Revolution, 1300–2050* (Cambridge: Cambridge University Press, 2001).

Koistinen, Paul A. C. *Arsenal of World War II: The Political Economy of American Warfare, 1940–1945* (Lawrence: University Press of Kansas, 2004).

Koliopoulos, Giannes, and Thanos Veremis. *Greece: The Modern Sequel, From 1831 to the Present* (New York: NYU Press, 2002).

Kotkin, Stephen. *Stalin*, Vol. 1: *Paradoxes of Power, 1878–1928* (New York: Penguin Press, 2014).

Kozak, Warren. *LeMay: The Life and Wars of General Curtis LeMay* (Washington, DC: Regnery, 2009).

Kramer, Alan. *Dynamic of Destruction: Culture and Mass Killing in the First World War* (Oxford: Oxford University Press, 2007).

Krausnick, Helmut, et al., eds. *Anatomy of the SS State* (New York: Collins, 1968).

Krivosheev, G. F. *Soviet Casualties and Combat Losses in the Twentieth Century* (London: Greenhill Books; Harrisburg, PA: Stackpole Books, 1997).

Kurth, James. "The U.S. Navy in World War II," *Foreign Policy Research Institute FootNotes* Vol. 14, No. 24 (September 2009).

Lacey, Jim. *Keep from All Thoughtful Men: How U.S. Economists Won World War II* (Annapolis, MD: Naval Institute Press, 2011).

Laird, Robbin F., Edward Timperlake, and Richard Weitz. *Rebuilding American Military Power in the Pacific: A 21st-Century Strategy* (Santa Barbara, CA: Praeger, 2013).

Lamb, Richard. *War in Italy, 1943–1945: A Brutal Story* (London: John Murray, 1993).

Lane, Frederick C. *Ships for Victory: A History of Shipbuilding Under the United States Maritime Commission in World War II* (Baltimore: Johns Hopkins University Press, 1951).

———. *Venice, A Maritime Republic* (Baltimore: Johns Hopkins University Press, 1973).

Laurie, Clayton D. *Anzio* (Washington DC: US Army Center of Military History, 1994).

Lawlor, Sheila. *Churchill and the Politics of War, 1940–1941* (Cambridge and New York: Cambridge University Press, 1994).

Lazenby, J. F. *The First Punic War: A Military History* (Stanford: Stanford University Press, 1996).

————. *Hannibal's War: A Military History of the Second Punic War* (Warminster, UK: Aris & Phillips, 1978).

Lec, Stanisław Jerzy. *Unkempt Thoughts* [Jacek Galazka, tr.] (New York: St. Martin's Press, 1962).

Leighton, Richard M. *Global Logistics and Strategy, 1940–1943* (Washington, DC: Center of Military History, US Army, 1995).

LeMay, Curtis E., and MacKinlay Kantor. *Mission with LeMay: My Story* (Garden City, NY: Doubleday, 1965).

Lengerer, Hans, and Lars Ahlberg. *Capital Ship of the Imperial Japanese Navy 1868–1945,* Vol. III: *The* Yamato *Class and Subsequent Planning* (Ann Arbor, MI: Nimble Books LLC, 2014).

Lewin, Ronald. *Hitler's Mistakes* (London: Leo Cooper, 1984).

Lewis, Jon E., ed. *D-Day As They Saw It* (rev. ed.) (New York: Carroll & Graf Publishers, 2004).

Libbey, James K. *Alexander P. de Seversky and the Quest for Air Power* (Washington, DC: Potomac Books, 2013).

Liddell Hart, Basil Henry, Sir. *The German Generals Talk* (New York: William Morrow, 1948).

————. *History of the Second World War* (London: Cassell, 1970).

————, ed. *The Rommel Papers* (New York: Harcourt Brace, 1953).

Lifton, Robert Jay. *The Nazi Doctors: Medical Killing and the Psychology of Genocide* (New York: Basic Books, 1986).

Lindbergh, Charles A. *Autobiography of Values* (William Jovanovich and Judith A. Schiff, eds.) (New York: Harcourt Brace Jovanovich, 1978).

Lloyd, Nick. *Hundred Days: The End of the Great War* (London: Viking, 2013).

Lord, Carnes. *Proconsuls: Delegated Political-Military Leadership from Rome to America Today* (Cambridge: Cambridge University Press, 2012).

Lord, Walter. *Incredible Victory* (New York: Harper & Row, 1967).

Loughran, Tracey. "Shell Shock, Trauma, and the First World War: The Making of a Diagnosis and Its Histories," *Journal of the History of Medicine and Allied Science* 67 1 (2012), 94–119.

Loxton, Bruce, and Chris Coulthard-Clark. *The Shame of Savo: Anatomy of a Naval Disaster* (Annapolis: Naval Institute Press, 1994).

Lu, David J. *Agony of Choice: Matsuoka Yōsuke and the Rise and Fall of the Japanese Empire, 1880–1946* (Lanham, MD: Lexington Books, 2002).

————. *From the Marco Polo Bridge to Pearl Harbor: Japan's Entry into World War II* (Washington, DC: Public Affairs Press, 1961).

Luck, Hans von. *Panzer Commander: The Memoirs of Colonel Hans von Luck* (New York: Praeger, 1989).

Lukacs, John. *Five Days in London, May 1940* (New Haven: Yale University Press, 1999).

Lunde, Henrik O. *Finland's War of Choice: The Troubled German-Finnish Coalition in WWII* (Philadelphia: Casemate, 2011).

Lundstrom, John B. *Black Shoe Carrier Admiral: Frank Jack Fletcher at Coral Sea, Midway and Guadalcanal* (Annapolis, MD: Naval Institute Press, 2006).

Luther, Craig W. H. *Barbarossa Unleashed: The German Blitzkrieg Through Central Russia to the Gates of Moscow, June–December 1941* (Atglen, PA: Schiffer Publishing Ltd., 2013).

Luttwak, Edward N. *The Grand Strategy of the Roman Empire: From the First Century A.D. to the Third* (Baltimore: Johns Hopkins University Press, 1976).

———. *The Political Uses of Sea Power* (Baltimore: Johns Hopkins University Press, 1974).

Macksey, Kenneth. *Tank Versus Tank: The Illustrated Story of Armored Battlefield Conflict in the Twentieth Century* (New York: Crescent Books, 1991).

———. *Tank Force: Allied Armor in World War II* (New York: Ballantine Books, 1970).

Maclean, French L. *German General Officer Casualties in World War II— Harbinger for U.S. Army General Officer Casualties in Airland Battle* (Fort Leavenworth, Kansas: School of Advanced Military Studies, 1988).

MacMillan, Margaret. *Paris 1919: Six Months That Changed the World* (New York: Random House Trade Paperbacks, 2003).

Mahan, A. T. *The Influence of Sea Power Upon History, 1660–1783* (New York: Dover Publications, 1987).

Mallett, Robert. *The Italian Navy and Fascist Expansionism, 1935–40* (London: Frank Cass, 1998).

Manchester, William. *Goodbye, Darkness: A Memoir of the Pacific War* (Boston: Little, Brown, 1980).

Mandell, Richard D. *The Nazi Olympics* (New York: Macmillan, 1971).

Mansoor, Peter R. *The GI Offensive in Europe: The Triumph of American Infantry Divisions, 1941–1945* (Lawrence: University Press of Kansas, 1999).

Mansoor, Peter R., and Williamson Murray, eds. *Grand Strategy and Military Alliances* (Cambridge: Cambridge University Press, 2016).

Manstein, Erich von. *Lost Victories* [Anthony G. Powell, ed. and tr.] (Chicago: Henry Regnery, 1958).

———. *Verlorene Siege* (Bonn: Athenaum-Verlag, 1959).

Marquand, David, and Anthony Seldon. *The Ideas That Shaped Post-War Britain* (London: Fontana Press, 1996).

Marsden, Eric William. *Greek and Roman Artillery: Technical Treatises* (Oxford: Clarendon, 1971).

Martel, Gordon, ed. *The Origins of the Second World War Reconsidered: A. J. P. Taylor and the Historians* (2nd ed.) (London and New York: Routledge, 1999).

Maruyama, Paul K. *Escape from Manchuria: The Rescue of 1.7 Million Japanese Civilians Trapped in Soviet-Occupied Manchuria Following the End of World War II* (Mustang, OK: Tate Publishing and Enterprises LLC, 2014).

Maslov, Aleksander A. *Captured Soviet Generals: The Fate of Soviet Generals Captured by the Germans, 1941–1945* (London and Portland, OR: F. Cass, 2001).

Maslov, Aleksander A., and David M. Glantz. *Fallen Soviet Generals: Soviet General Officers Killed in Battle, 1941–1945* (Portland, OR, and London: Frank Cass, 1998).

Masuda, Hiroshi. *MacArthur in Asia: The General and His Staff in the Philippines, Japan, and Korea* (Ithaca: Cornell University Press, 2012).

Matheny, Michael R. *Carrying the War to the Enemy: American Operational Art to 1945* (Norman: University of Oklahoma Press, 2011).

Maurois, André. *Tragedy in France* (New York: Harper, 1940).

Mayo, Lida. *The Ordnance Department: On Beachhead and Battlefront: United States Army in World War II, The Technical Services* (Office of the Chief of Military History, US Army, 1969).

Mazower, Mark. *Inside Hitler's Greece: The Experience of Occupation, 1941–44* (New Haven: Yale University Press, 1993).

McAleer, Kevin. *Dueling: The Cult of Honor in Fin-de-Siècle Germany* (Princeton: Princeton University Press, 1994).

McDermott, Kevin, and Matthew Stibbe. *Stalinist Terror in Eastern Europe: Elite Purges and Mass Repression* (New York: Palgrave Macmillan, 2010).

McFarland, Stephen L. *America's Pursuit of Precision Bombing, 1910–1945* (Washington, DC: Smithsonian Institution Press, 1995).

McKinstry, Leo. *Operation Sea Lion: How Britain Crushed the German War Machine's Dreams of Invasion in 1940* (London: John Murray, 2014).

McNab, Chris. *German Automatic Rifles 1941–45* (Oxford: Osprey Publishing, 2013).

Mee, Jr., Charles L. *The Marshall Plan: The Launching of the Pax Americana* (New York: Simon and Schuster, 1984).

Megargee, Geoffrey P. *Inside Hitler's High Command* (Lawrence: University Press of Kansas, 2000).

———. *War of Annihilation: Combat and Genocide on the Eastern Front, 1941* (Lanham, MD: Rowman & Littlefield, 2006).

Mellenthin, F. W. von. *German Generals of World War II: As I Saw Them* (Norman: University of Oklahoma Press, 1977).

———. *Panzer Battles: A Study of the Employment of Armor in the Second World War* [H. Betzler, tr.] (Norman: University of Oklahoma Press, 1956).

Mellor, W. Franklin. *History of the Second World War: Casualties and Medical Statistics* (London: H.M.S.O., 1972).

Melvern, Linda. *Conspiracy to Murder: The Rwandan Genocide* (London and New York: Verso, 2006).

Melvin, Mungo. *Manstein: Hitler's Greatest General* (London: Weidenfeld & Nicolson, 2010).

Mendell, Capt. G. H., and Lieut. W. P. Craighill, trs. *The Art of War by Baron De Jomini* (Radford, VA: Wilder Publications, 2008).

Mettraux, Guénaël. *Perspectives on the Nuremberg Trial* (Oxford and New York: Oxford University Press, 2008).

Middlebrook, Martin. *Arnhem 1944: The Airborne Battle, 17–26 September* (Boulder, CO: Westview Press, 1994).

Middlebrook, Martin, and Patrick Mahoney. *The Sinking of the Prince of Wales & Repulse: The End of a Battleship Era?* (London: Leo Cooper, Ltd. 2004).

Middlemas, Keith, and John Barnes. *Baldwin: A Biography* (New York: Macmillan, 1969).

Mikesh, Robert C. *Japan's World War II Balloon Bomb Attacks on North America* (Washington, DC: Smithsonian Institution Press, 1973).

Miller, Donald L. *Masters of the Air: America's Bomber Boys Who Fought the Air War Against Nazi Germany* (New York: Simon & Schuster, 2007).

Miller, Edward S. *War Plan Orange: The U.S. Strategy to Defeat Japan, 1897–1945* (Annapolis, MD: Naval Institute Press, 1991).

Miller, Nathan. *War at Sea: A Naval History of World War II* (New York: Scribner, 1995).

Millett, Allan R., and Williamson Murray, eds. *Military Effectiveness*, Vol. 3: *The Second World War* (Boston: Allen & Unwin, 1988).

Milner, N. P., tr. *Vegetius: Epitome of Military Science* (2nd rev. ed.) (Liverpool: Liverpool University Press, 1996).

Milward, Alan S. *War, Economy and Society, 1939–1945* (Berkeley: University of California Press, 1977).

Mitcham, Jr., Samuel W. *Rommel's Greatest Victory: The Desert Fox and the Fall of Tobruk, Spring 1942* (Novato, CA: Presidio Press, 1998).

Mitchell, William "Billy." *Winged Defense: The Development and Possibilities of Modern Air Power—Economic and Military* (Tuscaloosa: University of Alabama Press, 2009). [New York and London: G. P. Putnam, 1925].

Mitter, Rana. *Forgotten Ally: China's World War II, 1937–1945* (Boston: Houghton Mifflin Harcourt, 2013).

Moorhouse, Roger. *The Devils' Alliance: Hitler's Pact with Stalin, 1939–1941* (London: Bodley Head, 2014).

———. *Killing Hitler: The Plots, the Assassins, and the Dictator Who Cheated Death* (New York: Bantam, 2006).

Moran, Charles McMoran Wilson, Baron. *Churchill Taken from the Diaries of Lord Moran: The Struggle for Survival, 1940–1965* (Boston: Houghton Mifflin, 1966).

Morgan, David. *The Mongols* (2nd ed.) (Malden, MA: Blackwell Publishing, 2007).

Morison, Samuel Eliot. *History of United States Naval Operations in World War II* [15 volumes: Vol. 1: *The Battle of the Atlantic, September 1939–1943;* Vol. 3: *The Rising Sun in the Pacific, 1931–April 1942;* Vol. 4: *Coral Sea, Midway and Submarine Actions, May 1942–August 1942;* Vol. 12: *Leyte, June 1944–January 1945*] (Boston: Little Brown, 1947–1962).

Morris, Eric. *Corregidor: The End of the Line* (New York: Stein and Day, 1981).

Morrison, J. S., J. F. Coates, and N.B. Rankov. *The Athenian Trireme: The History and Reconstruction of an Ancient Greek Warship* (2nd ed.) (Cambridge: Cambridge University Press, 2000).

Morton, Lewis. *Strategy and Command: The First Two Years* (Washington, DC: Center of Military History, US Army, 2000 [reprint of 1962 edition]).

Mosier, John. *The Blitzkrieg Myth: How Hitler and the Allies Misread the Strategic Realities of World War II* (New York: HarperCollins, 2003).

———. *Deathride: Hitler vs. Stalin: The Eastern Front, 1941–1945* (New York: Simon and Schuster, 2010).

Moskoff, William. *The Bread of Affliction: The Food Supply in the USSR During World War II* (Cambridge: Cambridge University Press, 1990).

Müller, Rolf-Dieter, and Gerd R. Ueberschär. *Hitler's War in the East, 1941–1945: A Critical Reassessment* (New York: Berghahn Books, 2009).

Murfett, Malcolm. *Naval Warfare 1919–1945: An Operational History of the Volatile War at Sea* (London and New York: Routledge, 2009).

Murray, Williamson. "Attrition and the Luftwaffe," *Air University Review* 34.3 (March–April 1983), 66–77.

———. *The Change in the European Balance of Power, 1938–1939: The Path to Ruin* (Princeton: Princeton University Press, 1984).

———. *Luftwaffe* (Baltimore: Nautical & Aviation Publishing Co., 1985).

———. *War, Strategy, and Military Effectiveness* (Cambridge: Cambridge University Press, 2011).

Murray, Williamson, and Tomoyuki Ishizu, eds. *Conflicting Currents: Japan and the United States in the Pacific* (Santa Barbara, CA: Praeger Security International, 2010).

Murray, Williamson, and Allan R. Millett, eds. *Military Innovation in the Interwar Period* (Cambridge: Cambridge University Press, 1996).

———. *A War to Be Won: Fighting the Second World War* (London: Belknap Press, 2000).

Murray, Williamson, and Robert H. Scales Jr. *The Iraq War: A Military History* (Cambridge: Belknap Press of Harvard University Press, 2003).

Murray, Williamson, and Richard Hart Sinnreich, eds. *Successful Strategies: Triumphing in War and Peace from Antiquity to the Present* (Cambridge: Cambridge University Press, 2014).

Murray, Williamson, Richard Hart Sinnreich, and James Lacey, eds. *The Shaping of Grand Strategy: Policy, Diplomacy, and War* (Cambridge: Cambridge University Press, 2011).

Myrvang, Folke. *MG-34–MG-42: German Universal Machine Guns* (Ian D. Skennerton, 2002).

Naimark, Norman M. *The Russians in Germany: A History of the Soviet Zone of Occupation, 1945–1949* (Cambridge, MA: Belknap Press of Harvard University Press, 1995).

————. *Stalin's Genocides* (Princeton: Princeton University Press, 2010).

Naimark, Norman, and Leonid Gibianskii. *The Establishment of Communist Regimes in Eastern Europe, 1944–1949* (Boulder, CO: Westview Press, 1997).

Neufeld, Michael J. *The Rocket and the Reich: Peenemünde and the Coming of the Ballistic Missile Era* (New York: Free Press, 1995).

Neumann, Hans-Joachim, and Henrik Eberle. *Was Hitler Ill? A Final Diagnosis* (Cambridge and Malden, MA: Polity Press 2013).

New Yorker Magazine. *The New Yorker Book of War Pieces* (New York: Reynal & Hitchcock, 1947).

Newcomb, Richard F., and Harry Schmidt. *Iwo Jima* (Nelson Doubleday, 1983).

Ney-Krwawicz, Marek. *The Polish Resistance Home Army 1939–1945* [Antoni Bohdanowicz, tr.] (London: PUMST, 2001).

Niestlé, Axel. *German U-Boat Losses During World War II: Details of Destruction* (Annapolis, MD: Naval Institute Press, 1998).

Norman, Andrew. *HMS Hood: Pride of the Royal Navy* (Stroud and Gloucestershire, UK: The History Press, 2009).

O'Brien, Phillips Payson. *How the War Was Won: Air-Sea Power and Allied Victory in World War II* (Cambridge: Cambridge University Press, 2015).

O'Callaghan, Joseph F. *Reconquest and Crusade in Medieval Spain* (Philadelphia: University of Pennsylvania Press, 2003).

O'Connell, Robert L. *Sacred Vessels: The Cult of the Battleship and the Rise of the U.S. Navy* (Boulder, CO: Westview Press, 1991).

O'Connor, Raymond G. *Diplomacy for Victory: FDR and Unconditional Surrender* (New York: W. W. Norton, 1971).

————, ed. *The Japanese Navy in World War II* (Annapolis, MD: US Naval Institute, 1969).

Odom, Thomas P. *Journey into Darkness: Genocide in Rwanda* (College Station: Texas A&M University Press, 2005).

Okumiya, Masatake, and Jiro Horikoshi. *Zero!: The Story of the Japanese Navy Air Force, 1937–1945* (London: Cassell, 1957).

Olive, Michael. *Steel Thunder on the Eastern Front: German and Russian Artillery in WWII* (Harrisburg, PA: Stackpole Books, 2014).

Olson, Lynne. *Those Angry Days: Roosevelt, Lindbergh, and America's Fight Over World War II, 1939–1941* (New York: Random House, 2013).

O'Neill, William. *A Democracy at War: America's Fight at Home and Abroad in World War II* (New York: Free Press, 1993).

Oosterman, Pieter. *M-1 Helmet of the World War II U.S. GI: A Reference Based on the M-1Helmet.com Collection* (Atglen, PA: Schiffer Military History, 2010).

Ormrod, W. Mark. *Edward III* (New Haven: Yale University Press, 2011).

Orr, Lt. Rob. "The History of the Soldier's Load," *Australian Army Journal* Vol. VII, No. 2 (2010), 67–88.

Orwell, Sonia, and Ian Angus, eds. *The Collected Essays, Journalism, and Letters of George Orwell*, Vol. 4: *In Front of Your Nose, 1945–1950* (New York: Harcourt, Brace & World, 1968).

Ostrogorsky, Georgije. *History of the Byzantine State* (New Brunswick, NJ: Rutgers University Press, 1969).

Overmans, Rüdiger. *Deutsche Militärische Verluste im Zweiten Weltkrieg* (Munich: R. Oldenbourg, 1999).

Overy, Richard. *1939: Countdown to War* (London: Allen Lane, 2009).

———. *The Bombers and the Bombed: Allied Air War over Europe 1940–1945* (Penguin Books, 2015).

———. *The Bombing War* (London: Allen Lane, 2013).

———. *Interrogations: The Nazi Elite in Allied Hands, 1945* (London: Allen Lane, 2001).

———. *The Origins of the Second World War* (2nd ed.) (London: Longman, 1998).

———. *The Twilight Years: The Paradox of Britain Between the Wars* (New York: Viking, 2009).

———. *Why the Allies Won* (London: Jonathan Cape, 1995).

Overy, Richard, and Andrew Wheatcroft. *The Road to War* (New York: Random House, 1989).

Pace, Steve. *Boeing B-29 Superfortress* (Marlborough and Wiltshire, UK: Crowood Press, 2003).

Paine, S.C.M. *The Wars for Asia, 1911–1949* (New York: Cambridge University Press, 2012).

Paret, Peter, Gordon A. Craig, and Felix Gilbert, eds. *Makers of Modern Strategy: From Machiavelli to the Nuclear Age* (Princeton: Princeton University Press, 1986).

Parker, Geoffrey, ed. *The Cambridge History of Warfare* [rev. ed.] (Cambridge: Cambridge University Press, 2009).

———. *Global Crisis: War, Climate Change, and Catastrophe in the Seventeenth Century* (New Haven, CT: Yale University Press, 2014).

———. *The Military Revolution: Military Innovation and the Rise of the West, 1500–1800* (2nd ed.) (Cambridge: Cambridge University Press, 1996).

Pasher, Yaron. *Holocaust versus Wehrmacht: How Hitler's "Final Solution" Undermined the German War Effort* (Lawrence: University Press of Kansas, 2014).

Paterson, Lawrence. *U-Boats in the Mediterranean, 1941–1944* (Annapolis, MD: Naval Institute Press, 2007).

Patterson, Robert P. *Arming the Nation for War: Mobilization, Supply, and the American War Effort in World War II* (Knoxville: University of Tennessee Press, 2014).

Patton, George S. *War As I Knew It* (Boston: Houghton Mifflin Company, 1947).

Payne, Stanley G. *Franco and Hitler: Spain, Germany and World War II* (New Haven: Yale University Press, 2008).

Perowne, Stewart. *The Siege Within the Walls: Malta 1940–1943* (London: Hodder & Stoughton, 1970).

Persico, Joseph E. *Roosevelt's Centurions: FDR and the Commanders He Led to Victory in World War II* (New York: Random House, 2013).

Philippides, Marios, and Walter K. Hanak. *The Siege and the Fall of Constantinople in 1453: Historiography, Topography, and Military Studies* (Routledge, 2011).

Piehler, G. Kurt, and Sidney Pash, eds. *The United States and the Second World War: New Perspectives on Diplomacy, War, and the Home Front* (New York: Fordham University Press, 2010).

Pimlott, John. *Luftwaffe: The Illustrated History of the German Air Force in WWII* (Osceola, WI: Motorbooks International, 1998).

——, ed. *Rommel: In His Own Words* (London: Greenhill Books; Mechanicsburg, PA: Stackpole Books, 1994).

Pleshakov, Constantine. *Stalin's Folly: The Tragic First Ten Days of World War II on the Eastern Front* (Boston: Houghton Mifflin, 2005).

——. *The Tsar's Last Armada: The Epic Journey to the Battle of Tsushima* (New York: Basic Books, 2002).

Poirier, Michel Thomas. "Results of the American Pacific Submarine Campaign of World War II" (Chief of Naval Operations, Submarine Warfare Division, 30 December 1999). http://www.navy.mil/navy-data/cno/n87/history/pac-campaigns.html.

——. "Results of the German and American Submarine Campaigns of World War II" (Chief of Naval Operations, Submarine Warfare Division, 20 October 1999). https://web.archive.org/web/20080409052122/http://www.navy.mil/navydata/cno/n87/history/wwii-campaigns.html).

Polmar, Norman. *Aircraft Carriers: A History of Carrier Aviation and Its Influence on World Events,* Vol. I: *1909–1945* (Washington, DC: Potomac Books, Inc., 2006).

Potter, John Deane. *Yamamoto: The Man Who Menaced America* (New York: Viking Press, 1965).

Prange, Gordon W. *At Dawn We Slept: The Untold Story of Pearl Harbor* (New York: McGraw-Hill, 1981).

Prince, Cathryn J. *Death in the Baltic: The World War II Sinking of the Wilhelm Gustloff* (New York: Palgrave Macmillan, 2013).

Prior, Robin. *When Britain Saved the West: The Story of 1940* (New Haven: Yale University Press, 2015).

Raeder, Erich. *Grand Admiral: The Personal Memoir of the Commander in Chief of the German Navy from 1935 Until His Final Break with Hitler in 1943* [Henry W. Drexel, tr.] (New York: Da Capo, 2001).

Rauch, Jonathan. "The Forgotten Millions: Communism Is the Deadliest Fantasy in Human History (But Does Anyone Care?)," *The Atlantic Monthly* (December 2003), (http://www.theatlantic.com/magazine /archive/2003/12/the-forgotten-millions/302849/).

Raus, Erhard. *Panzer Operations: The Eastern Front Memoir of General Raus, 1941–1945* [Steven H. Newton, tr.] (Cambridge, MA: Da Capo, 2003).

Ray, John. *The Battle of Britain, New Perspectives: Behind the Scenes of the Great Air War* (London: Arms & Armour, 1994).

Read, Anthony R., and David T. Fisher. *The Deadly Embrace: Hitler, Stalin, and the Nazi-Soviet Pact, 1939–1941* (London: Michael Joseph, 1988).

———. *The Fall of Berlin* (London: Hutchinson, 1992).

Recouly, Raymond. *Foch: Le Vainqueur de la Guerre* (Paris: Hachette, 1919).

Reid, Anna. *Leningrad: Tragedy of a City Under Siege* (New York: Bloomsbury, 2011).

Reinhold, Meyer. *From Republic to Principate: An Historical Commentary on Cassius Dio's Roman History, Books 49–52 (36–29 B.C.)*, APA Monograph Series, No. 34 (Atlanta, GA: Scholars Press, 1988).

Reischauer, Edwin O. *Japan: The Story of a Nation* (3rd ed.) (New York: Knopf, 1981).

Reiter, Dan, and Allan C. Stam. *Democracies at War* (Princeton: Princeton University Press, 2002).

Reynolds, David. *From World War to Cold War: Churchill, Roosevelt, and the International History of the 1940s* (Oxford: Oxford University Press, 2006).

———. "Fulcrum of the Twentieth Century," *International Affairs* 66.2 (1990), 325–350.

Reynolds, David, ed. *The Origins of the Cold War in Europe: International Perspectives* (New Haven: Yale University Press, 1994).

Reynosa, Mark A. *The M-1 Helmet: The History of the U.S. M-1 Helmet in World War II* (Atglen, PA: Schiffer Military History, 1996).

Rhodes, Richard. *Dark Sun: The Making of the Hydrogen Bomb* (New York: Simon & Schuster, 1995).

Rhys-Jones, Graham. *The Loss of the Bismarck: An Avoidable Disaster* (London: Cassell, 1999).

Ricks, Thomas E. *The Generals: American Military Command from World War II to Today* (New York: Penguin Press, 2012).

Ridley, Jasper Godwin. *Mussolini* (London: Constable, 1997).

Roberts, Andrew. *History of the English-Speaking Peoples Since 1900* (New York: Harper, 2007).

———. *The Holy Fox: A Biography of Lord Halifax* (London: Weidenfeld and Nicolson, 1991).

———. *Masters and Commanders: How Roosevelt, Churchill, Marshall and Alanbrooke Won the War in the West* (London and New York: Allen Lane, 2008).

———. *Napoleon: A Life* (New York: Viking, 2014).

————. *The Storm of War: A New History of the Second World War* (New York: Harper, 2011).

————, ed. *What Might Have Been: Leading Historians on Twelve 'What Ifs' of History* (London: Weidenfeld & Nicolson, 2004).

Roberts, Geoffrey. *Stalin's Wars: From World War to Cold War, 1939–1953* (New Haven: Yale University Press, 2006).

————. *Victory at Stalingrad: The Battle That Changed History* (Routledge, 2002).

Rohwer, Jürgen, and Mikhail S. Monakov. *Stalin's Ocean-Going Fleet: Soviet Naval Strategy and Shipbuilding Programmes 1935–1953* (London and Portland, OR: Frank Cass, 2001).

Rose, Lisle A. *Power at Sea*, Vol. 2: *The Breaking Storm, 1919–1945* (Columbia and London: University of Missouri Press, 2007).

Rosen, William. *The Third Horseman: Climate Change and the Great Famine of the 14th Century* (New York: Viking, 2014).

Rosenau, William. *Special Operations Forces and Elusive Enemy Ground Targets: Lessons from Vietnam and the Persian Gulf War* (Rand Corporation, 2001).

Rothwell, Victor. *War Aims in the Second World War: The War Aims of the Major Belligerents, 1939–45* (Edinburgh: Edinburgh University Press, 2005).

Rotundo, Louis C. *Battle for Stalingrad: The 1943 Soviet General Staff Study* (Washington, DC: Pergamon-Brassey's, 1989).

Ruge, Friedrich. *The Soviets as Naval Opponents 1941–1945* (Annapolis, MD: Naval Institute Press, 1979).

Rummel, R. J. "War Isn't This Century's Biggest Killer," *Wall Street Journal*, July 7, 1986.

Rutherford, Jeff. *Combat and Genocide on the Eastern Front: The German Infantry's War, 1941–1944* (Cambridge: Cambridge University Press, 2014).

Ruthven, Malise. "Hitler's Monumental Miscalculation," *New York Review of Books*, June 5, 2014.

Ryan, Cornelius. *The Last Battle* (New York: Simon and Schuster, 1966).

————. *A Bridge Too Far* (New York: Simon and Schuster, 1974).

Sabin, Philip, Hans van Wees, and Michael Whitby, eds. *Cambridge History of Greek and Roman Warfare*, Vol. I: *Greece, the Hellenistic World and the Rise of Rome* (Cambridge: Cambridge University Press, 2007).

————, eds. *Cambridge History of Greek and Roman Warfare*, Vol. II: *Rome from the Late Republic to the Late Empire* (Cambridge: Cambridge University Press, 2007).

Sadkovich, James J. *The Italian Navy in World War II* (Westport, CT: Greenwood Press, 1994).

Şahin, Kaya. *Empire and Power in the Reign of Süleyman: Narrating the Sixteenth-Century Ottoman World* (Cambridge: Cambridge University Press, 2013).

Saint-Exupéry, Antoine de. *Pilote de guerre* (New York: Éditions de la Maison Française, 1942).

Salerno, Reynolds M. *Vital Crossroads: Mediterranean Origins of the Second World War 1935–1940* (Ithaca, NY: Cornell University Press, 2002).

Salisbury, Harrison E. *The 900 Days: The Siege of Leningrad* (New York: Harper & Row, 1969).

Sanford, George. *Katyn and the Soviet Massacre of 1940: Truth, Justice and Memory* (London and New York: Routledge, 2005).

Sanford, William F. "The Marshall Plan: Origins and Implementation" (Washington, DC: United States Department of State, Bureau of Public Affairs, April 1987).

Sartre, Jean-Paul. *The Devil & the Good Lord, and Two Other Plays* [Kitty Black, tr.] (New York: Alfred A. Knopf, 1960).

Saunders, J. J. *The History of the Mongol Conquests* (New York: Barnes & Noble, 1971).

Savile, George. *The Complete Works of George Savile, First Marquess of Halifax* (Oxford: Clarendon Press, 1912).

Schain, Martin, ed. *The Marshall Plan: Fifty Years After* (New York: Palgrave, 2001).

Schäufler, Hans. *Panzer Warfare on the Eastern Front* (Harrisburg, PA: Stackpole Books, 2012).

Schifferle, Peter J. *America's School for War: Fort Leavenworth, Officer Education, and Victory in World War II* (Lawrence: University Press of Kansas, 2010).

Schopenhauer, Arthur. *The Collected Works of Arthur Schopenhauer* (Radford, VA: Wilder Publications, 2008).

Schramm, Percy Ernst. *Hitler: The Man & the Military Leader* [Donald S. Detwiler, tr.] (Chicago: Academy Chicago Publishers, 1999).

Schroeder, Paul W. *The Axis Alliance and Japanese-American Relations, 1941* (Ithaca, NY: Cornell University Press, 1958).

Scott, Wilbur J. "PTSD in DSM-III: A Case in the Politics of Diagnosis and Disease," *Social Problems*, Vol. 37, No. 3 (August 1990), 294–310.

Scullard, H. H. *The Elephant in the Greek and Roman World,* Aspects of Greek and Roman Life (Ithaca, NY: Cornell University Press, 1974; Cambridge: Thames and Hudson, 1974).

———. *Scipio Africanus: Soldier and Politician* (Ithaca, NY: Cornell University Press, 1970).

Sebag-Montefiore, Hugh. *Enigma: The Battle for the Code* (London: Weidenfeld & Nicolson, 2000).

Selden, Mark. "A Forgotten Holocaust: US Bombing Strategy, the Destruction of Japanese Cities and the American Way of War from World War II to Iraq," *The Asia Pacific Journal: Japan Focus*, Vol. 5, Issue 5 (May 2, 2007).

Senger und Etterlin, F. M. von. *German Tanks of World War II: The Complete Illustrated History of German Armoured Fighting Vehicles 1926–1945* [J. Lucas, tr.] (A & W Visual Library, 1969).

Senich, Peter R. *The German Assault Rifle: 1935–1945* (Boulder, CO: Paladin Press, 2008).

Seth, Ronald. *The Fiercest Battle: The Story of North Atlantic Convoy ONS 5, 22nd April–7th May 1943* (New York: Norton, 1961).

Setton, Kenneth M. *Papacy and the Levant, 1204–1571*, Vol. 4 (Philadelphia: American Philosophical Society, 1976).

Seymour, William. *Great Sieges of History* (Brassey's Ltd., 1992).

Shankland, Peter, and Anthony Hunter. *Malta Convoy* (New York: Ives Washburn, 1961).

Shaw, Stanford. *History of the Ottoman Empire and Modern Turkey*. Vol. I: *Empire of the Gazis: The Rise and Decline of the Ottoman Empire, 1280–1808* (Cambridge: Cambridge University Press, 1976).

Shillony, Ben-Ami. *Politics and Culture in Wartime Japan* (Oxford: Clarendon Press, 1981; New York: Oxford University Press, 1981).

Shirer, William L. *Berlin Diary: The Journal of a Foreign Correspondent, 1934–1941* (Baltimore: Johns Hopkins University Press, 2002) (originally published: New York: Knopf, 1941).

———. *The Rise and Fall of the Third Reich: A History of Nazi Germany* (New York: Simon & Schuster, 1959, 1960, 1990).

———. *The Sinking of the Bismarck* (New York: Random House, 1962).

Showalter, Dennis E. *Armor and Blood: The Battle of Kursk, the Turning Point of World War II* (New York: Random House, 2013).

———. *Hitler's Panzers: The Lightning Attacks That Revolutionized Warfare* (New York: Berkley Caliber, 2009).

Showalter, Dennis, and Harold Deutsch, eds. *If the Allies Had Fallen: Sixty Alternate Scenarios of World War II* (London: Frontline Books/New York: Skyhorse Publishing, 2010).

Showell, Jak P. Mallmann. *German Navy Handbook, 1939–1945* (Stroud, UK: Sutton Publishing, 1999).

———. *Hitler's U-Boat Bases* (Stroud, UK: Sutton Publishing, 2002).

Shrader, Charles R. *U.S. Military Logistics, 1607–1991* (New York: Greenwood, 1992).

Shtemenko, S. M. *The Last Six Months: Russia's Final Battles with Hitler's Armies in World War II* [Guy Daniels, tr.] (Garden City, NY: Doubleday, 1977).

Shulman, Milton. *Defeat in the West* (New York: E. P. Dutton, 1948).

Simpson, Emile. *War from the Ground Up: Twenty-First Century Combat as Politics* (London: Hurst & Company, 2012).

Sledge, E. B. *With the Old Breed, at Peleliu and Okinawa* (Novato, CA: Presidio Press, 1981).

Sloan, Bill. *The Ultimate Battle: Okinawa 1945—The Last Epic Struggle of World War II* (New York: Simon & Schuster, 2008).

Smith, Michael Llewellyn. *Ionian Vision: Greece in Asia Minor, 1919–1922* (New York: St. Martin's Press, 1973).

Smith, Truman. *Berlin Alert: The Memoirs and Reports of Truman Smith* (Stanford, CA: Hoover Institution Press, 1984).

Snyder, Timothy. *Bloodlands: Europe Between Hitler and Stalin* (London: Bodley Head, 2010).

Sommerstein, Alan H., ed. *Aeschylus Fragments* (Cambridge, MA: Harvard University Press, 2008) [Aeschylus III, Loeb Classical Library 505].

Sorel, Eliot, and Pier Carlo Padoan, eds. *The Marshall Plan: Lessons Learned for the 21st Century* (OECD, 2008).

Sowell, Thomas. *Intellectuals and Society* (rev. ed.) (New York: Basic Books, 2011).

Speer, Albert. *Inside the Third Reich: Memoirs* [Richard and Clara Winston, trs.] (New York: Macmillan, 1970).

———. *Spandau: The Secret Diaries* [Richard and Clara Winston, trs.] (New York: Macmillan, 1976).

Spilling, Michael, ed. *Weapons of War: Battleships and Aircraft Carriers, 1900–Present* (New York: Chartwell Books, 2013).

Stahel, David. *Operation Barbarossa and Germany's Defeat in the East* (Cambridge: Cambridge University Press, 2009).

Stanley, Roy II, Col. *Evolution of Airborne Operations 1939–1945 (Looking Down on War)* (Pen and Sword Military, 2015).

Steiger, Rudolf. *Armour Tactics in the Second World War: Panzer Army Campaigns of 1939–41 in German War Diaries* [Martin Fry, tr.] (New York: Berg, 1991; distributed exclusively in the US and Canada by St. Martin's Press).

Steinberg, Jonathan. *All or Nothing: The Axis and the Holocaust, 1941–1943* (London and New York: Routledge, 1990).

Steiner, Zara. *The Lights That Failed: European International History, 1919–1933* (Oxford and New York: Oxford University Press, 2005).

———. *The Triumph of the Dark: European International History, 1933–1939* (Oxford and New York: Oxford University Press, 2011).

Stoler, Mark A. *Allies and Adversaries: The Joint Chiefs of Staff, the Grand Alliance, and U.S. Strategy in World War II* (Chapel Hill: University of North Carolina Press, 2000).

Stone, David. *Shattered Genius: The Decline and Fall of the German General Staff in World War II* (Philadelphia: Casemate Publishers, 2012).

Stoye, John. *The Siege of Vienna* (new ed.) (Edinburgh: Birlinn, 2000).

Strachan, Hew, ed. *The Oxford Illustrated History of the First World War* (new ed.) (Oxford: Oxford University Press, 1998).

Stratigakos, Desmina. *Hitler at Home* (New Haven: Yale University Press, 2015).

Strauss, Barry. *The Battle of Salamis: The Naval Encounter That Saved Greece—and Western Civilization* (New York: Simon and Schuster, 2004).

Strawson, John. *Hitler as Military Commander* (London: B. T. Batsford Ltd., 1971).

Stubbs, D. "A Blind Spot? The Royal Air Force (RAF) and Long-Range Fighters, 1936–44," *Journal of Military History* 78 (April 2014), 673–702.

Sunderman, James F., ed. *World War II in the Air: Europe* (New York: Bramhall House, 1968).

———, ed. *World War II in the Air: The Pacific* (New York: F. Watts, 1962).

Suvorov, Viktor. *The Chief Culprit: Stalin's Grand Design to Start World War II* (Annapolis, MD: Naval Institute Press, 2008).

Syme, Ronald, Sir. *Sallust* (Berkeley: University of California Press, 1964 [2002]).

Symonds, Craig L. *Neptune: The Allied Invasion of Europe and the D-Day Landings* (Oxford and New York: Oxford University Press, 2014).

Tanaka, Toshiyuki. *Hidden Horrors: Japanese War Crimes in World War II* (Boulder, CO: Westview Press, 1996).

Taylor, A.J.P. *The Origins of the Second World War* (New York: Atheneum, 1961).

Thomas, Evan. *Sea of Thunder: Four Commanders and the Last Great Naval Campaign, 1941–1945* (New York: Simon & Schuster, 2006).

Thornton, Bruce S. *The Wages of Appeasement: Ancient Athens, Munich, and Obama's America* (New York: Encounter Books, 2011).

Tillman, Barrett. *The Clash of the Carriers: The True Story of the Marianas Turkey Shoot of World War II* (New York: NAL Caliber, 2006).

Tipps, G. K. "The Battle of Ecnomus," *Historia: Zeitschrift für Alte Geschichte* 34 (1985), 432–465.

Toland, John. *The Rising Sun: The Decline and Fall of the Japanese Empire, 1936–1945* (New York: Random House, 1970).

Toll, Ian W. *The Conquering Tide: War in the Pacific Islands, 1942–1944* (New York: W.W. Norton, 2015).

———. *Pacific Crucible: War at Sea in the Pacific, 1941–1942* (New York: W.W. Norton, 2012).

Tooze, Adam. *The Wages of Destruction: The Making and Breaking of the Nazi Economy* (London and New York: Allen Lane, 2006).

Treadgold, Warren. *A History of the Byzantine State and Society* (Stanford, CA: Stanford University Press, 1997).

Tucker, Spencer C., ed. *World War II at Sea: An Encyclopedia* (Santa Barbara, CA: ABC-CLIO, 2011).

Ulam, Adam B. *Stalin: The Man and His Era* (New York: Viking Press, 1973).

US Strategic Bombing Survey. *The Campaigns of the Pacific War* (Washington, DC: Naval Analysis Division, 1946).

———. *Summary Report (European War)* (Washington, DC: US Government Printing Office, 1945).

————. *Summary Report (Pacific War)* (Washington, DC: US Government Printing Office, 1946).

Van Creveld, Martin. *The Age of Airpower* (New York: PublicAffairs, 2011).

————. *Fighting Power: German and US Army Performance 1939–1945* (Westport, CT: Greenwood Press, 1982).

————. *Supplying War: Logistics from Wallenstein to Patton* (New York: Cambridge University Press, 1977).

Van der Vat, Dan. *The Pacific Campaign: World War II: The U.S.–Japanese Naval War, 1941–1945* (New York: Simon & Schuster, 1991).

Van der Zee, Henri A. *The Hunger Winter: Occupied Holland 1944–1945* (London: J. Norman & Hobhouse, 1982).

Vassiltchikov, Marie. *Berlin Diaries, 1940–1945* (New York: Vintage, 1988).

Villalon, I. J. Andrew, and Donald J. Kagay, eds., *The Hundred Years War: A Wider Focus* (Leiden: Brill, 2005).

Viroli, Maurizio. *For Love of Country: An Essay on Patriotism and Nationalism* (New York: Clarendon Press, 1995).

Vlahos, Michael. "Could Body Armor Have Saved Millions in World War I?" *The Atlantic* (April 30, 2013).

Voltaire. *The Complete Works of Voltaire*, Vol. 82 (Notebooks II) [Theodore Besterman, ed.] (Toronto: University of Toronto Press, 1968).

Walker, George K. "Sea Power and the Law of the Sea: The Need for a Contextual Approach," *Ocean Development & International Law* 7 (1979), 299–326.

Walker, Ian W. *Iron Hulls, Iron Hearts: Mussolini's Elite Armoured Divisions in North Africa* (Marlborough, UK: The Crowood Press, 2006).

Walker, John R. *Bracketing the Enemy: Forward Observers in World War II* (Norman: University of Oklahoma Press, 2013).

Walzer, Michael. *Just and Unjust Wars: A Moral Argument with Historical Illustrations* (New York: Basic Books, 2006).

Warlimont, Walter. *Inside Hitler's Headquarters, 1939–1945* [R. H. Barry, tr.] (New York: Praeger, 1965).

Warner, Denis, and Peggy Warner (with Sadao Seno). *Disaster in the Pacific: New Light on the Battle of Savo Island* (Annapolis, MD: Naval Institute Press, 1992).

Warren, Alan. *Singapore 1942: Britain's Greatest Defeat* (London: Hambledon and London, 2002).

Waterford, Van. *Prisoners of the Japanese in World War II: Statistical History, Personal Narratives, and Memorials Concerning POWs in Camps and on Hellships, Civilian Internees, Asian Slave Laborers, and Others Captured in the Pacific Theater* (Jefferson, NC: McFarland, 1994).

Watson, Alexander. *Enduring the Great War: Combat, Morale and Collapse in the German and British Armies, 1914–1918* (Cambridge and New York: Cambridge University Press, 2008).

Watson, Bruce Allen. *Sieges: A Comparative Study* (Westport, CT: Praeger, 1993).

Watt, Lori. *When Empire Comes Home: Repatriation and Reintegration in Postwar Japan* (Cambridge, MA: Harvard University Asia Center, distributed by Harvard University Press, 2009).

Webber, Bert. *Silent Siege: Japanese Attacks Against North America in World War II* (Fairfield, WA: Ye Galleon Press, 1984).

Weber, Eugen. *The Hollow Years: France in the 1930s* (New York: W. W. Norton, 1994).

Weeks, Albert L. *Russia's Life-Saver: Lend-Lease Aid to the U.S.S.R. in World War II* (Lanham, MD: Lexington Books, 2004).

Weidner, William. *Eisenhower and Montgomery at the Falaise Gap* (Xlibris Corporation, 2010).

Weigley, Russell F. *Eisenhower's Lieutenants: The Campaigns of France and Germany, 1944–45* (Bloomington: Indiana University Press, 1981).

———. *History of the United States Army* (New York: Macmillan, 1967).

Weinberg, Gerhard L. *Germany, Hitler, and World War II: Essays in Modern German and World History* (Cambridge: Cambridge University Press, 1995).

———. "Some Myths of World War II," *The Journal of Military History* 75 (July 2011), 701–718.

———. *Visions of Victory: The Hopes of Eight World War II Leaders* (New York: Cambridge University Press, 2005).

———. *A World at Arms: A Global History of World War II* (2nd ed.) (Cambridge: Cambridge University Press, 2005).

Weise, Christian, and Paul Betts. *Years of Persecution, Years of Extermination: Saul Friedlander and the Future of Holocaust Studies* (Bloomsbury Academic, 2010).

Wells, H. G. *The Complete Short Stories of H. G. Wells* [selected and edited by John Hammond] (London: J. G. Dent, 1998).

———. *The War in the Air* (Lincoln: University of Nebraska Press, 2002).

Wells, Mark K. *Courage and Air Warfare: The Allied Aircrew Experience in the Second World War* (London: Frank Cass, 1995).

West, Diana. *American Betrayal: The Secret Assault on Our Nation's Character* (New York: St. Martin's Press, 2013).

Westermann, Edward B. *Flak: German Anti-Aircraft Defenses, 1914–1945* (Lawrence: University Press of Kansas, 2001).

Whealey, Robert H. *Hitler and Spain: The Nazi Role in the Spanish Civil War, 1936–1939* (Lexington: University Press of Kentucky, 1989).

Wheeler, Keith. *Bombers Over Japan* (Alexandria, VA: Time-Life Books, 1982).

White, David Fairbank. *Bitter Ocean: The Battle of the Atlantic, 1939–1945* (New York: Simon & Schuster, 2007).

Whitehead, David. *Aineias the Tactician: How to Survive Under Siege, A Historical Commentary, with Translation and Introduction* (2nd ed.) (London: Bristol Classical Press, 2001).

Whitley, M. J. *Destroyers of World War II: An International Encyclopedia* (Annapolis, MD: Naval Institute Press, 1988).

Widen, J. J. *Theorist of Maritime Strategy: Sir Julian Corbett and His Contribution to Military and Naval Thought* (Farnham, Surrey, England: Ashgate Publishing Ltd., 2012).

Wieczynski, Joseph L., ed. *Operation Barbarossa: The German Attack on the Soviet Union, June 22, 1941* (Salt Lake City, UT: Charles Schlacks, Jr., 1993).

Wieder, Joachim, Einsiedel, Heinrich von Graf, and Helmut Bogler. *Stalingrad: Memories and Reassessments* (London: Arms & Armour, 1995).

Williamson, Gordon. *Kriegsmarine U-boats 1939–45* (Oxford: Osprey Publishing, 2002).

Wilmot, Chester. *The Struggle for Europe* (New York: Harper, 1952).

Winik, Jay. *1944: FDR and the Year That Changed History* (New York: Simon & Schuster, 2015).

Winkler, Heinrich August. *The Age of Catastrophe: A History of the West, 1914–1945* [Stewart Spencer, tr.] (New Haven: Yale University Press, 2015).

Woodhouse, C. M. *The Battle of Navarino* (London: Hodder and Stoughton, 1965).

World Peace Foundation. "The Staggering Burden of Armament," *A League of Nations* 4.2 (April 1921).

Wright, Patrick. *Tank: The Progress of a Monstrous War Machine* (New York: Viking, 2002).

Wright, Stephen L. *The Last Drop: Operation Varsity, March 24–25, 1945* (Harrisburg, PA: Stackpole Books, 2008).

Wünschmann, Kim. *Before Auschwitz: Jewish Prisoners in the Prewar Concentration Camps* (Cambridge: Harvard University Press, 2015).

Y'Blood, William T. *The Little Giants: U.S. Escort Carriers Against Japan* (Annapolis, MD: Naval Institute Press, 1987).

Yellin, Keith. *Battle Exhortation: The Rhetoric of Combat Leadership* (Columbia: University of South Carolina Press, 2008).

Yenne, Bill. *Hap Arnold: The General Who Invented the U.S. Air Force* (Washington, DC: Regnery History, 2013).

———. *Operation Cobra and the Great Offensive: Sixty Days That Changed the Course of World War II* (Pocket, 2004).

Zabecki, David T. *The German 1918 Offensives: A Case Study in the Operational Level of War* (London and New York: Routledge, 2006).

Zaloga, Steven. *Armored Thunderbolt: The U.S. Army Sherman in World War II* (Mechanicsburg, PA: Stackpole Books, 2008).

————. *The Atlantic Wall (1): France* (Oxford: Osprey Publishing, 2007).

————, ed. *Battleground: The Greatest Tank Duels in History* (Oxford: Osprey Publishing, 2011).

————. *Kamikaze: Japanese Special Attack Weapons, 1944–45* (Oxford: Osprey Publishing, 2011).

————. *Operation Cobra 1944: Breakout from Normandy* (Westport, CT: Praeger, 2004).

————. *Sicily 1943: The Debut of Allied Joint Operations* (Oxford and New York: Osprey Publishing, 2013).

Zeiler, Thomas W., and Daniel M. DuBois, eds. *A Companion to World War II* (Hoboken, NJ: Wiley-Blackwell, 2013).

Ziemke, Earl F. *Stalingrad to Berlin: The German Defeat in the East* (Washington, DC: Office of the Chief of Military History, 2011 [1968]).

Ziemke, Earl F., and Magna E. Bauer. *Moscow to Stalingrad: Decision in the East* (Washington, DC: Center of Military History, 1987).

Zimm, Alan D. *Attack on Pearl Harbor: Strategy, Combat, Myths, Deceptions* (Havertown, PA: Casemate Publishers, 2011).

Zuehlke, Mark. *Terrible Victory: First Canadian Army and the Scheldt Estuary Campaign: September 13–November 6, 1944* (Vancouver, BC: Douglas & McIntyre, 2007).

索 引

（以下页码为原书页码，即本书页边码）

译后记

本书作者维克托·戴维斯·汉森是美国著名古典主义学者和军事历史学家，在加州大学、斯坦福大学任教并担任研究员。他还是多家知名媒体的古、现代战争及时政评论员，于 2007 年获得了由时任美国总统乔治·W. 布什亲自颁发的国家人文奖章。

汉森著作颇丰，除了《另一类希腊人》（1995）、《无梦之地》（1996）、《战争之魂》（1999）、《土地就是一切》（2000）、《战争的涟漪》（2003）、《无与伦比的战争》（2005）、《斯巴达的末日》（2011）等作品外，还有在学界引起诸多争议的《杀戮与文化》（2001）。这本书在英国及英联邦国家出版时，书名则改为《强权兴起的决定性战役》（甲骨文丛书于 2016 年翻译出版）。从书名就可以窥见，汉森带有某种西方中心主义的观点。本书当然也不可避免地带有作者的个人倾向。在汗牛充栋的二战历史书籍中，本书无疑是一部与众不同，也必然会在中国读者中引起争论的著作。

第一，本书内容十分"硬核"，通篇充斥着数据、分析和论证，不仅没有历史爱好者喜闻乐见的传奇故事，几乎没有叙事部分，就连情节也甚少。作者似乎默认读者已经对第二次世界大战的历史耳熟能详，于是罗列了一大堆数字后，大谈特谈自己的判断和价值观。一方面，作者扎实的史学功底和精彩独到的分析令人钦佩；另一方面，文字上不免令人有枯燥之感。所以本书在不同读者之间可能会有着截然不同的评价，所谓爱之者奉为圭臬，鄙之者视如敝屣吧。

第二，本书的视角非常宏观，但又不是如通史那样记流水账。作者从大战略、大战场、大动员、大生产、大后勤、大屠杀这样的高度讨论了一个终极问题：为什么盟国能赢？战场上的结果固然影响着战争走向，孰胜孰败也有偶然性，但从更深层次研究，第二次世界大战的结局其实毫无悬念。是生产力，更确切地说是盟国凭借其强大的制造业才将轴心国打入万劫不复的境地。这不是某个不世出的天才将领、某件划时代的新式武器（核武器除外），或某场精彩纷呈的战役所能改变的宿命。

当我接受此书翻译任务时，新冠疫情在武汉已经得到完全控制，并且刚刚结束封城，市民生活重新步入正轨。疫情期间，我一直在一线工作，经历了一次和平时代最接近于战争的生存状态，真真切切体会到了"总动员"和"人民战争"的磅礴力量。疫情初期，武汉各类医疗资源、防护物资极为短缺，所有人都惶惶不可终日，恐惧弥漫在整座城市上空。不过从封城伊始，来自全国的物资和抗疫大军就源源不断涌入武汉。到 2020 年 2 月中下旬，当我突然发现仓库里的防护服、手套、眼罩、消毒水、酒精等已经多得用不完时，就知道这场"战疫"武汉必胜，湖北必胜，中国必胜。事实也正是如此。当然，这并不是我有多么厉害的预测能力，大多数武汉人能够淡定地宅在家里吃吃喝喝，上网刷剧，线下健身，就足以说明人民也充满了信心。

第二次世界大战中，中国与凶残的敌人奋战 14 年之久，死亡 1500 万至 1600 万人（此为本书数字，而中国方面根据不同计算方法和口径，认为死亡人数为从 1800 万至 3500 万不等），然而作者除了在"亡灵"一章外，其他地方却甚少提及。

我认为这是很不公平的。想象一下，如果中国像法国那样，初期崩溃后就瞬间投降，正规军被收编，敌占区没有大规模游击队，日本稳稳当当地经营东北、华北、中原、华南，为战争提供除了石油、橡胶外几乎所有战略原材料（如果运气再好一点，提前找到大庆油田也不是不可能），乃至更可怕的情况，如利用中国庞大的人力资源为日本做奴隶、当炮灰，二战进程恐怕会完全不一样。日本也有可能放弃"南下"与英美死磕，而是"北进"同德国夹击苏联，那么麦金德理论中的欧亚大陆"世界岛"就将尽归轴心国之手，法西斯甚至有翻盘的可能。当然，历史不容假设，只是中国的声音还是太过微弱，我们的巨大牺牲和不可磨灭的贡献尚不为更多世人所知。

斯大林曾调侃说："教皇有多少个师？"也许汉森教授落笔时也在想："中国有多少座钢铁厂？能生产几辆卡车？"好在这一切都成了历史。作为当今世界最大的工业制造国，中国再也不是棋局上被人任意驱使、交易、丢弃的棋子，反而成了新时代"大博弈"中的重要棋手。无论是无形的新冠病毒还是气势汹汹的敌对势力，中国人都有底气打败他们。

第三，本书有些观点似乎故意跟西方时髦的所谓"政治正确"唱反调，对一些军事问题的分析也另辟蹊径。作者认为加害者理应受到惩罚，提出只有加害者先服罪，受害者才有"权利"原谅他们，并反思自己的报复是否合理。与其担心盟国对轴心国人民的惩罚过度，不如深入研究如何避免再次出现法西斯和军国主义。书中写道："如果这些对等报复是由种族主义所引起的，那么此刻境况凄惨的种族主义者就不能以其所承受的痛苦为由来寻求同情，因为他们就经常将这样的痛苦强加于他人。"

对于总是以原子弹受害者自居的日本人，汉森教授写道："就杀戮与被杀而言，日本戕害的人数与其自身死亡数之间的比例可能是最高的。"人们以为日本是战败国，所以损失很大，殊不知战争期间只有 260 万至 310 万日本人死亡，这还包括被燃烧弹和原子弹炸死的平民，远远少于真正的受害者——中国和其他亚洲国家的死亡人数。我对这样的观点深以为然。

作者还认为坦克的重要性其实被夸大了。对于西线，他写道："对比摩托化步兵、炮兵，或战术、战略空军的作用，除了少数几场战役外，……很难说英美坦克部队是盟军取得成功的主要因素。"而 1943—1945 年的东线则是"静态坦克对决"。能够运送补给物资、人员装备的卡车，重要性其实更胜于坦克。在大众的印象中，德军发明了"闪电战"，必然是一支以机械化、摩托化为主的现代军队。作者却说："更多的时候，德国人实际进行的是'Pferdkrieg'，即一种依靠马匹、适合在春夏季牧场草料丰富时发动的战争。"德军拥有的卡车数量不仅比不上美国，到了战争中后期，就连苏联也不如。

本书中类似这样的新颖观点还有很多，无论对错与否，读者都可见仁见智，理性争论。这也正是读史、学史、研史、论史的乐趣之一吧。

第四，本书充斥着大量作者个人的态度、价值判断和意识形态，几乎每一页都隐含着能够引爆读者"争吵"的论点。就连我本人也对本书诸多观点持一定的保留态度。

比如作者对苏联的贡献并没有给予足够客观和公正的评价，反而隐隐有讥讽不屑的论调，然后与英美所谓民主国家对比，企图诱导读者得出他暗示的结论。其实资本主义与法西斯主义又何尝没有相互勾结，彼此利用，祸害他人？汉森教授甚至为西方盟国把"慕尼黑阴谋"也做了"洗白"。他还对为二战胜利做出了重要贡献的罗斯福总统颇有不满，因为"他在 1944—1945 年做出的各项重大战略决策，如从中国撤军，放弃占领布拉格，不去占领本可进入的德国领土，邀请苏联参加对日作战，没有采取措施应对未来出现在朝鲜半岛的苏联势力等，不仅很快就对战后格局产生影响，而且其后果与罗斯福主张建立战后永久和平秩序的理想主义观点背道而驰"。这样的观点着实让人无语。

作为西方高级知识分子、学术精英，本书作者引用的史料翔实，当然也不会故意歪曲史实，但对待同一个历史事件，认识角度不同，就会得出不同的结论。第二次世界大战毕竟还与我们息息相关，雅尔塔体系至今还在一定程度上左右世界格局，不要说普通读者，就算是学者恐怕也很难做到绝对的超然态度。所以我们要吸纳本书精妙的分析，学习作者研究问题的方法，当然也要保持独立思考和判断的能力。

第五，汉森教授在书中偶有提及"战斗精神比武器装备更加重要"，可惜的是，他并没有专门开辟一章来探讨"精神力量"。诚然，精神很难量化，取得的效果难以形成共识，简直就是一门"玄学"。1941 年的红场阅兵到底等于几个军？罗斯福的炉边谈话能打死几个法西斯？作者不能回答，恐怕也不愿回答这样的问题。但是我们知道，当年中国人民正是凭借"气多"才弥补了"钢少"的绝对劣势，坚持到抗日战争胜利；中国人民志愿军正是以大无畏的勇气压倒武装到牙齿的所谓"联合国军"，才将敌人赶到三八线以南。现在我们终于"钢多"了，但"气"不仅不能变少，反而要更多才行。这正是人民军队区别于西方军队的法宝之一；这也正是中华民族能够同心勠力，帮助武汉在疫情中反败为胜的秘诀。

汉森教授曾公开为美国前总统小布什发动伊拉克战争辩护，指出他支持"打击塔利班和萨达姆的战争，很大程度上是因为看不到其他选择"。在 2002 年出版的《战火中的秋日》一书中，他认为这场战争"艰苦、漫长，（美国）不应该怀有内疚或歉意，也不能行动迟缓，要一直打到我们的敌人不复存在"。关于伊拉克战争，汉森写道："在这个文明史上最富裕、最安全的时代，摆在我们面前的真正问题是，美国，乃至任何西方民主国家是否仍然在道德上明确拥有界定邪恶为邪恶的权利；是否拥有无可争议的意志，能够调动一切可用资源与之战斗，并将其根除。"有趣的是，2021 年 4 月，美国发动阿富汗战争近 20 年后，拜登总统宣布从阿富汗撤军。8 月，美军前脚刚走，塔利班便卷土重来。不知汉森教授此时做何感想。

作者更是美国前总统特朗普的铁杆拥趸。他在 2019 年写了一本名为《特朗普的理由》的书，称赞他"具有一种不可思议的能力，能够在媒体和政治批评者中煽动和制造歇斯底里般的情绪"（这段话用在希特勒身上倒也很合适），还形容特朗普的语言是一种"粗鲁的真实"。凡此种种，也难怪一些欧美评论家称其为"新保守主义者"。

我之所以列举以上汉森教授的言论，不是为了对其口诛笔伐，而是想提醒读者，本书的价值不仅在于从一个崭新角度和更高层次重新审视第二次世界大战，也有助于我们了解在中美关系趋于紧张的情况下，当今美国保守派精英学者的逻辑和思想，以思索我国的应对之道。若读者能持有既学习又批判的心态来阅读此书，想必会有更大的收获。

张炜晨

2021 年 9 月

图书在版编目（CIP）数据

制胜：第二次世界大战的策与略 ／ （美）维克托·
戴维斯·汉森（Victor Davis Hanson）著；张炜晨译
. -- 北京：社会科学文献出版社，2022.3
　　书名原文：The Second World Wars：How the First
Global Conflict Was Fought and Won
　　ISBN 978 - 7 - 5201 - 8919 - 4

　　Ⅰ.①制…　　Ⅱ.①维…　②张…　　Ⅲ.①第二次世界大
战 - 研究　　Ⅳ.①K152

　　中国版本图书馆 CIP 数据核字（2021）第 183971 号

　　地图审图号：GS（2021）6158 号（书中地图系原文插附地图）

制胜：第二次世界大战的策与略

著　　者 ／ 〔美〕维克托·戴维斯·汉森（Victor Davis Hanson）
译　　者 ／ 张炜晨

出 版 人 ／ 王利民
组稿编辑 ／ 董风云
责任编辑 ／ 张　骋　成　琳
责任印制 ／ 王京美

出　　版 ／ 社会科学文献出版社·甲骨文工作室（分社）（010）59366527
　　　　　　地址：北京市北三环中路甲29号院华龙大厦　邮编：100029
　　　　　　网址：www. ssap. com. cn
发　　行 ／ 社会科学文献出版社（010）59367028
印　　装 ／ 三河市东方印刷有限公司

规　　格 ／ 开　本：889mm × 1194mm　1/32
　　　　　　印　张：27　插　页：1　字　数：608 千字
版　　次 ／ 2022 年 3 月第 1 版　2022 年 3 月第 1 次印刷
书　　号 ／ ISBN 978 - 7 - 5201 - 8919 - 4
著作权合同
登 记 号 ／ 图字 01 - 2019 - 1382 号
定　　价 ／ 148.00 元

读者服务电话：4008918866